PONTIFICIA UNIVERSITÀ GREGORIANA

INTERRELIGIOUS AND INTERCULTURAL INVESTIGATIONS

VOLUME 9

TARCISIO ALESSANDRINI

GIAPPONE NUOVO e ANTICO

Studio fenomenologico sul Movimento Buddhista
RISSHŌ KŌSEI-KAI
立 正 佼 成 会
Il Vero ed il Perfezionamento nella Condivisione

EDITRICE PONTIFICIA UNIVERSITÀ GREGORIANA
ROMA 2007

© 2007 - E.P.U.G. - ROMA
ISBN 978-88-7839-090-4

Editrice Pontificia Università Gregoriana
Piazza della Pilotta, 35 - 00187 Roma

*Ad AGNESE mia moglie
solerte animatrice di confronti interculturali
a livello mondialista
per la convivenza pacifica tra i popoli
nella giustizia e la solidarietà*

Bando alle armi nucleari!
Attraverso l'uso pacifico dell'energia atomica basato sulla cooperazione internazionale, promuovere il benessere di tutte le popolazioni del mondo, vincere le disuguaglianze nella distribuzione delle ricchezze!

(Appello al mondo della **Delegazione per la Pace** di 18 Gruppi Religiosi del Giappone, 1963)

PREFAZIONE

Spesso quando si guarda al Giappone lo si immagina come una terra lontana, moderna nel suo sviluppo industriale impetuoso dopo la crisi della II guerra Mondiale, ma nello steso tempo antica nelle sue tradizioni. Un mix di vecchio e nuovo che agli occidentali sembra inscindibile.

Se però guardiamo più da vicino e conosciamo meglio la realtà odierna del Giappone, come ci fa toccare con mano Tarcisio Alessandrini, questo mito vacilla e ci troviamo di fronte a un Giappone in cui lo sviluppo economico e tecnologico ha portato la tradizione a rimanere a livello di costume e di usanza mentre nuove forme di religiosità sono affiorate e hanno immesso nella società nuovi modelli, che rispondono alle esigenze di sostegno e di riempimento dei "vuoti" interiori, frutto di una società eccessivamente laicizzata.

Nuove forme di religiosità si sono affacciate in Giappone nel corso degli ultimi cento anni e hanno dato origine a forme laiche di credi antichi, che ricoprono lo spazio privato e pubblico dell'adepto, diventato un tutt'uno con il suo nuovo credo a cui si è completamente affidato.

La decadenza della religione tradizione è un dato che colpisce periodicamente le grandi tradizioni religiose nel corso del tempo: la secolarizzazione, la perdita di vista degli ideali portanti, il lasciare da parte lo spirito a favore di risultati più pratici sono fenomeni visibili nel corso della storia a div5ersi livelli e non solo nel buddhismo. Oggi questo processo è estremamente evidente in Giappone.

La metamorfosi del mondo religioso giapponese nella sua matrice buddhista legata al Sutra del Loto, poco conosciuta in Italia, è stata delineata nell'opera di Alessandrini con un raro acume di studioso e un'acuta visione nata da una lunga esperienza sul campo.

Il viaggio compiuto tra le pieghe delle varie Kai buddhiste giapponesi è uno spaccato preciso della società nipponica in transizione tra vecchi modelli e nuovi paradigmi tecnologici e pragmatici, in cui lo spirito di comunità viene esaltato e il singolo si perde nell'anonimato del gruppo.

Il gruppo diventa sostegno, guida e punto di riferimento e spesso conduce il seguace a percorrere senza possibilità di uscita la strada tracciata dai vertici dell'associazione, che lo sostiene nei casi difficili della vita.

I nuovi movimenti, iniziati con la Reiyu-Kai, all'inizio del XX secolo, gruppo laico che si contrapponeva all'eccessiva mondanizzazione dei templi e ai costi esorbitanti delle cerimonie funebri, hanno dato origine a gruppi e associazioni di cui Alessandrini osserva attentamente lo sviluppo storico e l'esperienza sociale e civile con interessanti note sociologiche e di costume.

Rissho Kosei-Kai e Soka-Gakkai sono le altre due punte del fenomeno osservato, ciascuna con caratteristiche diverse e nel contempo comuni. Comuni nel modo di offrire spazi di incontro e riunione, sostegno del gruppo, attività a favore della pace e dei diritti dell'uomo. Diverse nel rapportarsi con le istituzioni e nell'utilizzazione delle forme di richiamo e conversione di nuovi adepti.

Più sentito è certo il contributo che descrive l'esperienza diretta di Alessandrini con la Rissho Kosei-Kai, il cui impegno per la giustizia, per migliorare la società, per la cooperazione interreligiosa e la pace nel mondo, guadagnarono al fondatore Nikkyo Niwano l'invito alla cerimonia di apertura di una sessione del Concilio Vaticano II (Settembre 1965) come ospite speciale e rappresentante della religione giapponese e della fede Buddhista.

Cercare il dialogo è un punto di forza della Rissho Kosei- Kai, che in linea con la tradizione del Sutra del loto, vede come fondamento dell'incontro con l'altro il riconoscere in esso l'immagine del Buddha vivente, il Buddha eterno ed invisibile, immanente e onnipresente, la grande forza della vita, la sorgente che permette agli esseri di vivere.

Questo porta ad apprezzare tutte le persone, anche quelle con cui per noi è più difficile trattare; dall'apprezzamento arriva la fiducia e l'amore ed è proprio l'amore la chiave di volta che cambia l'atteggiamento degli altri, dà loro fiducia e li rasserena, e in questo clima di fiducia e di serenità molti problemi della vita spariscono da soli.

Studiare il nuovo è una sfida difficile e Alessandrini l'ha raccolta partendo dalla sua esperienza cristiana, che non lo ha mai condizionato nei giudizi, avvicinandosi passo passo ai gruppi e ripercorrendo la strada a ritroso per trovarne le radici nella società e nella storia. Questi nuovi fenomeni sono stati analizzati in una luce più vasta e complessa, in una visione di interdipendenza, come si direbbe con termine buddhista, che permette di vedere i vari movimenti nelle loro connessioni con tutto l'insieme storico, civile, sociale e religioso giapponese senza il quale non sarebbero comprensibili.

L'accesso ai gruppi, ai testi, ai riscontri, lo sguardo attento all'insieme e al particolare ha permesso a questo studio di Alessandrini, nato come tesi e sviluppatosi nel tempo, di diventare un importante strumento per chiunque voglia avvicinarsi alle nuove tendenze religiose giapponesi in modo corretto e privo di pregiudizi.

Questo era già evidente nella tesi che costituisce il nucleo del lavoro e che la Fondazione Maitreya premiò nel 2001 come miglior tesi di argomento buddhista, premio ben meritato - e ben augurante - visti i risultati odierni. Risultati di grande chiarezza e onestà interpretativa, che come Buddhista posso sottolineare.

La ricchezza della preparazione dell'autore infatti ha sempre sostenuto un'interpretazione non condizionata dall'appartenenza, ma aperta al dialogo e alla visione dell'altro senza farlo coincidere con le proprie convinzioni personali e restituendolo all'interno del suo mondo di origine. E' un lavoro di grande lucidità culturale e onestà religiosa e di questo nel campo degli studi di argomento interreligioso ce n'è molto bisogno.

Alla conclusione di un lavoro c'è sempre un moto di ringraziamento e questo ringraziamento va oggi a Tarcisio Alessandrini e al suo impegno, lungo quasi una vita, per questo lavoro che ci auguriamo egli continui per offrirci altre "aperture attente" alle nuove realtà.

Maria Angela Falà
Presidente Unione Buddhista Europea

INTRODUZIONE

Il presente lavoro vuole approfondire alcuni aspetti religioso-culturali del Giappone contemporaneo dove l'*antico e il nuovo* si mescolano e si richiamano così da formare un paese moderno sottoposto a consensi o critiche così come oggi si presenta alla ribalta dello scenario mondiale. Ovviamente non si può prescindere dal fenomeno religioso in quanto è noto come il Giappone sia impregnato di elementi relativi ad una religiosità molto antica già presente, fin dalle origini, nelle culture prebuddhiste risalenti al tardo periodo della cultura *JŌMON* 縄文 *(modello cordato, 7000-300 a.C.)*. Lì si riscontrano le tracce di un *credo religioso primitivo costituito dall'adorazione dei fenomeni della natura nei suoi vari aspetti* e così nell'epoca successiva *YAYOI* 弥生 *(300 a.C.-250 d.C.)* la cui *struttura culturale-religiosa viene a collegarsi direttamente a quella dell'uomo contemporaneo*[1].

Tale credo religioso primitivo è da far risalire alla *dea del sole* alla quale è collegata la cultura *YAMATO (*大和*,* lett.*Grande Pace, III-IV sec.d.C.)* costituita da gruppi di famiglie *uji* 氏 che occupano numerose regioni del Giappone centrale fino a diventare una potenza dominante. Questa, viene pòi ad associarsi, in modo politicamente egemone, alla "*Stirpe del sole*" facente capo ad *Amaterasu Ō-mi-Kami(*天照大御神*), l'Augusta Grande Dea che illumina il firmamento, proveniente dalla coppia divina Izanami-Izanagi.* A tale coppia viene attribuita dalla tradizione mitologica la creazione di innumerevoli isole nipponiche, Amaterasu raccoglie attorno a sé gli spiriti che vagano lungo i fiumi e nelle fragorose cascate, così come sulle cime dei monti, nei boschi ombrosi e intorno a rocce dalle forme stravaganti. Così anche vicino alle sorgenti ed ovunque il paesaggio presenti un aspetto pittoresco[2]. È la *via dei Kami (Shintō,* 神道*)*. Su questa piattaforma si afferma l'egemonia della famiglia imperiale che si sente divina come discendente da *Amaterasu* attribuendosi, a posteriori, quanto viene narrato dalle fonti più antiche giapponesi nel sec.VIII d.C. (Periodo *Nara*) come quelle del *Kojiki (*古事記 *memorie di cose antiche)* e del *Nihonshoki (*日本書紀 *annali del Giappone)* dove si intravede la

---

[1] *Il Giappone prima dell'Occidente, (*4000 anni di arte e culto), Edizioni De Luca, 1995, articolo di Toyama Atsuko, p.5
[2] J.E.Kidder, *Giappone prima del Buddismo*, Il Saggiatore, Milano 1960, pp.79-83

cosmogonia mitologica nipponica in tutta la sua immaginaria e suggestiva creatività. In tale mutevole contesto culturale, le popolazioni delle pianure *Yamato,* nell'estremità orientale del mare interno, iniziarono a costruire verso il III secolo d.C. imponenti tumuli di terra simili a colline, cui gli archeologi diedero il nome *KOFUN* 古墳, *tombe antiche*. All'interno di queste, spesso vengono trovate vicino alla salma figurine in terra cotta o ceramica, chiamate *hani-wa* 埴輪 raffiguranti cortigiani, dame eleganti, guerrieri, cavalli bardati e provvisti di staffe[3]. Si sta così formando quella che viene definita[4] *religione degli antenati* di identico lignaggio (*dōzoku* 同族) divenuta espresione religioso-culturale, tra le più sentite ed appariscenti, che ben si armonizza con la stessa mentalità della popolazione giapponese contemporanea.

Si può ben dire che **l'antico s'intreccia con il nuovo** in un filo unico mai interrotto. Difatti, inizialmente, tale filo è stato ben utilizzato nell'operazione di sutura tra il buddhismo, proveniente nel VI sec.d.C. dalla Cina e dalla Corea, e le culture prebuddhiste su menzionate. Operazione talora non indolore per le lotte tra i clan *Soga* favorevoli al buddhismo e i clan *Nakatomi-Mononobe* contrari. È forse meglio pensare ad un certo tipo di *innesto,* poichè il tronco unico, rimasto intatto, ha accolto un *altro ramo (quello Buddhista)* divenuto, pur nelle intemperie, parte integrante della pianta intera.

Il merito di tale operazione è da attribuire di certo al *Principe Shōtoku* (聖徳太子 572-622), detto il *Costantino* del Buddhismo in Giappone il quale, pur con interessi politici personali, seppe con coraggio amalgamare il Buddhismo con le credenze religiose correnti formando il *ryōbu-shintō* (両部神道), ossia lo Shintoismo dai *due aspetti* avendo applicato ai *Kami* il titolo di *Bodhisattva*. Spuntano così le varie ramificazioni buddhiste che vanno dalle *scuole del periodo di Nara, (710-794)* come la *Sanron,* la *Hossō,* la *Kegon* a quelle del periodo *Heian (794-1185)* che pone al centro Kyōto, la *Miyako* 都 *capitale,* attorno alla quale fioriscono due nuove scuole: *Tendai* 天台 *(piedistallo celeste)* e *Shingon* 真言 *(parola vera)* fondate rispettivamente da *Saichō (l. Saicio 767-822)* denominato *Dengyō-Daishi (Gran Maestro che trasmette l'Insegnamento)* e da *Kūkai (774-835)* chiamato in seguito *Kōbō-Daishi (Gran Maestro che diffonde la Legge).*

---

[3] John Whitney Hall, *L'Impero giapponese,* Feltrinelli Ed. Milano 1969, p.29
[4] Dentoni Francesco, *feste e stagioni in Giappone,* Borla Roma 1980, p.162 ss.

Ambedue le scuole, assumendo una fisionomia originale tendenzialmente esoterica, pongono le premesse per la formazione di un *Buddhismo giapponese* consapevole di un bisogno interno di essere rinnovato abbandonando i compromessi e le connivenze con le autorità politiche del tempo.

Ecco allora l'emergere di personalità religiose "carismatiche" come *Hōnen* (1183-1212) e *Shinran* (1174-1268) che danno vita alla scuola amidista *Jōdo* 浄土 *Terra pura, Eisai* (1141-1215) e *Dōgen* (pr. *Dōghen* 1200-1253) che introducono lo *Zen* 禅 nelle rispettive scuole *Rinzai* e *Sōtō, Nichiren* (pr.*Niciren* 1222-1282) che si dedica alla diffusione della dottrina del Loto come unica ed esclusiva fonte di salvezza per il Giappone e per il mondo mediante l'invocazione del titolo *daimoku*(題目)*:*Namu-Myō-Hō-Renge-Kyō 南無妙法蓮華経, *Lode al Sutra del Loto, Legge meravigliosa!* Nichiren stesso, inoltre, si riteneva il Bodhisattva incarnato dalle azioni ottime, *Jōgyō-Bosatsu*. Molteplici sono le vicende storiche relative a tali correnti buddhiste, spesso antagoniste fra loro per motivi politici ed in seguito perseguitate e ridotte quasi al silenzio (eccetto lo *Zen*), specie nel secolo XVI e durante tutto il periodo *bakufu* (幕府, *governo militare,* 1600-1868), sotto il comando dello shogunato militare *Tokugawa*.

Sotto la restaurazione *Meiji,* dal 1868 in poi un grosso colpo subisce il Budhismo che, ufficialmente estromesso e nettamente separato dallo Shinto, va sempre più affievolendosi tra la popolazione. Si avverte la necessità, da parte di alcuni *carismatici,* di ravvivare la fede tradizionale tra la gente non abolendo, ma rinnovando, sulle stesse radici e senza rompere col passato, alcune strutture conformemente ai tempi in continua evoluzione. Viene ciò confermato dando particolare risalto alla *Tradizione buddhista del Sutra del Loto* su cui s'innesta il Giappone contemporaneo mediante **Nuovi Movimenti** detti anche **Nuove Religioni.** Di queste vengono prese in considerazione solamente quelle facenti parte del *Gruppo Nichiren* poiché si ispirano, sebbene con motivazioni diverse, alla dottrina di Nichiren relativa al Sutra del Loto. Sono le seguenti:

1. Reiyū-Kai,霊友会 *Movimento Amici dello Spirito* fondato nel 1925 da Kubo Kakutarō e da Kimi Kotani allo scopo di rendere i laici responsabili ed autonomi nel campo della fede quotidianamente vissuta incrementando il culto libero verso gli Antenati. Il Movimento servirà in seguito da *matrice* per altre scuole moderne così da essere chiamato *fonte perenne* delle Nuove Religioni.

2. Sōka-Gakkai, 創価学会**,** *Movimento per la creazione di valori*, fondato nel 1930 per merito di Makiguchi Tsunesaburō e del suo discepolo

Toda Josei. Nell'attuale struttura di SGI (Sōka Gakkai Internazionale) con un processo dinamico di autoriforma, il Movimento si prefigge di raggiungere "il vattaggioso, il bello, il buono" quali valori vitali per conquistare la felicità mediante azioni volte alla "pace, cultura ed educazione".

3. Risshō Kōsei-Kai 立正佼成会, *Movimento per il Vero ed il Perfezionamento nella vita di relazione,* fondato nel 1938 da Niwano Nikkyō (1906-1999) e da Naganuma Myōkō (1889-1957). Al Movimento si è dato maggior risalto soprattutto evidenziando la figura carismatica di Niwano Nikkyō, pioniere nella promozione del dialogo interreligioso, premessa necessaria alla pace nel mondo nella consapevolezza che "non ci sarà pace nel mondo fino a quando non ci sarà pace tra le religioni".

Alla scomparsa di Myōkō Naganuma, con la quale aveva condiviso per dieci anni varie attività religiose, il Movimento inizia una *fase nuova* caratterizzata dall'incremento alla Cooperazione Interreligiosa attraverso incontri con i movimenti nazionali ed internazionali di ogni livello in patria e all'estero. Insieme a vari gruppi religiosi, Niwano Nikkyō si fa pertanto pellegrino di pace con l'appello ai grandi del mondo per l'abolizione delle armi nucleari. Viene segnalata con particolare rilievo la *storica stretta di mano* tra Niwano e Paolo VI in occasione dell'apertura dell'ultima sessione del Concilio Vaticano II nel Settembre 1965. Si tratta di un gesto concreto di reciproca comprensione tra un Buddhista ed il capo di una chiesa conosciuta da tempo per il suo esclusivismo. Ne scaturisce un *nuovo slancio* per il Movimento impegnato nella *cooperazione umanitaria,* realizzata dal *Bodhisattva in azione*: da ricordare la "campagna di un pasto mensile per il fondo-pace" (*ichi-jiki heiwa kikin undō*).

Pertanto, ogni azione volta al bene del prossimo è fondata su principi dottrinali dei 28 capitoli del Sutra del Loto, di cui Niwano si fa interprete. Egli indica i principali insegnamenti basati sul concetto di impermanenza e interdipendenza degli esseri senzienti ai quali viene suggerito il percorso su un *unico veicolo* escludendo ogni discriminazione. A conferma di ciò, è stato acclamato, alla sua scomparsa (4 Ottobre 1999), col nome dharmico di **Kaiso Nikkyō Ichi-jō Daishi** (開祖日敬一乗大師), *Nikkyō Fondatore, Grande Maestro dell'Unico Veicolo.* Tale è il pensiero buddhista del Fondatore esposto nel capitolo sull'*Analisi sistematica dottrinale* cui segue quello sull'*Analisi della pratica religiosa* consistente soprattutto nelle riunioni dette *HŌZA* 法座 (*Seduta presente il Dharma*) da cui nasce il *soffio vitale* che conduce all'azione per la pace nella società. Viene anche sottolineato il *culto verso gli Antenati*, molto importante nel sentimento religioso dei membri che sentono la presenza dei defunti instaurando con essi una specie di comunicazione spirituale attraverso il cosiddetto *trasferimento di meriti* (*e-kō* 回向) mediante la recita del *Senso-Kuyō* (先祖供養).

La Risshō Kōsei-Kai, che oggi conta 7 milioni di membri sparsi nel mondo, soprattutto in Giappone, fa parte senz'altro di quei Movimenti che hanno contribuito a rendere più viva una fede alquanto logora e, cogliendo i *segni dei tempi,* ripropongono in chiave moderna forme tradizionali mai sopite nell'animo del popolo nipponico. Il vuoto lasciato dalla scomparsa (4 Ottobre 1999) del Fondatore, *Uomo del dialogo interreligioso, operatore di pace nel mondo mediante lo sviluppo ed il disarmo*, è colmato da un rinnovato impegno di tutti i membri sulle orme da Lui tracciate in opere di compassione, tipiche del Bodhisattva, verso il maggior numero possibile di esseri senzienti.

Ringraziamenti

Il presente lavoro nasce dalla mia ricerca dottorale svolta presso la Facoltà di Missiologia della Pontificia Università Gregoriana sotto la direzione del Prof. Michael Fuss, al quale va la mia più viva e sincera gratitudine per la sua dotta esperienza e paziente disponibilità nel seguirmi nello studio e nella ricerca.

Il mio grazie sincero va anche al Prof. Jesus Lopez-Gay per avermi già seguito nel percorso di studi per la Licenza e perché, insieme al Prof. M.Fuss, è stato Relatore della tesi di dottorato. Un pensiero grato rivolgo a S.E.Mons.Giuseppe Pittau, già Rettore Magnifico della Gregoriana durante i miei studi, per avermi incoraggiato a scrivere la tesi su un tema relativo al mondo religioso giapponese, di cui egli è profondo conoscitore.

Del tutto speciale è il mio grazie al Movimento Risshō Kōsei-Kai ed ai suoi membri, in particolare a quelli incontrati a Tokyo nel 1995 per la loro gentile accoglienza ed ospitalità facilitando così la mia ricerca. Non potendo nominarli tutti, ricordo solo il Sig.Taneda Koichiro, le Sig.re Tachikawa Reiko e Sato Reiko, il Prof. Shinozaki per le sue dotte lezioni sul Movimento e la sua Signora per gli utili colloqui avuti presso il Counseling Center. Indimenticabile l'incontro nella primavera del 2000 con il Presidente Niwano Nichikō, al quale ho avuto il piacere e l'onore di far dono della mia tesi di dottorato assai gradita in un clima di cordiale ed amichevole dialogo. Piacevoli e proficui pure gli incontri nello stesso periodo con i membri delle sedi R.K.K. di Kyoto e di Osaka, dove insieme a mia moglie ho trascorso giorni ricchi di incontri culturali alternati ad ore di svago sotto i ciliegi in fiore.

Indimenticabile il collega di studi Dott.Kawamoto Koichi al quale dico grazie per avermi fornito materiale utile alla mia ricerca e per la sua amicizia insieme alla consorte Signora Etsuko e le bambine. La mia gratitudine va anche al Dott. Munehiro Niwano, altro collega di studi, ed alla sua signora Kōshō Presidente designata della R.K.K. per il loro apprezzamento al mio lavoro in un clima di autentica amicizia. A tutti i membri della Risshō Kōsei-Kai rinnovo pertanto il mio grazie. *Arigatō gozaimashita!* 有り難うございました!

Ringrazio il Prof.Riccardo Venturini, docente emerito alla Sapienza di Roma, per le amichevoli conversazioni ricche di spunti e suggerimenti in merito alla cultura orientale nipponica, di cui è un esperto cultore.

Inoltre non posso esimermi dal ringraziare vivamente il Prof. Pino Marras collega di lavoro missionario in Giappone il quale, mettendomi a parte della sua vasta cultura in molteplici campi dello scibile umano, mi ha fornito del materiale bibliografico assai utile al presente lavoro.

Sarebbe inoltre imperdonabile se dimenticassi di esprimere la mia più profonda gratitudine alla Fondazione Maitreya, che nel Maggio 2000 mi ha onorato del suo prezioso apprezzamento nell'assegnarmi il premio di laurea dedicato a Giuseppina Petti e Vincenzo Piga Fondatori.

Insieme a tutti, va un grazie affettuoso a mia moglie Agnese per il non piccolo suo contributo alla realizzazione del presente lavoro non solo nel campo tecnico, ma anche per le varie ed appropriate osservazioni relative al contenuto sociologico del fenomeno religioso.

T.A.

Capitolo I

RELIGIOSITÀ GIAPPONESE

Sfondo storico culturale

1. IL GIAPPONE PRIMA DEL BUDDHISMO

Contesto ambientale

"L'arcipelago giapponese formato da quattro grandi isole (Hokkaido, Honshu, Shikoku e Kyushu) e da miriadi di isolotti che si snodano in un lungo festone che fronteggia il continente asiatico, offre un ambiente naturale tra i più suggestivi ed incantevoli del mondo nella parte estremo orientale. I numerosi vulcani imponenti con i loro frequenti e fragorosi sussulti, le interminabili catene di monti ricchi di folte e selvagge vegetazioni, a cui si aggiungono le ridenti insenature delle acque limpide ed azzurre del Pacifico, hanno sempre avvinto i Giapponesi alle loro isole materne, cui devono uno spirito forgiato ad una sensibilità così squisita da farne un popolo di esteti e di poeti, le cui caratteristiche si possono sintetizzare, fin dai tempi più antichi, in quella immersione nella natura meravigliosa, di cui il monte Fuji (*Fuji-San* 富士山) costituisce il simbolo più sublime"[5]. In una superficie complessiva di circa 370.000 chilometri quadrati, vive una popolazione che attualmente si aggira tra i 125 milioni di abitanti, uniti tra loro da un forte spirito di corpo. Per conoscere ora più a fondo il *contesto primordiale* da considerare come *sfondo remoto* collegato al tema principale del presente studio, sarà bene fare alcuni accenni relativi agli albori del paese del sol levante.

---

[5]Marcello Muccioli: "Lo Shintoismo, Religione Nazionale del Giappone", Ist.Ed.Galileo, Milano 1948, p.1 ss., (citazione liberamente elaborata)

Origini del popolo giapponese

"Terra, acqua, sole e potenziale umano - afferma J.W.Hall[6] - hanno sempre formato la ricchezza originaria degli antichi Giapponesi soddisfatti della loro patria, chiamando le loro isole la terra delle *"rigogliose spighe di riso"* coltivate con sistemi adeguati di canali d'irrigazione. I coltivatori delle piantine di riso, raggruppati in villaggi popolosissimi, formavano cooperative, attraverso le quali potevano convogliare il massimo numero di lavoratori là dove lo richiedevano...le esigenze delle coltivazioni. Questa base contadina "popolare", organizzata nella famiglia e nel villaggio, era ben distinta dalla classe superiore di proprietari terrieri, guerrieri, sacerdoti e funzionari...In seguito venne ad instaurarsi un rapporto autoritario, tipicamente dispotico, fra la classe dirigente dominante ed i produttori agricoli dipendenti". L'Autore, fatta questa breve premessa e addentrandosi nella ricerca sulla composizione razziale originaria di questo popolo, giunge a dire[7] che le isole giapponesi, come quelle britanniche, sono diventate evidentemente la patria di una mescolanza di popoli giunti in tempi diversi da vari luoghi del continente e forse persino dalle isole che si trovano più a sud...insieme ai portatori di varie culture neolitiche... E si domanda[8] ancora se nel VII o VI millennio a.C. tali culture avessero già formato il popolo giapponese in un tutto nazionale coerente.

Per quanto riguarda l'identità degli *"Ainu アイヌ"*, - osserva ancora lo stesso Autore - rimane incerta la parte che questi ebbero nella storia giapponese, anche se è molto comune la teoria (fortemente da alcuni messa in dubbio) che afferma essere gli *Ainu* i discendenti della prima popolazione neolitica. Inoltre - come fa notare il Muccioli[9] - furono loro gli *"autoctoni"*, o almeno i più antichi abitanti dell'arcipelago di cui si ha notizia. Gli *Ainu* sono oggi ridotti a poche migliaia di individui concentrati nell'estremo nord delle isole giapponesi (Hokkaidō, Sachalin e nelle isole Kurili). Altre genti poi, invadendo le isole, si sovrapposero agli *Ainu* o con essi fecero una fusione. E qui si avanza l'altra ipotesi[10], secondo la quale i

---

[6]John Whitney Hall: "L'Impero giapponese", Feltrinelli Ed., Milano 1969, pp.15-16
[7]ibid., p.21-22
[8]ibid., p.24
[9]Marcello Muccioli: op.cit., p.2 ss
[10]J.W.Hall: op. cit. p.24 ss.

Giapponesi potrebbero discendere da possibili fonti di ceppo mongoloide provenienti dall'Asia nord-orientale (comunità tribali) oppure da comunità marittime di lingua malese del sud. Edwin O.Reischauer, ex Ambasciatore U.S.A. in Giappone e studioso della cultura nipponica, afferma che "in quanto razza, i Giapponesi sono fondamentalmente mongolici, strettamente imparentati con i Coreani e i Cinesi loro vicini ma, al pari di tutti i popoli moderni, sono anch'essi il prodotto di molteplici mescolanze razziali"[11]. A questo punto, è la documentazione archeologica assai ricca che ci offre un valido contributo nel determinare le varie culture apparse nelle epoche più antiche che sogliono essere chiamate

Le culture prebuddhiste

JŌMON 縄文 (7000-300 a.C)

E' la prima che viene alla luce ed è caratterizzata dalla lavorazione della ceramica che si fa risalire all'anno 4500 a.C. (probabilmente anche prima) la cui produzione è contraddistinta da una decorazione *cordata,* da cui il termine *jōmon* o *modello cordato*[12]. Come si viveva nella cultura *jōmon?* A questa domanda ci risponde J.E.Kidder[13] quando ci dice che "l'uomo Jomon viveva vicino alle coste del mare e si procurava il cibo raccogliendo conchiglie. Negli stadi più antichi si preferivano le conchiglie marine...I cumuli di conchiglie" *Kai-zuka* 貝塚 o, meglio per i Giapponesi, i "rifiuti dei pasti" al livello della superficie, sono concentrati lungo le insenature ben protette della costa orientale, specie nella baia di Tokyo. Tale cultura proveniente dalle foreste dell'Asia, fornisce tra l'altro figurine femminili grottesche che potrebbero provare l'esistenza di una società matrilineare. Per parecchi millenni, la cultura Jomon costituì uno degli stili più raffinati di ceramica che si conoscano nell'età della pietra per ricchezza di motivi ed originalità di forme". Riguardo ancora alla cultura *Jōmon*, è da segnalare un ulteriore contributo offerto dal Prof. Adolfo Tamburello in occasione della mostra a Roma presso il Palazzo delle Esposizioni (dal 15

---

[11] Edwin O.Reischauer: "Storia del Giappone" (Dalle origini ai giorni nostri), Nuova Ediz.Bompiani, 1994, p.12
[12] J.W.Hall: op.cit., p.25
[13] J.E.Kidder: "Giappone prima del Buddhismo", Il Saggiatore Milano 1960, p.30 ss.

Nov.1995 al 15 Genn.1996) su *Il Giappone prima dell'Occidente* dove fra l'altro scrive: "La prima civiltà artistica del Giappone, dopo che il paese era stato popolato da orde dell'Antica Età della Pietra, fiorì con popoli cacciatori, pescatori, raccoglitori, possessori di una tecnica di lavorazione della ceramica a decorazione impressa, incisa e a rilievo. Dal X-VIII millennio a.C. tali popoli davano vita a culture note come *Jōmon (disegno, decorazione a corda)*, mediante l'ornato riscontratosi più ricorrente sulla ceramica attraverso un lungo arco di millenni...Il Jōmon tramandava la testimonianza di un'esuberante tradizione ceramistica per decorazioni e fogge. Il vasellame era fatto a mano, senza l'uso del tornio o della ruota. Le statuette rappresentano figure umane e animali sia naturalistiche sia molto stilizzate. Quelle umane, in prevalenza femminili, pare documentino culti di fecondità e fertilità[14]..."

Aggiungo una considerazione sulle usanze popolari funerarie prebuddhiste dell'epoca *jōmon*, forse tramandate attraverso i secoli fino a diventare, sotto certi aspetti ed in modo quasi analogo, parte delle usanze giapponesi con l'arrivo del Buddhismo. Particolare cura viene data, infatti, al culto degli antenati che occupa un posto assai rilevante anche per i Membri del Movimento R.K.K. Ne parla lo studioso *Watanabe Shoko* che afferma: "Fin da tempi remoti i Giapponesi hanno avuto l'esperienza di celebrare riti funerari in vari periodi. All'epoca della cultura *jōmon*, le salme venivano curvate unendo saldamente mani e piedi e sepolte semplicemente in una fossa[15].Tale sepoltura, detta *Kussō* 屈葬*(sepoltura per avvolgimento)*, viene interpretata dagli archeologi come un tentativo di impedire allo spirito del defunto di vagare per la terra nuocendo alla gente". Nel III sec. a.C. la cultura Jomon venne come a disperdersi per l'arrivo di un altro popolo portatore della cultura *Yayoi*.

Y A Y O I 弥生 (300 a.C. 250 d.C)

così chiamata - ricorda Tamburello - dal quartiere di Tokyo che nel secolo scorso ne restituiva le prime testimonianze archeologiche. Tale contesto culturale era dovuto ad un progressivo trapianto, fin dal IV-III sec.

---

[14]"Il Giappone prima dell'occidente" (4000 anni di arte e culto), Edizioni De Luca, *Giappone in Italia* '95/'96, Articolo di A.Tamburello, p.58
[15]Watanabe Shoko: *Japanese Buddhism* (A critical Appraisal), Tokyo, 1968, p.82.

a.C., della civiltà del Bronzo e del Ferro dalla Corea e dalla Cina. Si trattava di una civiltà agricola dedita, nell'arcipelago, alla diffusione della risicoltura intensiva oltre che introdurre la lavorazione della ceramica al tornio (nota col nome di *sue*) e la metallotecnica. È proprio per l'uso del tornio che - ci fa sapere Kidder[16] - la cultura Yayoi era di qualità superiore a quella Jomon, anche se meno elaborata. Questa popolazione, certamente a contatto con la superiore civiltà cinese, aveva appreso tecniche avanzate nella coltivazione del riso mediante l'irrigazione. Assai in voga era l'uso della pietra per gli arnesi da pesca e da mietitura. Tra le armi di bronzo di questo periodo, è da segnalare la spada a doppio taglio, cui segue la spada di ferro a una sola lama.

Queste stesse armi, unitamente ad una sorta di "campane di bronzo" (*dotaku*), possono offrire interpretazioni interessanti sulle condizioni religiose e sociali della cultura *Yayoi*. La spada ad esempio assume il significato simbolico del potere divino e talvolta indica la presenza della divinità. La stessa dea del sole aveva come emblema la spada *hiboko*; inoltre i santuari shintoisti contengono talora una spada simbolo della dimora divina. E nella creazione del Giappone, - fa notare il Kidder - *Izanami e Izanagi* mescolarono il mare con la *spada divinamente ingioiellata* dalla cui punta caddero gocce che formarono un'isola: così cominciò la catena delle reazioni che crearono le *Otto Isole*.

Riguardo alle sepolture dell'epoca *Yayoi*, Watanabe Shoko[17] ricorda che la salma veniva deposta in una bara e affidata alla pace, per poi posarla al suolo ricoprendola di terra. Una pietra veniva collocata sopra, quasi come punto di riferimento. Tale sepoltura è chiamata *Shinsō* 伸葬(sepoltura stesa), oppure *Kansō* 棺葬 (sepoltura con bara). Nei successivi mutamenti culturali del Giappone antico verso il III sec.d.C., le popolazioni che abitavano nelle pianure *Yamato* (estremità orientale del mare interno), iniziarono a costruire imponenti tumuli di terra simili a colline cui gli archeologi hanno dato il nome di *Kofun*.

KOFUN 古墳 (250-500 d.C.)

Ossia "tombe antiche", i cui resti ben conservati si possono ammirare nel Kyūshū 九州, grande isola meridionale del Giappone, presso la località

---

[16] J.E.Kidder: op.cit., pp.118-119
[17] Watanabe S.: *Japanese Buddhism* (A critical Appraisal) Tokyo 1968, pp.82-83

di Saitobaru 西都原, in provincia di Miyazaki. L'insieme di Hyuga, nella prefettura di Miyazaki - scrive V.Elisseeff[18] - nella parte orientale di Kyūshū...è un curioso complesso...posto fra i monti; l'imponente gruppo di Saitobaru comprende tombe *zempokoen* (前方後円) *a forma di buco di serratura* e tombe di tutte le forme situate su terrazze...fornite di molti *haniwa*. Anche nella zona del Kansai (Osaka, Kyoto) ve ne sono. La tomba più grande è senza dubbio quella eretta per il Sovrano di Yamato NINTOKU (inizio sec.V d.C.) in provincia di Osaka, costituita da una massa imponente di terra alta 30 metri e lunga 470 metri che fa pensare alle piramidi di Egitto. Lo studioso su ricordato[19] parla di "tombe di pietra che ricoprirono allora il Giappone e che scomparvero poi poco a poco con l'avvento del Buddhismo (538d.C.) e col generale diffondersi delle pratiche di cremazione; innovazione che si deve alla setta Hossō, introdotta dal monaco Dosho nel 660 d.C.".

Tra le diverse forme, rotonde o quadrate, il tipo più caratteristico, come già ricordato, era quello a forma di *buco di serratura*. Formate da corridoi, sale spaziose dove, vicino alla salma, venivano collocati oggetti di ceramica e figurine di statuette d'argilla chiamate *hani-wa* 埴輪 raffiguranti cortigiani, dame eleganti, guerrieri, cavalli bardati e provvisti di staffe[20]. Degna di grande rilievo è la *barca haniwa* 埴輪舟 di Miyazaki che, come le barche dipinte spesso sulle pareti delle tombe, simboleggia il trasporto dell'anima del trapassato in un'altra terra (sponda)[21]. Tamburello fa anche notare che il termine *haniwa*, "*anello, cerchio d'argilla*", si spiega per essere gli *haniwa* foggiati originariamente come cilindri che dovevano essere infissi nella terra dei tumuli per impedirne lo smottamento e/o come segnacoli, recinzioni o addobbo esterno delle tombe, eventualmente come basi d'appoggio per le offerte. Successivamente erano effigiate figure umane o di animali o di oggetti d'uso...In corrispondenza con analoghe consuetudini funerarie cinesi, si ritenne rappresentassero ideali vittime immolate in onore dei defunti...In Giappone - prosegue Tamburello - si volle che anche gli *haniwa* riproducessero una forma sostitutiva analoga a quella cinese, tanto più che le stesse fonti cinesi tramandavano i sacrifici

---

[18]Vadime Elisseeff: "GIAPPONE" Archaelogia Mundi, Enciclopedia Archeologica, Le Edizioni Nagel, Ginevra (Svizzera) 1976, p.153
[19] ibidem, p.138
[20]J.W.Hall, cit., p.29
[21]J.E.Kidde, cit., p.173

cruenti che erano praticati in Giappone. Difatti, viene menzionato un testo cinese il *Weizhi* del 297 d.C. in cui si riporta che nelle esequie di una regina giapponese *Bimihu (Himiko)* nella seconda metà del sec.III d.C....*più di cento uomini e donne la seguirono nella tomba*. A sua volta, il *Nihon-shoki* riferisce che sotto il Sovrano leggendario Suinin, alla morte della sua consorte Hibasu Hime no Mikoto, *sono state date istruzioni ai ceramisti di prendere l'argilla e di foggiare forme di uomini, di cavalli e di vari oggetti da presentare al sovrano dicendo: fai che d'ora innanzi sia legge per le età future di sostituire oggetti d'argilla agli uomini vivi, sistemandoli sui tumuli. Il Sovrano si era vivamente compiaciuto... E così gli oggetti di argilla, chiamati "haniwa", sono stati posti per la prima volta sulla tomba di Hibasu Hime no Mikoto*[22].

Se ci è possibile al riguardo una piccola digressione, non sarebbe del tutto improbabile, sempre in un contesto leggendario, che la volontà del sovrano, di cui sopra, sia stata in realtà la volontà, non registrata ufficialmente, della sua consorte in punto di morte in merito alla sostituzione delle *haniwa* al posto di sacrifici umani.

Oltre alle haniwa, sono stati rinvenuti i *magatama*, reperti sepolcrali di finissimi gioielli a forma di dente, vasellame di porcellana, a testimonianza dell'esistenza di una classe di aristocratici guerrieri che governavano su di un paese fondamentalmente agricolo. Durante questo periodo, probabilmente tra il III e IV sec. d. C., il Giappone si poté organizzare fino a formare la sua unità politica. E qui vengono ad inserirsi alcuni gruppi propriamente giapponesi che danno vita alla cultura *Yamato*

Y A M A T O 大和 (500 ?-710 d.C.)

Questa popolazione viene menzionata in alcune storie cinesi del I sec. a.C. col nome di *WA* 和 *(pace)* come abitante in località pianeggianti nell'estrema parte orientale del mare interno. Un'altra cronaca cinese su ricordata, di cui parla anche J.W.Hall[23], compilata prima del 297 d.C. detta *"WEI Chih"* fornisce informazioni sul percorso per giungere al paese di YAMATAI, retto da una regina di nome HIMIKO. Il documento *Wei Chih* - osserva Hall - descrive una società bene ordinata con rigide distinzioni di

---

[22] Articolo di A.Tamburello, cit., p.59-60
[23] J.W.Hall, cit., pp.33-34

rango...Il popolo era scrupoloso nell'osservanza delle leggi. Praticava la divinazione e vari riti di purificazione. Il paese YAMATAI può riferirsi, secondo gli studiosi, a YAMATO nel Giappone centrale ed il nome della reggente *Himiko* può essere la traduzione di *HIMEKO,* che viveva esercitando un'autorità spirituale come sacerdotessa e *Principessa del sole,* titolo che poi venne usato da membri della famiglia regnante, la cui origine si fa risalire ad una *Dea del sole.* La cultura YAMATO è associata alla *Stirpe del sole.* Quando la sua egemonia stava prendendo forma, il potere politico e militare era posseduto dagli UJI 氏[24], o gruppi di famiglie che

---

[24]Sull'argomento *Uji* nel suo ampio significato, si riporta qui qualche considerazione del Prof. F.Dentoni (cfr.*Feste e stagioni in Giappone,* Borla, Roma 1980, p.162 ss.) che tra l'altro scrive: "Una delle strutture fondamentali della società tradizionale giapponese è il *dozoku* 同族 (stessa stirpe, stesso lignaggio), tipologicamente designabile come "gruppo patriarcale"... del periodo *Kofun*: il *dozoku* sarebbe la sopravvivenza dello *uji,* il clan patriarcale da cui si sono sviluppati i vari regni poi unificati sotto il clan imperiale...; come che sia, esso oggi si presenta nella veste di *una rete di famiglie collegate insieme da parentela reale o fittizia* (mio corsivo), ne fanno parte anche le famiglie di servitori, delle quali una è la famiglia principale (*honke* 本家) e le altre sono, a diverso grado, dipendenti (*bunke* 分家) e nelle quali la linea ereditaria passa attraverso il figlio maggiore... Il *dozoku* è il luogo di "una religione degli antenati" che si esplica nella *conservazione delle tavolette dei defunti (i-hai* 位牌) da parte della famiglia principale nell'uso comune di un cimitero di famiglia...Ogni *dozoku* fa riferimento ad un santuario, ove è venerata una divinità che porta il nome generico di *ujigami (*氏神 *divinità del gruppo consanguineo)*...Da notare che *ujigami* è anche la designazione delle divinità protettrici (e non "antenate") dei villaggi, dove sono venerate in quei santuari che costituiscono in definitiva il reticolo-base della religione Shinto".
Secondo J.W.Hall (cit., pp.36-42) "*Uji* è generalmente tradotto con "clan", sebbene sia probabilmente più appropriato dire "gruppo gentilizio". Gli *uji* non erano certamente clan nel senso sociologico di divisioni esogame di una tribù; si trattava piuttosto di grandi gruppi di famiglie imparentati da vincoli di sangue, reali o fittizi, con la linea principale di una dinastia e tenute insieme dall'autorità patriarcale della stirpe. In quanto appartenenti ad una classe superiore, i membri dell' *uji* avevano dei cognomi e portavano dei titoli onorifici e riconoscevano la propria discendenza da un antenato comune, l'*uji-gami,* ed obbedivano al capo della casa gentilizia principale che occupava la posizione di *uji-no-kami* o *"capo".* Il capo *uji,* considerato un diretto discendente della divinità *uji,* fungeva da autorità patriarcale e da sommo sacerdote, e dirigeva il culto dedicato alla divinità. Il suo potere era al tempo stesso <u>ereditario</u> (sottolin. mia) e sacerdotale e si trasmetteva a certi simboli: uno specchio, una freccia o un gioiello..."

cominciarono ad occupare numerose regioni montagnose fino a diventare la potenza dominante del Giappone centrale, a cui erano soggette le categorie sociali dette i *be* 部 *(lavoratori comuni)* e gli *yatsuko* 奴 *(schiavi)*. Intanto i poteri spirituali, derivati dal prestigio della Dea del sole, fecero da sostegno al potere politico che si estese lentamente su tutto il territorio mediante conquiste militari, come quella di IZUMO (nella prefettura di Shimane). Dall'intero contesto culturale sopra descritto si ricavano elementi di una

Religione antica primitiva

È basata sulla venerazione della *dea del sole* mediante manifestazioni primitive risalenti alla tarda cultura *Jomon* sopra menzionata. Alcune di tali manifestazioni, relative alle sepolture dell'epoca[25], riguardano circoli di pietre disposte in gran quantità a cerchi concentrici, in prossimità di fosse sottostanti, con delle sistemazioni a meridiana che ricordano i raggi ed il contorno di una ruota adagiata con un alto asse centrale. Ciò fa pensare in questo Tardo Jomon a probabili manifestazioni primitive dell'adorazione della pietra e del sole. D'altra parte, stando alle fonti più antiche giapponesi dell'VIII sec.d.C. - osserva ancora il Kidder - come quelle del *Kojiki (*古事記, M*emorie di cose antiche* del 712 d.C.) e il *Nihonshoki (*日本書記) o, abbreviato, *Nihongi (*日本記, *Annali del* Giappone del *720 d.C.)*, si deduce che la venerazione della *dea del sole* è antichissima che può risalire probabilmente fino al II millennio a.C. Il Capo Yamato, in qualità di discendente della Stirpe del sole, aveva ormai assunto il ruolo di supremo *custode della pace* con un prestigio sacerdotale. Protetto dagli *Uji-Gami*, déi tutelari, si affermava attraverso stretti legami di parentela mediante matrimoni misti tra i vari clan ed anche facendo propria l'antica religione del popolo giapponese che ha sempre conservato una notevole vitalità, fino al giorno d'oggi, con il nome di "*Shinto* 神道".

Nella sua forma antica, secondo J.E.Kidder[26], lo *Shinto* era una fede vaga in una moltitudine di spiriti della natura, in particolare quelli che risiedevano nei boschetti ombrosi, sulle cime dei monti, vicino alle sorgenti, intorno a rocce strane nella forma e, praticamente, ovunque il paesaggio presentasse un aspetto pittoresco. Gli dei erano benigni nell'era protostorica

---

[25] J.E.Kidder: op.cit., pp.79-83
[26] ibidem, pp.213-216

e concedevano le loro grazie ad imperatori e popoli. Divennero oggetto di sacrifici e di offerte in segno di gratitudine. Le cerimonie religiose contenevano abluzioni e purificazioni per evitare la contaminazione di oggetti non puliti. Il sole e la luna avevano ormai assunto una posizione sicura nel pantheon e la venerazione di "*Amaterasu* 天照", la dea del sole, può essere incominciata nell'era protostorica nella famiglia imperiale. Il valore politico dell'insegna della dea del sole fu indubbiamente riconosciuto in antico. Gli antichi simboli della spada (*tsurugi* 剣), dei gioielli curvi (*magatama* 勾玉) e dello specchio (*kagami* 鏡)[27] traevano origine dai periodi preistorici, ma anche altre caratteristiche tipiche dei santuari e delle loro attività avevano una storia molto antica; e probabilmente risalgono a molto tempo prima che tale religione prendesse il suo nome definitivo. Tutto ciò ci offre un panorama, seppur ristretto, sufficiente per farci un'idea di quello che era il Giappone prima dell'avvento del Buddhismo.

Interscambi culturali con la Cina e la Corea

Gli studiosi[28] concordano nell'affermare che la storia vera e propria del Giappone comincia dal V al VI sec.d.C., da quando, cioè, i Giapponesi adottata la scrittura cinese, cominciarono a prendere nota degli eventi che si svolgevano davanti ai propri occhi. Nel comparire alla ribalta della storia, pur con una civiltà precedente dalla fisionomia ben distinta, il Giappone non poteva ignorare la vicinanza della Corea, conquistata a sua volta dalla civiltà cinese. Infatti, sarà sempre la Corea il passaggio obbligato di ambascerie, mercanti ed immigrati portatori di elementi culturali cinesi che lentamente penetrano in Giappone, il quale di buon grado li accetta, li

---

[27] Stando alla mitologia, sono"I tre simboli sacri, detti *Sanshu Jingi* (o *Mikusa no kandara*) *Le tre specie di oggetti divini*, cioè: 1) i gioielli *curvi* lunghi otto piedi (*Yasaka no magatama*), 2) lo *specchio* di otto *ata* (*Yata no kagami*), 3) la spada che falcia l'erba (*Kusanagi no tachi*). Questi tre simboli vengono consegnati dalla dea *Amaterasu* a suo nipote *Ninigi* mentre scende nelle isole giapponesi (sul monte Takachiho, provincia di Miyazaki) per conquistarle...(Cfr.M.Muccioli : "Lo Shintoismo Religione Nazionale del Giappone, op.cit.,, pp.23 ss.

[28] M.Muccioli: "Le Letterature Giapponese e Coreana", Sansoni Accademia, Milano 1969, pp.12-13. Cfr. anche: Edwin O.Reischauer: "Storia del Giappone", cit., pp.18-19

assimila e, come pensa G.Tucci, senza copiarli, li trasforma facendoli suoi esprimendo così una propria autonoma creatività. Si può così affermare che dal II al V sec. d.C. il Giappone conduceva la vita in una certa autonomia dal continente asiatico fino a quando l'influsso cinese e coreano si farà sentire non solo con il flusso migratorio introducendovi le arti e le scienze, ma in modo particolare con l'ingresso della dottrina buddhista di cui ci occupiamo nel paragrafo che segue.

2. IL BUDDHISMO IN GIAPPONE (VI s.d.C.). PRIMI IMPATTI

Periodo ASUKA 飛鳥時代 (500-710 d.C.)

È il periodo storico più antico in cui[29] si susseguono all'interno del Paese le rivalità tra i vari clan come quella tra *Umako* della famiglia SOGA e *Moriya* della famiglia di MONONOBE. Il Buddhismo viene introdotto ufficialmente in Giappone nel 538 (o nel 552) d.C. quando il Re Syong-Myong del Paek-che di Corea invia una sua delegazione con alcuni doni da presentare all'Imperatore Kinmyo (540-571). Secondo la tradizione, tra i doni sembra ci fosse, insieme ad alcuni "sutra", una statuetta in legno di Avalokitesvara[30] (*Kannon bosatsu* 観音菩薩) conosciuta come la *Kudara Kannon,* cioè la Kannon di Kudara dal nome giapponese del regno di Paek-che. Vi era anche l'invito ad abbracciare la nuova fede attraverso un messaggio, il cui testo riportato dal *Nihongi* recita fra l'altro:"*...Questa dottrina è di gran lunga la migliore di tutte le dottrine...Essa può originare benedizioni... e far conoscere il **risveglio** senza pari...affinché si compia la parola del Buddha: "La mia Legge si propagherà verso Est"*[31].

Era ovvio che l'apparizione del Buddhismo creasse subito un impatto con la primitiva religione nazionale, incontrando le prime inevitabili difficoltà per una convivenza pacifica, ma sta di fatto che lascerà in Giappone un'impronta religioso-culturale indelebile lungo i secoli fino al giorno d'oggi. Infatti, la nuova Religione introdotta dall'esterno, basata sulla pietà e compassione per tutti gli esseri, si fa strada lentamente seppur con qualche lotta cruenta tra i suoi sostenitori come il clan SOGA ed i suoi

---

[29]Lopez-Gay, Pont. Univ.Gregoriana: "Buddhismo Giapponese" (schemi) 1994, pp.7-8
[30]A.Tamburello in "Il Giappone prima dell'Occidente", cit., p.26
[31]G.Renondeau e B.Frank: "Storia delle Religioni", 17-Il Giappone, a cura di Henri-Charles Puech, Laterza 1978, p.38

avversari come il Clan Nakatomi ed il clan MONONOBE, il cui capo Moriya cade nella battaglia del monte Shigi (587). Vittorioso, il Clan Soga ottiene dall'Imperatrice SUIKO (592-628) il ruolo di governo supremo.

SHŌTOKU TAISHI. Buddhismo Religione nazionale.

Avviene così che il Principe reggente Shōtoku Taishi 聖徳太子(572-622), il Costantino del Buddhismo nipponico, introduce ufficialmente la nuova fede presso gli ambienti di corte trovando nel Buddhismo un ottimo espediente per l'unificazione e la pacificazione del Paese. Dichiarato nel 594 religione di stato, il Buddhismo strumento di cultura diventa così il simbolo del nuovo Giappone, in cui l'ideale religioso è legato alla vita nazionale. Nel 604 viene da lui promulgata la Costituzione di 17 Articoli (*Ju-shichi-jo no kempō* 十七条の憲法) con una ideologia confuciana[32].

E' il primo atto governativo che trasformerà radicalmente il Giappone (allora *Yamato*) in tutti i campi (religioso, politico, sociale). Recita l'Art.1: *"Rispettate innanzitutto WA* 和, *(che significa Pace ed anche Giappone, nome utilizzato dai Cinesi per indicare questo paese). Il vostro primo compito è quello di evitare le discordie...* Recita l'Art.2: *Venerate con tutto il vostro cuore i tre tesori: il Buddha, il Dharma (legge universale) e il Sangha (comunità buddhista), poiché in essi è la vita ideale e la saggezza della nazione...*Con questo articolo la Religione buddhista è ufficialmente raccomandata; il che equivale a farne la religione di Stato[33].

Particolare menzione merita l'art.10 che recita: *Non abbandonatevi all'ira. Perdonate uno sguardo d'ira. Cercate di non provare risentimento se altri manifestano pareri differenti dai vostri. Ciascuno ha il proprio carattere ed il proprio pensare. Se voi avete ragione io debbo aver torto. Non sono sempre santo e voi non siete sempre peccatori. Siamo entrambi fallibili mortali, e chi è abbastanza saggio da giudicare chi di noi è buono o cattivo? Siamo entrambi saggi e scriteriati alternativamente...*

Il primo tempio buddhista *Shi-Tennō-ji (Tempio dei quattro Re Celesti),* da lui fatto costruire ad Arahata in Naniwa entro l'attuale Osaka,

---

[32] Lopez-Gay, cit. p.8 e pp.16-17
[33] M.Random: "GIAPPONE" (La strategia dell'invisibile), Ecig, Genova 1988, pp.198-199-201

conteneva padiglioni che ospitavano le prime grandi istituzioni assistenziali patrocinate dal Buddhismo come lo *hiden-in, campo della compassione,* orfanotrofio e ospizio per i vecchi; il *seiyaku-in* dispensario farmaceutico; il *ryobyo-in* ospedale. Seguiva poi il *kyoden-in* per la divulgazione dei testi *buddhisti*...curando lui stesso i quattro rotoli di commento del Sutra del Loto, noti come *Hokke gisho,* che rimangono quali primi esempi superstiti di calligrafia su carta [34].

Fusione e convivenza di due Religioni

E così, grazie al sostegno del Principe Shotoku il Buddhismo riuscì in altri modi a penetrare nelle credenze religiose correnti dei Giapponesi assimilandosi ulteriormente al culto dei santuari shintoisti. Venne così accettata l'idea che i *Kami* giapponesi fossero in realtà manifestazioni locali di divinità buddhiste, che cioè "Amaterasu" fosse il *Dainichi (大日 Grande Sole)* il Buddha universale. Ciò contribuì a giustificare la fusione delle due Religioni che cominciarono a convivere all'interno di un sistema sincretistico detto *Ryōbu-Shintō* 両部神道, ossia lo Shinto dai "due aspetti" o "dalle due facce"[35]. Qui si inserisce la concezione secondo cui a partire dal IX secolo si cominciò, con l'intenzione di esprimere venerazione, ad applicare ai *Kami* il titolo di *Bodhisattva*. Tale concezione viene più tardi simboleggiata dall'espressione *honji-suijaku* 本地垂迹 che significa: il corpo originale (*honji* 本地) di un *buddha* o di un *bodhisattva* si manifesta lasciando cadere (*sui* 垂) la sua traccia (*jaku* 迹) sulla terra, trasformandosi così in divinità shintō[36].

Con l'opera di Shotoku, che ebbe espressione nella su menzionata *Costituzione,* la famiglia imperiale, come fonte unica d'autorità, riuscì a dare al Giappone delle vere strutture statali...preparando il campo alla cosiddetta riforma *Taika* 大化 o del "grande cambiamento" (645 d.C.) in cui l'imperatore, da capo del clan più potente, divenne il capo effettivo del

---

[34] A.Tamburello, op.cit., p.24
[35] J.W.Hall, op.cit., p.82
[36] G.Renondeau: "Il sincretismo giapponese", op.cit., pp.75-76. Ibidem, p.82 l'Autore riporta alcuni versi del Nò YORO: "Tra un dio *shintō* - e un *buddha* - la differenza è la stessa che tra l'acqua e l'onda".

paese con un'amministrazione centralizzata sul modello di quella cinese[37]. Prende così il via questa religione straniera quasi a diventare la *religione nazionale* del Giappone con le sue molteplici istituzioni assistenziali a favore di bambini ed anziani presso il tempio *Shi-Tennōji* fatto costruire, come su ricordato, da Shotoku Taishi nell'attuale città di Osaka.

A tale proposito vien fatto di porci la domanda su come ciò possa essere accaduto. Una spiegazione a mio avviso abbastanza soddisfacente ci viene da René Sieffert[38] il quale dice che "l'importazione del Buddhismo in Giappone fu anzitutto un atto stabilito dall'aristocrazia dominante, un atto politico anzitutto. La nuova religione venne adottata per rafforzare il potere statale contro le usurpazioni dei vecchi clan mal sottomessi...Shotoku Taishi, pur passando senza dubbio per un sant'uomo, era soprattutto un uomo di stato che sembra aver presentito il peso politico di una *religione ufficiale* dalla tendenza unitaria di fronte alla potenza dei *Kami* ai quali si richiamavano i dissidenti dichiarati o virtuali. Se il Buddhismo, così inteso, diventava un sostegno per lo stato, quest'ultimo in compenso lo teneva sotto tutela...non rinunciando mai a tenere sotto controllo i grandi monasteri ai quali elargiva beni temporali, mentre certi monaci di nobili famiglie cercavano di impossessarsi del potere".

Un'ultima considerazione dell'Autore sopra ricordato riguarda "la diffusione del Buddhismo in Giappone che si è effettuata venendo dall'alto, secondo un processo esattamente inverso a quello che ha fatto capo all'invasione del mondo romano da parte del Cristianesimo. Ed è questo il motivo indubbiamente principale dell'estrema lentezza del suo espandersi nelle provincie e delle resistenze incontrate da parte di seguaci delle antiche credenze, che avevano tutto il tempo di elaborare una parvenza di dottrina ironicamente fatta, nella sua parte più coerente, di concessioni alla religione straniera".

Nacquero intanto varie sette o *scuole* con l'aumentare dei monasteri, dove, con l'impulso da parte di monaci cinesi e coreani, si cominciava lo studio dei vari sistemi del Piccolo e del Grande Veicolo, dando luogo a filosofie diverse così che i discepoli passavano da un corso all'altro. Si arriva così al periodo della prima capitale del Giappone.

---

[37]Corradini Piero, *Introduzione alla storia del Giappone,* Bulzoni Ed. Roma 1992, pp.29-30
[38]René Sieffert: *Les Religions du Japon*, Presses Universitaires de France, Paris 1968, pp.26-27

Periodo NARA 奈良時代 *Nara jidai* (710-794 d. C.)

Nara, prima capitale del Giappone, vede fiorire le cosiddette *Sette di Nara,* le sei scuole[39] che rappresentano la fase iniziale dello sviluppo del buddhismo giapponese e delle quali quattro sono in realtà anteriori a questo periodo.

1 - La prima, introdotta nel 625 dal monaco coreano Ekan, è detta *Sanron* 三論 *tre trattati* della scuola *Madhyamaka, via intermedia,* fondata da *Nāgārjuna*[40] vissuto attorno al III sec.d.C in India. Ha il suo centro in Giappone (Nara) nel famoso tempio *Hōryūji* fondato da Shōtoku Taishi. La sua dottrina è basata sul giusto comportamento nel mezzo che sta tra un godimento illimitato dei piaceri e un'ascesi cieca e disumana; pone l'accento sulla *non-realtà* del *sé* che implica la negazione dell'esistenza fenomenica che conduce alla dottrina sul *vuoto (śūnyatā)*, in cui tutto è impermanente nella reciproca interdipendenza; di qui nasce la *"genesi condizionata o generazione dipendente"*[41].

2 - L'altra scuola *Jōjitsu (Satya-siddhi-sastra)*,quasi dello stesso periodo; nel Giappone dei monaci non sarà mai fondamentalmente distinta dalla Sanron.

3 - La terza scuola *Hossō (Dharma-lakshana)*, introdotta dal monaco Dosho giapponese al suo rientro dalla Cina nel 654, si ispira allo *yoga*. Secondo la scuola *Hossō* - osserva Renondeau - esiste in tutti gli esseri una natura propria, assoluta, impossibile da definire, la quiddità (*tathata;* giapp. *Shinnyo* 真如). Chi si libera dalle proprie impurità ritrova questa vera natura; arrestando il corso delle trasmigrazioni, raggiunge così la condizione del Buddha.

---

[39]ibidem, pp.30-31 e G.Renondeau e B.Frank, op.cit., pp.41-44
[40]Personaggio complesso e influente - afferma M.Fuss - tanto da essere venerato come un secondo Buddha…Nel pensiero filosofico contemporaneo giapponese Nāgārjuna ha influenzato molto la "scuola di Kyoto" e il suo rappresentante Keiji Nishitani. Cfr. M.Fuss in *Le grandi figure del Buddismo,* Cittadella Ed. Assisi 1995, pp.129,132.
[41]M..A.De Giorgi, *Salvati per grazia attraverso la fede,* Emi 1999, p.30. Cfr. anche W.Rahula, *L'insegnamento del Buddha,* Edizioni Paramita 1984, cap.V *La dottrina del non-sé,* pp.79-99.

4 - Una quarta scuola è quella chiamata *Kusha* 倶舎(*Abhidharmakosas astra*) fondata nel 658 da due religiosi cinesi Chitsu e Chitatsu i quali riconoscono la realtà di cinque aggregati e di 75 elementi che costituiscono l'io fisico e mentale, ma negano quella dell'io in quanto realtà indipendente.

5 - Nel 736, Tao-hsuan (giapp.Dozen) introduce l'*Avatamsaka-sutra,* (giapp.*Kegon-kyō* 華厳経) che ammette l'esistenza in tutte le cose di un assoluto, "quiddità" (come nella scuola Hosso) e rappresenta l'universo mediante l'immagine di *Buddha supremo (Roshana)* assiso su di un fior di loto dai mille petali, su ciascuno dei quali, che costituisce di per sé un universo, è assiso un Sakyamuni. Ogni universo a sua volta si compone di una miriade di mondi, in ciascuno dei quali si trova una manifestazione più piccola di Roshana, e così via. In onore di questa scuola viene edificato a Nara il tempio più grande, il *Tō-Dai-Ji* dove è collocata un'immagine colossale di Roshana.

6 - Infine, la scuola *Ritsu* 律 *(Vinaya, disciplina)*[42] conosciuta in Giappone nel 754 grazie ad un monaco cinese di nome Chien-chen (giapp.Ganjin). Questa insiste più sulle regole monastiche che sulla dottrina filosofica e rende più severa la selezione, più solenne l'ordinazione, qualunque sia la scuola a cui i novizi appartengano.

Tra gli aspetti positivi si fa osservare che tra i monasteri delle varie scuole su ricordate non esisteva alcuna animosità verso dottrine diverse, mentre veniva praticata l'ospitalità reciproca. Così non è da trascurare, rileva Lopez-Gay[43], la grande rilevanza culturale che ha il periodo di Nara, in cui viene completato il *Kojiki* 古事記 "registri delle cose antiche" (712) e il *Nihonshoki* 日本書紀 "cronache del Giappone"(720); si inizia anche a compilare il *Fodoki* "guida topografica del Paese" (713) e vengono raccolte le opere letterarie in poesia o *Manyōshū* 万葉集 (766), (lett.: *raccolta di diecimila foglie*). Per altri aspetti è anche vero che le tensioni tra i monaci buddhisti e i governanti erano forti e che il Giappone non si trovava ancora in un periodo di piena integrazione. Da aggiungere che in questo periodo i grandi monasteri di Nara erano beneficiari di possedimenti terrestri esenti da imposte, dove gli agenti governativi non potevano entrare. Questa pratica - si fa notare[44] - allargata anche a favore di molti nobili, finì per indebolire l'autorità centrale sia finanziariamente, sia politicamente. Pertanto, l'Imperatore Kammu (782-805) promulgò due editti (nel 783 e 795) per limitare l'accrescersi dei beni ecclesiastici. E per sottrarsi all'influenza dei monasteri di Nara, diventati ormai troppo potenti ed anche litigiosi tra loro a causa dei rispettivi beni, decise di stabilire la propria sede nel 782 dapprima a Nagaoka, poi nel 794, non lontano di là, in un luogo che ricevette il nome di *Heian-Kyō, Capitale della pace,* l'attuale *Kyoto*.

Periodo HEIAN 平安時代 *Heian Jidai* (794-1185)

Heian significa *pace, tranquillità*. Si tratta di uno dei periodi più fiorenti della storia del Giappone, in cui Kyoto sarà la *Miyako* 都, la *Capitale,* dove il Buddhismo con grande vitalità acquisterà caratteri autenticamente giapponesi, benchè i fondatori delle nuove sette si siano formati in Cina[45]

Le scuole buddhiste di Nara tagliate fuori dal palazzo - fa notare R.Sieffert- si ripiegano ormai su se stesse e vegetano nella "Capitale del Sud" (Nara), mentre a *Miyako, la Capitale,* vengono soppiantate da due nuove scuole, la *Tendai* e la *Shingon*.

TENDAI 天台 "Piedistallo Celeste"

Saichō (pr.Saicio 最澄 *767-822)*[46] è il Fondatore del Tendai, meglio conosciuto con il nome postumo di *Dengyō-Daishi (*傳教大師 *Gran Maestro che trasmette l'Insegnamento).* Si stabilì nel 785 in un eremitaggio sul Monte *Hiei (*比叡山 *Hi-ei-zan, monte al par della Sapienza)* a nord-est di Kyoto.

Nel 797 divenne uno dei cappellani dell'Imperatore, da cui ricevette rendite provinciali che migliorarono la sua fondazione. Si tenne la cerimonia chiamata *Hōkke-e,* A*ssemblea Legge del Loto (*法華会*),* ripetuta

---

[44]G.Renondeau e B.Frank, cit., pp.44 ss.; cfr. anche R.Sieffert, cit. pp.31 ss.
[45]Lopez-Gay, cit. p.9
[46]G.Ren. e B.Fr., cit.pp.45-46; cfr. anche R.Sieffert,cit., pp.32-33

nell'801 assumendo una particolare importanza. Inviato in Cina nell'804 dall'Imperatore Kammu, potè visitare molti monasteri tra cui, in primo luogo, quello costruito sul monte T'ien-t'ai (*Tendai* giapp.) dove Chih-i fondò nel 575 una setta ispirata alla dottrina del Sutra del Loto (法華経 *Hōkekyō*). Quivi si professava che tutte le Scritture riflettono una parte della rivelazione di Buddha e che tutte le strade conducono alla salvezza come lo studio, la meditazione e la fede nelle promesse dei Bodhisattva tanto quanto le opere. Al ritorno dalla Cina fondò il monastero *Enryaku-ji* sul Monte *Hiei* che, quasi una riproduzione giapponese del T'ien-t'ai, divenne un centro altolocato del Buddhismo, dove migliaia di monaci si formarono nello studio sotto la direzione dello stesso Saichô e in seguito dei suoi successori come Ennin e Enchin, anch'essi di ritorno dalla Cina.

Per quanto concerne la dottrina, Lopez-Gay[47] parla di eccletismo religioso e di salvezza universale, mentre si arriva all'illuminazione contemplando i fenomeni da tre punti di vista diversi o da tre verità diverse (*Santai*) cioè: il *vuoto (kū), la provvisorietà (ke) o la trascendenza sopra ogni dicotomia di vuoto e provvisorietà (chū)*. Per capire inoltre la verità (e unità) del mondo, già realizzata, esiste il mezzo unico della meditazione che porta all'illuminazione che include in un solo pensiero *(ichi-nen* 一念*)* tutti i fenomeni di questo mondo *(san-zen* 三千*)*. Sostanzialmente sono dello stesso parere altri Autori, citati in nota, affermando che la scuola giapponese *Tendai*, senza rinnegare le sue origini cinesi, andava assumendo assai rapidamente una fisionomia originale, praticando un eccletismo di fatto che porterà più tardi alla formazione di un Buddhismo specificamente giapponese. Difatti, nell'ammettere lo studio di tutti i *sutra*, la devozione a tutti i Bodhisattva e la pratica di tutte le opere, manifesterà ben presto una marcata preferenza per il *Sutra del Loto* (sanscr:*Saddharma-pundarika-sutra*), "alla cui rivelazione[48] si conformò proclamando la verità definitiva di un Veicolo Unico di salvezza contro le antiche concezioni relative ai Tre Veicoli, corrispondenti a tre specie di approccio al Cammino buddhista. Essa affermò anche che il *buddha* Sakyamuni, quale apparve quaggiù, non fu se non la manifestazione di un Buddha eterno ed universale.

"Poichè la "*natura di buddha*" esiste in tutte le cose, non vi è alcun essere, animato o inanimato, che non la possegga e che non sia suscettibile

---

[47]Lopez-Gay, cit. pp.26-27
[48]G.Renondeau e B.Frank, cit. p.46

di arrivare un giorno a realizzarla pienamente; occorre soltanto svincolare tale natura dagli intralci provocati dall'ignoranza e dalle passioni". Anche il Bodhisattva *Amida* 阿弥陀(Amitabha) con l'invocazione del suo nome trovò in Saicho una speciale predilezione.

D'altra parte - osserva ancora R.Sieffert - ponendo l'accento sul carattere esoterico dottrinale, date le credenze e le superstizioni dell'epoca, darà un forte contributo a che i monaci Tendai venissero reputati come dei maghi potenti. Quest'ultimo tratto è più visibile nell'altra corrente detta *Shingon*.

SHINGON 真言 "Parola Vera"

Sarà la "dottrina esoterica" (*mikkyō* 密教) per eccellenza. Il suo Fondatore *Kukai* 空海(774-835)[49], sotto il nome di *Kōbō-daishi (*弘法大師 *Grande Maestro che propaga la Legge)*, diventerà il più grande dei santi del buddhismo giapponese. Si reca anche lui nell'804 in Cina, dove studia lo *Shingon* (cinese:*Chenyen*), "*parola vera*" equivalente al *mantra* indiano. Spirito curioso e fecondo, innumerevoli sono i suoi talenti e le sue buone opere materiali o miracolose a lui attribuite a torto o a ragione: poeta e calligrafo, scultore, costruttore di strade, pellegrino instancabile, infallibile esorcista, vittorioso sui démoni e sui mostri, inventa la scrittura fonetica [50] e diffonde la sericoltura.

Apprezzato dall'Imperatore, ottenne nell'834 l'istituzione di un santuario dell'esoterismo all'interno dello stesso palazzo imperiale, lo *Shingon-in* e la responsabilità del monastero *Toji*.

Ma portato al silenzio ed alla meditazione, nell'816 si ritira sul Monte *Kōya (*高野山 *Kōya-san),* un altopiano tra le montagne selvagge a sud di

---

[49]ibidem, pp.46-48; anche R.Sieffert, pp.33-36 e Lopez-Gay , cit.,pp.27-28

[50]A lui viene attribuito l'alfabeto giapponese *hiragana* compendiato nel piccolo poema sulla caducità *intitolato* "*i-ro- h(w)a uta*" (Canto dei colori) che così recita: *Iro wa nioedo, Chirinuru o, Waga yo tarezo, Tsune naran, Ui no okuyama, Kyo koete, Asaki yume miji, Ei mo sezu:* 色は匂へど、散りぬるを、我が世誰ぞ、常ならむ、有為の奥山、今日超えて、浅き夢みじ、酔もせず(Fragranti sono i colori, ma essi sbiadiscono. Nel nostro mondo, nessuno dura in eterno. Oggi, superate le montagne profonde delle vicende mutevoli (illusorie), non più sogni caduchi, non più ansie).Cfr. "Japanese English Character Dictionary" *by* Andrew Nathaniel Nelson, Ph.D., Charles E.Tuttle Co, Rutsland Vermont, Tokyo, third pr., 1975, p.1014

Nara, dove da inizio alla fondazione di un vasto complesso monastico il *Kongobu-ji* dove poi trova la morte nell'835. Sulla sua tomba giungono pellegrini di ogni ceto sociale e da ogni parte del Giappone per ottenere grazie e protezioni da un santo divenuto molto popolare. Per questo, nel secolo successivo gli viene conferito il titolo postumo di *Kōbō-Daishi (*弘法大師 *Grande Maestro che diffonde la Legge)*. La sua **dottrina** si fonda sostanzialmente su un profondo cosmoteismo, per cui il *Dai-nichi* 大日 *(Buddha, lett. Grande Sole)* contiene nel suo corpo tutto il cosmos mediante i *"tre misteri del Buddhismo"(*三蜜 *Sammitsu)*:

corpo *(*身体 *shintai)*, riti del corpo come i gesti della mano o mudra, posizione del corpo;

parola *(*言語 *gengo)*, sillabe, mantra o formule;

pensiero *(*想念 *sōnen)* Samadhi, meditazione, yoga che sono in tutti gli esseri viventi i quali, siano erbe o alberi, paesi o terre, pietre o uccelli, attraverso la conoscenza della *parola vera, (Shingon)* sono partecipi di questa "natura essenziale" di Buddha e possono quindi ad ogni istante "divenire Buddha"(成仏 *jobutsu)*.

La principale pratica religiosa è il **mandala** o figura rappresentativa dell'universo in forme concentriche, di cui quelli praticati nello Shingon corrispondono ai "due mondi" di cui è composto l'universo: **mondo di diamante**, *kongo-kai* 金剛界 o mandala del diamante (kongo=vajira) che rappresenta la verità eterna indistruttibile o i numeni. Il secondo è il **mondo matrice**", *taizō-kai* 胎蔵界 mandala-grembo, dove l'universo appare come un grembo in quanto origine dello sviluppo universale rappresentando il corpo, la parola e il pensiero di Buddha o i fenomeni.

Al centro dei due mondi, di cui è il legame ed il fulcro, siede il Buddha essenziale *Birushana (Vairochana)* raffigurato dal Sole *(Dai-nichi, pr.Dainici* 大日*)*. La figura del Buddha-Sole veniva facilmente accettata in un paese dove il sole, sotto il nome di Amaterasu, era considerato come una divinità sovrana, antenata di un monarca e padrona assoluta delle sue terre. In questa ottica, Amaterasu diventava una semplice trasformazione di Birushana, cioè *Dai-Nichi*. Da quì inizia quel confusionismo nazionale che è un misto di *Shintoismo* e di Buddhismo che va sotto il nome, come già ricordato, di *ryōbu-shintō*, cioè lo Shintoismo in due aspetti o dalle due facce. D'altra parte, l'Autore su citato fa anche notare che la *"Parola Vera" (Shingon)*, il cui possesso donava la chiave della scienza suprema poichè se ne faceva un sì grande mistero, non poteva essere altro che una temibile formula magica. Ed una tale interpretazione non veniva certamente smentita dai *Kōya-hijiri* (高野聖), cioè da quei *santi monaci* che dal Monte Kōya irrompevano durante i secoli su tutte le provincie. A queste ultime considerazioni possono essere collegate altre riguardanti alcune forme di ascetismo praticate dai cosiddetti *yamabushi*(山伏), cioè monaci e laici che vivevano soprattutto sui monti seguendo una terza scuola che conosciamo sotto il nome di

SHŪGEN-DŌ 修元道 "Via dell'ascetismo"

È la *via di esercizi ascetici*[51] per temprare il corpo e lo spirito e per avere la padronanza sulle cose. Questi *praticanti yamabushi* dichiaravano di riuscire a soggiogare i dèmoni e ad ottenere la soddisfazione di qualsiasi desiderio relativo alla vita presente o a quella futura. Oltre a trascorrere il tempo sui monti, questi asceti facevano pellegrinaggi di tempio in tempio lungo tutto il paese.

Senza avere un vero e proprio Fondatore e quindi senza una vera scuola *Shūgen-dō*, gli *yamabushi* si richiamavano ad un anacoreta laico leggendario di nome *En no gyō* (sec.VII-VIII d.C.) in possesso di ricette magiche, alcune delle quali estratte dal *sutra* buddhista esoterico della *Regina dai pavoni dorati* (giapp.*Kujakumyō-kyō*).

Furono molti ad imitarlo come *Shobo* (832-909), monaco appartenente allo Shingon e Fondatore a Kyoto del grande monastero *Daigo-ji* e quindi rinnovatore dello *Shūgen-dō* nella creazione, presso i monti Kimbusen e Omine in Yamato ed a Kumano, di numerosi centri religiosi divenuti meta di devoti pellegrinaggi anche da parte di nobili e di sovrani. Simili luoghi sacri, assai diffusi anche per opera di un altro monaco *Zoyo* (1032-1116), vedevano passare un gran numero di *yamabushi*, di autentici monaci o di falsi monaci, di laici di fede ardente o impostori.

Molti avevano ereditato ricette magiche in grado di soggiogare le forze avverse e di guarire le malattie. Ed erano spesso chiamati presso i malati di alto rango per leggere *sutra* e formule di esorcismo, ispirando un certo timore in quanto si attribuivano loro facoltà ignote ai comuni mortali e perciò spaventose.

---

[51]G.Renondeau e B.Frank, cit., pp-50-52

Da non dimenticare inoltre, rileva Lopez-Gay, che molti monaci si trasformavano in monaci-soldati, *sōhei* (僧兵) al servizio delle famiglie feudatarie che si impadronivano del Giappone come la famiglia Fujiwara che governava la nazione per un arco di quasi duecento anni (858-1068). Tra le azioni compiute dai monaci-soldati è da rilevare l'occupazione ed il saccheggio della capitale nel 1095.

3. FORMAZIONE DI UN BUDDHISMO GIAPPONESE

Periodo KAMAKURA 鎌倉時代 Kamakura jidai (1185-1333)

Il nome deriva dalla città di Kamakura, dove il regime politico degli Shōgun 将軍(*generalissimi, capi militari*) stabilisce la sua sede.

Nel premettere che la breve elaborazione del tema di questo capitolo avrà come fonte gli Autori già ricordati[52], prima di entrare nell'argomento, degne di rilievo vi sono alcune preliminari valutazioni critiche da parte di R.Sieffert quando afferma: "come le scuole di Nara, quelle del *Tendai* e *Shingon* erano anch'esse come dei corpi estranei deliberatamente importati ed in blocco imposti dal potere e da esso protetti e messi in dotazione. E' vero che avevano subìto delle trasformazioni per adattarsi alle condizioni locali... ma il loro insegnamento e le loro pratiche erano state elaborate dai monaci e soltanto per i monaci. I legami stretti con la Corte, la devozione superstiziosa e munifica dei grandi, il privilegio usualmente riconosciuto al Sovrano di nominare i prelati, tutto era imbevuto d'un fastidioso colorito aristocratico. Non tanto lo *Shingon* o le scuole di Nara, quanto piuttosto il *Tendai*, stabilitosi nelle porte della Città-capitale, era quello ad essere oggetto dei favori imperiali e di conseguenza sofferente per la sudditanza che ne risultava...Vi erano certamente dei santi, ma in gran parte non vi erano che abati di corte elevati a qualche dignità ecclesiastica che raffigurava una promozione mondana, dove la parentela e l'intrigo avevano maggior peso che non la scienza e la virtù".

L'Autore citato descrive inoltre non solo la mondanità, gli intrighi politici di troppi rappresentanti ufficiali del Buddhismo, ma anche le rivalità bellicose tra gli stessi religiosi. Dello stesso parere sono anche G.Renondeau e B.Frank, i quali anzitutto fanno una fugace carrellata sulla

---

[52]ibidem, pp.52-63; R.Sieffert, cit., p.37 ss.; L.Gay, pp.10-11

situazione politico-amministrativa del sec.XII in cui incendi, epidemie e guerre civili devastano il paese con il trionfo del clan guerriero dei **Minamoto** sul clan rivale dei **Taira** e con l'istituzi\one da parte dei vincitori di un'amministrazione di controllo a **Kamakura**.

In riferimento poi al Buddhismo affermano che "se è vero che esso aveva ormai conquistato una parte sempre crescente della popolazione, che disponeva di risorse considerevoli, tuttavia aveva visto abbassarsi il suo livello morale, come testimoniano le lotte alle quali prendevano parte i monasteri e la vita spesso poco edificante che si conduceva nei conventi". Evidente il disorientamento di molti fedeli, per cui "si può dire che erano ormai maturi i tempi per una riforma religiosa".

Si assiste allora - rileva R.Sieffert - alle reazioni significative di alcuni monaci che decidono di abbandonare onori e privilegi per vivere "in povertà di spirito" così da dare al Buddhismo un'impronta indelebile per l'intero Giappone. Concludono gli studiosi nel dar risalto a tre grandi correnti religiose quali espressioni di una riforma ormai necessaria: la prima conosciuta sotto il nome di

AMIDISMO

In un ambiente apocalittico - osserva Lopez-Gay[53]- con guerre civili e lotte tra monasteri si era giunti al *mappō* (末法)[54], cioè al periodo della degenerazione, per cui non interessano più i dogmi, i misteri, ma la prassi. La religione si converte in una pietà semplice e popolare. L'uomo si sente peccatore e sente il bisogno della salvezza in un Altro, il Buddha Amitabha

---

[53] Lopez-Gay, cit. pp.28-30

[54] Il *Mappō* ovviamente non indica una data esatta, ma è da leggere nel senso metaforico di *epoca* in quanto "all'interno del Buddhismo Mahayana si svilupparono fin dalle origini speranze messianiche strettamente collegate al concetto di epoche mondiali storiche, specialmente nello schema dei tre periodi della dottrina del Buddha, cioè dei periodi del *dharma puro (shōbō* 正法*), del dharma fenomenico (zōbō* 造法*), e del dharma finale (mappō* 末法*)*. Senza dubbio si tratta di una rappresentazione messianico-escatologica, benchè il Buddhismo non conosca alcuna escatologia assoluta come compimento della storia del mondo. Secondo un calcolo molto diffuso in Giappone, mondo e Buddhismo sarebbero giunti all'epoca finale verso la fine del periodo *Heian*. Lo stato d'animo impregnato di speranza escatololgica che ne derivò si diffuse tra tutto il popolo (H. Dumoulin, *Buddhismo*, o.c., p.153 ss.).

(giapp. *Amida-Butsu* 阿弥陀仏)[55]. Pur non essendo un personaggio storico come Shakyamuni - rilevano G.Ren. e B.Fr. - ma un Buddha immaginario, Amitabha è diventato oggetto di un culto fervente nell'Estremo Oriente. Secondo una delle tre Scritture o Sutra[56], esiste un *voto primordiale* da lui formulato in 48 articoli, la cui sostanza è:

"Io rinuncerò a ricevere il Risveglio, cioè a diventare Buddha se tutti coloro che credono in me, esprimendo il desiderio (nell'ultima ora della loro vita) di rinascere nella mia terra, non vi rinasceranno!". La Terra di cui qui si parla si trova verso l'Ovest ed è la *Terra Pura* (giapp.*Jōdo* 淨土), chiamata "la Felice"(sanscr. *Sukhavati;* giapp.*Gokuraku* 極楽), una sorta di paradiso dove si rinasce uscendo per sempre dal ciclo delle trasmigrazioni fruendo di tutte le gioie in attesa di diventare un *buddha*. "Per ottenere questa rinascita bisogna, in conformità con il voto di Amida, pensare fervidamente a lui esprimendo il *nembutsu* **(**念仏**)**, *Namu Amida Butsu* 南無阿弥陀仏 *"Adorazione per il Buddha Amitabha"*.

Movimenti Amidisti

1. L'Amidismo - rilevano ancora i due Autori - cominciò ad assumere uno sviluppo veramente senza precedenti grazie al monaco Genshin (942-1017) del Tendai il quale, alla scuola di commentari e di scritti cinesi specie del maestro Chan-t'ao (613-668, giapp. *Zendo*), scrisse un trattato dal titolo *Ōjō-yōshū* 大往要生 *(L'Essenziale per rinascere nella Terra Pura)* in cui sostiene che per la salvezza praticamente non vale la pena acquisire i meriti richiesti con le proprie forze (*ji-riki* 自力) quando è molto più semplice e più efficace confidare ciecamente, ma con tutto il cuore, nella forza di un altro (*ta-riki* 他力), cioè nell'onnipotente compassione di Amida.

Pioniere di tale movimento sarà il monaco Kuya (903-972) detto "il santo della strada" che invocava la formula di adorazione di Amitabha, o *nembutsu* 念仏, danzando nelle strade per attrarre la gente. Tale formula si

---

[55] Su "le origini del culto di Amida" nei suoi dettagli cfr.Maria A.De Giorgi, *Salvati per grazia attraverso la fede,*Emi, Bologna 1999, pp.40-60
[56] Lopez-Gay riporta (p.29): "trad.inglese, SBE, vol.49: il Grande sentiero, il Piccolo sentiero e il sutra di Amida"

sparse per il paese continuando per lunghissimi periodi fino alla formazione - ricorda Lopez-Gay - della scuola amidista *Ji-shū* (時宗) *religione del tempo* ad opera del monaco itinerante Ippen (1239-1289) che diffuse la fede nel *Buddha dell'Ovest* mediante pratiche quali *Odori-nembutsu* (踊念仏), *il nembutsu danzato* utilizzando il tempo *ji* (時) delle sei ore (che indicano tutto il giorno per i giapponesi).

2. Da porre nel dovuto rilievo è che la prima scuola (o setta) amidista chiamata *Yūzū-nembutsu* (融通念仏) è dovuta al monaco *Ryonin* (1072-1132) che le diede la struttura di una religione vera e propria. Infatti, per *Ryonin* il culto di Amida non era più soltanto una pratica aggiuntiva, ma era talmente importante ed efficace che una sola invocazione del Nome di Amida, pronunciata da una sola persona, era sufficiente a salvare tutti gli uomini. Lo dimostra la parola *Yūzū* 融通 che, ci dice Lopez-Gay, significa *circolazione* degli atti, per cui è di *Ryonin* il motto: "un atto è per tutti, e tutti per un atto". La recita del Nembutsu è utile a tutti in quanto fa parte di una inter-comunicazione tra i membri di uno stesso corpo, che potrebbe, a mio avviso, anche essere accostato al contesto cristiano del *corpo mistico*.

3. Tutt'altra è l'esperienza - fa notare R.Sieffert - di Genku, meglio conosciuto sotto il nome di *Hōnen-Shōnin*(法然聖人,1133-1212) la cui opera porta il titolo *Sentaku-hongan-nembutsu-shu* (選択本願念仏集); *sentaku* (選) ha il significato di "scelta", *hongan* (本願) di "promessa fondamentale"(o "voto originario") da cui derivano tutte le altre promesse di Amida: "senza eccezione salvare tutti gli esseri, non solamente i monaci ed i devoti; questi ultimi non sono che una manciata sperduta tra le masse degli stolti, dei poveri e dei peccatori.

Nella sua infinita misericordia, come potrà Amida esigere da loro la conoscenza e l'ascesi, l'osservanza di regole e di riti? .." Formato presso il Tendai a Hiei-zan - rilevano G.Ren. e B.Fr. - e convinto che i Buddhisti non avessero più fervore e che non si potessero più tener legati a quelle discipline ritenute fin lì necessarie per raggiungere la condizione di *buddha*, *Hōnen* trovò la via della salvezza nel soccorso offerto da Amida mediante il *nembutsu*, data la incapacità dei suoi contemporanei di salvarsi da soli. All'idea della salvezza mediante le opere, *Hōnen* sembra sostituire quella della salvezza per azione della grazia.

E' questa la sua dottrina del *Jōdo-shū* (浄土宗), *Religione della Terra Pura*, organizzata poi dai suoi discepoli in una solida struttura. Diede più valore alla prassi che alla teoria e proclamò la secolarizzazione rifiutando il clero, il celibato e i monasteri. Questi ultimi con Shinran diventeranno *dōjō* (道場), cioè semplici luoghi di riunioni.

4. Sarà *Shinran* (親鸞 1173-1262) l'illustre discepolo che seguirà più da vicino le sue orme. Questi porterà gli insegnamenti del suo maestro alle loro estreme conseguenze costituendo la *Jōdo-shinshū* (浄土真宗) o *Shinshū* (真宗) cioè la *Religione (Setta) autentica della Terra Pura*. Mentre in Honen - sottolinea Lopez-Gay - il "nembutsu" era un "segno" della fede, in Shinran, più che la ripetizione del "nembutsu" è l'atteggiamento di fede *shin* (信) e di fiducia *shin-yo* (信用) che porta alla salvezza. La sua dottrina è contenuta nell'opera *Tannishō* (歎異称, *note per deplorare le deviazioni dottrinali)*, "comunemente attribuita a Yuien, discepolo di Shinran che, dopo la morte del maestro, raccolse alcuni suoi detti ed annotò alcuni ricordi personali..."[57].

Shinran - come spiega F.Sottocornola nell'introduzione a tale opera - trova la "salvezza solo per grazia"(etero-salvezza), senza cooperazione alcuna o partecipazione umana, operando il netto distacco tra "morale" e "religione"...Non c'è rapporto tra la salvezza e il comportamento morale. Anzi la salvezza è offerta proprio al peccatore perchè tale ed in quanto tale, ossia perchè incapace di salvarsi da solo. Non ne segue che Shinran incoraggi il male o scoraggi dal fare il bene...ma che la salvezza non dipende dal nostro fare il bene o il male, ma che è assolutamente ed unicamente dono di Amida"[58]

Un'altra caratteristica del *Jōdo-shinshū* - rileva F.Sottocornola - è la sua "laicità" come la componente più apparescente, più visibile e, in un certo senso, più significativa. In base al *voto originario* di Amida non essendoci discriminazione alcuna tra il "monaco" o il "semplice fedele", Shinran sceglie la condizione di "laico"decidendo di sposarsi per "ritornare al secolo" nel senso di ritenere il matrimonio, ossia la vita domestica, la vita comune di tutti gli uomini come il contesto più proprio e più conveniente alla fede-fiducia nella salvezza che è solo grazia di Amida e in nessun modo opera dell'uomo..."[59]. Tale dottrina è condensata nelle famose

---

[57] cfr.*Incontro con il Buddhismo della Terra Pura*, "Tannishō", Commento di Furukawa Tairyu e Introduzione di Franco Sottocornola, EMI, Bologna 1989, pp.20-21

[58] Ibid. p.24

[59] Ibid. p.26

parole attribuite allo stesso Shinran: "Se anche i buoni vanno in paradiso, a maggior ragione ci vanno i malvagi!"[60].

"Inoltre Shinran - prosegue l'Autore citato - considerava il celibato una forma "ascetica" di *"jiriki"* o tentativo di contribuire alla propria salvezza con le proprie forze, e si sposò rimanendo bonzo, ossia come bonzo o "uomo religioso"...E' anche chiaro che in questa prospettiva, qualsiasi dimensione "sacerdotale" scompare"[61]. Sarà utile ora riportare un'osservazione conclusiva che ci offre R.Sieffert[62] quando ci dice che "con Shinran, come si è visto, si è consumata una rottura per il fatto che era nato un Buddhismo specificamente giapponese che invaderà l'intero paese fino alle più remote provincie. I suoi avversari più accaniti avevano, del resto, favorito la diffusione della sua dottrina facendolo esiliare nel 1219 nelle provincie orientali. Alcune vecchie (sette) scuole erano sopravvissute, ma i loro seguaci erano limitati ad alcune regioni e ad alcune classi sociali ben definite"

Concludendo la sua valutazione, R.Sieffert pone l'accento sul fatto che l'Amidismo quietista dello *Shinshu* diventò il fondo stesso del sentimento religioso del Giapponese medio, di cui una tinta sussiste fino a coloro che si dicono "atei" o "agnostici". Di seguito, un accenno ad un'altra corrente riformatrice di questo periodo.

---

[60] "Shinran diceva con parole energiche: "Si dice comunemente che i cattivi possono rinascere nel paradiso e, a maggior ragione, i buoni.Ciò significa capovolgere i termini, significa mancanza di comprensione del voto originario. Bisogna dire al contrario: se i buoni possono nascere nel paradiso, quanto più lo possono i cattivi". Tale è la dottrina, se non dell'*akki*, cioè del *male come movente (della salvezza)*, perlomeno dell'*akunin-shoki* o dei *cattivi come vere cause (del voto di Amida)*"...Shinran non si distacca da Honen che aveva detto: "Per gli uomini peggiori e più vili viene annunciata la Legge migliore e più alta"; formula forse meno paradossale di quella di Shinran, dal tono che oseremmo dire più evangelico e che induce a pensare alle parole di Gesù: *"Non sono i sani che hanno bisogno del medico, ma i malati"* e: *Non sono venuto a chiamare i giusti, ma i peccatori* (Mt.9,12; Lc.19,10: *Il Figlio dell'uomo...è venuto a cercare e a salvare ciò che era perduto"* .Cfr.H.De Lubac: "Aspetti del Buddhismo", Jaca Book Ed. Milano 1980, p.329
[61] TANNISHO, cit. pp.26-27
[62] R.Sieffert, cit., p.47

Lo ZEN 禅

Secondo una tradizione Zen[63], si racconta che un giorno Buddha Gothama nel ricevere in omaggio un fiore con l'invito a tenere una predica sulla Legge, egli calmo prese il fiore tra due dita senza dire una parola. Uno dei suoi discepoli tra i più intelligenti sorrise con compiacenza. Nacque così l'insegnamento silenzioso dello Zen. Quel "sorriso silenzioso" si trasmise ad una serie di Patriarchi indiani fino all'ultimo 28° Bodhidharma che a sua volta lo portò in Cina dove nasce il nome *CH'AN* che corrisponde al *DHYANA* (sanscr.) ed allo ZEN 禅 (giapp.in senso fonetico). La luce liberante che propone lo Zen va sotto il nome di

SATORI 悟り, secondo Suzuki[64], è l'essenza dello Zen. Si è di fronte ad una "novità" sulla vita e sul kosmo giudicati con una mentalità nuova... *Satori*, alfa e omega del Buddhismo-Zen, letteralmente significa *capire, comprendere* (in cinese *Wu)*, è lo stesso che dire *illuminazione,* quella realizzata da Buddha sotto l'albero della "bodhi" presso il fiume Nairanjana. Nel *Satori* - sottolinea ancora Suzuki - avviene l'intuizione sulla natura delle cose. È lo "schiudersi del fiore della mente", è la "rimozione della sbarra" o il "trasfigurarsi delle operazioni della mente". È la nascita di un uomo nuovo...Vedere direttamente nella propria natura originaria: questo è lo scopo a cui mira lo Zen, quand'anche si fosse assolutamente illetterati...Per giungere al "satori", uno dei mezzi che mette in movimento la coscienza va sotto il nome di *KŌAN* (公案), letteralmente "annuncio pubblico". È una sentenza enigmatica insolubile a fil di logica. Si porta l'esempio del Maestro giapponese *Hakuin* 白隠 (1685-1768) il quale davanti ai discepoli batteva le mani, poi in silenzio alzava una sola mano e chiedeva loro: "sentite il rumore di una sola mano?". Al riguardo H.Enomiya-Lassalle[65] fa una riflessione dicendo che il discepolo, trovandosi sperduto abbandona la ricerca senza più pensare al "koan" e ritorna al proprio spirito. Avverrà che *kōan* e coscienza saranno un tutt'uno fino a quando il koan scompare. È il vuoto perfetto della coscienza vicina alla "illumnazione", al "satori". A volte quando la coscienza è del tutto

---

[63]Thomas HOOVER: "La cultura Zen", Mondadori ed.1981, p.57
[64]D.T.Suzuki, op.cit., pp.217-221
[65]Hugo Enomiya LASALLE:"Meditazione Zen e preghiera cristiana", Ed.Paoline, Roma 1979, pp.29-31

vuota, è una sensazione, un suono che colpisce l'udito o un bel oggetto colto dallo sguardo a produrre il "satori". L'esercizio del koan viene praticato nella scuola RINZAI 臨済(cinese Lin-chi) scomparso nell'867. Tale scuola viene introdotta in Giappone nel 1192 in modo definitivo dal monaco EISAI 栄西(1141-1215) che ha sempre mantenuto i contatti col mondo cinese. Ma è da notare che lo spirito dello Zen aveva già messo le radici nel paese di Yamato già fin dal 654 d.C. con il bonzo DOSHO proveniente dalla Cina. Un altro mezzo per giungere al "satori" è chiamato

ZAZEN 坐禅 - E' promosso dalla scuola SŌTŌ (Ts'ao-tung, cinese) fondata dal monaco giapponese Eihei DŌGEN 永平道元(1200-1253) il quale, recatosi in Cina, ebbe contatti col Maestro NYOGIO che insegnava lo "zazen" come manifestazione diretta della realtà originaria della vita[66]. Consiste nello stare seduti (*za* 坐) a gambe incrociate pensando a niente e cercando di non cadere nel sonno fino al *munen-musō* (無念無想), vuoto di coscienza chiamata *shikan-taza* (只管打坐), *sedersi senza condizionamenti*, cioè meditazione *senza tema*. Importante è il respiro in posizione eretta.

E' superfluo ricordare quanto lo "Zen" abbia influito, lungo i secoli, sulla vita socio-culturale del Giappone. Al riguardo, significativa è una frase dello storico Sir George Sansom: "L'influenza dello Zen sul Giappone è stata così profonda e pervasiva da divenire l'essenza della sua cultura più raffinata"[67]. Tra le svariate espressioni culturali ispirate allo Zen, basti ricordare la cerimonia del tè[68], *sadō* (茶道) *lett.via del tè, cha-no-yu* (茶の湯) *lett. il tè caldo,* o il dramma lirico del *No*(能) *lett: abilità*[69], oppure l'*ikebana* (生け花) *fiori viventi,* come anche le arti marziali del *bushidō*(武士道)[70], *via del guerriero* quali il *judō*(柔道) *via molle,* il *kendō* (剣道) *via della spada.*

Ma ora vorrei solo spendere qualche riga su quella poesia di tre versi rispettivamente di 5-7-5 sillabe che va sotto il nome di *haiku*(俳句), in cui uno dei massimi esponenti giapponesi BASHO(1644-1694) seppe cogliere

---

[66] E.Dogen:"Il cammino religioso" (Bendôwa), Marietti, 1990, Premessa,pp.17-18 Note
[67] Frase riportata da Th.Hoover in "La cultura Zen", Mondadori, Cles(TN),1981, p.23
[68] Kakuzo Okamura: "Lo Zen e la cerimonia del Te", Feltrinelli, Milano 1995
[69] Leo Magnino: "teatro giapponese", Nuova Accademia , Milano 1956, "Il NO" pp.37-91
[70] Inazo NITOBE: "Bushido", Edizioni Sanno-kay, Padova 1980, "*Zen to bushi,* La via dello Zen e dei guerrieri", pp.22-31

l'attimo fuggente unitamente a ciò che è eterno ed immutabile, come appare nel seguente celebre *haiku*[71]:

Oh! Vecchio stagno!	*Furu-ike ya!*	古い池や
Una rana si tuffa	*Kawazu tobi-komu*	蛙飛び込む
Rumore d'acqua!	*Mizu no oto!*	水の音

Vi è un *terzo movimento* di risveglio riformatore a cui dedichiamo maggiori dettagli nel paragrafo che segue per capire meglio l'influenza esercitata in modo diverso su alcuni nuovi movimenti religiosi del Giappone contemporaneo.

NICHIREN–SHŪ 日蓮宗 "Scuola Nichiren"

È così chiamata dal nome del Fondatore **NICHIREN** (leggi *Niciren*) 日蓮(1222-1282) figlio di un umile pescatore del Kanto, nel villaggio di

---

[71]Donald KEENE commenta: "Nel primo verso Basho ci offre la componente eterna della sua poesia: le acque immote, senza tempo, dello stagno. Il secondo ci dà il senso del momentaneo, personificato dal movimento della rana. Il loro punto d'incontro è il rumore che fa l'acqua al tuffo della rana. Interpretata in modo formale la componente eterna è la percezione del vero, soggetto di innumerevoli poesie giapponesi; il nuovo apporto di Basho è l'adoprare la rana per il suo subitaneo movimento invece che per il suo gracidio piacevole, immagine poetica abusata dai suoi predecessori. Se la *percezione del vero* è realmente il tema della poesia, s'intreccia in essa la filosofia del buddismo Zen che insegnò, fra molte altre cose, che la rivelazione ha da essere ottenuta per un rapido lampo d'intuizione più che dallo studio di sapienti tomi di teologia, o dalla stretta osservanza di austerità monastiche". D.KEENE: *La Letteratura Giapponese,* Sansoni Firenze , pp.55,56 -Sullo stesso *haiku* degna di rilievo è anche l'osservazione acuta che ne fa il Prof. D.T.SUZUKI che vi coglie l'aspetto di *vacuità*: "Nell'istante in cui la rana si tuffa nell'acqua, non vi era alcuna partecipazione da parte del poeta alla vita dell'antico stagno o della piccola rana verde. Entrambi, il soggetto e l'oggetto furono totalmente annientati. E tuttavia lo stagno era lo stagno, Basho era Basho, la rana era la rana. Rimasero com'erano o come erano dal passato senza principio. Tuttavia Basho non era altro che la rana quando udì il suono dell'acqua prodotto dal suo tuffo. Il tuffo, il suono, la rana, lo stagno e Basho erano tutto in uno ed uno in tutto. Vi era una totalità assoluta, cioè un'identità assoluta. Oppure, per usare una terminologia buddhista, un perrfetto stato di *vacuità,sunyata(ku* 空*), quiddità (tathata), shinnyo*(真如)". D.T.Suzuki: *Il risveglio dello Zen,* Ubaldini Ed. Roma 1982, pp.76-78

Kominato sulla costa di Awa nella parte orientale del Giappone nei pressi di Ise-Jingu, località della mitologia nipponica relativa ad Amaterasu (天照), dea del sole. Secondo gli studiosi, dopo tante ricerche diventò un avversario dell'Amidismo e dello Zen. Lopez-Gay[72] sottolinea alcuni tratti della forte personalità di Nichiren che viene descritto come "il più giapponese tra tutti i fondatori di movimenti buddhisti del Giappone, l'unico che non andò in Cina per la sua formazione, l'unico che non ci ha lasciato nessuno scritto in cinese. E' un tenace nazionalista, e le sue teorie religiose sono legate alla prosperità della Nazione ed alla sua grandezza...

Denunciò i peccati dei governanti quali responsabili di non operare in favore dell'ortodossia...Religiosamente rigettò le sette dell'amidismo non accettando il *nembutsu*, formula di invocazione del nome di Amida.

Fece del *Sutra del Loto* la base del suo sistema salvifico e della sua dottrina morale. Nella ripetizione del titolo *daimoku* (題目) di questo *Sutra* vide il segno della salvezza. Alla fine della vita si presentò come l'ultimo Buddha venuto per custodire e propagare il *Sutra del Loto* nella difesa della Nazione... Per tutti questi motivi - prosegue Lopez-Gay - nella storia religiosa e politica del Giappone, i seguaci di Nichiren sono stati sempre in primo piano, da veri protagonisti...Oggi 35 milioni di giapponesi appartengono al gruppo Nichiren. Tra essi sono compresi i membri di alcuni movimenti religiosi che si ispirano chiaramente a Nichiren e seguono il *Sutra del Loto,* come la *Risshō Kōsei-kai* con più di 6 milioni di aderenti. Alcuni movimenti politici laicali seguono le orme del profeta Nichiren, come la *Sōka Gakkai (Società dei valori creativi)*".

Sostanzialmente concorda, con quanto sopra descritto, R.Sieffert quando descrive Nichiren come "un teorico piuttosto confuso ed un personaggio d'un carattere poco comune, tutto di un pezzo nelle sue idee e più ancora nei suoi odii e perfino, cosa rara tra i religiosi buddhisti, un fanatico.

Aveva certamente studiato, come suoi rivali, il *Tendai* sul Monte Hiei ed acquistato una buona conoscenza dello *Shingon,* ma ben presto giudicò le scuole classiche essersi allontanate dalla purezza originale della dottrina di Shakyamuni. Questo suo ritorno alle sorgenti - prosegue R.S. - si tradusse presto in una devozione esclusiva al *Sutra del Loto (Hōkke-kyō)*

---

[72]Cfr.J.Lopez-Gay: "Nichiren", in "*Le grandi figure del Buddhismo*", Cittadella Ed.Assisi 1995, p.282

su cui fondò le sue predicazioni itineranti iniziate nel 1253 attaccando fortemente le altre dottrine.

Intollerante nel dominio religioso, lo era anche in politica così da essere ritenuto uno dei precursori del nazionalismo giapponese. Eloquente è il titolo stesso della sua principale opera *"Risshō Ankoku-ron* 立正安国論*"* *(Trattato sulla difesa dello Stato mediante l'istituzione dell'ortodossia);* se lo Zen è semplicemente da lui qualificato come "demoniaco", lo Shingon è accusato di "distruggere il paese". Riguardo a Honen dice che la sua "cattiva Legge" e la sua "perversa dottrina" attirano ogni sorta di catastrofi su un paese abbandonato dai suoi dei a causa sua"[73]. Estremamente nazionalista, come su accennato, la sua convinzione era che il Giappone fosse la terra dei *Kami* essendo anche cresciuto nella prefettura dove si trova l'isola di Ise con i suoi santuari shintoisti venerati in tutta la Nazione. Nello stesso tempo pensava che l'unico Buddhismo autentico fosse solo quello giapponese da lui ideato e che il Giappone fosse chiamato a diventare il centro del mondo. Si potrebbe dare al suo nome *Nichi-ren*, che letteralmente significa *loto del sole,* il significato di "Buddhismo giapponese"[74].

E' da rilevare che le idee accumulate nella mente di Nichiren ebbero inizio all'età di undici anni presso il Monastero di Kiyosumi alla scuola del Maestro *Dozen* nel Tendai impregnato di esoterismo. Durante quegli anni di noviziato - scrive Lopez Gay[75] - , pressante si fece in lui la questione sul perchè di tante calamità nazionali, a cui si aggiungeva il pericolo di un'invasione dei Mongoli. Si imponeva per lui la ricerca del testo buddhista che fosse quello "vero" e, come tale, principio di pace e di unione. Era necessario un solo testo autentico con una sola setta professante la vera dottrina buddhista. In tale contesto fece il voto di "diventare il più eminente sapiente del Giappone". Si dedicò allora in forma speciale agli studi. Pur sotto un ottimo maestro come Dozen che lo iniziava ad identificarsi con il *corpo, la mente e la parola* del Buddha universale presente in tutti gli esseri, le sue domande rimanevano senza risposta. Ordinato monaco a 16 anni con il nome religioso *Renchō*(蓮長) *loto che cresce,* lasciò il piccolo monastero di Kiyosumi e si recò a Kamakura dove ebbe contatti con gli Amidisti

---

[73]R.Sieffert, cit. pp.49-50
[74]J.W.Hall: "L'Impero giapponese", Feltrinelli 1969, p.107
[75]AA.VV.: "Le grandi figure del Buddhismo", o.c., Lopez-Gay: "Nichiren", pp.285 ss.

studiando i loro testi. Da quì passò al monte *Hiei*, tutt'oggi un centro di ricerca che allora contava quasi duemila monaci con un'impostazione universitaria. Le conclusioni dei suoi studi, rileva Lopez.Gay, oltre alla convinzione che tutti gli esseri senzienti e mortali partecipano alla stessa natura di Buddha, sono basate principalmente sul legame fondamentale tra l'osservanza della vera Legge e la salvezza della Nazione. I problemi e le calamità nazionali erano dovuti di conseguenza alle molte false dottrine, all'ignoranza dei monaci ed alla negligenza dei governanti che non agiscono contro questo stato di cose.

Nichiren, inoltre, aveva la percezione di trovarsi a vivere alla fine di un'epoca, quella della degenerazione della Legge (*mappō* 末法) in un clima quasi apocalittico che precede la venuta di un Buddha definitivo per restaurare la vera Legge...Finì allora per accettare solo il *Sutra del Loto*, *Hōkekyō* (法華経) cioè, in concreto, la traduzione cinese fatta da Kumarajiva[76] nel 406 sotto il titolo *Myō-hō-ren-ge-kyō* (妙法蓮華経)[77], *Sutra del Fior di Loto, Legge Meravigliosa*.

Considerando le dottrine anteriori al Sutra del Loto "provvisorie" e preparatorie, egli sotituisce al *nembutsu* degli Amidisti *Namu-Amida-Butsu* la recita o il canto del titolo del Loto: *Namu-Myō-hō-ren-ge-kyō* dove è contenuta la dottrina ultima e definitiva. Dopo dieci anni di studio e di ricerca, il 28 Aprile 1253, assumendo il nome di *Nichiren* (日蓮), *il loto del sole*, diffonde le sue idee religiose facendo uso dello *shaku-buku* (折伏) consistente nel *rifiuto* delle teorie false e *sottomettendo* tutti con la forza alla conoscenza del Sutra del Loto ed all'invocazione del suo titolo mistico su ricordato. Per la cronistoria, si parla di lui come un carattere veemente ed esuberante che si esprimeva, come già detto sopra, nella sua fede esclusivistica nel "Loto" tanto da meritarsi l'espulsione dal Monastero di Kiyosumi ordinata dallo stesso Maestro Dozen, rischiando perfino la morte voluta da un fervente amidista quale era l'Intendente locale. Dovette così rifugiarsi a Kamakura, dove il suo zelo lo spinse a scrivere una lettera di fuoco alle autorità pubbliche al fine di mettere al bando tutte le altre sette. La lettera venne accolta, ma venne cacciato da Kamakura, dove più tardi

---

[76]ibid. a p.286 in nota: "L'edizione critica del testo di Kumarajiva (344-413) nel *Taisho Shinshū Daizōkyō Kankokai*,Tokyo 1960, vol.9, n.262, pp.1-61 contiene 28 capitoli"

[77]*Myō* significa la natura essenziale della vita, *hō* le sue manifestazioni fenomenologiche, *renge* è il fior di loto, e *kyo* diventa la parola dello stesso Buddha, cfr.Lopez-Gay, cit., p.287 - Letteralmente significa: *"Lode al Loto della Legge Meravigliosa!"*

potè fare ritorno riprendendo i suoi attacchi. Fu allora che subì l'arresto e l'esilio nella penisola di Izu. Venne anche graziato, ma quale indomabile perturbatore della quiete pubblica fu nuovamente messo al bando nel 1271 per essere condannato a morte, dalla quale si salvò per miracolo[78]. Viene ancora esiliato per tre anni (1271-1274) nella remota isola di Sado, dove scrive molte lettere ed il *Kaimoku-shō* 開目抄 "*Trattato che apre gli occhi o del risveglio*". Si ritira poi sul Monte *Minobu* (ad ovest del Fuji), dove si dedica alla costruzione di un grande tempio divenuto poi centro del suo movimento. Lasciato il romitaggio, nel 1282 muore a Ikegami (inglobato oggi nella città di Tokyo)[79]. Le stesse persecuzioni da lui subite - fa notare R.Sieffert - l'avevano senza dubbio confermato nella sua convinzione di essere un'incarnazione del Bodhisattva *Jōgyō* (上行菩薩) identificazione che divenne per i suoi fedeli un articolo di fede[80].

Dottrina di Nichiren nei suoi scritti

La si può ora sintetizzare partendo dai suoi numerosi scritti, tra cui quelli principali come *Risshō Ankoku-ron, Shugo Kokka-ron , Kaimoku-shō* e da alcune sue lettere[81].

1. *Risshō Ankoku-ron* (立正安国論), *Stabilire l'ortodossia per la pace della Nazione*, scritta durante l'esilio a Izu (1260) ed indirizzata al reggente Hojo Tokiyori. A forma di dialogo tra un viaggiatore ed il padrone di casa, sostiene che tutte le calamità dipendono dalla propagazione della dottrina

---

[78] "*dopo la mezzanotte (autunno 1271) sul luogo dell'esecuzione tutto era pronto.... Improvvisamente e miracolosamente il cielo sembrò tutto splendente. Apparve un oggetto luminoso simile ad una sfera di fuoco che volava dalla parte sud-orientale verso nord-occidentale, mentre le facce di ognuno erano visibili per la luce..Gli ufficiali ed i soldati furono presi dal panico e le spade caddero dalle mani degli esecutori. L'esecuzione divenne così impossibile e l'odiato monaco venne di nuovo condannato all'esilio. Questo scampo d'un soffio dalla morte, il terzo ed il più pericoloso, lo ebbe talmente toccato da considerarsi come risorto ad una seconda vita*". (*cfr.* Masaharu ANESAKI: "History of Japanese Religion", Tuttle Co. Tokyo, pp.196-197

[79] G.Renondeau e B.Frank, cit.pp.61-62; L.Gay, cit. p.289 ss.

[80] R.Sieffert, cit., p.51

[81] Lopez Gay in "Nichiren" cit. pp.290-294

della Terra Pura o Amidismo, eresia che ha riportato in cielo tutti gli dèi protettori del paese e che bisogna frenare per la sicurezza della Nazione.

2. *Shugo Kokka-ron* (守護国家論), *Trattato sulla protezione dello Stato*.

3. *Kaimoku-shō* (開目抄), *Trattato che apre gli occhi*. Consta di undici capitoli. Nell'ultimo, Nichiren inizia promettendo di essere il maestro di tutto il Giappone, poi emette i tre voti: *"Io sarò il pilastro del Giappone, io sarò gli occhi del Giappone, io sarò la grande nave del Giappone"*[82]. E si presenta, come su ricordato, come il bodhisattva *Jōgyō* descritto dal Sutra del Loto come difensore e propagatore della Legge.

Riassumendo brevemente gli argomenti di alcuni capitoli - come fa L.Gay - si trova che (cap.I) viene affermata la superiorità del Buddhismo su tutte le religioni, mentre (cap.II) Nichiren si dichiara il primo ed autentico maestro come lo era stato a suo tempo il Buddha. Così (cap.III) si afferma che Buddha abita in tutti gli esseri mediante la dottrina del Loto; in tale contesto viene spiegato il concetto, su ricordato, *ichi-nen san-zen*, cioè in un solo pensiero (*ichi-nen*) ci sono tremila mondi (*san-zen*), che significano tutto l'universo; "Buddha è sempre Buddha (cap.IV), ma in quest'epoca di degenerazione sono io, Nichiren, l'unico salvatore" (cap.V). E così nei capitoli successivi viene spiegato il concetto di *mappō* 末法, cioè l'epoca di degenerazione, da cui uno si salva soltanto attraverso il *Sutra del Loto* respingendo tutte le altre sette che hanno dimenticato il Buddha eterno, introducendo il culto di Amida. Particolarmente interessante - rileva ancora Lopez-Gay - è l'ultimo capitolo in cui si sostiene anche la necessità delle "maniere forti (violente)" per far trionfare la Legge autentica. Di qui la pratica imposta da Nichiren del *fuse-fuju* 不施不受 *(non dare, non ricevere)*, ossia isolare chi non accetta il Loto. Così pure la distruzione delle immagini di Amida e di Kannon da parte dei suoi discepoli, protagonisti costanti delle rivoluzioni (*ikki* 一揆) a difesa della

---

[82] Riguardo all'interpretazione di questi tre voti, cfr. M.Anesaki in "History of Japanese Religion", Charles Tuttle Co.Tokyo, p.198, dove in nota si legge: *La religione di Nichiren ha evidenziato l'adorazione di Buddha come il signore, il maestro ed il padre di tutti gli esseri. Qui "il Pilastro" significa il sostegno e quindi signore. Gli "Occhi" significano la funzione e la dignità del maestro, il rivelatore di verità. La "Nave" significa sorgente di vita, salvatore, quindi paternità.*

causa del Loto[83]. Lo spunto scaturisce dal cap.26 dello stesso *Sutra del Loto* dove si legge: *"Se qualcuno molesta un predicatore, la sua testa sarà divisa in sette pezzi, come i petali di un fiore"*[84].

Nella dottrina di Nichiren si parla anche di "Tre Leggi Esoteriche" che si deducono - come affermano G.Renondeau e B.Frank [85]- dalle sue personali meditazioni. Tali Leggi dovevano tradursi in concreto mediante tre istituzioni.

La prima consisteva nell'oggetto offerto alla venerazione dei fedeli *Honzon*, a differenza di altre sette, mediante una raffigurazione semplice del Buddha esaltato nel Sutra del Loto. Compone quindi un *mandala* con al centro il titolo *Myō-hō-Ren-ge-kyō* circondato dai nomi di Shakyamuni, di vari Buddha e Bodhisattva nonchè di divinità protettrici. Non di un solo personaggio si trattava, ma di un complesso simbolico.

La seconda consisteva nella professione di fede mediante la recitazione della formula *Namu Myō-hō-Renge-kyō (Adorazione al Sutra del Loto della Legge Meravigliosa)*. Ciò rappresentava per i fedeli la più elementare testimonianza della loro credenza.

La terza consisteva nel progetto di trasformare il Giappone, ricondotto a sua volta alla Buona Legge, in una base di diffusione di questa nel mondo. Nichiren non ebbe la possibilità di dar corpo a questo progetto, il quale, però, testimoniava dell'ardente patriottismo che lo animava.

Un tale progetto, - osservano gli autori citati - prima e durante l'ultima guerra mondiale, venne interpretato dagli ultranazionalisti dal punto di vista politico temporale, oltre che religioso, per cui il Giappone avrebbe dovuto realmente diventare il centro del mondo nel cuore dell'oceano Pacifico. In merito a ciò, significativo è il nome postumo di *Risshō Daishi (Gran Maestro che stabilisce quello che è retto)* attribuito a Nichiren nel 1922 dal governo giapponese[86]. All'interno di un tale contesto, non sembrano del tutto estranee alcune teorie di stampo militare assai diffuse, tra i vertici del potere di allora, volte ad assecondare mire di dominio e di conquista.

---

[83] Cfr. A.Anesaki, cit. p.295
[84] ibid. p.292 in nota
[85] G.Renondeau e B.Frank, op.cit., p.62
[86] Lopez-Gay in *Le grandi figure del Buddismo, Nichiren,* cit. p.284

Teorie belliche

Non si può negare che l'idea militarista, non estranea a Nichiren, nei ss.XII-XIII abbia la formazione di monaci *guerrieri, Sōhei* 僧兵[87] in seno alla setta, la quale, pur in mezzo a persecuzioni, nel 1334 ottenne una carta imperiale di riconoscimento ufficiale. Tuttavia non cessarono scontri con la setta Tendai di Hiei-zan che vedeva con dispetto l'affermarsi di Nichiren come detentore della pura ortodossia del Tendai. Fu inevitabile, così, un grosso scontro militare nell'Era Temmon (1532-1555); la setta Nichiren ebbe la peggio fino alla quasi completa distruzione. Ma rapido fu il suo recupero[88]. Ritornando ai suoi numerosi scritti (più di 400), sono da rilevare anche quei saggi dottrinali complessi scritti per sé e per quei discepoli educati alla filosofia Buddhista. Ricordiamo di seguito i principali.

Le lettere (go-sho 御書)

Queste mettono soprattutto in evidenza l'originalità ed il genio di Nichiren, così pure il suo talento pedagogico nei riguardi dei suoi seguaci laici ai quali erano indirizzate. Queste lettere, molte delle quali scritte durante l'esilio ed il ritiro a Sado e sul Monte Minobu[89], sono di due tipi in senso ampio:

---

[87] cfr. Lopez-Gay in "Buddhismo Giapponese" (schemi P.U.G. 1994), p.32 dove si legge ancora: "Ci sono fondamenti dottrinali che possono spiegare questa unione tra la vita monastica buddhista e la rivoluzione? Alcuni li trovano nelle teorie delle "trasgressioni fondamentali"(WAYMAN, *Historia Religionum*, II,412)...La nostra soluzione: è effetto della secolarizzazione nella vita monastica e della posizione "privilegiata" dei monaci per la loro unione con il Governo. Economicamente ed ideologicamente soltanto i monaci potevano lottare"

[88] G.Renondeau e B.Frank, cit., p.64

[89] Riportiamo alcuni stralci più significativi di una lettera scritta dal Monte Minobu (*Minobu-zan go-sho* 身延山御書):
"Veramente il Montre Minobu è una dimora mandata dal cielo per bontà delle divinità che scuotono la terra. La sua bellezza colpisce anche gli uomini e le donne più mediocri ed insensibili...Gli alberi in cima alle montagne stupiscono nel loro mutare improvviso di colore, il cui riflesso nel rivolo d'acqua del canale richiama alla mente le acque del Fiume Tatsuta...Quando le acque si agitano, la luna della verità ultima vi si rispecchia e quando l'oscurità profonda si dilegua nel cielo dell'illuminazione non vi resta nube alcuna.

- lettere sotto forma di racconti (*setsu-wa*) [90] relativi alla condotta morale.
- lettere più vicine a saggi personali letterari, simili ad appunti o note sparse (*zui-hitsu*). Tra le varie lettere, di cui molte indirizzate a donne, merita attenzione[91] quella inviata ad una fervente discepola che gli faceva le seguenti domande:

1. Quali capitoli del Sutra del Loto devo leggere?

*2. Mi è possibile leggere i capitoli del Sutra del Loto durante l'impurità mestruale? (*Secondo lo Shintoismo infatti occorreva prima una purificazione).

...In quel tempo viveva un eremita di nome Aji, che si presentò dal Re dicendogli:"Se desideri veramente conoscere la Legge servimi come ti dico". Il re si rallegrò e andò sulle montagne a raccogliere frutta, tagliare legna, scegliere delle erbe ed estrarre dell'acqua per mille anni, durante i quali recitava:" Poichè il mio cuore privilegia la Legge, il mio corpo e la mia mente non risentono d'indolenza né di fatica". Egli potè lavorare senza affaticarsi in quanto aspettava d'imparare la Legge meravigliosa. L'insegnamento appreso in questo modo era il Sutra del Loto della Legge meravigliosa e quel Re era Buddha Shakyamuni.

...Un uomo ricco pur dando dei tesori in elemosina, se la sua fede è debole, non raggiungerà la Buddhità; non c'è alcun dubbio che un uomo povero, se ha una forte fede, raggiunga la salvezza...Nel Sutra del Loto una donna, scelta nei 40 anni di predicazione, ha otenuto la Buddhità; anche Devadatta, chiamato ' icchantika' , il quale infranse le cinque proibizioni, divenne un buddha. Non vi è dubbio, perciò, che in questa 'mappo' inquinata, quegli uomini e quelle donne, religiosi o laici, che sono 'icchantika' avendo infranto i cinque comandamenti e offeso la Legge, otterranno tutti la Buddhità per mezzo del Sutra del Loto. Pertanto, noi dobbiamo credere a quelle parole tratte dal settimo rotolo del Sutra del Loto: 'Dopo il mio transito nell'estinzione, chiunque riceve ed osserva questa scrittura certamente camminerà sulla via di Buddha.

*...Come mi siedo sul piccolo tappeto a meditare, inizio a sognare. Svegliato da un cervo invocante la compagna, ho capito che in me la luna di "tre insegnamenti sono uno" e "tre meditazioni sono una mente" continuava a brillare, ma essendo essa ricoperta dalla nube dell'ignoranza e della miscredenza, ho sofferto della rinascita e morte nei nove mondi fino ad oggi. Ho pensato: "Anche queste nubi che si addensano sul Monte Minobu saranno spazzate via. Vento di montagna in cima al Picco dell'Avvoltoio dell'eterna Legge!*Tachi-wataru,mi-nobuzan-ukigumo-mo,harenu-beshi,taenu-minori-no-washi-no-yamakaze! 立ち渡る身延山浮雲も晴れぬべし、絶えぬ実りの鷲の山風 (cfr. Rodd, Laurel Rasplica (a cura): *Nichiren: Selected Writings,* Honolulu 1980, pp.158-164).

---

[90]cfr. Laurel Rasplica Rodd: o.c. Chapter 3: Nichiren and Setsuwa p.47 ss
[91]cfr. Lopez-Gay, in "Nichiren" cit. pp.293-294

Alla prima domanda Nichiren rispose: il "secondo" ed il "sedicesimo" da considerare come le radici di tutto il Sutra[92].

Alla seconda domanda rispose che per il vero Buddhismo non esistono queste impurità morali. E così recitare il *Sutra* o cantare il *daimoku* sono sempre pratiche meritevoli[93] a prescindere dal sesso.

A tale riguardo, è da sottolineare che al cap. 12 del Loto "*Devadatta*", a cui si richiama Nichiren, si parla in particolare della "figlia del Re-drago" che ottiene la Buddhità[94] da cui si deduce la parità dei sessi nel Buddhismo[95].

---

[92] cfr. Cap.II *Espedienti*, Cap.XVI *Durata della vita del Tathagata*, Il Sutra del Loto, Esperia Edizioni, Milano 1997

[93] Nella trad. ingl, in *The Maior Writings of Nichiren*, VI, 3-4, per questo motivo viene anche chiamata "lettera sulla mestruazione", cfr. Lopez Gay, cit., p.294 in nota

[94] "*Avvenne allora che la figlia del drago possedeva una perla preziosa del valore di tremila grandi mondi. Tenendola in malo la presentò a Buddha che subito l'accettò. La figlia del drago, allora, rivolta al Bodhisattva Ridondante (Fonte) di Sapienza ed al Venerato Sariputra disse: "Ho offerto la mia perla e il Venerato Universale l'ha accettata; è stata questa un'azione (atto) rapida?". Essi risposero: "Rapidissima!". La ragazza replicò: "Per i vostri poteri soprannaturali, fate sì che io diventi buddha ancor più rapidamente". Il quel momento, tutta l'assemblea vede la figlia del drago trasformarsi improvvisamente in un uomo, perfetto bodhisattva in atto che all'istante si reca nel mondo immacolato (senza macchia) nella parte sud, dove (ella) si siede su un prezioso fiore di loto ottenendo la Perfetta Illuminazione, con trentadue segni (prodigi) ed ottanta tipi di perfezioni (meriti) proclamando universalmente la Legge Meravigliosa a tutte le creature viventi nell'universo*" (cfr. "The Threefold Lotus Sutra". Kosei Publ. Co. Tokyo 1992, cap. 12 "*Devadatta*", p.213).

[95] A tale proposito il Fondatore del R.K.K. Niwano Nikkyo commenta: "Le donne di oggi possono sentirsi non soddisfatte che la figlia del drago sia diventata buddha dopo essersi traformata improvvisamente in uomo. Simili espressioni - osserva - sono state usate puramente tenendo conto del concetto che l'India antica aveva della donna. La trasformazione improvvisa di una donna in uomo sta a significare nient'altro che la trascendenza sulle differenze tra uomo e donna. Sakyamuni Buddha ha asserito che gli animali, uccelli, vermi, le piante e gli alberi come gli esseri umani posseggono la natura buddhica. Com'è possibile che abbia fatto discriminazini tra uomini e donne? Impossibile! Con gli occhi di Buddha, osserviamo che tutti gli esseri viventi sono uguali. Non dobbiamo mai cadere in questo equivoco". cfr.Nikkyô Niwano : "Buddhism For Today", A modern Interpretation of the Threefold Lotus Sutra, Kosei, Tokyo 1990, p.159.

Alcune considerazioni su Nichiren

Soffermandoci alquanto su una valutazione anche critica del personaggio Nichiren, da quanto finora sopra detto si può parlare di una figura per alcuni se non proprio enigmatica, senz'altro complessa e per molti versi reazionaria e integralista, mentre per altri appare addirittura profetico-carismatica. Salta subito alla mente il suo *esclusivismo* religioso dichiarandosi l'unico salvatore del Giappone, che dovrà diventare il centro del mondo, escludendo in modo aggressivo tutte le altre correnti religiose. Fu lui stesso, rileva Lopez G. (cit. p.284) ad assegnarsi il nome di Nichiren *Daishōnin (dai= grande; shōnin= sapiente),* titolo giapponese che designa il Buddha che verrà negli ultimi tempi per salvare il genere umano. Oggi si direbbe un uomo chiuso al dialogo ed ancorato ad un radicalismo basato sull'unico Sutra, quello del Loto al di fuori del quale non esiste salvezza.

Inoltre, è da rilevare - come fa G.B.Sansom[96]- la sua convinzione di essere l'incarnazione del Bodhisattva Visishtacaritra (*Jōgyō* giapp.) capo di un'innumerevole schiera di Bodhisattva che, secondo il Loto, vengono fuori dalle crepe della terra che esplode e vengono descritti da Sakyamuni come tutti portati da lui alla maturità della perfezione. Ad essi è affidato il compito di promulgare al mondo questo Sutra meraviglioso...E il capo *Jōgyō* viene raffigurato come un nuovo messia, di cui Nichiren è convinto d'essere l'incarnazione. In tale contesto, sono comprensibili i toni apocalittici di Nichiren nell'esposizione della scrittura e nel suo persistente modo di pensare alla Chiesa ed allo Stato come due entità inseparabili, profetizzando una Chiesa Universale con un Centro Sacro, tipo Santa Sede da stabilire sul sacro.

Nello stesso tempo, sempre in base al Loto, va anche sottolineata la sua apertura all'universalismo della salvezza in quanto è convinto della *parità degli esseri viventi* siano essi umani o celesti, animali o abitanti agli inferi nei quali è inerente la natura buddhica accessibile, di conseguenza, alle donne unitamente agli uomini, agli uccelli e a tutti gli animali, a tutti gli alberi e piante ed a tutto ciò che vive nell'universo.

---

[96]Cfr. Sir Charles ELIOT: "Japanese Budhism", Roulege & Kegan, Paul LTD, London, E.C.4, Chap.XVIII *Nichiren* By G.B.Sansom, pp.429 ss.

Monte MINOBU (身延山)

È considerato da Nichiren quale "santuario dove uomini di tutte le nazioni del mondo riceveranno i dettami del ravvedimento e della purificazione, dove discenderanno anche degli déi grandi come Brahma e Indra. In questa montagna solitaria - esclama[97] - io vivo ritirato, ma nel petto di Nichiren, nel suo corpo di carne, è conservato in segreto il grande mistero che il Signore Sakyamuni mi ha trasmesso sul Picco dell'Avvoltoio. È per questo che nel mio petto tutti i Buddha sono immersi nella contemplazione, nella mia lingua gira la ruota della Legge, nella mia gola essi sono nati e nella mia bocca essi ottengono l'illuminazione. Questo luogo, essendo la dimora di un simile uomo che sta realizzando il Loto della Verità, come potrebbe essere meno nobile del Picco dell'Avvoltoio?"

Tali appelli inoltre - osserva ancora il Sansom - unitamente a quelli riguardanti il Regno di Buddha e l'amore di Buddha per l'umanità simile a quello di un padre[98] da ricambiare mettendo in pratica i compiti affidatici, costituiscono i vari punti che colpiscono un Europeo e assai raramente evidenziati nel Buddhismo.

Ma - conclude G.Sansom - pur sembrando spesso voler esprimere l'idea della Chiesa Cattolica in linguaggio straniero, Nichiren non era molto entusiasta nei riguardi della gerarchia, del sacerdozio o dei sacramenti tanto da poter essere considerato alla stessa stregua dei riformatori Protestanti.

Profeta "inviato" per il Giappone

Volendo rifarci ad un altro autorevole studioso di Nichiren, quale è M.Anesaki[99], questi tende ad accentuare il suo profetismo contrassegnato dal concetto dell'unicità di un popolo come "il Giappone quale nazione in cui la Chiesa Universale Buddista abbia la sua sede centrale; ed il Giappone in un senso ideale vuol significare il mondo intero trasformato dalla luce

---

[97]ibidem, pp.430-431, in nota: "Stralcio da una lettera a Nanjo Hyoshichiro, 1281. Per una traduz. più completa v. Anesaki op.cit., p.129. *Works,* pp.2069-2070

[98]ibidem, in nota: "Da sottolineare che né il Loto, né Nichiren parlano di Buddha come padre nel senso di fattore o creatore. Egli è un padre che protegge, insegna e conduce alla maturità".

[99]Masaharu Anesaki: "History of Japanese Religion", op.cit., pp.202-205

della Scrittura". Nichiren - osserva ancora Anesaki - pensa di se stesso come il messaggero di Buddha e come un'incarnazione della Verità o come l'uomo inviato da Buddha per aprire la strada alla trasformazione del mondo diffondendo il suo vangelo. Forse una catastrofe trasformerà il mondo. Questa sembra essergli annunciata dall'aumento di operazioni dei Mongoli verso una guerra mondiale.

E così, con ferma fiducia, Nichiren prende atto delle ripetute invasioni dei Mongoli (1274 e 1281) con le loro devastazioni delle isole occidentali e della loro finale sconfitta a causa di un terribile tifone-uragano attribuito al *vento divino, Kamikaze* 神風. "Durante gli otto anni di vita terrena, il Signore Nostro Sakyamuni ha rivelato - così pensava Nichiren - il Loto della Verità sul Picco dell'Avvoltoio che lasciò per recarsi a Kusinagara per poi entrare nel Grande Decesso. Io ho trascorso otto anni tra i picchi di Minobu, è giunto il tempo di prepararmi agli ultimi giorni di vita".

Con questi pensieri lascia il suo amato ritiro di Minobu e giunge a Ikegami, vicino alla Tokyo moderna. Fortemente prostrato dalla malattia, per circa un mese, istruisce di nuovo i suoi discepoli sulla sua vecchia opera *Risshō-Ankoku-Ron* affidando loro il lavoro da continuare dopo la sua morte. Al diciottesimo giorno della decima luna del 1282, il profeta esala il suo ultimo respiro, circondato dai suoi devoti discepoli.

L'eredità di Nichiren

Costoro, infatti - continua Anesaki - seguirono l'esempio del Maestro nello zelo profetico e nella perseveranza tra le difficoltà, estendendo la loro attività missionaria nelle provincie del nord e dell'occidente. Si fa il nome di *Nichizo*, il più giovane dei discepoli, che inizia nel 1294 la sua propaganda nella Capitale (Miyako) rivolgendo un diretto appello al Trono Imperiale. E' proprio da questo periodo che, nella parte occidentale del Giappone, ha inizio l'attività Nichirenista destinata ad avere un importante ruolo nella propagazione della fede.

Merita menzione anche un altro apostolo, Nichiji, il quale nel 1295 parte per il nord e sembra abbia svolto la sua attività tra gli Ainu e si sia inoltrato oltre il continente. Continuando nelle sue valutazioni, Anesaki ci presenta la religione di Nichiren come segno, nei suoi molteplici aspetti, di uno spirito assai robusto del Giappone orientale che spesso si ribella al ritualismo ed al sentimentalismo dell'aristocrazia Buddhista della Capitale.

Non fa meraviglia quindi se gli appelli del movimento Nichiren venivano facilmente accolti tra le vigorose classi di guerrieri e tra gli avveduti contadini delle provincie orientali. Tra gli aderenti figuravano dei discepoli monaci, figli di guerrieri ed anche delle donne di carattere forte, i cui insegnamenti erano improntati a sentimenti dolci e ad esortazioni stimolanti. Questi uomini e donne trovavano, nella personalità e negli insegnamenti del loro maestro, la soddisfazione nel loro spirito vigoroso ed il sostegno religioso al loro patriottismo in quanto raggiungimento dei loro ideali spirituali ed universali.

Diffusione religiosa per il popolo

Tra le varie *caratteristiche* della propaganda religiosa Nichirenista, l'Autore su ricordato fa notare che i metodi, inizialmente combattivi e vigorosi senza precedenti nell'intera storia del Buddhismo, furono soggetti durante due secoli a notevoli mutamenti. Appaiono quindi maestri itineranti, i sermoni sono alla portata del popolo, si fanno incontri di preghiera; tutto per contrastare le rappresentazioni rituali e le discussioni dogmatiche dell'epoca Heian. Vengono quindi praticati contatti più ravvicinati tra il Monastero e la casetta di campagna, tra l'Eremo e le residenze locali; i maestri religiosi si prestano per consulenze come per opere di servizio nella vita quotidiana della popolazione.

Degno di nota è anche quel metodo di propaganda religiosa che per primo viene adottato da Nichiren: la predicazione nelle strade e nei parchi ed ovunque fosse possibile sopra un semplice palco improvvisato. I suoi discepoli andavano perfino nei templi e nei monasteri dove si trovavano i loro avversari che predicavano o impartivano lezioni, ed entravano in focosi dibattiti gridando: *convertitevi alla vera fede, oppure convincetemi ed io mi sottometterò al vostro punto di vista*. Sotto questo aspetto - sottolinea Anesaki - i discepoli di Nichiren facevano rivivere il metodo del combattivo Indiano Arya-deva e come lui offrivano perfino la loro vita qualora fossero stati sconfitti nel dibattito.

Questo tipo violento di *propaganda repressiva* veniva comunque integrato da quello dei *modi persuasivi* con miti ammonimenti e dolci suggerimenti. In realtà il *metodo repressivo* costituiva per Nichiren una necessità per la salvezza di tutto il popolo nell'epoca corrotta della Legga Ultima.

Altro aspetto tra i suoi comportamenti era quello di non mostrare mai indulgenza verso i suoi discepoli unitamente a quello di essere assai esigente verso se stesso, mentre considerava tutte le sue sofferenze, volontarie o meno, come penitenza di vita. Pertanto - conclude Anesaki - il metodo di Nichiren inaugurò una nuova epoca nella propagazione del Buddhismo Giapponese ed i suoi seguaci, che adottavano il suo metodo, diventarono poi famosi per i loro atteggiamenti aggressivi, particolarmente contro gli Amida-Buddhisti i quali a loro volta diventarono sempre più combattivi.

Coinvolgimento politico

Un'altra chiave di lettura valutativa ce la offre l'esperto di Buddhismo H.Dumoulin[100] quando scrive che "nella setta Nichiren sorgeva per la prima volta una forma di Buddhismo politico aperto sul territorio giapponese. Nel messaggio di Nichiren, alla religione buddhista veniva assegnato un compito prettamente politico. Se il popolo giapponese, come Nichiren pretendeva, si fosse dedicato completamente alla meditazione del Sutra del Loto, avrebbe ottenuto non solo la salvezza dal pericolo imminente dei Mongoli, ma sarebbe stato chiamato anche ad una missione di salvezza in senso buddhista per il mondo intero. Il Giappone, quale privilegiato "teatro sacro di salvezza" (giapp.*Kaidan* 戒壇), avrebbe dovuto raccogliere tutti i popoli della terra e comunicare loro la salvezza per mezzo del Sutra del Loto. La coscienza storico-messianica che qui si annuncia (la variante buddhista dell'imperialismo giapponese, ispirato da Shin Nichiren, della seconda guerra mondiale) in realtà non potè affermarsi, però è un fatto che alcuni movimenti religiosi popolari buddhisti di oggi si rifanno a questa concezione".

Quale fosse il fulcro della predicazione di Nichiren si è già potuto capire da quanto sopra esposto. Si tratta del *Sutra del Fior di Loto*. Tale sutra merita quindi il nostro approfondimento che faremo nel paragrafo seguente.

---

[100]Heinrich Dumoulin: "Buddhismo", Ed.Queriniana, Brescia 1981, pp.153-154

4.TRADIZIONE BUDDHISTA DEL FIOR DI LOTO *Hōkekyō* 法華経

La versione-traduzione di Kumarajiva

Il Fondatore Niwano, tra le varie versioni e traduzioni, prende in considerazione la *versione* del Sutra del Loto comunemente in uso oggi nell'Asia Orientale, cioè la traduzione fatta da Kumarajiva, generalmente considerata la migliore[101].

Questi nacque nel 344 d.C. a Kucha, paese situato nell'Asia Centrale tra l'India e la Cina, dove il Buddhismo era fiorente. A sette anni entrò con sua madre in un monastero per essere poi inviato in India a studiare il Buddhismo Mahayana. Tornato a casa, ebbe come maestro Suryasoma nello studio del Sutra del Loto della Legge Meravigliosa. Questi, ponendo un giorno la sua mano destra sul capo del suo discepolo, gli disse:

"Il sole di Buddha è tramontato in Occidente ed il suo rimanente fulgore sta quasi per raggiungere l'Oriente. Questo Sutra possiede un legame con il nord-orientale. Cerca di diffonderlo lì con grande rispetto".

Niwano, riflettendo ora sulle parole del maestro Suryasoma *"Questo Sutra possiede un legame con la parte nord orientale"*, si rende conto che questa profezia ha avuto un significato assai profondo per lui tanto da farlo esclamare: "non possiamo non essere toccati dalla constatazione che in tempi recenti il Buddhismo ha raggiunto la sua più rigogliosa fioritura in Giappone, un paese lontano situato a nord est dell'India".

In ossequio alle parole del maestro, Kumarajiva si propose di diffondere il Sutra del Loto in Cina, a nord-est. Non poté facilmente realizzare il suo desiderio, date le vicende belliche interne ed i continui cambiamenti delle frontiere. Tuttavia, la sua fama di traduttore si era diffusa in Cina, per cui nel 401 andò a vivere, dietro invito reale, a Ch'ang-an capitale dell'ultima dinastia Ch'in.

All'età di sessantadue anni venne nominato Precettore Nazionale; indi si adoperò per otto anni a tradurre molti Sutra in lingua cinese fino alla morte nel 413. La sua traduzione del Sutra del Loto si fa risalire quindi intorno all'anno 406. Certamente non lavorò da solo. Infatti, pur

---

[101] Nikkyo Niwano, *Buddhism for today*, Kosei, Tokyo 1990, pp. xix-xxi

possedendo una buona conoscenza del sanscrito e del cinese, consultò molti studiosi esperti delle due lingue, i quali composero ciascuno una propria traduzione per essere poi seriamente discussa ed esaminata insieme alle altre. Si dice che circa duemila persone siano state ingaggiate in tale lavoro per giungere ad una traduzione stardard finale. Pertanto, - afferma Niwano - possiamo sicuramente concludere che la traduzione di Kumarajiva del Sutra del Loto dal sanscrito in cinese abbia trasmesso gli insegnamenti di Buddha quasi senza errore. Grande fu l'importanza che ebbe per il Buddhismo cinese questo Sutra, che ben presto si diffuse in Giappone attraverso la Corea. Per molti Buddhisti dell'Asia orientale - scrive P.Williams[102] - il Sutra del Loto rappresenta, sin dai tempi più antichi, il testo buddhista più simile ad una bibbia: vale a dire un'opera rivelata contenente la verità ultima e di per sé sufficiente per la salvezza.

Il Sutra del Loto di Kumarajiva - continua P.Williams - si compone di *ventotto capitoli*[103]. Non è un'opera omogenea. Gli studiosi giapponesi, che

---

[102]Paul Williams: "Il Buddhismo Mahayana", Ubaldini Editore - Roma 1990, pp.166-193
[103] In merito allo Schema del Lotus Sutra, riportiamo quello presentato dal Prof.Lopez-Gay, (cit. pp.20-22): **1.** Prologo. Gli insegnamenti dei Buddha precedenti fino a Dipankara. Shakyamuni appare nel monte con più di 80 mila Bosatsu. Esponendo i Sutra del Mahayana, cade una pioggia di fiori sulla terra. Grande Luce. Miroku e Monju-bosatsu vedono il segno della nuova dottrina. **2.** Buddha spiega il significato della nuova dottrina. Apparentemente ci sono tre veicoli (san-jo: Hinayana, Mahayana, Pratyekabudayana); in realtà c'è "un solo veicolo" (ichi-jo), quello del Lotus che salva tutti. Questo capitolo (sanscr. *upaya,* giapp. *hoben, mezzi abili*) è fondamentale. **3.** Parabola della "casa in fiamme": Buddha viene a salvare dalle fiamme dell'esistenza. E' il "secondo Loto della Legge". **4.** Il ruolo della Fede. Parabola del Padre che va in cerca del suo unico figlio prodigo. **5.** Parabola della pioggia su tutto, così come la dottrina di Buddha. Parabola dell'uomo cieco, simbolo della realtà. **6.** Profezie sul futuro. Accenni sulla storia di questo sūtra. **7.** Storia di un Buddha Re ed i suoi 16 figli principi. Tutti attraverso il Lotus diventarono Bosatsu ed ora sono Buddha. Parabola della città meravigliosa (magica). **8.** Profezie su 500 Arhats (discepoli) che diventano Buddha; gratitudine. **9.** Profezie su Ananda e Rahula e 2.000 monaci adesso buddha. **10.** Il predicatore della Legge. La suprema illuminazione per quelli che leggono, ricopiano o adornano questo sutra. Verrà un tempo cattivo, quando l'unica salvezza verrà da questo sutra. **11.** L'apparizione dello stupa prezioso aperto da Shakyamuni ed appare il Buddha Taho che sente questo sutra. Lodi per il sutra ed i predicatori. **12.** Confessione di Buddha sulla sua conversione. Il Bosatsu della sapienza (prajnakuta) viene iniziato nel Lotus. La ragazza che cambia di sesso attraverso la dottrina del Lotus (vedi sopra il commento di N.Nikkyo). **13.** Il voto di seguire questo

hanno condotto su di esso approfondite ricerche, stimano in genere che le più antiche parti del testo, vale a dire i Capitoli 1-9 e il Capitolo 17, siano state composte tra il I secolo a.C. ed il I secolo d.C., e che invece la parte rimanente sia quasi tutta comparsa verso la fine del II secolo.

Il cap. II relativo agli "espedienti abili" *Hōben* 方便

Soffermarci nel commento di ciascun capitolo non rientra nello scopo del presente lavoro; sarà solo sufficiente dare rilievo a quella che può essere chiamata, secondo P.Williams, una delle dottrine chiave del Mahayana quella su *espedienti abili (giapp.hōben* 方便*;sanscr.upaya,)*[104],

---

sutra fatto dai Bosatsu...e da 6 mila monache sotto Mahaprajapati. L'opposizione che troveranno i predicatori di questo sutra. **14.** L'epoca della degenerazione della Legge. Il Lotus come l'ultima e difinitiva dottrina salvifica. **15.** Scena fantastica: i Bosatsu davanti a Buddha: "è arrivato il tempo nel quale tutti saranno salvi attraverso lo Lotus". Dialogo fra Buddha e Miroku. **16.** La durata della vita di Buddha. Parabola del medico padre di tutti. **17.** I meriti per quelli che credono nell'eternità di Buddha ed accettano questo sutra, fonte di benedizione nel tempo della degenerazione. **18.** I meriti di quelli che sentono, predicano...il Lotus. **19.** Meriti dei maestri del Lotus. I loro poteri e miracoli. **20.** Storia del Bosatsu Sadaparibhuta che predicò il Lotus. Con la sua semplicità e purità di cuore fù superiore a tutti i sapienti, superando lo scetticismo. **21.** Il potere di Tathagata. I Bosatsu promettono di predicare questo Sutra. **22.** La trasmissione della Legge. Mandato missionario. **23.** La vita di Bhaisayaraja Bosatsu (Re) della medicina. **24.** Diversi Bosatsu che espongono questo Sutra in diverse forme. Si parla di "meditazione" di questo Sûtra (*hokke sammai; sammai* è fonetizzazione del sanscr. "samadhi". **25.** Sull'entrata universale (fumon-bon). Il potere salvifico di Kannon (Avalokitesvara), che prende più di 33 forme per aiutare gli uomini. **26.** Efficacia delle "sillabe mistiche" (dharanis): invocazioni talvolta senza senso, ma con valore esoterico. Il loro rapporto con il Lotus. **27.** Storia dei due principi con poteri attraverso il Lotus che convertono il loro Padre. **28.** Il Bosatsu Samantabadra (Fugen), simbolo della meditazione, sente il Lotus. Promette di aiutare con questo Sutra tutti quelli che vivranno nell'epoca della degenerazione (negli ultimi 500 anni); la rinascita nel paradiso di Miroku (cielo Tusita).

[104] "A quel tempo l'Onorato dal Mondo sorse serenamente dalla samadhi e, rivolto a Shariputra, disse: "*La saggezza dei Budda è infinitamente profonda e incommensurabile. L'accesso a questa saggezza è difficile da comprendere e difficile da varcare...Da quando ho ottenuto la Buddità ho esposto ampiamente i miei insegnamenti servendomi di varie cause e parabole e con* **innumerevoli espedienti** *ho guidato gli esseri umani inducendoli a*

fondamentale per l'Asia orientale ove per alcune apparenti contraddittorietà attribuite a Buddha si sentiva la necessità di adattare il messaggio buddhista a culture completamente differenti da quelle diffuse in India. Infatti, a seconda del livello degli ascoltatori, vengono adeguatamente adattati gli insegnamenti che, in tal caso, assumono un valore ed una verità soltanto relativi. Ne consegue che ogni contraddizione si dissolve, essendo solo apparente.

Il citato Autore si diffonde ancora nella presentazione di questo insegnamento considerato di particolare importanza anche per l'etica Mahayana, che, a mio avviso, potrebbe richiamare alla mente di qualche occidentale quel contesto machiavellico in cui il fine giustifica i mezzi[105].

---

rinunciare ai loro attaccamenti... Il Tathagata sa come operare diversi gradi di distinzione fra gli insegnamenti e li predica ***con abilità****"* (cfr. Il Sutra del Loto, Traduz. Di Burton Watson, Esperia edizioni, Milano, marzo 1998, pp.29-30). "Il Budda disse a Shariputra: *Una legge meravigliosa come questa è predicata dai Budda, dai Tathagata, soltanto in certe epoche...I Budda espongono la Legge* ***in modo appropriato alle circostanze****, ma il significato è difficile da comprendere. Per quale ragione? Perchè noi impieghiamo un numero infinito di* ***espedienti****, esaminando le cause e le condizioni ed avvalendoci di parabole e similitudini per esporre gli insegnamenti...*"(ibid. p.38). N.B. le accentuazioni in grassetto sono mie.

[105] "Tutto viene subordinato all'interesse superiore di una motivazione sinceramente compassionevole e sostenuta dalla sapienza: tutto è relativo. Abilità nei mezzi può dunque significare, per un Bodhisattva, agire in maniera contraria rispetto ai più 'ristretti' codici etici o monastici validi per gli altri. L'*Upayakausalya Sutra* racconta, ad esempio, come in una sua vita precedente il Buddha, pur studente di religione consacrato al celibato, abbia avuto un rapporto sessuale con una ragazza che minacciava di morire per amor suo. Allo stesso modo, un'altra storia ben nota nei circoli Mahayana narra come il Buddha, in una sua vita precedente, abbia ucciso un uomo: si trattava dell'unico modo di impedirgli di uccidere 500 altre persone e di precipitare, così, nel più profondo degli inferni per un lungo periodo di tempo. Era motivato da una pura e semplice compassione; pur contro il codice morale corrente sapeva di agire per il suo amore verso il prossimo...Su storie come queste si è fondata la partecipazione di Buddhisti Mahayana ad atti di violenza compiuti da monaci tibetani in difesa del Dharma contro l'invasione comunista cinese. E Paradossalmente, la giustificazione addotta dai Sutra Mahayana è stata usata anche dai comunisti cinesi per persuadere i Buddhisti cinesi a prendere parte alla guerra di classe e a sostenere l'Esercito di Liberazione Popolare. Il *Hokkegenki* ci narra dell'abilità nei mezzi di un devoto giapponese del *Sutra del Loto,* il quale si rendeva continuamente colpevole di

Così le numerose parabole, p.e."La casa incendiata"(cap.III) [106] ; "La parabola delle erbe"(cap.V)[107]; "La città magica"(cap.VII)[108] non fanno che richiamare alla mente i molteplici ed abili mezzi esercitati, dietro la spinta della compassione-amore, per aiutare e salvare gli esseri senzienti. Ciò costituisce il messaggio fondamentale della prima metà del *Sutra del Loto*. Ugualmente si può dire della parabola del *"figlio povero-indigente"*, detta impropriamente del *"figlio prodigo"* (cap.IV), mentre la seconda metà del

---

furti per poter compiere la propria opera missionaria diffondendo il *Loto* in prigione". (cfr. P.Williams, cit.,p.169).

N.B. Su tale argomento, acuta è l'osservazione proposta da Niwano Nikkyo che va alla sostanza letterale: "L'ideogramma *"ho* 方*"* secondo il dizionario significa *"quadrato perfetto"*, che poi si estende a significare *"giusto"* ,*"ben"* significa *"espediente"*. Quindi *hoben* 方便 significa *"espediente giusto"*. Il tipico proverbio: "anche la bugia è un espediente giusto" assunse, purtroppo, nel tempo un significato distorto, ma all'origine aveva il significato dell' *"espediente esattamente adeguato alla cultura della persona in quella circostanza"*. Se non mettiamo con decisione in testa questo significato, non possiamo capire in modo verace questo capitolo (Cfr. Niwano Nikkyo: *"Hokekyo no atarashii kaishaku", Interpretazione nuova del Sutra del Loto,* Kosei Shuppansha, Tokyo 22-2-1995, p.96.

[106]Tre bambini, figli di un uomo ricco, stanno giocando in casa e non si accorgono che la casa va in fiamme. Il padre cerca di persuaderli ad uscire promettendo loro nuovi giocattoli, come carrettini trainati da capre, da daini e da buoi. I bambini, attratti fortemente da tali promesse paterne, corrono nelle braccia del padre che ha usato degli *espedienti abili* per salvare i figli, i quali si accontentano alla fine anche di uno splendido carro trainato da un bue bianco. E' la compassione di Buddha, Padre degli Esseri, che si serve di *mezzi abili* per salvare tutti i suioi figli.

[107]L'insegnamento di Buddha è paragonato alla pioggia che, scendendo imparzialmente su tutte le piante e le erbe, viene assorbita e impiegata da ogni pianta secondo la sua specifica natura. Tale parabola, famosa in tutta l'Asia orientale, ispirò questa deliziosa poesia giapponese di Shunzei (1114-1204): "La delicata pioggia di primavera - sia là in fondo sia qui vicino - sia sugli alberi sia sulle erbe - tutto ugualmente tinge - dovunque del suo fresco verde!" (cfr. P.W, cit.,p.174)

[108]Il Buddha compare qui come una guida che conduce gli uomini alla Terra dei Gioielli, forse una sorta di favolosa Utopia. Ma essi, sentendo la stanchezza, vogliono rinunciare. La guida, però, la migliore fra tutte, possiede anche poteri magici, per cui crea una città incantata, in cui i viaggiatori stanchi possono fermarsi a riposare per poi riprendere il cammino per la loro vera destinazione. Allo stesso modo, dunque, il Buddha crea le magiche città dello stato di Arhat... (cfr. P.Williams, cit.,p.175)

Sutra è tutta imperniata sul Buddha che sempre è presente e non abbandona i suoi figli, essendo tuttora con noi (cap.XVI)[109].

Espedienti abili e "missione"

Ritornando sul tema degli *espedienti abili* di cui parla il cap. 2 del Sutra del Loto, Niwano ha certamente colto il significato profondo della *divulgazione (o missione)* della dottrina del Loto da espletare a seconda del livello culturale dell'individuo oppure della comunità[110]. A tal proposito, pensando ai numerosi contatti a livello internazionale che il Movimento mantiene, sia nel campo religioso che in quello civile, per contribuire alla pace nel mondo, viene fatto di porre l'interrogativo sull'efficacia o meno di tale attività che talora può dirsi febbrile. E' vero che la cosa importante è *fare,* non stare con le mani in mano ed è anche vero quel detto, spesso in

---

[109] E' un padre che vuole salvare i suoi figli, accidentalmente avvelenati, che non vogliono un antidoto. Con uno stratagemma, si allontana da loro fingendo di essere in fin di vita. Trasformandosi in un grande medico, porge loro l'antidoto che essi, emozionati per il padre lontano e morente, prenderanno per fargli piacere. E sono salvi, mentre il padre ricompare (cfr.P.Williams, cit.pp.175-176)

[110] M.Fuss è dell'avviso che "il termine *upaya*, oltre ai vari significati come "tattica" o "abilità", va preso nel senso globale di *"missione"* che, al di là di precisazioni meramente tecniche, prende in considerazione l'intero contesto in cui tale termine viene utilizzato". E riporta il pensiero di M.Pye "il quale giustamente pone in evidenza che il Buddhismo nel suo insieme, in quanto specifica religione identificabile nella storia umana, costituisce un mezzo abile. Leggendo, pertanto, il termine *upaya* alla luce di una terminologia teologica, questo riflette la natura "missionaria"sia nel senso di attività del bodhisatva, sia ancor più profondamente nel senso della natura stessa del Dharma che si comunica in modo dinamico". M.Fuss tra l'altro osserva pure che "...L'aver scoperto la natura missionara ed *"upaya"* in ogni tradizione religiosa, implica nello stesso tempo il riconoscimento di un pluralismo di culture ed il corrispondente genuino pluralismo di espressioni della verità senza, peraltro, rinunciare all'essenza della propria identià. La tradizione Cristiana concepisce questa diversità nell'unità come *"interculturalità"*, mentre la tradizione Buddhista del Sutra del Loto ha elaborato gli stessi concetti di *upaya* a causa delle diverse manifestazioni del Dharma e del corrispondente *ekayana*, indicando la convergenza di vari veicoli entro una sola via di salvezza. Quivi, il movimento circolare di ambedue, *upaya* e missione, ritrova il suo compimento: provenendo dall'unica Realtà ed impulso divino ritrova il proprio perfezionamento nella costruzione di tutta la terra come "terra pura", liberata dall'attaccamento egoista e quindi nuovamente integrata dentro la pienezza di un'armonia pura con il *"Tutto in Tutto"* (Cfr. Michael Fuss: *"Upaya and Missio Dei"*, Towards a common missiology of Buddhists and Christians, *Dharma World,* Kosei, Tokyo Sett.-Ott.1996, p.36).

bocca a Don Giovanni Rossi, fondatore della Pro Civitate Christiana di Assisi, e ad altri, che *chi agisce qualche volta sbaglia, ma chi non fa nulla sbaglia sempre*. L'interrogativo che ci si pone è quello di vedere se le varie azioni di solidarietà siano svolte con *mezzi adeguati* o meno. Nel caso delle Religioni in genere, nonostante che si prefiggano la felicità ed il bene dell'umanità, è possibile dire che i mezzi usati siano sempre *adatti* a raggiungere gli scopi che si erano prefissati? Si può, cioè, affermare che si tratta di *mezzi* tali da rendere credibile il loro messaggio?

Non sarà una scoperta, ma sicuramente è un linguaggio abbastanza innovativo in bocca a Niwano quando, parlando del Sutra del Loto, non fa che ribadire essere questo un testo impregnato di insegnamenti, espressi in varie parabole, volti a portare ogni essere vivente a condizioni più umane e dignitose, a seconda del bisogno al momento ben circostanziato. Spiegando il significato del termine giapponese *hōben*, egli parla di *"espediente esattamente adeguato alla cultura della persona in quella circostanza[111]"*.

E sarà sempre la compassione-amore la regola suprema nell'uso di tali mezzi. Basti solo accennare alla parabola del *Discernimento della fede (Sutra del Loto, cap.4)*, cioè del *figlio povero-indigente*. Questa, letta in chiave sociologica, mette in luce la condizione sociale di un figlio adolescente che si era perduto lontano da casa per poi ritrovarsi, dopo lungo girovagare ed a sua insaputa, nelle terre del padre. Gli viene offerto un lavoro che lo introduce nella casa paterna, dove ritrova beni, felicità e salvezza, giungendo così alla buddhità.

Niwano conclude affermando che il fondamento della pace individuale e sociale sta nella giustizia e nelle opportunità di riscatto offerte a tutti indistintamente. Si può allora proprio affermare, con Paolo VI (*Populorum progressio* 1967), che *"lo sviluppo è il nome nuovo della pace"* in quanto *mezzo adeguato* al raggiungimento di tale nobile scopo.

Non si può peraltro dire, a mio avviso, che l'insegnamento buddhista su questo tema può essere applicato indiscriminatamente in ogni momento ed in qualsiasi circostanza, senza prima riflettere e soprattutto senza *discernere* la validità o meno di un *mezzo* per un determinato scopo, quale potrebbe essere l'orientamento personale o di gruppo in campo religioso. Sarà una saggezza illuminata a far da guida a scelte impegnative e responsabili nella vita individuale e societaria. Ne consegue l'identità

---

[111] Cfr. Niwano Nikkyo: "*Hōkekyō no atarashii kaishaku*" (法華経の新らしい解釈), *Interpretazione nuova del Sutra del Loto*, o.c., p.96

inconfondibile di un insegnamento che sta alla base del *Sutra Fior di Loto della Legge Meravigliosa* (*Myō-Hō-Ren-Ge-Kyō*), in cui è possibile scorgere un significato trascendente del termine *hōben* riferito a qualcosa che lambisce l'Assoluto che può essere identificabile con il Dharma, anche se manifestato "in modo antropomorfico che l'uomo utilizza nella sua vita religiosa secondo il suo grado di sviluppo culturale"[112].

Il Sutra del Loto in Giappone

Per quanto riguarda il Loto in Giappone[113], Niwano ci ricorda che nel 577 il Sutra del Loto è stato portato a Naniwa (oggi Osaka) in Giappone e 38 anni più tardi appare il primo commentario giapponese del Loto, *Hōkke-gisho,* firmato dal principe-reggente Shōtoku (574-622). È il testo più antico esistente scritto da un Giapponese che è posto alla base della Costituzione di 17 Articoli, emanata dal Principe stesso come primo codice legale in Giappone.Tra i monaci Buddhisti più celebri diffusori del Loto vanno menzionati Saichō, Dōgen e Nichiren, dei quali si è già accennato.

Difficoltà tra le varie correnti . Scontri con il potere politico

Come su accennato, non sempre pacifici erano i rapporti tra le varie correnti religiose, specie tra quelle antiche e quelle nuove. Queste ultime, incontrando gelosie, dovevano battersi per sopravvivere, per cui vicende di lotte si sono succedute lungo i secoli, tanto che sotto tale profilo si può parlare di vere e proprie guerre di religione, alcune delle quali ebbero il carattere di ribellioni popolari[114]. Si segnalano qui le *ikkō-ikki* (一向一揆), cioè le *rivolte* (*ikki*) nell'*unica direzione* (*ikkō*) verso Amida da parte dei seguaci della setta *Shin,* i quali finivano inevitabilmente per confondersi

---

[112] H.Dumoulin: Buddhismo, Queriniana 1981, p.164 :"Nella storia delle religioni, la rappresentazione antropomorfica di Dio appare come una rappresentazione ausiliaria, che l'uomo utilizza nella sua vita religiosa secondo il suo grado di sviluppo culturale. I buddhisti hanno ammesso tale utilizzo nella loro dottrina della *debita informazione* (in sanscrito: *upaya,* in giapp.: hoben). Le rappresentazioni antropomorfiche possono essere rispondenti alle esigenze umane, devono essere però sempre ritoccate in rapporto al progresso ed allo sviluppo della comprensione umana"
[113] Niwano Nikkyō. "Buddhism for today", cit., pp. xxi-xxii
[114] G.Renondeau e B.Frank, op.cit., pp.63-65

con le lotte dei maggiorenti per il potere. Nel prendere parte a quasi tutte le lotte intestine sino alla fine del sec.XVI, la scuola *Shin* incontrò un avversario potente nel famoso capitano Oda Nobunaga che nel 1564, volendo riunificare il paese, cominciò la distruzione dei templi *Shin* della regione di Mikawa.

Non venne risparmiato il *Tōdai-Ji* di Nara, né quello di *Hiei-Zan*. La stessa sorte toccò alla potente fortezza *Shin* di Nagashima, così pure allo *Hongan-Ji* di Osaka, nonostante la tenace resistenza durata dieci anni. L'assassinio di Nobunaga nel 1582 non scoraggiò il successore Toyotomi Hideyoshi (m.1598) che, anche se con meno odio, proseguì la distruzione della potenza dei templi buddhisti, che perdettero molti dei loro beni e la loro tradizionale influenza sulla popolazione civile.

Pur con grande fermezza, più benevolo verso le fondazioni religiose si mostrò il successore Ieyasu, primo *Shōgun*, generalissimo (m.1616) dei Tokugawa, il quale, come è noto, diede inizio a quel periodo nipponico che va sotto il nome di *bakufu*[115], durante il quale rimasero chiuse le frontiere agli stranieri, con la conseguente messa al bando del Cristianesimo, fino al periodo della restaurazione *Meiji* (1868) in cui "sarebbero cessati i cattivi costumi del passato e si sarebbe perseguita la conoscenza in tutto il mondo"[116].

Si fa inoltre notare che, pur in una relativa calma, il Buddhismo non poté più mostrarsi nella sua vitalità originaria, se si eccettuano i due rami *Rinzai* e *Sōtō* dello *Zen* che ebbero sempre il loro spazio di influenza sulla cultura del tempo. Si accentuarono comunque gli sforzi nel sec.XVIII per ritornare alle fonti e alla tradizione dell'antico *Shintō*. Con la rivoluzione Meiji, il Buddhismo subì il grosso colpo della separazione del culto da quello dello *Shintō*.

Ci si domanda ora se il Buddhismo giapponese attuale sia ancora radicato nella tradizione e su quale tipo di Buddhismo abbia a che fare il Giappone di oggi.

---

[115]Letter. *Baku* (o *Maku* 幕)= Tenda; *Fu* 府=governo, quindi "Governo con tenda da campo", cioè militare (Shogunato). cfr. anche E.O.Reischauer, op.cit., p.40
[116]Cfr. E.O.Reischauer: op.cit., p.93

Capitolo II

NUOVE RELIGIONI IN GIAPPONE

Significato contestuale

L'aggettivo "nuove"[117] non è gradito a molti nel senso che in Giappone da tempi assai remoti è sempre esistito il fenomeno religioso

---

[117]Sul termine "nuove" - come rileva H.Thomsen - sono sorte molte discussioni e non si può negare che è un termine sviante ed impreciso. Per cui sono stati proposti altri nomi come "religioni moderne" o "movimenti religiosi moderni" ecc., tuttavia il termine corrente continua ad essere "nuove religioni". Circa il periodo, ovviamente, le nuove religioni non sono nuove. Alcune di queste, come il Tenrikyō, Ōmotokyō e Konkōkyō sorte nel 19° secolo e perfino quelle che hanno iniziato ad esistere dopo la II guerra mondiale, piuttosto spesso hanno dietro di se una lunga storia all'interno di strutture shintoiste e buddhiste. Tuttavia - osserva Thomsen - paragonate al periodo delle cosiddette religioni costituite (Buddhismo, Shintoismo e Cristianesimo), le "nuove religioni" possono essere considerate più facilmente nuove..... Riguardo alla forma o struttura, le nuove religioni sono certamente nuove. Una delle loro caratteristiche principali è quella dell'impegno a presentare i loro insegnamenti in modi nuovi e sensazionali, apportando novità nei riti, negli edifici, nei metodi di diffusione dottrinale e nelle interpretazioni di tutto ciò che è antico" (Cfr. H.Thomsen: The New Religions of Japan, Charles E.Tuttle Co.: Publishers: Rutland, Vermont, Tokyo,1969, pp.15-16).

Vengono classificate in vari gruppi: **1.** *Nuove Religioni "Antiche"*: Tenri Kyō, Religione della Sapienza Divina (1838), Kurozumi Kyō, La Religione Kurozumi (1814), Konkō Kyō, La Religione della luce d'oro (1859).. **2.** *Gruppo Nichiren*: Reiyū Kai, Movimento degli amici dello spirito (1925), Sōka Gakkai, Movimento per la creazione di valori (1930), Risshō Kōsei Kai, Movimento per stabilire il Vero ed il Perfezionamento in rapporti scambievoli (1938). **3.** *Gruppo Omoto:* Ōmoto Kyō, Religione della Grande Origine(1892), Ananai Kyō, La religione che unisce l'uomo a Dio (1949), Seichō no Ie, La Casa dello sviluppo (1930), Sekai Kyūsei Kyō, La Religione della salvezza del mondo (1934), Perfect Liberty Kyōdan, PL Kyōdan, Gruppo della perfetta libertà (1956). **4.** *Miscellanea*: Tensho Kōtai Jingu Kyō (Odoru Shūkyō, Religione della danza) (1945), Itto-En, Giardino di Luce (1928), Varie altre Nuove Religioni, tra le quali: Dōtoku Kagaku, Scienza morale (1912....), Shinri Kyō, La Religione della ragione divina (1876?).

incentrato sul culto della *divinità solare (Amaterasu* 天照*)* e quindi dei *Kami* che in seguito assunse il nome codificato di *Shintoismo*. E lo stesso Buddhismo, anche se sopraggiunto nel sec. VI d.C. come sopra ricordato, è venuto man mano diffondendosi nelle masse, penetrando nella cultura del paese al punto da formare un unico specifico culturale inconfondibilmente giapponese.

"Nonostante la novità e la modernità che spesso manifestano, - afferma H.Neill McFarland[118] - le *Nuove* Religioni del Giappone non sono altro che *Movimenti Religiosi Giapponesi* che, anche se non tipicamente tradizionali, sono tuttavia il risultato della tradizione e dell'esperienza giapponese. Non possono quindi avere un significato se non in relazione alla cultura religiosa che costituisce il loro movente principale...Fanno quindi parte di un retaggio religioso".

Su tale fenomeno degna di nota è anche l'opinione di Harry Thomsen che ritiene "molto significativo, nel Giappone postbellico, l'emergere di uno sviluppo religioso molto rapido, che va sotto il nome di *nuove religioni (shinkō shūkyō* 新興宗教*)*.

Anche se la loro configurazione può suscitare delle perplessità, nessun osservatore serio può permettersi di ignorare la loro influenza attuale ed il loro futuro potenziale potere. Ed è anche possibile che la comparsa di queste religioni costituisca la terza pietra miliare più importante nella storia della religione giapponese, mentre la prima è costituita dall'introduzione del Buddhismo nel VI secolo e la seconda dalla comparsa delle ramificazioni popolari buddhiste nel 13° secolo"[119].

Sembra muoversi sulla medesima direzione anche R.Venturini il quale, tuttavia, evidenzia una certa qual novità soltanto esteriore quando scrive che "con l'ultimo dopo guerra si è potuto assistere sia ad un processo di rivitalizzazione e purificazione delle scuole tradizionali, sia alla nascita di grandi movimenti di laici, le cosiddette "nuove religioni". Caratteristica di tali movimenti è quella di presentare non tanto nuovi contenuti religiosi, quanto piuttosto nuove forme d'organizzazione, con base laica e di massa, carattere sincretistico, capacità di affrontare problemi personali e sociali anche attraverso forme di *counseling* di gruppo, largo uso dei mass-media,

---

[118]Cfr. H.Neill McFarland: "The rush hour of the Gods" (A study of New Religions Movements in Japan) The Macmillan Co. N.Y. London 1967, p.16
[119]Cfr. H.Thomsen, cit., p15

costruzioni di vistose strutture a scopo religioso, formativo e assistenziale, le quali a loro volta diventano stimoli all'incremento di partecipazione di membri. In base alla loro *derivazione* i nuovi movimenti possono essere infine distinti in buddhisti, shintolisti, utopistici senza punto di partenza esplicito"[120]

Un'altra ragguardevole caratteristica è quella della laicità delle nuove religioni...I temi più frequentemente discussi negli incontri sono quelli riguardanti la famiglia, la salute o su come attirare maggior numero di membri. La vita dopo la morte non costituisce argomento di grande importanza. In questo le Nuove Religioni differiscono fortemente dal Buddhismo medievale che pone in grande rilievo l'altra vita. L'uomo moderno è troppo occupato e preoccupato per i problemi personali del momento presente.

Le religioni tradizionali, pur con le loro teoriche e largamente elitarie riforme, non hanno saputo recepire i mutamenti nel loro punto focale e non hanno portato un aiuto concreto ai problemi terreni. E' vero che la laicità delle nuove religioni può essere invischiata in pratiche e credenze magiche, ma è un orientamento che scaturisce dai bisogni della gente comune. Per tale motivo, le nuove religioni sono giunte a possedere un tale vigore da rifiutare le religioni tradizionali apparentemente inattive.

In quanto all'organizzazione, due sono le caratteristiche principali delle nuove religioni: a) fiducia nel laicato; b) ampio impegno per attirare nuovi membri. A causa degli spostamenti assai frequenti della popolazione nella società moderna industriale, l'incremento numerico è essenziale e la diffusione della fede, affidata ai credenti laici, è la linfa vitale di queste religioni. Coloro che diventano membri oggi sono spronati a condurne altri domani. In parecchi gruppi, la liberazione dalle avversità è collegata alla conquista di nuovi membri. Ciò dimostra un forte stimolo per l'impegno dei laici ad attirare un maggior numero di persone.

Fisionomia dei Fondatori

Due tipi di Fondatori si ravvisano nelle nuove religioni: come *divinità viventi (ikigami* 生き神*)* o come *esseri umani (ningen* 人間*)*. Nel primo tipo, nella maggioranza dei casi il Fondatore prova la sensazione che il *divino* sia entrato nel suo corpo e ne abbia preso possesso. Lo possiamo paragonare

---

[120] Cfr. AA.VV: *Religioni nel tempo,* Edizioni lavoro, Roma 1996, pp.136-137.

ad uno sciamano. Fino ad oggi, quando è stata una donna la Fondatrice, ella era di tipo sciamanico. Per esempio *Nakayama Miki* per il Tenri-kyō, *Deguchi Nao* per Ōmoto-kyō, *Kotani Kimi* per il Reiyū-kai, *Naganuma Myōkō* per la Risshō Kōsei-kai, *Kitamura Sayo* per Tensho Kōtai Jingu-kyō, *Nagaoka Yoshiko* per lo Jiu, erano tutte donne Fondatrici sciamaniche. Frequente è il caso in cui si affianca un uomo come partner spirituale che si dedica all'organizzazione del gruppo diventandone il co-Fondatore.

Nel secondo tipo, il Fondatore è colui che rigetta l'idea di essere una divinità, affermando di non sentirsi che un essere umano spinto a far conoscere la via della verità, come Taniguchi Masaharu per la *Seichō no ie* 生長の家; Kubo Kakutarō per la *Reiyū-kai*, 霊友会; Niwano Nikkyō per la *Risshō Kōsei-kai* 立正佼成会; Makiguchi Tsunesaburō, Toda Josei e Ikeda Daisaku per la *Sōka Gakkai* 創価学会.

Tratteremo ora, a grandi linee, i nuovi Movimenti principali che si rifanno, come già ricordato, alla tradizione buddhista della scuola Nichiren basata sul testo del Sutra del Loto, cioè della *Rei-yū-kai* e della *Sōka-Gakkai* per poi addentrarci in modo particolare e dettagliato sul nostro tema principale incentrato sulla *Risshō Kōsei-Kai* che vedremo, in realtà, alquanto distaccata dagli orientamenti storici della scuola Nichiren.

1. REI-YŪ-KAI 霊 友 会 "Movimento Amici dello Spirito"

Il nome deriva dall'analisi dei tre ideogrammi: *Rei* 霊 spirito, *yū* 友 amicizia, *kai* 会 associazione-movimento.

Cenni storici e caratteristiche

Reiyū-kai fa parte, come in breve riferisce Hartmut O.Rotermund[121], del gruppo delle religioni che attingono alla tradizione spirituale del Buddhismo Nichiren ed ha servito da matrice per altre scuole moderne. Il Fondatore è un falegname, KUBO Kakutarō 久保角太郎 (1892-1944) che era stato adottato da una famiglia appartenente al Buddhismo Nichiren. Era il 1925 quando egli, insieme alla seconda moglie di uno dei fratelli, Kotani

---

[121] ibidem, p.107

Kimi 小谷喜美, fondò la *Reiyū-kai*. Il suddetto Autore ci dice pure che Kubo in precedenza aveva aderito ad un movimento socio-religioso orientato verso la venerazione dei defunti, che si occupava dei cimiteri, delle tombe dimenticate e di altro. In conformità al Buddhismo Nichiren, il Movimento venera il *Sutra del Loto*, ammette la legge della causalità e della trasmigrazione e rende venerazione agli antenati degli antenati. Tra le caratteristiche di questo Movimento, il cui centro è a Tokyo, che si occupa anche di operazioni sociali, vi è quella delle *hōza* 法座 che consistono in sedute di discussione su problemi personali o dottrinali. (v. p.283 ss.)

La Società Amici dello Spirito - ricorda H.Van Stralen[122]- con le sue molteplici sfaccettature, specialmente nel periodo postbellico, è stata chiamata *"la fonte perenne delle Nuove Religioni"*. Queste si rifanno a Nichiren stesso, il quale nel sec.XIII ha dato inizio, come già menzionato, ad una corrente nazionalistica basata esclusivamente sul Sutra del Loto e presentata con enfasi tale da apparire alquanto anormale in seno alla corrente del Buddhismo Mahayana solitamente di larghe vedute.

Sarà di utilità comune riportare alcuni concetti espressi dal Presidente Dr.Tsugunari Kubo durante una conferenza tenuta al Simposio del 28-30 Novembre 1985 sul tema "Patrimonio Buddhista" presso la Facoltà di Studi Orientali ed Africani dell'Università di Londra[123]. Si potrà capire meglio il Movimento nella sua genesi di laicità e nel suo sviluppo.

Dopo alcuni accenni alla storia del Buddhismo Giapponese che aveva convissuto per vari secoli con lo Shintoismo, raggiungendo il massimo della popolarità durante il periodo Kamakura, ne viene sottolineato l'inevitabile declino.

Durante la prima metà del sec.XVII, nel tentativo di soffocare il Cristianesimo, lo Shogunato Tokugawa obbligava ciascun capo famiglia a registrare la propria famiglia ed il tempio locale. E così i preti buddhisti venivano direttamente coinvolti nella gerarchia feudale e, con alle spalle la sicurezza governativa, molti di essi erano impegnati nei loro templi soprattutto per ottenere profitti commerciali facendo pagare tasse eccessive per le prestazioni rituali. In più, la pratica del celibato, già un po' rilassata dal tempo del Periodo Heian, diventava sempre meno importante agli occhi

---

[122]Henry Van Stralen, Clark B.Offner: *Modern Japanese Religions,* Leiden, E.J.Brill 1963, pag.91 dove cita in nota Noriatsu Nakano (ed.), *Shinko Shukyo no Kaido* (Tokyo: Tosei Shuppansha 1954, p.30); cfr. pp.91 ss.

[123] "The Development of Japanese Lay Buddhism", The Reiyukai, Tokyo 1986

del governo e degli amministratori dei templi. Le celebrazioni rituali-liturgiche diventavano sempre più il dovere principale dei monaci i quali, in cambio di un'offerta, potevano pregare per il benessere di un malato o per un parto felice, oppure per le anime dei defunti.

Le assai frequenti cerimonie funebri o commemorative fecero sì che i monaci si meritassero il mordace appellativo di *imprenditori di pompe funebri del Giappone*. I funerali comportavano l'assunzione di un prete (monaco) per dare un nome rituale al defunto e recitare un sutra (testo scritturale Buddhista) per la sua felicità. Tale nome veniva iscritto dal prete nel registro di famiglia (*kakocho* 過去帳) conservato presso il tempio. La famiglia poi, al 7°, al 49° ed all'anniversario della morte assumeva un prete per compiere il servizio religioso recitando parte di un sutra. Fu in questo periodo che il laicato iniziò ad associarsi ai riti commemorativi buddhisti con cerimonie folcloristiche evocando gli antenati.

Si fa notare che la tradizionale commemorazione degli antenati esisteva già prima dell'introduzione del Buddhismo in Giappone, come avveniva nelle culture prebuddhiste su ricordate, iniziando dalle cerimonie di stagione per il raccolto e per le anime dei defunti. E gradualmente i laici prendevano coscienza di poter essi gestire le celebrazioni commemorative alleggerendo i preti da tale compito. I contatti con il Buddhismo, da parte della maggior parte dei laici, erano limitati a questo genere di riti senza essere coinvolti nell'apprendimento o nella sequela degli insegnamenti buddhisti in quanto filosofia...Con l'avvento dell'era moderna con Meiji e Taisho, le tradizionali strutture religiose, con le loro enfatiche celebrazioni rituali, finirono per non incontrare più i bisogni della gente in una società volta a drastici mutamenti culturali e demografici. E' proprio durante questi due periodi che parecchie nuove religioni od altre vicine a quelle antiche vengono alla ribalta sullo scenario nipponico[124].

Interessamento al Sutra del Loto

Kubo Kakutaro si impegnò quindi per un'alternativa alla tradizionale religione durante gli anni '20 assai turbolenti; ma i suoi sforzi differivano da quelli dei suoi coetanei in quanto credeva che le risposte alle sofferenze non si trovavano sui testi dei filosofi occidentali del XVII secolo. Egli era

---
[124] ibidem, pp.11-13

convinto che la risposta risiedeva nel divulgare le virtù e le pratiche buddhiste esposte nel *Sutra del Loto*, così come nell'adottare un personale ed indipendente approccio alla pratica del Bodhisattva (vale a dire, fervente ricerca dell'illuminazione per se e per gli altri).

Come si legge nel testo su citato, vari sembrano essere stati i fattori che hanno influito su Kubo K. nella scelta del *Sutra del Loto*. Anzitutto era nato a Kominato, Prefettura di Chiba, luogo di nascita dello stesso Nichiren (1222-1282), monaco famoso Fondatore di una scuola buddhista che prese il suo nome "Nichiren", come già su ricordato. Fu Nichiren, inoltre, che diede grande importanza al *Sutra del Loto* i cui insegnamenti vennero da lui portati alle masse. Ai tempi di Nichiren, durante l'epoca di Kamakura (1185-1333), la grande maggioranza della gente era analfabeta. Il desiderio di Nichiren era quello di incrementare una pratica semplice a tutti possibile. Insegnò allora che chiunque poteva incarnare l'essenza del *Sutra del Loto* recitando le parole *"namu-myōhō-renge-kyō"* che significano: *"dedico me stesso al Sutra del Loto"*.

Kubo K. mostrò il suo interesse per questo Sutra in età giovanile e, diventando più grande, aderì alla fede abbracciata da Nicheren il quale pensava agli insegnamenti del *Sutra del Loto* come la chiave dello sviluppo della nazione. Giunto a Tokyo per lavorare, venne adottato nel 1919 dalla famiglia Kubo che non aveva figli, per continuarne il nome. Attraverso l'incoraggiamento di sua madre adottiva, fervorosa credente nel cap.25 del *Sutra del Loto*,[125] cominciò ad approfondire i suoi studi su Nichiren e sul Sutra ed a metterlo in pratica. E prese coscienza che il Buddhismo del Loto era assai differente da quello rituale praticato dai preti, mentre era sempre più convinto che la gente non doveva più fare affidamento sui riti celebrati dai preti, ma doveva impegnarsi ad incarnare nella propria vita le norme ed i principi del *Sutra del Loto*.

Era pertanto convinto che tale *Sutra* inculcava a seguire gli insegnamenti del Buddha partecipando attivamente alla vita della società, in cui i Buddhisti laici, impegnati a seguire la via del Bodhisattva,

---

[125] ibidem, a pag.49 nota 2: "Il Cap.25 del Sutra del Loto è spesso recitato separatamente sotto il nome di Avalokitesvara Sutra". Al riguardo scrive Niwano Nikkyo (cfr. "Buddhism for today", cit., p.379): "Il nome giapponese di Avalokitesvara è Kanzeon o Kannon, Bodhisattva della grande compassione, della misericordia e dell'amore. "Kan 観" significa tutelare ogni cosa, "ze-on 世音" indica l'idea del grido sofferente della gente. Qui si intende non solo la gente che grida ad alta voce, ma vi sono inclusi i suoi desideri e le sue aspirazioni..

sicuramente avrebbero prodotto frutti di pace e di spirituale armonia. Si fa osservare che nel periodo in cui Kubo aveva in mente queste idee, il popolo nipponico era già avanzato nell'istruzione, essendo quasi scomparso l'analfabetismo. In tale società, ciascuno era in grado di far propri gli insegnamenti di Buddha traducendoli in pieno nella pratica. Era giunto, secondo lui, il tempo dell'attuazione dell'universalità e dell'uguaglianza secondo la prospettiva del *Sutra del Loto*.

Come frutto dei suoi studi, era sua convinzione che ciascun individuo, laico o prete, uomo o donna, poteva cercare di raggiungere l'illuminazione mediante i propri sforzi. È questo uno degli scopi del Sutra del Loto. Si tratta di sviluppare il proprio io interiore nello sforzo individuale di seguire la via del Bodhisattva praticando quanto è scritto nel Sutra, dove p.e. al Cap.10 si legge: "Se vi sono figli o figlie di buona famiglia che conservano, leggono, recitano, spiegano o copiano[126] anche un solo verso del Sutra del Loto...costoro saranno venerati come dei Buddha...Sono dei grandi Bodhisattva...".

Kubo incoraggiava quindi gli altri a praticare quanto è scritto nel Sutra. In più constatava che spiegando e diffondendo gli insegnamenti, si potevano confrontare le proprie difficoltà di comunicazione con gli altri e sviluppare i rapporti di fiducia e di sincerità.

Così pure, credeva fermamente che la recita del Sutra del Loto portava ad interiorizzare gli stessi insegnamenti ed a raggiungere, in forma di meditazione, una intuizione illuminante riguardo a se stessi ed alle relazioni con il prossimo.

---

[126] Riguardo al "copiare" (o trascrivere fedelmente) il Sutra del Loto, ci incuriosisce il commento di Niwano Nikkyo (cfr.Buddhism for Today, cit. p.141): "Copiare (shosha) significa trascrivere il sutra a mano. Questa pratica ha due significati: il primo è di diffondere l'insegnamento, l'altro è di approfondire la nostra fede ed il discernimento. Prima dell'invenzione della stampa, per diffondere il Sutra del Loto era indispensabile trascriverlo a mano. In tempi moderni, dobbiamo diffondere l'nsegnamento facendo il miglior uso della stampa, cinema, dischi, registratori, cassette ed altri mezzi audio-visivi. Questo rientra nel primo significato di "copiare", che si estende al secondo significato quando noi trascriviamo fedelmente ciascuna parola del Sûtra con calma e concentrazione mentale; allora lo spirito del Sûtra affonda le sue radici nel nostro cuore e nella nostra mente. In questo senso, il "copiare" è ancora una pratica importante".

Culto libero verso gli Antenati

Ad integrare la propria filosofia pratica, Kubo si associa alle idee di Nishida Mugaku (1850-1918) che si possono così riassumere:

- Salvaguardare la pratica Buddhista come una materia individuale da tenere libera dalla competenza dei preti.
- Compiere da soli le pratiche del *tsuizen-kuyo,* chiamato anche col nome popolare *sosen sūhai* 祖先崇拝 *venerazione degli antenati* piuttosto che pagare un prete per questo.
- Iscrivere i nomi dei defunti nel registro di famiglia conservandoli nella propria casa anziché nel tempio locale.
- Dare il nome dei defunti a chi abbia qualche legame con i propri antenati, a parenti e bambini che sono deceduti ed a bambini abortivi o andati perduti.

Si pongono inoltre in luce due altri aspetti, in cui la filosofia di M.Nishida si distanzia dal pensiero tradizionale:

- Le persone dovrebbero recitare il sutra non solo per la felicità degli antenati patrilinei, ma anche per gli antenati provenienti dalla parte materna della famiglia.
- La responsabilità di garantire le pratiche da compiere per gli antenati della famiglia non compete solamente al capo-famiglia maschio, ma anche a ciascun membro della famiglia.

Viene così allargato, da parte di M.Nishida, il concetto tradizionale di *tsuizen-kuyō* praticato dai preti Buddhisti. I seguaci di Nishida praticamente davano il nome anche ai propri amici, alle persone che sentivano essere dei consiglieri influenti nella propria vita ed agli animali domestici. Questi venivano conservati in un *kakochō* (過去帳), *registro dei trapassati*.

Formazione del Movimento

In merito ad alcuni dati storici del Movimento, nel testo sopra citato si legge a questo punto che Kubo ha formato nel 1924 un gruppo chiamato *Reiyū-kai* insieme a Chise Wakatsuki (1884-1971) nel quartiere Minami-Senju di Tokyo. Attorno all'anno 1927, ha dato inizio ad un altro ramo del

Reiyu-kai insieme a suo fratello Yasukichi Kotani (1885-1929) ed a sua cognata Kimi Kotani (1901-1971) nel quartiere Akasaka di Tokyo.

In quello stesso periodo, nella città di Fukushima dell'omonima Prefettura, anche un terzo ramo si è formato da parte dell'amico di Kubo, *Sadao Bekki* (1897-1965), il quale tuttavia nel 1929 cambiò il nome del suo gruppo in *Myoho-kai* rompendo effettivamente ogni legame ufficiale col *Reiyu-kai*. Poco dopo la fondazione del Reiyu-kai di Akasaka, Kubo lascia il Minami-Senju Reiyu-kai a causa di divergenze dottrinali con Wakatsuki (Chise). Quest'ultima si mostrava favorevole alle pratiche seguite dal Reiyu-kai ed al suo insegnamento, ma non sentiva la necessità per i suoi discepoli di introdurne di altri. Kubo, d'altra parte, era convinto che gli insegnamenti potevano essere efficacemente introdotti nella società mediante gli sforzi di tutti i praticanti e che le persone introdotte potevano, a loro volta, diventare i divulgatori con pieno loro diritto. Questa pratica la chiamò *michibiki* (l.*micibiki*) 導き *guidare, condurre*, considerata centrale come pratica del Bodhisattva del *Sutra del Loto* e molto importante per i cambiamenti che produceva nei comportamenti con gli altri, mettendo in luce il proprio personale sviluppo. Coloro che praticano il *michibiki* vengono aiutati ad apprendere la sapienza e la compassione, ispirando in altri il desiderio di seguire gli insegnamenti del *Sutra del Loto*. Si fa notare che l'enfasi riservata da Kubo alla pratica *michibiki* pone i suoi insegnamenti più in avanti e lontani dall'idea originale di Nishida e dall'interpretazione di Wakatsuki.

Sutra breve o "Sutra Azzurro"

Nel 1928 Kubo e Kotani compilano un *sutra breve*, che include alcuni passi selezionati dei Tre Rami del Sutra del Loto, così pure due passaggi degli scritti di Nishida diffusi e modificati per meglio venire incontro ai bisogni del *Reiyu-kai*. È chiamato il Sutra Azzurro, fatto in modo che i membri del *Reiyu-kai* possano recitare, al mattino ed alla sera in meno di mezz'ora, alcune parti principali del Sutra del Loto. L'edizione originale del 1928 contiene una parte tratta dal cap.3 del *Sutra degli Innumerevoli Significati*, due parti scelte dal *Sutra del Metodo Pratico di Meditazione sul Bodhisattva Virtù Universale* e parti dei capp.12, 20, 21, 23, 25 e 28 del *Sutra del Loto*.

Nel 1933, Kotani insieme a Kubo allargò il *Sutra Azzurro* aggiungendo alcune parti dei capp.2 e16 del *Sutra del Loto*. Tale edizione è quella attuale in uso tra i membri del Reiyu-kai. Venne poi istituito da entrambi un *sokaimyo (*elenco di tutti i nomi dei defunti), in modo che i membri potessero così recitare il Sutra per gli antenati ignoti. Ciò fu di incoraggiamento a porre sull'altare di famiglia un *sokaimyo* 総戒名 ed un *kakocho* ed a recitare mattina e sera il *Sutra Azzurro*. Si sfogliano le pagine del *Kakocho* corrispondenti a quel giorno del mese e si recita il Sutra auspicando la felicità di quelli i cui nomi sono ivi registrati. I due Fondatori Kubo e Kotani hanno sempre incoraggiato i membri a praticare la via del Bodhisattva attraverso il *michibiki*.

Struttura e sviluppi del Movimento

In quanto alla struttura dei quadri dirigenti del Movimento, troviamo che nel 1930 il Reiyu-kai di Akasaka ha tenuto una cerimonia inaugurale, in cui Kakutaro Kubo viene costituito ufficialmente Dirigente-Capo del Consiglio di Amministrazione, il Barone Taketoshi Nagayama (1871-1938) come Presidente e Kimi Kotani come Presidente Onorario. Inoltre, nel 1937 in risposta all'aumento duplicato dei membri, viene costruito un salone per incontri e convegni in Azabu a Tokyo. Il Movimento dovette affrontare le persecuzioni del Governo durante gli anni della guerra continuando le sue pratiche con grande fervore. I membri, infatti, duplicarono in quel periodo passando da 758.000 del 1940 a 1.452.755 nel 1950.

Si fa anche notare che in 67 anni di storia, all'incirca trenta gruppi si sono staccati diventando organizzazioni indipendenti. Si calcola che al 31 Dicembre 1984, il totale dei membri del *Reiyu-kai* e di altre Gruppi derivati superava i 12 milioni; mentre il Reiyu-kai da solo contava 3 milioni di fedeli. Col passare degli anni, gli insegnamenti delle Organizzazioni scaturite dal Reiyu-kai non hanno subito mutamenti sostanziali.

Tra le Organizzazioni più grandi sono da includere quelle che si sono staccate negli anni immediatamente precedenti al 1940, cioè *Kodo Kyodan*, *Shishin-kai* e *Rissho Kosei-kai* (quest'ultima con quasi 6.013.401 membri, è diventata due volte più grande del Reiyu-kai). Le altre due da includere sono *Bussho Gonen-kai* e *Myochi-kai* separatesi rispettivamente nel 1950 e nel 1951.

Con la scomparsa di Kubo nel 1944, la direzione generale passa nelle mani di Kimi Kotani. Uno dei suoi primi atti è quello di promuovere lo sviluppo nel campo dell'educazione con programmi di apprendistato a favore delle giovani generazioni. Nel 1954 viene inaugurata l'Associazione Gruppo Giovanile e nel 1964 viene costruito un edificio per ritiro denominato *Mirokusan* (Monte del Bodhisattva Maitreya) sul Monte Togasa nella penisola di Izu.

Fin dall'inizio, i programmi di tirocinio del *Mirokusan* si estendevano dal come trattare particolarmente i giovani fino alla situazione attuale con programmi a favore delle persone di ogni età. Nello stesso anno il Reiyu-kai porta a termine la costruzione della scuola media inferiore e superiore Meiho a Higashi-Murayama, Tokyo. Nel 1971 muore Kimi Kotani. La presidenza viene quindi assunta da Tsugunari Kubo, figlio di Kakutaro Kubo. Negli anni che seguono, la Reiyu-kai estende le sue attività ad altre nazioni e nel 1975 si realizza il sogno di Kotani con la costruzione di un nuovo edificio per incontri chiamato SHAKADEN 釈迦殿[127]

---

[127]Significa *"Dimora di Shakyamuni"*. La costruzione, dalla sagoma piramidale, sita nelle vicinanze della Torre di Tokyo (Tokyo Tower) è utilizzata come salone per le riunioni e come centro sociale per i membri della Reiyu-kai e della comunità locale. Essendo la Reiyu-kai un'organizzazione di laici, lo *Shakaden* non è considerato un Tempio. Non esistono infatti né monaci, né preti che vi lavorano; le pratiche del Movimento comportano celebrazioni o riti non sacrali. Tuttavia, in quanto edificio speciale, costituisce un luogo dove la gente può venire e sentire il cuore vero e l'anima di Shakyamuni Buddha. L'intera costruzione comprende, oltre al salone principale, un altro più piccolo, poi nove stanze per conferenze, una caffetteria, una libreria, una stanza per bambini ed un'infermeria. Tali servizi sono utilizzati per le attività più svariate che vanno dalle riunioni-studio di gruppi, alle classi di calligrafia, agli spazi aperti a gruppi artistici per le prove e gli spettacoli. Nel salone principale si radunano annualmente i membri di ciascuna delle 30 maggiori comunità filiali ed ogni giorno vi si possono osservare persone che stanno sedute per una riflessione silenziosa o per recitare il Sutra. [....] Dietro l'ampia piattaforma del palco sono conservati cinque rotoli con oltre cento registri di nomi di membri e di non-membri defunti che hanno contribuito allo sviluppo dell'organizzazione durante la loro vita. Nessuno di loro è considerato sacro o in possesso di poteri spirituali. Sullo sfondo sul palco si erge la statua di otto metri di Shakyamuni Buddha, il cui scultore, maestro Seiko Sawada, ha impiegato sei anni per costruirla, intagliandola su di un pezzo tratto da un unico tronco di albero centenario di canfora. L'immagine viene esposta, aprendo le porte, durante le riunioni che si svolgono al 9° ed al 18° giorno di ogni mese in cui si commemorano i Fondatori della Reiyu-kai. [...] *Ventotto colonne* a forma di V, attorno alla *Plaza,* fanno da

Nel 1976 viene inaugurato un Centro per le ricerche politiche al fine di fornire ai membri della Reiyu-kai informazioni riguardanti i problemi della politica e gli stessi uomini politici. E' vero, si pensa, che la religione dovrebbe rimanere separata dalla politica, ma i membri dovrebbero essere informati sui fatti politici. Il centro conta attualmente circa 20 mila aderenti, di cui la maggior parte è costituita da membri della Reiyu-kai. Tra i membri circola una rivista mensile che si interessa di presentare le proposte di politici che condividono gli ideali della Reiyu-kai. La rivista tratta anche di problemi politici con commenti da parte di esperti in scienze politiche. Il centro propone candidati per le seguenti ragioni:

- La loro convinta fede nella libertà religiosa (inclusa la loro opposizione alla formazione di una religione di stato).

- Il loro impegno a lavorare per un *"mondo libero"* (p.e. un mondo democratico, non totalitario).

- La loro convinta fede nell'impegno a lavorare per la pace nel mondo in armonia di fede con gli insegnamenti della Reiyu-kai.

Ne risulta che i candidati proposti tendono a far parte del Partito Democratico Liberale, del Partito Democratico Socialista e delle correnti più liberali del Partito Socialista. La Reiyu-kai sceglie i candidati sia tra i propri membri come tra quelli che membri non sono. Nel 1980 è stata lanciata una campagna per il *"Proprio Sviluppo Interiore"* nello sforzo di rapportare più efficacemente la pratica di bodhisattva con i problemi ed i comportamenti contemporanei.

Attualmente la Reiyu-kai ha membri in sedici nazioni. Ora, una domanda ci si pone: c'è differenza tra il Buddhismo tradizionale e quello della Reiyu-kai? Ci risponde ancora il testo già citato che presenta[128] una dinamica interessante propria di ogni istituzione che intende rinnovarsi, dovendo fare i conti con una tradizione plurisecolare profondamente radicata nell'animo popolare. È quanto vogliamo spiegare nel seguente paragrafo.

---

sostegno al peso dell'intero salone principale sovrastante e rappresentano i 28 capitoli del Sutra del Loto, su cui si basano gli insegnamenti della Reiyu-kai. (Cfr. *Shakaden*, Ed. Reiyu-kai, 7-8, Azabudai, 1-chome, Minato-ku, Tokyo 106, Copyright 1994).

[128]"The Development of Japanese Lay Buddhism", cit., pp.23-28

Confronto-scontro tra Buddhismo tradizionale e Reiyū-kai.

Viene subito rilevato il tentativo da parte della Reiyū-kai di richiamare alla memoria dei Giapponesi lo spirito tradizionale Buddhista. Ma uno sguardo allo sviluppo delle pratiche e delle teorie della Reiyu-kai rivela quanto precario fosse il risultato. E si ricorda il fatto che tutte le idee venute dall'esterno (come Il Buddhismo ed il Confucianesimo) hanno prosperato in Giappone perchè hanno trovato un terreno compatibile con i tradizionali valori comportamentali giapponesi, oppure perchè alcuni di tali valori hanno finito per integrarsi con quelli nuovi arrivati, rendendoli sempre meno estranei.

Si afferma quindi che il Buddhismo tradizionale giapponese è stato in grado di fare ciò assumendosi la responsabilità di prendersi cura degli spiriti degli antenati, conformandosi così ad una fondamentale cultura della tradizione giapponese. La Reiyū-kai ha la sensazione che, attraverso secoli di aggiustamenti culturali, di adattamenti e di sviluppi in India, Corea e Giappone, gli intenti originali del Buddha ed i suoi insegnamenti in molti casi siano stati messi in ombra dal Buddhismo tradizionale giapponese. Si fa quindi osservare che esiste l'interrogativo chiave: "Cosa accade quando un'organizzazione prova a riacquistare la percezione di essere l'essenza degli insegnamenti di Buddha e vuole offrire una risposta sicura ai bisogni dei Giapponesi?". Tale interrogativo, non sollecitato fino ad ora, forse può servire come guida a capire gli sviluppi storici degli insegnamenti della Reiyu-kai.

In tale contesto, tuttavia, sono da risolvere le tensioni tra la ricerca dello spirito originale degli insegnamenti di Buddha e la risposta da dare alle emozioni che si provano verso gli antenati. Kimi Kotani, pur seguendo Kakutaro Kubo nelle pratiche della recita *Sutra del Loto* e nel *michibiki*, sembra sentisse una forte spinta emotiva verso l'idea di un personale e profondo rapporto con i propri antenati, tanto da sentirsi identificata con loro in un modo inestricabile: o che i propri antenati fossero davvero lei stessa, o diversamente che lei fosse l'ultima manifestazione di tutti i propri antenati e di tutti i loro atti. Tuttavia, la sua facoltà conoscitiva sembrava avesse un pizzico di folclore. Ella parla dei meriti nel recitare il *Sutra* e nel praticare il *michibiki*, ambedue intesi nel senso di "ricevere la protezione dei propri antenati e del Buddha nel mondo spirituale" come pure nel senso di "liberare dal karma negativo i propri antenati".

Nella Reiyu-kai, ciascuna persona mostra in modo differente l'equilibrio tra la fede in un personale e profondo rapporto con i propri antenati - una fede che si rifa al periodo prebuddhista giapponese - ed il desiderio di progredire personalmente secondo i concetti buddhisti del *Sutra del Loto*. Viene perciò messa in evidenza la differenziazione generazionale, per cui i membri anziani sono più portati ad identificarsi con i riti e la recitazione del sutra per i propri antenati, mentre i giovani tendono più verso l'idea del progresso personale. La Reiyu-kai è convinta che i singoli individui possono migliorare se stessi e le loro relazioni con gli altri, venendo a patti con il loro vero sé, operando secondo il principio buddhista dell'interrelazione e dell'interdipendenza di tutti gli esseri viventi ed accettando consapevolmente la responsabilità morale delle conseguenze delle proprie azioni.

Pratica "Michibiki"

Si sottolinea inoltre che il *michibiki* 導き consiste nel condurre gli altri[129], attraverso il proprio esempio, sulla la via del Bodhisattva. Si tratta di imparare insegnando, con l'impegno a raggiungere ed a stabilire una base comune con gli altri mediante rapporti responsabili ed onesti nell'aiuto reciproco a progredire. Attraverso la pratica del *michibiki* si apprendono la sapienza, il discernimento e la compassione al fine di raggiungere un modo di vivere armonioso, personalmente cordiale e socialmente benefico. Da un punto di vista strutturale, per quanto riguarda l'appartenenza al Movimento, esistono 24 ramificazioni differenti, in cui ciascuna è costruita mediante rapporti individuali, uno ad uno, stabilitisi nel *michibiki*. Ogni ramo è formato in modo piramidale, in cui la posizione individuale è basata sul

---

[129] "Ciò che viene chiamato *michibiki* nella Reiyu-kai è in effetti l'azione di introdurre altri all'Associazione, pratica comune nelle nuove Associazioni Buddhiste moderne.." (cfr."The Philosophical Foundation of the Lay Buddhist Practice of the Reiyukai, as depicted in the Lotus Sutra", The Reiyukai, Tokyo 1988, p.16).

numero dei membri introdotti e presentati da un uomo o da una donna e sul numero delle persone introdotte a turno nel gruppo...

I rapporti creatisi attraverso il *michibiki* vengono rafforzati ed estesi allo *tsudoi* 集い (*incontri*), di cui il contenuto e la frequenza dipendono dai membri. Questi incontri, che in precedenza erano chiamati *hoza* 法座 (*seduta dove è presente il dharma*), si svolgono oscillando da forme di discussioni o di sedute per recitare il *Sutra azzurro* a forme di scampagnate e simili. In più, oltre ad essere occasione ai membri di riunirsi, sono un mezzo per introdurre eventuali nuovi membri nelle attività della Reiyu-kai. Inoltre, come parte integrante nel processo di crescita e di apprendimento, si da importanza alla pratica della *penitenza,* dove i lati buoni vengono incoraggiati ed i difetti vengono affrontati e sconfitti.

Tale pratica comporta il riconoscimento di qualche lacuna od errore nella propria vita e la recita del sutra per analizzare e discernere meglio l'errore allo scopo di trovare il modo di correggerlo con l'impegno ulteriore a migliorare se stessi. Sono le relazioni umane che aiutano gli individui a scoprire la propria identità ed il proprio cammino. La Reiyu-kai crede fermamente che l'intuizione e la sapienza, praticate e sviluppate al suo interno, fanno sentire più fortemente all'individuo il suo ruolo che svolge nell'esistenza umana: ricevere cioè dai propri antenati il dono della vita, ricambiando il dono stesso ai propri discendenti. E non si tratta solo della vita ricevuta e donata, ma anche della qualità della vita stessa. Allora, è qui che nasce la responsabilità di donare la migliore qualità di vita possibile per le future generazioni.

Data l'importanza della libertà di ciascuno di interpretare il sutra come la propria via, la Reiyu-kai pone il suo speciale accento dottrinale nel credere che ciascun essere umano possiede la natura del Buddha e che tutti devono impegnarsi a migliorare i rapporti con gli altri. Non offre risposte dirette, non essendo questo il suo ruolo, ma indica un metodo per scoprire e migliorare se stessi trovando da soli le risposte adeguate. Poichè i suoi insegnamenti sono considerati religiosamente inter-denominazionali, la Reiyu-kai forse può essere meglio descritta come un Movimento ricolmo di potenziale umano o umanista basato sul principio buddhista del proprio sviluppo personale.

Un grande progetto

Allo scopo di dare maggiore sviluppo al Movimento, è da ricordare un grande progetto (da attuare, in prima fase, dal Dicembre 1993 al Febbraio 1999) lanciato da parte del *Comitato Attività Interne in Commemorazione del 50° Anniversario di KUBO KAKUTARO Reiyu-kai*. Secondo l'opuscolo *Reiyu-kai kara no teian desu* 霊友会からの提案です (*un progetto della Reiyu-kai*) edito il 3 Settembre 1994 a Tokyo (*1-10-9, Azabudai, Minato-ku*), si tratta di un'iniziativa per un *nuovo stile di vita* tra le varie generazioni comprendenti i bambini, l'età matura e quella degli anziani per la reciproca conoscenza e per il reciproco sostegno.

Praticamente si parla di comunità con abitazioni per una o 5-6 persone in cui si crea un ambiente umanamente vivibile in modo che l'assistenza (previdenza) sociale venga garantita unendo tutte le forze anche mediante la raccolta di fondi. Sullo sfondo di simili attività, ovviamente appare l'insegnamento di Buddha basato sulla "sapienza della vita" (*Bukkyo no ikiru-chie* 仏教の生きる智慧) da infondere a tutti. A ciò collabora attivamente l'Istituto Universitario della Facoltà Buddhista Internazionale, impegnata a formare uomini di talento per trasmettere correttamente alle future generazioni il Buddhismo ed il comune patrimonio culturale umano.

In un altro opuscolo edito dal Movimento,[130] da cui vengono tratti i punti più salienti e significativi, si rileva che la Reiyu-kai basa la sua filosofia su di un *"sistema pratico di vita"* mediante la *saggezza e la conoscenza* sperimentate e trasmesse da Buddha all'umanità per aiutarla ad alleviare le sofferenze dell'umanità. Perciò è importante anzitutto la conoscenza di se stessi che avviene attraverso l' *interazione sociale* con i familiari, amici e colleghi...Attraverso l'impatto con gli altri e con il loro punto di vista, noi cominciamo a capire noi stessi. Da qui nascono la *compassione, la coprensione e l'empatia* che si traducono praticamente nel condividere le gioie e i dolori degli altri in quanto tutti gli esseri umani sono *interdipendenti* gli uni e gli altri mediante vincoli che travalicano gli oceani e le frontiere.

E' inoltre la *consapevolezza* dell'esistere che aiuta ciascuno allo sviluppo dell'autoscienza e conseguentemente allo sviluppo della coscienza

---

[130] Reiyukai: *Consapevolezza, Azione, Sviluppo*, (tradotto dall'inglese), Via Tonale, 22 Milano.

sociale. Un'ulteriore consapevolezza della forza che si trova in se stessi porterà poi a capire quali siano le misure migliori per sviluppare le proprie capacità. In ultima analisi, *la scoperta di se stessi* costituisce il modo di vivere indicato dagli insegnamenti della Reiyū-kai che invita alla riflessione e a prendere coscienza anche dei legami che ci uniscono ai nostri antenati e dei legami che noi costruiamo per i nostri discendenti. Di qui nasce la responsabilità di rendere la nostra vita quanto più possibile spiritualmente ricca.

Molte sono le attività che il Movimento porta avanti nel campo educativo, sociale, umanitario e per la pace nel mondo. Degno di menzione, fra l'altro, è il primo Incontro Internazionale Giovanile organizzato dalla Reiyū-Kai a Tokyo nel 1985 per celebrare l'Anno Internazionale Giovanile indetto dalle Nazioni Unite. Si sono trovati insieme giovani venuti da ogni parte del mondo per condividere le proprie idee ed esperienze sul tema: *Partecipazione, Sviluppo e Pace*. La quinta edizione di tali incontri (*"The Fifth IYY Speech Festival)* si è svolta nella città del Messico il 19 Dicembre 1989.

Ora vogliamo fare alcuni cenni su di un altro Movimento Buddhista Laico che si richiama agli insegnamenti di Nichiren il quale, come più volte ricordato, considera il Sutra del Loto il testo sacro fondamentale per il Giappone e per tutto il mondo.

2. SŌKA-GAKKAI 創価学会
MOVIMENTO PER LA CREAZIONE DI VALORI

Come sopra ricordato, il Movimento in questione si rifà decisamente agli insegnamenti di *Nichiren Daishōnin* 日蓮大聖人(1222-1282), di cui si è già parlato. Volendo scendere su alcuni dettagli, ci viene in aiuto il testo sopra citato[131], in cui il Dr.Tsugunari Kubo presenta la Sōka-Gakkai come un'Associazione laica legalmente indipendente, ma dottrinalmente dipendente da *Nichiren Shōshū* 日蓮正宗 *Scuola Ortodossa Nichiren*, le cui origini si rifanno ad uno dei discepoli più vicini a Nichiren, che porta il

---

[131]"The Development of Japanese Lay Buddhism", cit. pp.29-41

nome di Nikko (1246-1333), al quale Nichiren aveva affidato il futuro del suo movimento.

La *Nichiren Shōshū* asserisce infatti di essere l'unica scuola che mette in pratica i veri insegnamenti di Nichiren. Crede inoltre che Nichiren abbia ricevuto l'illuminazione al di fuori del concetto di tempo, diversamente da Sakyamuni Buddha che, secondo il cap.16 del *Sutra del Loto*, ha raggiunto l'illuminazione nel lontano passato, vale a dire all'interno di un contesto temporale.

Formazione del Movimento

Viene fondato nel 1930 con la denominazione di *Sōka Kyōiku Gakkai* 創価教育学会, **Associazione per educare alla creazione di valori**, da *Makiguchi Tsunesaburō* 牧口常三郎(1871-1944), un educatore, insieme al suo discepolo *Toda Josei* 戸田城聖 (1900-1958).

Makiguchi[132] nasce nella prefettura di Niigata. Dopo le elementari si reca in Hokkaidō per entrare in una scuola pedagogica. Fortemente interessato alle ricerche, collabora a varie riviste culturali e lavora presso il Ministero per gli Affari culturali di Tokyo, indi ricopre l'incarico di istitutore e direttore di scuole elementari. In materia di educazione caldeggia riforme radicali, per cui perde il posto. Il fine che egli si proponeva era la "felicità", la cui essenza è creazione, acquisizione di "valori". Intende quindi rielaborare i valori tradizionali adeguandoli alla vita di ogni giorno. E' importante per lui pervenire ad una vita di valori basata sul "vantaggioso", sul "bello" e sul "buono" per raggiungere una perfetta felicità.

Makiguchi si converte nel 1928 al *Nichiren Shōshū*. La sua teoria sulla *"pedagogia per la creazione di valori" (Sōka kyōiku-gaku")* e gli insegnamenti della *Nichiren Shōshū* staranno alla base del Movimento, destando l'interesse degli insegnanti per una riforma del sistema scolastico giapponese. Vogliamo ora presentare alcune forme che il Movimento ha adottato nel recente passato in merito alla diffusione della sua dottrina e delle sue attività, per poi considerare alcune trasformazioni attualmente in corso volte ad un dialogo costruttivo ed efficace.

---

[132]H.O.Rotermund, cit., pp.108-109

Modalità di diffusione *shaku-buku* 折伏, *kōsen-rufu* 広宣流布

Si fa subito osservare, inoltre, che ben presto le varie attività passano dall'entusiamo formativo-culturale ad un programma di proselitismo religioso che Tsugunari Kubo chiama aggressivo, conosciuto sotto il nome di *shaku-buku* 折伏, *infrangere e sottomettere,* poichè tende a troncare le idee sbagliate con motivazioni poco chiare.

Una valutazione al riguardo ci viene anche dalla Prof.ssa Maria Immacolata Macioti, docente di Sociologia della Religione presso l'Università "La Sapienza" di Roma, la quale riferisce, quasi in tono distaccato, d'essere venuta a conoscenza che "il movimento si è propagato in fretta. Forse perchè intorno agli anni '50 ogni adepto cercava di fare *shaku-buku* almeno ad altre tre persone: si tratta quindi di propagare il buddhismo anche con la severa confutazione delle concezioni errate. Anni dopo - prosegue l'Autrice - qualcuno mi dirà: "Shakubuku rappresenta la meta del nostro *"furore"* altruistico". E' inoltre convinta che "in ogni movimento esistono di regola varie fasi. Questo non fa eccezione. In quella del "furore" propagandistico si afferma con forza il potere del *Go-Honzon* ご本尊[133]".

---

[133]"Oggetto di culto, *Gohonzon*". Oggi si tratta di 'pergamene di riso' riprodotte, sotto la supervisione del clero, "da una matrice scritta dal patriarca". La prima iscrizione del *Dai-Gohonzon* si fa risalire a Nichiren il 12 Ottobre 1279. Nelle case dei fedeli, queste pergamene rendono le abitazioni una sorta di santuario. Racchiude in sé le tre Grandi Leggi segrete. 1. L' "Invocazione", cioè la recitazione di *Nam-myoho-renge-kyo*. 2. L' "Oggetto di culto", il *Gohonzon*. 3. Il "Santuario", luogo in cui viene custodito l'Oggetto di culto. E' per questo che, secondo il pensiero di Richard Causton, è detto "l'unica grande Legge segreta"... *Honzon,* letteralmente significherebbe "oggetto di fondamentale rispetto". *Go,* "degno di onore". Insieme, quindi, "vero Oggetto di culto" come lo sono, in altre religioni, le statue degli dei, dei santi, del Buddha ecc."...Il *Gohonzon* serve ad "osservare la propria mente ed a far emergere la nostra natura di Buddha, una sorta di specchio che, ponendoci davanti a noi stessi,"riflette la buddhità che è in noi"...E quindi "fede, abbracciare il Gohonzon e illuminarsi alla Legge mistica sono in definitiva la stessa cosa". E' il *Gohonzon* che in questa ottica permette di cambiare il *karma,* di raggiungere la buddhità...Si fa poi rimando alla "predicazione eterna ed universale" rappresentata dall'apparizione nell'aria della torre (stupa) preziosa *hoto*, (descritta nella seconda parte

E ricorda "tipiche frasi del tipo: "Se ti unisci a noi non ti ammalerai!", oppure "Se non ti unisci a noi certamente ti ammalerai". "Un modo indubbiamente duro a porsi", esclama e subito aggiunge: "e anche rischioso". Ma fa una constatazione che le suggerisce di dire correttamente e per amore di verità che "in fasi più recenti, più morbide, troviamo una maggiore cautela espressiva. Nel caso specifico, si concretizza in primo luogo nell'incoraggiamento a cercare un medico. Poi, ove questo non fosse sufficiente, si propone il ricorso al *Gohonzon*[134]". Riprendendo lo stesso argomento di *shakubuku*[135] l'Autrice si domanda "cosa si intende con il termine *shakubuku?"*. E sembra che dalle informazioni da lei raccolte sia giunta ad una conclusione, direi, aggiornata su tale argomento quando scrive che "nella Soka Gakkai il termine *shakubuku* rinvia alla "missione verso gli altri" o al "desiderio di poter fornire...dei mezzi ad altre persone per poter cambiare la loro vita, come dicono alcune delle tante testimonianze raccolte...".

Riporta quindi il pensiero di Fosco Maraini, "noto studioso delle forme religiose giapponesi", il quale in una lettera del 25-11-1995 le fa presente che "il significato originario è *rompere* e *sottomettere,* cioè - aggiunge Maraini - usare la maniera forte, magari anche la violenza e l'inganno per *piegare* alla conversione chi resiste. Il termine *shakubuku* ha una storia secolare[136]...L'Autrice vuole quindi sottolineare il fatto che "pur

---

del cap.11° del Sutra del Loto), da cui esce e si innalza nell'aria il Buddha Taho, al cui fianco siede Shakyamuni, ed inizia la sua predicazione.
E' questa un'allegoria - si sottolinea - per indicare che questa predicazione prescinde da momenti storici e da singole posizioni geografiche, quindi "eterna ed universale". La *Torre preziosa* inoltre dimostra la "grandezza della condizione vitale del Buddha". In futuro, nell'*Ultimo giorno della Legge* tutti coloro che recitano *Nam-myoho-renge-kyo* saranno la Torre preziosa, saranno il "Buddha Taho". (cfr. Maria Immacolata Macioti: "Il Buddha che è in noi", Germogli del Sutra del Loto, Ediz.SEAM, Roma 1996, pp.70-72)
[134]cfr. M. I. Macioti: op. cit., pp.11-12
[135]ibidem, pp.45-49
[136] "Nichiren era convinto - ricorda ancora Maraini - che il mondo avesse ormai raggiunto l'era dolorosa del *Mappo Jidai*...cioè "della distruzione della Legge"...Data dunque la situazione cosmica, Nichiren... focoso ed insofferente com'era, considerava fosse dovere suo e di tutti i suoi seguaci usare la mano forte, andare per le spicce, "rompere e sottomettere" il popolo giapponese per salvarlo. La sua mentalità era un po' quella dei cristiani..., per i quali i pagani, i selvaggi ecc. andavano battezzati volenti o nolenti...
Lo *shakubuku* risale insomma al '200, ad un tempo di mentalità totalmente diversa dalla

riconoscendo l'aggressività che in passato sembra fosse connaturata con la propagazione delle parole di Nichiren, non si può non tener conto dei mutamenti intercorsi e del diverso contesto socio-culturale". E riferendosi al contesto specifico italiano, afferma che "oggi, in Italia...lo *shakubuku* mi sembra aver dimenticato la propria carica di aggressività. E' più probabile che qualcuno voglia spiegare, diffondere estesamente il pensiero di Nichiren, anche con l'esempio e la dimostrazione del potere del *Gohonzon* e renderne partecipi gli altri con modalità di persuasione, piuttosto che con il ricorso a metodi discutibili e poco costruttivi...."

Assai significativa la testimonianza, riportata dall'Autrice, di Luca che così parla dello *shakubuku*: "Per me...è cambiare, diciamo non restringermi...al mio particolare. Vuol dire sentire...fare mia la sofferenza degli altri". "E' un termine difficoltoso che - conclude la sociologa - rinvia, tutto sommato, a una realtà molto condivisibile: perchè mi si spiega che la si intende oggi (sottolineatura mia) come confronto con idee errate (s.m.), idee che possono condurre all'infelicità...Si tratta di porgere alle persone strumenti per la trasformazione, per il cambiamento che si vuole donare, regalare agli altri..." La studiosa sociologa riporta anche il significato di un altro termine *kōsen rufu* 広宣流布 tratto dalla rivista *Duemilauno* "letteralmente significa *dichiarare e diffondere estesamente il Buddhismo*. Questo vocabolo appare nel 23° cap. del Sutra del Loto e indica la propagazione del vero Buddhismo, gli insegnamenti di Nichiren Daishonin a livello mondiale. Implica anche, come risultato concreto di questa diffusione, lo stabilirsi di una duratura pace sociale".

Riferendosi poi a qualche testimonianza, viene ricordata una frase di Gandhi: "*non credo che il bene trionferà, ma ho fede che questo arriverà*".

---

nostra, è un fossile di tempi andati. La Soka Gakkai ha ripreso il concetto e l'azione, e per un certo tempo, specie in Giappone, è divenuta famigerata per come sottoponeva a *shakubuku* sia coloro che voleva convertire, sia, peggio, coloro che a un certo momento per una ragione o per l'altra volevano lasciare l'organizzazione. Adesso, nella sua nuova fase internazionale, lo *shakubuku* viene ingentilito e tinto di rosa come "missione verso gli altri", ma basta osservare gli ideogrammi con cui si scrive il termine per rendersi conto del senso autentico che cela in seno; e che può essere all'occasione riesumato". (cfr. ibidem p.46)

Kōsen rufu, dice qualcuno, deve essere mirato e fatto avendo presente chi abbiamo di fronte. Vuol dire "riuscire a propagare la legge in maniera corretta". Vuol dire "togliere l'oscurità fra sapere e non sapere, non lasciare chiuso nessuno spazio dentro di noi". Vuol dire "gioia e impegno personale". Sulla scia di tali valutazioni si pronuncia anche un esperto del Buddhismo giapponese come H.Dumoulin[137], il quale riferendosi "alle religioni popolari giapponesi moderne di appartenenza buddhista" pone l'accento sul fatto che "tutte raccomandano una spiritualità pratica fondata sull'utilità".

E parlando in modo specifico della *Soka Gakkai*, invita a volgere lo sguardo sugli "osservatori occidentali" i quali "una volta si sono sentiti offesi dal movimento del *Soka Gakkai* che trasformò la classica triplice formula del vero, del bene e del bello, data nella sua formulazione assiologica, nella rispettiva formula del bello, dell'utile e del bene". Senza nascondere che talora il Movimento "abbia superato la giusta misura nella esaltazione del profitto e dell'utile, *go riyaku* ご利益", l'illustre Autore fa notare che "tale esaltazione dell'utile si trova in linea con la più autentica tradizione buddhista, soprattutto là dove vi è la sottolineazione dell'utilità come valore pratico e come elemento di maturazione della vita".

A conferma di ciò, riporta un passo tratto da un discorso del terzo presidente *Daisaku Ikeda* il quale, rivolto agli studenti, sottolinea il rapporto vincolante esistente tra utilità personale e utilità altrui con queste parole: "Un'azione compiuta a vantaggio degli altri è un'azione compiuta in ordine alla propria autoperfezione e ne gode ad un tempo l'uno e l'altro sé: quello personale e quello comunitario".

Riguardo alle opere di D.Ikeda, Dumoulin si limita ad affermare che "i suoi libri di biologia si mantengono lontani da estremismi e propongono una sapienza buddhista permeata di religiosità". Da aggiungere che si deve a D.Ikeda, quale consolidatore che raccoglie l'eredità di J.Toda, l'attività intesa allo sviluppo della cultura, attraverso la fondazione di scuole e di università, attraverso il Fuji Art Museum, attraverso la sua attività di pubblicista, tradotto ormai in molte lingue[138]

Un'altra osservazione - riprendendo quanto scrive Tsugunari Kubo sopra citato - riguarda il fatto che la *Soka Kyoiku Gakkai* e attualmente la *Soka Gakkai* può essere considerata come facente parte della tradizionale

---

[137] H.Dumoulin, op. cit., p.91
[138] I.M.Macioti, o.cit., p.173

Nichiren Shoshu del *ko* 講 (lett.*"lezione-conferenza"*). Si precisa che *ko* sono delle organizzazioni che si sono sviluppate mediante lezioni-riunioni tenute da preti per interpretare i sutra ai laici. Tale tradizione risale all'Epoca ASUKA (seconda metà del 6° secolo fino al 710). In origine soltanto la nobiltà era ammessa a quelle lezioni, ma nell'Epoca Kamakura viene ammessa anche la gente comune.

Per far parte, come membro, della *Soka Gakkai* - riferisce ancora T.Kubo - si richiedono la professione di fede nelle dottrine della *Nichiren Shoshu* e la frequenza alle cerimonie presiedute dai preti del Movimento che vanno riveriti, vedendo in loro la figura della guida dottrinale. Riguardo ai rapporti con il Governo militare durante la seconda guerra mondiale, viene rilevato che la *Nichiren Shoshu* ha subito pressioni governative perchè si unisse ad altre scuole (sette) Nichiren esistenti, designandone il centro sul Monte Minobu. L'inflessibile rifiuto da parte della *Soka Kyoiku Gakkai* a simile accorpamento, ritenuto eretico perchè fuori del proprio Movimento, e il diniego a venerare lo Shintoismo di Stato hanno portato in prigione Makiguchi, Toda ed altri diciannove membri. Makiguchi vi moriva nel Novembre 1944. Emerge quindi Toda, il quale, rilasciato verso la fine della guerra, cambia il nome del Movimento in Soka Gakkai che rilancia con una campagna proselitista su larga scala allo scopo di attuare una "diffusa accettazione della fede nel *Dai-go-Honzon*" *(Grande Oggetto di Culto)*. Per dare forza a tale campagna, nel 1951 in cui diventa il secondo presidente, da vita ad un gruppo giovanile di uomini e donne sotto la sua personale direzione, mentre si condannano come eretiche tutte le altre religioni, le scuole buddhiste e le interpretazioni delle teorie Nichiren.

In base alle tecniche *shakubuku* (di cui già accennato) degli anni 1950-1960[139] un membro o spesso un gruppo di membri era impegnato nel tirare fuori e bollare le convinzioni religiose precedenti di un potenziale convertito, dicendogli/le che soltanto gli insegnamenti della *Soka Gakkai* erano in grado di rivelare la verità ultima della vita. Veniva ciò inculcato fino a quando non si fosse finalmente convertito. Pur essendo oggetto di critiche per simili metodi, la *Soka Gakkai* rispondeva che ciò era per il bene

---

[139] Degna di nota è la pubblicazione in questo periodo del giornale "*Seikyo Shinbun*" e del famoso classico della setta, lo *Shakubuku Kyoten* "Manuale della conversione forzata" (cfr. "Storia delle religioni", 17 Il Giappone, Laterza 1978. p.110).

della persona la quale, se non fosse per gli sforzi dei membri del Movimento, seguirebbe ancora un percorso fatto di illusione

Coinvolgimento nell'azione politica

Pertanto, Toda raduna la *Soka Gakkai* per realizzare la sua idea di un *kokuritsu kaidan* 国立戒壇 ("Santuario Buddhista nazionale") al fine di riprendere quella che era l'interpretazione di Nichiren concernente la conversione del mondo attraverso quella dell'Imperatore, raggiungendo l'unificazione religiosa in modo che lo Stato potesse appunto contribuire, a proprie spese, alla costruzione di un *Altare Nazionale Buddhista*. Il pensiero di Toda - rileva ancora il Dr. Tsugunari Kubo - era quello di convertire il mondo attraverso le masse popolari mediante un processo politico democratico volto all'unificazione dello stato e della religione. A tale scopo, la *Soka Gakkai* ha iniziato la sua entrata in politica nelle elezioni generali del 1955 conquistando oltre 50 seggi nelle elezioni prefettizie e metropolitane.

Dopo la scomparsa nel 1958 di Toda, emerge Daisaku Ikeda (1928-) che nel 1960 prende in mano la guida del Movimento intensificando la campagna politica. In seguito giungerà a modificare tutta l'enfasi che la *Soka Gakkai* aveva posto per ottenere un *Santuario Nazionale Buddhista*, puntando a quello che egli chiama *Minshuritsu Kaidan* 民主立戒壇 (Santuario-Altare Democratico) da costruire con i contributi della *Soka Gakkai*. Nel 1961 Ikeda costituisce la "*Lega degli Statisti Onesti (Leali)*". Tale Organizzazione nel 1964 diverrà interamente un partito politico sotto il nome di Komeito 公明党(Partito Luminoso Governativo).

Al riguardo, Ikeda tiene a precisare che *Soka Gakkai* e *Komeito*, pur essendo due nomi differenti, costituiscono un solo corpo dichiarando l'unità della politica e della religione. In quell'anno, nelle elezioni per la Camera dei Consiglieri (Senatori) il *Komeito* conquista 11 seggi, cioè il 13.7% dei voti; mentre nelle elezioni generali del 1967 si classifica come quarto partito presso la Camera dei Deputati e terzo presso la Camera dei Consiglieri. Mentre nelle elezioni del 1968 per la Camera dei Consiglieri conquista 13 seggi, cioè il 15.4% dei voti.

Vicende contrastanti e burrascose porteranno, in seguito, la *Soka Gakkai-Komeito* ad essere coinvolta in campo giudiziario con l'accusa di impedire la libertà di stampa per aver soppresso la pubblicazione di una serie di libri critici nei riguardi della *Soka Gakkai*. La persistente alleanza tra il partito politico e l'organizzazione religiosa da luogo ad ulteriori critiche, per cui nel 1970 Ikeda, sottoposto alle pressioni pubbliche, annuncerà la separazione della *Soka Gakkai* dal *Komeito*, anche se saranno molti a pensare che tale separazione era soltanto nominale.

Per la cronistoria del Movimento, il Dr. Tsugunari Kubo ricorda che la costruzione nel 1972 dell'edificio principale *Sho-Hondo* presso il tempio Taiseki-ji della *Nichiren Shohu* nella città Fujino-miya, (Prefettura di Shizuoka) è stata come la realizzazione del *kokuritsu kaidan*. Ma tale interpretazione dottrinale non ha trovato l'assenso di un altro gruppo laico *Myoshinko*, affiliato al *Nichiren Shoshu*. I disaccordi che ne seguirono tra la Soka Gakkai, Myoshinko e Nichiren Shoshu hanno suggerito la Soka Gakkai a provare una parziale indipendenza dal Nichiren Shoshu, impedendo ai propri membri di far visita al tempio *Taiseki-ji* e sostenendo maggiormente gli avvenimenti della Soka Gakkai anzichè i templi del Nichiren Shoshu. Si diede quindi inizio alla formazione di propri sutra e di grani per preghiera ed anche del nuovo stato del *kyoshi* ("maestro"). Si pensava con ciò di rendere possibile lo svolgimento delle cerimonie religiose senza l'apporto dei preti del Nichiren Shoshu.

Si fa inoltre osservare che le relazioni tra la Soka Gakkai e Nichiren Shoshu raggiungono il punto più basso nel 1979 allorquando alcuni membri della S.G. fanno il tentativo di porre l'autorità di Ikeda al di sopra dell'alto prelato del Nichiren Shoshu. Da tale controversia ne deriva che Ikeda si dimette nel 1979 dalla sua posizione di presidente diventando presidente onorario della Soka Gakkai e, nello stesso tempo, presidente della *Soka Gakkai Internazionale*[140]. Il nuovo presidente della Soka Gakkai sarà Hiroshi Hojo (1923-1981) al quale succederà Einosuke Akiya (1930-). Sembrano quindi normalizzati i rapporti tra la Nichiren Shoshu e la Soka Gakkai che in un comunicato ufficiale dichiara: "Nel nostro impegno di diffondere il Buddhismo di Nichiren Daishonin, nutriamo rispetto verso i preti che tramandano i corretti insegnamenti del Buddha originale e

---

[140] "Si tratta di una organizzazione internazionale che comprende 135 organizzazioni nazionali che si riscontrano nel buddhismo di Nichiren Daishonin. Si caratterizza, secondo i suoi membri, per attività intese a promuovere la pace, la cultura e l'educazione a partire dal Buddhismo. E' impegnata per l'abolizione delle armi nucleari e contro la guerra. E' una ONG (cfr. M.I.Macioti, cit., Glossario, p.225)

nutriamo interesse per i templi di Nichiren Shohu. Il clero ed il laicato, fianco a fianco, vanno avanti insieme per la felicità di tutti".

Così negli anni '70 e '80 la Soka Gakkai ha rafforzato il suo impegno per l'istruzione, le arti, la scienza e gli scambi culturali internazionali. Nel 1971 fonda l'Università Soka di Tokyo e al 31 Dicembre 1984 conta 17.054.753 membri, oggi sparsi in oltre 40 nazioni. Tra le nuove religioni, è quella più nota nell'impegno per la pace antinucleare, mentre i suoi membri sono sparsi in oltre quaranta nazioni.

"Pace, Cultura, Educazione"

E' quanto si legge, come titolo, in un opuscolo divulgativo prodotto da SGI, (Giappone 1994), dove tra l'altro si afferma che "questi tre secolari pilastri, costruiti sulla filosofia religiosa di Nichiren Daishonin che da risalto alla santità della vita umana, costituiscono il fondamento delle attività della Soka Gakkai Internazionale". La pace stabile, nello spirito di Nichiren Daishonin, può essere realizzata soltanto superando gli impulsi interiori riguardanti l'odio e la violenza esistenti in tutti noi, che il Buddhismo chiama *vita oscura di fondo*. E' questo processo dinamico di autoriforma, di *umana rivoluzione,* che, con il conseguente ringiovanimento della società, forma per la SGI il fulcro della prospettiva di un mondo di pace.

Nel suddetto opuscolo si legge che la SGI, fondata nel 1975-1° presidente Daisaku Ikeda, è una "Organizzazione Internazionale che comprende 76 Organizzazioni Soka Gakkai in vari paesi del mondo, incluso il Giappone. In quanto alle strutture, esiste un Consiglio di Amministrazione ed un Comitato di Direttori permanenti che da l'incarico alla Soka Gakkai Giapponese di compiere le funzioni di segreteria.

Buddhismo per la Pace, la Cultura e l'Educazione" è il sottotitolo - come riporta M.I.Macioti,[141] - della rivista mensile *Il Nuovo Rinascimento* in cui Enrica Tedeschi scrive che "i *valori* della Soka Gakkai sono in gran parte culturali, educativi, umanitari, proposti con un'impronta largamente pedagogica legata allo stile del suo fondatore Makiguchi. "Concepito come veicolo verso l'esterno - fa notare la Macioti - è invece il bimestrale *Duemilauno* inteso alla costituzione di un terreno di dialogo e di raffronto

---

[141]M.I.Macioti, cit. p.128

con l'esterno...mediante l'informazione e la comunicazione" che sono alla base delle due iniziative editoriali del movimento. Si ricorda[142] che a tale scopo è stata allestita la mostra fotografica promossa a Milano nel Marzo 1996 dalla Soka Gakkai Internazionale e dall'Associazione Italiana Soka Gakkai in collaborazione con il Museo Nazionale della Scienza e della Tecnica Leonardo da Vinci. Manifestazione tenutasi anche a Roma, e considerata "singolare ed articolatissima mostra fotografica che ha affrontato il tema cruciale della salvaguardia dei diritti umani illustrandone la storia nel mondo. L'esposizione di 80 pannelli, con 200 immagini fotografiche, mappe e grafici, si ricollegava al contenuto dei 30 articoli della Dichiarazione universale dei Diritti Umani approvata all'assemblea generale delle Nazioni Unite il 10 Dicembre 1948...".

Organizzazione strutturale

Ritornando a quanto scrive la Macioti sulla Soka Gakkai riguardante la "vita associativa"[143], risulta la SG essere una "organizzazione (come sentito dire) di carattere para-militare con "squadre" composte di 15 famiglie (...nel senso di altrettanti nuclei che abbiano l'*Oggetto di culto, Gohonzon*): ogni sei squadre avevano una *compagnia*. Dieci "compagnie" insieme formavano un *distretto* locale. E trenta distretti locali, un *capitolo* regionale. Il *capitolo* risultava direttamente responsabile nei confronti dell'organizzazione centrale della Soka Gakkai". La sociologa quindi non nasconde l'impressione di trovarsi davanti ad una "struttura piramidale che ha alla base tanti piccoli gruppi e che si restringe sempre più fino al vertice". Senonchè, si affretta ad affermare che "questa impressione era contraddetta dall'esistenza di una d*ivisione giovani uomini* e di una *divisione giovani donne*. Divisioni che potevano in parte combaciare con altre, come la *divisione studenti* e la *divisione futuro*, lasciando supporre una struttura più moderna, più reticolare.

L'idea - rileva ancora la M. che si riferisce ora ad uno schema organizzativo in Italia (con centri culturali a Roma, Firenze...) - è quella di riunire per ogni *divisione*, che ha un responsabile ed un vice, gruppi

---

[142]cfr. "Occidente Buddhista", Soka Gakkai per i Diritti Umani - Italian Press Multimedia S.r.L. - anno I-n.2, Aprile 1996, pp.56-57
[143]M.I.Macioti, cit. pp.77-97

omogenei di persone che, conoscendosi ed ascoltando il racconto di problemi e di soluzioni date, giungeranno ad una certa coesione. Trattasi...di piccole forme comunitarie..con rapporti amicali e reciproco sostegno.

Proseguendo nella sua ricerca, la studiosa riferisce della nascita di nuove *divisioni* come quella degli *artisti, degli insegnanti*, e seppure in embrione degli *omosessuali*. Pur non avendo una codifica formale da tutti accettata, tale divisione è di grande importanza in quanto "spia di un modo altro di vivere l'associazione...indicando infatti un interesse, un tratto comune posto come base di identità, di aggregazione". In riferimento ancora alla "vita associativa", si ricorda un altro organismo chiamato *settore* formato da tre o più *gruppi*. Mentre più *settori* insieme, dai tre ai cinque, formano un *capitolo* che a sua volta corrisponde ad una zona della città. Inoltre, la suddivisione più ampia, che accoglie vari capitoli insieme, è detta *honbu*, dove le riunioni sono più ampie e si svolgono al centro culturale. Più *honbu*, inoltre, formano un *territorio*.

Riunioni di gruppo, "zadan-kai 座談会"

Sempre la M. osserva che la *divisione* ha qualcosa di diverso rispetto al *gruppo,* basato sul territorio, visto come unità di partenza, con dieci o quindici persone, riunite in case private per lo *zadankai* "discussione" sotto la direzione di un responsabile ed un vice. Come luogo accogliente è possibile esporre dubbi o problemi, a prescinde da età e sesso.

Lo *zadankai*, secondo un praticante, è "una riunione aperta a tutti: anche a non buddhisti. Ci permette di far conoscere la pratica agli altri e allo stesso tempo di poter verificare la nostra fede. Inoltre riflette la società: uomini, donne, vecchi, giovani, bambini, cani, malati, ecc.". Secondo una responsabile, gli *zadankai* sono "importanti in quanto riunioni basate sul dialogo aperto, lo scambio di idee, di problemi di vita e di esperienze...Ognuno ne esce arricchito. Allo *zadankai*, come responsabile ho un ruolo flessibile, a volte insegno, a volte imparo". Sono "riunioni di studio, oltre che di discussione" in quanto i capisaldi del movimento sono: *fede, studio, pratica*. Studio quindi, riflessioni e dibattiti su scritti di Nichiren, su interventi di Ikeda, l'attuale presidente, o ancora di dirigenti di un certo peso, come lo è stato Richard Causton, noto ben al di là della Gran Bretagna. "Si recita, si ascolta e analizza qualche brano di un *gosho*[144]...Si passa poi all'esame dei contenuti, ai significati del testo, visti in relazione alla vita quotidiana. *Buddhismo pragmatico* come definito questo tipo di buddhismo". Al riguardo, ecco ora un piccolo stralcio del colloquio tenuto tra Arnold Toynbee[145] e Daisaku Ikeda..

TOYNBEE: "...Il compito primario delle autorità responsabili è quello di fare in modo che l'istituzione promuova il benessere dell'uomo. E' questo il banco di prova per il valore di un'istituzione. Se non supera la prova, essa dev'essere ristrutturata o abolita. Cercare di conservarla inalterata in circostanze del genere è un atto asociale.

IKEDA: "L'organizzazione esiste per l'uomo e non l'uomo per l'organizzazione. Ciascun uomo dovrebbe avere la saggezza per giudicare se di fatto le direttive e le azioni dell'organizzazione concordano con le finalità per le quali essa è stata costituita. In caso contrario, deve possedere le capacità di discernimento e d'iniziativa per impegnarsi nella sua riforma. A mio avviso, il tema dei rapporti fra esseri umani e organizzazioni ha sempre più importanza per la felicità dell'uomo...".

Ora vogliamo addentrarci a trattare, con particolare dettaglio, l'altro Movimento buddhista laico moderno, *Rissho Kosei-Kai* che si rifà anch'esso al Sutra del Loto con una chiave di lettura che si distanzia alquanto da quelle proposte finora. Ne esporremo la storia collegata alle vicende dei Fondatori, indi la dottrina, le caratteristiche, le attività e le finalità che si prefigge nel contesto giapponese ed internazionale.

---

[144]"Si tratta dell'insieme degli insegnamenti lasciati da Nichiren Daishonin. La voce può altresì essere utilizzata per indicare ogni singolo scritto. Come insieme, comprende lettere di incoraggiamento a singoli credenti, trattati sul Buddhismo, insegnamenti. *Go* è un prefisso onorifico. *Sho* è un testo scritto. Spesso durante una delle riunioni mensili si prende in esame un G." (cfr.ibidem, Gosho, Glossario, p.220)

[145]cfr. Arnold Toynbee, Daisaku Ikeda: "DIALOGHI", L'uomo deve scegliere, I edizione Bompiani, Milano settembre 1988, pp.142-143

Capitolo III

RISSHŌ KŌSEI-KAI

立 正 佼 成 会

Il Movimento *Risshō Kōsei-Kai* (R.K.K.) è venuto alla luce a Tokyo il 5 Marzo 1938 ad opera di NIWANO Nikkyō 庭野日敬(1906-1999) e di NAGANUMA Myōkō 長沼 妙佼 (1889-1957).

Conta attualmente circa 7 milioni di aderenti sparsi in Giappone ed in decine di altri paesi del mondo. La R.K.K. è un Movimento Buddhista giapponese contemporaneo che affronta, in chiave laica, i problemi quotidiani della vita attuale alla luce del Sutra del Fior di Loto, Legge Meravigliosa, *Myō-hō-ren-ge-kyō* 妙法蓮華経) nei campi più svariati in cui si dibatte la società mondiale di oggi, specie in quello della pace.

Volendo analizzare la forma letterale del termine *Ris-shō-kō-sei-kai* nella sua etimologia, si deve dire che è formato da 5 ideogrammi: il primo *Ris o ritsu* 立 vuol dire *costruire, stabilire*; il secondo *shō* 正 *giusto, vero*; il terzo *kō* 佼 *interscambio, relazione*; il quarto *sei* 成 *perfezionare, formare;* il quinto *kai* 会 significa *associazione, movimento*. Volendo sintetizzare, sostanzialmente lo possiamo chiamare: *MOVIMENTO PER IL VERO ED IL PERFEZIONAMENTO NELLA VITA DI RELAZIONE.*

In quanto istituzione religiosa, pone l'accento soprattutto sul dialogo interreligioso come scopo per la convivenza pacifica con tutte le religioni del mondo, invitate ad offrire il loro valido e necessario contributo per la pace nel mondo. Nei capitoli che seguono, parleremo particolarmente della vita del Fondatore e della co-Fondatrice, da cui scaturiscono storicamente le vicende liete e tristi di tutto il Movimento R.K.K. a partire dalle sue origini sino ai giorni nostri. Vi è l'intento di portare alla luce, in chiave fenomenologica, i punti più salienti della vita di un Movimento che oggi si affaccia sul mondo contemporaneo.

RISSHO KOSEI-KAI

**IL GRANDE EDIFICIO SACRO "Dai-Seido"
nel quartiere SUGINAMI di Tokyo**

**Interno del GRANDE EDIFICIO SACRO dove troneggia
la statua HONZON "oggetto di culto"
chiamato Grande Maestro e Signore SHAKAMUNI
Buddha Eterno Venerato nel Mondo**

*Paolo VI stringe le mani al Fondatore Niwano "Ospite speciale"
alla Cerimonia di Apertura della Sessione Conciliare del 14 Settembre 1965*

*Vaticano, 3 Novembre 1994
Giovanni Paolo II incontra Niwano all'Apertura della
VI Conferenza Mondiale delle Religioni per la Pace di Riva del Garda*

*Rissho Kosei-Kai, Sede di Osaka
Riunione HOZA "Seduta presente il Dharma"*

*Rissho Kosei-Kai, Tokyo
Riunione HOZA nella Casa dello Studente*

*La Co-Fondatrice Naganuma Myoko Sensei (al centro in Kimono scuro)
assiste ai giochi dei bambini in un Asilo-Nido.
Accanto a lei il Fondatore Niwano.
12 Ottobre 1956*

*"Nessuno può costruire per te la felicità.
Sei tu che devi costruirla per te stesso"
(Naganuma Myoko Sensei)*

*Membri della Rissho Kosei-Kai
Impegnati nella raccolta di coperte per l'Africa*

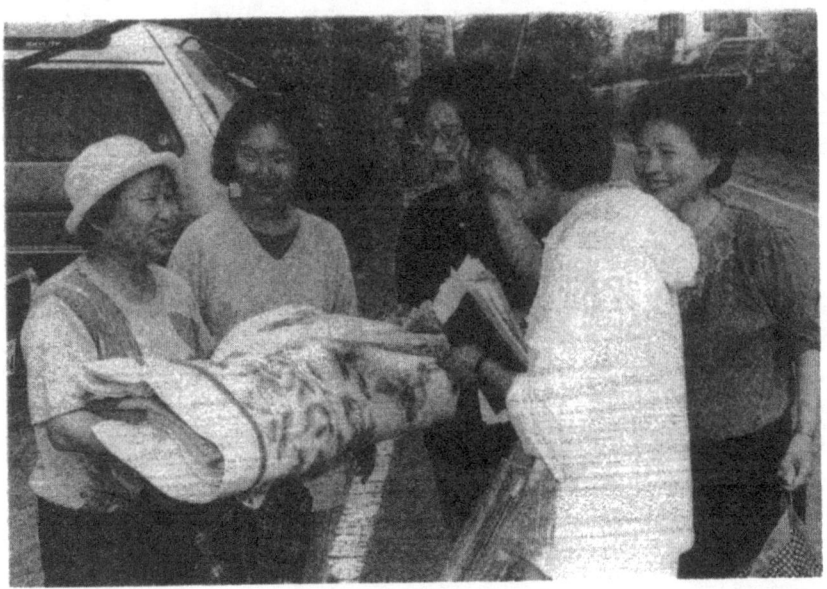

NIWANO NIKKYŌ

1. CENNI BIOGRAFICI

La nascita del Maestro NIWANO Nikkyō risale al *15 Novembre 1906* a *Tokamachi* 十日町, e precisamente nel piccolo e sperduto villaggio di *Suganuma* 菅沼 presso le montagne della Prefettura di *Niigata* 新潟県, al nord del Giappone.

È il secondogenito di quattro fratelli ed una sorella. I suoi genitori, la madre *Mii* ed il padre *Niwano Jukichi* gli diedero il nome di *Shikazo*. Dotato di buona costituzione come il padre, cresce sano nel corpo e nello spirito. Si dice che fin dalla sua fanciullezza nelle scuole elementari abbia avuto un ardente amore per l'apprendimento, come attestano vari episodi di quel tempo.

La famiglia NIWANO, dedita all'agricoltura, specie nella coltivazione del riso, riesce a cattivarsi il rispetto e la simpatia di tutti gli abitanti del villaggio per la bontà e lo spirito di servizio che la contraddistingue. Il padre *Jukichi* ed il nonno *Jutarō* hanno della vita un concetto filosofico positivo e si prestano ad aiutare la gente in vari modi. Per esempio, *Jutaro* uomo di carattere sembra avesse delle conoscenze in campo medico e si prestasse volentieri e gratuitamente a portare aiuto a qualcuno in casi di emergenza mediante l'agopuntura e la moxacauteria. Tale generosità ebbe una grande influenza sulla formazione del carattere del figlio Shikazo che, sebbene non professionista, aveva acquistato grande abilità nel curare ferite causate da insetti velenosi. Come era usanza nel villaggio, dovette accontentarsi a compiere solamente i sei anni di scuola elementare senza poter frequentare, suo malgrado, la scuola media di tre anni.

All'età di dodici anni, infatti, si trovava già in seno alla famiglia quale membro effettivo al pari di un adulto, occupato nei campi in primavera, estate ed autunno, mentre durante l'inverno era intento a far girare il mulino. E desideroso di imparare, solamente nei ritagli di tempo e nelle ore notturne si dedicava a studiare materie scolastiche delle medie anche per aiutare i più piccoli. Nelle vicinanze del villaggio si fa notare l'esistenza di un lago chiamato *Oike*, di trecento metri di circonferenza, riempito spesso dall'acqua limpida delle sorgenti montane. Si trova proprio di fronte alla scuola elementare nominata Scuola Elementare *Oike*" frequentata per sei anni da Shikazo. Sarà questo un importante punto di riferimento per tutti i suoi ricordi di infanzia.

A Tokyo

A diciassette anni si reca a Tokyo dove trova lavoro presso un negozio di riso che è costretto a lasciare ben presto a causa del grande terremoto che, nell'agosto del 1923, colpì tremendamente la capitale radendola al suolo. Sarà quindi giocoforza per lui rimanere ancora nel proprio villaggio di *Suganuma* anche per la ferma volontà dei genitori. Nel frattempo avviene la scomparsa improvvisa della madre *Mii*.

Autorizzato dal padre, si stabilisce di nuovo a Tokyo, dove viene assunto dapprima presso una compagnia di giardinaggio ed in seguito presso un negozio di carbone, il cui proprietario signor Ishihara è membro di una società che si dedica allo studio dell'arte degli indovini (arte divinatoria). Lavorando con il sig. Ishihara, il giovane *Shikazo* apprende i principi di due sistemi dell'arte divinatoria che vorrebbe anche applicare, ma poi sente che ciò rappresenta per lui soltanto una mera curiosità.

Il sevizio militare

Nell'anno 1926 passa la visita ed entra a far parte della Marina per intraprendere un corso di addestramento di sei mesi a Maizuru presso la stazione navale di Yokosuka. Pur avendo compiuto sotanto le scuole elementari, si distingue subito sui colleghi e viene nominato quale leader del suo gruppo, tanto è spiccato il suo talento d'intelligenza.

Termina il corso diplomandosi col massimo riconoscimento, superando tutti gli altri che avevano già compiuto gli studi delle medie. Promosso al grado di marinaio di terza classe, há il compito di artigliere (cannoniere) a bordo della nave da guerra Nagato.

Ebbe in seguito un incarico di servizio a bordo di un incrociatore e della nave imperiale di bandiera *Haruna*. E nel Novembre 1929 per congedo lascia con onore la Marina, portando con se un grosso bagaglio di esperienze esistenziali e culturali, specie nel campo della matematica con riferimento alla geometria e la trigonometria.

Venditore ambulante di salamoia a Tokyo

Passato il periodo della carriera militare, fa ritorno a Tokyo presso il sig. Ishihara con il quale aveva già lavorato.

"Ma i tempi non erano buoni - racconta Niwano[146]- e gli affari del negozio non andavano bene. Ho proposto allora al sig. Ishihara che io ero disposto a tirare un carretto per vendere la merce (pickles, verdure sotto sale) di porta in porta. Naturalmente, un tale lavoro era più stressante che stare nel negozio in attesa dei consumatori, ma le nostre entrate erano aumentate. Comunque, il negozio andava avanti. Al di là del lavoro e del denaro, - prosegue Niwano - nel trainare il carretto c'era qualcosa che mi procurava un piacere che non si può provare se non in circostanze come quelle di incontrarmi con ogni tipo di persone. E mentre ero intento a trascinare il mio pesante carico attraverso le vie, la gente, che poco a poco venni a conoscere, mi chiamava per farmi coraggio, rendendo il mio cuore più allegro".

Assai suggestivo diventa il suo racconto quando descrive qualche suo atto gentile e generoso nei confronti delle casalinghe, mogli delle guardie della prigione di Nakano le quali, verso mezzogiorno, uscivano di casa con i secchi per attingere acqua presso i pozzi comunali: "Io spesso prestavo loro aiuto; e nei giorni di pioggia, nell'osservare una signora che apriva l'ombrello mentre si recava al pozzo, io prontamente prendevo il suo secchio e facevo il lavoro per lei. Mi ringraziava ed io andavo poi presso un'altra casalinga. Il che mi faceva sentir bene. Nell'ora del pasto ero maggiormente occupato. Ma fare un'esperienza di buona volontà, aiutando queste persone, era per me una cosa più importante degli affari. Da questo tipo di rapporti nascono relazioni spirituali dovunque ed in ogni momento e sono fonte di gioia ineffabile. Per attirare l'attenzione degli avventori, mentre spingevo il carretto cantavo canzoni imparate da bambino nel nostro villaggio ed alcune arie popolari tra le più conosciute. La mia voce era sonora e la gente finì per chiamarmi *l'uomo-salamoia che canta*". Niwano sembra compiacersi nel proseguire il racconto dei suoi anni giovanili, quando accenna al fatto che parecchie erano le donne casalinghe che ascoltavano volentieri la sua bella voce mentre si avvicinavano al suo carretto, fornite di recipienti per comprare la sua merce.

---

[146]"Lifetime Beginner", op.cit. p.64 ss.

Aumentavano così le sue ammiratrici, tra le quali - fa notare Niwano - "c'era una signora di nome Masa Naganuma proprietaria di un negozio di pomodori dolci, dove lavorava suo nipote Motoyuki Naganuma divenuto poi Direttore Generale R.K.K". Parecchi sono gli episodi quanto mai interessanti e significativi che rivelano il carattere ed il cuore del giovane Niwano. "C'era per me - prosegue Niwano- anche un'ammiratrice speciale, moglie di un guardiano delle prigioni di Nakano, la quale un giorno mi fermò per strada e, complimentandosi con me per le mie canzoni, mi chiese di cantare per i detenuti presso le mura della prigione. Mi disse che suo marito, già informato dell'iniziativa, riteneva ciò una buona idea. Promisi allora di accontentarla. Nell'ora stabilita mi trovai sotto le mura e cantai tutte le canzoni che avevo in mente per allietare i detenuti che si trovavano a lavorare nell'altra parte del campo. Seppi poi che i miei canti li resero felici".

Intanto gli affari del negozio di salamoia andavano bene, per cui Niwano in società con il sig. Ishihara pensò di allargare la gestione del negozio.

Il matrimonio

A questo punto della vita del Fondatore del R.K.K. inizia un periodo assai importante per un impegno di grande responsabilità che sta per assumere. Si tratta del suo matrimonio. Lui stesso ce lo racconta[147]: "Non essendo sufficiente la mano d'opera per fare tutto il lavoro, scrissi in villaggio a casa mia chiedendo di far venire la mia cugina *Sai*, che in seguito cambiò il nome in *Naoko*, per darmi una mano. Io la conoscevo bene per il fatto che, nel periodo della fanciullezza, noi due lavoravamo insieme nei campi ed insieme ci divertivamo durante le feste. Naturalmente, invitando lei ad aiutarci nel negozio, era sottintesa la mia richiesta della sua mano per le nozze. Ambedue le famiglie, i nostri genitori e la stessa Sai si trovarono in pieno accordo con tale proposta. Il 7 gennaio 1930, dopo che lei prestò servizio per un anno nel nostro negozio, ci sposammo con un rito semplice in cui Ishihara fungeva da intermediario (*nakodo* 仲人). Il fratello maggiore di *Sai* ed il mio vennero dal loro paese a Tokyo. C'era anche mio cugino Takashi, divenuto Amministratore-Capo

---

[147]ibidem, pp.65-66

dell'Ospedale Kosei. Questo era tutto. Da noi in paese è tradizione offrire al figlio maggiore uno splendido banchetto di nozze festeggiando e brindando per circa tre giorni. Gli altri figli, non importa se lavorano in casa o altrove, per delle norme non scritte, sono invitati a contribuire al sostentamento della famiglia fino a 25 anni. Dopo di che, si dice loro di trovarsi la propria moglie e mettersi in proprio nel miglior modo possibile".

"Sebbene la nostra cerimonia fosse limitata soltanto al cerchio intimo di famiglia, io feci sfoggio di comprarmi un kimono completo da cerimonia con un sopra veste (*haori* 羽織り) ornato dello stemma di famiglia e con il tradizionale indumento, simile ad una sottana, detto *hakama* (袴). "Come sposi novelli non abbiamo goduto molto della luna di miele. Dal mattino alla sera lavoravamo nello stesso negozio senza un vero stipendio, data la natura associativa del commercio. Abitavamo in un piccolo appartamento in affitto e lavoravamo molto per avere, al più presto possibile, un appartamento tutto nostro".

Nel Novembre del 1931 viene alla luce una bambina di nome *Tomoko*. La moglie di Niwano non è più in grado di continuare il lavoro. Dopo di che, Niwano pensa di mettersi in proprio per il fatto che viene lasciato dal sig.Ishihara che improvvisamente se ne va per conto suo. Riesce, tuttavia, ad affermarsi in un tenore di vita stabile lavorando alacremente nella zona Nakano in via Hongo, dove si stabilisce con il negozio, mettendo così da parte anche un piccolo gruzzolo per la famiglia. Il suo sogno era quello di diventare il più grande e il migliore venditore di tutto il Giappone, così come gli aveva preconizzato Ishihara chiacchierando e cantando una sera attorno ad una bottiglia di *sakè*. Sempre dietro a quel sogno che accarezza ardentemente, si mette a lavorare in proprio e gli affari cominciano ad andare a gonfie vele.

Sennonché "proprio attorno a quel periodo - così ci riferisce - giunsi ad una svolta nella mia vita".

2. PELLEGRINO ALLA RICERCA DELLA VERITÀ

Esperienze religiose varie

Niwano viene ora a trovarsi ad un punto cruciale della sua vita per quanto concerne le sue credenze religiose, vale a dire, la sua *fede*. Diviene così *pellegrino in cerca della Verità*. Lo si può comprendere da alcuni eventi che caratterizzano la sua vita nel segno della *sofferenza*. Accade infatti che sua figlia Tomoko, dopo un mese dalla nascita, viene colpita da una grave infiammazione all'interno di un orecchio, per cui si prospetta un intervento chirurgico. "Io e mia moglie - racconta Niwano - rimanemmo profondamente scioccati al pensiero che la prima nata potesse subire un'incisione nella sua testa". Fu così che dietro pressione di una persona amica, (Sig. Yamagata gestore di un piccolo negozio dove si vende un cibo popolare chiamato *oden*), Niwano decide di consultare una donna, non lontana da lui, dirigente di una organizzazione chiamata *Tengu-fudo*[148]. La donna praticava anche il *Shugen-do*[149] che pone in risalto l'ascetica e la disciplina mentre rigetta gli studi e le dottrine.

La donna di nome Umeno Tsunaki[150] viene descritta dallo stesso Niwano come una specie di "sciamano, donna devota che recitava formule magiche (incantesimi) e faceva preghiere nella sua casa". Dietro consiglio di Yamagata, andò dunque a visitarla.

"Dopo aver pregato davanti alla divinità ed effettuate le purificazioni rituali - ci racconta Niwano - ella improvvisamente mi fece questa rivelazione: alla sua bambina saranno tolte le bende al 28° giorno del prossimo mese. Mi diede poi delle istruzioni su alcune cose da fare ogni giorno, ordinandomi di partecipare assolutamente ogni sera alle funzioni religiose. La visitai ogni sera, pregando davanti alla divinità ed ascoltando le (sue) recitazioni di formule magiche. Non so dire se questo avesse qualcosa a che fare con la malattia, ma le condizioni di mia figlia, dopo

---

[148]天狗不動、un sistema di fede risanatrice che usa i poteri di Fudo Myoo 不動明王 del Buddhismo Shingon; cfr."RISSHO KOSEI-KAI" cit. al capitolo. "History of R.K.K." p.8 in nota.
[149]修験道, una credenza eclettica che si rifà a *En no Shokaku,* asceta del 7° secolo d.C. I suoi seguaci sono spesso chiamati *Yamabushi* 山伏, monaci itineranti sulle montagne; ibidem, p.7.
[150]Lifetime Beginner, cit. pp.67-68

l'operazione, facevano buoni progressi. Il dottore non era preoccupato. Ma non tolse ancora le bende".

Si può supporre che la speranza nella guarigione di sua figlia non venne mai meno in Niwano per il fatto che continuò a frequentare la signora Tsunaki, mentre andava sempre più crescendo il suo interesse per il sistema Shugen-do ed era meravigliato che "una donna non istruita avesse la capacità di diagnosticare tutti i tipi di malattie di persone differenti e poi portarle alla guarigione". Pur non potendo spiegare l'operato della donna, Niwano constatava le prove delle cose che lei faceva ed era convinto "che questa donna aveva qualche cosa". Dalle sue memorie autobiografiche, si apprende ancora che la signora Tsunaki gli aveva ordinato di recarsi presso Narita Fudō del tempio Shinshō-ji quando c'era la commemorazione di Fudō. E prosegue: "Mi alzai presto e feci come lei mi disse. Ritornato a casa, sul capo di mia figlia non c'erano più le bende. Quel giorno mia figlia era stata presentata da mia moglie al dottore, il quale disse che non erano più necessarie le bende che vennero sostituite con un piccolo cerotto e garza. Era il 28° giorno; quella donna misteriosa aveva assolutamente ragione.....Quella sera andai a visitare la signora Tsunaki e le diedi una piccola somma di denaro come segno di gratitudine".

A questo punto della sua storia[151], Niwano fa notare che molta gente spesso abbandona la religione appena raggiunto lo scopo specifico per cui l'aveva scelta. Ma non fu così per lui. Da quel giorno, infatti, si interessò molto dei sistemi religiosi prendendo contatto con *l'Organizzazione della Virtù e Fede Nazionale*. E quella sera stessa inoltrò domanda alla signora Tsunaki perché l'accettasse come suo allievo.

Pratica rigorosa

Tra le severe discipline che gli allievi dovevano seguire, c'era quella di versare secchi di acqua fredda sul proprio corpo all'aperto durante la rigida stagione invernale. Non si parlò di una tale disciplina per Niwano che, per il momento, si limitava a praticare preghiere e devozioni fino a quando un giorno si pose tale problema. La signora Tsunaki gli disse d'aver già ricevuto parole dalla divinità sul fatto che lui si sarebbe sottoposto a

---

[151] ibidem, p.68

tale disciplina. E la divinità avrebbe atteso fino a quando Niwano stesso non l'avesse voluto.

"Alquanto sorpreso, le domandai: quanti secchi pieni?"

"Trentacinque", fu la risposta. Ed ha inizio l'operazione così narrata da Niwano:

"Con addosso soltanto un sottile kimono bianco, entro nel giardino. Inginocchiato sul pozzo, tiro su l'acqua e mentre ripeto le formule Esoteriche Buddiste da me imparate, verso l'acqua sulla mia testa. Quasi saltavo dal freddo, mentre tutto tremante tiravo su sempre più acqua continuando a versarmela addosso fino a raggiungere il 35° secchio. Da quel momento la mia schiena si era talmente intorpidita da apparire come congelata".

È lecito tentare una valutazione a questo gesto? Si ammira il coraggio e la tenacia di chi l'ha compiuto, senza tuttavia poterne comprendere sino in fondo i motivi. Si è subito portati a pensare ai vari riti di purificazione assai praticati nella tradizione giapponese, tramandata dagli innumerevoli santuari shintoisti (*Jinja* 神社) e templi Buddhisti (*Tera* oppure *Ji* 寺) sparsi in tutto il paese del sol levante. Appare comunque certa una buona dose di controllo e dominio di se stessi che può portare alla *buddhità* come traguardo da raggiungere dai seguaci dell'*Illuminato*.

Ma per capire meglio tale concetto, possiamo sentire lo stesso Niwano che ci fa conoscere le sue reazioni dopo essersi sottoposto ad una pratica così suggestiva ed anche così spettacolare. "Completata la dura prova, mi resi conto d'essere stato molto serio e spiritualmente sereno e concentrato. Se tale pratica si ripetesse ogni giorno, tornerebbe più facile entrare in una condizione spirituale unitaria per il fatto che i riflessi condizionati o l'autosuggestione conducono dentro un mondo che io penso sia il primo passo sul cammino verso lo stato di concentrazione riferito al *samadhi*[152] secondo un termine Buddhista".

Mentre si sottoponeva a questa disciplina, doveva anche, per ordine della divinità, seguire una certa dieta alimentare che escludeva certi cereali, incluso naturalmente il riso, cibo principale dei giapponesi. Gli era concesso di prendere la farina di grano saraceno, tostata ed impastata con acqua calda, sale e zucchero. "Non fu difficile - come lui ammette - seguire

---

[152]Termine sanscrito che significa *meditazione, contemplazione*; giapp. *Sammai* 三昧 che si pratica nei 4 metodi di meditazione (四種) presso il *Tendai*. Cfr.Lopez-Gay in *Buddhismo Giapponese*, *(schemi)* PUG, 1994, p.26

questa alimentazione anche per tre settimane per uno come me allevato con cibi semplici della campagna".

Stiamo comprendendo sempre meglio la personalità del Fondatore del R.K.K. per quanto riguarda il suo orientamento religioso applicato alla sua vita quotidiana. Meritano infatti attenzione le sue riflessioni concernenti le pratiche a cui si era sottoposto dietro la guida della signora Tsunaki[153]. E' forse possibile per noi intravedere lo spirito ed i motivi di fondo che lo animavano quando afferma: "Di solito io porto a termine una cosa quando ho preparato la mia mente". Apre poi una parentesi: ("Mi accorgo che molte persone trovano sciocche alcune astensioni che non penso siano praticate da persone normali. D'altra parte, astenersi da certe cose come le sigarette, gli alcoolici ed il gioco d'azzardo non significa che sia una brutta idea"). Accenna poi alla vita del Buddha per esserne quasi confortato ed avere una ulteriore conferma per le sue scelte in un momento importante della sua vita: "Shakyamuni, il Buddha storico, scrive, aveva ricevuto l'illuminazione sulla futilità dei rigori ascetici. Ma bisogna tenere a mente che prima di essere illuminato si è sottoposto per sei anni a privazioni che hanno del sovrumano, mangiando non più di un grano di riso ed uno di sesamo al giorno". Sembra proprio che per Niwano fosse molto importante seguire sistemi religiosi nuovi di quel tempo con discipline che trovava cariche di significato "prima di venire a contatto con il vero Buddismo". Non aveva ancora trovato la verità, alla cui ricerca si dedicava facendosi pellegrino instancabile. Ed esprime i suoi sentimenti al riguardo (o.c.,p.70):

"Per amore della verità, della Legge e della felicità altrui, una persona deve abbandonare se stesso, staccarsi dai propri desideri e condurre la vita fino al limite - cioè sino all'orlo della morte - almeno una volta in vita". Continuava intanto le pratiche religiose frequentando la signora Tsunaki, la quale gli offrì la nomina a Capo di un settore del movimento che Niwano rifiutò, accettando quella di Maestro-Assistente.

Fede risanatrice

In quanto Maestro Assistente era autorizzato a compiere incantesimi per motivi di fede. Lo vediamo così all'opera con "grande successo" di cui lui stesso si stupisce sentendosi a disagio: "Guarivo gente abbandonata dai

---

[153]Lifetime Beginner, o.c., p.69 segg

medici. Persone che venivano da me zoppicando, dopo i miei incantesimi se ne andavano sane. Non avevo idea come mai potessi fare queste cose. Non sono mai entrato in stato di trance, né ho mai visto o sentito divinità alcuna. Ai miei occhi, io non ero altro che un essere umano assolutamente ordinario, un normale venditore di alimentari di salamoia. Tuttavia, mi succedevano cose miracolose una dopo l'altra". Intanto, è sempre assiduo nel frequentare tutti i giorni, immancabilmente, dopo il lavoro, il *Tengu-fudo* dove trovava quasi sempre qualche piccolo gruppo da sette a quindici persone. Sempre alla ricerca della verità, trovandosi con queste persone "seduto attorno al braciere *hibachi, (leggi:hibaci)*) condividendo ogni sorta di opinioni e di idee, nella discussione sulle malattie applicava il sistema *rokuyo*,[154] imparato quando lavorava con Ishihara negli anni antecedenti al servizio militare".

Durante tali incontri, Niwano si rivolgeva ad una persona chiedendole sia se avesse fatto una determinata cosa, sia se l'avesse fatta in un momento determinato. "Ed era interessante notare quante volte io avessi ragione. Poco a poco, le discussioni *rokuyo* diventavano così popolari che le persone si urtavano a gomitate l'una con l'altra per prendere il posto vicino a me, accanto allo hibachi. E la Signora, affatto gelosa, contenta che i membri del Tengu-fudo aumentavano, mi trattava con molto rispetto come un maestro assistente. Con mia sorpresa ero capace di partecipare a queste sessioni fin nella tarda mezzanotte, anche se al mattino mi alzavo presto per il lavoro. Ma nulla di questo tornava a mio vantaggio finanziario".

Sempre più stimato dalla signora Tsunaki per i talenti e le grandi capacità carismatiche, Niwano viene invitato a dedicarsi a tempo pieno nell'ascetica dell'organizzazione del Tengu-fudo. Ma lui non è d'accordo, volendo continuare a fare il venditore di salamoia; ma nello stesso tempo è sempre intenzionato ad "aiutare la gente bisognosa; il che - confessa - è una delle mie fragilità". E dietro le insistenze della sig.ra Tsunaki a continuare su questa via, comincia a vacillare. Il tutto diventa problema e non ha nessuno con cui poterne parlare. Ma il Fondatore del R.K.K. vuole passare attraverso ulteriori esperienze pur di giungere autonomamente ed il più vicino possibile alla conoscenza della verità. Aveva sentito parlare di un maestro, *Seiko Kobayashi* come un grande esperto nel fare previsioni sulle

---

[154]六曜, credenza popolare sui giorni felici e non felici, importata dalla Cina nel 14° sec. ed ancora seguita in Giappone, specie quando viene scelto un giorno importante come il matrimonio ecc. Cfr. in "History of R.K.K. o.c. p. 7 in nota

persone in base ai loro nomi senza sbagliare mai. Non disdegnò allora di interessarsi anche di questo movimento chiamato *Seimei-handan*[155].

"Non appena egli ebbe sentito il mio nome, - ci confessa Niwano - mi diede ogni tipo di informazioni in modo assolutamente preciso non solo su di me, ma anche sui miei genitori, fratelli, sorella ed su altri parenti di due o tre generazioni precedenti. Nutrendo, però, un piccolo dubbio, gli diedi i nomi di alcuni amici che analizzò con eguale precisione. Allora venni al problema per parlarne...Improvvisamente mi disse: "Non fatti coinvolgere. E' tutto un inganno!...Alla mia richiesta di dirmi il motivo, egli replicò che le pratiche apparentemente miracolose del sistema *Shugen-do* non erano altro che dei trucchi! Io ero solo uno spostato e posso aver accettato quello che lui disse senza contestarlo. Ma io sapevo che le mie sensazioni e le mie personali esperienze non erano inganni". Viene quindi consigliato di lasciare lo Shugen-do per abbracciare l'organizzazione sull'interpretazione del nome chiamata anche *Koyu-kai*[156], al quale era entrato a far parte anche lo stesso signor Ishihara, già intermediario del suo matrimonio.

Pur non entrando ufficialmente come membro di tale organizzazione, rimane in contatto col sig. Kobayashi dal quale mensilmente riceve dei pamphlets riguardanti il gruppo. Interessatosi a studiarne le tecniche, ben presto impara ad utilizzarle, ma "solamente come hobby". Come venditore ambulante, nell'incontrare persone in difficoltà o sofferenti per malattia, usa il metodo *rokuyo* e l'interpretazione del nome per i loro problemi dando consigli per una possibile soluzione. "L'interessante era che spesso - dice - avevo ragione io". Avendo rifiutato di diventare un asceta a tempo pieno nel *Tengu-fudo*, la Signora Tsunaki bruscamente gli disse: "Bene, d'ora in poi non metterai più piede qui". E proprio allora, Niwano con la sua famiglia si trasferiva al quartiere Suginami; è stata per lui "un'occasione per lasciare il gruppo in modo garbato. I due anni di tirocinio passati con loro - confessa - non li considero tempo sprecato. Sento ancora oggi di dover essere tanto grato alla Signora Tsunaki".

A questo punto si impone una breve considerazione. Come detto sopra, il giovane Niwano si era fatto *pellegrino alla ricerca della verità* riguardo alle sofferenze umane da cui nessuno può sottrarsi. Egli stesso sente il bisogno di alleviarle negli altri e nella propria famiglia. Possiamo

---

[155] 姓名判断 *Onomanzia* che determina il carattere ed il destino di una persona attraverso "l'analisi del suo nome"; ibid. p.8 in nota
[156] Cfr. "Lifetime Beginner ", o.c. p.74

affermare che egli diventa, quasi casualmente ma generosamente, un soccorritore di chi soffre o addirittura un *guaritore* con mezzi che possiamo oggi chiamare *riti magici*. Durante il periodo della sua giovinezza si parla spesso *di fede curatrice* assai in voga in seno alle *Nuove Religioni* che sostanzialmente nascono dalle radici dell'antica religione prettamente nipponica dello Shintoismo (*Via dei Kami*), così pure del Buddhismo sopraggiunto nel sec.VI d.C. come già menzionato. Il giovane Niwano vive all'interno di un simile contesto e non si sottrae a parteciparvi con tutte le sue potenti energie che lo caratterizzano quasi come un *carismatico* del suo tempo.

Torna qui alla ribalta il problema della *salvezza*. Come salvare gli esseri viventi dalla sofferenza? Si fa osservare che "ciascuno dei vari metodi di divinazione contiene qualcosa di misterioso, ma ora ed in questo momento, hic et nunc, nulla si trova di conclusivo in questi metodi per eliminare la sofferenza....Tutti i metodi di divinazione sono sicuri per circa l'85%. Ma come capacità di salvare la gente, la probabilità dell'85% non può essere sufficiente. Esiste qui una norma che possa salvare dalla sofferenza *tutte le persone* con una probabilità del 100%?"[157]. Veramente atroce è tale interrogativo che fa soffrire l'umanità sotto ogni cielo e che tormentava allora l'animo del giovane Niwano e dei suoi contemporanei. Dai tempi della sua giovinezza riflette sinceramente onde trovare qualcosa che lo soddisfi e lo rappacifichi con se stesso e con tutto quanto gli sta attorno. Ed ora sembra dirigersi verso *la verità universale che può portare a salvezza tutte le persone*.

3. NUOVE ESPERIENZE RELIGIOSE

Membro della REIYU-KAI Movimento Amici dello Spirito

Si apre ora un altro capitolo importante della sua vita[158] allorquando nell'Agosto del 1934, a nove mesi dalla nascita della sua seconda figlia Kyoko, "la signora Iizuka levatrice che abitava accanto, gli chiese - secondo il racconto che ne fa Niwano - se voleva entrare a far parte di un'organizzazione religiosa conosciuta sotto il nome di *Reiyu-kai*".

---

[157] Cfr. "History of R.K.K.",o.c. p.8
[158] Cfr. "Lifetime Beginner", o.c. pp.75-84

"Io dissi qualcosa per sbarazzarmi di lei. Ma la signora replicò: Io mi presento a te come una inviata di Buddha. Se non vuoi dare ascolto a quanto ti dico, può accaderti qualcosa entro la prossima settimana o dieci giorni. Nel preparare le verdure per la salamoia, pensavo dentro di me: che cosa sta borbottando costei? La signora Iizuka aggiunse: Bene, spero che non succeda niente, ma se dovesse succedere, vai a visitare il signor Sukenobu Arai, un maestro fuori del comune che abita in via Niiyama, 24. Mi mostrò la mappa indicandomi come arrivarci. Vi prestai poca attenzione e dimenticai subito quanto mi aveva detto".

"Esattamente una settimana dopo - continua Niwano nel suo racconto - la mia seconda figlia venne colpita da altissima febbre con perdita di conoscenza. Un pediatra dell'ospedale dell'Università *Keio*, subito da me consultato, le diagnosticò la malattia giapponese del sonno (*encephalitis lithargrea*) suggerendo il ricovero immediato che le nostre condizioni non ci permisero di effettuare. Non essendoci altre possibilità, presi la decisione di fare visita al signor Sukenobu Arai". Niwano riferisce che da quel momento entrò a far parte della *Reiyu-kai* cominciando a venerare gli spiriti degli antenati; immediatamente le condizioni di sua figlia migliorarono. Ciò costituiva una prova di quanto valesse tale Associazione.

Guarita perfettamente, la sua seconda figlia progredì con profitto negli studi non lasciando traccia alcuna della sua grave malattia.

Ma quello che più impressionava Niwano riguardo alla *Reiyu-kai* era il fatto che il *Sutra del Loto* era tenuto in grande considerazione, essendo uno dei più importanti testi sacri del Buddhismo Mahayana, dei quali il sig. Sukenobu Arai era uno dei più eminenti maestri all'interno della *Reiyu-kai*. Profondo conoscitore di classici Buddhisti cinesi, il prof.Arai impartiva dotte lezioni relative al Sutra del Loto che facevano entusiasmare il cuore di Niwano colmandolo di gioia. Sembra quasi fosse giunto sulla linea del suo traguardo tanto agognato: trovare la verità!

Comprensione del Sutra del Loto

È da osservare, infatti, che egli era come "affamato nell'ascoltare il prof.Arai recandosi a casa sua, dove assorbiva e digeriva l'essenza del Sutra del Loto al pari di un terreno arido che viene imbevuto di acqua"[159].

---
[159] Cfr. "History of R.K.K.", p.9

Nel *Sutra del Loto* trova finalmente quello che cercava. Si può affermare che per Niwano, l'incontro con questo testo sacro segna l'inizio di una serenità interiore sempre meno turbata e sempre più protesa ad una crescita sulla via della tanto agognata liberazione-perfezione. Sembra aver avuto una specie di illuminazione *(satori),* quando in quel periodo arriva a dire che "il *Sutra del Loto* assomigliava ad una rete perfetta dove tutti trovano la salvezza, potendo fisicamente e spiritualmente venire in aiuto all'individuo ed alla società. Profondamente scosso da quanto avevo appreso, mi rimase un'impressione di stupore e di vibrante freschezza per oltre quarant'anni, durante i quali non ho mai smesso di leggere ogni giorno il Sutra del Loto. E il testo non perdeva nulla della sua delicatezza e nulla della sua capacità di specchiarsi nel mio cuore e di penetrare profondamente nel mio spirito. Al contrario, più lo leggevo e più mi sembrava emozionante e profondo. Vi può essere altro insegnamento di tale vigore? Può esservi un altro libro che si possa leggere con stupore e che possa incrementare un impatto emotivo ogni giorno per quarant'anni?"[160].

Dopo solo tre mesi di studio del Sutra del Loto, avvertì una specie di rinascita, quasi folgorato da una particolare illuminazione. *I suoi occhi si aprirono, mentre il suo cuore si riempì di coraggio.* Sempre più entusiasta nell'approfondire tale dottrina che stimola ed illumina la sua mente, si accorge che il lavoro duro del commercio non gli permette più di dedicarsi interamente a soccorrere la gente sulla via della compassione, caratteristica del Bodhisattva. Sente che non può continuare su questa strada soltanto a tempo perso. Si aprono i suoi occhi. Arriva così a capire due cose molto importanti e decisive per la sua vita:

1) quella che viene chiamata la via del Bodhisattva (*Bosatsu-do* 菩薩道) cioè della *compassione,* soccorrendo gli altri e rendendosi disponibili a servizio di tutti i bisognosi nel mondo. Ciò - afferma - è il vero significato del Buddhismo.

2) la possibilità del credente laico di salvare ed essere salvato.

Un'attenzione particolare merita quanto afferma al riguardo nel suo libro *Travel to Infinity* riportato dal testo su ricordato *Rissho Kosei-kai* al capitolo *History of Rissho Kosei-kai* (p.9): *"...Il contatto con il Sutra del Loto mi donava una grande luce. In modo totale rallegrava il mio spirito. Mi impegnavo a metà in azioni di compassione, un po' per svago, ma ora mi sento obbligato a fare sul serio. Ove si insegna che la pratica del Bodhisattva consiste nel salvare il genere umano e servire il mondo, lì è il*

---

[160]Cfr. "Lifetime Beginner" o.c., pp.76-78.

vero spirito del Buddhismo ed il fatto che l'uomo può salvare gli altri ed essere salvato lui stesso, in quanto laico è quello che io cercavo"

Impegni religiosi e difficoltà in famiglia.

È così costretto, suo malgrado, a limitare, per non dire a trascurare, l'impegno del commercio per trasferirsi da un posto all'altro per il lavoro propriamente religioso, causando grande preoccupazione a sua moglie che spesso si lamentava. "Nel mio cuore la capivo, - osserva Niwano - per questo non mi sono mai scontrato o lamentato con lei. Tuttavia non mi sono mai arreso, ma con fermezza compivo la mia missione in quanto uomo di fede e le dicevo: tu hai perfettamente ragione, ma io sono un inviato di Buddha. E con questo tipo di osservazioni, me ne uscivo immediatamente per lavorare nel campo religioso"(*Lifetime Beginner,* p.80). Sempre più fervoroso, si distingue all'interno di un piccolo gruppo di attivisti religiosi, tra cui il sig. Waki Abe, la moglie del prof.Arai e la figlia Masako tutti intenti a dirigere il lavoro ed i vari incarichi organizzativi. I membri del gruppo erano soddisfatti e contenti di avere un uomo come Niwano ben preparato nella conoscenza del Sutra del Loto e che poteva esprimersi con convinzione. Spesso lo pregavano di "accompagnarli nella visita agli ammalati o nel fare qualche altro lavoro".

Come sopra ricordato, sua moglie non era pienamente d'accordo per quanto riguardava il suo lavoro prettamente religioso. Ma egli, ritenendosi mandato da Buddha, non poteva accontentarla. Ed infatti deve constatare amaramente che "ciò contribuiva a scontentare mia moglie". Per la sua appassionata ricerca della verità e per il lavoro assiduo nel soccorrere il prossimo nello spirito di un Bodhisattva, è scelto come Direttore-Assistente del suo Capo Arai in seno al Movimento Reiyu-Kai che andava sempre più approfondendo. E dopo matura riflessione, decide di cambiare mestiere mettendo su un negozio per la vendita del latte in Fujimi-cho, Nakano-ku.

Egli ci racconta che, terminato il lavoro al mattino e alla sera nella consegna del latte, il tempo rimanente lo dedicava all'attività religiosa incontrando altre persone, o anche una sola intrattenendosi anche fino a mezzanotte. Ed afferma che "lo spirito di servizio per la società è come l'olio lubrificante per una macchina...Chi decide di dedicarsi al servizio degli altri, subito si sente liberato e felice e non spasima più in desideri egoistici.Le vicende quotidiane che creano afflizioni cessano di infastidirlo.

Vengono sciolte le catene: è libero. Questa sensazione, senza eguali, è meravigliosa. Penso che questo sia il modo di sentire di uno che diventa prete. Ma per fare una simile esperienza, uno non ha bisogno di rinunciare al mondo. Decidendo di servire gli altri e di dedicarsi agli interessi della gente, il risultato è lo stesso ed è infinitamente più valido".(cit., p.81).

Fu in questo periodo che Niwano ebbe la consolazione di condurre alla fede parecchie persone andando di porta in porta durante le ore notturne.

4. INCONTRO CON NAGANUMA MYŌKŌ 長沼妙佼

Una donna fragile

"Tra la buona clientela del negozio di latte, scrive Niwano nella sua autobiografia (cit., p.82), c'era Saitamaya, piccolo magazzino situato in Hatagaya Honcho, nel quartiere di Shibuya, dove d'inverno si vendevano patate dolci cotte e d'estate si vendeva ghiaccio. Gli affari di questo negozio andavano bene, ma la donna che lo gestiva era spesso pallida e malata; passava gran parte del tempo a letto in una camera dietro al negozio e sembrava che andasse sempre più peggiorando. Un giorno, quando il tempo che passava a letto cominciava ad essere troppo lungo, le dissi:

"Sembri molto malata! Cosa ti succede?".

"Oh! Tu sei quello del latte, non è vero? Bene, io sono affetta da mal di stomaco e da debolezza cardiaca. Generalmente sono in cattiva forma".

"Mi dispiace sentire questo. Sei malata da molto tempo?".

"Abbastanza! Da quando ero ragazzina".

"Ah, è così? Dimmi, tu hai qualche credenza religiosa?".

"Si, faccio parte del *Tenri-kyo*".

"Benissimo! Ma dimmi ancora un'altra cosa. Rendi omaggio ai tuoi antenati?".

"Tra una cosa e l'altra, attualmente non rendo loro omaggio".

"Lo pensavo. Ma tu lo dovresti!".

Allora cominciai a provare a convincerla di diventare membro della Reiyu-kai. Ma lei era caparbia e, interrompendomi di botto per dirmi di tacere, rifiutò di prestare attenzione a quanto io avevo da dirle. Tuttavia non mi diedi per vinto. Ed ogni volta che consegnavo il latte, ponevo il problema alla sua attenzione. Finalmente mi disse che qualora io fossi stato veramente serio su tutto ciò, lei avrebbe potuto pensare di entrare a far parte dell'Associazione. Ma ciò riguardava la sua volontà".

Da quanto sopra citato, appare evidente il desiderio di Niwano a che la donna, di cui parla, entri nella Reiyu-kai per indicarle la strada della salvezza. E, come si suole dire, non la perde mai di vista, anzi "era naturale - ci riferisce - che io mi interessassi ad aver cura di lei; ma quando le chiesi di consegnarmi una lista dei nomi degli antenati, come viene prescritto dalla Reiyu-kai, lei esitò, anche se i nomi erano registrati in una località dove si potevano ottenere tutti in un solo giorno. Dopo tre giorni di attesa, persi la pazienza e scrissi alla sua famiglia per avere i nomi. Dopo tre giorni la lista arrivò".

Un osservatore spassionato, man mano che legge queste note autobiografiche, si sente sempre più incuriosito nella lettura per poter capire sempre meglio quali erano gli intenti di Niwano nell'avanzare la richiesta dei nomi degli antenati della signora interlocutrice, la cui salute versava in condizioni precarie. Ottenuta la lista dei nomi, Niwano ci fa sapere cosa ne ha fatto e cosa poi è successo:

Completamente ristabilita

"Personalmente li inserii nel registro dei nomi di tutti i membri e dei loro antenati con la data di morte. In quel giorno, la proprietaria del negozio di ghiaccio e delle patate dolci ebbe la sensazione di non ricordarsi d'essere stata così bene come in quel giorno ed abbandonò il letto. Io ero felice come se la sua buona sorte fosse capitata a me". La signora si era così ristabilita e si sentiva molto meglio. E Niwano si rivolge ancora a lei dicendo: "Ora devi compiere un atto di gratitudine". E la condusse da Arai Capo del Reiyu-kai. A questo punto Niwano ci fa sapere che, "stando a dei sistemi in uso presso tale Associazione, la persona che introduceva un nuovo membro assumeva la funzione di padrino. Una volta entrato a far parte del gruppo, il nuovo membro era tenuto a compiere un atto di gratitudine verso il Capo e verso il padrino. Ed in questo caso il padrino ero io; ma la signora, ritenendo ciò come tutta una cosa meschina, non volle venire a farmi visita per esprimere la sua gratitudine. E io non presi la cosa troppo sul serio e scherzosamente dissi: Va bene! Non vi è nulla da fare al riguardo. Vuol dire che io renderò per te gli ossequi alla divinità"[161].

Ora veniamo a conoscere sempre meglio la signora di cui ci parla Niwano, ed anche riusciamo a renderci conto di come scattassero, in quel particolare contesto, alcuni meccanismi nel caso in cui una persona, in condizioni fisiche o psicologiche speciali, veniva a contatto con movimenti o associazioni per averne un qualche beneficio. Ulteriori informazioni preziose le abbiamo sempre da Niwano stesso che ci racconta con tanta schiettezza e semplicità come sono andate le cose che lo riguardavano di persona, specie in merito a quell'incontro di cui sopra. Ciò costituirà un fatto assai importante per se stesso e per l'avvenire della Rissho-kosei-kai.

Ragazzo guarito da disturbi addominali

Riallacciandoci, quindi, a quanto su riportato, continuiamo a seguire quello che è successo dopo la conversazione con la signora che si era sentita meglio ed aveva lasciato il letto[162]. "Stando ai fatti, come avevo sentito più tardi, al suo ritorno a casa, la signora trovò suo nipote, invitato a venire dal suo paese per lavorare nel proprio negozio, in preda a dolori di stomaco così atroci da sembrare in fin di vita contorcendosi sul pavimento. Lo portò in fretta da un medico che subito gli diagnosticò l'appendicite ordinando l'immediata operazione onde evitare rischi irreparabili.

"Ma le operazioni, osserva Niwano, anche se per un'appendicite, erano una cosa seria in quei giorni in cui non esisteva la penicillina. La proprietaria del negozio non era d'accordo per l'operazione senza l'assenso dei genitori del ragazzo. Il dottore le ordinò di ottenere l'approvazione in serata e, nel frattempo, di applicare impacchi di ghiaccio sull'addome. Tali istruzioni dovevano essere osservate, altrimenti la vita del ragazzo sarebbe stata in pericolo".

La vicenda sta diventando drammatica riguardo al comportamento della zia di fronte a suo nipote in gravi condizioni. Nello stesso tempo il coinvolgimento generoso e sincero di Niwano è totale. Che fare? "Allora lei, ricordandosi del modo rude con cui aveva reagito alla sua responsabilità in quanto membro della Reiyu-kai, si affrettò a mandarmi a chiamare. Decisi di andare. Ma c'era un problema. Era appena nata la nostra terza

---

[161] ibidem, pp.82-83
[162] ibidem, pp.83-84

figlia e non v'era nessuno che potesse occuparsi di Kyoko nostra seconda figlia ancora molto piccina. La difficoltà la risolsi avvolgendo sulla mia schiena Kyoko e così mi affrettai verso il negozio di ghiaccio della signora". A questo punto del racconto, Niwano si manifesta nel suo carattere fermo e volitivo. Profondamente convinto della bontà delle sue scelte in seno alla Reiyu-kai, si rivolge ora alla sua interlocutrice "per la prima volta in toni severi" e così la apostrofa:

"Tu ora stai ottenendo quello che ti meriti. Tu sei stata guarita dalla tua malattia. Tuttavia hai rifiutato di compiere un atto di ringraziamento verso il tuo padrino spirituale e di rendere i tuoi ossequi alla divinità tutelare".

Le parole che rivolge alla signora, come in un crescendo inquietante, diventano sempre più gravi quando freddamente le rinfaccia: "La tua ingratitudine si manifesta ai tuoi occhi nell'immagine di tuo nipote che soffre!".

Lei accusa il colpo ed "abbassa gli occhi". Ma lui continua:

"Ora preparati a ciò che devi fare leggendo, insieme a me, il Sutra della Meditazione sul Bodhisattva Virtù Universale ".

"Lei si inginocchiò dietro di me mentre io leggevo il lungo Sutra e recitavo il sacro *Mantra*[163].

"Ciò fatto, i dolori allo stomaco improvvisamente diminuirono fino a scomparire. Così l'operazione per il nipote non si rese più necessaria".

"All'indomani, il medico non individuava più il rigonfiamento causato dall'infiammazione dell'appendice. Nel premere il ventre, non procurava dolore. Scuotendo la testa, il dottore disse: Questa è la cosa più strana che abbia mai vista. Come può essere ciò accaduto? L'appendicite sembra ora scomparsa, ma può ritornare. Occorre far bene attenzione".

"Ma la malattia - osserva Niwano - non è più ritornata ed il ragazzo, Hiroshi Naganuma, è attualmente uno dei direttori della R.K.K.".

Di fronte a simile vicenda, l'atteggiamento della signora sembra subire un mutamento nei riguardi di Niwano al quale si rivolse "porgendo ringraziamenti" da lui ritenuti corretti. Ma rimase male quando lei, subito dopo, pronunciò parole per lui sgradevoli che suonavano così: "quanto ti

---

[163]"Testo sacro in versi, canto di lode alla divinità", Cfr. M.Zago: *Il Buddhismo*, Rizzoli, Milano 1984, p.92

devo?". Non era il denaro la cosa più importante per Niwano, il quale "bruscamente, di nuovo" glielo ricordò proseguendo: "Il problema non è il denaro, anche se è buona cosa donarlo poiché gli atti di carità fanno parte della nostra pratica Buddhista. Ma non deve essere uno scambio. Io penso che tu non devi fare un'offerta in denaro perché una malattia guarisca o perché desideri che guarisca. Ciò non è carità e non è donare".

Affiatamento e convergenza di intenti

Quanto Niwano stava dicendo, sembrava, questa volta, essere recepito dalla sua interlocutrice per cui ora, convinto della sua buona disposizione d'animo, non ha più difficoltà a parlarle al cuore indicando per lei la via da seguire: "Per te la cosa migliore e la più grande donazione che tu possa fare è donare totalmente a Buddha il tuo egoismo e la tua caparbietà". Dopo queste parole, Niwano s'accorse dei buoni effetti ottenuti per il fatto che la signora divenne quasi "un'altra persona a cui si aprirono gli occhi. Cominciò a recarsi ogni giorno dal Capo Arai della Reiyu-kai, ascoltando le lezioni sul Sutra del Loto e partecipando con entusiasmo alle funzioni. Ma più che la sua frequenza a quegli incontri, la cosa sorprendente era il suo modo vigoroso con cui desiderava portare l'insegnamento agli altri. Dedicava, infatti, tutta se stessa nel dirigere senza tregua le attività con una forza ed energia impossibili in una donna che fino a poco fa giaceva in un letto, pallida e smorta".

E così Niwano poté assaporare la gioia di stare vicino a questa donna che divenne valida collaboratrice nel lavoro con i suoi grandi talenti che la caratterizzarono nelle molteplici attività in seno al movimento Reiyu-kai prima e nella nascita e sviluppo della R.K.K. poi. E Niwano si sente fiero nel far conoscere che "lavorando insieme tutti i giorni, io e lei abbiamo convertito quasi cinquanta nuovi membri. E il sig. Arai rimaneva stupito per la dedizione e la intraprendenza di lei".

Chi era questa donna straordinaria? Quale il suo nome? Ce lo dice Niwano:

"La donna di cui sto parlando era, ovviamente, Masa NAGANUMA che in seguito è conosciuta nella R.K.K. con il nome di Myoko Sensei, che diverrà poi familiare a migliaia di persone. L'incontro di Niwano Sensei con Myoko Sensei[164] non è stato casuale, ma è da tutti riconosciuto come

---

[164]Cfr. History of R.K.K. o.c.,p.10

un fatto voluto dalla premurosa provvidenza di Buddha. Era da poco che una disciplina severa aveva trovato seguito nello studio del Sutra del Loto e nel procurare fedeli da parte del lavoro congiunto dei due.

E ben presto si profilò la possibilità di attuare un progetto per la fondazione di un'organizzazione religiosa che riflettesse le aspirazioni di due persone unite dallo stesso carisma.

5. FONDAZIONE DEL MOVIMENTO RISSHŌ KŌSEI-KAI

Orientamento nuovo

Intanto l'Associazione Reiyu-kai veniva sempre più incrementata da nuovi membri e la stanza al secondo piano di una ordinaria abitazione in Akasaka, che fungeva da quartiere generale, era ormai troppo piccola e ristretta. Si rese necessaria una nuova costruzione più spaziosa come direzione generale a IIKURA per accogliere i nuovi membri sempre in aumento. E Niwano non stava con le mani in mano. Ma tutte le mattine, dopo la distribuzione del latte, andava con la sua bicicletta sul luogo della costruzione per portare il suo aiuto nei lavori. Ritornava poi a casa per la distribuzione serale del latte e per il lavoro missionario notturno. "Per la fine del 1937 era già completata la nuova costruzione. Negli ultimi due giorni di quell'anno si fecero grandi festeggiamenti con cerimonie celebrative ed il 7 gennaio dell'anno nuovo si tenne una conferenza-capitolo dei dirigenti responsabili provenienti da tutto il paese. Tutti i presenti alla riunione erano molto emozionati, giacché si era detto che noi stavamo per fare della Reiyu-kai la più straordinaria organizzazione religiosa nel Giappone" (Autob.p.85).

Pur emozionato come tutti per le toccanti celebrazioni, in quei momenti solenni ed importanti per l'Associazione, Niwano cominciava ad essere afflitto "in fondo alla sua mente da forti dubbi" sulla bontà e sull'efficacia di certi "metodi che erano andati troppo in là nel reclutamento di nuovi membri. Si era infatti tacitamente convenuto che, se in un mese aumentavano di cento, nel mese successivo bisognava impegnarsi da parte di ciascuna Sezione-capitolo affinchè aumentassero di duecento, e così di quattrocento nel seguente, continuando così in progressione geometrica".

Inoltre "ogni nuovo membro era pregato di acquistare un rotolo del Sutra per 50 centesimi ed un rotolo per l'elenco dei suoi antenati per 1 yen e trenta centesimi. I capi-sezione, che erano molto interessati a rimanere in posti buoni nell'esecutivo dell'organizzazione, andavano talmente oltre da acquistare loro stessi queste cose…Talora, alcuni compravano rotoli ed elenchi più di quelli che potevano depositare nelle loro case ed erano costretti a costruire dei capannoni per contenerli. Il capo del nostro capitolo Sig.Arai era uno studioso letterato. E non aveva intenzione di fare cose simili e spesso sorrideva per le misure eccessive a cui altri capi-capitolo facevano ricorso" (Autob. pp.85-86). Da queste parole di critica si deduce facilmente il malcontento che Niwano cominciava a nutrire nei riguardi della Reiyu-kai, da cui cominciava a prendere le distanze manifestando il primo motivo dei suoi dubbi. Ma "esisteva un secondo motivo ancor più serio e fondamentale. Avevo avvertito che ai quartieri centrali organizzativi non piacevano le lezioni del Sig.Arai sul Sutra del Loto".

Ma Niwano non sa spiegarsi il perché e si domanda: "quale potrebbe essere l'obiezione da fare alle lezioni sul Sutra del Loto ritenuto testo sacro fondamentale per la Reiyu-kai? I membri al mattino leggevano estratti del Sutra del Loto ed alla sera partecipavano al servizio religioso. Inoltre la formula magica era il Daimoku *"Namu Myoho Renge-kyo"* che significa "Lode al Sutra del Fior di Loto, Legge Meravigliosa".

Sembrava fosse tutto pacifico. "Ciononostante, ci dice Niwano, da quando tutti noi giovani membri pensavamo alla signora Kimi KOTANI (allora presidente) ed al nostro maestro e leader Kakutaro KUBO come altrettanti Buddha virtuali, non abbiamo abbandonato i nostri dubbi circa la loro posizione su problemi riguardanti le modalità di azione". Ritorna poi a parlare della riunione nazionale del 7 gennaio che, oltre all'intento di fare della Reiyu-kai la più forte di tutte le organizzazioni religiose giapponesi, "si proponeva un altro scopo". E spiega che per circa un anno frequenti spaccature si erano avverate tra alcuni vertici della direzione. E "si sperava che la conferenza del 7 gennaio avrebbe ristabilito la solidarietà. Nel primo giorno in cui partecipai insieme al Sig.Arai, il Presidente Taira ISHIDA rivolse il saluto al gruppo dicendo: Signore e Signori, la nostra meta da raggiungere è di fare in modo che la Reiyu-kai diventi il numero uno delle organizzazioni religiose nel Paese. In questo noi ci sentiamo debitori verso il Sig.Kubo per il suo insegnamento e la sua guida. Se qualcuno ora ha qualcosa da dire su questo argomento, è pregato di parlare liberamente." Si susseguirono una dopo l'altra le persone che posero domande esprimendo anche opinioni, "quando, racconta Niwano, improvvisamente la signora

KOTANI, seduta nella parte centrale del palco, si alzò bruscamente e piazzatasi altezzosa al tavolo dell'oratore, ad alta voce si rivolse ai presenti: Che inferno è tutto questo? Voi pensavate di essere dei credenti, ma voi agite come dei grandi tiratori. Se qualcuno ha una lamentela, si faccia avanti".

"Noi rimanemmo tutti sbalorditi. Un'atmosfera cupa e sgradevole avvolse la sala e, come l'acqua prorompente in una diga, la Signora Kotani diede pieno sfogo ai suoi sentimenti: "Le lezioni sul Sutra del Loto sono fuori del tempo. Chiunque provi a fare qualcosa di simile deve essere ispirato dal maligno". La rottura era ormai inevitabile. Ed il Sig.Arai, "un uomo fortemente volitivo", rimase tra i più colpiti per non dire offesi dalle crude espressioni della Presidente Kotani. Non riuscì a rimanere e rivolto a Niwano: "Torno a casa - disse - ma tu rimani sino alla fine e scopri quello che vogliono dire". E Niwano, anch'egli profondamente ferito, si trova ora sul punto di decidere se rimanere o meno nella Reiyu-kai. "Anche se l'insegnamento sulla devozione agli antenati non trova in me obiezione alcuna ed il rispetto profondo per la signora Kotani rimane immutato, tuttavia - dichiara con franchezza - non riesco a mandar giù l'insistenza che si fa di abbandonare lo studio del Sutra del Loto".

Distacco dall'Associazione Reiyu-kai

Infatti, dopo quanto è successo alla conferenza nazionale, di cui sopra, egli "è convinto al 90 per cento di non poter più restare nella Reiyu-kai". Il giorno seguente, infatti, corre a "far visita alla Signora Naganuma per discutere sull'argomento". Dall'incontro emerge chiaro che "Lei è decisa a non rimanere più membro della Reiyu-kai, la cui posizione è insostenibile". Niwano, durante il colloquio, si accorge, se pur ce ne fosse bisogno, di un "atteggiamento della signora, in certo modo, positivamente più convinto di quello che potrebbero avere le donne giapponesi". In che cosa consistesse questo atteggiamento ce lo spiega Niwano:

"Lei mi disse: Signor Niwano, convinciamo il Signor Arai ad unirci a noi nel mettere in piedi una nuova organizzazione nostra personale. Io fui d'accordo. Noi due andammo subito a casa del Sig.Arai al quale riferimmo ciò che era venuto fuori dalla conferenza dopo che lui se ne era andato. E lo informammo del nostro progetto relativo ad una nuova organizzazione". In quel momento si attuava il distacco definitivo dalla Reiyu-kai, mentre si faceva strada l'idea di istituire un nuovo movimento: "Sì, esclama il sig.Arai, sono d'accordo nel dire che è impossibile continuare con la Reiyu-kai, ma io non intendo fare una brutta scenata sfidando la signora Kotani; io sono stato intermediario alle nozze del Signor Kubo. E poi io sono troppo vecchio per compiere un'azione rivoluzionaria. Voi due siete più giovani. Prendete voi in mano la guida per costituire un gruppo indipendente. Per quanto sta in me, farò il possibile per darvi una mano riguardo all'insegnamento ed alla parte dottrinale".

E' difficile entrare nel cuore di Niwano e della signora Naganuma che ormai sentono tutta la sofferenza del distacco da una istituzione dove avevano lavorato insieme per soccorrere le persone. Ma si può certamente affermare che spicca, in modo assai evidente, una forte personalità nei due personaggi, i cui elevati talenti evidenziano il loro carisma di leadership non disgiunto da un accentuato senso di comprensibile orgoglio e di viva responsabilità nel diffondere la salvezza attraverso il Sutra del Loto. Ce lo conferma egli stesso quando scrive: "Noi provammo un debito di gratitudine che rendeva difficile e, perfino, in certo modo biasimevole lasciare la Reiyu-kai; ma noi non potevamo permettere ai sentimenti di tenerezza e di attaccamento di interferire con il nostro profondo rispetto per la grandezza del Sutra del Loto". La decisione ormai era presa e non si poteva più tornare indietro. E così un'altra discussione si concluse con la decisione, da parte della signora Naganuma e del signor Niwano, di giungere alla formazione di qualcosa di nuovo che rispondesse alle proprie aspirazioni.

Formazione di un nuovo Movimento

"Noi eravamo giovani - ci riferisce Niwano - e lì c'eravamo soltanto noi due. L'argomento venne fissato con facilità e rapidamente". Bisognava ovviamente che qualcuno facesse da guida al nuovo gruppo che stava per nascere. Niwano si diede da fare per radunare persone già incontrate come il suo "vecchio padrone ISHIHARA che si era associato al movimento Kokuchu-kai ed aveva studiato il Sutra del Loto. Egli ci presentò a Nichijo Murayama, membro del Kokuchu-kai". Si venne così a formare il nuovo staff così composto:

Direttore Generale: Signor MURAYAMA
Vicedirettore Generale: Signor ISHIHARA
Amministratore Generale: Signor NIWANO

Cassiere: Il marito della signora NAGANUMA

A questo Direttivo si aggiungevano altri membri, in tutto una trentina.

Per celebrare la nascita del NUOVO MOVIMENTO, "le cerimonie si svolsero nella casa della signora *Naganuma*. In seguito, una stanza al secondo piano della mia casa divenne il quartiere (direzione) generale". La sede precisa si trovava a *Nakano-ku, Shimmei-cho, 36*. Così nacque il

DAI-NIPPON RISSHŌ KŌSEI-KAI 大日本立正佼成会 - *5 Marzo 1938*

Il significato sostanziale ed estensivo di tutto il nome viene così spiegato da Niwano:

Risshō 立正 significa *istituzione dell'insegnamento della vera Legge (cioè Sutra del Loto) nel mondo*. Kō 佼 significa *reciproco scambio di opinioni tra persone di fede, cioè, sui principi di unità spirituale fra le differenze degli esseri umani*. Sei 成 vuol dire *perfezionamento della personalità e raggiungimento della buddhità*. Kai 会 significa *Associazione* o *Movimento*. Inoltre, Dai-Nippon 大日本 significa *Grande Giappone,* che in seguito finisce per essere cancellato.

Proprio in questa occasione della fondazione del Movimento, Niwano ci riferisce: "Io cambiai il mio primo nome *Shikazo* 鹿蔵 in *Nikkyō* 日敬 e Naganuma cambiò il suo nome *Masa* 政 in *Myōkō* 妙佼. E verrà chiamata in seguito Myōkō Sensei (妙佼先生 *Maestra Myoko*) diventata familiare a migliaia di persone".

Ovviamente si dovrà, in seguito, scendere nei dettagli parlando di lei in quanto co-Fondatrice del Movimento R.K.K. Ora bisogna dire, come riferito dall'opuscolo "The Story of R.K.K." (p.12) che dopo aver fondato il Movimento, il Presidente Nikkyo Niwano e Myoko Sensei continuarono ambedue a lavorare nei loro affari commerciali. Ciò significava che il loro lavoro era davvero pesante. Ciononostante, si assumevano responsabilità sempre maggiori nella guida del Movimento lavorando insieme. E Niwano non disdegnava di prendere Myoko sul bagagliaio della sua bicicletta per portarla a compiere visite in luoghi molto lontani. Se per Niwano era faticoso per un giorno intero camminare e andare in bicicletta, lo doveva essere molto di più per Myoko Sensei, una donna di 17 anni più grande di lui. Ma costei era una donna che dimenticava se stessa per dedicarsi agli altri e raramente si lamentava. Era di poche parole, ma quando parlava lo faceva con ardente entusiasmo e passione.

Si fa anche notare che finché il gruppo era nuovo e piccolo senza vigore persuasivo nell'influire sulla gente ordinaria, i leaders erano costretti ad offrire quegli insegnamenti immediati ed in modo diretto conformi ai bisogni urgenti della gente in generale. E sia Myoko Sensei che Niwano si impegnavano a mettere in pratica quell'insegnamento di Buddha, esposto al II cap. del Sutra del Loto, che va sotto il nome di hobèn 方便, *espedienti adatti*, nel senso che le loro parole si adattavano alle differenti disponibilità mentali, alle esperienze ed alle condizioni ambientali degli ascoltatori. Il loro scopo era quello di portare la pace al mondo e di alleviare le sofferenze indicando la via della verità del Buddha per il perfezionamento della personalità.

Contesto politico militare

Sarà bene ora non passare sotto silenzio quell'avvenimento chiamato *l'incidente-Cina* che si inserisce proprio nel periodo della fondazione della R.K.K. Si comprenderà meglio in quali difficoltà si sono venuti a trovare Niwano e la sua collaboratrice Myoko Sensei nei primi momenti della nascita del loro Movimento[165]. Al riguardo si rileva che in quel momento si era all'inizio dello stato di guerra tra la Cina ed il Giappone. Ed a meno di tre settimane dalla fondazione della R.K.K., la promulgazione della Legge per la Mobilitazione Generale della Nazione segnalava i preparativi per i combattimenti. Nel 1939, mediante operazioni militari su larga scala tra Giappone ed Unione Sovietica in una località chiamata *Nomonhan*, sui confini con *Mongolia-Manciuria*, e mediante l'abrogazione del trattato commerciale tra il Giappone e gli Stati Uniti, nonché con la promulgazione della legge locale per la chiamata alle armi del personale di leva, il Giappone si trovava sull'orlo della seconda guerra mondiale.

Durante il periodo di guerra, il potere militarista oppressivo si estendeva a tutti gli aspetti della vita giapponese, compreso quello della religione. Ogni tipo di organizzazione religiosa subiva oppressione, ma - si fa notare - a causa dell'errata credenza militarista basata sugli insegnamenti di Nichiren (sul Sutra del Loto da lui propagato) che potevano essere posti al servizio dell'ultranazionalismo, una oppressione più blanda veniva applicata alle organizzazioni simili alla R.K.K. che professavano la fede in quel Sutra.

---

[165]Cfr. The Story of Rissho Kosei-Kai, p.13

In effetti (History of R.K.K., p.11-12), il motivo lo si può ritrovare nel fatto che le autorità militari di allora adottavano l'ideale della Instaurazione della Giustizia e della Sicurezza del Giappone (*Rissho-ankoku*"立正安国) come un *sostituto* per il nazionalismo. Infatti, il significato che si da, in questo caso, ai primi due ideogrammi "ris-sho"立正, corrisponde proprio a *Instaurazione della Giustizia* e agli altri due "an-koku"安国 corrisponde alla *Sicurezza della Nazione,* proprio come predicava il Santo NICHIREN 日蓮聖人. E' da tenere presente, comunque, che "il Presidente Niwano non faceva alcun affidamento sul nazionalismo per il suo lavoro missionario, ma poneva tutta la fiducia nella sua fede nel Sutra del Loto per gestire la neonata organizzazione, educando ed addestrando i suoi fedeli".

Ai primi di Agosto 1941[166], il Presidente Niwano ricevette l'ordinanza di presentarsi per il servizio militare. La guerra tra il Giappone e la Cina stava andando verso la sua ultima fase, mentre il pericolo di un conflitto con gli Stati Uniti diventava sempre più forte. All'età di 34 anni Niwano era forte ed in buona salute. Era pronto al servizio per tre o cinque anni, qualora non fosse caduto in battaglia. Sebbene fosse deciso ad essere coraggioso e disposto a dare del suo meglio, i membri della R.K.K. erano preoccupati per essere privati di uno dei propri leaders. A questo punto entra in scena Myoko Sensei, la quale dice di aver ricevuto una rivelazione divina in questo senso: "Niwano tornerà a casa fra tre o cinque giorni. E' inconcepibile che un uomo con una grande missione possa essere mandato come soldato al fronte. Niwano non è ancora in grado di abbandonare completamente se stesso. Finché non lo fa, sarà incapace di servire come un vero discepolo di Buddha. Egli deve riflettere su questo e partire adesso". Incurante di queste rivelazioni, Niwano ebbe la sensazione che, essendo il Giappone coinvolto nella guerra del Pacifico, era impossibile per lui fare ritorno a casa entro tre o cinque giorni. Avvenne che egli lasciò la stazione di Tokyo alle ore otto di sera del 9 Agosto. Il giorno seguente giunse alla base di addestramento Maizuru e, per un qualche motivo, venne dichiarato fisicamente inabile.

---

[166] ibidem, p.12

Dimissioni del Vice Direttore Generale ISHIHARA

Cinque anni erano passati tra difficoltà più o meno gravi, come "i rapporti divenuti tesi (cit., p.116) tra il Direttore Generale Murayama ed il Vicedirettore Generale Ishihara. Quest'ultimo, dopo tante contese, nel 1940 finì per andarsene". Ma il Presidente Niwano ci tiene a dire che "sono rimasti immutati i rapporti di amicizia con Ishihara, essendo stato suo datore di lavoro. E lo invitò in occasione del suo 70° compleanno presso l'Hotel Imperiale di Tokyo.

Capitolo IV

PRIMI SVILUPPI SOFFERTI

1. UNA GRANDE PROVA

Il primo gradino

Intanto, sulla nuova organizzazione si abbatté una *grande prova* denominata *il primo gradino* poiché contribuì alla sua crescita iniziale. Vediamo come lui stesso ci racconta la vicenda[167]: "Noi continuavamo per tre anni senza ulteriori incidenti, quando nel 1943 ci trovammo di fronte ad una grave prova. Il 13 Marzo si presentò improvvisamente alla Direzione Generale un agente di polizia chiedendo di me e di Myoko-Sensei per essere accompagnati all'ufficio di polizia. Meravigliati su quanto stava accadendo, abbiamo seguito l'agente. Io indossavo un kimono ordinario, mentre Myoko Sensei aveva una semplice giacca corta sopra il suo kimono. Giunti all'ufficio di polizia, fummo immediatamente messi in prigione perché Myoko Sensei come guida spirituale aveva portato confusione nella mente della gente.

In quei giorni, continua Niwano, era in vigore quella legge conosciuta come Legge per la Difesa della Pace. Era stata promulgata principalmente per il controllo e la repressione del movimento comunista, ma i suoi effetti erano fortemente avvertiti da parte dei Cristiani e da altri gruppi religiosi. Per il fatto che io ero il vero leader della R.K.K. del Grande Giappone, la polizia ha arrestato me invece del Direttore Generale. L'investigatore che

---

[167] Autob., p.116 segg.

mi interrogava, aveva familiarità con la terminologia da noi usata. Egli mi disse: "Lei è il padrino spirituale della Signora Naganuma Myoko e come tale dovrebbe rivedere i principi che lei utilizza nell'insegnamento".

Io replicai: "Nulla vi è di errato nei principi del mio insegnamento. Ben numerosi sono i nostri membri ed è possibile che qualcuno di loro abbia problemi emotivi e dica e faccia cose che non sono assolutamente corrette. Ma non v'è nulla di nocivo per quanto riguarda i principi basilari del mio insegnamento. Questa era la mia posizione in cui venni incastrato. La polizia non sapeva cosa fare. Probabilmente era disposta a lasciarmi andare al primo indizio di venire ad un compromesso da parte mia. Ma siccome non mostravo tale segno, mi trattennero in prigione per due settimane, durante le quali venni sottoposto ad interrogatorio ogni giorno. Io, però, mai modificai la mia posizione sulla correttezza dei nostri principi". È troppo grande l'interesse che suscitano le parole del Presidente Niwano circa quel periodo della sua vita che ci sta descrivendo sui primi anni del R.K.K.

Sarebbe, quindi, lacunosa la nostra conoscenza della sua personalità nei suoi più reconditi sentimenti, se non continuassimo a seguire il racconto nei suoi dettagli: "Le carceri non sono mai dei posti belli. Io oso dire che esse erano migliorate; ma nei giorni della seconda guerra mondiale erano veramente sgradevoli. La mia biancheria intima era piena di pidocchi. Ma non lasciai che la mia situazione mi buttasse giù. La guardavo come facesse parte della mia disciplina religiosa. Durante la mia permanenza in carcere, fra me e gli agenti di polizia si stabilirono dei buoni rapporti. Alcuni di loro erano sorpresi per le mie previsioni ben precise in base ai loro nomi".

Come si vede da queste affermazioni autobiografiche, Niwano mostra una presenza di spirito ed un forte carattere che lo rendono interessante e degno di grande rispetto agli occhi degli stessi custodi, i quali finiscono per chiamarlo giocosamente "god-man", un dio-uomo. Affatto vacillante sulla via della sua fede religiosa con il rifiuto di ogni compromesso, nessun appiglio di colpevolezza gli viene trovato, per cui "dopo due settimane - racconta - mi lasciano andare. Una settimana più tardi, anche Myoko-Sensei viene rilasciata".

Situazione familiare difficile

A voler scandagliare i motivi o i retroscena di questa triste vicenda, che a prima vista appare come un semplice incidente, è da tener presente che "di fatto, come ci rivela Niwano, le sue cause interne erano molto complicate e riguardavano la mia *situazione in famiglia*. Si trattava effettivamente del comportamento di sua moglie riguardo alla grande fede che Niwano poneva nella sua attività religiosa. Lei infatti, in quanto moglie e donna di casa, disapprovava suo marito che "spendeva tutto il suo tempo nel soccorrere gli altri. In più, quando abbandonai il negozio di latte, prosegue Niwano, per dedicarmi completamente alla Legge, il nostro stile di vita divenne più povero e più difficile. Molto poco era il denaro che mi veniva dalla R.K.K. e frequenti erano i viaggi forzati verso il monte di pietà. Io, mia moglie ed i nostri cinque figli abitavamo in una piccola stanza al primo piano del fabbricato del quartiere generale.....All'incirca in quel tempo, mia moglie ebbe un altro bambino ed era costretta a rimanere a letto. Prima di uscire in missioni di guida, preparavo una grande pentola di farina di riso che mettevo su di un *hibachi* (leggi: *hibaci* 火鉢), braciere di carbone collocato vicino al suo letto, cosicché la famiglia non soffrisse almeno la fame. Durante questo periodo io stavo sempre o in direzione o negli affari insieme a Myoko-Sensei, oppure mi intrattenevo a discutere sulla Legge del Loto con lei ed altri membri del quartiere generale".

Leggendo queste note, viene fatto di pensare all'attività intensa, per non dire frenetica, di Niwano e soprattutto sorge l'interrogativo su come egli potesse conciliare i suoi doveri verso la sua famiglia numerosa con quelli religiosi. E per un osservatore qualsiasi può sembrare ovvia una certa critica, pur affettuosa, nei confronti del suo operato che pone in primo piano la missione religiosa, trascurando la moglie ed i cinque bambini, diventati poi sei, bisognosi della sua presenza e del suo affetto. Di questo infatti si è sempre lamentata la signora in quanto moglie ed in quanto madre. D'altra parte, non è difficile immaginare il conflitto interiore che affligge Niwano, che viene a trovarsi davanti ad un bivio in cui è necessaria una scelta coraggiosa ed impegnativa. Ma sentiamo quanto lui stesso ci confida:[168]

---

[168] ibidem p.118 segg.

"A mia moglie non doveva piacere l'idea che io passassi molto del mio tempo con un'altra donna. È vero che Myoko-Sensei aveva 17 anni più di me, ma dopo tutto lei era una donna, come molti altri leaders della R.K.K., con cui mantenevo contatti costantemente. Francamente, vi erano momenti in cui avevo la sensazione che, tra i membri, vi fosse qualche donna che nutriva interesse nei miei confronti. Quando gestivo ancora la latteria, facevo consegne per un grande ristorante dove lavoravano due cameriere membri del nostro Movimento. Sembra che avessero fatto una scommessa su chi di loro due avrebbe conquistato per prima l'uomo del latte. Provarono ogni tipo di astuzia, ma per parte mia non prestai loro attenzione alcuna. Intanto mia moglie deve aver intuito che qualcosa poteva accadere. Neppure è sorprendente il fatto che lei desiderasse energicamente il mio ritorno alla vita quotidiana di coppia sposata. Talora il suo vivo desiderio si manifestava con una grande stizza. Una volta strappò perfino la gonna del mio kimono da cerimonia, *hakama*, abito per me molto prezioso ed importante".

Testimonianza del primogenito Nichiko: a chi la precedenza?

In tale contesto, alla luce di simili episodi narrati con tanta schiettezza, può affiorare l'interrogativo a quale dei valori Niwano dovesse dare la precedenza: a quelli della famiglia o a quelli della religione? È il dilemma drammatico che certamente sconvolse l'animo di Niwano, il quale finì per scegliere l'opzione per la religione. A conferma di ciò, è assai illuminante la testimonianza che ci offre il figlio Nichiko quando scrive: "La sua vita di leader religioso veniva prima di tutto. Aveva molti figli nella fede che esigevano la sua attenzione. Il lavoro con la compagna di fede, Myoko Naganuma (o Myoko Sensei come poi venne chiamata), non cessò di acquistare slancio col passare degli anni. Per avere più tempo da dedicargli, egli non aveva tardato a rinunciare al suo commercio di salamoia per gestire una latteria. Il suo interesse preponderante non era solo la salvezza propria e della sua famiglia, ma quella di quanta più gente fosse possibile"[169].

---

[169]Cfr. Nichiko NIWANO: *Mio Padre e Maestro*, Città Nuova Editrice, Roma 1986, p.14

Rivelazioni divine. Nuovo pronunciamento del figlio Nichiko

Sembra che lui stesso avesse ricevuto un'ispirazione dall'alto e ci fossero anche, specie da parte di Myoko Sensei, delle rivelazioni divine a porre in primo luogo l'attività religiosa. E proprio su questo punto avvenne l'incomprensione da parte di sua moglie "con la quale - ci confessa Niwano - provai ad essere elastico come un salice al vento, ma non venni mai a compromessi con la mia fede interiore salda come una roccia. Avrei potuto capire perfettamente i sentimenti di mia moglie, qualora lei avesse sposato un uomo ordinario".

Dunque, è possibile dedurre che Niwano si senta al di sopra della gente comune "ordinaria" e non può accettare le rimostranze di sua moglie che non riesce a capirlo per quello che lui è o sente di essere, cioè un uomo straordinario impegnato nella predicazione della Legge del Buddha. È un suo punto fermo irrinunciabile per la sua fede religiosa; e quasi pervaso da un carisma particolare al limite forse del fanatismo, non esita ad affermare che sua moglie "non poteva essere perdonata per i suoi atteggiamenti in quanto moglie di una persona interamente dedicata alla Legge del Buddha". È il predicatore della Legge che parla, non il marito. Forse ad alcuni può apparire, in una chiave moderna, una persona quasi esaltata o addirittura fanatica, religiosamente parlando. Ma, per correttezza, bisogna anche dire che tale valutazione, se posta nei vari contesti di quell'epoca, potrebbe essere riveduta, per cui anche ora è quasi impossibile formulare un giudizio spassionato su vicende di un Fondatore di un grande movimento quale la R.K.K. alle prese con gravi difficoltà nei suoi primi anni di vita. Niwano aggiunge: "Anche i dirigenti R.K.K. consideravano mia moglie come una ingerenza nel mio lavoro, una specie di Devadatta, il cugino di Shakyamuni Buddha di cui era stato il suo primo discepolo e poi suo nemico, ma anche un elemento importante nel progresso spirituale di Buddha. Alcuni di loro insistevano nel dire che io avrei dovuto separarmi da mia moglie; altri erano solidali con lei".

Che la famiglia per Niwano fosse una difficoltà alla sua missione religiosa, lo aveva constatato anche suo figlio che afferma: "Noi sei figli abbiamo costituito per lui un reale fardello. Shakyamuni, il Buddha storico, ritenendo la nascita del figlio un ostacolo alla ricerca dell'illuminazione, lasciò casa e famiglia per una vita di disciplina religiosa. Mio padre, in definitiva, assunse un atteggiamento simile e divenne e restò un uomo totalmente votato alle sue credenze e alla salvezza degli altri"[170]. Non è difficile immaginare quanto fosse tormentato l'animo di Niwano che doveva prendere una decisione grave e piena di responsabilità: separarsi o meno dalla moglie e dai figli. Su questa vicenda spunta ora nuovamente la figura di Myoko Sensei sempre attenta agli eventi interni del Movimento R.K.K. "Più tardi venni a conoscenza - ci fa sapere Niwano - che Myoko Sensei aveva intuito che questa era una situazione disperata fino a quando lei stessa ebbe istruzioni divine onde risolvere i miei problemi familiari. Ciò accadde al tempo in cui io mi trovavo fuori nel mio villaggio per le cerimonie commemorative di mio padre. Nulla sapevo di tali istruzioni". Anche il figlio, sopra menzionato, parla di tali istruzioni divine: "Myoko Sensei, che ho già menzionato sopra come compagna di fede di mio padre, udiva voci divine che le facevano da guida. Prima che ci trasferissimo in campagna, era stata istruita dall'alto di dire a mio padre che, in virtù del ruolo importante a cui era destinato, doveva separarsi dalla famiglia e dedicarsi interamente alla diffusione della fede nel Sutra del Loto. Mio padre aveva resistito a lungo a tale invito. Non era la prima volta questa, - aggiunge - che simili istruzioni divine gli venivano comunicate"[171]. Sul contenuto di tali rivelazioni, Nichiko si sofferma in alcuni dettagli che possono aiutarci a comprendere meglio il clima in cui venne a vivere il padre, mentre si trovava con la sua compagna di fede, di cui maggiormente parleremo in seguito.

"Nel 1941 e nel 1945, quando mio padre era stato chiamato alla visita medica dell'arruolamento, in tutte e due le circostanze le divine istruzioni avevano predetto che sarebbe stato rimandato indietro, data l'importanza della sua persona nei riguardi della Legge del Buddha". Praticamente, viene fatto di pensare che gli anni 40, quelli della guerra del Pacifico, erano spesso, per così dire, visitati dalla divinità che comunicava messaggi relativi alle vicende della R.K.K. che interessavano, oltre al mondo intero, soprattutto il Giappone. Effettivamente "le divine istruzioni - sottolinea Nichiko, il figlio del Fondatore e Presidente Niwano - col 1942 andarono ripetendo ogni tanto che la fede nel Sutra del Loto si sarebbe diffusa nel mondo ad opera della Rissho Kosei-Kai. Nel 1941 e nel 1942, esse avevano predetto che "fuochi" sarebbero caduti dal cielo sulla città di Tokyo. Nel 1944, però, diedero l'assicurazione che il quartiere generale della R.K.K.

---

[170] ibidem, p.14
[171] ibidem, p.19

non avrebbe subito nessun danno: anzi, per la verità, che se una bomba vi fosse caduta, tutto il Giappone sarebbe stato distrutto".

Sembra proprio che la divinità si interessasse anche delle cose a prima vista banali e che, una volta, avesse fornito "un'informazione secondo la quale nell'autunno 1940, in occasione del primo pellegrinaggio al Monte Shichimen, vi avrebbero partecipato diciannove persone. Quando si venne alla conta finale, risultò che le persone erano venti, compreso mio padre. Poi, all'ultimo momento, uno si ritirò"[172]. Ma, ci si domanda, fino a che punto Niwano prestava attenzione a tali "istruzioni"? E soprattutto fino a che punto ci credeva? Ci risponde ancora una volta il figlio: "Mio padre credeva che fossero le divinità ad elargire questa guida e quando bisognava prendere decisioni importanti non mancava di chiedere tali istruzioni. Sebbene numerose altre persone fossero qualificate a ricevere istruzioni divine, quelle importanti passavano sempre attraverso Myoko Sensei".

Indubbiamente rilevante è l'importanza di tali testimonianze personali da parte del figlio per la loro autentica franchezza e sincerità, che ci spingono ad interessarci ulteriormente dell'animo di suo padre che si dibatteva sul da farsi per l'avvenire della R.K.K. Preziose ed illuminanti le descrizioni che seguono: "Come già detto, resistette a lungo all'istruzione di rompere con la propria famiglia, in virtù della sua convinzione che la pace nella famiglia è essenziale alla pace nella società, nella nazione, nel mondo e che la famiglia è il fondamento necessario per la realizzazione del fine buddhista del perfezionamento della personalità. Ma l'istruzione in questione fu ripetuta giorno dopo giorno con crescente severità". In base a ciò, il figlio prova ad immaginare quello che "si sia prodotto in quel tempo nell'anima" di suo padre, nel quale intravede "la consapevolezza della sua missione di leader religioso...non in quanto un uomo comune che cerca la propria salvezza personale e che ha il diritto di preoccuparsi della propria famiglia, ma come un uomo votato a salvare gli altri e il mondo intero".

Questo viene scritto dal figlio Nichiko ora Presidente della R.K.K. a distanza di parecchi anni, da quando avvenivano tali vicende riguardanti suo padre (1980), di cui dice che in quel caso "non poteva non abbandonare ogni cosa.. Così, pensando che la sua missione fosse la salvezza del mondo, finì per procedere diritto per la sua via, senza guardare indietro alla moglie e ai figli". L'istruzione divina che aveva ricevuto era di seguire l'esempio del Signore della Legge, Buddha Shakyamuni, di separarsi immediatamente dalla moglie e dai figli e di non permettere loro di costituire un fardello per

---

[172] ibidem, p.20

lui. Comprese che l'insegnamento del Sutra del Loto: "Non ameremo il corpo e la vita, avremo cura solo della suprema Via", significava che lui doveva fare questa grande rinuncia"[173].

È probabile che a qualcuno riecheggino le parole di Cristo nel Vangelo: "Chi ama il padre o la madre più di me non è degno di me; chi ama il figlio o la figlia più di me non è degno di me"...(Mt. 10, 37). "In verità vi dico, non c'è nessuno che abbia lasciato casa o moglie o fratelli, o genitori o figli per il regno di Dio, che non riceva molto di più nel tempo presente e la vita eterna nel tempo che verrà" (Gv. 18,29-30). Chi ha seguito o seguirà alla lettera simili Scritture merita, a mio avviso, tutto il rispetto per la sua libertà di scelta, ma non v'è dubbio che tali affermazioni bibliche possano provocare serie perplessità sull'interpretazione di tali testi (Buddhisti o cristiani...) o sulle modalità di una tale scelta alla luce dei vari contesti sociali e culturali in cui uno viene a trovarsi. Si può comunque dire che permangono simili problemi sempre aperti e fonte di ulteriori ricerche.

Distacco dalla famiglia

Nel caso di Niwano, sta di fatto che sul punto di lasciare la famiglia per un ideale religioso, "tutto questo - osserva il figlio - sono certo che lo spiegò a mia madre e che ci affidò tutti a suo fratello maggiore e a sua moglie"[174]. È ora il divino che viene a manifestarsi per entrare nella vita di Niwano chiamato a svolgere una missione per diffondere la Legge del Buddha e salvare la gente. Ormai sembra fosse stato già tutto stabilito su quanto lui doveva fare. Mancava soltanto di decidere sull'effettivo *distacco dalla famiglia* che doveva essere operativo mediante un'abitazione nuova che venne fissata da altri. "Al mio ritorno a Tokyo, - ci racconta - una delegazione da parte della R.K.K. venne ad incontrarmi alla stazione di Akabane e, invece di lasciarmi tornare a casa, mi condusse direttamente a casa di uno dei membri. Quivi c'era un gruppo di dirigenti che mi attendevano per dirmi che essi stavano prendendo in affitto una casa per farci abitare mia moglie con i figli. La casa era relativamente distante dal quartiere Nerima". Non è semplice capire la reazione di Niwano davanti ad un dato di fatto, forse da lui stesso involontariamente ed in buona fede

---

[173] ibidem, p.20
[174] ibidem, p.21

provocato. Allontanarsi dalla sua famiglia fisicamente era la soluzione radicale a cui lui dovette sottomettersi (secondo le rivelazioni divine). In questo lo hanno aiutato gli altri che lavoravano con lui e lo apprezzavano per i risultati del suo lavoro improntato ad un generoso altruismo. Tuttavia, la sua prima reazione non fu positiva. "Di fronte ad una simile notifica - confessa Niwano[175]- fui grandemente scioccato, non essendo in grado di fare tale passo senza consultare mia moglie. I dirigenti pronunciarono un severo giudizio su di me perché troppo attaccato a mia moglie ed ai miei figli e non ancora abbastanza purificato spiritualmente per compiere la grande missione affidatami dalle divinità. Mi fu indicato di vivere nella casa di Myoko Sensei e venni messo sotto controllo perché non dicessi nulla a mia moglie la quale non traslocò a Nerima, ma rimase nel quartiere generale".

In prigione. Perchè?

"Mentre eravamo in queste condizioni, avvenne che Myoko Sensei ed io fummo messi in prigione". Ritornando sul tema della *grande prova*, ci chiediamo quale fosse il reato commesso da Myoko Sensei e da Niwano. Domanda più che legittima che attende una risposta, che ci viene dal protagonista principale della vicenda: "Più tardi - ci fa sapere Niwano - venni a conoscenza delle circostanze relative alla nostra citazione da parte della polizia. Mia moglie voleva che io ritornassi alla nostra precedente condizione di vita. Nel nostro vicinato viveva la Signora Umeno Tsunaki, dirigente capo dell'organizzazione Tengu-fudo, la quale era indubbiamente dispiaciuta di vedere un proprio ex studente avere successo con un'altra organizzazione religiosa. Queste due donne, com l'aiuto del direttore di una scuola materna e di un altro membro influente del vicinato, presentarono alla polizia locale un esposto riguardante la confusione venutasi a creare fra la popolazione a causa delle attività religiose di Myoko Sensei".

Era chiaro che si trattava di un complotto, per cui "la polizia, non avendo prove, si rifiutò di agire". Niwano parla di "un gruppo di cospiratori" che non si diedero per vinti, ma "fecero una petizione presso il vicinato, raccogliendo delle firme per fare pressione sulla polizia perché intervenisse in qualche modo. Naturalmente, al momento del nostro arresto, io nulla sapevo di tutto questo. Per il fatto che i due leaders principali dell'organizzazione si trovassero in prigione, tutti i membri associati

---

[175] Cfr. "Lifetime Beginner", op.cit. p.119

precipitarono nella confusione e nel turbamento; due dei dirigenti capi abbandonarono l'organizzazione. Quelli che restarono, comunque, erano pieni di riguardi e perfino mi portavano in prigione i pasti fatti in casa. Come conseguenza ulteriore dell'incidente, il direttore generale della R.K.K. Signor Murayama era talmente impaurito da insistere perché gli fosse concesso di rassegnare le dimissioni. Non vi fu nessuna presa di posizione per convincerlo a rimanere".

Niwano Presidente, Myoko Sensei Vice-Presidente

"Io dovetti prendere il suo posto, diventando presidente, mentre Myoko Sensei divenne vice-presidente". Ma non tutti furono d'accordo con questa soluzione. Infatti "alcuni membri dicevano che, durante la nostra prigionia, Myoko Sensei doveva essere ridotta alla condizione di un membro ordinario. Ciò per il fatto che le sue rivelazioni spirituali religiose avevano indotto la polizia a fare delle indagini ed a metterci in prigione. I membri sensibili a questo aspetto, pensavano in più che l'organizzazione avrebbe potuto essere migliore se avesse unicamente aderito alle mie linee di condotta che erano largamente orientate verso gli insegnamenti della Legge di Buddha. Ma io posi fine a questo, dicendo che Myoko Sensei e io avevamo fondato l'organizzazione insieme e che eravamo reciprocamente in profondi rapporti in base a legami religiosi. Io non potevo permettere una simile cosa".

"Per il fatto che, continuai, nessuno di voi ha osservato accuratamente o ha serbato in cuore le rivelazioni divine di Myoko Sensei, il problema è giunto fino alla polizia. Le divinità stanno provando a sollevarci. Se noi le sottovalutiamo, siamo certi di incontrare la punizione. Ciò nondimeno, molti dei leaders non poterono riconciliarsi. Essi pensavano che i due avrebbero causato solo confusione tra i membri. Chi così pensava, lasciò il gruppo". Tutta la vicenda, ovviamente, non lasciò indifferente Niwano che si sentì cadere addosso un fardello troppo pesante che si manifesta chiaramente quando afferma: "Essendo impigliato tra i bisogni temporali dell'organizzazione e le richieste divine dichiarate dalle rivelazioni di Myoko Sensei, fui afflitto da notevoli sofferenze. Naturalmente, da parte mia né rifiutai, né sottovalutai il fenomeno delle rivelazioni divine, ma avvertii l'importanza di proteggere noi stessi da qualsiasi iniqua rivelazione che poteva essere scoperta". In realtà, si viene a capire abbastanza bene quale fosse la disposizione d'animo di Niwano di fronte a fenomeni simili. Prudenza e discrezione, anziché cieca credulità. Dichiara infatti che "era cosa difficile accettare completamente le rivelazioni divine senza alcun interrogativo. Durante le austerità delle pratiche e delle preghiere in pieno inverno, nei primi giorni dell'organizzazione alcuni membri, quando venivano visitati dagli spiriti di animali come volpi, serpenti o tassi, si esibivano in rappresentazioni da pagliacci bizzarri e grotteschi che era penoso guardare; anche se membri relativamente progrediti erano incapaci di fare alcunché al riguardo. Ma Myoko Sensei e io sapevamo riportare queste persone ai loro sentimenti, recitando il Daimoku ed invocando il mantra protettore".

Pur consapevole che nel "mondo dello shamanismo possano accadere a sorpresa cose miracolose", Niwano è del parere che ciò "non sia senza pericolo". Tutta la vicenda, che certamente gli costò tante sofferenze insieme alla compagna di lavoro, venne fortunatamente a concludersi positivamente. A questo proposito Niwano dice: "Molti dei leaders che avevano abbandonato l'organizzazione fecero ritorno, un poco alla volta, ricevendo il mio caldo benvenuto, diventando poi in seguito dirigenti al vertice della R.K.K.". Questo incidente, in un certo qual modo, finì per essere denominato nella storia del Movimento *il primo gradino* che grandemente rinvigorì ed incrementò la fede dell'intero corpo degli associati"[176].

"Pertanto, - si osserva ancora[177]- questo caso viene chiamato anche *gradino1943* ritenuto quale prezioso periodo di superamento di una grande prova che precede l'ulteriore sviluppo dell'organizzazione".

Assai interessanti e degne di considerazione sono le osservazioni che Niwano, a conclusione della vicenda, porta a nostra conoscenza quando scrive: "Quando facevo ancora il lattaio, noi adottammo una politica di non accettare l'elemosina o la beneficenza da parte dei membri. Ma alcune volte, le famiglie si sentivano obbligate ad esprimere la loro gratitudine in qualche modo, quando venivano curate le malattie, oppure quando le tribolazioni di famiglia venivano alleviate mediante il nostro aiuto. In tali casi, loro volevano porre piccole somme di denaro sull'altare Buddhista del direzione generale. Ordinariamente quelle offerte ammontavano a non più di dieci o quindici yen al mese. Io prendevo spesso l'intera somma per la Stazione di Polizia di Nakano come contributo all'esercito e alla marina.

---

[176] ibidem, p.120
[177] Cfr. "Rissho Kosei-kai" in "History of R.K.K., op.cit. p.13

Continuai regolarmente questa pratica ogni mese fino al 1942. Ma nel Maggio di quell'anno, quando chiusi la latteria e dedicai me stesso alla Legge, divenne essenziale mettere tutto il denaro nei fondi della R.K.K".

Da questo fatto Niwano passa ora a riconsiderare "l'esposto presentato la prima volta alla polizia da sua moglie e dalla signora Tsunaki". Quello che impedì, quella volta, azioni contro di lui e Myoko Sensei, fu "il fatto che la polizia di Nakano era convinta della nostra onestà per aver registrato i nostri passati contributi e per aver preso atto delle nuove circostanze". Concludendo pertanto il suo racconto su di una vicenda che lo toccò profondamente portandolo ad una maggiore maturità, ci tiene a dichiarare: " Per inciso, degno di nota fu che ambedue Myoko Sensei ed io venimmo rilasciati dalla prigione nei giorni commemorativi dei nostri dei tutelari". Lontano dalla moglie e dai figli "affidati tutti a suo fratello maggiore e alla moglie di lui"[178], continuò indefesso il suo lavoro di disseminazione della Legge del Loto, seguendo le divine rivelazioni che la sua compagna di fede Myoko Sensei gli aveva da tempo fatto conoscere: "Tu hai il dovere di diffondere nel mondo gli insegnamenti del Sutra del Loto. Abbandona tutte le altre letture e dedica tutto te stesso solamente a quella lettura"[179]. "Le istruzioni divine" - aggiunge Nichiko - dicevano anche di "completare le sue letture sugli scritti di Nichiren (sec.XIII)"[180].

Nuovamente in famiglia

Il distacco dalla famiglia durava ormai da dieci anni. Praticamente fu soltanto una parentesi densa di esperienze che in realtà servirono a Niwano per una maggiore maturità interiore. E così "nel 1954 poté di nuovo chiamare indietro i suoi familiari, ma essi erano rimasti estranei ai suoi alti ed importanti progressi spirituali compiuti in quei dieci anni, in cui poté studiare interamente il Sutra del Loto dedicandosi totalmente alla guida ed all'istruzione di altri fedeli[181]". Per quanto riguarda la specificità laica del movimento, si osserva come: "l'esperienza di vita fatta come sacerdote monaco lo abbia messo in grado di compiere una scelta definitiva tra il Buddhismo laico e quello clericale".

---

[178] Cfr. Nichiko Niwano: "Mio padre e Maestro", op.cit., 21
[179] Cfr. "The Story of R.K.K.", op.cit., p.17
[180] Cfr. Nichiko Niwano, op.cit., p.21
[181] Cfr. "The Story of R.K.K., op.cit., p.18

Confermata la laicità del Movimento

"Da quel momento egli pensò sempre più ad un Buddhismo in termini di laicità" che in giapponese si dice *Zaike* 在家 termine formato da due ideogrammi: 在 *zai (essere presente)* e 家 *ke (casa-famiglia)*. Quindi la R.K.K. è una forma di Buddhismo moderno *laico* nel senso che opera nella famiglia e nella società, contrariamente a *Shukke* 出家, altra forma di Buddhismo, dove l'ideogramma 出 *shu* o *shutsu* significa *uscire* e 家 *ke casa-famiglia*. Questa forma di Buddhismo non laico, quindi religioso-monacale, consiste nel lasciare la famiglia e la società per dedicarsi completamente alla religione.

Nel paragrafo seguente ci soffermeremo più a lungo su quella figura femminile di spicco già evocata all'interno delle vicende del Movimento R.K.K. di cui è co-Fondatrice.

2. CHI È NAGANUMA MYŌKŌ SENSEI?

La famiglia

Il suo nome di nascita è *Masa*, venuta alla luce il 25 Dicembre 1889 sesta figlia di Asajiro *Naganuma*, antica famiglia di nobile discendenza del villaggio di *Shidami-mura, Kita-Saitama-gun* al nord della prefettura di *Saitama*. In quel tempo, suo padre Asajiro venne frodato da un altro uomo, per cui perse la sua fattoria e annessi. L'intera famiglia precipitò così nei guai rimanendo soltanto con una piccola porzione di terreno agricolo. All'età di sei anni perse sua madre. Da allora andò incontro a molte tribolazioni per quarant'anni[182].

Niwano ci fornisce notizie anche sugli antenati di Masa, "uno dei quali fu un *samurai*, (vassallo, servitore) di *Ujinaga NARITA*, Signore Feudatario del Castello di *Oshi*. Dopo la caduta del castello in guerra, verso la fine del XVI secolo, questo samurai che si chiamava *Sukerokuro Naganuma* si stabilì presso il villaggio di *Shidani*. Per molte generazioni - ci informa ancora Niwano[183] - la famiglia riuscì a mantenere lo *status* di

---

[182] Cfr. R.K.K. in "History of R.K.K.", p16
[183] Cfr. Lifetime Beg., op.cit., cap.8, pp.89-94

samurai, ma il padre di Masa era un uomo di buon carattere che facilmente veniva imbrogliato. Perse infine la casa di famiglia ed ogni cosa, eccetto un piccolo appezzamento di terra. La famiglia fu costretta a vivere di elemosina presso un tempio. In simili condizioni venne alla luce *Masa*. A peggiorare ancora le cose, all'età di sei anni, le venne a mancare la madre. Uno zio che viveva in un villaggio vicino, la accolse e la fece lavorare a servizio dal mattino alla sera per provvedere ai viveri domestici". Riguardo al carattere di *Masa*, viene descritto come "un tipo istintivamente non facile ad arrendersi. Il suo amore per il lavoro era probabilmente instillato in lei dalle sue esperienze di infanzia. Più tardi nella sua vita parlava spesso del modo in cui la gente del vicinato era abituata ad elogiarla per essere tanto industriosa in così tenera età".

Amore per il lavoro

Scendendo ancora nei dettagli, Niwano ci informa che lei "non ha mai perso il suo amore al lavoro. Come donna di casa e come proprietaria di un piccolo esercizio commerciale, ha compiuto bene e con passione tutti i suoi doveri. Pur essendo diventata vicepresidente della R.K.K. e considerata, qualche volta, come un Buddha vivente agli occhi di tutti i suoi associati, lei è sempre apparsa più felice in cucina che nelle sessioni di insegnamento. Quando stava cucinando o lavando i piatti, nessuna delle altre signore poteva eguagliarla nella sveltezza e nell'abilità....All'età di sedici anni, venne adottata dalla sorella maggiore, ma per il suo desiderio di condurre una vita indipendente, partì subito per Tokyo, dove per la prima volta lavorò come domestica. Più tardi lavorò in un deposito ed in un arsenale di munizioni per l'esercito, ma con effetti così deleteri per la sua salute che lasciò quel lavoro per far ritorno al suo villaggio a casa di suo zio".

Matrimonio e Divorzio

"A ventisei anni venne presentata ad un uomo, che in quel tempo faceva il barbiere, proveniente da un'altra antica famiglia del suo villaggio natio. Si sposarono, ma il marito diede prova di essere uno sprecone ed un fannullone. Lei rimase a lui sottomessa per anni; ma quando venne a capire chiaramente che non c'era speranza alcuna per un suo miglioramento, lo divorziò per poi far ritorno a Tokyo. Al decimo anno del loro matrimonio avevano avuto una figlia che poi morì per malattia all'età di due anni".

"A Tokyo, Masa si sposò di nuovo, questa volta con un grossista proprietario di un negozio di ghiaccio. In quello stesso tempo, lei aprì un negozio in proprio dove faceva ottimi affari nel ghiaccio; cuoceva anche patate dolci al forno. Di costituzione delicata, dopo lunghi anni di avversità, si trovò sofferente con un cattivo stomaco, un cuore debole ed un utero infiammato. A volte subiva emorragie lunghe anche due mesi. I medici le avevano annunciato che probabilmente non sarebbe vissuta più tanto a lungo. Fu all'incirca in quel periodo in cui io cominciai a farle da guida. Convinta di aver ricevuto, per grazia di Buddha, il dono di vivere più a lungo, Masa Naganuma prese la decisione di consacrare tutta se stessa alla Legge di Buddha. Il suo secondo marito non era in grado di stare al passo con la sua vita religiosa. E immediatamente prima che finisse la seconda guerra mondiale, divorziarono. Più tardi egli si unì in matrimonio con una appartenente alla R.K.K.; ed entrambi divennero poi allievi di Myoko-Sensei"

Delicata e sensibile compagna di lavoro e di fede

"Quando noi fondammo l'organizzazione, lei e io continuammo il nostro lavoro negli affari. Naturalmente, noi avevamo un direttore ed un vicedirettore sopra di noi, ma responsabilità maggiore era nostra. Io in quel tempo avevo i miei trent'anni e lei ormai aveva ben oltrepassato i quaranta". Pur con caratteri diversi, erano molto affiatati. Infatti, "ovunque" ed "insieme" si dedicavano nel dirigere il loro lavoro. Fisicamente assai differente da Niwano, Myoko è da lui descritta in toni semplici scendendo in piccoli dettagli che ben delineano la figura della sua compagna come "una donna di bassa statura che arrivava appena alle mie spalle. Indossava abitualmente il kimono tradizionale giapponese e portava sandali di legno chiamati *geta* (pr. *gheta*). Nell'andatura io avevo un passo lungo, e quando camminavamo insieme lei doveva trotterellare per essere al passo con me. Ciò facendo, dondolava largamente le sue braccia.

Un giorno io la criticai per il suo modo di dondolare le braccia mentre camminava. Lei si mise a ridere, ma continuò a camminare in fretta per non rimanere indietro. Più tardi mi resi conto che io avrei dovuto essere cortese così da adattare il mio modo di camminare alle necessità di una donna di bassa statura. Nulla ci impediva di gestire il nostro lavoro. Quando il luogo da visitare era lontano, io le davo un passaggio sul bagagliaio della mia bicicletta. Se il luogo era ancora più avanti, noi salivamo sugli autobus e i treni postali. Con il sole cocente d'estate e con il vento gelido d'inverno, andavamo avanti con il nostro lavoro senza prendere una domenica libera per andarci a divertire o per andare al cinema, senza nemmeno sognare di fare una specie di gita presso una stazione di acque termali tanto amate da tutti i Giapponesi".

Nel tratteggiare i lineamenti di questa figura straordinaria, Niwano sembra un acuto psicologo che è in grado di scandagliare anche le pieghe più recondite del cuore di Myoko Sensei, tanto la conosce nel suo intimo: "Quando per la prima volta mi offrii come guida spirituale, Myoko Sensei era una persona fragile e malata che possedeva una forte volontà, ma era introversa per natura. Dopo essere stata ricoverata per la malattia che l'affliggeva, al momento lei diventò una persona diversa. Era luminosa. Era diventata molto emotiva. Inoltre, pur essendo riservata, quando prendeva la parola, lo faceva con entusiasmo e passione. La gente con cui parlava non rimaneva mai insensibile a quanto lei diceva".

Niwano non è ancora soddisfatto di quanto ha detto finora perché gli sembra d'aver detto troppo poco. Vuole così presentarci ancora altri aspetti della vita della sua compagna, di cui soltanto lui è a conoscenza in modo diretto. "Ma la sua personalità possedeva altre eminenti caratteristiche. Riflessiva e piena di riguardi alla maniera femminile, percepiva le cose in profondità più di gran parte della gente. Una sera c'era un vento così freddo e pungente da far crepitare i rami degli alberi senza foglie lungo la strada. Noi avevamo terminato una giornata con più di trenta visite alle famiglie e con tanti consigli spirituali offerti a più di venti persone. Avevo dato un passaggio a Myoko Sensei sulla mia bicicletta fino alla sede generale della R.K.K. Mentre pedalavo con tutte le mie forze contro il vento sferzante, ella mi disse: "Sono dispiaciuta di causarti questa grande fatica; devi essere molto stanco".

"Io ero stanco ed avevo fame. Finalmente, quando il nostro percorso notturno ci portò fino alle porte dell'edificio del quartiere generale, mi sentii distrutto nell'anima e nel corpo. Mi voltai attorno e vidi Myoko Sensei accovacciata per terra strofinandosi silenziosamente le ginocchia. Se un'intera giornata di cammino e di bicicletta col vento freddo aveva sfinito me, quanto più avrà dovuto spossare una donna con diciassette anni più grande di me. Le sue gambe erano così gelate ed intirizzite dal freddo che per un po' di tempo non poteva né alzarsi né camminare. Poi ella si alzò e, con un sorriso simile a quello di una madre per il suo bambino, disse che si sentiva meglio e si scusò per avermi trattenuto....All'interno dell'edificio della direzione generale faceva freddo quasi come di fuori. Ma subito trovammo conforto e del caldo attorno ad un piccolo braciere di carbone detto *hibachi* (pr.*hibaci*). Dapprima vi rimanemmo per poco tempo, poi Myoko Sensei uscì e ritornò con un vassoio dove c'erano due bottigliette di porcellana con sakè caldo. "Bevi questo, - disse - ti riscalderà".

Gesti semplici e delicati che rispecchiano il sentimento-sensazione, cioè il *kimochi* (pr: *kimoci)* di chi li compie. Avvezzi alle "picciol cose", di Pucciniana memoria, i giapponesi sono e, penso, saranno sempre alla ribalta dello scenario mondiale dove il mondo occidentale possa osservare ed acquisire nuovi modi di comportamento che rendono gioiosi i rapporti sociali. È importante per tale scopo il contributo caratterizzato dal mondo femminile che in ogni cultura offre una vasta gamma di stimoli a migliorare la convivenza civile, finora monopolizzata da schemi prettamente maschili. Nel contesto nipponico di cui stiamo parlando, tali stimoli erano ben accolti da Niwano che dialogava con la sua compagna di lavoro, di cui apprezzava la delicatezza e cortesia nei suoi confronti, mentre ne ascoltava i consigli e le osservazioni di fronte ad una bottiglietta di *sake* offertagli con tanta gentilezza. È noto quanto il *sake*, bevanda alcolica assai comune in Giappone ottenuta dal riso fermentato, costituisca un fattore importante nella vita socio-culturale nipponica.

"In quei giorni, - racconta - il sake era razionato. Non so dove Myoko Sensei l'abbia preso; non glielo chiesi. Ma il mio primo assaggio mi fece capire che era proprio nella temperatura giusta. Il sakè ed anche le premure e le attenzioni della persona che lo aveva preparato per me, mi sembrarono come se portassero calore in ogni parte della mia anima e del mio corpo. Quindi, dicendo soltanto: "mi chiedo se ti piacciono queste", lei mise davanti a me un piatto con quattro o cinque sardine arrostite. Lei sapeva esattamente quello che mi piaceva e quello che volevo. E me l'offrì con perfetto calcolo del tempo e senza pretese o agitazione di sorta. Sebbene il cibo offertomi fosse semplice, le sue azioni erano di quelle che soltanto persone veramente generose e cortesi possono compiere. Per quella sera rimanemmo seduti fino a notte inoltrata ascoltando il vento tra gli alberi e parlando con fervore della Legge di Buddha".

Grande affiatamento e fiducia reciproca erano alla base delle loro aspirazioni verso la conoscenza della verità. Se ancora non è stato esplicitamente detto, bisogna qui ricordare un aspetto assai significativo dei comportamenti di Myoko Sensei: quello, cioè, della sua sincera devozione al Sutra del Loto, che è notoriamente uno dei testi fondamentali a cui si ispirano tutte le scuole del Buddhismo antico e moderno. Si legge, infatti, in "History of R.K.K." (p.17), che "la Signora Myoko ha dimostrato la sua autodisciplina attraverso la sua "lettura corporale"(*Shikidok* 色読) del Sutra del Loto nel senso che ne era coinvolta, non solo con gli occhi, ma anche con l'esperienza sui contenuti in conformità alla sua fede, attuando il suo grande compito di testimonianza nel periodo in cui le fu possibile". Niwano accetta da lei volentieri e umilmente le osservazioni nel clima pacifico di quella che, in termini cristiani, si usa chiamare correzione fraterna.

Correzione fraterna alla luce del Sutra del Loto

"Myoko Sensei ed io eravamo veramente amici sulla strada della ricerca per la conoscenza religiosa. Lei era per me una buona maestra ed un'amica desiderosa di raffinare le mie capacità e di aiutarmi a correggere i miei difetti. Prima di affidarmi agli insegnamenti della legge del Buddha, ebbi varie esperienze di fede. Altri maestri mi elogiavano, ma io non riesco a ricordare nessuno di loro che mi abbia criticato o mi abbia messo in guardia riguardo al mio comportamento religioso".

Tuttavia, a confronto con la sua compagna, molto animate erano le discussioni in cui non venivano risparmiate, da parte di lei, dure critiche che potevano sembrare anche impietose nei suoi riguardi. "Dopo la fondazione della R.K.K., ci fa sapere infatti Niwano, Myoko Sensei e io tenevamo talora delle sessioni per un tirocinio religioso che potenzialmente procuravano vive scintille. Ella in modo spietato tirava fuori tutti i miei difetti, davvero talmente tanti da sembrare di essere critica anche su cose piccole come quelle abitudinarie. Io sollevavo ed abbassavo gli stecchetti con cui mangiavo. Ed ogni qualvolta facevo obiezioni a quanto lei diceva, le dispute fra noi si infiammavano molto...Se accadeva che un membro della R.K.K. avesse bisogno di uno di noi durante tali discussioni, noi facevamo una pausa per prenderci cura di qualsiasi cosa che richiedesse attenzione; poi ritornavamo al nostro argomento con rinnovato fervore. Ella spesso diceva: "nessuno può costruire per te la felicità: sei tu che devi costruirla per te stesso".

Riguardo a queste ultime parole, Niwano osserva che "in questo lei seguiva gli insegnamenti del Sutra del Loto al capitolo 16°: "*Rivelazione dell'Eterna Vita del Tathagata*", in cui viene riportata la storia di un dottore che prepara la medicina per curare i suoi figli che erroneamente avevano bevuto il veleno. Il dottore offre la medicina ai suoi figli dicendo: "Questa medicina eccellente e perfetta in quanto al colore, al profumo ed al sapore, voi potete ora prenderla ed all'istante vi libererà dalla vostra pena in modo che voi non dobbiate più soffrire". Alcuni dei suoi figli prendono la medicina e sono guariti. Gli altri, invece, sono troppo lontani ed assorti nel delirio per vedere il buon senso dell'offerta del loro padre e, rifiutando la medicina, non vengono guariti....Questo racconto dimostra il progetto del Buddha per cui, per essere salvati, noi dobbiamo accettare la salvezza che lui ci ha preparato e ci offre. Anche persone che diventano membri della R.K.K. e vengono a contatto con gli insegnamenti del Sutra del Loto non possono aspettarsi di ottenere meriti di virtù, se non si sforzano di vivere e crescere in conformità a tali insegnamenti". Sembrano echeggiare le parole del Vangelo: "Non chi dice Signore, Signore!...... ma chi farà la volontà del Padre mio, questi entrerà nel regno dei cieli" (Mt. 7, 21).

Saggezza illuminata a servizio del prossimo

Continuando le sue annotazioni riguardanti il modo di pensare e di agire della sua compagna di lavoro, Niwano osserva ancora: "Per essere felice, una persona deve correggere i difetti della personalità. Deve stendere la propria mano ed accettare la medicina. Questo è quanto Myoko-Sensei intendeva quando affermava che uno deve costruirsi la propria felicità. Il che dimostra che lei aveva profondamente capito la Legge del Buddha. Ed aveva la capacità di disporre di tale conoscenza, facendone un ottimo uso nei modi in cui lei soccorreva la gente. Per fare un esempio, una giovane donna era entrata a far parte pienamente della R.K.K. perché desiderava migliorare la propria salute che si era deteriorata fin da quando frequentava la scuola media superiore. Figlia unica, era stata viziata dai suoi genitori ed aveva sviluppato delle tendenze ostinate. Myoko Sensei era determinata a guidare la donna così che ella poté diventare una persona felice di ampie vedute spirituali.

Come parte del suo piano, Myoko Sensei le indicò di pulire i gabinetti nell'edificio della direzione generale. Scontata la reazione della ragazza: ripugnanza istintiva e "imbarazzo al punto d'ammalarsi per il fatto d'essere costretta a compiere un lavoro che lei mai avrebbe fatto nella propria casa. Ma Myoko Sensei rimase in silenzio; allora la giovane, non trovando alcun motivo per rifiutare di fare il lavoro, andò mal volentieri ad occuparsi del proprio lavoro con segni di profondo scontento. Un giorno, mentre Myoko Sensei stava osservando il suo modo svogliato di lavorare, le si avvicinò e disse: "Non è questo il modo di fare il lavoro. Ti faccio vedere io come si fa. Così si pulisce". Myoko Sensei, quindi, con uno straccio pulito ficcò la mano nella cavità della tazza e vi diede un energico lavaggio da capo a fondo. La ragazza era sbalordita, guardando Myoko Sensei al lavoro...Il suo corpo ebbe un leggero fremito. Dal giorno seguente, il suo atteggiamento cambiò. Da quel momento in poi, vi era nei suoi occhi una luce brillante mentre faceva un solido progresso spirituale". Niwano ci tiene a rivelare il nome di questa giovane donna: è "*Masae Okabe* che più tardi divenne dirigente-capo della Chiesa succursale Nakano della R.K.K.". Ed al termine del capitolo dedicato alla sua compagna spirituale afferma che "Incalcolabile è il numero delle persone che Myoko Sensei ha aiutato e guidato alla felicità simile a quella trovata dalla giovane donna".

In azione a fianco di Niwano con espedienti adeguati

Avere Myoko Sensei a suo fianco era per il Presidente Niwano una "benedizione incommensurabile. I suoi potenti talenti spirituali avevano salvato innumerevoli persone dalla malattia e dall'infelicità. In quanto donna molto toccata dalla sofferenza, era in grado di stimolare profonda comprensione verso le altre donne sofferenti". Inoltre "possedeva una profonda conoscenza della Legge del Buddha e seguiva in modo riservato gli insegnamenti del Sutra del Loto. Ed era considerata agli occhi dei membri della R.K.K. come un Buddha vivente per lo spirito con cui si dedicava al suo lavoro"[184]. Niwano è solidale con la sua compagna per i suoi metodi nel lavoro. Nella sua autobiografia infatti (p.99) fa osservare che "gli studiosi da torre d'avorio ed i critici possono apportare delle critiche sul tipo di attività che noi perseguiamo, ma il loro biasimo sarebbe meno severo se lasciassero i loro studi per scendere personalmente sulle strade a portare soccorso dove c'è bisogno". Passa poi a fare delle considerazioni assai profonde e pertinenti riguardo alla pluralità delle situazioni in cui gli esseri viventi vengono a trovarsi nella vita quotidiana:

"Le innumerevoli persone che vivono nel mondo posseggono capacità mentali, esperienze emotive e condizioni ambientali differenti. Per portare

---

[184] Cfr. The Story of R.K.K., cit. p.20

a salvezza tutti, bisogna avere ciò che in termini Buddhisti viene chiamato espediente o senso tattico adatto (giapp.*hōben* 方便, sanscr. *upaya*) per ogni occasione". Di questo abbiamo già parlato in modo dettagliato quando si è preso in esame il capitolo secondo del Sutra del Loto che ha per titolo, appunto, "espedienti abili" (v.p.61), in cui risiede il fulcro della dottrina Mahayana.

Al riguardo Niwano prosegue dicendo: "Qualcuno interpreta questo espediente adatto come un cercare se stesso, ma nel fare ciò rivela la superficialità del proprio punto di vista. Il modo corretto per salvare la gente e portare la pace al mondo è, in primo luogo, quello di alleviare la sofferenza e poi guidare, sulla via della Verità del Buddha, a perfezionare la personalità". Quasi folgorato da simile raggio di luce, paragonabile al *satori*, giunge quindi a concludere affermando che "*l'espediente adeguato* è un mezzo corretto per raggiungere la verità ultima".

In merito alla *figura ed alla personalità* di Myōkō Sensei, è sempre Niwano che ci porta delle testimonianze personali avendola conosciuta profondamente per lunghi dieci anni, in cui ha condiviso con lei gioie e dolori nel propagare gli insegnamenti del Sutra del Loto. Al riguardo, degna di menzione è una personale valutazione di Niwano che scrive:

"Durante la guerra e per un po' di tempo nei giorni che seguirono, il mondo era fortemente scosso. Per cui una fede non poteva avere nessuna efficacia sulle masse senza che avesse le caratteristiche della chiarezza e della semplicità piuttosto che essere basata su continui discorsi sull'essenza della dottrina. È stata una cosa di grande importanza che la Signora Myoko sia vissuta in tale periodo".

La grande considerazione che il Fondatore Niwano ebbe di Myōkō Sensei, da lui associata all'opera grandiosa di dar vita al Movimento della Risshō Kōsei-Kai, si esprime anche nel fatto di riconoscerle una forte ispirazione che la rende capace di alleviare le malattie e le disgrazie di tante persone. Ispirato da grande stima per lei, con cuore sincero e grato, le riconosce anche che "la sua guida di vita trapelava dalla sua esperienza in ogni avversità".

Niwano, proseguendo nelle sue valutazioni assai pertinenti, non ha alcun dubbio nel considerare la sua compagna di fede (v.*foto*) come "una donna che era accettata con grande simpatia da altre donne che avevano le stesse ansie. E le sue parole, anche se a volte severe, concedevano respiro ai fedeli; erano simili a pilastri su cui uno poteva fare affidamento. Pertanto, era soprattutto la Signora Myoko che si presentava incontrando molti fedeli e faceva da guida ai capi delle chiese filiali. E per quanto riguarda me, io presi l'incarico di guida nel campo teorico e dottrinale ponendomi dopo la Signora Myoko che era interamente obbediente alla Legge in cui era più severa di me. Appariva quindi come la fondatrice, ma non prese mai una decisione autoritaria ed arbitraria. Non faceva nulla senza consultarmi. Ciò era interamente diverso da quello che si vede spesso in uomini ispirati o in fondatori di religione. In breve, la Signora Myoko era una ordinaria Buddhista laica la quale nutriva un grande rispetto per il senso comune. La gente in generale, comunque, vedendo solo la sua forte ispirazione, la considerava come una fondatrice ispirata. E di qui vennero fuori molti malintesi. Fa parte dell'ordine naturale delle cose il fatto che vi sia un periodo di espedienti fino all'apparire della "Verità". In questo senso l' "Espediente" è grande.

"In generale, la gente tende a valutare soltanto ciò che è davanti ai propri occhi come fosse la "Verità" ignorando completamente questo fatto. Ed è qui dove nascono i malintesi. Comunque, la Signora Myoko è stata una persona insostituibile per la mia vita di lavoro. Ella era per me, per così dire, quello che è l'ala per un uccello. Era una buona maestra inviata da Buddha. Io non posso non pensare che lei è stata inviata al tempo giusto. Ammiro solamente la grandezza di Buddha"[185].

Istruzioni o "voci divine" (shin-ji 神示) di Myōkō Sensei

Già nell'anno 1941 il numero dei membri R.K.K. aveva raggiunto il migliaio. E "non era più possibile - si legge ancora a p.20 di "The Story of R.K.K." - per Myoko Sensei ed il Presidente Niwano star dietro ai propri affari di commercio contemporaneamente ai propri doveri religiosi. Ella adottò allora un sistema di distribuzione di ghiaccio a regime controllato come un'opportunità per chiudere il suo negozio. Ed una notte in sogno ricevette una *rivelazione divina* relativa al trasloco della sua residenza nella località di Suginami-ku, Wada Honcho dove avrebbe trovato, già costruita

---

[185] Cfr. R.K.K.,"History of R.K.K.", pp.15-16, tratto da: "Travel to Infinity" (*Viaggio nell'Infinito*).

sul terreno, una casa con una statua del Bodhisattva Tutelare del Pianto implorante del Mondo situata presso l'entrata".

Mi piace far rilevare, a questo punto, come spesso nelle vicissitudini in cui si imbatte Myoko Sensei nell'incrementare l'opera religiosa, ci siano delle visite da lei ritenute rivelazioni divine o *voci* che le fanno da guida sulla via da percorrere. Non è certo facile dare una valutazione su tali istruzioni divine o *voci* che ovviamente si prestano ad interpretazioni tra le più svariate lasciando molti in una legittima perplessità. Ma sta di fatto che tali fenomeni non sono nuovi nelle religioni. Basti solo pensare a Giovanna d'Arco, la pulzella d'Orleans che udiva anch'ella *voci* che le dicevano ciò che doveva fare per poter salvare la Francia, sua patria, a cui era tanto affezionata[186].

Ritornando alla rivelazione ricevuta da Myoko-Sensei, di cui sopra, Niwano riporta che "gliene parlò il giorno seguente e che immediatamente partirono in cerca della casa... quando scendemmo dall'autobus sul cortile delle macchine di Nakano, ci accadde di incontrare uno stuccatore, del quale Myoko Sensei era a conoscenza. Ci chiese dove andavamo. Nel sentire che stavamo cercando una casa, ci disse che non lontano ce n'era una nuova in cui lui aveva lavorato e ci suggerì di darle un'occhiata. Il proprietario l'aveva costruita per suo figlio, ma può darsi che volesse anche venderla. Trovammo subito la casa. All'entrata c'era una statua in pietra di Kannon, il Bodhisattva Tutelare del Pianto del Mondo. Prima di guardare l'interno della casa, Myoko Sensei riconobbe quello che le piaceva: "ecco qui la statua di Kannon! Il motivo è che può essere stata costruita proprio per me!....La casa era piccola; tre modeste stanze ed una piccola entrata, ma un aspetto piacevole e luminoso....Myoko Sensei poté comprare la casa per

---

[186] "La piccola contadina, (cfr. "Enciclopedia dei personaggi storici", A. Mondadori Edit., Storia illustrata 1970, pp.387-388) nata nel villaggio di Domrémy, il 6 Gennaio 1412 nella Lorena, dichiarava a tredici anni di ricevere messaggi ultraterreni...La Francia era allora dilaniata dalla invasione inglese nella guerra dei Cento Anni. I suoi consiglieri celesti San Michele, Santa Caterina e Santa Margherita - di cui essa affermava che andava sentendo le "voci" - le presentavano come un volere divino la cacciata degli inglesi e la pacificazione della Francia sotto un legittimo re francese....Ottenne di poter cavalcare, chiusa in una armatura, con in mano lo stendardo e la spada, alla testa delle truppe che andavano a soccorrere la città di Orleans assediata dagli inglesi, che venne liberata l'8 Maggio 1429...Dopo altre vittorie, Carlo VII venne incoronato nella Cattedrale di Reims legittimo re di Francia".
Sono poi note le vicende burrascose che condussero Giovanna "prigioniera del nemico" davanti al tribunale ecclesiastico di Rouen che la condannò ad essere "arsa viva come scomunicata ed eretica" perchè "non rinnegò le sue *voci* né la missione di cui si sentiva investita".

undicimila yen. Nella sala più grande vi installò un altare dedicato alla divinità tutelare, il Bodhisattva Kokuzo (il Bodhisattva nello Spazio dei Tesori). Questa sala costituiva il centro della sua vita religiosa. L'edificio, eretto nel vecchio quartiere generale, è diventato attualmente *Monumento Commemorativo Myoko*. Ma anche con questa piccola casa e con la stanza tutta stipata al secondo piano della mia latteria, noi sentivamo così tanto la mancanza di spazio che la costruzione di un edificio adibito a quartiere generale divenne una necessità assoluta".

3. SVILUPPO DEL MOVIMENTO MALGRADO LA GUERRA

Nuova Sede della Direzione Generale

"Fortunatamente - come ci riferiscono le note storiche[187]- furono in grado di acquistare il terreno attiguo alla casa di Myoko Sensei, e le cerimonie di inaugurazione-apertura del terreno si tennero nel Novembre 1941. E fu all'incirca in quel tempo che Myoko Sensei ricevette una rivelazione divina, in cui veniva informata che avrebbe ottenuto il materiale edilizio al più presto possibile. Non avendo l'Organizzazione un grosso bilancio, ambedue i leaders ed i membri portarono il loro contributo in denaro al massimo delle loro possibilità".

"La seconda guerra mondiale iniziò un mese dopo l'inaugurazione del terreno causando subito una forte mancanza di materiali, a cui si aggiunsero altri problemi. Controlli sul lavoro rendevano difficile assumere un singolo falegname o stuccatore. Per sopperire a tale carenza, i membri facevano essi stessi del lavoro non specializzato, ma esitavano ad impegnarsi per una richiesta specializzata in falegnameria. Tuttavia, i tempi non permettevano tale esitazione. Alla fine, i membri furono costretti a lavorare molto anche da falegnami. Durante i lavori di costruzione, la prima incursione aerea americana su Tokyo causò grande costernazione fra i funzionari del governo, il quale immediatamente varò la difesa antiaerea e promosse corsi di tirocinio per lo sfollamento della gente, manifestando segni di grande fiducia per andare avanti mediante la costruzione di nuovi edifici in legno

---

[187] Cfr. "The Story of R.K.K." o.c., pp.20-23

adatti per simili circostanze. Ma i membri della R.K.K. erano fiduciosi perché credevano nel favore e nella protezione di Buddha e constatarono che il loro edificio era rimasto illeso".

"L'edificio era piccolo, ma per circostanze superiori, ci vollero centocinquanta giorni per essere completato. Il Presidente Niwano andava sul posto e dirigeva i lavori ogni giorno; e naturalmente lavorava anche lui. Tutti gli altri membri vi dedicavano il loro tempo e le loro energie". In questa unanime ed entusiastica dedizione di tutti per erigere locali più adatti alle attività dell'organizzazione R.K.K., appare la delicata e gentile figura di Myoko Sensei, "la quale - rivela Niwano - usando i suoi modesti risparmi che riusciva a racimolare, preparava i pasti per noi. E così il 7 Maggio 1942, tutti i membri si riunirono per festeggiare il completamento dell'edificio della direzione generale, come risultato degli sforzi comuni da parte di ciascuno".

"Un giorno luminoso - ci racconta quasi euforico Niwano (Autob., p.106) - un giorno caldo! Per dare un significato al completamento dell'edificio, io appesi sopra la porta d'ingresso un'insegna con il nome *Dai-Nippon Rissho Kosei-kai* in lettere da me scritte con tanto affetto. La scarsità di cibo avrebbe reso impossibile far festa, se mio fratello maggiore non avesse pensato a comprare nel villaggio ventinove chilogrammi di riso glutinato. Era per lui la prima volta che prendeva contatto con la R.K.K. Tutto quello che egli sapeva fino allora era che il suo fratello più giovane aveva dato vita ad un certo qual tipo di gruppo religioso collegato al Sutra del Loto...Sebbene avessi pensato al mio tipico sentiero laico gestendo i miei piccoli affari commerciali e svolgendo attività religiose, il continuo aumento dei membri della R.K.K. rese impossibile per me proseguire su questa duplice via. Di conseguenza, constatando come cosa non naturale andare contro il corso ordinario dele cose, in occasione del completamento dell'edificio della direzione generale, chiusi il mio negozio del latte e feci il trasloco nel nuovo edificio".

Le note storiche sopra menzionate riportano inoltre che "nel Marzo inoltrato del 1945, quando la guerra volgeva ormai verso la sua fase finale, il Presidente Niwano venne di nuovo chiamato al servizio militare. Ma Myoko Sensei ricevette un'altra rivelazione divina: Niwano avrebbe fatto ritorno al ventottesimo giorno di quel mese. Non credendoci del tutto, il Presidente Niwano si recò alla base di esercitazioni di Maizuru dove, come da formalità, venne sottoposto ad esame fisico. L'esaminatore, guardandolo fisso in faccia, disse: "Tu hai un lavoro importante da svolgere nella casa. Le persone che salvano la nazione sul campo di battaglia e quelle che salvano gli altri in casa sono in modo uguale importanti. Escluso!". Il Presidente Niwano prese il treno per Tokyo dove arrivò al mattino del ventotto Marzo. Alla fine della guerra Tokyo era ridotta ad un cumulo di macerie, ma l'edificio della direzione generale della R.K.K. era ancora in piedi. E la cosa ancor più importante fu che dei quattrocento cinquanta uomini della R.K.K. che vennero arruolati e mandati in battaglia, tutti ritornarono sani e salvi a casa".

Intanto, l'organizzazione della R.K.K. sfuggita miracolosamente alle devastazioni belliche andava sempre più sviluppandosi, tanto che - scrive Niwano[188] - "non molto dopo il suo completamento, il nuovo quartiere generale non poteva più contenere la gente che veniva per l'istruzione e per le cerimonie religiose. Divenne necessario per i membri sedersi fuori per terra sulle stuoie erbose del prato".

Riunioni "HŌZA" 法座

È di notevole importanza ora far notare che per la R.K.K. la riunione di gruppi di persone che si siedono allo stile giapponese formando un circolo chiamato *hōza*, (di cui si parlerà più avanti nei dettagli) costituisce - afferma Niwano - una delle nostre attività che è rimasta come una pratica basilare fin dall'inizio del nostro Movimento sino al giorno d'oggi, anche se non è iniziata con una forma fissa ed ha subito mutamenti da periodo a periodo. I membri erano devoti e zelanti; nessuno di loro si lamentava nel sedersi in terra, anche se ciò comportava qualche inconveniente.....Essi formavano circoli di stuoie attorno al leader della hoza. Spesso due o tre circoli concentrici formavano un solo gruppo. E quando il gruppo diveniva molto grande, le persone che stavano nei circoli esterni dovevano stare in piedi durante la discussione".

Da quanto dice su tali riunioni, Niwano ci fornisce preziose notizie sullo spirito che animava i membri, i quali "gareggiavano fra loro per il privilegio di avere l'incarico di preparare gli incontri e di fare poi le pulizie. Se era previsto che la hoza sarebbe cominciata alle nove del mattino, queste persone arrivavano presto alle cinque o alle sei per stendere le stuoie e fare

---

[188] "Lifetime Beginner", o.c., pp.12-13

tutti i preparativi, per poi rimanere fino alle tre del pomeriggio a mettere tutte le cose in ordine. Era un lavoro duro, ma i membri si rivolgevano ai leaders per essere lasciati liberi di farlo. Erano desiderosi di acquistare più virtù possibile dal loro lavoro ed erano così permeati da tale desiderio che erano in grado di fare cose miracolose. Erano dediti e zelanti ugualmente per tutti gli altri compiti e servizi del gruppo, compresi gli incontri del mattino e della sera, le pratiche rituali nei giorni commemorativi e le austerità in pieno inverno".

Tirocinio austero

A proposito di queste austerità ne abbiamo già parlato in riferimento allo stesso Niwano che si sottoponeva a tale disciplina prima di fondare la R.K.K. mentre frequentava le lezioni della signora Umeno Tsunaki presso l'Organizzazione (Nazionale) della Fede Nazionale e Virtù.

Ora, lui stesso ne parla a riguardo dei membri della R.K.K. nell'epoca di cui ci stiamo interessando: "Per le austerità invernali essi si svegliavano alle quattro del mattino per trenta giorni da Gennaio a Febbraio. La sera precedente mettevano fuori un secchio d'acqua. Al mattino, rotto il ghiaccio che si era formato alla superficie, versavano l'acqua sopra la propria testa. Indi estraevano altri secchi d'acqua fino a svuotarne venti o trenta sui propri corpi. Poi si leggeva il Triplice Sutra del Loto. Ognuno praticava questa disciplina in modo indipendente dentro la propria abitazione".

Ci si può domandare, ancora una volta, perché tanta austerità verso se stessi. Ne valeva la pena? Quale era il risultato di un tale comportamento così severo? Niwano afferma che "come risultato di tale tirocinio alcuni membri sviluppavano delle capacità a ricevere ispirazioni spirituali e ad invocare la protezione mantrica. Oltre a tali capacità ottenevano "la guarigione rapida dei raffreddori o del male di stomaco". Tra i membri più fervorosi ed entusiasti in tali pratiche, Niwano fa il nome di Ken'ichiro Murata, capo carpentiere nella costruzione dell'edificio della direzione generale. Divenne un addetto specialmente nell'invocazione del sacro mantra[189]. Egli prese parte a tutti i nostri pellegrinaggi al Monte Shichimen

---

[189] *Mantra (manta)*: dal vedico "inno", "deliberazione" (da MANA mente, e TRAYA liberazione). Dapprima significò "testo sacro", poi "giaculatoria", frase emblematica, fonema significante. La ripetizione costante (JAPA) del MANTRA, con particolari accorgimenti fonici, introduce alla comunicazione diretta con l'inconscio, così pure alla

(1.*scicimen* montagna presso il Monte Minobu, dove uno dei discepoli del prete Nichiren fondò un tempio nel XIII secolo)[190] e fece rapidi progressi fra i gruppi di discussione hoza....Venne costruita in seguito una grande sala per il tirocinio presso l'edificio della direzione generale e lì venivano praticate le austerità invernali con un sistema basato su una rigorosa conformità a delle norme e a dei programmi. Per chi arrivava al tirocinio in ritardo non era permesso entrarvi. Ma il servizio non c'era in quei giorni e le persone dovevano camminare in fretta dalla stazione ferroviaria più vicina lungo le strade fredde ed esposte al vento...se arrivavano tardi trovavano le porte chiuse e dovevano accontentarsi di leggere i Tre Rami del Sutra del Loto davanti alla porta per poi, tutti tremanti, fare ritorno a casa. I leaders non coccolavano i membri e questi sopravvivevano al loro duro tirocinio, mentre progredivano spiritualmente". Tutto quanto Niwano ci fa conoscere attraverso la sua autobiografia - come si è constatato finora - è quanto mai interessante ed illuminante ai fini della presente esposizione che intende fornire elementi certi e documentati riguardo alla R.K.K. ed in particolare, ora, sulla sua storia.

Avendola vissuta per così dire nella sua pelle, Niwano si colloca tra i più autorevoli Autori che possano far luce su un movimento religioso di matrice Buddhista che vuole calarsi nelle realtà quotidiane della gente che desidera aiutare a liberarsi dalle sofferenze. Non mancano certamente altre testimonianze al riguardo, che non sono trascurate. Si vuol dare comunque la preferenza al testo di Niwano. Pertanto, per stimolare ancor più la curiosità intellettuale, sarà utile proseguire ancora nel riportare altre

---

contemplazione delle verità esoteriche espresse dal termine o dai termini MANTRA, e graficamente anche da un simbolo o da un MANDALA. Inoltre, come "magia", "incantesimo", vengono recitati soprattutto i versi - ad esempio - del Rk VEDA (o RG VEDA) o le prescrizioni canoniche del SILPA SASTRA; e ciò è detto DHYANA MANTRA. (Cfr. BUDDHA: *"Breviario"*, a cura di Gabriele Mandel, Rusconi Libri, Milano 1994, in "Piccolo Glossario dei termini buddhisti", p.237).

Inoltre, H.Dumoulin (cfr."Buddhismo", Ed.Queriniana, Brescia 1981, p.90) sostiene che "la pronuncia di formule-mantra" fa parte dei "molti esercizi di devozione del Mahayana, come la prostrazione ed il bruciare l'incenso davanti l'immagine del Buddha, il culto rivolto a bodhisattva che hanno capacità taumaturgiche, la recitazione di Sutra e l'invocazione litanica di nomi, il festeggiare i voti del bodhisattva, il compiere il rituale penitenziale, il fare riti magici". In tutti questi esercizi c'è "l'intenzione di ricavare un vantaggio personale".

[190] *Shichimen Daimyojin* 七面大明神 *Grande Luminosa Divinità dai sette aspetti.*

preziose informazioni[191] sullo stile di vita che conducevano i membri del R.K.K. nei primi anni della fondazione del movimento.

Pellegrinaggio sulla montagna sacra Shichimen.

Come sopra accennato, i membri della R.K.K. praticavano spesso tale pellegrinaggio per il quale era necessaria una severa preparazione, data la religiosità dell'atto. Ci dice infatti Niwano che "non a tutti era permesso intraprendere questo pellegrinaggio. Prima di partire, i pellegrini erano tenuti a purificarsi per ventun giorni. Essi non potevano mangiare carne, pesce, uova o latte, nè usare il bonito grattugiato e asciutto, che si usa nella pastina a base di fagioli in brodo tanto importante nel pasto tradizionale giapponese. Inoltre, non potevano neanche usare le pentole che erano state contaminate dal contatto con qualcuno di questi cibi. Una settimana prima di partire, erano obbligati a trasportare l'acqua rituale fredda che serviva per le esercitazioni durante le austerità invernali. I secchi in cui essi versavano l'acqua fredda dovevano essere interamente purificati con un energico lavaggio di sale. Usando un ordinario secchio da bagno, vengono praticate rigorose punizioni sulla testa del pellegrino animato da grandi speranze. La sera prima di partire, io scrivevo con l'inchiostro il Daimoku "*Namu Myoho Renge Kyo*" sugli abiti bianchi del pellegrino che mi erano stati portati e che venivano posti davanti all'altare Buddhista della mia famiglia. Su ogni abito ponevo un bicchiere pieno di acqua fredda. Se il pellegrino era stato negligente nel progresso spirituale, oppure se la sua mente e il suo cuore non erano in condizioni appropriate, nell'acqua appariva la schiuma. Quando ciò accadeva, veniva consigliato a non fare il pellegrinaggio".

Ma perché tutti questi preparativi così severi? Ciò dipendeva dal fatto che "aspre penitenze furono imposte ad alcuni pellegrini durante il nostro primo viaggio. Il primo pellegrinaggio ebbe luogo nel Settembre 1940. C'era un clima caldo fuori stagione. Io facevo da guida, mentre Myoko Sensei camminava vispa standomi a fianco. Lassù in montagna, noi tutti cominciammo ad aver sete. Fortunatamente, sul Monte Minobu accanto all'entrata principale del tempio c'era un pozzo, presso cui cresceva una pianta di fico carica di bellissimi frutti maturi. Nonostante il viaggio fosse a sfondo religioso, due pellegrini si comportarono come dei turisti facendo un'escursione a piedi e mangiando alcuni fichi. Quella sera in locanda,

---

[191] Cfr. "Lifetime Beginner", o.c., p.111 segg.

dopo cena, le due persone ebbero forti dolori di stomaco. Myoko Sensei invocò le divinità e pose ai due una domanda: "cosa significa impossessarsi furtivamente del sacro monte? In tali condizioni di spirito, voi non salirete domani sul Monte Shichimen". Noi tutti fummo sciocatti. Veramente cosa poteva significare "impossessarsi furtivamente? Io ho osservato che i due malati rimasero prostrati con le loro facce sul pavimento. Ciò mi ha fatto pensare ad un loro coinvolgimento personale su quanto accaduto. Infatti essi, confessando di "aver mangiato alcuni fichi dalla pianta presso il pozzo" ammisero che ciò era una cosa cattiva. Noi tutti, anche se erano le undici di notte, ci siamo riuniti per leggere il Sutra del pentimento (penitenza), il Sutra della Meditazione sul Buddha dalla Virtù Universale ".

A voler tentare di fare una fugace valutazione su quanto poc'anzi descritto, viene fatto di pensare che ogni trasgressione, nel senso stabilito da chi è detentore del potere religioso, viene immancabilmente ed inesorabilmente sottoposta ad un giudizio di condanna con la conseguente retribuzione di sapore punitivo sempre, si dice, per il bene del trasgressore invitato al pentimento. Ma vale la pena conoscere il seguito di quel pellegrinaggio così come brillantemente ce lo descrive Niwano: "Ci alzammo e partimmo alle tre del mattino seguente. Il tempo era sereno; camminammo all'interno dei templi e consumammo il pasto ad Akazawa prima di salire sul Monte Shichimen. Ci fermammo quella notte in un salone-alloggio del tempio; poi ci alzammo per recarci al punto di osservazione prima dell'alba. Dopo un esercizio dello spirito per inspirazione, ci sedemmo sulla ghiaia, e rivolti ad oriente leggemmo passi del Triplice Ramo del Sutra del Loto. L'atmosfera sacra della montagna esercitava la sua influenza psico-fisica in modo indescrivibile ed esilarante. Mentre attendevamo, le creste delle nubi sovrastanti il Monte Fuji si tingevano poco a poco di rosso per poi cangiarsi in scintille dorate. Improvvisamente, con un raggio luminoso simile ad un dardo, apparve il sole trasportandoci tutti fino al culmine dell'eccitazione e della gioia".

Da quanto sopra descritto si deduce ancora una volta la grande importanza dei pellegrinaggi che - come ci informa Niwano - costituivano parte rigorosa del tirocinio. "Per un certo numero di giorni, prima della partenza, ci preparavamo praticando il rituale dell'acqua fredda. E durante la salita al monte cantavamo il "Daimoku: *Myo-ho-renge-kyo*". Ma a tale devota recitazione si univa l'aspetto sociale della reciproca attenzione tra i pellegrini, per cui "questi viaggi non soltanto lasciavano una profonda impressione, ma erano di aiuto a rafforzare i rapporti tra noi ed il sacro della setta Buddhista Nichiren, mentre contribuivano al nostro sviluppo per essere buoni membri della società. Noi imparavamo ad aiutarci l'un l'altro il più possibile. Chi era forte e giovane veniva in soccorso del debole ed anziano nel salire e nel portare le provviste. (Finché il cibo era razionato, dovevamo portare il nostro riso con noi). Di solito prendevamo a noleggio una carrozza in treno. Eravamo sempre molto calmi leggendo il Sutra del Loto, oppure conducendo delle pacifiche sessioni di gruppo *hoza*.

Prima della partenza del treno, facevamo le pulizie togliendo ogni disordine procurato. Nelle locande, mai ci comportavamo come ospiti, ma pulivamo i nostri tavoli, stendevamo ognuno il proprio letto e facevamo le pulizie nelle nostre stanze e perfino nelle toilets. Questo era un eccellente esercizio per i pellegrini. In più, ciò creava nei nostri confronti un'ottima reputazione da parte del personale dello staff delle locande e delle persone con le quali si parlava di noi....In realtà, molte persone che lavoravano nelle locande e nei negozi da noi frequentati ed altri abitanti della città di Minobu diventarono membri della R.K.K. Negli anni successivi, quando i membri aumentarono fino a centinaia di migliaia, pellegrinaggi come questi diventarono impossibili. Passammo al sistema dei pellegrinaggi a gruppi concentrandoli nella direzione centrale. Ma per quelli di noi che vi presero parte - conclude Niwano - tali viaggi ispirati nei primi giorni costituiscono dei bellissimi ricordi".

4. UN'ALTRA GRANDE PROVA

Critiche esterne

Proseguendo ora nell'esporre con obiettività gli avvenimenti storici che caratterizzarono il movimento R.K.K., c'è anche da osservare che questo non fu immune da contrasti esterni ed interni con dolorose conseguenze, creando forti amarezze e dispiaceri nell'animo dei Fondatori. Soffermandoci ora sulle *critiche esterne,* dobbiamo dire che nel 1956 il Movimento fu costretto a subire un grave colpo assai doloroso[192]. Il 25 Gennaio di quell'anno, il quotidiano *Yomiuri Shimbun* pubblicò un articolo accusando sfrontatamente la R.K.K. di illegalità riguardante beni immobili. Si trattava dell'acquisto di terreno ad uso scolastico. Il 28 Febbraio vennero effettuate indagini da parte della polizia negli uffici adibiti agli affari ed in altri reparti della R.K.K. con il risultato che il nome dell'organizzazione era

---

[192] Cfr. "The Story of R.K.K.", pp.26-27 e "Rissho K.K.", pp.18-19

assolutamente sgombro da ogni implicazione in procedure illegali. Quando ciò si seppe, il personale dello Yomiuri Shimbun iniziò attacchi su altri aspetti della R.K.K. Per tre mesi il quotidiano insistette pubblicando articoli critici focalizzando la pubblica attenzione sulla R.K.K. Si criticavano i modi in cui i membri della R.K.K. conducevano la loro vita in conformità alla propria fede, la gestione dell'organizzazione, la vita personale dei membri ed perfino le cose private di Myoko Sensei.

Agli attacchi del Yomiuri Shimbun si aggiunse il caso di violazione dei diritti umani in seno alla R.K.K. sollevato dal Comitato per gli Affari Legali della Camera dei Deputati. Il Presidente Niwano, il Direttore-Capo Naganuma ed il Capo della Settima Filiale Tsune Okabe vennero convocati per essere interrogati il 30 Aprile 1956. Il Presidente e il Direttore-Capo furono di nuovo convocati il 1° Giugno per essere interrogati dal Comitato degli Affari Legali circa la violazione dei diritti umani nei confronti dei fedeli. E' superfluo dire che nulla poté essere provato e l'interrogatorio mise in evidenza che il rapporto del giornale Yomiuri era stato fabbricato, così che il caso venne risolto molto rapidamente con l'archiviazione. Durante tutto questo periodo, l'organizzazione fece una resistenza passiva, ma tutti i membri sentirono la necessità di portare a conoscenza i fatti onde salvaguardare l'onore della R.K.K. e della verità storica.

Il Gruppo Giovane degli Adulti della R.K.K. costituì una squadra speciale investigativa che effettuò, su tutti i punti del problema, ricerche complete e compilò i risultati del suo studio per il "Rapporto-Indagini sulle Notizie pubblicate dal Yomiuri Shimbun". Vennero così rimossi, tra la pubblica opinione, tutti i dubbi ed i sospetti circa l'onestà della R.K.K. Ciononostante, l'incidente ebbe una ripercussione di grande portata tra i membri. Nei distretti fuori mano della nazione lo shock fu così grande che l'insieme dei membri scese da 360.000 nel 1955 a 290.000 famiglie dopo l'incidente. Nei riguardi di questo caso, alcuni leaders dell'organizzazione adirati per il vile rapporto del quotidiano Yomiuri, la cui lettura era per essi intollerabile, espressero l'intenzione di denunciare il giornale per calunnia. Si può pensare quale fosse stata la reazione del Presidente Niwano. Non fu d'accordo con loro, ma li ammonì dicendo loro: "Uno dei più grandi giornali ha riportato di proposito false notizie su di noi. Ora, per quanto ci riguarda, dobbiamo riflettere se noi abbiamo dato loro un qualche motivo per fare ciò che hanno fatto. Qualcuno vuole sempre fraintenderci. Perciò dovremmo riconsiderare bene il passato e pentirci al riguardo. Noi dovremo promettere l'un l'altro perseveranza e rispetto per se stessi. Dovremo ringraziare l'altra parte per averci offerto l'occasione per una autodisciplina ed una autoriflessione chiamando Yomiuri, il giornale in questione, Bodhisattva".

Al riguardo un'altra dichiarazione di Niwano così suona: "Le pressioni e gli attacchi da parte di poteri costituiti inevitabilmente accompagnano l'affermazione dei nuovi movimenti religiosi. Ma se il movimento è buono ed autentico, i suoi sostenitori non indietreggiano di fronte alle critiche ed agli attacchi. Confrontandosi con le prove della vita, essi arderanno, in modo sempre più luminoso, dal desiderio della Verità". Nella storia della R.K.K. l'incidente viene denominato il "secondo gradino del cammino", mentre, come si ricorda, quello della prigione è chiamato il "primo gradino". Attraverso questi casi si presentò una buona occasione, per cui il metodo della disseminazione-divulgazione della R.K.K mutò ampiamente, così pure lo sviluppo dal periodo del tirocinio nel tempo della fondazione a quello del tirocinio nella verità. Ora occorre ricordare brevemente anche alcune delle vicende che portarono ad ulteriori critiche.

Critiche all'interno della R.K.K.

Tenendo sempre presenti le note autobiografiche del Presidente Niwano[193], veniamo a sapere di alcune sue divergenze con dirigenti e con Myoko Sensei a riguardo di certi metodi di comportamento verso le persone in genere e verso quelle che collaboravano nelle varie attività del movimento R.K.K.

"Dopo il ritorno a Tokyo, nel 1954, di mia moglie e dei miei figli - scrive - notai qualcosa di strano nelle attività dei dirigenti superiori in qualche settore della R.K.K. Uno stato d'animo inusuale apparve evidente per un po' di tempo, ma affiorò sempre più vivamente alla superficie dopo che noi avevamo archiviato con successo l'incidente Yomiuri. Gruppi di leaders erano soliti incontrarsi per le devozioni nella stanza delle riunioni in casa di Myoko Sensei. Quando io volevo passare per la porta d'entrata anteriore, c'era gente in piedi sul mio cammino per impedire che io entrassi nella stanza. Cominciai subito a scoprire che la porta principale era chiusa a chiave; solo la porta di fianco era lasciata aperta. Quando al mattino mi recavo nella sala del tirocinio presso il quartiere generale, le persone incaricate dei registri dei nomi postumi scomparivano improvvisamente. Se

---

[193] Lifetime Beginner, cit. p.153 ss.

entravo nella seconda sala del tirocinio, i leaders subito se ne andavano. Non ho idea di quello che stesse accadendo, ma mi sentivo solo e qualche volta arrabbiato.

In un giorno commemorativo, quando andai a compiere il mio servizio di mezza giornata presso la direzione generale, trovai la sala del tirocinio vuota, se si eccettua la presenza di una sola donna anziana che faceva da custode all'edificio. Alla mia domanda dove fossero le persone, mi fu risposto che la cerimonia era stata celebrata il giorno precedente alla presenza di un folto gruppo. Compiute le mie personali devozioni, bevvi del tè e, prima di tornare a casa solo e molto triste, mi misi a chiacchierare con l'anziana donna. Ma accettai questo anche come parte del mio tirocinio religioso...Tutto il personale era ignaro che qualcosa fosse in atto in seno ai dirigenti più anziani. Di conseguenza, non mi era difficile sorridere ed insegnare loro la Legge con cuore sereno".

Come si vede, Niwano cerca di mantenere un atteggiamento umile e distaccato e "non gli piace nutrire dubbi o fare analisi sugli altri". Ma nello stesso tempo non può non ammettere che "per qualche ragione stava subendo dell'ostracismo. Nondimeno, il mio esser messo fuori dal gruppo era una cosa importante". Si sente quasi smarrito "non sapendo più che fare". Ma per correttezza verso se stesso, si sente in coscienza di affermare: "Nessuno è in grado di insegnare la Legge in modo più chiaro di me, oppure chiaro come faccio io. Sapevo di aver avuto solo una missione da poter compiere". Sembrerebbe caduto in una depressione tale da fargli dire: "a volte andavo pensando di ritirarmi dall'organizzazione e cominciare tutto da capo". Ma poi si riprende e, spinto da un legittimo orgoglio che gli infonde fiducia in se stesso, afferma: "Furono due le considerazioni che mi fermarono: l'umiliazione di un tale atto e la convinzione che senza di me la R.K.K. si sarebbe allontanata sempre più dal vero sentiero di Buddha. Considerando il caso come qualcosa da dover affidare a Buddha, presi la decisione di rimanere calmo e di attendere". Si profila quindi per Niwano una situazione assai imbarazzante e nello stesso tempo colma di incognite per il suo futuro in seno al movimento R.K.K., per il quale ha sempre lavorato con fede e coraggio. Infatti, così scrive: "Nel mese di Agosto, l'incomprensibile depressione venne ad assumere forma concreta quando tutti i leaders più anziani ed i capi-capitolo si presentarono a me con un documento scritto con le seguenti lamentele: "Parlando con franchezza, noi consideriamo le punizioni compassionevoli di Myoko Sensei un contributo alla fiducia generale ed alla nostra crescita spirituale. Ma abbiamo la sensazione che le parole e le azioni del presidente dell'organizzazione siano prive di fermezza e di risoluzione. Ciò per il fatto che le cose, che egli dice e fa sotto il nome attraente di un carattere di larghe vedute, fanno ombra alla nostra fede; quindi attualmente noi non siamo in grado di avere fiducia in lui".

Nel sentire queste osservazioni, le reazioni di Niwano sono molto composte e controllate, animate da grande rispetto per chi ha opinioni diverse. Si limita, anch'egli molto francamente, a far notare che "le parole punizioni compassionevoli alludono all'abitudine di parlare da parte di Myoko Sensei con franchezza e severità". Ma deve anche dire che "ciò procurava paura per alcuni", almeno per quelli che non le erano devoti. Poi, quasi a giustificare i comportamenti della sua compagna di lavoro e per un senso di correttezza, si affretta a dire che per gli assidui frequentatori e "devoti di lei, la fiducia e la forza si univano al timore procurando un indescrivibile interesse per lei".

Flessibilità dottrinale di Niwano. Divergenze con Myoko Sensei

Tuttavia, permangono sempre le divergenze di carattere, quindi di comportamenti; e Niwano ci tiene ad affermare: "la mia personalità è molto differente. Da parte mia sono tollerante ed aperto. Queste caratteristiche apparentemente irritavano alcuni dei nostri membri". Sembra poi voler motivare, da un punto di vista religioso, i suoi atteggiamenti tolleranti ed aperti ricordando che "una caratteristica del Buddhismo è la flessibilità che è nata con il fondatore della religione".

Passa poi a parlare quasi con enfasi di Shakyamuni Buddha il quale "sebbene cercasse ardentemente di guidare gli altri alla Verità, egli non insisteva perché abbandonassero tutta la fede precedente. In verità, una volta che un uomo famoso aderente alla fede Jain, dopo aver ascoltato e seguito gli insegnamenti di Buddha, aveva annunciato la sua intenzione di abbandonare la sua vecchia religione per una nuova, Buddha diceva: "non è bene per un uomo celebre come te cambiare un punto di vista". Quando tuttavia persisteva nell'abbracciare la nuova fede, Buddha gli diceva: "tu devi continuare a presentare offerte ai sacerdoti Jain come facevi nel passato". Buddha in effetti non pose alcun controllo sugli insegnamenti e lasciò per i suoi discepoli le seguenti parole: *Tutti i fenomeni cambiano. Voi dovete compiere ogni sforzo con diligenza"*. In base a questi riferimenti relativi alle origini del Buddhismo, Niwano prosegue nelle sue riflessioni considerando che "questo atteggiamento di flessibilità è rimasto con il Buddhismo, in cui è sempre presente la tendenza ad includere le religioni indigene quando si propaga in nuove regioni e cambia per adattarsi alle necessità dei tempi".

A dire il vero, toccando questi punti Niwano sembra essere in sintonia con il Concilio Vaticano II che, specie in *Nostra Aetate*, è tutto permeato dal clima del dialogo e dell'aggiornamento sempre attento ai segni dei tempi. "E' vero che - osserva ancora - alcune volte l'accettazione di altri ha prodotto un'apparente scomparsa del Buddhismo. Ma io guardo a ciò come ad una indicazione di tolleranza e di longanimità. Quando dico che il Buddhismo è cambiato, non intendo far pensare ad una alterazione degli insegnamenti di base. Il Buddhismo ha modificato solo la sua apparenza esterna nell'intento di portare a salvezza le persone di un dato luogo e di un dato periodo; è dimostrare qualcosa della mia personalità. La mia visione ampia dell'umanità proviene da una innata caratteristica rafforzata da quanto ho imparato dal Buddhismo". Inoltre, da lui sentiamo ancora: "Io non formulo giudizi affrettati sugli altri. Quelli che hanno trovato onestà credibile nelle punizioni animate da compassione di Myoko Sensei erano probabilmente per valutare i miei approcci come vacillanti ed inattendibili. E questo li spinse a rivelare la mancanza di fiducia in me".

Viene menzionato, a questo punto, l'incidente del quotidiano Yomiuri, di cui si è già parlato sopra, considerato come un primo fattore che ha causato la sfiducia in lui. Ma Niwano ricorda anche un secondo fattore che fu quello, da parte di alcuni membri dirigenti, di considerare la moglie essere un ostacolo alla sua attività religiosa con reazioni negative nei confronti di lei. "Costoro - sottolinea Niwano - si presentarono a me con un patto che comprendeva i punti seguenti:

1. In conformità alle origini ed agli scopi dell'organizzazione, Myoko Sensei ed il Signor Niwano presidente della R.K.K. devono sempre agire di comune accordo.

2. A causa di possibili disordini, non è permesso alla moglie del presidente interferire negli affari della R.K.K.

3. I membri del comitato investigativo, sia quelli interni alla R.K.K. sia quelli esterni all'organizzazione, hanno la possibilità di partecipare alle attività solamente se hanno l'approvazione unanime di tutti i capi-capitolo.

Venne apposta la firma di Myoko Sensei con il suo timbro personale sul documento che mi fu presentato perché anch'io ponessi la firma ed il timbro. Sfogliando la prima pagina, mi accorsi delle firme e dei timbri di Motoyuki Naganuma e degli undici direttori della R.K.K., incluso uno dei miei fratelli. In più comparivano le firme ed i timbri di tutti i cento e venticinque capi-capitolo. Più tardi appresi che molti di loro, ricevuto un foglio di carta, erano stati indotti a firmarlo anche se non capivano di che cosa si trattasse. Ma al momento posso pensare che ciò rappresentasse solo la volontà di tutti i leaders. Non avendo fino allora motivo di obiettare ad alcuno dei tre punti, anch'io apposi la firma ed il mio timbro personale". Niwano, tuttavia, non sembra soddisfatto in quanto "la situazione non era leale così come appariva alla superficie".

Si avverte il formarsi di una specie, per così dire, di schieramento a favore di Myoko Sensei nel senso di porla in evidenza per una maggiore autorità decisionale nella gestione di tutta l'organizzazione. "Venne da me - racconta Niwano - Josei Kamomiya, al tempo presidente per le ricerche sull'istruzione, il quale avanzò la proposta che noi designassimo Myoko Sensei come l'iniziatrice degli insegnamenti R.K.K. ed il sottoscritto come presidente. Respinsi immediatamente la proposta". Ci tiene quindi a fare alcune precisazioni chiarificatrici riguardo alle origini degli insegnamenti R.K.K.: "Quando, come di consueto, spiegavo ai membri le rivelazioni divine ricevute da Myoko Sensei, poteva sembrare di essere stata lei a dare origine agli insegnamenti dottrinali. Grandi ed innegabili sono le sue doti spirituali; ma in termini di insegnamento, Shakyamuni Buddha è stato l'iniziatore degli insegnamenti della nostra organizzazione. Ed io ebbi il compito di fare da guida ai nostri membri sulla via di questi insegnamenti. Di fatto, Myoko Sensei è stata mia alunna nella Legge. A lei non piaceva il lavoro di istruttore e spesso lo diceva". E quasi con vena puntigliosa scende in particolari per dimostrare il suo punto di vista: "Quando per lei era indispensabile guidare una classe, lei ed io spesso lavoravamo insieme, al di fuori del suo programma di lezione, due o tre giorni prima, così che lei potesse trovare il compito più facile da portare a termine. In nessuna circostanza ella è stata l'iniziatrice dei nostri insegnamenti, ed io non posso permettere un errore su questo punto fondamentale. Ma con ciò il problema non si era concluso. Alcuni dei leaders importanti, compreso uno dei miei fratelli, provarono a convincermi di proseguire con la mia idea, ma io rifiutai. Forse per questo motivo un movimento ebbe modo di dare vita ad un'organizzazione indipendente incentrata su Myoko Sensei. I sostenitori di questo passo andarono così oltre da preparare una petizione a cui apposero i loro sigilli nel sangue. Acquistarono una casa nella Prefettura di Chiba per l'organizzazione progettata. (Più tardi la visitai e la trovai stupenda con un bel panorama). Di lì a poco, Myoko Sensei si ammalò e fu costretta a passare tutto il suo tempo a letto. Per questo il movimento sembrava aver perduto impulso ed essersi lentamente spento del tutto".

Niwano ci tiene a precisare perché ha usato appositamente il termine "sembrava". E lo spiega dicendo d'essere stato "privo di informazioni precise e di essere venuto a sapere soltanto di recente chi era il leader del movimento". E scendendo ancora nei dettagli della vicenda, che certamente gli causò tanta sofferenza, ci rivela quello che passava nel suo animo: "Non feci nessun tentativo per rivelare i dettagli. E non guardai il movimento come un qualcosa ispirato da cattiva volontà o ambizione. Erano la pura fiducia e fede in Myoko Sensei che permettevano a queste persone di fare simili passi". In una situazione simile, non era certamente facile per lui comportarsi dignitosamente senza compromettere la sua forte personalità tutta incentrata sugli insegnamenti di Buddha, l'unico punto di riferimento per la sua fede.

Il suo atteggiamento, quindi, verso i leaders del suddetto movimento, non fu di astio né di severità. Infatti: "Nessuno dei leaders venne rimosso dai loro posti, né in alcun modo punito. L'importante era per la R.K.K. andare avanti come aveva fatto nel passato". E sui risvolti della vicenda, anche da un punto di vista finanziario, Niwano ci fa ancora sapere: "In seguito, un leader del movimento Teishiro Okano venne con me per dei viaggi di disseminazione della Legge. Una volta, nel Kyushu, nella stanza d'albergo condivisa da noi due, di sera mi parlò di un fondo di quaranta milioni di yen che erano stati riservati per l'organizzazione indipendente e mi chiese che cosa sarebbe stato possibile farne. Io replicai che se il denaro era di proprietà della R.K.K. sarebbe dovuto ritornare nei fondi della R.K.K.; e conclusi dicendo: l'intera questione dovrebbe essere portata ad una conclusione".

La reazione dell'interlocutore fu al momento di "sorpresa, poi fece la promessa di dedicarsi interamente al lavoro di disseminazione fino alla morte. In verità egli raggiunse, in questo campo, dei successi sorprendenti e diventò un membro assai importante dell'organizzazione R.K.K.".

Superato il pericolo di una spaccatura

A conclusione di tutta la vicenda, le riflessioni di Niwano in quanto protagonista ci manifestano, ancora una volta, quello che comunemente viene chiamato senno che può essere molto bene accostato a quello che in termine Buddhista giapponese chiamato *chie* (pr.*cie,* 智慧) posseduto in modo pieno da Buddha, al quale Niwano si ispira continuamente come abbiamo potuto constatare in circostanze analoghe già menzionate. I fatti non lo sconvolgono più di tanto, né lo fanno arrabbiare. Anzi, ne coglie gli aspetti positivi ed utili per il suo perfezionamento. Sentiamo al riguardo come si esprime: "Il tentativo di formare un gruppo indipendente è stato importante. In vista del futuro, è necessario chiarirne le cause. Ho fatto delle riflessioni sugli aspetti della mia personalità che hanno contribuito alla spaccatura. Ugualmente importante è la disposizione d'animo di coloro che avevano deciso di adottare un simile orientamento". E facendo appello alla sua correttezza d'animo, afferma che "non gli piacciono simili indagini, a cui non si sente portato". Ma temendo che "non sia impossibile che una situazione simile possa ripetersi", prende il coraggio a due mani per "intervistare le persone che conoscevano quanto stava accadendo a quel tempo, acquisendo da loro informazioni che lo condussero alle seguenti conclusioni: "Come io dissi, Myoko Sensei era dotata di capacità spirituali fuori dell'ordinario e, con il suo mettere insieme la magnanimità di Kannon e la severità di Fudō Myō-ō, ebbe una personalità attraente molto più di una persona devota, come me, alle dottrine ed ai regolamenti…..Da quanto ho saputo, suppongo che il rispetto per lei ed i malintesi sulle osservazioni che ella fece nei miei riguardi indussero alcuni dei leaders più anziani a pensare che ella non fosse favorevole alle mie azioni".

Si vede qui netto lo schieramento contrario a Niwano da parte di un gruppo importante di leaders "i quali - osserva Niwano - essendo attratti da profondi sentimenti per lei, diedero per scontato che l'opporsi a me fosse la cosa giusta da fare". È molto comprensivo nei riguardi di Myoko Sensei quando la descrive "in una posizione molto imbarazzante e difficile e quasi impotente a trattenere i suddetti leaders da quanto stanno facendo finché essi le rimangono devoti e la vogliono a capo della nuova organizzazione". E tentando di interpretare quello che passa nel cuore di Myoko Sensei che conosce a fondo, osa avanzare una sua opinione che probabilmente coglie nel segno: "D'altra parte, Myoko Sensei non poteva approvare una nuova organizzazione che significava un voltare le spalle a me che ero stato suo amico per parecchi anni nella ricerca della verità religiosa. Questo dilemma le causò una forte angoscia mentale che minò la sua salute costringendola spesso a letto. Questo incidente fu per me un altro gradino che dovetti salire. Ma il prezzo da noi pagato per superare questo ostacolo fu troppo alto. La malattia e la morte di Myoko Sensei fu la più grande prova della mia vita. Ciò deve essere stato un ammonimento che mi venne appioppato per la negligenza e la superbia di cui io non mi rendevo conto in modo consapevole".

È l'aspetto positivo che sta a cuore a Niwano il quale, volendo dimenticare quell'incidente con una dimostrazione concreta, "diede alle fiamme il patto-contratto in tre punti da lui firmato, dopo averlo offerto alla memoria di Myoko Sensei in occasione del completamento della sua tomba". In tal modo sentì che "il fardello di tutto l'incidente era scomparso dalla sua mente come il fumo che si innalza nel firmamento, senza lasciare nulla che potesse turbarlo". E richiamandosi al detto "la pioggia solidifica il terreno", tira le conclusioni dicendo che "i leaders altolocati della R.K.K. raggiunsero una unità di intenti che li resero capaci di diventare la prima pietra dell'intero edificio organizzativo".

5. LA SCOMPARSA DI MYŌKŌ SENSEI

Una perdita incalcolabile. Testimonianze di Niwano

Myoko Sensei chiuse i suoi giorni il 10 Settembre 1957 all'età di 68 anni. La scomparsa prematura della sua compagna di lavoro e di fede è da Niwano considerata come una *perdita incalcolabile*. Fino all'età di 50 anni (The Story of R.K.K. cit., pp.27-28) Myoko Sensei è stata così inferma che lei attendeva virtualmente la morte ogni giorno. Quando ebbe una vita rinnovata quale risultato della nuova fede religiosa, decise di dedicare tutto il resto della sua vita al Sutra del Fior di Loto. Nonostante la sua età, lavorò incessantemente e senza tregua per la disseminazione e per far da guida ai membri della R.K.K. Considerando tutti i membri come altrettanti suoi figli, ella li sgridava quando commettevano errori e con amore si prendeva cura di loro, anche in cose private. Ma i suoi impegni alla fine causarono danni alla sua malferma salute. Ma lei non badava a se stessa. Niwano racconta, infatti, (Autob.,cit., pp.145-146) che lei talvolta se ne usciva con queste espressioni: "è come se tutti corrano precipitosamente al mio petto; ma se ciò li conduce alla salvezza, non importa se io cado ai margini della strada". Ma - prosegue Niwano - l'incessante sollecitudine nell'assistere in pubblico ed in privato le persone attorno a lei, finì per logorare una costituzione fisica che non era mai stata tanto forte. Le cataratte si svilupparono ad uno stadio tale che divenne quasi cieca. Subì l'operazione per un tumore al seno e saltuariamente stava a letto per un mese a causa di malattie non bene individuate. Niwano ritiene anche che le sue malattie erano di tipo mistico, difficili da spiegare da un punto di vista medico. E ci riferisce alcuni fenomeni più volte accaduti: "Quando si avvicinava il momento per i servizi religiosi dedicati ai sacri mandala[194] od alle divinità tutelari, sembrava che il karma della sua vita si accumulasse causandole la perdita della sua vista o facendola diventare, in qualche modo, fisicamente inabile. Dopo che i servizi religiosi erano stati compiuti, lei guariva come se non vi fosse mai stato alcun male".

Nelle sue note autobiografiche (cit., p.148 ss.), Niwano ricorda alcuni particolari riguardanti gli ultimi mesi della vita di Myoko Sensei, "le cui condizioni di salute, autunno del 1956, andarono sempre più peggiorando". Ma la sua tenace volontà e soprattutto il suo desiderio di lavorare per la causa religiosa la portarono a "partecipare, nei primi sedici giorni del 1957, a spossanti cicli di riunioni, servizi o ad altri eventi. E non dava ascolto nemmeno al capo chirurgo dell'ospedale Kosei che la sollecitava ad agire con più calma ed a prendersi maggior cura.

Alla fine di gennaio, acconsentì di recarsi per un soggiorno di riposo presso una stazione di acque termali; tuttavia, dopo soltanto due giorni, non solo se ne andò, ma fece un viaggio lontano a parte, fermandosi in un luogo di tirocinio. Dietro pressione dei suoi amici, il 16 Febbraio fu d'accordo nel tornare di nuovo alla stazione termale per riposare. Soltanto io mi opposi al viaggio per il fatto che il soggiorno scelto si collocava in una direzione infausta. Appena arrivata, Myoko Sensei si sentì male; ed il 22 Febbraio cominciò ad avere la febbre... Rimase a letto per circa un mese; dopo di che stette bene abbastanza da poter ritornare a Tokyo, dove immediatamente venne ricoverata in un grande ospedale nazionale. Soltanto pochi sapevano che il tumore era riapparso. Soffriva talmente che di notte poteva prendere sonno solo con iniezioni. Ma poco a poco i suoi vasi sanguigni s'erano induriti, rendendo difficili le iniezioni endovenose...Lasciò l'ospedale il 16 Giugno per ritornare a casa come aveva desiderato".

---

[194] *Mandala* significa letteralmente *cerchio* o *circolo*: si tratta di una figura geometrica circolare che consiste in uno o più cerchi concentrici che racchiudono cerchi minori, triangoli o quadrati, in cui ogni parte è in se compiuta, mentre l'insieme rappresenta l'universo...Il Mandala, nello Shingon giapponese, come nel lamaismo tibetano, costituisce il centro del culto e della meditazione rappresentando il cosmo come il corpo santo e trasparente di Buddha. La meditazione davanti a un mandala ha un orientamento cosmico. (H.Dumoulin: "Buddhismo", Ed.Queriniana, Brescia 1981, p.136)

Niwano ricorda pure "d'esserle stato vicino il più possibile, riducendo le sue attività. E mentre lei dormiva, lui copiava il Sutra del Loto nella stanza accanto. Di tanto in tanto poteva sollevarsi dal letto per ammirare il giardino ricco di vegetazione; e diceva: "desidero star bene al più presto. Ho promesso di andar a visitare tante palestre di tirocinio....Futile il suo desiderio! Il 17 Luglio convocammo tutti i capi-capitolo che parlarono uno ad uno con lei nella camera dove dormiva e dove recitava le sue devozioni private. Era quello l'ultimo incontro pubblico a cui mai aveva partecipato. In tutti quei colloqui, non pronunciò mai una parola riguardante le sue sofferenze, ma spronò tutti ad essere forti e coraggiosi. A tutti quelli che piangevano diceva con la sua solita voce familiare: "Non piagnucolate così...Fate i bravi. Intanto, perdeva sempre più appetito e mangiava pochissimo; mentre la sua malattia progrediva, lei sembrava acquistasse un umore sempre più brillante. Spesso scherzava e faceva ridere le sue infermiere".

Gli ultimi giorni della vita terrena della sua compagna di fede Niwano ce li descrive con molto amore soffermandosi in dettagli assai toccanti: "Pochi giorni prima della fine, mi disse che ora tutte le responsabilità erano mie. Avendo chiesto alle infermiere di lasciarci soli per un po', mi disse ancora: nulla può essere fatto per me. Non sprecare denaro per le cure. Sarò contenta se mi leggerai spesso il Sutra". E gli ultimi momenti Niwano così ce li descrive: "Passò la notte dormendo profondamente e russando. Il mattino seguente il dottore mi disse che quel russare non era normale: era causato dal sangue coagulatosi nel cervello. Myoko Sensei non aperse più gli occhi. Spirò serenamente alle sei e quindici la sera del dieci Settembre. Pochi istanti prima di morire mi aveva detto: "quando tu, la prima volta, molto tempo fa mi hai fatto da guida spirituale, io ero malata. Pensavo che io stessi andando a morire allora, ma la fede negli insegnamenti che tu mi impartivi ha allungato la mia vita di ventidue anni. Come ebbe fatto questa considerazione, il suo volto divenne sereno. Era inondato da una luce splendida. Guardai il suo aspetto calmo e luminoso che non aiutava a pensare che lei prevedesse la propria morte. Le sue parole cadevano pesanti e dure nel mio cuore. Per vent'anni lei mi aveva incoraggiato e sempre aiutato ed anche rimproverato severamente per i miei errori ed aveva creduto in me. Ancora una volta la guardai in volto e tutto intero il mio corpo sembrò riempirsi di ricordi".

"*Sbocciando, o glicine ti allunghi, sempre più ti allunghi;*

tanta è l'afflizione nel vedere che ti spezzi!"

Molti di noi - esclama Niwano - desideravano che il glicine, come canta Ryoichiro Yokoyama nella sua poesia, si allungasse sempre di più. Buddha insegna che tutte le cose viventi devono morire e tutti quelli che si incontrano devono separarsi. Tuttora, il dispiacere per la perdita di una persona amata sorpassa ogni espressione. Per la scomparsa di Myoko Sensei, mi sentii come un uccello privo di un'ala. Ai funerali, che ebbero luogo nei giorni quattordici e quindici Settembre, parteciparono 250.000 membri venuti da tutte le parti del Giappone per tributare l'estremo saluto a questa donna che, nella seconda parte della sua vita, è stata un autentico bodhisattva della compassione.

È stata un vero esempio nella pratica degli insegnamenti del Sutra del Loto ed in lei noi abbiamo potuto scorgere la benevolenza dei Buddha e delle divinità. Io ho espresso il desiderio che le spoglie cremate di Myoko Sensei venissero protette con venerazione e ben custodite da un centinaio di anziani leaders dell'organizzazione per più di quaranta giorni dalla sua scomparsa e che, in quel periodo, venissero ininterrottamente recitate le scritture davanti alle sue ceneri. Niwano accenna poi ad un particolare degno di nota riguardante gli ideogrammi relativi al nome *Risshō Kōseikai*. Questi, a quasi tre anni dalla scomparsa di Myoko Sensei, vennero mutati. Un ideogramma con la pronuncia *kō* 交 venne sostituito da un altro da noi usato originariamente, cioè l'ideogramma 佼 *kō*, che è specialmente appropriato per due ragioni: *primo*, perché rappresenta l'interscambio armonioso tra gli esseri umani, *secondo*, perché viene usato per scrivere *kō* 佼 nel nome di Myōkō Sensei[195]…Sebbene il suo essere fisico - conclude Niwano - se ne sia andato per sempre da questo mondo, per quanto esiste il Movimento R.K.K., la grande personalità di Myoko Sensei, donna dedita alla religione ed alla compassione, verrà amata e venerata.

6. IL DOPO MYŌKŌ SENSEI

Si apre una nuova fase

Con la scomparsa di Myoko-Sensei si chiude un periodo per il Movimento R.K.K. e ne comincia un altro. Quest'ultimo viene chiamato da Niwano e dagli storici *una nuova fase*. Nell'addentrarci sul significato di

---

[195] 妙佼先生

questa nuova fase, è bene ancora una volta ascoltare quanto ci dice Niwano riguardo ai suoi progetti, subito dopo la scomparsa prematura della co-fondatrice Myoko-Sensei, il cui ricordo rimarrà indelebile nella sua mente ed in quella di tutti i membri della R.K.K. che da lei hanno ereditato tanti preziosi insegnamenti ispirati alla Legge di Buddha.

Sempre dalle note storiche della sua autobiografia[196], come pure da quelle dell'opuscolo spesso citato[197], si vengono a conoscere preziose ed interessanti considerazioni relative al Sutra del Fior di Loto, principalmente applicate allo sviluppo del Movimento R.K.K., come vogliamo dimostrare nelle righe che seguono.

Riflessioni sul Sutra del Loto: Buddha storico e Buddha eterno

Da parte del Movimento R.K.K. l'anno 1958 è chiamato "l'anno della manifestazione della verità". Il che vuol dire che durante il periodo di fondazione, il Presidente Niwano e la Signora Myoko si sono dedicati soprattutto all'insegnamento; i credenti hanno quindi ricevuto soltanto un'utile guida in modo adeguato. Ma in seguito - si osserva - il Presidente Niwano ha chiaramente fatto capire che era venuto il tempo in cui tutti i credenti avrebbero dovuto comprendere da soli il Sutra del Loto e che in quell'anno l'organizzazione sarebbe entrata in una fase di nuovo sviluppo. Si passa poi ad affermare che, in base a studi attenti, il Sutra del Loto può essere approssimativamente diviso in due parti:

La prima parte, definita come la *Legge dell'Apparizione*[198], cioè, il Buddha storico Shakyamuni che è nato in questo mondo e che diffonde i suoi insegnamenti discutendo sull'organizzazione dell'universo, sulla vita umana e sui rapporti umani in base alla sua esperienza ed illuminazione. Questa parte del Sutra insegna agli esseri umani come dovrebbero vivere.

La seconda parte è detta la *Legge Originale (Hommon* 本門: *porta d'entrata originale)*. Per la prima volta egli dice che il vero Buddha esiste senza un inizio e senza una fine e che lui stesso ha predicato con coerenza la Legge ed insegnato alla gente attraverso l'universo fin dal passato

---

[196]Lifetime Beginner, cit. p.160
[197]History of R.K.K., p.23 ss.
[198]*Shakumon* 迹門 letteralmente:*l'entrata di orme*, riferito a *Buddha che appare con le sue orme (Shaku-butsu* 迹仏*)*

sconfinato. "Il Buddha della Legge Originale, chiamato il Buddha Eterno Originale (*Kuon-Honbutsu* 久遠本仏), costituisce la base come forza vitale dell'universo; egli è la verità, la vita e la Legge del kosmo tutto intero. Gli insegnamenti della Legge Originale ci rivelano che, vivendo la nostra vita in sintonia di lunghezza d'onda con quella dell'universo, noi possiamo realizzare la condizione spirituale che dovremmo conseguire e diventare felici davvero.

La Legge dell'Apparizione contiene gli insegnamenti spesso chiamati adeguati. La Legge Originale contiene l'insegnamento vero. La prima è essenziale per il passaggio nella seconda, ma nessuna è superiore all'altra; sono due metà complementari di una singola Verità. Fatte queste riflessioni sul Sutra del Loto, Niwano passa ora ad applicarle al suo movimento: "Il periodo iniziale dello sviluppo della R.K.K., dall'anno della sua fondazione 1938 fino al 1957, può essere paragonato alla Legge dell'Apparizione del Sutra del Loto, un periodo di crescita che si manifesta quasi in modo camuffato. Durante quegli anni, noi ci prendevamo cura della forma organizzativa. Nel 1958, invece, sentii la necessità di spostare l'enfasi sulla crescita interiore, manifestando così la verità riguardo a noi stessi, proprio come Shakyamuni ha rivelato la verità riguardo all'universo nella Legge Originale del Sutra del Loto".

Termine della missione di Myoko Sensei

Da quanto sopra riferito, si deduce facilmente come Niwano abbia considerato la dipartita della sua compagna Myoko Sensei come la fine di un periodo (1938-1957) e l'inizio di un altro (1958 in poi...) in riferimento alle vicende che si susseguirono nelLA R.K.K. salutarmente segnato da questa gigantesca figura femminile, la quale ha saputo pur con qualche difficoltà coniugare, come già ricordato, una austera fermezza con una dolce compassione prettamente buddhista. La missione, quindi, di Myoko Sensei è terminata e le sue azioni rimangono così scolpite nella storia del movimento senza più avvertire la necessità di ricorrere ai suoi interventi.

È vero che "il Movimento R.K.K. con la scomparsa di Myoko Sensei è stato privato di un medium attraverso il quale si ascoltavano direttamente le voci divine. Ma io - dichiara Niwano - ho dato a ciò l'interpretazione che noi non avevamo più bisogno di un tale medium. Le divinità rivelatesi a lei non erano altro che delle divinità tutelari buddhiste. Queste non costituivano il punto focale appropriato di devozione per credenti nel Sutra del Loto, secondo cui è fatto obbligo agli esseri umani conformarsi agli insegnamenti di Shakyamuni Buddha e perfezionare le proprie capacità e personalità così che possano compiere le loro missioni sulla terra".

Pur nell'immensa gratitudine e nel perenne ricordo per Myoko Sensei, la cui scomparsa gli aveva dato la sensazione di trovarsi come "privo di un'ala" per volare, ora Niwano è tutto proteso in avanti, profondamente consapevole del fatto che la vita continua, anzi deve continuare al fine di perfezionare il suo movimento senza lasciarsi prendere dallo scoraggiamento.

Sembra voler dire che tutti noi siamo utili, ma nessuno è necessario.

Nuova fase in atto alla luce del Sutra del Loto

Vuole perciò focalizzare alcuni punti dottrinali buddhisti che ritiene essenziali e che gli stanno molto a cuore, specie quelli riguardanti il Sutra del Loto, considerato tradizionalmente il testo sacro per eccellenza, paragonabile al vangelo per i cristiani.

"Il Sutra del Loto - afferma Niwano - è completamente egualitario in quanto insegna che non solo gli esseri umani, ma tutti gli esseri viventi nell'universo sono partecipi della possibilità di conseguire la buddhità attraverso la piena manifestazione ed il completo sviluppo delle proprie essenze, ciascuno secondo la propria vera natura. Quando tutte le cose, umanità inclusa, avranno raggiunto questa condizione, noi realizzeremo la pace perfetta nella Terra della Luce Eternamente Tranquilla, che dovrebbe essere la meta finale di tutta l'umanità. Questo è il concetto ideale degli insegnamenti del Sutra del Loto, ma non basta per portare a salvezza l'uomo, il quale è debole ed ha bisogno di sostegno spirituale per essere in grado di vivere nella pace".

Non è difficile constatare, nel pensiero del Fondatore Niwano, tutta la sua devozione e la sua ferma fede nel Sutra del Loto, in cui trova la base ove costruire un mondo di pace. L'uguaglianza degli esseri senzienti, che Niwano riscontra nello scorrere quelle pagine, costituisce il punto di partenza per un percorso lungo e faticoso, ma non impossibile, da raggiungere. Ne consegue il bisogno di solidarietà nella vita di relazione perchè ognuno nella sua piena responsabiulità possa condividere con l'altro i propri obiettivi e gli srtumenti che si è dato per raggiungerli.

Volendo andare ancor più a fondo su questi punti-chiave della dottrina buddhista, Niwano sembra non essere ancora soddisfatto di quanto ha finora affermato; vuole quindi integrare le sue considerazioni per farci capire meglio quali siano le basi su cui intende fondare la nuova fase del movimento R.K.K. proseguendo così le sue riflessioni: "Ogni cosa nel mondo dei fenomeni è transitoria, nulla è permanente che sufficientemente serva come sostegno spirituale, eccetto il Buddha Originale Eterno, grande forza vitale che è l'origine dell'universo. Ci sono gli esseri umani e tutti gli altri esseri viventi, ma sono manifestazioni visibili di questa grande invisibile ed universale forza vitale. Dal momento che la forza vitale è eterna ed indistruttibile, anche la vita umana nella sua essenza è eterna, anche se il corpo fisico che appare viene a morire. Una persona illuminata da questa verità nel più profondo della sua conoscenza, sperimenta una serenità perenne. Questa stessa serenità perfetta costituisce, nello stesso tempo, la gioia della vita che palpita nell'essere spirituale e fisico dell'uomo.

Il profondo dischiudersi a questa verità porta ad una consapevolezza dell'unità essenziale che congiunge tutte le cose in una grande famiglia di vita. Questa consapevolezza, di volta in volta, ispira un profondo senso di uguaglianza e di amore-compassione per tutti gli esseri senzienti. Dice infatti Niwano: "Una persona compassionevole in questo senso è davvero di grande valore; ed una società fatta di simili persone è un paradiso. Questo è fondamentale negli insegnamenti del Sutra del Loto. Il vivere quotidiano in una corretta conformità, spirituale e fisica, a questi insegnamenti ispira la gioia di vivere con il Buddha Eterno Originale, genera amore e rivelazioni da parte di divinità tutelari".

Fatte queste considerazioni, frutto delle sue riflessioni prolungate e sofferte, Niwano manifesta la sua "intenzione di entrare attivamente, con il nuovo anno 1958, in una nuova fase dove farebbe conoscere la verità circa la propria fede. E come primo passo è quello di affermare che il punto focale di devozione, per i membri della R.K.K., risiede nell'**Eterno Perfetto, Grande Benefico Maestro e Signore, Shakyamuni, il Venerato nel Mondo**"(*Kuon-jitsujo Dai-on Kyoshu Shakamuni-Seson* 久遠実成大恩教主釈迦牟尼世尊).

"Ci vollero due decenni - osserva ancora Niwano - per raggiungere il punto in cui questa verità potesse essere manifestata. Ma questa esigenza di raggiungere nel tempo il livello di maturità sta nel vivere maggiormente in armonia con quanto è detto nei Tre Rami del Sutra del Loto. Per esempio, all'inizio del Sutra dagli Innumerevoli Significati troviamo scritto: "Fra quarant'anni e più, la verità non sarà stata ancora rivelata". Ciò significa che Buddha, passati più di quarant'anni dalla sua illuminazione, non ha rivelato ancora tutta intera la verità". Come si può notare, le considerazioni e le interpretazioni che Niwano ci presenta sul Sutra del Loto, ci aiutano a conoscere sempre più il suo pensiero all'interno del R.K.K. che intende sviluppare per giungere a nuovi orizzonti. Continua pertanto la nostra attenzione sulle sue riflessioni assai stimolanti nei riguardi di un testo considerato fondamentale per la sua fede buddhista.

"Nel capitolo quarto del Sutra del Loto, dal titolo *Discernimento della Fede* (shinge-hon dai-yon 信解品第四) emerge un racconto, *il figlio povero-sofferente di un uomo ricco* (長者窮子 cho-ja-gu-ji) che in alcuni aspetti può assomigliare al figliol prodigo del Nuovo Testamento Cristiano. Un ricco signore aveva un figlio che abbandona la casa...Il figlio si imbatte in giorni infausti e trova rifugio a casa di un uomo pieno di ricchezze. Non sa che questo uomo è suo padre. Sebbene il padre perdoni subito suo figlio, esige che lui si metta a lavorare in ruoli servili per vent'anni prima di rivelargli la verità dei loro rapporti parentali e di permettergli di partecipare al suo patrimonio".

Volendo applicare questa vicenda alla R.K.K., Niwano giunge a dichiarare che "quando venne il tempo per la R.K.K. di manifestare la sua vera natura, io decisi di fare alcuni passi importanti. Anzitutto, siccome lo studio e l'istruzione sono cose vitali, mi resi conto che il modo per noi di rendere chiara la Verità agli altri era, per ciascun membro, lo studio da cima a fondo dei contenuti del Sutra del Loto e di far calare i suoi insegnamenti nella pratica applicata a tutte le fasi della vita quotidiana ed alla società in generale. Per dare vita ad un gruppo vasto di energia per l'applicazione pratica di questi insegnamenti, ho riveduto la struttura delle succursali della nostra organizzazione. Il concetto base, in cui la precedente educazione ed il sistema direzionale erano rimasti, era il rapporto padrino-figlioccio: la persona progredita nello studio era il padrino, la persona guidata era il figlioccio. Rivedendo il sistema, volli migliorare la struttura organizzativa su scala nazionale istituendo qualcosa che poteva essere collegato ad un sistema simile ad una diocesi..."[199].

In tale contesto migliorativo, viene inserito un piccolo dettaglio ricco di significato. Si tratta, come accennato, del "nome dell'organizzazione; l'ideogramma 交 *kō* venne cambiato nell'ideogramma 校 *kō* per esprimere rapporti armoniosi fra le persone e, allo stesso tempo, per ricordare la Signora Myōkō 妙佼"[200].

---

[199] La *diocesi* detta *Kyō-ku* 教区 è diretta dal Capo *Kyōku-chō* 教区長 simile ad un vescovo dal quale dipendono le *chiese locali* o *succursali* simili a parrocchie dette *Kyō-kai* 教会 durette dal Capo (Parroco) *Kyōkai-chō* 教会長. In tale struttura esistono molteplici altri organismi suddivisi in settori specifici, a seconda delle attività, detti *shibu* 支部 diretti dal Capo *Shibu-chō* 支部長. L'intera struttura succintamente descritta è coordinata dal Direttore Generale *Riji-chō* 理事長, braccio destro del *Presidente Kai-chō* 会長. Ogni nomina viene dal vertice, mentre quella del Presidente ha avuto finora una prassi ereditaria regolarmente votata dai membri. Secondo qualche studioso (R.H.Robinson,W.L.Johnson, *La Religione Buddhista,* Ubaldini, Roma 1998, pp.324-325) tali strutture sul modello dell'*uji,* seguito dalle *nuove religioni*, rappresentano l'influenza di elementi prebuddhisti e non buddhisti nella vita religiosa giapponese. (Sul concetto antico *uji* di lignaggio-clan v.anche p.22, nota).
[200] History of R.K.K., cit. p.25

Capitolo V

IL MOVIMENTO IN PIENA FIORITURA

1. IL GRANDE EDIFICIO SACRO   "Dai-Seidō" 大聖堂

Necessità di locali adatti

Come ogni organizzazione con un minimo di struttura, anche il Movimento R.K.K. sentiva sempre più la necessità di avere dei locali adatti alle più svariate attività in continuo aumento. Nello stesso tempo, un luogo dove adunare i membri per le pratiche di culto si presentava di una necessità impellente. Durante il periodo della seconda guerra mondiale[201], il piccolo edificio costruito dai membri era molto utile all'organizzazione. Dopo la guerra, tuttavia, i membri aumentavano ad un ritmo tale che il vecchio edificio diventò ben presto troppo ristretto. Venne acquistato un salone per il tirocinio, già usato dai militari nel sobborgo Hoya di Tokyo. Trasportato poi in un altro luogo, si trasformò in quello che ora è chiamato Primo Salone Principale di Culto. Alcune modifiche vennero completate nel 1949.

Nonostante si pensasse che l'edificio, in un'area di 528 metri quadrati, potesse essere sufficiente come grandezza, non appena fu terminato, i leaders della R.K.K. s'accorsero di aver fatto male i calcoli. Dopo tre anni, venne costruito un edificio a tre piani, ma subito si rivelò insufficiente per ospitare il crescente numero dei membri. La soluzione di questo problema venne trovata dal Presidente Niwano quando egli indicò un terreno nel quartiere **Suginami** che ritenne poter essere ottimo per la nuova direzione generale. Punto di partenza: costruzione del **Dai-Seidō**.

---

[201] "Story of R.K.K.", cit., p.29 ss.

La località è chiamata *Wada Honchō* (和田本町). Nel vedere il posto, anche Myoko Sensei convenne che avrebbe soddisfatto le loro aspettative. E divenne *il punto di partenza* per la R.K.K. I riti per la demarcazione e purificazione del terreno si svolsero il 24 Febbraio 1956. Il giorno seguente cominciarono i lavori di costruzione. Dopo vari anni, il 15 Maggio 1964 il *Grande Edificio Sacro* (*Dai-Seidō* 大聖堂) fu solennemente inaugurato. Sorge ora l'interrogativo legittimo dove Niwano abbia trovato i fondi per intraprendere un'opera certamente importante, ma anche assai costosa. Saggezza vuole che prima di costruire un qualsiasi edificio, specie se di grandi dimensioni, vengano verificati i bilanci dell'amministrazione per verificare la possibilità o meno di coprire le spese per un lavoro progettato.

C'è da dire che, ovviamente, in ogni organizzazione che si propone di diffondere le proprie idee, il problema *denaro* è sempre il primo a turbare i sonni di chi è responsabile a portare avanti progetti concreti di costruzioni necessarie alle più svariate attività. Ci vuole quindi una sede, anzi più di una, anche se la nuda strada, per le istituzioni d'avanguardia, costituisce il luogo privilegiato per incontrare la gente. Ed a queste necessità di carattere edilizio non sfuggono le istituzioni religiose che, generalmente, si fanno in quattro per raccogliere fondi utili allo scopo prefisso. Non avendo queste, ufficialmente, scopo di lucro, si fa appello soprattutto alla sensibilità dei propri fedeli, dei simpatizzanti e di quanti hanno buona volontà di fare qualcosa di bene per i propri simili. È noto infatti che per quanto riguarda per esempio il Cristianesimo, molte opere umanitarie nel campo sociale di solito vengono sostenute dalla generosità dei fedeli, i quali spontaneamente contribuiscono con offerte e donazioni talora anche assai rilevanti.

Tali fedeli vengono annoverati nell'album dei benefattori ai quali si promettono preghiere e celebrazioni per ottenere su di loro le benedizioni divine. Avviene pure che molte entrate provengono dalla quota mensile (retta) che le famiglie versano per i loro figli che frequentano gli enti scolastici. Non si può negare che tale prassi ha ottenuto ed ottiene risultati positivi che stimolano a proseguire in tale direzione, pur con quella discrezione lontana da fanatismi e basata sulla trasparenza che tutti esigono onde fugare ogni pur minimo sospetto sulla correttezza morale e civile di tali iniziative.

Partecipazione volontaria dei contribuenti

Non è fuori luogo pensare che la problematica dei fondi sia passata anche davanti agli occhi ed alla mente del Presidente Niwano, del quale ora ci interessiamo a riguardo della costruzione a cui, come su accennato, aveva dato inizio. All'interrogativo suesposto ci viene data una risposta chiarificatrice formulata nei termini seguenti: "Nei successivi otto anni e tre mesi, (cfr. History of R.K.K., p.30 ss.), i membri dedicarono al progetto *buona volontà* prestazioni e denaro.

Vennero donazioni da tutto il territorio nazionale in un momento non molto propizio per tirare fuori denaro. La scomparsa nel 1957 di Myoko Sensei pesò profondamente sul cuore dei membri, specialmente del Presidente Niwano. Vincendo il proprio dolore, i membri lavorarono tutti con sforzo unanime per portare a termine la costruzione che sarebbe stata la loro nuova sede della direzione generale: il Grande Edificio Sacro".

Ma non si può passar sotto silenzio quanto viene ricordato dallo stesso Presidente Niwano riguardo ai contributi spontanei che affluivano da ogni parte del Giappone in un periodo non facile per l'economia nazionale. Ci riferisce[202], infatti, che "nel 1956 si era parlato molto sulla conclusione finale del caos economico e sociale dell'immediato periodo postbellico. L'economia nipponica stava guadagnando forza; la vita stava nuovamente acquistando stabilità; gli elettrodomestici venivano sempre più utilizzati dalla popolazione. Nell'anno successivo si registrò un crollo; ma dalla fine della guerra, la situazione volse al meglio.

Ciononostante, la vita non era così facile per la gente comune; e la cupidigia e l'interesse egoistico stavano diventando sempre più evidenti nel mondo degli affari e nella vita d'ogni giorno. Era contro un tale sfondo ambientale il fatto che arrivavano fondi per la costruzione del Grande Edificio Sacro. In relazione a questo progetto avvennero episodi che mi fecero capire quanto noi fossimo fortunati ad avere membri di profonda fede.

Una ragazza giovane di scuola media inviò 275 yen all'ufficio-coordinamento della R.K.K. accompagnando il suo contributo con la seguente lettera: Avevo promesso di non utilizzare tutto il mio denaro destinato per la nostra gita scolastica e di donare 300 yen come fondo-fabbrica per il Grande Salone Sacro. Ma quando arrivai a casa e feci i conti

---

[202] Cfr. Lifetime Beginner, cit., p.200 ss.

su quanto avevo messo da parte, trovai che vi erano soltanto 275 yen. Avevo già consumato i 25 yen che avevo promesso di donare. Mi scuso e provo sentimenti di grande vergogna nell'ammettere questo davanti al nostro altare di famiglia, davanti ai miei antenati e davanti a Myoko Sensei ed al Presidente Niwano. È un piccolo contributo il mio, ma spero che verrà da lei accettato".

Tale episodio, come tanti altri simili, toccò l'animo di Niwano che lo commenta con acuta abilità, tentando di scandagliare delicatamente i più reconditi meandri del cuore umano di una ragazzina generosa e sensibile: "Ma c'è qualcosa di più da raccontare. Quando le compagne di questa studentessa cominciavano a fare i preparativi per il loro viaggio alla fine dell'anno scolastico, lei non era in grado di parteciparvi a causa delle ristrettezze finanziarie della sua famiglia. Sua sorella maggiore, che lavorava a Tokyo, sapendo tutto questo, si rese conto del dispiacere di sua sorella in caso fosse privata di tale viaggio che, per tutti gli studenti giapponesi, costituisce un qualcosa a cui si guarda impazienti per tanto tempo. Mise allora da parte il proprio denaro e lo spedì a casa per le spese di viaggio della giovane ragazza. Da questo denaro la giovane sorella decise di riservare trecento yen per il fondo-fabbrica. Promise che avrebbe fatto ciò allo scopo di usare nel migliore dei modi quel denaro di sua sorella ispirata dall'amore e dall'affetto a farle quel dono. Probabilmente tutte le sue compagne di classe gareggiarono tra loro per far vedere chi avrebbe acquistato i ricordi ed i regali più vistosi e più belli per la famiglia e per gli amici. Ma questa ragazza, verificando i suoi magri risparmi, pensò che doveva consumarli con attenzione se voleva tener da parte i trecento yen promessi. Tuttavia, lei consumò 25 yen oltre le proprie possibilità e si sentì in obbligo di chiedere scusa alla R.K.K. per essere venuta meno alla parola data".

Valutare un tale comportamento di una ragazzina piena di vita protesa verso l'orizzonte dell'avvenire, è un tentativo non facile anche perché i nostri parametri occidentali non ci vengono certamente in aiuto per essere il più oggettivi possibile. È più che probabile che l'idea della costruzione del Grande Edificio Sacro da parte della R.K.K. sia stata convenientemente divulgata con tutti i mezzi a disposizione in quel determinato contesto. Anche l'ambiente scolastico sarà stato informato al fine di sensibilizzare gli studenti e le loro rispettive famiglie su di un evento che avrebbe potuto interessare il campo dell'educazione e della cultura. Oltre all'episodio della giovane studentessa, di cui sopra, casi simili si sono ripetuti tante volte non solo fra la popolazione giovane, ma anche fra gli adulti e gli anziani. I motivi ed i sentimenti che la ragazzina serbava nel cuore erano quelli di tante persone comuni in merito alla religione, come attestano le espressioni usate dallo stesso Niwano quando scrive: "La purezza di cuore che le ha ispirato di scrivere una lettera di scusa rispecchia l'umiltà della gente che vive secondo la Legge di Buddha". E' su tale contesto che Niwano pone maggiormente l'accento, quasi costretto a constatare, con stupore misto a gratitudine, quanto il suo appello sia stato recepito specialmente dai più deboli e meno abbienti. Dalle sue annotazioni si apprendono altri episodi toccanti degni di essere menzionati: "Nel 1957 i buoni sforzi di un altro membro bisognoso della R.K.K. ci indussero a coniare il motto: *"Una Cassa di Risparmio Domestica è una Preghiera per il Grande Edificio Sacro"*.

"La vedova di un ufficiale dell'esercito caduto nella seconda guerra mondiale era costretta ad allevare i suoi tre bambini lavorando a giornata. Volle dare un contributo, anche se piccolo, per il fondo-fabbrica; ma poiché lei riceveva in paga soltanto 350 yen al giorno, non era in grado di offrire molto. Il leader del suo gruppo accanto le suggerì di risparmiare uno o due yen dal resto delle compere, oppure cinque o dieci yen che avrebbe potuto mettere da parte andando a piedi invece di prendere il bus in modo da formare un gruzzolo.

Lei fu d'accordo su ciò e ricavò un salvadanaio da una vecchia scatola di medicinali, dove decise di mettere dieci yen al giorno. E pensò di potercela fare a mettere da parte tale somma, anche se lei si stupiva come mai questa idea non le fosse venuta in mente prima. Ogni giorno, dopo le sue pratiche private di devozione che teneva alle ore 6, lasciava cadere dieci yen nel salvadanaio e sperimentava grande felicità mentre lentamente, ma sicuramente, il contenitore aumentava di peso".

In merito a questo episodio così toccante e ricco di significato, che a noi ricorda quello della *vedova del Vangelo* (cfr.Mc.12, 41-44), Niwano è istintivamente portato a fare considerazioni dirette a guardare il cuore più che all'atto esteriore: "Mani ruvide per il trasporto della ghiaia e nel fare la strada unite alle briciole della vedova erano più preziose delle abbondanti offerte fatte con facilità dai ricchi". Tra i tanti episodi di generosità "da parte dei membri della R.K.K. nell'intera nazione, animati da fervore puro nel fare le offerte", vogliamo accennare a quello che riguarda una donna non vedente di 63 anni che invia l'offerta di mille yen per il fondo-fabbrica. "Questa donna - ci riferisce Niwano - poco dopo le nozze perse la vista... Aveva spesso dei malintesi sulle buone intenzioni del marito al quale rivolgeva dei rimproveri. Frequenti erano i litigi tra di loro fino a quando lei cominciò ad apprendere gli insegnamenti della Legge di Buddha. In seguito arrivò a capire la gentilezza di suo marito e ad essergli grato per questo. Convinta che era stata la Legge a farle cambiare la vita in meglio, volle fare qualcosa per ricambiare un piccolo pezzettino del debito che aveva. Pertanto, essendo cieca, non poteva recarsi di casa in casa per un lavoro di direzione o di guida. Quando seppe del fondo-fabbrica del Grande Edificio Sacro, pensò ad una occasione per essere utile. Come una giovane ragazza, imparò ad intrecciare, come una tessitura, i sandali di paglia detti *waraji* 草鞋.

Modellando di nuovo la sua mano a questo lavoro, scoprì subito che la sua cecità non costituiva una barriera insormontabile. L'intreccio di questi sandali comporta vari procedimenti. Per prima cosa la paglia deve essere battuta per renderla soffice. Indi bisogna intrecciarla in una specie di corda, da cui è confezionato il sandalo appiattito. Infine si usa una stoffa per fare le cinghie che sostengono il sandalo al piede. Questa anziana donna faceva tutti questi lavori da sola. La sola assistenza che lei ebbe fu quella da parte di suo marito, il quale combinava i colori della stoffa per le cinghie; un lavoro che lei non era in grado di eseguire. Nei giorni molto favorevoli riusciva a fare due paia di sandali; di solito un paio o solo un sandalo era il massimo del suo rendimento. Riuscì a fare sorprendentemente la grande quantità di settecento paia di sandali; li vendette tutti per mille yen e fece dono di questo denaro al fondo-fabbrica...Non ho mai incontrato questa donna - osserva stupito e commosso Niwano - ma cogli occhi della mia mente la immagino seduta sul manto erboso davanti all'entrata della sua casa mentre batte la paglia, intreccia la corda e produce sandali giorno dopo giorno. Contemplo il sudore che scorre lungo il suo dorso nell'estate afosa. Sento i brividi gelidi salirle alle gambe nel freddo ventoso d'inverno".

Davvero suggestiva e toccante questa descrizione unitamente alla considerazione conclusiva da parte del Presidente Niwano che sa cogliere il valore immenso di tale gesto fatto "di tanti giorni di duro lavoro, la cui ricompensa - osserva acutamente - è stata quella di averli donati con cuore libero al Grande Edificio Sacro". Si potrebbe continuare ancora nell'elenco di contribuenti volontari e disinteressati: dall'agricoltore che raccoglie erbe medicamentose e le vende per mandare ogni mese il denaro per il fondo-fabbrica, alla ragazzina dodicenne che mette da parte monete da cinque e dieci yen e le destina, in diciassette occasioni, al fondo-fabbrica, ai ragazzi che vanno a distribuire i giornali e le bottigliette di latte per contribuire con i loro guadagni. Non potendo menzionare se non pochi episodi, Niwano ci tiene a dire che "decine di migliaia, centinaia di migliaia di persone di ogni parte del Giappone mi hanno profondamente commosso nel manifestare la purità, l'entusiasmo e la bellezza d'animo e l'intenzione di chi rispetta e custodisce la Legge del Budda". È un coinvolgimento totale quello di Niwano nei riguardi di questa fabbrica per lui e per il movimento R.K.K. tanto importante da chiamarla: *"punto di partenza"*. Il sentimento ed il calore che manifesta nel descriverne tutte le vicende fanno pensare ai grandi ideali che si prefigge di raggiungere, ponendo concretamente in atto le basi del suo movimento a favore dell'umanità sofferente.

Inaugurazione del Grande Edificio Sacro

Riguardo a questo avvenimento, ecco ora alcuni dettagli qui di seguito riportati che ritengo tutt'altro che superflui, ma assai preziosi per avere un quadro più completo del movimento R.K.K. Suggestiva la descrizione che fa Niwano del giorno dell'inaugurazione del Grande Edificio Sacro:

"Quel mattino, come di solito, mi alzai alle cinque. Ascoltando con attenzione, udii i rami degli alberi stormire. È piovuto stanotte. Mi domando che tempo farà oggi, pensai. Nell'aprire la finestra, ebbi la sensazione che la frescura di una brezza mattutina di maggio fluisse nella stanza. La pioggia caduta nella notte era cessata, lasciando un cielo azzurro con le bianche nuvole galleggianti. Sentivo il vento e dicevo a me stesso: questa brezza è venuta dalle fresche piante verdeggianti di primavera. Era il mattino indimenticabile in cui si svolgevano le celebrazioni per onorare il completamento del Grande Salone Sacro della R.K.K. Terminate le mie pratiche private mattutine, indossai gli abiti da cerimonia. Sembra che ciò mi rinvigorisca sempre nella mente e nel fisico. Anche mia moglie e mio figlio maggiore Koichi si vestirono con abiti da cerimonia; quando ci incontrammo, sembravano alquanto tesi. Arrivò subito la macchina preparata per noi, vi salimmo e corremmo via. Mia moglie disse: *Sono contenta che la pioggia sia cessata, anche se il vento è un po' forte*. Replicai: *Ma è un buon vento*"....Vi era una grande calca di gente nei pressi del Grande Edificio Sacro e molti volti pieni di gioia e di emozione erano stipati attorno alla nostra macchina mentre ci dirigevamo verso l'entrata.

Mio primo compito era quello di accendere le lampade votive del Prezioso Stupa che sormonta il Grande Edificio Sacro. Prima di accendere le luci, procedetti al taglio dei nastri rossi e bianchi...Accesi quindi l'interruttore situato nella stanza di controllo del primo piano. Esattamente alle ore 8.45 del mattino del 15 Maggio 1964 brillarono le luci eterne sulla sommità del Grande Edificio Sacro. Accompagnato da un gruppo di leaders anziani, mi recai fino alla sommità per vedere le luci e, cosa ancor più importante, per vedere il tetto stesso. Sul punto centrale garriva al vento la bandiera purpurea della R.K.K. Volgendo giù lo sguardo al Ponte Haramitsu ed oltre la strada principale, vidi una massa enorme di gente che si muoveva in direzione del Grande Edificio Sacro. Per festeggiarne il completamento, sono venuti i membri dal lontano nord dell'Hokkaido e dal sud di Okinawa. Osservandoli, mi sentii riempire il cuore per l'emozione; e i miei occhi si gonfiarono di lacrime. Nella mia mente chiamai Myoko Sensei per ammirare insieme il calore intenso dei membri e lo splendido Edificio costruito dal loro spontaneo entusiasmo. Avrei voluto che fosse vissuta più a lungo per vedere quel giorno".

Niwano realizzava così il suo progetto di questo Luogo Sacro che volle fosse la manifestazione architettonica degli insegnamenti del suo Movimento ed anche oggetto di grande interesse per i non-membri così come per i membri. Era " il luogo principale di culto del Sutra del Loto ed un santuario della Legge". Nel sentimento di Niwano, l'edificio doveva manifestare i principi di verità, di bontà e di bellezza. Volle pure che fosse a "forma rotonda poiché gli insegnamenti del Sutra del Loto, in cui noi viviamo e lavoriamo, sono completi e perfetti come un cerchio". Le celebrazioni commemorative si tennero nell'auditorio principale del Grande Edificio Sacro al quarto piano. Molto folclore, ovviamente, accompagna il grande evento che viene descritto da Niwano nei minimi particolari. Un certo risalto viene dato ai "portatori di bandiere con i vessilli di tutti i capitoli della R.K.K che procedono dal vecchio Salone di Culto e si dirigono verso l'auditorio del nuovo edificio, mentre solennemente si dispongono in fila...." Le melodie della musica classica giapponese con "il coro formato da donne vestite in bianco puro e da uomini in nero da cerimonia creano un'atmosfera festosa e solenne... Sulla parte che sormonta il sipario prospiciente la sala si vede un enorme albero *Bo* verde di lacca irrorato di gioielli.²⁰³ Appena la banda della R.K.K. ebbe eseguito la musica solenne, il sipario, adornato di due fenici con le ali spiegate come se stessero per volare in cielo, si sollevò. Scroscianti applausi salutarono l'apparire della gigantesca statua dorata e laccata in cinque colori (alta circa sette metri) del *Grande Benefico Maestro e Signore Shakyamuni, il Buddha Eterno*. Dietro di essa c'è una parete di diaspro proveniente dal Kyushu. Questa pietra, che è più bella del marmo, mantiene un'alta lucentezza per lungo tempo. Doni di fiori e di incenso vennero presentati sul palco da cinquanta fanciulle in kimono dalle ampie maniche".

Significato universale del Grande Edificio Sacro

In quell'occasione solenne, dopo le letture tratte dal Sutra del Loto, Niwano invitato a parlare per primo, con il cuore emozionato e teso, si espresse in termini a largo respiro quasi abbracciasse il mondo intero:

"Oggi, il Grande Edificio Sacro da tanto tempo atteso da milioni di membri del R.K.K. è completato; e quivi è custodita e venerata la statua di Shakyamuni, il Buddha Eterno. Mentre noi esultiamo per questo momento di felicità e di entusiasmo, dobbiamo ricordare alcune cose importanti.

Da questo giorno memorabile la R.K.K. compie un passo in avanti spingendo i membri del movimento a portare la Legge ad altre persone. Dobbiamo fare del Grande Edificio Sacro un santuario per la salvezza del genere umano. Per questo dobbiamo raffinare i nostri cuori in conformità alle scritture ed agire mettendole in pratica, oltre che dare prova di essere noi stessi dei bodhisattva che profetizzano nel Sutra del Loto per compiere uno slancio fuori, sulle strade del mondo".

È qui bene evidenziato il pensiero di Niwano di espandere la dottrina della Legge in tutte le parti del mondo per salvarlo. Viene inoltre affermata l'universalità del Buddha Eterno, la cui immagine è esposta al culto nel nuovo Grande Edificio Sacro, "un edificio che ha un significato per il mondo intero".

In quel giorno di festa, alle considerazioni del Presidente Niwano seguì un breve discorso del prete-capo Kyojun Shimizutani del tempio Senso-ji nel quartiere Asakusa di Tokyo: "Sono molto contento per

---

²⁰³ Albero Bo: l'albero della Sapienza, il cosiddetto *"Ficus religiosa"*; l'albero sotto il quale il Buddha ebbe il *"Risveglio"*. Per estensione e antonomasia *"Bodhi"* è passato ad indicare *illuminazione,* la totale percezione della sapienza trascendentale, lo stato di *risvegliato";* Cfr.M.Zago: *"*Il Buddhismo", Rizzoli, Milano 1984, p.89.

l'inaugurazione di questo edificio di culto, per il suo genere tra i più belli nel mondo. Il Sutra del Loto costituisce il culmine di tutti gli insegnamenti Buddhisti. Per un gruppo religioso è di stimolo a vivere nella correttezza in conformità allo spirito di quell'insegnamento costruendo un luogo di culto come questo che rivela il volere del Buddha. Oggi, persone di ogni parte del mondo provano urgente bisogno degli insegnamenti spirituali del Buddhismo. Si dice che la fede proviene dal rito liturgico. Questo rito odierno, di cui è impregnato oggi questo edificio, fa pensare che tutti i fedeli qui presenti siano guidati sulla retta via e che essi non mancheranno di guidare altri sulla stessa via....Sono particolarmente impressionato nel vedere giovani uomini e giovani donne prendere parte a queste solenni celebrazioni. La loro presenza mi da un senso di freschezza che prima non avevo mai sperimentato. Sono convinto che il loro ardore e la loro forza in germoglio ed i loro talenti saranno assolutamente necessari alla società. Chiedo a tutti voi di lavorare con coraggio per la realizzazione del nostro ideale".

2. SIMBOLISMO ARCHITETTONICO DEL "DAI-SEIDO"

Valore simbolico

C'è ora da dire una parola a riguardo dell'*architettura* dell'intero edificio sacro per il profondo significato attuale che gli viene attribuito dagli stessi costruttori e soprattutto dallo stesso Niwano, principale ideatore della forma strutturale del Sacro Edificio. In pieno accordo con quanto ha affermato il prete Kyojun Shimizutani circa il rito liturgico ed il sentimento che l'architettura religiosa debba essere solenne, significativa ed elegante, Niwano aggiunge che "deve simboleggiare le fonti basilari della fede religiosa del gruppo per il quale è stata costruita. All'interno e all'esterno, l'architettura religiosa dovrebbe mostrare i principi basilari della religione a cui si presta fede. Al fine di fare un edificio che venisse incontro in modo perfetto a questi requisiti, fu necessario rivedere ripetutamente i progetti e gli schemi relativi al Grande Edificio Sacro. Quando furono completate le fondamenta, - riferisce - feci un viaggio in Brasile ed in altri paesi del Sud e Nord America, dove ebbi occasione di osservare l'architettura della Chiesa Cattolica e di altri numerosi movimenti religiosi. Studiai anche la storia dell'architettura; le mie letture e le osservazioni collaterali mi fornirono molto materiale prezioso di riferimento...Al mio ritorno in Giappone dopo il viaggio, fermai temporaneamente i lavori di costruzione nel punto in cui le intelaiature delle finestre stavano per essere installate all'ottavo piano. Volli che si apponessero delle modifiche, perchè sentivo che il tipo di struttura nella costruzione, di cui noi avevamo bisogno, era più importante di un lavoro fatto in fretta".

Come si può notare, stava molto a cuore a Niwano arrivare ad una costruzione la più perfetta possibile e vicina alla sensibilità della gente, alla quale voleva trasmettere la Legge del Buddha attraverso un edificio che doveva parlare concretamente dei suoi insegnamenti. D'altra parte non è fuori luogo ricordare come nell'Occidente le chiese cristiane erano costruite non solo per dar gloria a Dio, ma anche perchè la dottrina cristiana entrasse nel cuore dei fedeli in modo diretto ed immediato attraverso l'architettura nel suo complesso, in cui trovavano, in modo artisticamente appropriato, il loro spazio le immagini, i disegni, i bassorilievi, le pitture, le sculture con il loro tipico linguaggio quasi fossero un catechismo vivente per tutte le generazioni.

E questo orientamento è tuttora valido per le chiese cattoliche che si costruiscono oggi, in cui si da molto risalto a quella che si può chiamare la liturgia architettonica. Niwano mostra di essere al passo coi tempi e di non essere affatto all'oscuro di quanto ricordato sopra riguardo all'architettura religiosa.

Ovviamente, un edificio di culto buddhista in Giappone, nel suo Giappone che conosce molto bene, ha delle esigenze particolari proprie di questo popolo così vistosamente coinvolto in ogni campo del progresso moderno. Grande attenzione meritano, quindi, le seguenti considerazioni, che fanno seguito a quelle più sopra citate, tratte dalla sua autobiografia[204]:

"La basilica di San Pietro in Roma, una delle più grandi ed importanti chiese nel mondo cristiano, non è stata costruita in fretta. I lavori sono iniziati nel 1506. La costruzione terminò nel 1626, anche se è continuata ulteriormente fino al 1667...Molte chiese dell'Occidente sono fatte di pietra e quasi tutte sono riccamente decorate con sculture che illustrano personaggi e fatti riguardanti la Bibbia e la fede cristiana. La pianta a forma di croce delle chiese gotiche, come Notre Dame a Parigi, e delle costruzioni del Rinascimento come San Pietro, è una rappresentazione simbolica della croce dove Cristo è morto. In breve, l'architettura religiosa spesso esprime

---

[204]Lifetime Beginner, cit., p.205 ss.

gli insegnamenti della propria religione. L'architettura religiosa che ignora tale espressione non rappresenta altro che un corpo senza anima".

Dato uno sguardo generale all'architettura religiosa in genere, Niwano si sofferma ora ad applicare tali principi a quella struttura architettonica che più gli sta a cuore, al Grande Edificio Sacro di cui ci spiega il significato dottrinale: "La necessità di rappresentare la natura della nostra fede nel Grande Edificio Sacro conduce alla pianta circolare che simbolizza la perfezione del Sutra del Loto. Il ponte che porta da est ad ovest nel livello del terzo piano del Grance Edificio Sacro l'ho chiamato *Ponte Haramitsu* (*Haramitsu-bashi* 波羅蜜橋). Il termine buddhista *haramitsu* 波羅蜜 *(paramita* in sanscr.) significa la traversata dal regno della transitorietà e del ciclo delle nascite e delle morti al regno del nirvana. Ho la sensazione che ciò esprima in modo vivo sia la natura fondamentale del Buddhismo che quella del tutto peculiare della nostra organizzazione. Le persone che attraversano il Ponte Haramitsu per recarsi al Grande Edificio Sacro, lo fann\o perchè hanno la volontà di costruire il mondo di pace del nirvana e perchè vogliono capire la Legge che li rende capaci di mettere in pratica questa volontà. (v.*foto*)

Spero che coloro che camminano su questo ponte vogliano serbare in cuore questo pensiero. Il Ponte Haramitsu si estende fino alla gradinata che porta al corridoio dell'auditorium principale. Di fronte al Grande Edificio Sacro appare il portico d'ingresso con dodici colonne, in cui si forma la gradinata. "Il numero *dodici* esprime il pensiero buddhista che si basa sulla *catena dei dodici condizionamenti (juni-innen* 十二因縁)[205]. Nella parte superiore, alla fine della scalinata, vediamo ancora quattro colonne che significano le *quattro nobili verità (shi-tei* 四諦*)*. Sulla parete sovrastante la gradinata, vi sono tre grandi dipinti in lacca.

---

[205] Cfr. "*A Pictorial Record of R.K.K '94*", Kosei, Tokyo 1995, p.139 - Su tale pensiero buddhista, a p.44 degli schemi P.U.G.del Prof. Lopez-Gay *Il nesso condizionale,* si legge:, "Nell'anello esterno della Ruota del Divenire figura la catena dei condizionamenti (pratityasamutpàda) che rappresenta la rinascita senza trasmigrazione dell'anima. E' detta *catena dei condizionamenti* (e non catena causale) perchè ognuno dei dodici elementi di cui si compone non è la causa ma soltanto una condizione (sanscr. nidàna) che determina la condizione successiva. I dodici elementi o fattori sono ripartiti in tre forme di esistenza. L'arte tibetana, per renderne più facile l'unterpretazione, li rende con dodici immagini.

L'immagine a destra raffigura il Bodhisattva Manjushri, 文殊菩薩 *Monshu Bosatsu,* che cavalca un leone. Aiuta a ricordare al visitatore la necessità di abbandonare l'ordinaria sapienza e di rivestire noi stessi della sapienza di Manjushri basata sull'insegnamento elementare del Buddhismo.

L'immagine a sinistra mostra il Bodhisattva Maitreya, 弥勒菩薩 *Miroku Bosatsu,* che cavalca una vacca bianca simbolo della compassione. Ricorda al visitatore l'impegno ad abbandonare l'egoismo, lottando e coltivando un cuore compassionevole.

L'immagine al centro è una raffigurazione del Bodhisattva dalla Virtù Universale, 普賢菩薩 *Fugen Bosatsu,* che cavalca un elefante bianco con sei zanne che rappresentano i sei organi dei sensi: occhi, orecchie, naso, lingua, corpo e mente. L'elefante bianco simboleggia la forza immensa applicata alla purificazione dei sei sensi.

Il dipinto, sottolinea Niwano, è un'illustrazione della mia fede per cui, per giungere al perfezionamento del carattere, ci si deve sottoporre alle discipline religiose, anche a costo della propria vita. In breve, il messaggio dei tre dipinti è il seguente:
Capire l'essenza della Legge di Buddha mediante la superiore sapienza. Compiere una rivoluzione spirituale in base agli articoli di fede Buddhisti. Conformarsi alle discipline religiose allo scopo di perfezionare il carattere.

La riflessione sul messaggio ci prepara ad entrare nell'auditorio centrale del Grande Edificio Sacro e ad accostarci alla presenza della statua di Buddha ivi venerata.. Questo è il tipo di atteggiamento religioso che io desidero per i membri della R.K.K."

Ora, interrompendo brevemente le riflessioni del Fondatore Niwano, è da tenere presente anche un rilievo in bronzo che funge da ornamento proprio dirimpetto ai tre dipinti di cui sopra. Si tratta di tre figure: un *coniglio (usagi* ウサギ*), una scimmia (saru* サル*) ed una volpe (kitsune* キツネ*)* \di cui si parla nel *Sutra Honsho-Kyo,* 本生経 *Jataka,* riguardante le nascite e le esistenze anteriori di Gautama. È un racconto[206] che esprime il valore importante del dono di se: "C'era una volta un coniglio, una scimmia ed una volpe che vivevano come buoni amici in una foresta. Un giorno passò di lì un viandante distrutto dalla stanchezza che disse loro: "di grazia, avete

---

[206] Cfr. "A Pictorial Record of R.K.K. '94, cit.,p.139

un po' di cibo anche per me?". "Oh...sì certamente" risposero; e così la scimmia gli donò il frutto di un albero, mentre la volpe gli fece dono di un pesce. Il coniglio, però, essendo debole di fisico, non ebbe nulla da potergli donare, ma con il desiderio nel cuore di riempire lo stomaco vuoto del viandante, pensò di dargli da mangiare la carne del proprio corpo. Si gettò allora in mezzo al fuoco, ma in quel momento il viandante, trasformatosi all'improvviso in divinità celeste, spedì il coniglio sulla luna facendolo così entrare nel Nirvana, donandogli la Buddhità".

"Negli edifici religiosi dell'Occidente e del Giappone, prosegue Niwano, quando la cerimonia costituisce la funzione principale, un progetto-disegno con un unico piano è ordinariamente utilizzato per garantire a tutti la vista dell'altare o di un altro spazio importante. Ma il Grande Edificio Sacro non è un luogo di cerimonie; è fatto per la formazione ed il tirocinio orientato ad acquisire e capire il significato intimo del Buddhismo. Per questa ragione, dal punto di vista architettonico, rompe con la tradizione essendo alto di otto piani. Soltanto le parti dell'edificio direttamente attinenti alle cerimonie costituiscono l'auditorio principale al quarto piano e, per ospiti distinti, i posti che occupano parte del quinto piano. Quasi tutto il resto serve agli incontri di gruppo, hoza".

Come si vede, ciò che preoccupa di più Niwano non sono tanto le cerimonie religiose, quanto portare nella pratica quotidiana quello che viene recitato nelle medesime. Infatti afferma: "le cerimonie non sono la forza portante che conduce alla salvezza; il tirocinio quotidiano e l'assidua partecipazione agli incontri hoza sono la fonte di salvezza insegnata nel Sutra del Loto...queste attività devono costituire la base di qualsiasi religione che abbia un significato per i nostri tempi e che rimanga tale per il futuro. Per di più, queste attività assumono una fisionomia caratteristica della R.K.K. e ci distinguono da tutti gli altri gruppi religiosi nel mondo". Un pericolo da evitare è quello della "atrofia" in cui può cadere un gruppo religioso "quasi proprio nel giorno in cui porta a termine la costruzione di un grande edificio", per cui si compiace tanto da "venirne assorbito mentalmente e fisicamente". Niwano riflettendo sulle cause di un tale pericolo, pensa di trovarle nel fatto che "i membri della fede, vedendo realizzata l'idea a suo tempo lungamente accarezzata di erigere un edificio per scopi religiosi, si mettono il cuore in pace e si ritengono soddisfatti dei risultati già ottenuti, mentre si lasciano occupare completamente nel prendersi cura dell'edificio creato dai loro sforzi" in modo tale da "esserne assorbiti mentalmente e fisicamente. E' questa la causa - afferma Niwano - dell'atrofia e dell'appassire di una organizzazione religiosa".

Onde prevenire che i membri della R.K.K. prendessero simili brutte strade, proprio nel giorno del completamento del Grande Edificio Sacro, Niwano con alto senso di responsabilità espone alcuni punti fermi davanti ai fedeli riuniti per l'occasione: "Mi sembra che recentemente una parte dei membri abbia lasciato l'intera responsabilità di diffondere la nostra fede ai leaders, ai capi-capitolo ed a poche altre persone in autorità. È questo un esempio estremo di come arrivare al raffreddamento della fede, come è avvenuto talora in gruppi Buddhisti con lunga storia e tradizione caduti in abitudini quasi di letargo da cui era poi impossibile venir fuori....Sono venuto a sapere di una certa tendenza a lasciare che sempre la stessa persona guidi la discussione...È vero che è nostro sistema avere i leaders negli *hoza,* ma lasciare che il leader assuma tutta la responsabilità mentre gli altri poco o niente portano del loro contributo, è ancora un altro passo sulla strada dell'atrofia...So anche che c'è qualche organizzazione cristiana preoccupata per l'eccessiva fiducia nella predicazione e nell'insegnamento da parte di pastori e di sacerdoti. Io non voglio che noi seguiamo la strada verso l'atrofia seguita da altre organizzazioni religiose. Non voglio che noi ci scaviamo la nostra fossa". A queste ultime parole del suo discorso, seguì uno "scrosciante applauso tale da scuotere il Grande Edificio Sacro. Ciò significava una fervente promessa a fare di quel giorno memorabile un punto di partenza per un continuo e concorde progresso nella Legge. Era una forte promessa ad andare avanti; e nell'ascoltarla - conclude Niwano - provai una sensazione nuova di stimolante operosità che mi sgorgava in cuore".

Nel corso della descrizione fatta sul Grande Edificio Sacro nella sua struttura architettonica, è stato appena accennato alla presenza della grande statua di Buddha che in piedi troneggia sullo sfondo del palco, esposta al culto dei fedeli. Merita quindi ulteriori e più approfondite considerazioni, soprattutto perché costituisce l'espressione visiva della dottrina buddhista che anima tutta l'attività della R.K.K. nella sua essenza. Si tratta del *Go-Honzon.*

GO-HONZON ご本尊 Oggetto di culto

L'oggetto di culto, *Honzon (Hotokesama* 仏さま*)*[207] a cui i membri di questa organizzazione prestano venerazione e adorazione, viene chiamato *Eterno,Perfetto,Grande Benefico Maestro e Signore Shakamuni il Venerato nel mondo (Kuon Jitsujō Dai On Kyō Shū Shakamuni Seson* 久遠実成大恩教主釈迦牟尼世尊*)*.In altri termini, è spiegato che *Kuon no Hombutsu* 久遠の本仏 cioè *Buddha Eterno Primordiale (Originale)* si manifesta in forma visibile nella Statua di HONZON scolpita dal costruttore di immagini buddhiste, il maestro Kinto Shinkan dedicandovi tutte le sue energie fisiche e spirituali per due anni e otto mesi anche con il contribuito di una decina di specialisti di vario genere in pittura, lacca, oro laminato ed altro.

Con un breve cenno alla vita di *Buddha (Shakuson* 釈尊*)*, si sottolinea che è il Signore Maestro del Buddhismo, discendente della famiglia reale Shaka, nato nel parco di Lumbini (oggi Nepal). La sua natività (*Kotan-e* 降誕会) cade l'otto aprile. All'età di 29 anni (altri dicono a 19), nel desiderio di voler liberare l'umanità dalla sofferenza, abbandonò la casa per diventare asceta. Non essendo riuscito a raggiungere la liberazione, finì per lasciare le austerità che aveva seguito per sei anni. Indi, sotto l'albero sacro del tiglio (*bodaiju* 菩提樹) di Bodh Gaya[208]si diede alla meditazione. Infine ottenne il risveglio-illuminazione, cioè la Buddhità (*jōdō-e* 成道会 che si celebra l'8 dicembre*)*. Si mise quindi in cammino per predicare le quattro nobili verità (*shi-tei* 四諦), la catena delle dodici connessioni condizionanti (*juni-innen* 十二因縁), le sei perfezioni (*ropparamitsu* 六波羅蜜) ed altro, dedicandosi all'educazione degli esseri viventi. All'età di ottant'anni morì (*Nyumetsu* 入滅*)* entrando nel nirvana (*Nehan-e* 涅槃会: *si celebra il 15 Febbraio).*

---

[207] Cfr.*A Pictorial Record of Rissho Kosei-Kai 1994,* Kosei Ed.1995, p.116
[208]"Villaggio del Bihàr dove ebbe luogo l'illuminazione di Siddharta; sino al 1940 vi si poteva ancora vedere il *bodhi (Ficus religiosa)* sotto il quale Gotama Siddharta era assistito nella sua suprema meditazione" (cfr. M.ZAGO: "Il Buddhismo", Rizzoli, Milano 1984, p.90).

Tornando al discorso sulla statua, si fa notare che è formata da un buon materiale di legno nuovo di cipresso. Misura 3.2 metri di altezza; mentre dal piedistallo sino alla cima dell'alone-aureola complessivamente misura circa 7 metri. La stessa aureola, tracciata a forma di una barca di nubi in cinque colori, ha una robusta larghezza di tre metri. Riguardo *alla fisionomia dei segni o gesti (mudra)*[209], si parla della forma specifica delle dita e mani di Buddha o degli asceti. Nel Buddhismo esoterico sono così interpretati l'illuminazione, i voti o le virtù di Buddha oppure degli Asceti. I segni-gesti della statua *Honzon* sono detti *yoganse-mui-in* 与願施無畏印, cioè vogliono significare l'elargizione di doni senza incutere timore. Infatti, la mano destra alzata accanto al petto sta ad indicare la rassicurazione a non avere paura, mentre quella sinistra abbassata è, a sua volta, nell'atto di donare misericordia, compassione e pace. Escluso quindi ogni genere di timore, sono segni-gesti che vogliono accogliere le richieste e i desideri. Inoltre, il fatto che la statua *Honzon* sia ritta in piedi è il segno di voler intraprendere sempre e dovunque passi in avanti di salvezza. Sul retro, all'interno della statua, il Fondatore ha voluto inserire una *invocazione (Gammon* 願文) scritta di suo pugno con il pennello:

Namu-Kuon-jitsujo-Dai-on-Kyo-Shu-Shakamuni-Seson-aogi-negawakuwa-doshinsoku-jinkaku-o kansei-shi-awasete-katei shakai, kokka, sekai no heiwa-kyo no-kensetsu-o-inori tatematsuru.

南無久遠実成大恩教主釈迦牟尼世尊仰ぎ、願わくは 同信沿く人格を完成し 併せて家庭、社会、国家、世界の平和境の建設を祈り奉る.

Lode al Perfetto Grande Benefico Maestro e Signore, Shakyamuni il Buddha Eterno, il Venerato nel mondo! Con sguardo supplice, invochiamo il perfezionamento della personalità seguendo la medesima fede, affinché insieme si stabiliscano frontiere di pace per la famiglia, la società, la nazione ed il mondo intero!".

---

[209]Cfr. Lopez-Gay in "*Arte buddhista*" schemi P.U.G., p.18, dove si legge: "*Mudra* (gesti della mano). Nelle mani si contempla tutto l'universo e tutti i mondi (sole, luna, Buddha, uomini, grembo materno, mondo diamantino ecc.). Ogni dito porta con se anche i "semi" (*bija*) dove si incarnano forze ed energie sacre del kosmos, dei bòsatsu e dei Buddha. I gesti della mano vengono chiamati *segni* 印 o *alleanza* 契印 perchè operano quella alleanza con i mondi diversi. Tutta la natura di Buddha è legata alle sue mani: i gesti non solo *rappresentano*, ma sono **segni efficaci come i sacramenti**. L'imitazione di questi gesti da parte del fedele buddhista è già *realizzazione*, ottenendo l'integrazione nel mondo cosmico, l'unione con i Bosatsu e con gli stessi Buddha. (Da qui la scrupolosità di fare perfettamente i segni)".

Quando la statua *go-Honzon* viene venerata, si prende l'impegno di purificare se stessi e congiungendo le mani si invoca la felicità di tutti. Inoltre viene annotato che all'interno, sul petto, il Fondatore ha posto una copia dei tre rami del Sutra del Loto in dieci volumi da lui trascritti in 83 giorni. Nelle copertine di ciascun volume in uno sfondo turchino scuro, ad opera di Miyahara Ryusen è dipinta in oro la figura di Buddha in atto di predicare in sintonia con il contenuto dei volumi.

Il Sutra del Loto è di tre parti (o *rami, Hōkke Sanbu kyō* 法華三部経):

La prima parte *Sutra dagli innumerevoli significati (Muryōgi-Kyō* 無量義経) è di tre capitoli, detta anche "Sutra introduttivo"(*Kaikyō* 開経*)*.

La seconda parte *Sutra del fiore di Loto Legge Meravigliosa (Myōhō Renge-Kyō* 妙法蓮華経*)* è composta di 28 capitoli.

La terza parte *Sutra della meditazione sul Bodhisattva dalla Virtù Universale* (*Kan-Fugen-Gyō* 観普賢経*)* è detta pure "Sutra conclusivo" (*Kekkyō* 結経).

Altro particolare degno di nota circa la statua è il *Tahō-tō* (多宝塔 *Torre dai Tesori Abbondanti)* posto sulla sommità della statua *Honzon*; è un piccolo *stupa* dentro cui è venerata la presenza del *Tahō-Nyorai (*多宝如来 *Il Tathagata dai Tesori Abbondanti)* che rappresenta l'insegnamento del Sutra del Loto, predicato da Buddha, come una realtà veritiera.

La descrizione di tutto il complesso della statua *Honzon* non è ancora completa. È bene quindi addentrarci in alcuni dettagli riguardanti le *quattro figure di Bodhisattva* che circondano la statua di cui fanno parte integrante. Al riguardo, da *History of R.K.K. (op.cit. p.25 ss.)* si apprende che a voler esprimere in *una forma* il Buddha Originale Eterno, cioè il Signore Shakyamuni che dall'eternità ha realizzato la Buddhità, bisogna che tale forma venga foggiata in modo che il *Tahō-Nyorai* nella funzione di rappresentare il Buddha Originale, ed i Quattro Grandi Bodhisattva che vi si accompagnano, formino nell'insieme *un tutt'uno* con l'immagine di Shakyamuni. Ciò è necessario per esprimere il significato del cosiddetto "Buddha Originale Eterno manifestato nella Legge di Origine", *Hommon-juryō-no-hombutsu* 本門寿量の本仏. Il Presidente Niwano, perciò, dispose che il Tahō-Nyorai con il Prezioso Stupa ed i Quattro Grandi Bodhisattva fossero posti sull'aureola dell'immagine di Shakyamuni. Così egli intese in modo completo materializzare il significato della predicazione avvenuta sullo scenario del *vuoto sconfinato dello spazio* (*kokū-e* 虚空会) e del Buddha Eterno Originale descritto nel Capitolo XVI sulla Rivelazione dell'Eterna Vita del Tathagata (*Nyorai-juryō-hon* 如来寿量品).

Per meglio capire il significato del Buddha Eterno Originale (o Primordiale), vengono sottolineate le seguenti spiegazioni: "Shakyamuni dall'insegnamento della Legge dell'Apparizione passa a quella Primordiale. In quel momento, uno stupa prezioso si leva da sotto terra e rimane in alto nel vuoto dell'aria; dallo stupa Tahō-Nyorai vien fuori la prova che la predicazione del Sutra del Loto è vera (*Kenhōtō-hon*, 見宝塔品, Cap.XI sulla visione dello Stupa Prezioso). Subito dopo, innumerevoli Bodhisattva guidati da Quattro Grandi Bodhisattva si levano dal di sotto della stessa terra e si siedono in fila di fronte allo stupa. Shakyamuni spiega, ai discepoli della Legge dell'Apparizione, che questi Bodhisattva usciti dalla terra sono suoi discepoli che hanno ricevuto ed accettato l'insegnamento fin dall'eternità".

Riportiamo ora i nomi dei quattro Bodhisattva (*Bosatsu* 菩薩) con i loro rispettivi significati in relazione alla posizione delle loro mani[210]:

Jōgyō-Bosatsu (上行菩薩 Bodhisattva dalle azioni ottime), in alto a destra con le mani che esprimono il movimento della ruota della legge-dottrina (*tembōrin* 転法輪) mediante la predicazione (*seppō* 説法).

Muhengyō-Bosatsu (無辺行菩薩 Bodhisattva dalle azioni continue senza confini), in basso a destra con posizione delle mani che manifestano la salvezza degli esseri viventi (*shujō saido* 衆生済度).

Jōgyō-Bosatsu (浄行菩薩 Bodhisattva dalle azioni pure) a sinistra in alto con posizione delle mani congiunte, *gasshō* 合掌 in atto di adorazione, implorando di allontanarsi dalle cattive passioni.

Anryugyō-Bosatsu (安立行菩薩 Bodhisattva dalle azioni pacifiche-risolute) a sinistra in basso con posizione delle mani che indicano di toccare la terra (*shokuchi-in* 触地印) per testimoniare il proposito di allontanare il male (demoni).

Vi sono altri particolari da sottoporre ancora alla nostra attenzione all'interno del Grande Edificio Sacro in base ai dati che qui di seguito riportiamo[211]. Un accenno particolare merita il *Grande Albero di Tiglio (Dai-bodaiju* 大菩提樹): scolpito in metallo, posto sulla parte superiore del

---

[210] Cfr. "A Pictorial Record of R.K.K. '94, o.c., p.117
[211] ibidem, p.138 ss.

sacro altare, rappresenta il *risveglio-illuminazione, satori* 悟り che Buddha ottenne sotto quell'albero. La scultura misura 15 metri di larghezza e 5 di altezza e pesa una tonnellata. Così pure degno di nota è l'*organo a canne*, fatto costruire in Germania Occidentale, posto nel piano superiore allo scopo di elevare il sentimento religioso. Vi si contano tra piccole e grandi 2.311 canne. Vengono eseguiti pezzi prima della recita del Sutra (*go-kuyo* ご供養), a mezzogiorno, alla fine degli incontri di gruppi *hoza* (法座) che si svolgono numerosi al quinto, sesto e settimo piano del Grande Edificio Sacro. Le esecuzioni d'organo offrono poi al cuore dei visitatori un senso di pace e tranquillità[212]

Raffinatissimo poi il ricamo che si ammira sul sipario antistante l'altare sacro. Alto sette metri e largo quindici evidenzia due bellissime fenici cinesi al centro del sole che sale dal basso per significare il Sutra del Loto che in eterno sempre più si espande. Di fronte alla sacra dimora dell'Oggetto di culto (*Honzon*) si osserva un rilievo in bronzo raffigurante un tipo d'uccello di buon augurio (fenice?), mentre sulla volta della stessa sacra dimora si evidenzia una scultura del Fiore di Loto luminoso al cui centro è applicato un mosaico di vetro, dove i colori caldi e quelli freddi simboleggiano rispettivamente la benevolenza (compassione, *ji-hi* 慈悲) e il discernimento (sapienza, *chie* 智慧).

Osservato poi dal di fuori, il Grande Edificio Sacro appare nel suo insieme un grandioso complesso edilizio moderno degno di una megalopoli come Tokyo. Si distingue nettamente dai tradizionali templi Buddhisti che si ammirano a Kyoto e Nara. Tuttavia esiste un punto architettonico che richiama questi ultimi; è la *grande guglia a spirale* (*daisentō* 大尖塔), cioè lo *stupa* che sovrasta la cima dell'Edificio Sacro e si staglia verso il cielo quasi a volerlo raggiungere. Vuole essere un riferimento alla pagoda del tempio buddhista *Maha-Bodhi* (マハボディ寺院 *Maha-Bodhi Tera-in*) costruito a Bodhgaya in India con il proposito di seguire nella pratica

---

[212] Perchè un elemento occidentale in un edificio buddhista? A questa mia domanda, il Sig. Taneda, addetto agli affari esterni che faceva da guida a me e a mia moglie Agnese all'interno del Grande Edificio Sacro (Aprile 1995), rispose che "siccome ai Giapponesi di oggi piace molto ascoltare le note dell'organo, abituati come sono ad apprendere e ad assimilare tutto ciò che è bello e buono da qualunque parte venga, si è pensato che non fosse affatto fuori posto, anzi, assai gradito un simile strumento musicale all'interno di un luogo buddhista per precedere o accompagnare il servizio religioso".

quotidiana le orme del Gautama (*Shakuson* 釈尊), che ricevette la grande illuminazione sotto l'albero di tiglio.

Altro particolare di rilievo è la *torre dei tesori* (*takara-tō* 宝塔)[213] che simboleggia l'insegnamento del Sutra del Loto. Ai quattro angoli della torre tre teste di leoni ruggenti spiegano il *Dharma* sulle *quattro nobili verità, Shitei no Hommon* 四諦の法門. I dodici petali di loto sul piedistallo della torre stanno a significare la catena dei dodici condizionamenti, *juni-innen* 十二因縁, mentre le sei colonne simboleggiano i Bodhisattva che praticano le sei perfezioni, *ropparamitsu* (六波羅蜜, lett.:*sei onde leggere di nettare)*. Inoltre, all'interno della torre è posta una lampada che resta accesa durante tutte le notti per indicare, secondo l'insegnamento del Sutra del Loto, una luce di speranza su tutte le sofferenze e le tribolazioni di ogni essere vivente.

3. FUMON KAN 普門館 "Casa Aperta all'Accoglienza"

Casa di cultura per la pace

Al Presidente e Fondatore della R.K.K. non bastava solamente il Grande Edificio Sacro. La sua mente spaziava per il mondo nel desiderio di avere contatti con il maggior numero possibile di persone con le quali poter parlare di *pace*. "Il Grande Edifico Sacro - afferma[214] - è un luogo per le discussioni, per le riunioni *hoza*, per le sessioni di consiglio in cui i membri dell'organizzazione possono approfondire la propria fede, venire a contatto con altri che condividono la stessa fede, purificare ed incrementare sia la fede, sia la propria personalità. In altre parole, il Grande Edificio Sacro è un luogo soprattutto per i membri dell'organizzazione. Quando nel 1966 venne avanzata la proposta-progetto per la costruzione di un altro edificio, si è incrementata e rafforzata la fede tra i membri per poterla orientare all'esterno verso la società in generale. Sulla necessità di una simile costruzione l'accordo è stato unanime; e l'anno seguente ebbe luogo la cerimonia della misurazione del terreno".

---

[213] Cfr. *A Pictorial Record of R.K.K.*, '94, cit., p.138
[214] Cfr. "Lifetime Beginner", cit., p.245 ss.

Il suo orientamento di apertura verso la società lo porta ad affermare che "il Buddhismo non è per un gruppo specifico di persone. E' per tutta l'umanità. Noi ci impegniamo a costruire questo nuovo edificio nella speranza di affrettare le azioni portatrici dei veri insegnamenti al mondo intero, permettendo così a tutti di immergersi nella compassione di Buddha". Si decise che la nuova costruzione fosse a forma di doppio circolo di fronte al Grande Edificio Sacro. In un primo momento - osserva ancora Niwano - c'erano alcuni che discutevano sulla possibilità di dare alla costruzione il nome di *Niwano Hall,* ma io mi opposi a tale proposta. Avevo la sensazione che fosse presuntuoso l'utilizzo del nome di un singolo essere umano in rapporto ad un edificio dedicato all'incremento della cultura in tutti i suoi momenti ed al vero spirito Buddhista. Proposi che fosse conosciuto sotto il nome di *Fumon Hall (*普門館 *Fumon-Kan), Casa aperta all'Accoglienza.* Il nome è in riferimento al XXV capitolo del Sutra del Loto *"Tutti gli Aspetti del Bodhisattva Sensibile ai Gemiti del mondo",* in cui vengono descritte le modalità con cui questo Bodhisattva manifesta la compassione per gli esseri senzienti e le miriadi di forme che assume nel predicare la Legge"[215].

Accennando ad alcune caratteristiche ed ai relativi simbolismi di tutto il locale, Niwano fa notare che in quanto a misure e ad equipaggiamento, è uno dei più grandi e moderni edifici d'Oriente. E' dotato di attrezzature complete di ultima moda per il palcoscenico girevole così come per l'impianto acustico e proiezione di films. La forma dell'edificio - due cerchi che si compongono in uno - è derivata dal *Suggello delle Tre Leggi (san-pō-in* 三法印*): Ogni cosa è impermanente - Nessuna cosa possiede un ego - Il Nirvana è calma-tranquillità.* Le ventotto colonne all'esterno

---

[215]*Kan-zeon Bosatsu Fumon Bon Dai-niju-go* 観世音菩薩普門品第二十五, *(25°cap.del Bodhisattva compassionevole senza limiti che ascolta i gemiti del mondo).* Di questo capitolo, merita qui ricordare alcuni passi (da una mia traduz. dal giapponese): *Sincera e trasparente, sapiente, lungimirante, appassionata e tenera la sua sensibilità! [...]. Raggio lucente e candido, sole di sapienza che fuga ogni tenebra, soggioga le calamità del vento e del fuoco, risplende ovunque sulla vita del mondo - [...]. Il suo cuore misericordioso, simile ad un'immensa mirabile nube, spande come nettare la pioggia del Dharma, spegne le fiamme delle passioni mondane. Nei pubblici dibattimenti, sui paurosi campi di battaglia, se il pensiero corre alla possanza di Kannon, ogni sentimento di odio viene dissipato! [...]La sapienza intemerata di Kan-ze-on, nelle afflizioni, nella crudezza della morte porge aiuti e favori! Con tutti i suoi meriti, volge il suo sguardo misericordioso alla moltitudine dei viventi! Sconfinate come il mare tutte le sue grazie! Per tutto questo ci prostriamo con venerazione!*

dell'edificio simboleggiano i ventotto capitoli del Sutra del Loto. La statua di Kannon, il Bodhisattva Liberatore dei gemiti del mondo, è venerata nella sala d'aspetto al secondo piano, creata da Shinkan Nishikido, lo stesso artista che ha prodotto la statua di Shakyamuni nell'auditorium del Grande Edificio Sacro. L'immagine nel *Fumon Hall* è simbolo delle trentatre forme che Kannon può assumere nel salvare gli esseri senzienti dalla confusione e dalla sofferenza.

Le cerimonie di inaugurazione del *Fumon Hall* ebbero luogo il 28 Aprile 1970. Nello stesso giorno - ci tiene a ricordare - circa sette secoli prima, sul Monte Kiyosumi presso Asahigamori nella Prefettura di Chiba, Nichiren cantava per la prima volta il *Daimoku* (題目), **Namu Myōhō Renge-kyō** (南無妙法蓮華経). Un giorno storico e memorabile. Ventimila membri della R.K.K. erano presenti all'inaugurazione con l'intento di valorizzare la nascita di quella che noi chiamiamo *"una grandiosa casa di cultura"*.

Preghiera per la pace nel mondo

Trascorsi sei mesi, precisamente il 23 Ottobre 1970 venne qui celebrata la giornata di *Preghiera per la pace nel mondo*. Due giorni prima a Kyoto si era chiusa la prima Conferenza Mondiale delle Religioni per la pace. Erano presenti 94 rappresentanti stranieri della conferenza e 33 rappresentanti giapponesi. Suggestivo è il racconto che Niwano fa di quella celebrazione per la pace, alla quale ha sempre dedicato tutte le sue forze: "All'inizio della cerimonia, la sala era completamente immersa nel buio quando una campana, come un chiaro segno di coraggio e di speranza, fece risuonare i suoi rintocchi nell'oscurità. Un riflettore rosso poco a poco fa scendere una luce calda sulle foglie dell'albero *Bodhi* al centro del palco; poi un misterioso bagliore blu svela una statua di Buddha Shakyamuni, centro focale di devozione. Candele luminose, tenute in mano da ragazze del Gruppo Giovani Adulti della R.K.K., giunte sul palco, formano prima un cerchio di luce, poi diventano un grande fior di loto fiammeggiante.

In piedi tra le luci, pensai che anche se il potere di ciascun individuo è piccolo, unendo le forze noi possiamo fare di questo mondo un giardino, proprio come le ragazze che, portando ciascuna la pur piccola fiamma di candela, sono in grado di andare insieme formando un fior di loto radioso e lucente....L'entusiasmo che univa i membri della R.K.K. nella preghiera per la pace nel mondo, sembrava produrre una viva e profonda impressione tra gli ospiti stranieri. I membri della nostra organizzazione, da parte loro, erano desiderosi di ascoltare dai rappresentanti stranieri i rapporti sulla conferenza di Kyoto. Il primo a fare simile rapporto fu l'Arcivescovo Angelo Fernandes dell'India. Nelle sue considerazioni disse che le persone di fede religiosa non possono tacere e non far nulla riguardo la povertà, l'ingiustizia e l'ineguaglianza già così prevalenti nel mondo. Disse che la prima cosa che noi dobbiamo fare è di informare più gente possibile sull'esistenza di persone diseredate, indigenti ed infelici. Dobbiamo quindi provvedere ad assistere i poveri e gli oppressi. Tale aiuto non deve essere soltanto materiale; deve includere un supporto spirituale volto ad aiutare quelli caduti in miseria e calpestati a rialzarsi da soli. E' stato per me un grande piacere sentire come le parole dell'Arcivescovo Fernandes fossero a me così vicine ed in pieno accordo con le mie stesse convinzioni e con le principali aspirazioni della R.K.K".

Già da allora il Presidente Niwano era in sintonia con quanti si adoperavano per la costruzione di un mondo più giusto basato sul dialogo allo scopo di raggiungere quel bene immenso che è la pace tra i popoli. E' questo il suo assillo ed il suo intento quale programma di vita: "La nostra missione - afferma - è aprire i cuori di tutti i popoli e piantare in essi il desiderio della ricerca della verità religiosa, seguendo lo spirito di uguaglianza e la grande sapienza di Buddha Shakyamuni. Personalmente ho a lungo insistito sul fatto che ciascuno di noi, mediante le discipline e le pratiche religiose individuali, deve impegnarsi a diventare una forza per produrre la pace nel mondo".

Tra gli oratori intervenuti sul tema della pace nel mondo, è da includere il Dr.Dana McLean Greeley degli Stati Uniti, il quale fu uno dei presidenti dell'incontro per la pace a Kyoto. Egli disse che chi vive di spada, di spada perisce[216]. Aggiunse che, se esiste una volontà forte nei ricercatori di pace, questa può essere raggiunta nel mondo intero. Concluse dicendo che tutti noi insieme dobbiamo impegnarci per raggiungere il nostro scopo. Altro intervento fu quello del Metropolitano Galitsky Philaret Patriarca di Mosca, il quale criticò la distribuzione delle ricchezze nel mondo come la causa della povertà. Disse che la ricchezza del mondo appartiene a tutti i popoli e che noi dovremmo ricorrere all'umana saggezza perché la ricchezza si sviluppi e venga distribuita in modo più equo. Ma insistette nel dire che "la prima cosa da fare per la causa di una pace

---

[216]Cfr. Mt.26,52: "...*tutti quelli che metteranno mano alla spada periranno di spada*".

globale è quella di far cessare, da parte di ogni nazione, le manovre militari". Questo incontro di preghiere per la pace nel nuovo edificio *Fumon* rispondeva agli scopi ed allo spirito con cui era stato costruito, vale a dire "realizzare pace, uguaglianza e giustizia su tutti i livelli dell'umana società. In altre parole, lo spirito del *Fumon* è la determinazione di guidare tutti i popoli sul sentiero di vita basato sulla Verità".

Comitato Esecutivo per la Seconda Conferenza Mondiale

Anche tale incontro, che si tenne nel *Fumon* nell'Aprile del 1971 in preparazione alla seconda Conferenza mondiale delle Religioni per la Pace, ebbe grande successo. Lusinghieri al riguardo sono alcuni commenti relativi alla personalità di Niwano Presidente: "E' stato meraviglioso vedere giovani, bambini ed anziani lavorare tutti insieme nella speranza della pace; vedere molte donne dagli occhi infiammati di autenticità nella speranza della pace.... L'incontro al *Fumon Hall* mi ha reso ancor più consapevole della forza della religione, grazie al Suo vigore come leader. La Sua fervente, ma calma passione per la pace ha come destinatari tutti i membri della R.K.K., nella cui immensa energia organizzativa ho potuto vedere la religione come si vive oggi. Nessuno di noi dimenticherà ciò che ci ha profondamente scossi quel giorno. Le attività quotidiane sono necessarie nella religione e le Sue attività come leader nelle cose religiose d'ogni giorno hanno portato dei frutti in quell'incontro. Le attività religiose, basate sulla quotidianità, nel caso della R.K.K. sono solide, a prova che la Sua guida è degna di fiducia ed è forte".

I commenti sopra ricordati non lo lasciarono indifferente, ma furono di stimolo ad alcune sue riflessioni: "...Quello che dissero nei miei riguardi non ha importanza. Io viaggio attraverso il Giappone ed in molte altre terre per il lavoro della conferenza per la pace e la base di tale azione la trovo nel Sutra del Loto. I miei sforzi sono in sintonia con i desideri di quattro milioni di membri della R.K.K. In breve, anche se siamo distinti nel corpo, R.K.K. ed io formiamo un'anima sola. Ed è il riconoscimento di questa unità da parte di membri del comitato straniero per la conferenza di pace che mi rende felice. Oggi in Giappone ci sono persone che fraintendono la R.K.K. e c'è chi è molto freddo all'idea della conferenza per la pace nel mondo. Ci sono altri che provano a gettare acqua fredda sugli sforzi della R.K.K. volti a creare una società più luminosa. Ma i commenti di questi visitatori provenienti da altre terre hanno dimostrato che gli osservatori disinteressati capiscono che le nostre mire sono sincere come lo siamo noi.

Trovai la soluzione quindi continuando a lavorare in una sola anima con i membri della R.K.K."

Congresso mondiale: "Il petrolio per l'umanità"

Ci fu un'altra occasione, degna di nota, in cui nel Maggio 1975 si riunirono nel *Fumon Hall* "circa cinquemila rappresentanti provenienti da 73 nazioni per il nono incontro del *Congresso mondiale sul Petrolio grezzo*. Tema dell'incontro era "Il Petrolio per il benessere dell'Umanità". Queste conferenze, come i giochi olimpici, si tenevano ogni quattro anni. In questa occasione la conferenza iniziò l'11 Maggio. Oltre ai rappresentanti esteri, più di duemila rappresentanti Giapponesi parteciparono alla conferenza che si svolse su larga scala con un'enorme retroscena di preparazione. Uno dei principali rompicapo dei programmatori era la scelta di una sala. Venne considerato un certo numero di edifici, ma per ragioni di dimensioni o di inadeguatezza di attrezzature, nessuno risultò adatto. La sola alternativa rimasta era il *Fumon Hall* della R.K.K.

Un giornale di Tokyo fece dei commenti sulle difficoltà incontrate nel trovare una sala adatta. L'articolo passò a dire che, siccome gli incontri si svolgevano nell'auditorium di un'organizzazione religiosa, si sarebbe dovuto ottenere l'assenso da parte dei vari paesi Islamici. Come è noto, i popoli Islamici sono rigorosi nei riguardi di altre religioni; e poiché molto del petrolio nel mondo arriva dal Medio Oriente, i rappresentanti Islamici alla conferenza sarebbero stati inevitabilmente numerosi. L'assenso era pronto ed il giornale fece notare che ciò rivelava l'influenza autorevole dell'organizzazione religiosa venuta da poco alla luce. Tra coloro che presero la parola durante il congresso, c'erano F.D.Rossini degli Stati Uniti, presidente del Congresso Mondiale del Petrolio, Manoutchehr Eghbal, direttore delegato della Compagnia Petrolifera Nazionale Iraniana, Valentin Shashin, Ministro Sovietico dell'industria petrolifera, Rogers C.B.Morton, segretario del commercio degli Stati Uniti. Nel giorno dell'apertura dei lavori, io sedevo nei posti riservati agli ospiti speciali in qualità di capo dell'organizzazione che si occupa dela sistemazione degli alloggi per la conferenza. Il principe e la principessa eredi al trono del Giappone, che partecipavano all'incontro di quel giorno, sedevano dalla stessa parte dell'auditorium. Quando rivolsi loro i miei saluti, il principe ereditario si complimentò con la R.K.K. per lo splendido edificio esprimendo parole di simpatia per il lavoro dovuto affrontare nella preparazione della conferenza.

La conferenza percorse un vasto campo di temi, includendo l'acquisto, la raffineria ed il trasporto del petrolio, così come altri argomenti di tecnologia. Data la crisi sui rifornimenti di petrolio sorta nel 1973, l'intero mondo finanziario era attento nell'osservarne gli sviluppi. Il Segretario Morton degli Stati Uniti mi ha colpito quando parlò, nel suo intervento, sulla necessità della cooperazione internazionale nei campi più svariati, sottolineando che i paesi produttori e consumatori devono ugualmente lavorare insieme per salvaguardare i rifornimenti di petrolio nel mondo. Gli incontri al Congresso Mondiale sul Petrolio hanno dimostrato a me e ad altri che il *Fumon Hall*, costruito per trasmettere alla società, in tutti i campi della cultura, lo spirito di uguaglianza e di grande sapienza di Buddha Shakyamuni, ha iniziato il cammino con una buona partenza".

Religione e Realtà terrestri

Ripercorrendo ora le varie vicende su ricordate che portarono alla costruzione del *Fumon Hall* con le conseguenti attività ivi svolte e che si svolgono tuttora, sento prepotente lo stimolo a fare una mia personale considerazione. Mi domando provocatoriamente quale sia il nesso tra il Congresso Mondiale sul Petrolio e lo spirito religioso di Buddha, cui fa cenno il Presidente Niwano. Tento a darmi una risposta. Si tratta del problema non nuovo circa la *Religione e le realtà terrestri* venuto alla ribalta anche nella Chiesa Cattolica dove, specialmente dopo il Concilio, si discuteva fortemente sull'evangelizzazione, sul suo significato e contenuto come pure sulle modalità di fare evangelizzazione. Ma la controversia era soprattutto incentrata sulla distinzione o meno tra la *promozione umana e l'evangelizzazione*. La domanda cioè si poneva in questi termini: per il Cristianesimo lavorare anche per la promozione umana equivale ad evangelizzare? Le zone calde, anzi surriscaldate, dove si ponevano e si pongono tuttora questi problemi erano e sono fra le popolazioni prive di cibo, di alloggio e di tutte quelle strutture necessarie a condurre una vita umana decente che va dall'alfabetizzazione alle strutture sanitarie, ai problemi del lavoro, alla famiglia, ai diritti di ciascuna persona contro ogni discriminazione ecc.

E che dire del problema della pace, della democrazia, della *liberazione* dei poveri e degli oppressi? Tutti argomenti questi che toccano le *realtà terrestri*. Ogni movimento o società che si ispira ai principi della propria religione come può disinteressarsi di queste *realtà?* La parola *liberazione* è assai frequente nel Buddhismo unitamente a quella di *salvezza* e di *benevolenza (Metta)*. "Per aiutare gli esseri viventi irretiti dal dolore[217] egli, dopo il *Risveglio* alla condizione di Buddha, indicò loro la via della liberazione....E dai Buddhisti la con-passione amorevole è considerata la virtù principale, proprio perché essa è la virtù di Buddha. La dottrina della bontà (*metta*) si ricollega alla meditazione di un testo originale del Canone pàli, il cosiddetto Mettà-sutra, che è stato paragonato al XIII capitolo della prima lettera ai Corinzi. Nel testo la benedizione rivolta a tutti gli esseri è così formulata: *"Possano tutti gli esseri star bene ed essere felici! Possano vivere in sicurezza. Tutti gli esseri, deboli o forti, senza eccezione, nelle sfere superiori, medie o inferiori dell'esistenza, piccoli o grandi, visibili o nascosti, vicini o lontani, nati o non ancora nati, possano tutti star bene ed essere felici. L'assenza di ogni malanimo deve assicurare la felicità"*. Il Sutra continua: *"Nessuno deve ingannare o disprezzare l'altro in qualsiasi situazione questi possa venirsi a trovare. Nessuno nutra rancore o malanimo augurando del male all'altro"*. E' chiaramente rilevabile il tono morale di queste ultime parole. Poi il testo raggiunge il punto culminante: *"Come una madre protegge il suo unico figlio a rischio della propria vita, così ognuno deve avere un cuore grande, sconfinato, per tutti gli esseri viventi! Faccia egli risplendere bontà su tutto il mondo, verso l'alto, verso il basso, all'intorno, senza confini, senza odio e senza inimicizia! In piedi, quando è in cammino, seduto o disteso, curi costantemente l'attenzione (consapevolezza). Questo è il miglior atteggiamento spirituale che si possa avere nel mondo!"*[218]

Intenzionalmente ho voluto citare il Sutra della benevolenza onde porre maggiormente l'accento sugli scopi che il Presidente Niwano ha inteso ed intende raggiungere mediante le varie attività che si svolgono in seno alla R.K.K. Sarà quindi la *pace fra gli esseri viventi*, conquistata con la *benevolenza,* ad essere il filone conduttore della R.K.K. Ricollegandoci al tema del petrolio e della sua *equa* distribuzione tra i paesi del mondo come punto di dibattito al Congresso Mondiale, di cui sopra si è parlato, è più che evidente il nesso che Niwano vi intravede con la pace, di cui il suo movimento religioso si fa solerte promotore. *"Iustitia et pax osculabuntur"*

---

[217]Cfr. H.Dumoulin: *"Buddhismo"*, Queriniana, Brescia 1981, pp.105-106
[218]*Suttipanata III,8 riportato da* H.Dumoulin: op.cit.,p.106

canta il Salmista, *la giustizia e la pace si baceranno*. Nella mente del Fondatore R.K.K. dunque, la promozione umana nella giustizia genera la pace, via principale alla liberazione degli esseri viventi. Le varie attività a carattere umanitario che la R.K.K. promuove (v.Bodhisattva in azione) dimostrano il lodevole sforzo di mettere in pratica i suggerimenti proposti dagli insegnamenti del Buddha, volti alla *liberazione*. A simili impostazioni relativi alla vita esistenziale sia individuale che comunitaria, sembrano fare eco, in un tutto armonico, le espressioni che i Papi usano nel trattare temi riguardanti la vita quotidiana dei popoli che intendono evangelizzare, cioè *liberare*.

Senza soffermarci su Giovanni XXXIII con la sua enciclica "*Pacem in terris*" (1963) assai attento ai "*segni dei tempi*", tra i quali "l'ingresso delle donne nella vita pubblica" (n.45), basti ricordare Paolo VI che affida alla sua Esortazione Apostolica "Evangelii Nuntiandi" (1975) il suo pensiero per quanto concerne, appunto, l'evangelizzazione. Fra l'altro vi si legge: "L'evangelizzazione comporta un messaggio esplicito...sui diritti e sui doveri di ogni persona umana, sulla vita familiare...sulla vita in comune nella società, sulla vita internazionale, la pace, la giustizia, lo sviluppo; un messaggio particolarmente vigoroso nei nostri tempi sulla *liberazione*. La Chiesa ha il dovere di annunciare la liberazione di milioni di esseri umani dalle carestie, malattie croniche, analfabetismo, pauperismo, ingiustizia nei rapporti internazionali e specialmente negli scambi commerciali, situazioni di neocolonialismo economico e culturale, talvolta altrettanto crudele quanto l'antico colonialismo politico". Come ben appare, il documento papale non vaga tra le nuvole ma è ben piantato a terra. Sembra affermare che l'attività evangelizzatrice si confonda con l'attività liberatrice dalle ingiustizie...Vi si legge ancora: "La Chiesa riconosce un *legame profondo*, nella sua attività evangelizzatrice, tra la promozione umana, sviluppo, liberazione e *l'evangelizzazione*. Sono legami di ordine antropologico, in quanto si tratta dell'uomo concreto, storico nelle sue situazioni esistenziali quotidiane, e legami di ordine teologico in quanto non si può dissociare il piano della creazione da quello della redenzione che coinvolge l'ingiustizia da combattere e la giustizia da restaurare" (EN., nn.29-30-31).

Inoltre, nell'altra sua Enciclica "*Populorum progressio*" (1967), Paolo VI si pronuncia ancora sullo *sviluppo integrale* dell'uomo che non teme di chiamare "nuovo nome della pace" ed afferma che "l'aspirazione degli uomini di oggi è fare, conoscere ed avere di più per essere di più. Essere affrancati dalla miseria, trovare con più sicurezza la propria sussistenza, la salute, una occupazione stabile, partecipazione più piena alle responsabilità, fuori dell'oppressione, al riparo di situazioni che offendono la dignità degli uomini...(n.6).

L'aver accostato gli insegnamenti di Paolo VI agli orientamenti del Presidente Niwano sullo specifico problema della promozione umana come scopo, pur se non unico, dell'attività religiosa o, comunque, come parte integrante di questa, non dovrebbe sembrare una forzatura fuori luogo; esprime infatti convergenza di intenti per uno sforzo comune a bene dell'umanità.

Ogni gruppo religioso, a qualsiasi dottrina faccia riferimento, ha il dovere di interessarsi, di promuovere e, senza invadere campi altrui, lavorare ed adoperarsi attivamente per lo sviluppo integrale dell'uomo. Tali orientamenti erano ben fissi nella mente del Fondatore della R.K.K. fin dagli inizi del movimento, quindi anche prima della costruzione del *Fumon Hall*. La pace tra gli individui e tra le nazioni è stato e sarà sempre l'assillo e il punto-chiave a cui farà continuo riferimento in ogni sua azione.

4. DELEGAZIONE PER LA PACE

"Bando alle armi nucleari!"

È su tale direzione che va collocata la sua partecipazione attiva ad operazioni insieme ad altri capi religiosi del Giappone che si costituirono in *Delegazione per la pace*[219] nel 1963, quando "diciotto capi religiosi del Giappone intrapresero un viaggio di quaranta giorni in dieci nazioni, inclusi gli Stati Uniti, Gran Bretagna ed Unione Sovietica per dedicarsi al bando degli armamenti nucleari. Fu in quell'occasione che Emillian Elinov, Patriarca della Chiesa Orientale Ortodossa nell'Unione Sovietica, ebbe a dire: "Inestimabili sono gli entusiastici sforzi e grandi sacrifici che voi tutti state facendo con il vostro sincero appello per la pace. Senza dubbio, un giorno gli storici dedicheranno pagine speciali alle vostre azioni". Io ero fra il gruppo - afferma Niwano - sotto la guida di Masatoshi Matsushita, un rappresentante della fede Cristiana ed a quel tempo Rettore dell'Università S.Paolo di Tokyo e di un Presidente onorario il Rev.Rosen Takashina rappresentante di fede Buddista.

---

[219]Cfr. Autob. op.cit., p.191 ss.

Nei nostri viaggi abbiamo visitato leaders politici e religiosi e presentato ad essi le nostre richieste per la totale abolizione delle armi nucleari. Pur nella differenza di modi nell'esprimerci, noi tutti abbiamo detto con sentimento che il Giappone, nazione che ha sofferto gli attacchi atomici nella seconda guerra mondiale, dovrebbe prendere l'iniziativa nel movimento per il bando di simili armamenti". Niwano sente parlare di un atteggiamento che lui aveva già preso da tempo. Ed aggiunge con forza che "noi non dobbiamo mai dimenticare le vite di 300.000 persone cancellate ad Hiroshima e Nagasaki in brevi istanti che hanno costituito la più orribile tragedia nella storia del genere umano. Ogni anno si svolgono celebrazioni commemorative pregando per il riposo delle anime delle vittime di questo olocausto. Ma i giorni devono essere più che commemorativi: devono diventare giorni di preghiera per la pace del mondo intero.

Come cittadino giapponese puro sangue, Niwano è all'unisono con tutti gli abitanti del Paese del Sol Levante, ai quali si sente unito e cerca di interpretarne i sentimenti che sgorgano dal loro cuore: "Noi giapponesi abbiamo il diritto ed il dovere di lanciare l'appello al mondo perché le armi nucleari vengano messe al bando". Con coraggio e fermezza lancia precise denunce: "Dalla fine della seconda guerra mondiale, alcune nazioni, incluse gli Stati Uniti, la Gran Bretagna e l'Unione Sovietica, hanno continuato negli esperimenti con l'energia nucleare ed hanno accumulato riserve di armi nucleari. Queste nazioni, sono proprio loro che dovrebbero rendersi conto dell'orrore di armi capaci di trasformare l'intero pianeta in un immenso cimitero. Sono nazioni che dovrebbero essere dolorosamente consapevoli della necessità di prevenire lo scoppio di una guerra nucleare che certamente produrrebbe effetti distruttivi tra i più orribili".

In quei giorni sembrava che qualcosa si muovesse nella direzione voluta da Niwano e dai suoi colleghi messaggeri di pace presso i grandi del mondo. Egli afferma: "un forte sentimento era cominciato a diffondersi in molte nazioni con l'effetto che gli esperimenti nucleari e la produzione di simili armi dovessero cessare. Nell'Aprile 1963, il naufragio nelle acque dell'Atlantico del sottomarino nucleare americano Thresher destò paura nel mondo. La popolazione degli Stati Uniti alzò la propria voce contro le armi nucleari, e nella Gran Bretagna venne organizzata una marcia di cento chilometri in segno di protesta contro di esse. Il 5 Agosto 1963 gli Stati Uniti, la Gran Bretagna e l'Unione Sovietica firmarono un mutuo accordo per il bando parziale degli esperimenti nucleari. In Giappone, d'altronde, a causa di differenti posizioni ideologiche e politiche tra i suoi partecipanti, il movimento contro le armi nucleari andava a rilento. Poiché noi ci eravamo resi conto che ciò non doveva accadere, in quanto delegati dei capi religiosi, sentimmo il dovere ad assumere posizioni di frontiera in questo movimento. Dal mio punto di vista, uno degli aspetti più commoventi e soddisfacenti di questa delegazione, era l'opportunità offerta ai capi religiosi dell'Oriente e dell'Occidente di darsi la mano nel comune appello per la pace".

Soffermandosi poi a parlare del suo Movimento R.K.K. ci tiene a dire che "uno degli scopi che stanno di più alla base della R.K.K. è dedicarsi totalmente alla realizzazione del desiderio forte in tutti gli uomini e in Buddha per la pace tra le famiglie, la società, la nazione ed il mondo intero. Quando arrivò il momento per il viaggio, ero particolarmente occupato per l'imminente inaugurazione del Grande Edificio Sacro. Tuttavia, essendo cosciente che l'iniziativa era il primo passo in direzione di una significativa campagna per la pace, decisi di prendervi parte".

L'incontro con Paolo VI in Vaticano

Niwano racconta: "La nostra prima fermata è stata Roma, dove abbiamo avuto una udienza con il Papa Paolo VI. Gli abbiamo presentato una copia del nostro progetto di pace che includeva le seguenti tre proposte:

1. Bando totale ed incondizionato agli esperimenti nucleari.

2. Bando totale alla produzione, ai giacimenti ed all'uso delle armi nucleari.

3. Utilizzo pacifico dell'energia atomica attraverso la cooperazione internazionale al fine di vincere le disuguaglianze nella distribuzione delle ricchezze e creare benessere per tutte le popolazioni del mondo.

Con parole che io, come uomo religioso, sentivo essere piene di cordiale calore e di significato, il Papa espresse il suo assenso alle nostre suddette proposte dicendo che sebbene non fosse in grado di esercitare un potere politico ed economico, poteva tuttavia appellarsi direttamente ai cuori degli uomini...

Anche i capi religiosi del passato hanno lanciato appelli per la pace, ma hanno trascurato di fare chiare distinzioni tra i bisogni dei propri gruppi nazionali ed il benessere di tutti i popoli. Costretti a rendersi conto della propria impotenza di fronte a forze opposte, non sono stati in grado di abolire la guerra. Di conseguenza, parecchie persone hanno perduto la fiducia nei capi religiosi ed hanno abbandonato la stessa religione. L'uomo di religione non è un'autorità né politica né economica, ma dev'essere di sostegno alla gente a cui insegna. La Religione ha l'obbligo di seminare coraggio e speranza nei cuori dei propri seguaci per una vita di pace. Io spesso ho insistito che l'uomo di fede religiosa deve porre alla base dei suoi pensieri e delle sue azioni la natura essenziale di religione; deve quindi ostinarsi in ogni sforzo al fine di raggiungere la pace. Visitando il Vaticano, trovai che la posizione del Papa era in pieno accordo con me su questa materia".

Attento ed acuto osservatore, parla di Roma, "la Città Eterna, come il centro, per la sua lunga storia, della religione cristiana e che vanta preziose rovine di un passato molto lontano; ma in aggiunta alle vestigia di grande valore storico, la città è ridondante di opere d'arti e di architettura che testimoniano la grande importanza religiosa del luogo. Sono rimasto meravigliato nell'apprendere che il marmo, il mattone e le rovine di calcestruzzo della città antica risalgono al secondo e terzo secolo prima di Cristo. Gli acquedotti, i grandi bagni pubblici, il Colosseo ed altri resti del passato mi hanno profondamente colpito per la perizia tecnica dell'antica cultura dell'Occidente e l'energia del popolo di Roma".

Visita nell'Unione Sovietica

Grande è stata la mia impressione - racconta Niwano - nel visitare l'Unione Sovietica. A parte il lavoro in quanto membro della delegazione, semplicemente viaggiare in Unione Sovietica ha voluto significare per me una grande cosa. Il Partito Comunista impone a se stesso perfetta dedizione allo spirito di servizio, all'amore del partito ed in ogni cosa a porre il partito al primo posto per soddisfare i bisogni di molta gente. Sebbene il loro punto di vista differisca dal mio, queste popolazioni dedicano se stesse al loro lavoro con uno zelo davvero ammirevole. Speravamo di incontrare Nikita Khrushchev, ma sfortunatamente è stato impossibile per il fatto che si trovava fuori per un giro di ispezione agricola....Dopo aver consegnato una copia della nostra proposta di pace al Patriarca Elinov, abbiamo partecipato alle cerimonie in chiesa, dove un'anziana donna mi si avvicinò facendomi cenno che le sarebbe piaciuto prendere la mia mano. Le diedi la mano. Battendo le sue palpebre, sembrava volesse dirmi qualcosa. Io non comprendo il russo; perciò era impossibile ogni comunicazione verbale. Tuttavia i suoi occhi mi parlavano; e penso che mi dicesse questo: Benvenuto nel nostro paese! La Religione può condurre insieme i cuori di ogni popolo. Fino a quando esisteranno esseri umani, la religione sarà sempre importante.

Viaggio negli Stati Uniti d'America

Negli Stati Uniti - prosegue Niwano - incontrammo U Thant, allora Segretario Generale delle Nazioni Unite. Quest'uomo moderato, dagli occhi luminosi e calmi, espresse il suo assenso alla nostra proposta. Più tardi incontrammo il portavoce del Dipartimento di Difesa U.S., il quale ci spiegò con vivacità il motivo per cui egli considerava necessario per gli Stati Uniti mantenere le riserve-giacimenti di armi nucleari. Dopo averlo ascoltato, dissi: "Può sembrare alquanto dannoso per un rappresentante di una nazione che non possiede armi nucleari parlare in questo modo. Nel fare appello a Lei per il bando delle armi nucleari e per l'instaurazione della pace nel mondo, noi parliamo come rappresentanti della voce di Dio e di Buddha. Leadears come Lei hanno l'obbligo di ascoltare queste voci". Allora, con uno sguardo in volto che faceva pensare d'essere stato toccato dalle mie parole, prontamente replicò: "La vostra dichiarazione è giusta. La capisco. E mi rendo conto che noi dobbiamo ascoltare la voce di Dio".

Riflessioni sugli incontri avuti

Dopo questo colloquio, Niwano sembra voler riflettere, constatando con senso realistico quelli che sono i condizionamenti in cui le persone si trovano ad operare "politicamente coinvolte nei rapporti con i governi, pur desiderando vivere nella pace e nella sicurezza spirituale". E quasi abbandonandosi a delle considerazioni che potrebbero sembrare alquanto pessimistiche, afferma: "Dal momento che la storia umana è stata teatro di ripetuti sanguinosi conflitti, può sembrare che la guerra faccia parte dell'umana fatalità", alla quale però egli non vuole rassegnarsi, anzi fa leva sulla responsabilità umana. Infatti insiste nel dire che "siamo noi esseri umani che creiamo la nostra stessa storia. Sono profondamente convinto che la prosperità ed il progresso dell'umanità si possano raggiungere soltanto se i nostri sforzi in quella direzione avranno le radici nella religione".

Continuando a parlare delle vicende della delegazione in questo viaggio per la pace che durò 44 giorni in dieci nazioni, ricorda: "Anche se alcuni trattati per un parziale disarmo sono stati firmati, ciò non vuol dire che, in quel periodo, le reciproche diffidenze tra l'Oriente e l'Occidente siano state eliminate; le condizioni in tutte le nazioni da noi visitate erano rigorose. Pertanto, il lavoro della nostra delegazione non era così facile come noi speravamo in alcuni casi, per il fatto che i capi religiosi d'Europa non capivano bene le condizioni religiose del Giappone. Tuttavia, questo incontro iniziale tra il nostro mondo religioso e quello dell'Occidente, con cui vi era stato un piccolo precedente contatto, è stato un fatto di grande significato. Il Papa ed i capi religiosi di altre nazioni hanno promesso di sostenere le nostre istanze, ma più importante è stata la sensazione da noi avuta nel constatare che le persone abbiano cominciato a voler stringersi la mano ed a lavorare insieme per la pace nel mondo".

Niwano continua ancora, con serietà ed acutezza, nelle sue riflessioni nei riguardi dei gruppi religiosi giapponesi, che propongono scopi sublimi come quello della pace. E non nasconde le difficoltà che sorgono quando "troppo spesso le persone religiose rimangono rinchiuse nel loro stesso gruppo occupandosi di meschini conflitti tra loro anziché provare a capire le persone di altre convinzioni religiose. Facevano parte della delegazione - ricorda Niwano - rappresentanti Scintoisti, Buddhisti e Cristiani che si erano dati la mano per uno scopo comune. Ciò è stato uno degli elementi più significativi dell'iniziativa. Junko Sase, sacerdote-capo del tempio Shogen-ji nella Prefettura di Shimane e membro della nostra delegazione, ebbe a dire: "Io ho fatto viaggi all'estero in varie occasioni con gruppi Buddhisti; ma di solito l'individualità ha avuto la precedenza sulla religione per il limite di aver messo in dubbio la dignità della missione. Questo viaggio, d'altra parte, ha lasciato in me maggior sentimento di quanto ne avrei sperimentato da un viaggio simile del passato".

Quasi a voler fare un bilancio di questo viaggio intrapreso dalla delegazione giapponese, Niwano prosegue nelle sue riflessioni: "Noi in Giappone raramente abbiamo l'opportunità di discutere di religione con i rappresentanti di altre fedi. Durante i quaranta giorni del nostro viaggio, i membri della delegazione hanno discusso su delle cose; e come un risultato delle nostre conversazioni, noi siamo arrivati a capirci meglio l'un l'altro. Quando Carlyle diceva che la religione è simile alle stelle nel cielo, non intendeva dire che le sette religiose erano tante come le stelle, ma parlava del modo in cui il valore della religione diventa sempre più grande quanto più la condizione umana si fa grave, proprio come la luce delle stelle diventa più forte quanto più buia è la notte. Queste parole rimasero nella mia mente così che, al ritorno dal viaggio, ne feci memoria presso il nostro altare di famiglia. Sebbene questo viaggio non fosse direttamente connesso con la successiva Conferenza Mondiale delle Religioni per la Pace, le molteplici esperienze del genere acquistate dalla nostra delegazione, indubbiamente hanno contribuito allo sviluppo culminato poi in quella Conferenza".

5. PELLEGRINAGGIO NEI "LUOGHI SANTI" DELL'INDIA

La terra natale di Buddha

Per una persona religiosa come Niwano non poteva mancare un viaggio-pellegrinaggio nel luogo che ha dato i natali a Buddha Shakyamuni, ispiratore di quel fenomeno religioso che si è diffuso nei vari paesi del continente asiatico, lasciandovi impronte indelebili di alta cultura spirituale. "Luoghi santi" sono da lui chiamati quelli dove Buddha nacque, visse e morì. E' come dire che, per i cristiani, la Palestina è piena di *luoghi santi* in riferimento a Cristo. Lo vogliamo seguire in questo pellegrinaggio che lui stesso ci presenta[220] come ricco di vicende e di notizie assai interessanti che ci avvicinano ad una maggiore conoscenza dell'*evento Buddhista*.

Nel Novembre del 1964 Niwano scendeva all'aeroporto di Calcutta con un gruppo di nove membri della R.K.K., inclusa sua moglie ed il figlio maggiore Koichi; insieme a questi ultimi era la prima volta che faceva un viaggio all'estero. Era da vent'anni che desiderava fare un viaggio in India, madre-terra di Shakyamuni e del Buddhismo, ma non aveva mai potuto realizzarlo. In realtà, un mese prima di questo viaggio, non lo aveva ancora progettato. Ma improvvisamente, in occasione del primo centenario della nascita di Anagarika Dharmapala, fondatore della Società *Maha Bodhi* dell'India, ricevette dalla Società medesima l'invito a visitare il suo paese. Niwano racconta: "Il giorno dopo l'arrivo in India, celebrai il mio 58° compleanno. Nella mattinata di quel giorno, facemmo un giro al Museo Indiano, dove potemmo ammirare sculture Buddiste datate dal secondo secolo a. Cristo fino al tredicesimo secolo dell'Era Cristiana. I visitatori

---

[220]ibidem, pp.209-218

rimanevano colpiti dal periodo storico e dallo splendore della cultura Buddhista. La statua di un triplice leone all'entrata del museo mi ricordava le statue simili presso i quattro angoli del Prezioso Stupa sul tetto del Grande Edificio Sacro a Tokyo.

La Società "Maha Bodhi"

Nel pomeriggio visitammo gli uffici centrali della Società Maha Bodhi. Chi era Dharmapala? Niwano ci riferisce che "era nato a Colombo nel Ceylon. Sua madre Malika, una devota Buddhista, pregava spesso per la prosperità del Buddhismo nel Ceylon. Fece la promessa che se avesse avuto un bambino, questi sarebbe stato consacrato alla pratica della religione Buddhista. Dopo aver fatto questa promessa, nacque Dharmapala. Sebbene la famiglia fosse di condizioni agiate ed il padre, un uomo d'affari, si adoperasse perchè suo figlio frequentasse la scuola Cristiana, conveniente per i figli di ricchi Ceylonesi, la madre di Dharmapala lo educò nel rispetto ai Tre Gioielli ed ai cinque Precetti, offrendogli ampia possibilità di studiare le Quattro Nobili Verità Buddhiste. Una volta, quando Dharmapala fece un viaggio a Bodhgaya in compagnia di un prete Giapponese chiamato Kozen Shaku, egli fu spaventato per la desolazione dei campi e per la rovina del grande stupa. Rendendosi conto poi che, se una tale condizione penosa fosse così continuata, inestimabili antichità Buddhiste sarebbero per sempre andate perdute, decise nel suo cuore di preservare e ricostruire i monumenti Buddhisti importanti nell'India. Dopo aver fondato la Società Bodhgaya Maha Bodhi dell'India, Dharmapala dedicò il resto dei suoi 69 anni di vita a questo grande progetto.

Oggi, la Società Maha Bodhi che continua l'opera di Dharmapala è costituita da un gruppo di persone che si sforzano di riportare il Buddhismo alla prosperità nella terra di origine. Madhoram Soft, vice presidente della Società, mi disse che egli e i suoi colleghi membri guardano al Giappone come una nazione avanzata dalla quale possono molto imparare. Espresse la speranza in una stretta di mano tra i Buddhisti di ambedue le nazioni al fine di lavorare per la pace nel mondo. Da parte mia dissi che gli insegnamenti del Buddha sono in grado di superare le barriere della razza e della nazione per portare la pace al genere umano. Mentre mi ascoltava, Madhoram Soft aveva gli occhi luccicanti che mi confermarono nella convinzione che egli era un uomo di fede religiosa vera". All'indomani dei festeggiamenti per il compleanno (58°) di Niwano con dolci e canti folcloristici giapponesi, il gruppo dei pellegrini si recò in direzione della pagoda di Bodhgaya.

La Grande Pagoda di Bodhgaya

Niwano continua il suo racconto: "Facemmo il percorso su una strada sopraelevata fiancheggiata da alberi; era stata pavimentata in occasione della commemorazione del 2.500° anniversario della nascita di Buddha. Osservammo alla nostra sinistra piccole colline ed alla nostra destra campi agricoli sterminati. Nell'avvicinarci ai sobborghi della città, la *grande pagoda (stupa)* del Mahabodhi Vihara apparve alla nostra vista sul fianco sinistro. Esclamazioni emotive riempirono l'autobus, mentre io provavo un po' di tensione man mano che ci avvicinavamo a questa pagoda che segna il punto dove Shakyamuni Buddha ricevette l'illuminazione. Bodhgaya è una foresta tranquilla di alberi enormi, i cui rami si attorcigliano in alto procurando una graditissima ombra. Tra gli alberi la grande pagoda si erge fino a circa 52 metri di altezza. La massiccia ed elegante costruzione è fatta di piastrelle turchine rivestite di calce; il turchino si vede appena attraverso la calce. E' stato il primo edificio nel terzo secolo prima di Cristo durante il regno del Re Ashoka. Ed è stato ricostruito nel quarto secolo dell'era Cristiana dal Re Samudragupta e nel 1880 venne restaurato.

Alzando lentamente i miei occhi verso lo stupa, pensai a milioni di persone che hanno goduto la medesima vista durante i millenni in cui la torre è esistita. E mi è sembrato di poter sentire voci silenziose salire verso l'alto proprio dallo stesso suolo dove si innalza la torre; voci di persone che hanno venerato gli insegnamenti di Buddha e sono morte saldamente ancorate nel medesimo spirito di venerazione. Dopo esserci tolte le scarpe - come è costume presso i luoghi santi dell'India - entrammo nella grande pagoda. Accesi l'incenso offrendolo al cospetto della statua di Shakyamuni situata nella stanza interna della torre. Ed ebbero inizio le letture tratte dal Sutra del Loto, a cui noi tutti partecipammo riempiendo l'edificio delle nostre voci. Al termine delle letture, ci recammo fuori per visitare il terreno. Nella parte nord dello stupa vi sono diciotto piattaforme di loto in pietra fatte per rappresentare i diciotto fiori di loto che, si è detto, sarebbero sbocciati dopo che Buddha vi era passato attorno al termine della meditazione che lo condusse all'ultima illuminazione. Ad ovest dello stupa c'è l'albero bodhi che sembra piuttosto antico. Sotto l'albero è situato il

Sedile di Diamante, posto dove Shakyamuni fece la meditazione ed ottenne l'illuminazione".

Visitando questi luoghi con la moglie e il figlio, Niwano riflette in profondità sul significato di questo pellegrinaggio che gli rafforza la fede nel ricordo del grande evento avveratosi in colui che "divenne Buddha più di duemila anni fa dopo sei anni di pratiche ascetiche...Tale evento, il più grande ed il più importante nella storia dell'umanità, secondo la tradizione avvenne all'alba dell'otto Dicembre sotto un albero, nel posto esatto in cui io mi trovavo". Da pellegrino devoto e sincero, non vuole perdere un istante per utilizzarlo ad alimento della sua fede. Sente di trovarsi in un *luogo santo* e compie gesti assai significativi e conformi a quanto porta in cuore: "Appena posai la mia mano sul tronco dell'albero ivi piantato, chiusi dolcemente gli occhi: ecco un'immagine del Buddha, che sperimentò l'illuminazione sotto la luce pallida di un mattino stellato, attraversò i millenni per giungere a rivelarsi a me. Riaprendo gli occhi, vidi mio figlio Koichi in piedi con lo sguardo fisso alla statua dorata di Shakyamuni in una nicchia sul muro dietro il Sedile di Diamante. Vidi poi mia moglie con le mani levate congiunte in atto di preghiera di fronte al Sedile di Diamante; allora il mio cuore si riempì di gioia per aver potuto visitare questi *luoghi santi* insieme alla mia famiglia. Il mio secondo pensiero andò ai membri

della R.K.K., il cui supporto ha reso possibile questo nostro viaggio in India e provai il desiderio che ogni membro potesse compiere lo stesso pellegrinaggio".

Attraverso la sua brillante descrizione, Niwano ci informa che "a poche centinaia di metri dalla grande pagoda di Bodhgaya scorre il fiume Nairanjana che attraversa le aperte pianure punteggiate di folti boschetti di alberi, di cui uno porta il nome di Foresta dell'Ascetismo: è il luogo dove Shakyamuni e cinque monaci, impegnati nella pratica ascetica religiosa, ricevettero l'illuminazione. In lontananza si erge la montagna chiamata Pragbodhi. Il giovane principe Siddartha, più tardi diventato Buddha, abbandona la casa, la sua bella consorte Yashodhara ed il suo figlio Rahula per intraprendere un cammino di vita ascetica nella speranza di trovare l'illuminazione. Per sei anni è impegnato in austere discipline per poi scoprire che l'ascetismo non conduce all'illuminazione. Scoperta tale verità, si alza, si bagna nel Fiume Nairanjana e si siede sotto un albero. Una fanciulla del villaggio chiamata Sujita giunge fino a lui offrendogli del latte e della farina d'avena. Rinvigorito da questo cibo, decide di continuare nella sua ricerca dell'illuminazione. A tale scopo sale sul Monte Pragbodhi. Giudicando non adatta la cima del monte, scende pertanto e si reca a Bodhgaya (ora Gaya) e si siede sotto l'albero *bodhi* dove finalmente raggiunge l'illuminazione".

Si potrebbe qui terminare la descrizione del viaggio di Niwano con la sua famiglia e gli amici in India, ma troverei lacunoso tralasciare il resto del suo soggiorno in questa *terra santa* per il semplice fatto che non comprenderemmo a sufficienza quello che il Fondatore della R.K.K. pensa nei riguardi di questa terra, dove in origine fiorì con le caste l'Induismo antico che impregnò la cultura dell'India donando alla luce personalità insigni (per ricordarne soltanto alcune più recenti) come Tagore e Gandhi, pionieri della non-violenza.

Riflessioni di Niwano sull'India

Parlando in modo diretto dell'India, si sofferma a descriverne le condizioni di degrado e di povertà, offrendo un quadro assai inquietante per le nazioni che navigano nel benessere e nel consumismo più sfrenato. "E' una terra - scrive - dove la povertà regna suprema. In prima conoscenza, Calcutta mi ha impressionato per il tipo di desolazione che mi richiama Tokyo nei giorni immediatamente dopo la seconda Guerra Mondiale. Nelle parti commerciali della città sono ammassati tutti insieme piccoli negozi sudici. Nei negozi, dove articoli vari in vendita sono ammucchiati sotto fioche luci elettriche, si possono vedere due o tre uomini che, con aria indolente, guardano fissi fuori nelle strade. La città è stipata di gente in gran parte così magra da sembrare dei bastoni e coperta con non più di semplici stracci. Non appena che una macchina si ferma al semaforo, mendicanti vi si accalcano attorno e cominciano a battere sui finestrini".

Ovviamente non gli sfugge il problema antichissimo delle caste sociali rapportate alle istituzioni religiose locali: "Di giorno e di notte, decine e centinaia di persone di bassa casta vanno gironzolando davanti alle stazioni ferroviarie e nelle diverse piazze. Alcuni di loro giacciono sulla nuda terra con gli occhi aridi e spalancati nel vuoto. Sono senza casa, senza lavoro e senza nemmeno un pezzetto di terra da poter coltivare. Essi conducono la loro esistenza in un modo deleterio al limite della fame. Mia moglie mi chiedeva spesso come tutta questa gente potesse sopravvivere senza lavorare. C'è da stupirsi che riescano ad affrontare ogni nuovo mattino. Neppure sono computati tra migliaia od anche centinaia di migliaia: in India oggi vi sono più di settanta milioni di persone che si trovano nelle caste sociali più basse. Eppure il Buddhismo insegna che tutti gli uomini sono uguali, che tutti gli uomini possono diventare buddha. Jawaharlal Nehru disse una volta che il Buddhismo morì di morte naturale in India. Dopo la fine del Buddhismo, la popolazione Indiana in maggior parte divenne credente nella fede Hindu; ed anche oggi è la fede Hindu che sostiene il sistema rigido ed irrazionale delle caste.

Ebbi l'occasione di visitare un tempio presso il luogo santo di Varanasi. Di fronte all'imponente edificio bianco c'era una tenda rossa, davanti alla quale vi erano sei uomini che celebravano una liturgia magica in cui essi si inchinavano avanti e indietro percuotendo i gongs. Infine, la tenda rossa si aprì ed apparve una statua di una dea strana dipinta tutta di bianco eccetto nelle labbra. Quello di cui ero testimone sembrava meno mistico che fantastico. Ma lo spettacolo della gente che si bagnava nel Gange era ancora più sorprendente. Le acque abbondanti del Gange proiettano i riflessi della luce del sole cocente del sud. Sulle rive l'acqua è scura e torbida. Nei luoghi lungo la costa sono stati costruiti gradini di cemento per scendere nell'acqua. Uomini e donne in gran numero ogni giorno scendono i gradini sul fiume e si lavano il viso, si risciacquano la bocca, oppure si immergono totalmente. C'è un posto controcorrente nel fiume dove le donne fanno il bucato. Non lontano dai gradini per il bagno, c'è un crematorio da cui le ceneri del defunto vengono disperse nel fiume".

E' ovvio che Niwano, trovandosi davanti ad usanze religiose del tutto differenti da quelle buddhiste giapponesi, non poteva rimanere indifferente. E con la sua discrezione abituale, prova ad esprimere qualche valutazione personale formulando, più che un giudizio, una constatazione suggerita da grande rispetto quando dice che "per la nostra mentalità quelle scene sul fiume erano unicamente eccentriche; ma dal punto di vista dei credenti Hindu il Ganges è sacro; ed avere le proprie ceneri mescolate con le sue acque è una felicità estrema. Di conseguenza, i seguaci della religione Hindu si lavano il viso nel fiume, ne bevono l'acqua torbida con un senso di serietà e con gioia vi fanno il bagno. Queste popolazioni sono sincere nella loro fede, anche se a me sembra che ciò sia solamente un'usanza non illuminata. Le usanze mutano con la nazione. Vi è un gran numero di preti Buddhisti del Ceylon e del Tibet che si trovano nel luoghi santi Buddhisti dell'India. In uno di questi luoghi, un prete Tibetano mi si avvicinò e spinse fuori la sua lunga lingua su di me. "Cosa può significare il fatto di tirar fuori la propria lingua su di una persona mai vista prima?" mi chiedevo costernato. Più tardi appresi che per il popolo Tibetano tirar fuori la lingua simboleggia un segno di rispetto ed una promessa di dire solamente la verità". Le curiosità che attiravano Niwano, visitando i *luoghi santi,* erano varie e sempre accompagnate da acuto spirito di osservazione per poi trarne qualche insegnamento.

Tra l'altro s'accorse che in parecchi luoghi delle città indiane, attaccati sui muri ed in recinti vi erano degli oggetti scuri di 15 centimetri di diametro e di forma simile ad un grande biscotto, nel cui centro c'era una scritta a mano. "Mi chiedevo meravigliato cosa potessero essere quelle cose; non sembravano commestibili. Dalle informazioni si seppe che erano sterco di mucca, l'unica fonte di combustibile per molte popolazioni dell'India. Ogniqualvolta si trova un pezzo di sterco di mucca nelle strade, le donne lo raccolgono, lo mescolano con l'erba, poi lo premono contro un muro od uno steccato dove subito si secca. Una volta seccato, le donne lo colgono e lo aggiungono ad altri pasticcini di sterco nei loro secchi per poi mettere in vendita il combustibile girando da un luogo all'altro. L'India è vasta con una popolazione immensa. Non potrei portare un aiuto pensando che, se la gente potesse utilizzare tutto così economicamente come fa con lo sterco di mucca e se potesse conoscere la gioia del lavoro diligente, la nazione potrebbe ben sperimentare la rinascita". Fatte queste considerazioni, Niwano sembra compiacersi nel fornire notizie su altri luoghi da lui visitati che gli ricordano il Buddha e la sua dottrina".

Il Monte Gridhrakuta "Picco dell'Avvoltoio"

"E' il più alto ed il più bello dei cinque monti che circondano l'antica fortezza reale a Rajgir (nello stato di Bihar), dove - racconta Niwano - in una casa-alloggio avevo passato la notte prima di salire sul monte. Il nome della montagna, che significa *Picco dell'Avvoltoio,* deriva da una immaginaria somiglianza tra la sua sagoma e quella dell'uccello. E' credenza che Buddha, sul Monte Gridhrakuta, abbia spiegato alcuni Sutra, fra cui il Sutra del Loto. I membri della comitiva ed io, nel nostro viaggio, ci siamo alzati alle sei e trenta del mattino ed abbiamo partecipato alla lettura del Sutra….Rajgir è stata la capitale dell'antico regno di Magadha.

A nord dell'antica fortezza c'è la nuova fortezza costruita dal Re Bimbisara, un notabile sovrano di Magadha. Si dice che Bimbisara abbia costruito un edificio in un boschetto di bambù dove egli ascoltava Buddha e dove andava per credere ai suoi insegnamenti. Nel periodo in cui viveva Buddha, tuttavia, Bimbisara venne messo in prigione ed in seguito ucciso dal suo stesso figlio Ajatashatru. Sulla via che va dall'antica fortezza a quella nuova, vi è una quantità di rovine, di cui alcune sono state da noi visitate nel nostro percorso verso il Monte Gridhrakuta. Alle dieci del mattino arrivammo sulla strada pavimentata in pietra chiamata la Via di Bimbisara in quanto il Re la pavimentò, così che egli potesse esservi condotto fino alla montagna per ascoltare il Buddha. Procedendo sulla strada abbastanza ripida, noi cantammo il *Daimoku, Namu Myoho Renge-kyo*. Giunti ancora più in alto, nel panorama apparve la fortezza reale".

Toccato nel profondo da forti sensazioni, Niwano è consapevole di trovarsi in un luogo avvolto nel mistero, proprio sulla cima della montagna dove c'è uno spiazzo, ai cui margini vi è un resto di mattone che la tradizione dice essere la piattaforma dalla quale Buddha ha annunciato il Sutra del Loto ed altri insegnamenti. Narra la sua immersione in una intensa meditazione: "Ero profondamente toccato dalla visione di questa piattaforma che portava agli occhi della mia anima una viva impressione del tempo in cui Buddha viveva su questa terra. Offerto l'incenso, congiunsi insieme le mie mani in preghiera e per pochi istanti meditai profondamente prima di iniziare la lettura del Sutra del Loto. Rimasi lì in silenzio, provai una sensazione di vigore che sgorgava dal profondo della terra. Leggere il Sutra stando sulla cima del Picco dell'Avoltoio ed osservare il verde della vegetazione dei monti vicini scintillanti al bagliore del sole splendente, è stata per me un'esperienza che rimarrà sempre preziosa. Dopo un breve riposo, esaminammo alcune caverne in cui Ananda, Maudgayayana e Shariputra, i maggiori discepoli di Buddha, hanno lasciato delle tracce delle loro pratiche religiose. Poi scendemmo alla base della montagna. Pur avendolo lasciato, il Monte Gridhrakuta è rimasto con gioia nei nostri cuori. Visitai anche Sarnath, luogo famoso perchè Buddha per la prima volta vi svolse il rotolo della *Ruota della Legge* tenendovi il suo primo sermone.

La Società Bodhi Maha mi prospettò la costruzione a Sarnath di un collegio come parte delle celebrazioni per il centenario della nascita di Dharmapala". A lui ed alla sua delegazione giapponese, venne riservata una festosa accoglienza da parte di 700 studenti della scuola media e superiore...

"Venni quindi richiesto di decidere il posto delle fondamenta in pietra del collegio. D'accordo con tale richiesta, seguii la mia guida su un fossato scavato in una profondità di circa due metri. In fondo al fossato collocai cinque mattoni, sopra i quali i muratori avrebbero poi versato il cemento per le fondamenta. A conclusione di questa breve cerimonia, venni ringraziato e richiesto di fare delle brevi considerazioni. Mi sentii obbligato ad accondiscendere. Parlando a persone giovani da una piattaforma alta, non potevo che credere in un rapporto Buddhista che mi aveva permesso di fare un discorso per la prima volta in India, dove il Buddha per primo vi aveva svolto il rotolo della Ruota della Legge. Poco dopo questa esperienza, seppi che l'essere stato invitato a partecipare alla posa della prima pietra di una scuola, è tra i più grandi onori che un Indiano possa offrire ad un ospite. Ero contento che la Società Maha Bodhi era stata così cortese da invitare dal Giappone una delegazione di credenti Buddhisti per prendere parte ad un tale prestigioso evento. Ed ero ancor più compiaciuto per il profondo significato, da me attribuito al fatto di concludere il nostro pellegrinaggio in India in una scuola dedita a stimolare la fioritura del Buddhismo nella propria terra".

La Religione in India nel pensiero di Niwano

Da questo viaggio Niwano è molto stimolato a fare in modo obiettivo riflessioni sull'India e sulle Religioni dell'Induismo e del Buddhismo. Le vogliamo riportare soprattutto per capire meglio il suo pensiero, specie nei riguardi di altre culture che molto si differenziano da quella nipponica.

Inizia dicendo che "il nome di India, secondo la tradizione, proviene da una parola Persiana che significa *"la terra del Fiume Indus"*. Questo fiume ha indubbiamente rappresentato una parte importante nello sviluppo dell'India. E' presso le sue sponde che la Civiltà della Valle Indus - forse la più antica nella storia umana - è emersa raggiungendo un livello urbano così sofisticato che la autorizza ad allinnearsi con le antiche civiltà della Cina, dell'Egitto e della Mesopotamia. In periodi più recenti, la Valle Indus ha dato alla luce dei grandi leaders come il poeta Hindu Rabindranath Tagore, il sostenitore della teoria della resistenza passiva Mohandas Karamchand Gandhi ed il grande politico Jawaharlal Nehru. Oggi, tuttavia, una religiosità funesta ha trasmesso radici profonde tra la vita reale quotidiana della popolazione Indiana creando condizioni spaventose di povertà e di fame".

A questo punto Niwano si pone una domanda atroce sui motivi che portarono il Buddhismo al fallimento in India, dove trasse le sue origini e dove una volta era così prosperoso. Prova a dare una risposta al suo interrogativo dicendo: "Forse le classi superiori non ebbero una buona reazione agli insegnamenti di Buddha sull'uguaglianza universale. Forse le classi inferiori mancarono di capire la grandezza degli insegnamenti di Buddha, anche quando venne loro permesso di venire a contatto con i medesimi. Messi insieme questi due fattori possono offrire una spiegazione al fallimento del Buddhismo ed al graduale affermarsi dell'Induismo in India. Riflettendo sulla condizione dell'India, mi sono profondamente reso consapevole di questa verità: non importa dove Buddha abbia insegnato per la prima volta, purchè la gente ne abbia capito il significato e l'abbia messo in pratica… Un grande maestro Buddhista del quarto secolo dopo Cristo ha predetto che la Legge di Buddha sarebbe strettamente collegata all'Oriente. Proprio come egli ha previsto, oggi in Giappone noi abbiamo la buona sorte di essere stati immersi nella luce della Legge. Quando ho visto il modo con cui il Buddhismo, si può dire, ha esercitato appena qualche influenza su tutta l'India odierna, personalmente sono rimasto ancor più profondamente impressionato dall'importanza della missione della R.K.K. Allo scopo di salvaguardare la Legge, un aspetto della nostra missione, e come modo per dimostrare gratitudine a Shakyamuni, ho proposto di stabilire un accordo per cui dei bravi studenti Indiani potessero venire in Giappone per studiare il Buddhismo in modo da poterlo insegnare nuovamente nella loro terra".

Capitolo VI

ANALISI SISTEMATICA DOTTRINALE

Premessa

Questa parte ci farà capire su quali fondamenta è stata costruita un'istituzione come la R.K.K. che, nel corso degli anni, si è resa visibile attraverso molteplici attività in opere umanitarie allo scopo di lenire le sofferenze nella condivisione. E' lo spirito compassionevole di Buddha, che spinge i membri della R.K.K. ad accorgersi delle difficoltà in cui versano i propri simili sotto ogni cielo. Si passa quindi dalle parole ai fatti, dai concetti dottrinali all'attuazione dei medesimi, pur nelle limitazioni e nei condizionamenti a cui tutti sono soggetti.

Pertanto, intendiamo anzitutto considerare l'aspetto teorico-dottrinale per poi porre l'attenzione sulla conseguente operosità tangibile che contraddistingue tutto intero il Movimento R.K.K., specialmente per quanto riguarda i mezzi adoperati per la pacificazione tra i popoli.

Riportiamo qui di seguito, in una nostra traduzione dall'inglese, i punti essenziali di un capitolo dottrinale di un testo, già citato all'inizio della presente trattazione, che si trova a disposizione del pubblico presso la biblioteca del Movimento R.K.K.

1. CATECHISMO DEL MOVIMENTO RISSHŌ KŌSEI KAI

Consta di sedici domande e di altrettante risposte[1].

D. Che cosa è la Risshō Kōsei-kai?

R. È un'organizzazione laica Buddhista che approfondisce l'eterna verità universale annunciata da Sakyamuni in cui ciascuno, spronandosi a vicenda in base a tale insegnamento, si impegna a perfezionare il proprio carattere ed a praticare in famiglia e nella società onde instaurare una vita domestica felice, una buona società ed un mondo pacifico.

D. Che cosa distingue la R.K.K. da altre organizzazioni Buddhiste in Giappone?

R. Due particolarità, soprattutto, caratterizzano questa organizzazione: la pratica del *Buddhismo Fondamentale* e la *hōza*.

a) I principi che guidano i membri nella soluzione dei loro problemi individuali e sociali, si rifanno alle dottrine fondamentali del Buddhismo che vengono praticate in modo tale che la Legge-Dottrina principale delle Quattro Nobili Verità sia collegata alla Legge-Dottrina della Genesi Condizionata dei Dodici Anelli. Non vi è altra organizzazione Buddhista in Giappone nè in altre parti del mondo, in cui la pratica degli insegnamenti derivanti dalle quattro Nobili Verità, dall'Ottuplice Sentiero, dalla Genesi Condizionata dei Dodici Anelli ecc. costituisca la via essenziale di salvezza e di sviluppo dei membri.

b) La *hōza* 法座 è l'altra caratteristica di questa organizzazione. Il Professor Campbell, noto studioso Americano, rimase impressionato quando vide la *hōza* in azione, dicendo di avervi scoperto una capacità di discernere l'origine della religione. Anche il Professor Kenneth Morgan è della stessa opinione. La *hōza* è un luogo estremamente importante per praticare nel mondo presente gli insegnamenti di Sakyamuni, che devono permeare la nostra vita attuale.

D. Qual è l'Oggetto di culto nella R.K.K.?

R. Il Grande Maestro Benefico e Signore Sakyamuni, Buddha Eterno, chiamato semplicemente anche ***Go-Honzon*** ご本尊.

D. Si potrebbero avere ulteriori spiegazioni riguardo a Go-Honzon?

---

[1] "Risshō Kōsei-Kai", 189, R 32, Tokyo, pp.152-157.

R. Il Fondatore del Buddhismo è il Signore Sakyamuni, la cui vita è stata dedicata alla salvezza di tutti gli esseri indicando all'umanità la retta via nel vivere. In questo senso egli è per l'umanità il *"Grande Maestro Benefico"* Il *"Buddha Eterno"*. Il Signore Sakyamuni è il Buddha dall'eterna vita in quanto la Legge-Dottrina da Lui posta in atto esiste dal lontano passato e rimane indistruttibile. L'ampio titolo relativo a questa Legge e al suo realizzatore, indica la completa unione tra Sakyamuni ed il Buddha Eterno. L'enfasi sull'eternità di Buddha senza alcun riferimento alla storicità rischia di essere troppo astratta, mentre l'enfasi sulla storicità di Buddha senza alcun riferimento all'eternità o all'universalità rischia di essere troppo limitata e localizzata. Ragion per cui i suddetti punti sono ampiamente giustificati.

D. Cos'è il Buddhismo laico così come si definisce la R.K.K. ?

R. Il Buddhismo laico, a differenza del monacale, è la condizione dei credenti in Buddha (仏) e nella Legge (Dharma 法) che vivono e praticano in famiglia e nella società gli insegnamenti di Buddha al fine di diffondere la Legge e raggiungere insieme agli altri la felicità. E' ciò che cercano di fare i membri della R.K.K. vivendo da buoni capi famiglia in casa e da buoni cittadini nella società.

D. Cos'è **Namu Myōhō Renge-kyō** (南無妙法蓮華経) che i membri recitano continuamente?

R. E' una formula sacra che sostanzialmente significa "Prendere rifugio nel Sutra del Loto": *Namu* 南無 significa "prendere rifugio in"; *myō* 妙 parola estesa a *hō* 法 Legge, esprime la nostra mente umana così che la combinazione *myōhō* porta a significare che noi possiamo ricevere la Legge non solo intellettualmente, ma anche nel cuore e nella pratica; *renge* 蓮華 è il fiore di Loto che, con le sue radici nel fango, spunta splendidamente dall'acqua melmosa senza scolorirsi. Il Sutra del Loto ci insegna che noi possiamo condurre una vita umile e gioiosa, prestando aiuto agli altri con un cuore genuino e gentile in questo mondo sleale. Di conseguenza, la recita di questa formula sacra porta ad apprendere la verità universale ed a credervi praticandola nei fatti. Per noi costituisce una regola recitarla ogni giorno al fine di animare e rafforzare la nostra fede.

D. Qual è l'essenziale dell'eterna e universale verità annunciata da Sakyamuni?

R. Questa verità risulta essere vera in ogni momento, in ogni luogo e perciò può ben essere chiamata verità assoluta. Può essere come il riassunto dell'insegnamento riguardante i Tre Gioielli, le Quattro Nobili Verità, la Catena dei Dodici Anelli di Condizionamenti, l'Ottuplice Sentiero ecc. Per il tempo che noi viviamo, consapevoli o meno, sotto il controllo di questa verità, proprio come l'intera esistenza è sotto il controllo della legge di gravità. Sta qui la grande differenza nello stile di vita tra coloro che riconoscono la Legge e vivono in conformità ad essa e quelli che non la conoscono o ne ignorano l'importanza. Se noi prendiamo rifugio in questa verità universale e vi poniamo la base della nostra vita, possiamo ottenere una fede vigorosa, qualunque cosa ci accada in questo mondo.

D. Qual è l'essenza della Fede Buddhista?

R. E' la fede nei Tre Gioielli: in Buddha (仏 *Hotoke*), nel Dharma (法 *Hō*) e nel Sangha (僧 *Sō*, Comunità). Anzitutto, noi veneriamo e seguiamo Sakyamuni Buddha come il Maestro del genere umano. In secondo luogo seguiamo ed umilmente apprendiamo l'assoluta Legge eterna ed universale, vi crediamo e vi poniamo il nostro rifugio. In terzo luogo, abbiamo fede nell'amicizia comunitaria di tutti coloro che sono strettamente uniti nel proclamare la verità in Buddha e nella Legge e si associano a tale comunità per incoraggiarsi e consigliarsi a vicenda.

D. Che cos'è la Terra Pura (*jōdo* 淨土) Buddhista?

R. Non ha esistenza alcuna, se non nel cuore di ciascuna persona. Può essere formato da un mondo degli inferi o da un mondo celeste.

D. Perchè venerate un' immagine buddhista?

R. La pratica di culto nel Buddhismo rappresenta un segno di gratitudine verso Sakyamuni che venne illuminato dopo tante avversità, dedicando poi la sua vita a predicare ed a praticare la Legge con grande compassione.

D. Perchè indossate il *tasuki* 襷, la fascia bianca?

R. Nei paesi Buddhisti come in Cina e Giappone, i sacri ministri indossano le tuniche e le stole nel servizio a Buddha, mentre noi Buddhisti laici conduciamo una vita ordinaria senza abiti speciali. Indossiamo il *tasuki* al posto di una stola solo compiendo azioni come credenti, per rafforzarci nella consapevolezza di essere Buddhisti laici. "*Namu Myōhō Renge-kyō*" è scritto in ambedue le parti del *tasuki*. E' la formula sacra che simboleggia la nostra identificazione, anche se per un istante, con il Movimento R.K.K. per aiutare gli altri così come aiutiamo noi stessi nella pratica del Bodhisattva.

D. Che significato ha il *juzu* 珠数?

R. Questa specie di rosario, utilizzato dai Buddhisti nel rendere culto a Buddha, in origine serviva a contare le volte in cui veniva invocato il nome di Buddha o veniva recitata la preghiera Buddhista. Attualmente è in genere usato come un simbolo del Buddhismo; ha un riferimento al Sutra chiamato *Mokkanshi-kyō (Mukuroji* 躯じ経*)* che contiene il seguente passaggio: "Per rimuovere tutte le illusioni, passiamo attraverso 108 grani, *mukuroji*. Mantenendo il rosario unito, si medita su Buddha, la Legge ed il Sangha". Di conseguenza, tutte le volte che teniamo il *juzu* nelle nostre mani, cerchiamo di liberare il nostro spirito dal fuoco della bramosia.

D. Perchè nel rivolgere i saluti congiungete le mani (*gasshō* 合掌)?

R. Il Buddha insegna che noi esseri umani siamo tutti suoi figli e possediamo la nobile natura buddhica. Da questo punto di vista siamo tutti fratelli e sorelle. Realizziamo ciò stando uniti a questa organizzazione ed incoraggiandoci reciprocamente nello scoprire la natura di Buddha e nel rispetto l'un per l'altro, grati per i buoni rapporti tra amici della stessa fede.

D. Che cos'è lo *zange* (leggi:zanghe) 懺悔?

R. Il *Bussetsu-Kan-Fugen-bosatsu-gyōhō-kyō* (仏説観普賢菩薩行法経) tratta dello *zange (confessione-ravvedimento)*. Viene ritenuto come il sutra conclusivo del Sutra del Loto ed è quindi molto importante per i membri della R.K.K. Stando all'interpretazione del Presidente Niwano, vi sono due gradi di *zange*. Il primo grado è il riconoscere i nostri peccati per purificarci dal fango dell'ignoranza e della bramosia, mentre il secondo grado consiste nel fare un voto di pratica Buddhista a Buddha per mettere in evidenza la nostra natura buddhica. Per questo è inevitabile un certo tipo di sofferenza; soltanto dopo un faticoso processo la nostra natura buddhica apparirà nel suo perfetto splendore. Noi non dovremmo essere riluttanti a guardare spesso al nostro passato. La riflessione sul passato costituisce un preliminare per un positivo progresso nel futuro.

D. Qual è l'insegnamento più importante per i membri?

R. Uno degli insegnamenti di Buddha, molto noto, dice: *"rendi te stesso luce"* (*ji-tōmyō* 自灯明), *"rendi la Legge luce"* (*hō-tōmyō* 法灯明)". Queste parole si dice siano state pronunciate da Buddha prima di entrare nel nirvana. *"Rendi te stesso luce"* viene talvolta spiegato nel significato di: *"rendi te stesso isola"*, ovvero *"Conta su te stesso"*, ciò che implica nient'altro che la vera possibilità di fare affidamento su se stessi. Noi dovremmo essere consapevoli della nostra responsabilità per tutto quello che accade attorno a noi senza attribuirne la responsabilità a condizioni esterne. Con questa consapevolezza, l'io non può fare affidamento né sulle cose, né su altre persone, ma soltanto sulla Legge universale ed eterna. Questo è detto nella frase: *"Rendi la Legge luce"*, o similmente come sopra, *"Rendi la Legge isola"*, cioè *"affidati alla Legge"*.

Il Presidente Niwano dice spesso con enfasi: "La vera essenza della religione o del Buddhismo risiede nello spirito di "Rendi te stesso luce, rendi la Legge luce". Perciò la pratica di questo spirito è assai importante per i membri di questa organizzazione. Per questo scopo, noi dobbiamo per primo studiare senza riserva la Legge e condurre una vita pratica ad essa conforme. Riflettendo allora sul risultato della pratica, il bene si espande ulteriormente e ciò che ancora non è soddisfacente migliora. Col ripetere la recitazione, la nostra comprensione della verità viene gradualmente approfondita. Più la nostra conoscenza e pratica della Legge si fonderanno in una cosa sola, più avrà senso la nostra vita di vera felicità. Tutte le nostre pratiche, come il culto al *"Go-honzon"*, la lettura dei Sutra, la guida degli altri, le offerte in denaro o in beni, la partecipazione a *hoza* ecc, sono dirette a questo scopo.

D. Si dice che la R.K.K. sia molto positiva riguardo la cooperazione tra le differenti religioni, ma come viene promossa questa cooperazione?

R. Attualmente il Presidente Niwano tiene alcuni importanti uffici: è Presidente dei direttori dell'Unione delle Organizzazioni delle Nuove Religioni del Giappone, è Consigliere della Lega Giapponese delle Religioni, è Direttore esecutivo del Centro delle Religioni, è Membro del Consiglio delle Persone Giuridiche Religiose presso il Ministero della Pubblica Istruzione ecc.

- L'Unione dell'Organizzazione delle Nuove Religioni in Giappone è un'Associazione di nuove organizzazioni religiose, fondata durante gli ultimi trenta o quarant'anni. Al momento attuale, le organizzazioni che vi aderiscono superano il centinaio a soli quindici anni dalla loro nascita.

Sebbene differiscano in quanto a dottrina e a riti, cooperano tra loro in buoni rapporti e desiderano scambiarsi reciproche esperienze.

- Il Centro delle Religioni venne istituito da leaders nel campo degli affari, dell'istruzione, della religione ecc. allo scopo di coltivare lo spirito religioso e di fare del Giappone una grande nazione attraverso una vasta campagna nazionale sotto lo slogan: *"Fede a tutti gli uomini!"*. Inoltre, avvertendo l'urgente necessità di cooperare con la Cristianità per realizzare la pace a livello mondiale, il Presidente Niwano prese parte al Concilio Vaticano Secondo in quanto ospite speciale ed ebbe un incontro con il Papa Paolo VI. Pertanto, in questa organizzazione il Presidente Niwano, alla guida di tutti i membri, si impegna con tutte le sue forze a realizzare la cooperazione delle religioni non solo in Giappone, ma anche nel mondo intero. Parecchi sono i punti interessanti, su cui potremo soffermarci riguardo al *Catechismo della R.K.K.* di cui sopra. Uno, in particolare, attira subito la nostra attenzione; è quello riguardante il n.14 che viene spiegato come segue.

Za n g e (o Sange, leggi: Sanghe, 懺悔) "spirito penitenziale"

Secondo l'interpretazione di Niwano, lo *zange* porta a riconoscere i propri peccati *"per purificarci dal fango dell'ignoranza e della bramosia"*. A tale proposito, mi piace citare la Rivista mensile *"The Yakushin* 躍進*"*[2] che riporta un servizio proprio sul tema *zange*, facendo capire quanto l'argomento sia attuale. In prima pagina, infatti, come di consueto, viene riportato l'articolo di fondo considerato come la guida mensile da parte dell'attuale Presidente Niwano Nichiko (primogenito del Fondatore).

"Zange nakushite jinsei nashi 懺悔なくして人生なし*"*: "non c'è vita umana senza penitenza-ravvedimento". E' il titolo dell'articolo in cui, parlando del mese di dicembre che conclude l'anno vecchio e prepara il nuovo, fa notare che "è attraverso il ravvedimento su quest'anno (trascorso) che prendono vita il corpo e lo spirito per andare incontro all'anno nuovo". Soffermandosi poi sul termine *"conclusione" (shimekukuri* 締めくくり*)*, fa allusione alla terza parte (o "terzo ramo" *hōke sanbu-kyō* 法華三部経) del Sutra del Fior di Loto, *Bussetsu-Kan-Fugen-bosatsu-gyōhōkyō* riguardante

---

[2]*The Yakushin* 躍進, Kosei Ed. Tokyo, Dic. 1995, pp.10-14

l'insegnamento buddhista della contemplazione sulle azioni virtuose del Bodhisattva, considerato come *conclusione-epilogo* del Sutra della Legge Meravigliosa del Fior di Loto e chiamato anche con il nome speciale di *Zange-kyō* 懺悔経 *Sutra della penitenza*. Questo riguarda "fondamentalmente la vita reale di ogni giorno, in cui noi andiamo incontro continuamente ai più svariati e piccoli smarrimenti senza poterne valutare la gravità. Questi smarrimenti - rileva il Presidente Nichiko - sono dovuti secondo il Buddhismo alle passionalità mondane (*bonno* 煩悩) tipicamente rappresentate dalla bramosia, *ton* 貪, dall'ira, *shin* o *jin* 瞋 e dalla stoltezza, *chi*, leggi: *ci* 痴 .

- La bramosia equivale alla cupidigia (*tonyoku* 貪欲), cioè ai desideri eccessivi (*kado-na yokubō* 過度な欲望).

- L'ira equivale al furore passionale (*shin-i* 瞋恚), cioè ad un cuore inviperito (irritato, *ikari no kokoro* 怒りの心).

- La stoltezza equivale a futili lamentele o rimpianti (*guchi,l.guci* 愚痴); non vedendo se non quello che è davanti agli occhi, non è in grado di distinguere il prima dal poi.

Queste passionalità mondane ciascuno le possiede fin dalle origini, per cui non v'è nessuno al mondo che non le abbia per l'impossibilità di allontanarle dalla nostra vita. Comunque, esiste in noi solo una disposizione a considerarle inique e quindi da doverle rifiutare. Secondo il Buddhismo Mahayana (Grande Veicolo), le passioni mondane non sono da rinnegare, né da considerare inique.

Come dicono le parole "*Bonno soku Bodai*" (煩悩即菩提, *passioni mondane, vale a dire salvezza, illuminazione suprema*), per il fatto appunto che esistono le passioni possiamo in noi suscitare aspirazioni alla salvezza, alla Buddhità. Ancora, avendo davvero tutti le passioni mondane, siamo in grado di capire i sentimenti di quelli che soffrono per il manifestarsi delle passioni stesse, offrendo la nostra solidale simpatia. Qualora non ci fossero le passioni mondane, non ci sarebbe alcun sentimento di simpatia, né alcuna comprensione verso chi è in preda alle afflizioni. In questo senso, le passioni mondane ci danno una preziosa opportunità di percorrere la strada di Buddha. Passioni e vita possono perfino chiamarsi sinonimi. E così, proprio per il fatto che le passioni mondane fanno parte dei sentimenti di ciascuno, tutti possiamo identificarci con gli altri (自他一如 *jita-ichi-nyo*).

In una parola, sono le passioni stesse che danno origine ad autentici legami tra le persone"[3].

Ricordando il Principe Shōtoku

Fatte queste considerazioni, Niwano Nichiko nel suo ariticolo ricorda un periodo della storia del Giappone quando il Principe Shōtoku (*Shōtoku Taishi* 聖徳太子 572-621) fu il pioniere (*kaitaku-sha* 開拓者) del Buddhismo giapponese in quanto diede via libera alla sua introduzione in Giappone. Sotto la sua reggenza venne promulgata la famosa *Costituzione dei diciassette articoli (jū-nanajō-kenpō* 十七条憲法*)*[4].

Al decimo capitolo vi si legge fra l'altro: "Non nutrire nel tuo cuore pensieri di rancore. Non ti adirare con sguardi furibondi. Anche se un altro va contro di te, fa in modo di non andare in collera. Fra tutti ognuno ha il suo modo di pensare; e quel sentimento è l'attaccamento a ritenere giuste le proprie cose. Tu pensi che sia sbagliato ciò che gli altri pensano essere giusto; tu pensi che sia giusto quello che gli altri pensano essere sbagliato. Tuttavia spesso non si è santi, ma gli altri non sono sempre nemmeno degli scemi. Da ambedue le parti non esistono se non le persone ordinarie. Quand'anche l'altro sia adirato contro di te, rifletti piuttosto se non ci sia o meno in te un errore. Anche quando tu pensi di aver ragione, porta rispetto

---

[3] In connessione con tale argomento, mi piace citare una riflessione proposta dal Prof. Suzuki Konosuke, responsabile della sezione per l'istruzione presso la sede centrale R.K.K. di Tokyo, in occasione del 2° pellegrinaggio internazionale R.K.K. del 7 Aprile 1995, a cui insieme ad Agnese ho partecipato personalmente: *"Di solito si è portati a fare osservazioni e critiche agli altri perchè essi cambino. Ma il miglior modo per cambiare gli altri è quello di cominciare a cambiare se stessi,* (jibun ga kawareba, aite ga kawaru 自分が変われば、相手ガ変わる). *Questo – rileva il Prof. Suzuki – è quanto si insegna nella R.K.K. che ritiene fondamentale lo slogan:* Sukui sukuware (救い救われ), cioè : *la salvezza viene salvata!"*

[4] A tale proposito, John Whitney Hall in *"L'Impero giapponese"* (Feltrinelli Editore, Ottobre 1969, Milano, p.51) scrive: "Nel 604 Shōtoku Taishi emanò un codice politico di diciassette articoli con cui sperava di instaurare un nuovo tipo di etica politica, adottando le teorie confuciane sullo stato; queste paragonavano i rapporti fra sovrano e sudditi ai rapporti fra il Cielo e la Terra".

alle opinioni di molti altri ed agisci di conseguenza"⁵. Da quanto sopra riportato emerge un chiaro invito ad una sana umiltà e Niwano Nichiko, proseguendo nelle sue riflessioni, scrive che "il Principe Shotoku, anche se di famiglia nobile, ebbe a dichiarare includendo se stesso: "Non esistono individui particolari. Davanti a Buddha (*Hotokesama*), tutti sono ordinari". Richiamandosi al proverbio *"si abbassano le spighe di riso man mano che giungono a maturazione, (minoru-hodo-atama-no-sagaru-inaho-kana*実る ほど頭の下がる稲穂かな*)*, tiene a dire che "l'individuo più cerca di arrivare al proprio perfezionamento, più diventa umile mostrando lo sforzo di volersi abbassare. Nella nostra vita quotidiana, in piena solidarietà con le sofferenze altrui, fin dal profondo del cuore dovremo gli uni e gli altri mettere i nostri sforzi per rendere felice l'altro".

L'Autore dell'articolo, inoltre, fa cenno alla pratica, in uso presso la R.K.K., di riconoscere pubblicamente i propri errori quando si svolgono le riunioni di gruppo *hoza* o quando si pronunciano i discorsi (sermoni-*seppō* 説法) riguardanti esperienze di vita personale. Afferma poi che "non è facile affatto, se non con molto coraggio, rivelare davanti a tutti cose che si vorrebbero nascondere superando la vanagloria e le formalità. Ed anche quelli che ascoltano tali confessioni non solo rimangono impressionati dalla franchezza d'animo di chi ammette pubblicamente i propri errori, ma finiscono per accettare i propri problemi prendendo coscienza di difetti e sbagli. E così la confessione (penitenziale) conduce alla purificazione propria e degli altri, assumendo il valore di un meraviglioso atto di virtù. Ma ciò deve essere una cosa spontanea senza forzature. Più è spontanea, più è autentica. Dal profondo del cuore avviene così la nostra purificazione, mentre farà risplendere sugli altri la natura buddhica portando ovviamente la serenità".

Nel chiudere l'articolo, non può non riportare al riguardo alcune riflessioni nuove che il suo "Padre e Maestro" Fondatore Niwano Nikkyo fa conoscere a tutti nel suo commento finale al 3° ramo del Sutra del Loto: "Riassumendo, nella penitenza-ravvedimento si apprende l'insegnamento del Grande Veicolo (Mahayana) e lo si mette in pratica; poi senza venire a banali compromessi con se stessi, finalmente liberati e purificati dagli smarrimenti e dalle contaminazioni del cuore, torna a risplendere in noi la

---

⁵Cfr. *Nippon no meicho 2. Shotoku Taishi. Sekinin Henshu, Nakamuramoto, Chuo-koronsha-kan*

natura di Buddha. Con questa perfezione, come dall'insegnamento del Sutra del Loto, si giunge a capire tutta la realtà (*shoho jisso*). Inoltre, la pratica della penitenza sta proprio nell'azione del Bodhisattva che si dedica per l'individuo e per il mondo intero. Per la vita religiosa, la penitenza-ravvedimento è un fatto importante che non può essere trascurato. Questo Sutra ripetutamente recitato fa capire il significato del mistero vivendo la vita d'ogni giorno"[6].

2. IL PENSIERO BUDDHISTA DI NIWANO NIKKYŌ

In merito al Sutra del Loto

Data l'importanza di questo Sutra per la storia del Movimento R.K.K., vogliamo ora conoscere qualche valutazione sul Sutra del Loto da parte del Fondatore del Movimento Rissho Kosei-kai. Nella prefazione al suo libro "Buddhism for today"[7] sottolinea anzitutto la grande difficoltà nel comprendere gli insegnamenti del Buddhismo per il fatto che i Sutra furono scritti per la prima volta circa duemila anni or sono nelle lingue indiane, il Sanscrito ed il Pali. Indi vennero le traduzioni in lingua cinese introdotte poi in Giappone[8]. E' opinione comune che fra i tanti Sutra buddhisti il

---

[6]Nikkyō Niwano: "法華経の新しい解釈, *Hoke-Kyō no atarashii kaishaku*"
Interpretazioni nuove del Sutra del Loto, Kosei Shuppansha, Tokyo 1989, p.739
[7]Nikkyō Niwano: "Buddhism for today" (A Modern Interpretation of the Threefold Lotus Sutra), Kosei Publi.Co., Tokyo, 1976 (fourth printing 1990), Preface pp. xi-xvi
[8]Il testo sanscrito (Lopez-Gay, cit. p.19) del I sec. d.C. consta di 26 capitoli. Vi sono alcune sezioni in versi, di cui le più antiche risalgono al I sec. a.C, altre moderne come i cc.21-25. Lo stile è narrativo con Shakyamuni protagonista principale: parabole, dialoghi, grandi figure, miracoli, numeri smisurati ecc. Le *traduzioni* usate in Giappone sono quelle di Dharmaraksa (286 d.C.), di Kumarajiva (s.383) la più usata, di Jnanagupta e di Dharmmagupta (601 d.C.). Mentre il testo sanscrito ha 26 capitoli, la traduzione cino-giapponese di *Kumarajiva* ne ha 28 dove il primitivo cap.11 diventa 11-12; vi sono stati degli spostamenti.
In quanto alla struttura globale, Niwano spiega (cfr. "Buddhism for today, cit. pp.xxii-xxvii) che i 28 capitoli sono preceduti da una *introduzione (kai-kyo)* dal titolo "Sutra dai Significati Innumerevoli" (*Muryo-gi-kyo*) che consta di tre capitoli: 1. Le virtù (*Toku-Gyo-hon*), parte introduttiva. 2. La predicazione (*Seppo-hon*), parte principale 3. I dieci meriti-forza (*Ju-Kudoku-hon*) attribuiti al Sutra.

Sutra del Fior di Loto Legge Meravigliosa, detto comunemente *Sutra del Loto*, è quello che eccelle su tutti. Tra le *caratteristiche* di questo testo, oltre alla difficoltà di capirlo, tradotto con parole esotiche e poco a noi familiari come per altri testi, Niwano si sofferma nel dire che è misterioso e molto lontano dalla nostra vita reale poiché presenta racconti fantastici con scenari di mondi immaginari, includendo anche un certo numero di termini filosofici densi di significati occulti. E' questo il motivo per cui tanta gente si discosta dal Sutra rinunciando alla sua comprensione, tanto che alcuni lo abbandonano completamente per il fatto che, pensano, si tratta di materie non adatte alla loro vita quotidiana. Al tempo di Sakyamuni Buddha il Sutra del Loto non era così difficile. Attraverso la sua divina ispirazione, Egli non parlava in modo così misterioso da non farsi capire dalla gente, nè forzava gli altri a capirlo con considerazioni esoteriche.

Fermatosi per lungo tempo a riflettere sui problemi di questo mondo e di come l'uomo vi trascorre l'esistenza, attraverso la vita di relazione, l'Illuminato finalmente arrivò alla conoscenza della verità universale che può essere applicata in qualsiasi momento, in ogni luogo ed in tutte le persone. Tale verità non è così difficile da non potersi capire, come non è

Segue poi l'*epilogo (kek-kyo)* intitolato : "Sutra della meditazione sul Bodhisattva dalla Virtù Universale". Si tratta del sermone pronunciato da Sakyamuni nella Grande Foresta del Monastero di Vaisali nell'India centrale, indicando la via del ravvedimento-penitenza che consiste nello spazzare via le nuvole oscure dell'illusione. In quanto al suo contenuto, è chiamato anche il "*Sutra del ravvedimento penitenziale*". Nikkyo Niwano sottolinea inoltre che fin dai tempi più remoti, per poter meglio comprendere il Sutra del Loto, gli studiosi hanno proposto la seguente suddivisione: tracciare una linea tra i capitoli 14 e 15. La prima metà è chiamata **"*Legge dell'Apparizione*"** (shaku-mon), cioè il Buddha storico nato in questo mondo, illuminato dopo anni di ascetismo e morto all'età di ottant'anni. Di qui tutti i suoi insegnamenti, la cui essenza sta nella sapienza. La seconda è detta **"*Legge Primordiale*"**(dell'origine), hommon, (di cui il nocciolo è al cap.16), dove Buddha si presenta come la verità dell'universo, cioè il principio fondamentale di tutti i fenomeni dell'universo, per cui Buddha è sempre e dovunque esistito fin dal suo inizio. Tale è il Buddha Originale (*hombutsu*). - Con un esempio pratico, Niwano paragona il Buddha storico all'immagine televisa che vediamo con i nostri occhi, mentre il Buddha Originale è paragonato alle onde elettroniche che ci permettono di vederne l'immagine. Come non esisterebbero le immagini televisive senza le onde elettroniche, così non avremmo avuto l'apparizione storica di Buddha se non ci fosse stato il Buddha originale.

Cfr. anche De Visser: "Ancient Buddhism in Japan", Leiden, E.J.Brill 1935, pp.616 ss. e per la presentazione schematica cfr. pp.625-636.

difficile capire che uno diviso tre equivale ad un terzo; bisogna solo essere abbastanza adulti per capirlo. Riportando l'esperienza del Prof.Yoichi Yoshida, matematico famoso dell'Università Rikkyo di Tokyo, osserva che questi nel suo testo con temi matematici, colloca l'aritmetica decimale nel terzo e quarto anno delle scuole primarie e si imbatte nel fatto che i conteggi ed i calcoli restano indivisibili all'infinito, come nel caso *1:3= 0.3333.....*Tuttavia, egli fu in grado di piegare un foglio di carta in tre parti esattamente uguali senza però saperne il perché. Volendo diventare un matematico, esaminò seriamente il motivo per cui il *numero uno* poteva dividersi in tre nella pratica, ma non mediante il calcolo.

Quando si trovò alla quinta e sesta classe, pensò alle frazioni e si rese conto che il numero frazionale *un terzo* gli forniva un modo nuovo di affrontare questo problema, poiché si sentiva in certo modo ingannato quando pensava che il numero di frazione *un terzo* potesse essere una risposta al problema di dividere uno per tre mediante il calcolo. Comunque, si interessò molto alle frazioni e provò fermamente a considerare *un terzo* come un numero. Alla fine fu in grado di capire che l'essere capaci effettivamente di piegare un foglio di carta in tre parti uguali non era poi un miracolo. La stessa cosa - nota Niwano - possiamo dire degli insegnamenti di Buddha, i quali, in quanto principi, possono essere incomprensibili, ma dopo un certo grado di maturità possono essere compresi, anche se gradatamente. Infatti, anche l'insegnante di matematica, prima di parlare delle frazioni agli scolari piccoli, insegna loro i numeri uno, due, tre ecc. come fondamento. Ed arrivando poi alle frazioni come *un terzo,* porterà l'esempio di piegare un foglio di carta in tre parti uguali invece di spiegare la teoria delle frazioni.

Espedienti adeguati

Le suddette esemplificazioni sembrano molto importanti per Niwano in quanto vengono da lui applicate a Sakyamuni, la cui predicazione si è svolta in modalità molteplici a seconda delle potenzialità o livelli di comprensione da parte degli ascoltatori di quel tempo.

Tra i vari metodi, le parabole fanno parte dell'insegnamento di Buddha. Il fatto che molti avessero cambiato vita, è segno che avevano capito tali insegnamenti. Inoltre, all'interno della comunità di Sakyamuni esisteva un'atmosfera di libertà, tanto che si diceva: *"quelli che vengono siano i benvenuti; quelli che se ne vanno non vengono rimpianti"*. Proprio come al cap.2 del Sutra del Loto *"Espedienti adeguati"* (Sanscr.*upaya*; giapp.*hoben*), dove è descritto il caso di cinquemila monaci che lasciano l'assemblea senza che Sakyamuni li persuada a rimanere mentre sta predicando il Fior di Loto. Non era infatti necessario per loro ascoltarlo fino a quando non avessero ottenuto l'illuminazione. Fatto sta che - sottolinea Niwano - senza essere costretti nè a rimanere, nè ad andarsene, i seguaci di Sakyamuni arrivarono rapidamente a decine di migliaia, data l'incomparabile forza d'ispirazione e di persuasione del maestro. I problemi sorsero dopo la scomparsa di Sakyamuni, i cui atteggiamenti di liberalità misero in difficoltà i discepoli, i quali tenevano sempre in mente le ultime sue parole: *"Tutte le cose (fenomeni) sono in perpetuo mutamento. Sforzatevi di praticare senza trascuratezza"*.

Nessuna parola proferì su chi dovesse dirigere la comunità o in quale modo. Si formarono naturalmente gruppi regionali di discepoli impegnati a seguire i suoi insegnamenti che, non essendo soggetti ad alcun controllo dottrinale, si manifestavano differenti in quanto alla loro comprensione ed interpretazione tra le varie regioni dell'immensa India.

Monaci e Laici. Nel Loto un solo Veicolo *Ekayana*

Il problema di fondo - osserva ancora Niwano - era quello delle zone direttamente visitate da Sakyamuni, la cui predicazione veniva interpretata in modo corretto, e delle zone da lui non visitate, in cui i suoi insegnamenti venivano trasmessi in seconda mano e quindi assai mutati a causa delle aggiunte operate dalle personali idee dei predicatori. Tali aggiunte presero piede nel tempo che seguì la morte di Sakyamuni. Sostanzialmente Niwano ci vuole anche dire che gli insegnamenti di Buddha subirono delle differenti interpretazioni in tutto il periodo che seguì la sua scomparsa, compreso il tempo presente. Avvenne così in India, dove in ogni regione ed in ogni gruppo si verificavano tali differenze; ed i monaci instaurarono uno stile di vita impossibile per i laici. Invece - osserva Niwano - mentre viveva Sakyamuni, come possiamo vedere nel Sutra del Loto, i monaci (*bhikshu*), le monache (*bhikshuni*), gli uomini laici credenti (*upasaka*) e le donne laiche credenti (*upasikas*) ascoltavano Buddha, praticavano i suoi insegnamenti ed erano impegnati a diffondere la Legge in armonia gli uni e gli altri in contrasto all'abissso apertosi, dopo la scomparsa di Buddha, tra monaci e laici senza prima esserne consapevoli.

L'osservanza formale dei precetti praticata dai monaci era in stridente contrasto con lo spirito fondamentale dei precetti stessi. Difficoltà vi erano anche per l'esistenza di dottrine e filosofie diffuse nell'India di quel tempo. D'altra parte, alcuni erano dell'idea che, malgrado la predicazione di Sakyamuni, era impossibile per tutti ottenere il medesimo grado di illuminazione come Buddha. Noi, affermavano, abbiamo solo bisogno di liberare noi stessi dai legami dell'illusione e della sofferenza di questo mondo. Vedendo il Buddhismo allontanarsi dal suo vero spirito e perdere forza, i laici furono stimolati dal desiderio di portare nell'insegnamento lo spirito autentico di Sakyamuni. Sorse così un nuovo gruppo che formò il proprio Buddhismo chiamandolo *Mahayana, Grande Veicolo* perchè tutti fossero condotti nel mondo di Buddha e condannò il Buddhismo istituito come *Hinayana, Piccolo veicolo*. Mentre i monaci del vecchio gruppo, per tutta risposta, accusavano: "*È il vostro Buddhismo che è falso*", si verificò un forte conflitto tra il nuovo ed il vecchio. Il Sutra del Loto apparve proprio in tali circostanze come sforzo per unificare il Buddhismo in *un solo veicolo, ekayana,* che tutti ugualmente potevano seguire in quanto ultimo oggetto degli insegnamenti di Sakyamuni per condurre tutti al medesimo veicolo.

Da ricordare che il Sutra del Loto venne trascritto a settecento anni dalla morte di Buddha Sakyamuni. Niwano scorge un profondo significato nel fatto che le modifiche nel Buddhismo, durante i primi settecento anni, hanno determinato un tipo di cambiamento che poi venne adottato nella sua lunga storia. Nel ventesimo secolo, quando il Buddhismo si attaccò troppo alla forma perdendo la sua forza di salvare la gente, sorse di nuovo tra i credenti laici un movimento religioso per riportare il Buddhismo ai veri insegnamenti di Sakyamuni. Questi laici, mediante il loro impegno, si trovano ora sparsi non solo in Giappone, ma in tutto il mondo[9]. Niwano inoltre si ferma a constatare che nei paesi occidentali vi sono molte persone insoddisfatte del monoteismo, dell'ateismo o del materialismo e sono alla ricerca di soluzioni ai loro problemi avvicinandosi al Buddhismo. Si sente dire che perfino in un paese comunista, come la Repubblica Popolare

---

[9]È lecito supporre che Niwano voglia alludere al proprio Movimento R.K.K.

Cinese, i dettami Buddhisti sono alla base di un nuovo sistema etico. Nell'Introduzione al suo libro citato, Niwano, ricordando che Sakyamuni

non scrisse nessun Sutra, ribadisce che quello del Loto (come tutti gli altri) non è altro che una raccolta di discorsi ed insegnamenti del Maestro tramandati oralmente da vari gruppi di discepoli ed in seguito elaborati dai medesimi fino ad essere trascritti dopo vari secoli dalla morte di Buddha, come sopra menzionato.

Simbolismo nel Sutra del Loto

Inoltre, fa osservare che se è vero che il Sutra del Loto eccelle su tutti gli altri, sarebbe un equivoco di fondo mettere in cattiva luce tutti gli altri, esaltando eccessivamente il Fior di Loto. Nella sua compilazione, la forma è quella di un dramma per essere facilmente comprensibile dal pubblico in generale. Infatti, l'impegno da parte dei compilatori è stato quello di aiutare la gente a capirlo, rappresentando idee incomprensibili in una forma comprensibile. Per esempio, al cap.1 *"Introduttivo"* si dice che quando il raggio sprigionato dalla fronte di Buddha illuminò la parte orientale dei 18 mila paesi di Buddha, tutti i Buddha ed i loro discepoli venivano visti come esistenti ovunque.

L'espressione - commenta Niwano - sta a significare che Buddha si trova in ogni corpo celeste così come in terra, ossia che egli è presente ovunque nell'intero universo. E' un'espressione simbolica, così come è la descrizione del tremolio della terra o della pioggia di fiori. E per spiegare meglio il suo pensiero, riporta espressioni comuni come "fui preso da un tale spavento che mi sentii agghiacciare il sangue", oppure "ero preso da convulsioni di riso", che non vanno prese alla lettera. Ma se di fatto non sono tali, servono a comunicare graficamente ed effettivamente l'autentico sentimento di chi parla o di chi scrive. Questo punto ci offre *la chiave* per capire il Sutra del Loto. Niwano è convinto che quello che è importante non è tanto l'avvenimento, quanto la verità, cioè la verità dell'insegnamento di Buddha. Ed anche se nel Sutra del Loto incontriamo cose che sembrano irreali, dobbiamo fermamente cogliere la verità che si trova all'interno delle parole apertamente espresse.

Alla luce del Loto il mondo visto da Niwano Nikkyō

Volendo capire più a fondo il pensiero buddhista del Fondatore della R.K.K., vorrei qui soffermarmi alquanto su alcune riflessioni che Egli ci presenta nei riguardi del Sutra del Loto in relazione alle vicende attuali in cui si dibatte il mondo di oggi. Pertanto, giunge subito pertinente una sua osservazione quando afferma che "è assai significativo che all'alba della civilizzazione del Giappone appaia lo spirito del Sutra del Loto. Da allora, per quattordici secoli, tale spirito viene tramandato ininterrottamente di generazione in generazione tra il popolo nipponico"[10]. Essendo il suo movimento sorto principalmente per la *pacificazione tra i popoli nel dialogo interreligioso*, egli scopre in modo spontaneo nel Sutra del Loto il fondamento delle sue azioni, cioè la via che conduce alla pace Il percorso su tale via è basato su alcuni principi qui di seguito segnalati[11].

1. *Tutti gli esseri sono uguali.*

Le riflessioni di Niwano vertono sulla visione del mondo alla luce del Sutra del Loto nel senso che "tutti gli esseri si trovano sullo stesso livello davanti alla predicazione di Buddha: non solo i Bodhisattva, ma i monaci, le monache, i credenti laici maschi e femmine, le persone dell'alta società (re, principi, ministri) che ancora non sono credenti e i membri del pubblico in generale...Tutte le creature radunate insieme nell'universo intero sono uguali nella grande assemblea presente alla predicazione del Buddha. Ciò costituisce - afferma Niwano - un *simbolo* della visione del mondo nel Sutra del Loto, in cui un'unica ed invisibile entità è incarnata in tutte le cose esistenti nel mondo. Questa è la grande forza vitale dell'universo. Tutte le cose di questo mondo fanno parte fondamentalmente di questa unica entità, per cui, anche se i fenomeni appaiono nella loro infinita varietà, essenzialmente sono uguali nella loro esistenza. E' la "Realtà dell'Intera Esistenza" o "Le Dieci Realtà" che costituiscono la legge che spiega teoricamente questa visione del mondo.

Alla base quindi dell'insegnamento sulla Realtà dell'Intera Esistenza in quanto ideologia di pace del Sutra, Niwano pone "lo spirito della

---

[10] "Buddhism for today", cit., p.xxi

[11] cfr.Niwano Nikkyo.: "A Buddhist approach to Peace", cap. 2 "L'Insegnamento di pace del Sutra del Loto", Kosei Publishing Co.,Tokyo, pp.35-65

benevolenza senza limiti. Quando si afferma che *tutte le cose sono le stesse nella loro entità* non ne consegue forse che ogni essere, pur completamente differente nelle apparenze esterne, è uguale nella sua esistenza? Come può essere diversamente? La visione egualitaria dell'uomo che offre il Sutra del Loto, è basata sulla verità di questa esistenza fondamentale...Tale visione scaturisce dalla consapevolezza della vera natura dell'universo...Sono fermamente convinto che lo spirito di uguaglianza di tutti gli esseri umani, uno dei principali pilastri su cui è urgente costruire un mondo di pace, sia sancito dal Sutra del Loto".

2. *Il Vuoto (Kū 空), Sūnyāta.*

Il cap.2 del Loto spiega che "soltanto un Buddha insieme ad un Buddha può scandagliare la Realtà dell'Intera Esistenza, vale a dire: tutta l'esistenza è costituita di varie Realtà in quanto tali: la forma, la natura, l'incarnazione (incorporamento), la forza, la funzione, la causa primaria e quella secondaria (condizioni), l'effetto, la retribuzione e la perfetta totalità fondamentale. Questo è lo stato reale fenomenico di tutte le cose di questo mondo; in altre parole, è la forma apparente di tutte le cose così come esse sono. Ciò significa che vi è un'unica ed invisibile entità che esiste in ogni cosa, come su accennato; in altre parole, sebbene i vari fenomeni ed i loro mutamenti appaiano multiformi, tutti rappresentano delle sfaccettature di un'unica verità universale.

La loro fondamentale natura è *sūnyāta* (*vuoto, kū* 空), in cui tutte le cose sono perfettamente uguali. Sebbene la parola *vuoto* non appaia nel testo originale - osserva Niwano - il significato è che dall'inizio alla fine ogni cosa è sempre uguale nella propria reale entità; non vi è nient'altro che il *vuoto*, come l'unica esistenza reale che produce tutte le cose e tutti i fenomeni dell'universo. Mentre per la scienza è l'energia fondamentale che si manifesta nei fenomeni, per la religione è la grande forza vitale che permea tutto ciò che esiste nell'universo, cioè il Buddha Eterno Originale. Non è facile spiegare come ciò possa essere applicato alla nostra vita quotidiana, ma - osserva ancora Niwano - se esiste una singola entità che incorpora tutte le cose, è facile capire come tutti gli esseri umani, con la propria sembianza, formino fondamentalmente una sola esistenza".

Da queste riflessioni apparentemente astratte, Niwano passa subito alla pratica, dove i rapporti umani costituiscono il pane quotidiano di ciascuno in relazione alla comunità locale ed a quella internazionale.

3. Benevolenza compassionevole (ji-hi 慈悲)

Niwano, sintetizzando il suo pensiero al riguardo, parla di "amore fraterno quale sentimento che sorge nel cuore rendendo gli esseri umani fratelli e sorelle. Ne scaturisce un senso di armonia e di cooperazione, oltre che di fratellanza, basata sull'insegnamento buddhista della compassione e della benevolenza, *"ji-hi* 慈悲*"*. L'ideogramma *ji* 慈, spiega Niwano, è la traduzione cinese del termine sanscrito *maitreya*, un nome astratto derivato da *maitri* il massimo dell'amicizia. L'ideogramma *hi* 悲, traduzione cinese del termine sanscrito .*karuna*, sembra voglia significare originariamente "gemito-lamento"…Quando uno - sottolinea Niwano - si accorge che un altro geme nella sofferenza o nell'angoscia, non può esimersi dal gemere lui stesso. L'essere sensibili al dolore degli altri e sentirlo come proprio sono espressi con il termine *hi*. Entrambi, *ji* e *hi* sono elementi di una sincera amicizia che sgorga spontaneamente dal senso di concordia e dall'assenza di barriere tra se stessi e gli altri…Se tutti nel mondo avessero il senso di *ji-hi (benevolenza)*, come sarebbe possibile nutrire odio o sentimenti malvagi verso gli altri? Uno spirito benevolo è il sicuro punto di partenza verso la pace. Ma la pace senza benevolenza è una pace falsa e passeggera.

4. Perfezionamento di se stessi.

Sempre in commento al Sutra del Loto, un'altra considerazione su cui si sofferma Niwano è quella che scaturisce da quanto detto sopra, cioè la possibilità dello sviluppo umano derivante dal mutamento delle situazioni fenomeniche rapportate all'attitudine mentale. Pur nell'uguaglianza di base, "noi esseri umani abbiamo le nostre personali qualità (carattere, talenti, disposizioni ecc.)…le quali, anche se provengono all'inizio dall'entità dell'universo, non esistono mai in situazioni permanenti (fisse). Pertanto, nella natura umana esiste la possibilità di cadere nell'inferno così come di salire fino allo stato di buddhità…Il che non significa diventare una divinità lontana o al di sopra dell'umano, ma significa perfezionare la propria personalità, raggiungendo il grado del più alto risveglio. In altre parole, ottenere la buddhità vuol dire perfezionare la propria reale forma di uomo così com'è…E' meraviglioso - esclama Niwano - che tale possibilità sia concessa ad ogni essere umano. Ma noi siamo portati a pensare che *non sia possibile cambiare noi stessi*…Lo possiamo, se proviamo con sufficiente energia. Conoscendo questa grande capacità di diventare perfino Buddha, possiamo sperimentare una forte speranza ed un forte coraggio".

5. *Rispetto verso gli altri.*

Con queste profonde riflessioni, Niwano non può non volgere il pensiero agli altri affermando che "i nostri occhi, nell'attuare la Realtà di Tutta l'Esistenza, cominceranno anche a cambiare nel senso che cambierà il modo di guardare gli altri. La cosa molto importante è che saremo in grado di vedere, nella personalità degli altri, la medesima natura potenziale buddhica". E così, la meta a cui mira il Fondatore della R.K.K. è quella del "rispetto verso coloro che disprezzavamo o consideravamo degli inetti, nella convinzione che *anch'essi posseggono una potenzialità infinita*. Il rispetto verso gli altri non può dirsi tale se non raggiunge quel grado". Nel ricordare poi la dottrina fondamentale *"Tremila fenomeni in un solo pensiero"(ichi-nen san-zen* 一念三千*)* di T'ien-t'ai Chih-i, terzo Patriarca della scuola buddhista cinese Tendai, vissuto nel VI secolo d.C., Niwano afferma: "i tremila, cioè, i *numerosi* fenomeni cambieranno a seconda della disposizione spirituale di ciascuno di noi....Sono convinto che la vera pace nel mondo è basata su questa verità".

6. *Alcune parabole del Loto*

Possiamo ancora continuare nell'esporre il pensiero del Fondatore sulla pace come viene insegnata dal Sutra del Loto. Si cadrebbe forse nel prolisso presentando tutte le riflessioni al riguardo. Ci limiteremo solo a qualche altro accenno per confermarci quanto gli stia a cuore il tema della pace e dell'armonia nell'universo. Riflettendo sulla *parabola delle erbe* (cap.5 del Loto), Niwano vi coglie l'insegnamento dell'uguaglianza - come sopra già ricordato - tra tutti gli esseri viventi e non viventi, che hanno in modi differenti la possibilità di ottenere la buddhità[12]. In detta parabola viene immaginata la formazione di una nube densa che si espande dovunque, indi la pioggia comincia a cadere ugualmente su tutte le erbe e le piante, nelle valli e nelle montagne come nelle pianure e in ogni parte dell'unverso. Ma tutti gli esseri viventi e non viventi ricevono tanta acqua piovana quanto basta alla propria condizione naturale; e così sbocciano a proprio modo bellissimi fiori e si producono a proprio modo abbondanti frutti. E' chiaro il riferimento al *Tathagata*[13] che si manifesta al mondo

---

[12]ibid., p.40,49-51

[13]*Colui che è giunto alla Verità*; è uno degli appellativi di Buddha (Cfr. M.Fuss,J.L.Gay, G.Sono Fazion: "Le grandi figure del Buddhismo", Cittadella Ed.1995, Glossario p.351. Cfr. anche Beatrice Lane Suzuki: "Il Buddhismo Mahayana", Sansoni, Firenze, p.76:

come la pioggia di verità buddhica che raggiunge tutti gli esseri senzienti e non senzienti in modi differenti a seconda della recettività di ciascuno. Ma la pioggia è sempre la stessa che non discrimina nessuno. Possibile un accostamento a Mt.5,45: *"Il Padre celeste fa sorgere il sole sul buono e sul malvagio e fa piovere sui giusti e sui peccatori"*.

Riguardo al cap.4, *discernimento della fede"* o *"parabola del figlio povero-indigente* [14] il commento di Niwano è davvero stimolante, degno di attenzione, proprio in quanto "L'insegnamento di questa parabola [15] dice che il rapporto tra Buddha, grande vita dell'universo (il Buddha Originale ed Eterno) e noi esseri umani costituisce di fatto una sola esistenza, anche se noi generalmente siamo portati a distinguere e separare usando la frase: "Buddha e gli esseri viventi"..Il figlio povero considerava l'esistenza dell'uomo ricco, che in verità era suo padre, quasi fosse una cosa separata

---

"Tathagata (tatha+agata o tatha+gata) che significa colui che è così andato o venuto. Ciò che costituisce l'essenza del Tathagata è questa cosità o identità o inseità...".

[14] La parabola, nel suo contenuto riassuntivo, è imperniata sulla vita povera ed indigente di un figlio allontanatosi, da piccolo, dalla casa del padre ricco al quale dopo tanti anni ritorna senza esserne consapevole. Ma il padre subito se ne accorge e lo riconosce esultando di gioia, ma non lo manifesta. Il figlio, inizialmente diffidente e pauroso, accetta d'essere aiutato a lavorare insieme agli altri servitori nei poderi del padre il quale, spinto dall'affetto, ordina che venga trattato con un occhio di riguardo. Intanto, il padre per non suscitare ulteriore paura nel figlio, indossa vestiti umili e sudici così che può avvicinarlo e colloquiare con lui in modo più facile e gentile. Gli dice infatti: "d'ora in poi, tu sarai da me considerato come un mio figlio", e per il suo bene gli fornisce abbondanti provviste. Ma lui, pur contento di tale trattamento, continua a lavorare umilmente trasportando terra per vent'anni.

Nel frattempo, tra il figlio ed il ricco padre si stabiliscono gradualmente rapporti di maggior confidenza. E gradualmente, responsabilità sempre maggiori vengono affidate al figlio fino ad essere investito del titolo di amministratore degli interi possedimenti paterni. Appaiono miglioramenti sugli orizzonti e sulle idee del figlio, mentre la sua forza volitiva diventa sempre più solida, di cui il padre prende atto. Lo ritiene ormai pronto e maturo. Convoca un'assemblea; e davanti al re ed ai capi della città annuncia: "Questo è veramenre mio figlio ed io sono veramenre suo padre. D'ora in poi tutti i miei beni appartengono interamente a mio figlio" e lo costituisce suo erede universale. Per la prima volta il figlio povero viene a conoscenza che l'uomo ricco è il suo padre naturale e che, nello stesso tempo, i beni sterminati di suo padre diventano di sua proprietà. Immensa la gioia del figlio!

[15] Niwano N.: *"L'Insegnamento di pace del Sutra del Loto"*, cit. pp.53-56

per il fatto che, pur girovagando lontano dalla casa del padre (Buddha), non era consapevole d'aver avuto la possibilità di ritornare di nuovo da lui. Quando poi riesce a capire che l'uomo ricco e suo padre sono l'unica e medesima persona, la sua gioia è del tutto naturale".

Dopo queste riflessioni, Niwano fa un raffronto con il Sutra degli Innumerevoli Significati *Muryogikyo* (無量義経) al cap.2, dove riscontra argomentazioni filosofiche e scientifiche nella spiegazione del *"vuoto"* che produce tutte le cose e tutti i fenomeni, come sopra accennato. Così pure osserva che nel Sutra del Loto al cap.3 sulla casa in fiamme (*una parabola*) e al cap.4 sul figlio prodigo-indigente (*discernimento della Fede, shinkai* 信解) viene presentata, in modo allegorico, la base di tutta l'esistenza come personificata dal soffio vitale, chiamato *"padre"*. E concludendo il raffronto, ci tiene a sottolineare che mentre *"il vuoto* in apparenza può sembrare un'entità fredda e non chiara, se lo pensiamo come *il padre di tutte le cose viventi* oppure *l'eterna vita che permea l'universo,* percepiamo subito il rapporto che ha verso esseri appassionati come noi...Proviamo allora le sensazioni del ritmo vigoroso e cangiante del cielo e della terra. Quando finalmente capiremo che noi facciamo parte di questa forza eterna come suoi figli viventi naturali, non potremo sperimentare una gioià più grande e non vi sarà, per il nostro cuore, una pace più profonda, né fiducia più grande"

Ma a Niwano non sono ancora sufficienti queste riflessioni in merito alla parabola in questione. Compie un ulteriore passo in avanti e sottolinea lo sfondo sociale presentato in chiave moderna. Vuole quindi manifestare "la gratitudine profonda...non solo per l'insegnamento assai prezioso, ma anche per la constatazione che l'uomo ricco, con la sua sapienza ed il suo profondo affetto, aiuta il figlio a prendere coscienza del proprio valore e della propria dignità ed a sviluppare i propri talenti in modo adeguato". "Noi - afferma - dovremmo ammirare tale affetto e tale sapienza e provare ad imparare da essi". E mentre riporta una frase che si legge nel Nirvana Sutra: *"Le leggi di questo mondo non sono in contraddizione con gli insegnamenti di Buddha"*, Niwano ne deduce che: "Gli insegnamenti di Buddha sono anche leggi di questa terra o leggi laiche. Nel mondo d'oggi vi sono molti paesi, la cui storia assomiglia a quella del figlio povero-indigente. Se noi, con grande affetto e sapienza, potessimo aiutare tali paesi a prendere coscienza della propria dignità e del proprio valore e potessimo incoraggiarli a sviluppare al massimo le proprie capacità e le proprie inclinazioni, allora vedremo finalmente la pace venire nel mondo".

Con la sua sensibilità aperta ai problemi quotidiani, Niwano conclude il suo commento osservando acutamente che: "I paesi sviluppati, che hanno proprio questa missione (di pace), anch'essi assomigliano al figlio povero indigente. Nella migliore ipotesi, essi hanno raggiunto almeno il grado paragonabile a quello raggiunto dal figlio povero quando questi divenne amministratore generale dei beni di suo padre. A mio avviso, il vero compito che sta di fronte a tutte le nazioni, sviluppate o sottosviluppate, è quello di prendere coscienza delle proprie individuali inclinazioni e di sviluppare in ciascuno i propri talenti secondo le proprie possibilità". Tralasciando altre riflessioni di Niwano sul Sutra del Loto, basti ora riportare il suo pensiero conclusivo di fondo:*"Tutto intero il Sutra del Loto incarna un'ideologia di pace*[16]*..."*

7. *Un mondo di grande armonia*

Nel suo commento al cap.21 *"La divina potenza del Tathagata"*, Niwano osserva che quivi il Buddha, rivelando la sua potenza, mostra vari fenomeni misteriosi e miracolosi che simboleggiano la verità che tutti i fenomeni formano una cosa sola...Questi fenomeni chiamati *"unica terra buddhica"* - spiega Niwano - simboleggiano che al presente esiste una chiara distinzione tra i mondi: *Il Mondo-Saha* pieno di illusioni, la *Terra Pura Celeste* senza sofferenza e *l'Inferno*, un mondo di grande strazio. Pertanto, quando verrà il tempo in cui tutti vivranno secondo la verità insegnata da Buddha, tali distinzioni come Paradiso, Mondo-*Saha* ed Inferno scompariranno e tutti i mondi dell'universo saranno uniti in una *"unica terra buddhica"*, parte della vita spirituale. Se questa raggiunge in simile stato di coscienza il mondo attuale di conseguenza non può che cambiare. Sarà un mondo di grande armonia che apparirà quando tutte le nazioni, tutte le razze e tutte le classi condurranno una vita secondo una sola verità, in cui svaniranno le discriminazioni e cesseranno le discordie e le lotte. Tutti i popoli lavoreranno gioiosamente e si rallegrerà la loro vita e progredirà la cultura. In breve, il mondo intero diventerà una sola terra buddhica".

Niwano pensa ad "una federazione mondiale come espressione della terra buddhica"e dice:: "Quindi, il significato simbolico delle rivelazioni

---

[16]ibidem, pp.63-65

apparse al cap.21 *"La Potenza Divina del Tathagata"* la realtà ivi descritta deve essere per noi una delle più incoraggianti profezie. Esclama ancora Niwano[17]:

Il Contenuto e lo spirito del Sutra del Loto sono realmente benedetti, come è benedetta la pratica dei suoi insegnamenti. Noi conduciamo in modo ordinario la nostra vita d'ogni giorno; se capiamo l'insegnamento del Loto e ci crediamo e lo pratichiamo, noi siamo sul punto di avere la mente libera dall'illusione e dalla sofferenza. Siamo consapevoli di poter vivere in armonia aiutandoci gli uni e gli altri. Se uno ha tali sentimenti anche per alcune ore al giorno, la sua salute e le sue vicende cambieranno naturalmente in meglio; e questa sarà la sua vera salvezza. Che tutti nel mondo abbiano simili sentimenti e vivano nella felicità! E' questo il pensiero finale ed il voto espressi nel Sutra del Loto. In verità, il Sutra del Loto insegna a rispettare l'uomo, a perfezionare se stessi ed a costruire la pace. In breve, è scuola di umanesimo....Oggi, a settecento anni dalla morte di Nichiren, noi dobbiamo rinnovare lo spirito del Loto e costruire una vita migliore per salvare noi stessi, le nostre famiglie ed il mondo intero.

Il Buddhismo nel contesto nipponico

Vogliamo ora conoscere il pensiero di Niwano in modo più organico e globale. Lo facciamo prendendo come fonte una pubblicazione dal titolo *JAPANESE RELIGIOSITY* del Centro di studi religiosi *ORIENS* di Tokyo, dove viene riportato dal Padre *Joseph J.SPAE*[18] "un eloquente documento, cioè, un sermone sul Buddhismo Fondamentale tenuto dal Signor Niwano Nikkyo co-Fondatore e Presidente della R.K.K. e apparso, come inserto speciale, sul giornale *Kosei-shinbun* il 19 Novembre 1965". "Questo sermone - afferma ancora J.Spae - ha la fragranza di ciò che in francese si chiama *un témoignage*. E' l'espressione viva della fede di un leader che personalmente ho conosciuto bene e che ammiro per la sua indubbia sincerità e per i suoi doni carismatici. Così come si presenta, questo

---

[17]Niwano N.: "Buddhism for today", cit. p.xxii
[18]Joseph J.SPAE: *"Japanese Religiosity"*, Oriens Institute for Religious Research, Tokyo 1971, pp.235-248.

sermone può servire, in modo mirabile, come una breve e non sofisticata introduzione alla dottrina fondamentale del Buddhismo giapponese".

Il Padre J.Spae fa inoltre notare: "Non intendo commentare questo documento, all'infuori di quello che si trova nelle note, né voglio entrare nelle implicazioni scientifiche delle fonti riportate, della precisione e del rapporto con altri tipi di Buddhismo in questo paese. Ciò che il Sig.Niwano qui espone per i suoi seguaci è un'etica. Potrebbe anche chiamarsi una filosofia ed una metafisica. Ma per l'Autore costituisce una via di vita. Io ho lievemente riordinato e compendiato il testo originale e l'ho ampliato con considerazioni attinte da altre pubblicazioni dello stesso Autore. Ovviamente, il Signor Niwano è la prima persona cui si fa riferimento. La mia interpretazione del testo originale giapponese - sottolinea J. Spae - è stata verificata dai membri del personale della R.K.K. ed io vi ho inserito con gratitudine alcune delle loro osservazioni".

Riportiamo ora il documento-sermone nelle sue linee essenziali elaborandone i temi più importanti e significativi.

Religione ed uomo moderno.

Anzitutto Niwano prende atto del "chiasso attorno alla religione mai registrato nella storia come oggigiorno. La nostra generazione si riconosce strettamente in quello che Buddha[19]ci ha tramandato della sua dottrina su *Hokekyō*[20], un libro appartenente non solo a noi, ma all'intero Estremo Ori

---

[19]*Shakuson* 釈尊. Le date abituali relative a Buddha sono: nascita 8 Aprile 565 a.C., morte 15 Febbraio 486 a.C. Tali date sono lontane dal vero. Cfr.E.Lamotte in *"Histoire du Boudhisme Indien* (Lovain: Publications Universitaires,1958*)*, p.15 dove si legge: Buddha è nato nell'India Centrale a Lumbini, come è segnato in una colonna ivi eretta nel 250 a.C.dal Re Ashoka (*Aikuo* 阿育王, *269-232 a.C.*). Il Buddha - l'articolo determinativo*"il"* viene usato in riferimento al Buddha storico - oppure *butsu, hotoke* 仏 (lett. l'Illuminato*)* è conosciuto dalla popolazione giapponese sotto varie forme e nomi: *Shakamuni* 釈迦牟尼 *(*lett. il Saggio del clan Shakya*), Seson* 世尊*(*lett. Il Venerato nel mondo; *Shakuson* è una contrazione di *Shakamuni e di Seson), Shaka, O-Shakasama, Kudon* (cioè Gautama), *Nyorai* 如来*(*lett. colui che è venuto da ed andato all'illuminazione).

[20]*Hok(k)ekyō* 法華経 o *Myōhōrengekyō* 妙法蓮華経, uno dei testi più importanti Mahayana venerati dai seguaci delle scuole Tendai e Nichiren ed il primo tradotto in lingua europea da Eugéne Burnouf nel 1852. Una traduzione accessibile di questo testo, anche se lontana dalla precisione, è quella di H.Kern in *Sacred Books of the East, vol.XXI (Oxford:Clarendon Press,1884).Hokekyo o Saddharmapundarika-sutra, (*lett. *il Sutra del fior di Loto Buona Legge)* è stato composto circa all'inizio della nostra era. La traduzione cinese più diffusa in Giappone è quella di Kumarajiva (*Kumaraju* 鳩摩羅什,*344-413.* Vedi

ente. Il sangue vitale della sua dottrina scorre anche adesso nelle vene di ogni Giapponese". Pertanto Niwano intende concentrarsi su tre verità basilari[21] per poi arrivare proprio al cuore del Buddhismo Fondamentale[22]. Con succinti riferimenti storici ricorda che l'introduzione del Buddhismo in Giappone risale a 1400 anni fa[23], ma che soltanto dall'Epoca Kamakura (1185-1392) è diventato completamente familiare nel Paese per merito di alcuni eminenti personaggi come *Hōnen* 法撚*(1133-1212), Dōgen* 道元 *(1200-1253), Nichiren* 日蓮*(1222-1282)* e tanti altri[24]. Fa inoltre notare che "sfortunatamente, proprio la grandezza di questi uomini ha condotto al graduale rimpiazzamento delle scritture buddiste per la venerazione di questi Fondatori e, alla fine, alle divisioni settarie dei nostri giorni e ad ogni sorta di dottrine errate. Il patronato statale della religione è disastroso. Uno studioso così afferma: "I governanti Tokugawa uccisero il Buddhismo ed i governanti Meiji uccisero lo Shintoismo". Dopo il travaglio dell'ultima guerra, noi giapponesi ci siamo diretti verso la ricerca frenetica delle cose

---

anche M.W.De Visser *Ancient Buddhism on Japan (*Leiden: Brill 1935), vol.II,p.625 ss. Esistono numerose traduzioni giapponesi di questo testo ed un infinito numero di commenti, tra i quali uno dello stesso Signor Niwano, *Bukkyō no inochi: Hōkekyō,1969.*

[21]*Sambōin (*che è letto *sampōin* 三法印*),* lett. "sigillo delle tre leggi" in quanto esprime la verità autentica buddhista. Tra le varie caratteristiche ed enumerazioni di tali sigilli, la più comune è qui spiegata dal Niwano: 1)Tutte le cose condizionate sono impermanenti *shogyō-mujō* 諸行無常*;* 2) Tutti gli elementi sono senza sé *shohō-muga* 諸法無我*;* 3) Il Nirvana è beatitudine *nehan-jakujo* 涅槃寂静. Per i dettagli vedere in seguito.

[22]*Kompon-bukkyō* 根本仏教 che, secondo alcuni studiosi giapponesi, assume il significato di *insegnamenti originali di Buddha* da non confondere con le successive interpretazioni. Sull'argomento, uno dei migliori libri è quello di Anesaki Masaharu: "*Kompon-bukkyō*" (姉崎正治, 根本仏教, 博文館 1910*).*

[23] La data tradizionale dell'introduzione del Buddismo in Giappone dalla Korea è il 552 d.C., ma non si esclude una data anteriore (538).

[24]L'evoluzione riguardante il tipo di Buddhismo giapponese è stata recentemente oggetto di studio da parte di Sato Tokuji (佐藤徳二)nel suo *Bukkyō no Nihonteki tenkai (*仏教の 日本的展開 *Keishobo* 桂書房 *1965).* Questo libro è incentrato proprio sui leaders riportati nel testo di Niwano ed, in un certo modo sconcertante, paragona spesso l'evoluzione del loro pensiero con paralleli cristiani.

materiali. La nostra epoca si dichiara onnipotente. Ciò costituisce una disordinata passione per il potere e la ricchezza che è alla radice delle guerre in Asia e dei conflitti e delle lotte in Giappone. Non sono i giovani delinquenti le prime vittime di un tale spirito? E questa nostra società, orgogliosa di se stessa per le sue abilità fisiche, per la sua sistemazione e modernità, non mette in catene il cuore umano?

Come ho già detto: "noi stessi ci troviamo indietro con i tempi di Buddha. Se l'India avesse salvaguardato la propria dottrina, non avrebbe mai conosciuto la sua attuale miseria. Lo stesso si deve dire del Giappone. Noi siamo molto grati per i nostri presenti benefici; ma il futuro è davvero squallido, dovuto al vuoto dei nostri cuori. Dobbiamo rinnovare la vita umana. Ciò può essere fatto solamente mediante una rinnovata accettazione del progetto originale del Buddha per l'uomo". A questo punto del suo sermone, Niwano fa una breve digressione facendo riferimento al suo incontro con il Papa, dal quale ebbe una efficace spinta a continuare nella collaborazione interreligiosa ai fini della pace nel mondo: "Non molto tempo fa, ho partecipato a qualche sessione del Concilio Vaticano Secondo ed ho avuto un'udienza privata con Papa Paolo VI. Il Papa nei tempi passati non aveva l'abitudine di lasciare il Vaticano. Nonostante si svolgesse la sessione di un Concilio Ecumenico, Egli fece visita alle Nazioni Unite per un appello di pace.

Tutte le divinità[25] in ogni epoca si sono sempre occupate della felicità dell'uomo. E' perciò mia ferma convinzione che, riconoscendo le necessità nella reciproca preghiera tra Budhisti e Cristiani, noi possiamo trovare una nuova strada che conduce alla pace sulla terra. L'incontro con il Papa mi ha confermato nella fiducia di collaborazione tra le religioni". Niwano "come leader religioso" si sofferma ora a parlare sulle "tre verità fondamentali, sulle quattro nobili verità e sulla catena dei dodici anelli condizionanti" senza tralasciare un accenno alla "vera via dell'uomo (*michi,l. mici*) ed alla pratica dell'auto-esercizio come appare nell'ottuplice sentiero e nelle sei virtù trascendentali".

Shogyō-mujō 諸行無常: Tutto è provvisorio (non permanente)

"Buddha non ha parlato di qualcosa o di qualcuno che controlla con potere assoluto questo mondo al centro del quale c'è l'uomo, ma ha parlato dell'origine interdipendente delle cause[26]. Di tutto ciò che esiste o accade

---

[25]*Shinbutsu* 神仏. Nella R.K.K. traducono questa parola indiscriminatamente con "Dio o Buddha". Allora una madre disperata esclama: "Dov'è Buddha? Cosa sta facendo Dio?". A Niwano piace ripetere che "la verità può essere espressa con i termini 'Dio' o 'Buddha' o 'Allah', ma noi ci mostriamo concordi sulla verità di base (fondamentale)...Nominare la Verità Suprema 'Dio' oppure 'Buddha', non ha importanza". (cfr. *The Kosei Times*, N.3 e N.1). La distanza (differenza) qui coperta può essere misurata (valutata) dal fatto che, nel Buddhismo, la parola *shin* (o *Kami* 神, 天) traduce il sanskrito *deva*, un titolo dato agli esseri di un ordine superiore al livello umano in quanto a splendore, felicità e longevità. Alcuni *deva* vivono sulla terra. E' implicita una parentela con l'umanità. Tutti i *deva* sono soggetti alla rinascita (*rinne-tenshō* 輪廻転生). Al vertice della scala gerarchica degli esseri ci sono i Bodhisattva (*bosatsu*), cioè esseri destinati all'illuminazione o a diventare Buddha futuri e Buddha presenti (*butsu, hotoke*), cioè quelli che hanno capito il vero stato delle cose così come sono (la realtà).
Shinbutsu si riferisce ad esseri originariamente appartenenti alla famiglia umana, ma hanno ricevuto uno stato di perfezione più elevato dell'uomo ordinario. Tradurre *shin* con Dio o Angelo, a parte il Creatore, Essere Supremo o Dio, è sviante. Ciò nonostante, sorge il problema dell'influenza Cristiana sull'uso moderno della lingua giapponese. A tale proposito, viene richiamata l'interessante affermazione dell'ex Primo Ministro Sig. Ikeda: "Io non sono ateo. Prego Dio, i *Kami* e i Buddha ogni sera". *Shinbutsu* significa anche "(Shinto) *kami* e (Buddhismo) antenati" oppure "Shintoismo e Buddhismo".

[26]*In(n)-en-shoshō* 因縁所生. *In* è la causa diretta e primaria del risultato; *en* è la causa indiretta e secondaria. Ciascuna azione è il risultato di ambedue *in* e *en*. Niwano

in questo mondo, nulla avviene casualmente (*gūzen* 偶然). Ogni cosa ha una causa primaria (orginaria *gen'in* 原因). Quando la causa primaria si incontra con una condizione secondaria (*Joken* oppure *en* 縁), i risultati[27] sono i fenomeni (*genzo* 現像) e la retribuzione che è sempre ad essi collegata. Di conseguenza, tutto ciò che esiste è una combinazione di questi quattro elementi: *causa primaria, causa secondaria, risultato e retribuzione*. Niente, quindi, rimane immutato in questo mondo, eccetto una cosa che non cambia mai, cioè la verità[28] che è al di sopra di tutte le

cose. E' proprio questa la verità che viene formulata nella triplice dottrina della *non-permanenza, del non-sé* e della *beatitudine nirvanica".*

Anzitutto, riguardo alla *non-pernanenza* Niwano sottolinea che "questa parola è abbastanza familiare ai giapponesi in quanto ricorre già nella famosa frase d'introduzione del *Heike Monogatari*[29]:

祇園精舎の鐘の声　*Gion shōja no kane no koe*
諸行無常の響きあり *Shogyō-mujō no hibiki ari!*
Ai rintocchi della campana del monastero Gion
Fa eco l'impermanenza di ogni cosa!

---

giustamente ha fatto riferimento alla catena dei dodici anelli di causalità (condizionante) *juni-innen* 十二因縁. Per i dettagli vedi più sotto.

[27] *Ka* 果 è la dimensione (misura) di *hō* (報 *mukui*) o retribuzione morale. *Ingaritsu* 因果律 è la "legge di causa ed effetto". *Kahō* 果報, anche se tecnicamente significa 'il frutto di una azione', è usato per esprimere in un giapponese popolare un risultato felice piuttosto che un altro.

[28] *Shinri* 真理. Questa è una parola moderna. Suo equivalente nella letteratura della R.K.K. è *hosoku* 法則, legge o regola, un concetto simile a quello di "legge naturale", ma spesso personificato come "supremo legislatore".

[29] 平家物語 (Heike Monogatari) *Racconti degli Heike;* al riguardo John Whitney Hall ("L'Impero Giapponese", Feltrinelli Ed. Milano 1969, p.110) scrive: "La società *bushi* produsse un certo tipo di racconti di battaglie (*gunki monogatari*) in cui i messaggi didattici di ispirazione buddhista venivano disseminati qua e là in racconti drammatici relativi a imprese militari della classe dei guerrieri. Gli *Heike Monogatari* (Storia degli Heike), creati all'inizio del XIII secolo, furono la più famosa di queste opere. Narravano la lotta tra i *Taira* e i *Minamoto* e soprattutto la sconfitta dei *Taira*. Gli *Heike Monogatari* offrirono agli scrittori giapponesi di epoche posteriori una miniera di intrecci, ma al momento in cui vennero scritti erano importanti perché contenevano commenti *buddhisti* sul comportamento della classe guerriera.

Shogyō 諸行 significa "tutti i fenomeni in questo mondo"; *mujō* 無常 *significa* "senza *permanenza*". Tutto muta costantemente. Tale sensazione di impermanenza delle cose, che sta al centro del pensiero buddhista, dice Niwano, penetra fino al midollo delle ossa del popolo giapponese. Con un'interpretazione negativa c'è stato abuso di questa parola e venne a significare "noia del mondo", *enseikan* 厭世観.

Pertanto, *Heike Monogatari* si esprime ancora:

たけきものもついには滅びぬ *Takeki mono mo tsui ni wa horobinu*
偏に 風の前の塵に同じ   *Hitoe ni kaze no mae no chiri ni onaji*
I potenti vengono anch'essi alla fine distrutti
Sono proprio simili alla polvere di fronte al vento.

E' qui implicito che, comunque si possa avere successo, ciò che vive alla fine morirà e ciò che si accumula verrà disperso. Ovvero, in altre parole, non dobbiamo attribuire eccessiva importanza alla fama o alla ricchezza, ma al contrario dovremmo attraversare questo mondo in modo sobrio e

pacifico adattandoci ad ogni situazione e circostanza. In questa visione, il difficile sta nell'incapacità di spiegare il significato della vita umana. Ciò avviene solo quando sfidiamo tutte le nostre energie che ci dispongono a far fronte a qualsiasi sofferenza che può venire sul nostro cammino. Qui non c'è posto per il pessimismo, purché noi ci rendiamo consapevoli che, nell'incessante cambiamento delle cose, anche noi cambiamo e che le preoccupazioni di oggi potrebbero trasformarsi in gioie domani. Soltanto l'impressione errata che le cose non cambino (*kotei* 固定*)* conduce al pessimismo (*hikan* 悲観). La fede buddhista nella interdipendenza di causa ed effetto garantisce quella attitudine positiva che si propone di togliere di mezzo il male combattendone la causa.

Applichiamo questo principio alla delinquenza giovanile, oppure anche ai rapporti tra l'Associazione degli Insegnanti Giapponesi (Nikkyoso 日教組) ed il governo. La conclusione sarà sempre la stessa: è soltanto un elevato senso di responsabilità personale che può allontanare la causa del male. E' su questo punto che Buddha ci invita a contemplare *la vera natura delle cose, che è la negazione di ogni innata opposizione tra di esse*[30]. Questo può essere fatto solamente dal controllo di se stessi. E' l'incontrollata avidità per le cose che spiega la gelosia dell'uomo, la diffidenza, l'orgoglio, il disprezzo per gli altri, l'odio e le contese. Queste sono le vere catene che lo rendono schiavo. Nella necessità e nella povertà lasciamoci convincere che i nostri reali tesori sono quelli di un cuore nobile. Un futuro pieno di luce arriva a coloro che cercano di afferrare il vero significato di *shogyō-mujō* e si impegnano per il miglioramento della società e delle loro famiglie[31]

Shohō-muga 諸法無我: Ogni cosa (fenomeno) è senza sé

Questa seconda importante verità esprime il fatto che ogni cosa in questo mondo esiste in dipendenza da ogni altra. Tutti noi sappiamo che nella vita quotidiana dipendiamo da altri. Così, allo stesso modo, gli esperimenti nucleari in una nazione portano "ceneri mortali" ad un altro ; e lo stress economico che si avverte in una nazione è anche avvertito dall'erario di un altro; e nessun paese è in grado di vivere semplicemente da solo". E' qui il caso di ricordare l'assioma "l'uomo è per natura un

---

[30] *Shinjitsu no sugata* (真実の姿), *sabetsu o choetsu shita makoto no sugata*(差別を超越した真の姿). Questo è l'aspetto popolare e non-tecnico della dichiarata dottrina Buddhista della non-dualità, *funi no homon.*不二の法門. Chi accetta questa dottrina ha un'immediata e, nei più alti gradi di perfezione Buddhista, una quasi estatica consapevolezza dell'esistenza del sé (*ga* 我) come interamente fusa con tutte le cose e con tutte le esperienze. Ed in questo senso è giusto dire che tutte le cose sono senza sé (*muga* 無我), non solo perché sono composte di elementi sempre mutevoli, ma anche perché il sé di fatto è l'altro. La conoscenza di questa linea di pensiero è assolutamente fondamentale per chi vuole possedere la visione Buddhista della vita. Ciò viene espresso con molta più forza nella scuola Zen; ma si trova in tutti gli altri movimenti. In un linguaggio psicologico moderno, questa non dualità è descritta come "integrazione" (*hōyō* 抱擁) dentro la personalità di quei fattori che possono diventare una sorgente di opposizione e di disagio. Sul piano morale ciò porta alla tolleranza (*kan'yō* 寛容) ed alla compassione (*jihi* 慈悲).

[31] Ancora, la speranza per il miglioramento è basata sulla possibilità fisica e morale di cambiare le condizioni di vita attraverso l'esercizio della libera volontà. Tale "positiva" attitudine è tipica del Buddhismo di Nichiren a cui la R.K.K. - e la Sokagakkai – fa riferimento. Ciò risponde all'impatto sociale ed al successo ed al loro entrare nella politca. Vedi A.Bloom, "Historical Significance of Nichiren's Buddhism", *Young East 1965, p.5*.

essere socievole", oppure, fatte le dovute distinzioni interpretative, l'altro detto *"vae soli"*, guai a chi è solo!

Ritornando a Niwano, Egli prosegue dicendo che "l'attaccamento a se stessi[32] è all'origine di ogni sofferenza. Un omicida arreca dolore a migliaia di persone. Il perseguire il proprio vantaggio a danno di altri è alla radice delle liti in famiglia ed anche delle guerre". Facendo poi riferimento alla "nostra reciproca dipendenza gli uni dagli altri", sente di essere grato a Buddha "per averci dato la guida pratica per la vita", come quando, ad esempio, per spiegare "il duplice effetto di un'azione, "Buddha ha illustrato la parabola dell'ape, la quale quando punge causa dolore all'uomo, ma quando succhia il miele dai fiori diventa una benefattrice, trasportando il polline da un fiore all'altro e così fa crescere molti fiori.

Questa parabola dimostra che noi dovremmo evitare di far male agli altri, facendo in modo di diventare portatori di gioia per tutti"[33].

"Vorrei qui portare come esempio - prosegue Niwano - il caso del direttore di una società nella regione di Nagoya. Quest'uomo, dopo un ben riuscito viaggio per affari in Russia, incontra difficoltà con il suo personale ed è sul punto di suicidarsi. Viene alla R.K.K. per chiedere aiuto e gli viene detto che la negligenza verso i suoi impiegati e verso sua moglie ("Io mi sento come una vedova", disse lei) ed il suo evidente egoismo erano la causa della sua difficile situazione. Prende i passi necessari ed ora sta conducendo dei buoni affari, come lui dice, a vantaggio di altri". Scendendo poi sui problemi esistenziali, fa notare che "vi sono persone che attualmente imprecano contro i propri genitori per averle messe al mondo. Costoro non provano gratitudine per nessuno. Devono ora riflettere come sarebbe loro andata se altri non fossero esistiti". E toccando questioni sociali, dice subito che "non ci sarebbero i capitalisti se non vi fossero i lavoratori. E lo stesso si può applicare ai rapporti tra il Ministero della Pubblica Istruzione e gli Insegnanti. Ne consegue che tutti noi dobbiamo considerare come vivere una vita piena e come trasmettere tale pienezza di vita agli altri".

---

[32]*Gashu* 我執, lett. essere attaccati all'idea dell'esistenza del proprio io, l'egocentrismo (egoismo). Sinonimi: *gasō* 我想, *ninga* 人我, *hōsshu* 法執.

[33] *Hokku-gyo* 法句経 o *Dhammapada*, Cap.IV,49: "Come un'ape, senza nuocere al fiore, al suo colore o profumo, vola via raccogliendo solo il miele, così anche il saggio dovrebbe girare nel villaggio". *The Dhammapada* (Kandadera, 1960), p.10.

Nehan-jakujō 涅槃寂静: La beatitudine del Nirvana

"Mentre *shogyō-mujō* (tutto è transitorio) e *shohō-muga* (tutto è senza sé) accentuano il mutamento e lo scorrere di tutte le cose, il *nehan-jakujō* (nirvana è beatitudine) riporta queste verità alla vita quotidiana". Su tale affermazione di Niwano può sorgere l'interrogativo su *quando* avvenga il nesso tra il Nirvana e la vita quotidiana. Ciò avviene - ci spiega - "quando queste verità vengono profondamente cercate per essere afferrate e quando, nell'applicarle, una persona cerca di armonizzarsi (*chowa* 調和) con tutte le cose, e così ne risulta uno stato di pace perfetta. E' questo lo stato d'animo che viene espresso dal *nehan-jakujō*. Il nostro cuore umano è soltanto troppo scosso dall'avvicendarsi degli eventi e dalla caducità delle cose. Un cuore in tumulto o adirato va lontano a cercarsi la tranquillità.

Un cuore in sintonia con le condizioni ambientali contribuisce alla creazione di quel "Mondo di Armonia"[34] che Buddha aveva in mente quando parlava di "Terra di Luce Tranquilla"[35].

Praticamente, Niwano suggerisce "di far cessare tutte le contese (*arasoi* 争い) all'interno della famiglia e fra le nazioni onde realizzare lo stato perfetto delle cose". Si sofferma quindi su alcune considerazioni riguardanti le azioni del mondo religioso nipponico, lamentandosi dei "suoi leaders che avevano prima dimostrato poco interesse nella costruzione di un mondo comune di pace". Ma poi ammette che "più tardi le cose sono cambiate e che lui stesso aveva partecipato, due anni prima, ad una missione in Europa per perorare la causa della pace e per alzare la protesta contro gli esperimenti atomici". Indi, prende atto che "in questo campo, a fare da guida per primo è stato il Cristianesimo, seguito poi da altre religioni. Il Buddhismo è conosciuto per il suo spirito di tolleranza ed armonia. Noi dobbiamo fortificare i pilastri spirituali del Giappone. Sotto questo aspetto si può discutere sulla politica di quei periodici che surriscaldano l'immaginazione giovanile con racconti di delitti e di guerra,

---

[34] *Dai-chowa no sekai no genshutsu* 大調和の世界の現出.

[35] *Jakkodo* 寂光土. Questa è la più perfetta fra i quattro tipi di terre di Buddha (*shido* 四土). "*Tranquilla*" si riferisce alla natura della verità; "*luce*" si riferisce alla sapienza (saggezza). Qui si trova l'incarnazione della natura assoluta dell'animo (spirito) di Buddha o *hōsshin* 法身 ineffabile, non manifesto, non sostanziale; qualità tradizionali del paradiso Buddhista sulla terra.

così da incrementare passioni che non si possono facilmente placare. Soltanto l'intelligenza dell'uomo può essere utilizzata come correttivo alla debolezza con cui egli nasce. E questo sta ad indicare il bisogno per quel tirocinio che Buddha riassume nell'ottuplice nobile sentiero e nelle sei perfezioni, di cui vorrei dire una parola in seguito. La sua dottrina pone veramente l'uomo al centro delle cose (*ningen-chushin* 人間中心). Egli niente valorizza più degli sforzi dell'uomo per arrivare alla verità, meta davvero difficile, che può essere raggiunta soltanto facendo un passo alla volta".

SHITAI 四諦: Le quattro nobili verità

"Le quattro nobili verità[36] - afferma Niwano - costituiscono la prima dottrina annunciata da Buddha. Queste verità sono le seguenti:

1. *Kutai* 苦諦, nobile verità che asserisce che tutta l'esistenza è sofferenza. Tutte le stagioni della vita, *nascita, età avanzata, malattia e morte*[37] comportano sofferenza che né *kami* né *Buddha* (*Shin-butsu* 神仏) possono rimuovere. Eppure, la sofferenza come tale non è inerente alle cose. E' il risultato della violazione della legge di natura; non è altro che la raccolta (mietitura) di un male seminato dall'uomo. Noi non dovremmo provare a liberarci dalla sofferenza, specialmente chiedendo l'aiuto a Dio o a Buddha. Piuttosto, noi dovremmo affrontare la sofferenza in modo risoluto e cercare le cause nelle nostre azioni cattive secondo quanto diceva Buddha: "Cerca la vera natura della sofferenza, così troverai il modo di alleviarla[38]".

---

[36]*Shitai* oppure *shishotai* 四聖諦. In una sola parola, queste quattro verità si riassumono in *ku-shu-metsu-do* 苦集滅道 cioè *sofferenza* e *accumulo* relativo al mondo dell'illusione; *estinzione* e *sentiero* in relazione al mondo dell'illuminazione. Il termine *tei* 諦 *(tai* in combinazione) letteralmente significa *"rassegnarsi" (akirameru)*, ma nel nostro contesto significa *"guardare la vera natura delle cose"*.
[37]*Shō-rō-byō-shi* 生老病死.
[38]Cfr. *Risshokoseikai*, p.78, e *Fundamental Buddhism*, p.5, dove si afferma che le persone in difficoltà istintivamente si rivolgono ai *kami* per chiedere aiuto. Nei testi R.K.K. ciò viene rimarcato come *"fede in cerca di favori" (riyaku-shinkō* 利益信仰). Viene allora dato il consiglio di "cercare la causa dell'afflizione in se stessi e non di riversare la responsabilità (colpa) su *kami* o Buddha". L'Autore qui ha un punto meritevole d'essere

2. *Shittai* 集諦, cioè la nobile verità dell'accumulo di illusioni e desideri come causa di sofferenza. Qui è condensata la dottrina della reale natura di tutti i fenomeni[39] da cui scaturiscono *i dieci fattori dell'esistenza* (十如是 *jū-nyo-ze*): 1. Forma (相 *sō*) - 2. Natura (性 *shō*) - 3. Sostanze (体 *tai*)- 4. Potenza (力 *riki*) - 5. Attività (作 *sa*) - 6. Cause primarie (因 *in*) - 7. Cause ambientali (縁 *en*) - 8. Effetti (果 *ka*) - 9. Premio e castigo (報 *hō*) - 10. Somma totale dei suddetti fattori o della loro incessante ricomparsa (本末究境 *hommatsu-kukyō*). Esprimendosi con parole semplici, Niwano dice che "è il cuore (*kokoro* 心) o la natura dell'uomo che influisce sul suo fisico. Questa tendenza innata è ulteriormente responsabile delle azioni dell'uomo; e queste azioni di continuo diventano cause primarie che, quando hanno a che fare con le cause secondarie (*kikai* 機会, *jōken* 条件), ancor più conducono a quegli effetti che sono i fenomeni e la loro sanzione karmica". Viene poi a parlare di "ansietà circa questo processo, la quale non lascia l'uomo in pace. E questa condizione è detta il ripetersi (ricomparsa) incessante, la decima nella serie delle cause". Fa osservare che "è di grandissima importanza per lo sviluppo dell'uomo che questi fattori causali siano approfonditi in modo completo; anche il progresso scientifico, come i viaggi sulla luna, è subordinato all'intensità di una analisi simile".

3. *Mettai* 滅諦, cioè la nobile verità dell'estinzione di ogni sofferenza, il nirvana. Con ciò si intende quello stato d'animo che si raggiunge quando ogni sofferenza è superata (sconfitta). In simile stato si assapora una pace incommensurabile con se stessi e con gli altri.

---

considerato dai Cristiani. La mentalità giapponese si ribella fortemente contro l'idea del perdono senza espiazione, o contro l'utilizzo della religione come pretesto per le debolezze o l'irresponsabilità. Ugualmente, presentare il paradiso "*come ricompensa (premio) per le virtù*" sembra offensivo a molti. Credo che questa sfiducia del "*paradiso come premio*" abbia le sue radici nella dottrina che sostiene che il desiderio di rinascere (essere rinato) in paradiso è il peggiore tipo di attaccamento che uno possa avere e che lo porta all'inferno, secondo il detto "*il cuore che desidera il paradiso si trova già nell'inferno*". (Cfr.A.K.Reischauer, *Studies in Japanese Buddhism,* New York:Macmillan, 1925). Il Buddhismo qui si incontra con il rifiuto cristiano di vedere Dio "come un uomo di tutti gli affari e cacciatore di afflizioni".

[39]*Shohō-jissō* 諸法実想. Nel Buddhismo le cose sono verità in se stesse. La varietà ed il perpetuo mutamento dei fenomeni sono verità universali ed immutabili

4.*Dōtai* 道諦 cioè la nobile verità che mostra la via per raggiungere il nirvana attraverso la pratica dell'ottuplice nobile sentiero e delle sei perfezioni

HASSHŌ-DŌ 八聖道: l'ottuplice nobile sentiero

Riportando il detto che recita '*Ogni uomo ha i suoi difetti*'[40], Niwano lo commenta dicendo che "noi tutti portiamo tendenze cattive all'interno di noi stessi ed il male, in verità, alza la sua testa in molti modi". Fa poi l'elenco di quelli che egli chiama "gli otto correttivi che permettono a coloro che soffrono sotto il male di ricominciare una nuova vita".

1. *Shō-ken* 正見, visione corretta: Ciò significa - dice Niwano - che noi non ci permettiamo di guardare il mondo attraverso vetri colorati, né siamo guidati da criteri emotivi soggettivi, ma da norme oggettive di verità". Indi, fa un raffronto tra la scienza e gli insegnamenti di Buddha come portatori ambedue di grandi risultati. "La scienza, offrendoci con ciò un magnifico esempio, ha prodotto meravigliosi risultati che tutti noi conosciamo, perfino l'esplorazione della luna. Gli insegnamenti di Buddha non solo hanno un rapporto con il mondo presente, ma anche con un bilione di mondi che costituiscono il suo dominio"[41].

2. *Shō-shi* 正思, pensiero corretto: via che porta ad assegnare a se stessi il proprio posto adeguato e allontana dal cuore i tre mali della volontà

---

[40] *Nakute nana kuse* なくて七くせ

[41] *Sanzen-daisen-sekai* 三千大千世界. Qui è utile una breve descrizione della cosmologia Buddhista in quanto si riferisce all'uomo con parole frequentemente incontrate nella letteratura giapponese. Vi sono tre mondi (*sangai* 三界) o tre gradi di esseri non illuminati: **1.** Il mondo di desiderio (*yokkai* 欲界) che include i sei cieli (*ten* 天) infimi, il mondo di uomini (*ningen* 人間), gli spiriti che lottano (*ashura* 阿修羅), gli animali (*chikusho* 畜生), gli spiriti famelici (*gaki* 餓鬼) e l'inferno (*jigoku* 地獄). Il *mondo di desiderio (yokkai)* è caratterizzato dalla bramosia per il cibo e il piacere sessuale. **2.** Il mondo di forma (*shikikai* 色界): in tale mondo gli esseri viventi non hanno le brame, né desideri sessuali; si nutrono di luce. **3.** Il mondo senza forma (*mu-shikikai* 無色界), dove non c'è più materia, ma solamente coscienza (consapevolezza). Ed all'apice del mondo senza forma vi è il *il cielo del non pensiero senza non pensiero* (no-thought-no-non-thought heaven, *hiso-hihisoten,* 悲想非非想天) detto anche *ucho-ten* 有頂天, un termine popolare che traduce il nostro "estasi" o "settimo cielo". Un compendio dettagliato sugli esseri celesti si trova in Reischauer's *Studies in Japanese Buddhism, p.205.*

(*i no sannaku* 意の三悪): cioè cupidigia (*don-yoku* 貪欲), ira (*shin-i* 嗔恚) e malignità (*jashin* 邪心).

3. *Shō-go* 正語, parola corretta : significa dire la verità. Vi è un detto che recita: "La lingua è causa di ogni tribolazione". Una parola infelice può seminare contese. Riportando una frase di Hitler che gridava "per la terra e per il popolo!", Niwano osserva che "così Hitler ha dato vita al terrore fascista con quel suo grido". Ne deduce che noi "dobbiamo evitare menzogne *(mogo* 妄語*)*, calunnie *(akkō* 悪口*)*, discorsi ambigui *(ryōzetsu* 両舌*)*, parole ingannevoli *(kigo* 綺語*)*, cioè i quattro mali della lingua *(Kuchi no shi-aku* 口の四悪*)*: Indi l'esortazione affinchè "le nostre parole siano positive, umili e cortesi e, come raccomanda il Buddhismo, siano le nostre parole piene di benevolenza"[42].

4. *Shō-gyō* 正行, azione corretta: un invito per noi ad astenerci dai tre mali fisici corporei: l'uccisione di esseri viventi, il furto e la dissolutezza (intemperanza)[43]. Noi dovremmo provare a tirare fuori il meglio nella gente e rispettare la natura del Buddha (Buddhità) che si trova in ciascuno di noi"[44]. Nel considerare poi con grande sensibilità la fragilità umana, Niwano non dimentica che "qualsiasi crimine possa una persona aver commesso, al momento stesso del ravvedimento è possibile diventare nuovamente una sorgente di luce per gli altri".

5. *Shō-myō* 正命, modo di vivere corretto: ovvero con i mezzi di cui si dispone, amministrare saggiamente il proprio reddito ed evitare tutto quello che possa portare alla frode o alla corruzione.

6. *Shō-shō-jin* 正精進, impegno corretto: Questo sentiero deve essere percorso così come viene prescritto da "i Versetti sui comandamenti

---

[42] *Aigo* 愛語 "*Il parlare amorevole*" dove è compendiato il Buddhismo nell'atteggiamento di dialogo: adattare se stessi ai desideri dell'altra persona, è il secondo modo praticato dai *Bodhisattva (bosatsu* 菩薩*)* per guidare altri all'illuminazione. La virtù del veritiero nel Buddhismo fa riferimento all'insistenza posta dall'Hindu sulla correlazione tra gli atteggiamenti interiori ed esteriori, *myo-shiki* 名色, che è l'equivalente *makoto* 誠 *sincerità* dello Shinto.

[43] *Mi no sannaku* 身の三悪: *sesshō* 殺生, *nusumi* 盗, *jain* 邪淫

[44] *Busshō* 性 *(Buddhità)* .Tutti gli esseri senzienti posseggono i semi di Buddhità. L'ignoranza è di ostacolo alla crescita di questi semi. *Busshō* sta alla base della dignità umana (*songensei* 尊厳性).

annunciati dai sette Buddha precedenti ⁴⁵: 1.Non commettere il male. 2.Purifica il tuo cuore. 3.Metti in pratica tutto ciò che è bene. 4.Questo è l'insegnamento dei Buddha"⁴⁶.

7. *Shō-nen* 正念,consapevolezza corretta: ciò è utile all'illuminazione. "I primi sei sentieri - osserva Niwano - hanno indicato come noi dobbiamo impegnarci riguardo al nostro personale perfezionamento. Questo settimo sentiero ci dice di prestare attenzione al mondo esterno. Noi dobbiamo prendere a cuore la pace del mondo e la felicità degli altri. Dobbiamo immedesimare la loro felicità con quella nostra personale ed adattarci a loro, anche nei più piccoli dettagli della nostra vita".

8. *Shō-jō* 正定, concentrazione o meditazione retta: "Questo sentiero - prosegue Niwano nel suo commento - conserva il traguardo finale sempre nella mente e ci preserva dall'essere influenzati dalle pressioni esterne. Conduce ad una maggiore perseveranza, al miglioramento di se stessi e dei propri simili". Niwano conclude dicendo di essere convinto che "chiunque lealmente mette in pratica le direttive del nobile ottuplice sentiero sarà indubbiamente liberato da ogni sofferenza mentale o fisica".

ROPPARAMITSU 六波羅蜜: Le sei perfezioni

Continuando nel suo commento, Niwano intende fare ancora un passo avanti passando dalla salvezza personale ai mezzi delle *"sei perfezioni"*⁴⁷ per salvare gli altri:

1. *Fuse* 布施 ,carità: punto d'inizio da praticarsi in 3 modalità:

finanziaria, offrendo denaro (*zai-se* 材施)

spirituale, offrendo insegnamento agli altri (*hō-se* 法施)

fisica, offrendo di portare su di sé le tribolazioni altrui (*shin-se* 身施).

---

⁴⁵*Shichi-butsu-tsukai* 七仏通戒
⁴⁶1.*Shoaku-makusa* 諸悪莫作. 2.*Jijō-goi* 自浄其意. 3.*Shozen-bugyō* 諸善奉行. 4.*Ze-shobutsukyō* 是諸仏教. Questo comandamento universale dei sette Buddha è considerato come la sorgente stessa di tutta la dottrina Buddhista. Molti laici Giapponesi la recitano ogni giorno. Per i particolari cfr. Mochizuki Shinko in *Bukkyodaijiten*, II, col.1916.
⁴⁷*Ropparamitsu*, oppure *roku haramitta*, oppure *rokudo* 六度, le sei traversate.

Inneggiando alla carità esclama: "Come la cupidigia è fonte di ogni sofferenza, così la carità è come il punto di partenza di ogni spirituale progresso...La carità elimina le disuguaglianze tra gli individui e le nazioni". È bene qui riportare un esempio tratto dall'opuscolo *Rissho Kosei Kai* dove è posta una domanda: come dovrebbe comportarsi una persona che conosce molto poco della Legge ed ha una piccola proprietà? Oppure, quando in una vettura tranviaria si incontra una persona disabile, un bambino o un anziano in difficoltà, non lo si dovrebbe aiutare magari dandogli il posto?[48]. Niwano riporta anche un breve colloquio avvenuto tra Nichiren ed una giovane ragazza che si lamentava con lui perché la sua famiglia era troppo povera per praticare la pietà filiale. La risposta fu: "Mostra ai tuoi genitori un volto sorridente tre volte al giorno"! Per coloro che veramente posseggono denaro, conclude Niwano, la carità per mezzo dell'elemosina diventa una grande sorgente di meriti (*kudoku*).

2. *Jikai* 持戒, osservanza dei comandamenti "Questa è necessaria per il proprio perfezionamento e per la salvezza altrui. Quì il Mahayana è avanti di un gradino sul Hinayana. I nostri comandamenti sono positivi: questi ci invitano a raffinare la natura comune di Buddha che si trova in tutti noi". Sulla scia di questi concetti, vogliamo ancora riferirci a quanto si legge nell'opuscolo *Rissho-kosei-kai* già citato che, riflettendo il pensiero del Fondatore, ne integra ovviamente il contenuto: "Vi sono due categorie di comandamenti, cioè quelli di *Hinayana (Piccolo Veicolo)* e quelli di *Mahayana (Grande Veicolo)*. Per esempio per *Hinayana* il comandamento di non uccidere significa soltanto: 'Non uccidere perchè è peccato'. Tutto ciò mira a non commettere un peccato. Mentre nei comandamenti del *Mahayana* viene insegnato che "Tutte le cose viventi posseggono la natura preziosa di Buddha. Ci sottoponiamo ad una disciplina per far risplendere la nostra natura buddhica.. Ciononostante, il vano uccidere non è nient'altro che il disprezzo della natura di Buddha che abita in noi stessi come negli altri"[49].

3. *Ninjoku (ninniku)* 忍辱, pazienza-clemenza: "Per il Buddhismo il nostro mondo è conosciuto come il mondo della pazienza (*Nindo* 忍土). Noi abbiamo in tanti modi degli obblighi gli uni verso gli altri (*o-sewa ni naru* お世話になる). Perciò il nostro atteggiamento dovrebbe essere di

---

[48]Cfr. *"Risshokosei-kai"*, o.c., p.60
[49]ibidem, pp.60-61

clemenza e compassione, non di lamentele... La pazienza è paragonata ad una corazza (ninniku no yoroi 忍辱の鎧) che indossandola ci darà quel sentimento di auto fiducia che supera tutte le difficoltà".

4. *Shōjin* 精進 assiduità-dedizione: "Abbiamo bisogno di non cedere ai contrattempi transitori". Sull'esempio di tanti grandi musicisti e scienziati e dello stesso Buddha, Niwano esorta a "dedicare le nostre energie per il miglioramento dell'uomo".

5. *Zenjō* 禅定, meditazione: "Ciò significa avere la forza di conservare un cuore pacifico, o di conoscere le cause dei nostri disagi, ricuperando così la propria calma".

6. *Chie* 智慧, sapienza-discernimento: E' noto come questo sia un punto molto importante per il Buddhismo in genere. Per Niwano la sapienza "consiste nel capire la vera natura delle cose. E' la capacità di saper distinguere tra il bene ed il male ed è il frutto della pratica delle prime cinque virtù". E riferendosi alla responsabilità degli educatori, osserva che "essi sanno che i libri di testo non sono sufficienti ed è il cuore degli insegnanti che passa nei propri allievi". Ritiene inoltre che "la necessità di possedere la sapienza riguarda tutti, ma in modo particolare riguarda gli educatori". Passa poi a ricordare brevemente un altro importante punto dottrinale, quello cioè che riguarda i cosiddetti "tre gioielli (tesori) in cui ogni Buddhista prende rifugio: il *Buddha, la Dottrina e la Comunità*"[50].

Tralasciando di parlare della dottrina *ho,* di cui dice di averlo già fatto, spende solo qualche parola su *Buddha,* del quale dice essere "l'Illuminato nel lontano passato, il Benefico e Fondatore della nostra religione"[51].

---

[50] *Sambokie* 三宝帰依, oppure *kicsambo:* 1.*butsu* 仏; 2. *Hō* 法; 3. *sanga* o *sōgya* 僧伽, *shu* 衆, o *wagōsō* 和合僧. Questi sono i tre rifugi o gioielli (tesori) a cui ricorre il fervente Buddhista.

[51] *Kuonjitsujo-daionkyoshu-shakamuni-seson* 久遠実成大恩教主釈迦牟尼世尊 i cui elementi si trovano in Ch.16 di *Hokekyo* (Kern's transl., S.B.E., p.299). La R.K.K. tiene questo Buddha in speciale considerazione ed insegna che il Buddha storico esiste, ma è una sua provvisoria manifestazione, dotata della qualità di eternità. "*Seson* è l'unico uomo in questo mondo che può essere chiamato illuminato. Per noi il Buddha non ha il significato di Dio Assoluto (la parola inglese è usata in *kana*). Noi usiamo *Seson* non come un nome proprio riferito ad una persona, ma come un nome-sostantivo comune che significa la possibilità di diventare illuminato (un buddha) che si trova in tutti noi. Di quì, rifugiarsi in Buddha significa prendere *Shakuson* come nostro ideale ed avere fede in questa capacità nostra, provando anche a portare ciò alla sua piena realizzazione." Cfr. *Risshokoseikai, p.148.*

Riguardo al *Sanga,* afferma che "pur facendo riferimento ai monaci Buddhisti[52], in realtà significa 'colui che studia e pratica le dottrine del Buddha'. *Sanga* non è l'individuo, ma la comunità dei Buddhisti. Il Movimento R.K.K. corrisponde a tale comunità. L'uomo è debole da solo. La comunità provvede a noi con reciproci vantaggi per il progresso religioso. Questo è il motivo per cui noi ci siamo messi insieme in una associazione religiosa (kyodan 教団)". Sui tre gioielli in cui si rifugia il Buddhista, Niwano ci tiene a dire che i "tre rifugi costituiscono la quintessenza del Buddhismo. Già dai primi tempi fino ai nostri giorni, il vero Buddhista ha manifestato la propria fede recitando: *Prendo rifugio nel Buddha, nella sua Dottrina, nella sua Comunità*[53]. Tra le religioni moderne, la R.K.K. adempie il compito di una comunità buddhista che studia, pratica e dissemina (diffonde) la dottrina di Buddha. Il Dott. Masutani Fumio, Buddologo assai noto, ha riconosciuto questo fatto. Prego quindi dal profondo del mio cuore che noi, come comunità, possiamo portare il nostro contributo alla pace nel mondo ed alla felicità del genere umano"

JŪNI-INNEN 十二因縁 Dodici relazioni causali (interdipendenza)

Anche questo è uno dei punti essenziali della dottrina buddhista su cui gli studiosi hanno sempre riflettuto e riflettono tuttora. Qualche Autore[54] parla di *Genesi Condizionata* di dodici elementi dove viene spiegato il principio della condizionalità, relatività ed interdipendenza dell'intera esistenza nella continuità della vita e nella sua cessazione. Anche Niwano ovviamente tiene ciò in considerazione, pur in modo piuttosto succinto, nel suo sermone che ora stiamo analizzando. Egli distingue nell'uomo "lo sviluppo fisico e lo sviluppo mentale". Il primo "è mosso da dodici cause che sono considerate come *cause esterne (gai-engi* 外縁起*)".* Il secondo "è mosso da altre dodici cause che sono *cause interne (nai-engi* 内縁起*)".*

---

[52] *Sōryo* 僧侶, *obōsan* お坊さん Originariamente *Sanga* significa l'ordine monastico istituito dal Buddha, che comprende monaci (*biku*) e monache (*bikuni*).

[53] *"BUTSU ni kie shitatematsu* (仏に帰依し奉る)*, HŌ ni kie shitatematsuru* (法に帰依し奉る)*, SŌ ni kie shitatematsuru* (僧に帰依し奉る)*".* Si usa il sanscrito negli incontri internazionali.

[54] Cfr. Walpola Rahula: "L'insegnamento di Buddha", Ediz.Paramita 1984, p.81 ss.

Cause esterne:

1. *Ignoranza (mu-myō* 無明*)*: cecità riguardo la natura della sofferenza e la causa della rinascita.

2. *Azioni (gyō* 行*)*: per le azioni dei genitori l'anima (*tamashii* 魂) prende corpo nel grembo materno.

3. *Coscienza (shiki* 識 *)*: la prima presa di coscienza dopo il concepimento; l'anima non ha sensazioni se non dopo aver preso forma nei corpi dei nostri genitori[55].

4. *Funzioni mentali e fisiche (myōshiki* 名色*)*: cioè la mente (*kokoro* 心) e il corpo (*nikutai* 肉体).

5. *I cinque organi di senso e l'intelletto (roku-nyū* 六入*)*; i 5 sensi (*gokon* 五根): la vista (*genkon* 眼根), l'udito (*jikon* 耳根), l'olfatto (*bikon* 鼻根), il gusto (*zekkon* 舌根), il tatto (*shinkon* 身根), producono delle sensazioni che interagiscono con l'intelletto, organo centrale (*ikon* 意根).

6. *Il contatto (soku, shoku* 触*)*: cioè il collegamento con il mondo esterno.

7. *La percezione (ju* 受*)* o sensazioni legate al contatto come simpatie e antipatie.

8. *Il desiderio (ai* 愛*)* o *l'amore*, specialmente verso l'altro sesso.

9. *L'attaccamento (shu* 取*)* o avidità per l'oggetto del proprio amore.

10. *L'esistenza (u* 有*)*[56], con desiderio e percezione in quanto causa di punizione.

---

[55]*Ryoshin no karada ni yadoru izen* 両親の体に宿る以前

[56]I quattro stadi della vita (*shi-u* 四有) sono: nascita, vita, morte e l'esistenza intermedia dopo la nascita e prima della rinascita in un altro mondo. Vi è anche una divisione della vita dell'uomo in tre stadi (*sannu* 三有): *hon-u* 本有 la presente vita; *to-u* 当有 la vita seguente; *chu-u* 中有 lo stadio intermedio tra questa vita e quella seguente (*chukan-seizon* 中間生存). - *U*, qui tradotto con "esistenza", è anche talora tradotto con "essere" o "possesso" dovuto senz'altro al significato originale dell'ideogramma *yu* 有 ed alla tendenza Mahayanista di spostarsi al contenuto positivo di un concetto. "Esistenza" deve essere qui intesa come "*divenire*", Cfr. G.Grimm, *The Doctrine of the Buddha* (Berlin: Akademie Verlag, 1958), p.180.

11. *La nascita (shō 生)*, quale condizione immediata della sofferenza.

12. V*ecchiaia e morte (rōshi 老死), come* ultimo stadio prima della rinascita.

Passando poi a considerare le altre "***dodici cause interne***" nel loro insieme senza elencarle, Niwano afferma che queste "guidano lo sviluppo mentale e fisico dell'uomo e corrono parallele con le cause esterne. Esse spiegano come 'le azioni dei genitori si riversano sui propri figli'[57] e cosa ci conduce a distinguere il bene dal male. Il fatto che ogni uomo reagisca in modo differente agli stimoli esterni, - osserva Niwano - è un altro risultato delle nostre azioni passate". Pone poi l'accento sulla vita quotidiana fatta di "gioie e di pene che conducono all'attaccamento a persone ed a cose" in cui Niwano trova "una spiegazione alla cupidigia" traendo la conseguenza che "attraverso la cupidigia noi poniamo noi stessi al centro e facciamo discriminazione contro gli altri (*sabetsu no kokoro* 差別の心)".

Degne di attenzione le altre sue considerazioni che seguono: "Mentre noi affrontiamo tutte le cose riguardanti gli alti ed i bassi della vita, lì arriva la vecchiaia e la morte. Quanto meraviglioso sarebbe se le nostre vite fossero ricolme di gioia ed utili ai nostri simili! Da qui nasce l'imperativo ad essere consapevoli del fatto che le nostre azioni hanno il loro rapporto con la felicità o la disgrazia (sfortuna) degli altri e che noi possiamo, con la nostra negligenza, impedire l'intero progresso. E' questa la convinzione di fede che spiega l'insistenza del Buddhismo su un certo tipo di energia vitale." Alla nostra elaborazione del sermone del Signor Niwano, riportato da P. Joseph J.SPAE, riteniamo utile approfondire qualche considerazione dello stesso J.Spae riguardo ai rapporti tra:

La Risshō Kōsei-Kai ed il Cristianesimo

Il lettore - osserva J.Spae - ha certamente notato i ripetuti riferimenti al Cristianesimo da parte del Sig. Niwano nel suo sermone. Su questa materia, sia prima che dopo la sua visita a Roma, aveva molte più cose da dire. Degni di nota sono i rapporti della R.K.K. con il Cristianesimo. Da parte mia sono a conoscenza che la loro sezione dottrinale è impegnata in

---

[57] E' un detto molto diffuso nel Buddhismo popolare: "*Oya no inga wa ko no mukui* 親の因果は子の報い".

un attento studio sul significato che ha il Cristianesimo per loro e per il Giappone. Il Signor Kamomiya Jokai, che ha diretto quella sezione, ha espresso molto bene tale rapporto con le seguenti parole: "Auguro il migliore dei beni al Cristianesimo in Giappone. Noi desideriamo che questo bene aumenti più di quanto è stato prima possibile, ed aumenterà qualora produca i rinnovamenti da me indicati"[58]. Entrambi i Signori Niwano e Kamomiya hanno fatto una citazione di questo autore: "Il Giappone.... ha bisogno del Cristianesimo".

Il 2 Febbraio 1965 il Sig. Niwano, in un pubblico colloquio con Morito Tatsuo,[59] ha dichiarato quanto segue: "Per il Papa Paolo i tempi sono maturi per l'incontro di molti leaders di sette Cristiane per cercare le vie dell'unità.....Io ho iniziato lo studio della Bibbia circa tre anni or sono. Per le somiglianze tra la Bibbia e *Hōkekyō* (Sutra del Loto), mi sono fatta un'idea migliore del punto di vista cristiano. Quando posso dare una spiegazione migliore ad un problema della vita mediante la Bibbia, allora faccio uso della Bibbia; se invece la posso trovare in modo diverso, allora faccio uso di *Hōkekyō*. Sia che venga nominato l'essere supremo Dio o Buddha, non ha importanza. L'importante è lo scopo ultimo della religione: rendere l'uomo felice... Io non provo il minimo antagonismo verso il Cristianesimo. Credo che sarebbe una cosa stupenda se noi cogliessimo il fior fiore di ogni religione e ci nutrissimo l'un l'altro....Noi dobbiamo cercare la Verità Ultima".[60]

Un'altra dichiarazione degna di rilievo da parte del Sig. Niwano è quella rilasciata dopo l'incontro a Tokyo con Sua Eminenza il Cardinal Marella il 25 Marzo 1965: "Il Vaticano ha istituito il Segretariato per i non-Cristiani. Il Cardinal Marella ha avanzato questo suggerimento: sebbene non sia possibile mettere insieme tali religioni vistosamente differenti tra

---

[58] Cfr. l'intervista con il Dr.James M.Philips, JCQ, 1962, p.225. In *Contemporary Religions in Japan, Marzo 1961, il* Sig.Kamomiya afferma che "Il Buddha ed il Dio Cristiano sono uno e lo stesso". Nel provare a capire questa affermazione, sembra non corretto fermarsi sul terreno lacunoso filologico in cui è detto di appoggiarsi. (Cf.M.B.,XIV,1960, p.324). Ho piuttosto l'impressione che, pur nella differenza ontologica tra Buddha e Dio, il Sig., Kamomiya intenda sottolineare la somiglianza delle reazioni psicologiche e religiose riguardo alla fede in loro. Un tale accostamento - concetto che irrita la mente occidentale in cerca di fatti oggettivi - è tipico non solo per la teoria della relatività del Buddhismo, ma anche per la non consapevolezza giapponese di una verità ultima (definitiva).
[59] Ministro della Pubblica Istruzione nei Gabinetti Katayama e Ashida, ex Rettore dell'Università di Hiroshima. Morito è un socialista e avversario del Comunismo.
[60] Cfr. *The Kosei Times,* Vol. I, No.1 (June 1965).

loro come il Buddhismo ed il Cristianesimo, tuttavia, ascoltando con le orecchie senza pregiudizi di un bimbo, dimenticando le proprie differenze dottrinali e mettendo a confronto gli insegnamenti di Buddha e quelli di Cristo, è possibile scoprire un parallelo... "Queste parole del Cardinale hanno fatto saltare di gioia il mio cuore, mentre si è rafforzata la mia determinazione a servire l'umanità"[61].

Infine, al suo ritorno da Roma, il Sig. Niwano ebbe a dichiarare: "Io considero che il frutto principale del Concilio Vaticano sia il mutato atteggiamento della Chiesa nei riguardi dei non-Cristiani. Il Papa più volte mi ha detto che è giunto il tempo di pregare l'uno per l'altro. Io ho parlato con i Vescovi giapponesi dicendo loro che il Papa Paolo VI sta lanciando un appello per una intensa collaborazione fra tutte le religioni. Ho espresso la mia speranza che anche i Cristiani giapponesi vogliano fare il loro meglio. Per il futuro, spero in rapporti migliori tra Cristiani e Buddisti".[62] Dichiarazioni simili, rilasciate dal Sig.Niwano, si possono moltiplicare. Queste hanno trovato risonanza in interviste ed articoli pubblicati in un numero di un quotidiano Buddhista, il *Chūgainippō* che ha proclamato il Sig. Niwano uno dei suoi *"Uomini dell'anno"* in riconoscimento del suo notevole impegno nella collaborazione interreligiosa[63]. Qualunque sia l'implicazione profonda teologica di quello che questo documento chiama *nuovo modo di collaborazione religiosa*, difficilmente si può dubitare della sua benefica influenza su questo paese e non occorre essere profeti per prevedere che ciò può agire efficacemente sul futuro religioso del Giappone.

---

[61] ibidem, No.4 (Ottobre 1965). Il discorso del Card. Marella, a cui si riferisce il Sig. Niwano, si trova in MB., XIX (1965), p.236.

[62] ibidem, No.5 (Nov.1965).

[63] In occasione della grandiosa Celebrazione del 28° Anniversario il 7 Marzo 1966, il Primo Ministro Sato, nel suo saluto augurale, ha elogiato il Sig. Niwano per la sua visita al Papa Paolo VI e per la sua collaborazione nei rapporti Buddhisti-Cristiani.

Capitolo VII

ANALISI DELLA PRATICA RELIGIOSA

1. DOVERI FONDAMENTALI DEI MEMBRI

Il Nostro Impegno di Fede

Noi, membri della Risshō Kōsei-kai
ci rifugiamo nel Buddha Eterno Shakyamuni,
e sotto la guida del nostro venerabile maestro Presidente Fondatore,
riconosciamo nel Buddhismo la via essenziale di salvezza,
ci impegniamo con le nostre migliori forze in spirito Buddhista laico
a raggiungere il perfezionamento del nostro carattere.
A tale scopo, progredendo nella conoscenza e nella pratica della fede,
nella disciplina personale e nella guida per molti altri,
noi vogliamo impegnarci a seguire la via del Bodhisattva
per costruire un ambiente di pace
nella famiglia, nella società, nella nazione e nel mondo[64].

---

[64]*IMPEGNO DEI MEMBRI, Kai-in kōryō* 会員綱領:
立正佼成会会員は、本仏釈尊に帰依し
恩師会長先生開祖さまのみ教えに基ずき、
仏教の本質的な救われ方を認識し

Come si può ben notare, il testo[65] tratteggia la fisionomia e la caratteristica di ogni membro del Movimento il quale, come viene riportato nel commento,[66] ha come primo compito quello di farsi guidare dal suo Presidente Niwano sulla via della salvezza nel Buddhismo "come insegnato dallo stesso Buddha, il Signore". Si fa giustamente notare che la guida non è tanto basata sull'autorità del Presidente, quanto sull'autorità della verità universale riconosciuta come *base alla via essenziale di salvezza*. Pertanto, si giunge alla verità non attraverso formule magiche, né attraverso le preghiere per salvarsi, ma soltanto riflettendo, alla luce della Legge, sulla malvagità del proprio spirito e delle proprie azioni al fine di migliorare se stessi in conformità agli insegnamenti di Buddha che, viene sottolineato, consistono veramente nella "Legge delle quattro nobili verità" come più sopra descritto. Chi ha il potere di salvare tutti gli esseri senzienti è la verità stessa, la quale intellettualmente intesa è una legge universale, mentre emozionalmente intesa non è altro che l'incarnazione della compassione.

在家仏教の精神に立脚して、
人格完成の目的お達成するため、
信仰を基盤とした行学二道の研修に励み、
多くの人びとを導きつつ、
自己の練成に努め、
家庭,社会,国家,世界の平和境(常寂光土)建設のため、
菩薩行に挺身することを期す

Risshō Kōsei-kai kai-in wa,
Hon-Butsu Shaku-Son ni kie shi
On-Shi Kaichō-Sensei Kaisosama no mi-oshie ni motozuki
Bukkyō no honshitsuteki-na sukuware-kata o ninshiki shi、
Zaike bukkyō no seishin ni rikkyaku shite
Jinkaku kansei no mokuteki o tassei suru tame
Shinkō o kiban toshita kōgaku ni michi no kenshū ni hagemi
Ōku no hitobito o michibiki tsutsu
Jiko no rensei ni tsutome
Katei, shakai, kokka, sekai no heiwa-kyō (jō-jak-kō-do) kensetsu no tame
 Bosatsu-gyō ni teishin suru koto o kisu(ru).
(Testo tratto da "KŌSEI" 佼成, rivista mensile R.K.K.., Febbr.1995, p.9)
[65] cfr. il cap. "Duties of the members", in "Rissho Kosei-kai", op.cit. p.126.
[66] ibidem, pp.126-131, a cui ci riferiamo riportandone il contenuto essenziale.

La compassione

Viene rilevato, inoltre, che noi non pensiamo, purtroppo, al fatto che la verità è per noi vita e la compassione è per noi nutrimento, ma ci lamentiamo e mormoriamo soffrendo nel rifiutare la compassione, perché il nostro spirito è annebbiato dall'ignoranza e dalla bramosia. Di conseguenza, è la verità che ci assicura la possibilità di ottenere sicuramente uno stato d'animo tranquillo e felice, a condizione che noi controlliamo le nostre brame nella pratica quotidiana. Sakyamuni il Signore è colui che ha capito questa verità e ci ha insegnato la sua dottrina.

Sakyamuni il Buddha, oggetto del nostro culto, è la Legge e la Verità, mentre promette la sua grande compassione per salvare tutti gli esseri senzienti. Indi, si fa riferimento al Presidente Niwano come a colui che "offre la sua assoluta dedizione al Buddha Sakyamuni che ha capito la Buddhità per tutta l'eternità, e che tira fuori il meglio di sé per far conoscere, non solo ai membri della R.K.K., ma a tutti gli uomini la via essenziale della salvezza mediante la pratica buddhista insegnata nella dottrina del Buddhismo Fondamentale rivelato nel Sutra del Loto. A tale scopo, in primo luogo esiste il seminario dottrinale della R.K.K., cui fa seguito quella pratica indispensabile che va sotto il nome (più volte già menzionato) di *h ō z a*, dove vengono affrontati problemi concreti come si vedrà in seguito.

Laicità

Un altro punto assai importante da rilevare riguarda la *laicità buddhista* ed i suoi scopi. Si fa la distinzione tra la *"via dei monaci"* e la *"via dei laici";* la prima è seguita da chi vuole dedicarsi interamente ed in stile monacale al Buddha ed ai suoi insegnamenti. La seconda è seguita da chi non rinuncia alla vita secolare in quanto membro della famiglia o della società facendo ricorso al Buddha ed ai suoi insegnamenti, annunciandone il messaggio nel proprio posto in società ed impegnandosi a costruire un mondo giusto e felice insieme agli altri. La R.K.K. segue quest'ultima via. Avvicinare e guidare non solo quelli che soffrono, ma anche quelli che vivono una vita insignificante, fa parte della spiritualità laica buddhista che anima i laici nell'insegnare la giusta via dell'umana esistenza. Ciò non è altro che lo spirito Mahayana, via del Bodhisattva. Grande è l'importanza di questa via. Difatti, ogniqualvolta lo spirito del Buddhismo laico riesce a penetrare in tutti gli angoli della società, la società stessa viene purificata con la conseguente possibilità di pace nel mondo.

Il perfezionamento

"*...perfezionare il nostro carattere...*". E' un'espressione buddhista che equivale a *diventare un Buddha*. E siccome Buddha significa "*Colui che è Illuminato dalla Verità Universale*", così "*diventare un Buddha*" significa l'unione della propria vita con la stessa Verità Universale; in altre parole, condurre una vita conforme a Verità. E' qui dove risiede lo scopo della fede del Movimento R.K.K. Il perfezionamento del carattere, basato ovviamente sul concetto che l'uomo possiede originariamente un carattere, consiste nella "*Natura di Buddha*", un termine buddhista che indica il carattere umano... Il che significa che tutti gli esseri senzienti hanno la natura di Buddha. Pertanto, la via pratica per rivelare il Buddha e per diventare un Buddha consiste nel praticare la via del Bodhisattva. Esiste, inoltre, un detto familiare ai buddhisti che così recita: "*Con lo sguardo in alto verso il bodhi, nella base insegnare a tutti gli esseri*". Guardare in alto verso il *bodhi* indica la perfezione individuale che, non potendo comunque essere separata dalla società, viene completata dalle parole "nella base insegnare a tutti gli esseri", cioè costruire una società purificata e migliore. Qui sta l'essenza del Buddhismo. La perfezione individuale costituisce la forza motrice per purificare la società, mentre un animo compassionevole ivi inserito è una forte energia come supporto alla riflessione personale ed al perfezionamento del carattere.

Proseguendo nel breve commento al "*Il nostro impegno*" riportato all'inizio del capitolo, un altro punto su cui è importante porre l'attenzione, è quello della *disciplina personale* che, mettendo in pratica la via del Bodhisattva, è volta a "*progredire nella conoscenza e nella pratica della fede*", la quale consiste nell'affidarsi ai *Tre Gioielli*: *Buddha* 仏 (*Butsu*) *il Signore, Dharma* 法 (*Hō*) *Legge Universale, Sangha* 僧 (*Sō*) *la Comunità dei credenti*, strettamente uniti nell'annunciare la Legge al mondo.

Nella disciplina personale, inoltre, rientra la cooperazione con il direttore da parte di tutti. Ciò è tanto più richiesto quanto più numerosi sono i membri di una grande organizzazione quale la R.K.K. in cui "con il Presidente Niwano, nostro maestro, molti membri si dedicano con impegno nella pratica quotidiana al fine di raggiungere la felicità, con animo grato alla compianta Signora Myōkō Naganuma, la quale ha dedicato la propria esistenza nel coadiuvare il Presidente, ed a molti leaders che spendono le migliori energie in ossequio al Presidente, imparando e praticando la Via". Conoscenza ed azione pratica, quindi, "vanno insieme come due ruote di una carrozza o come due ali di un uccello". Ne segue, nel guidare gli altri, la necessità dell'apprendimento per poter donare ciò che si è appreso. Insegnando, inoltre, si arriva a capire le proprie lacune e nello stesso tempo si è portati a mettere in pratica ciò che si insegna agli altri, cioè il rispetto della Legge e la dedizione al Buddha per giungere alla verità ed alla salvezza.

Costruzione della pace

Esiste infine un impegno che possiamo chiamare primario per i membri della R.K.K., cioè costruire *la pace nel mondo*. Non è necessario ricordare che gli esseri umani non possono vivere gli uni separati dagli altri e senza *michibiki,* cioè senza una guida in rapporto alla famiglia, la società, la nazione ed il mondo che hanno come loro base il carattere dell'individuo. *"Raggiungere in famiglia la Buddhità"* è l'indicazione Buddhista per una pace ideale tra le pareti domestiche insieme a membri di ottimo carattere. Soltanto quelli che amano la propria famiglia con cuore sincero possono dedicarsi ad una disciplina personale. Pertanto, una forte spinta a costruire la pace nella società, nella nazione e nel mondo viene data dall'amore ai vicini, alla madre patria ed all'umanità. E nel movimento R.K.K. è sottolineato che fin dagli inizi è stata insistentemente inculcata la pratica di autodisciplina con il rinnovamento del cuore, come pure il raggiungimento in famiglia della Buddhità. Riflettendo sulla propria ignoranza e riconoscendo la natura di Buddha in ciascuno mediante la via pratica del Bodhisattva, è possibile affrontare e risolvere i problemi familiari. Ne segue la felicità dei membri che sta alla base dell'attività sociale. Senza tale base, ogni alto messaggio emana un suono simile a quello di un cane che abbaia da lontano. Quasi martellante il problema della pace ritorna con insistenza alla mente dei membri e del loro Fondatore Niwano il quale, come rappresentante promotore dell'Unione dell'Organizzazione Nuove Religioni e del Centro Religioso in Giappone, lancia il seguente appello per una politica purificata e per una attività missionaria da estendersi a tutti gli uomini:

Noi Giapponesi abbiamo la responsabilità e la missione di salvare il mondo dalla sua grande crisi e di costruire una vera pace mondiale. Per il fatto che abbiamo iniziato la Seconda Guerra Mondiale, per quanto ci scusiamo per i gravi danni che possiamo aver causato al mondo intero, noi non li abbiamo riparati in modo soddisfacente. Soltanto il Giappone ha avuto la tragica esperienza della bomba atomica, terrore dell'umanità, ed ancora agghiacciante quando pensiamo alle sofferenze che quest'arma può procurare all'umanità. Nessun'altra nazione, all'infuori del Giappone, ha il diritto - sebbene poco onorifico - di dire al mondo quanto terribili siano le armi nucleari. Per questo, noi dobbiamo provare, come risultato della nostra riflessione, a fare della nostra nazione un luogo di pace da estendere a tutte le nazioni del mondo. Chiedo anche ai giovani, che non hanno avuto nulla a che fare con questa guerra, di prendere coscienza di questa grave responsabilità con l'impegno ad adempiere questa missione in collaborazione con la generazione più anziana... La pace non si può ottenere per la nostra nazione o per il mondo, senza un positivo senso di personale sacrificio e responsabilità.

Quanto sopra riportato fa parte del messaggio in cui credono i membri della R.K.K. che umilmente lo accolgono e lo traducono in autentici impegni di vita. Un altro impegno importante da osservare è quello di cui parliamo di seguito.

2. CULTO VERSO GLI ANTENATI (Senzo-Kuyō 先祖供養)

La gratitudine ed il ringraziamento

In relazione a questo tema[67], viene riportato un colloquio tra uno studente di scuola superiore ed un leader della R.K.K. "Per quale motivo - chiede lo studente - voi ci dite spesso di rispettare i nostri genitori e di essere grati ai nostri antenati? Perchè dobbiamo comportarci in questo modo? Replica il leader: Cosa pensi tu della *pietà filiale*? Io, risponde lo studente, non la ritengo necessaria perchè i miei genitori non mi hanno mai chiesto di farmi venire al mondo. Posso esagerare se dico che è stata la loro

---

[67]ibidem, pp.131-132

volontà a farmi venire in questo mondo, ma essi non hanno atteso la mia nascita con gioia quando sono arrivato io come quinto figlio. Anche se fossi il loro figlio unico gioiosamente atteso, mi domando quale significato possa avere per me".

Si fa osservare la superficialità di tali argomentazioni dato che, ovviamente, nessuno di noi nascendo è stato interpellato dai genitori. E' semplicemente accaduto che noi nascessimo in una determinata famiglia. Inoltre, se noi ci troviamo bene dal punto di vista economico, fisico e spirituale, non abbiamo molto da lamentarci, ma se viviamo nelle difficoltà facciamo sentire le nostre lamentele ai genitori: "Perchè mi avete fatto nascere?, oppure "Come sono irresponsabili i miei genitori!..." Intanto il leader, in un primo momento d'accordo con il ragazzo, continua così la conversazione: "Sì, tu hai tutte le ragioni per farmi tali domande. Io stesso non sono mai stato interpellato dai miei genitori riguardo alla mia nascita. Poiché essi mi hanno messo al mondo per volontà loro, è diventato anche loro dovere allevarmi, mandarmi a scuola e procurarmi gli alimenti. Non è necessario per te essere un figlio devoto, qualunque sia il consiglio che ti è stato dato. Per caso, ti diverti andando a scuola?". Il ragazzo risponde: "In un certo senso, direi di sì. Il leader replica: poiché la scuola ti piace, senti che vale la pena vivere la tua vita, non ti pare?".

Il ragazzo annuì con un cenno. Ed ascoltando il leader che gli parlava del significato della vita nei suoi vari aspetti come la struttura della società, la preziosità della vita e così via, potè provare una grande gioia nella vita, avendone capito il significato. Il leader allora gli presentò, senza indugio, un nuovo problema: "Come vedi, quanto è meravigliosa la nostra vita! Ed è più meravigliosa di quanto tu ti sia reso conto nella tua prima età, poiché vi sono molti che spendono la loro vita intera senza tale consapevolezza. Ho comunque una domanda da farti. Tu non potresti assaporare tale gioia se ora tu non fossi in vita. Se non è stata tua la volontà di venire in questo mondo, chi ha fatto in modo che tu ci venissi? Suppongo sia impossibile per te nascere senza che nessuno lo voglia." Senza rispondere alla domanda, il ragazzo disse: "Ora mi rendo conto che la pietà filiale non è qualcosa di forzato in una persona, ma qualcosa di naturale da mettere in pratica. Io non ho mai riflettuto così, quindi non ho mai apprezzato completamente la mia vita. La conoscenza reale di questo mondo, me incluso, mi ha dato questo convincimento. Ti prometto che io farò del mio meglio per studiare e migliorare me stesso, ringraziando sempre di più i miei genitori".

Come si può osservare dalla suddetta conversazione, è cosa naturale per un uomo essere grato ai propri genitori, mostrando loro un sincero ossequio filiale. Si fa inoltre notare che non vi è differenza tra la pietà filiale ed il culto degli antenati Originariamente, è un atto che dice grazie in cui la gratitudine si estende dai genitori, ai nonni e da questi ai bisnonni e così via in modo indefinito sino agli antenati più remoti. Pertanto, questo animo grato, cronologicamente allargato, potrebbe anche essere rivolto a chiunque si trovi vicino al proprio ambiente, sviluppando in modo autentico la via del Bodhisattva. Se ciò fosse da tutti praticato, il mondo non cesserebbe mai di essere una comunità pacifica e serena. "E' questo il vero significato del nostro culto agli antenati".

La pratica davanti all'altare

Ora c'è da dire che praticamente tale culto (*Senzo Kuyō* 先祖供養)[68] si esplica ogni mattina ed ogni sera quando in famiglia davanti all'altarino (*butsudan no mae de* 仏壇の前で, ご宝前の前で) si recita il *go-kuyō* (ご供養) che alla lettera significa *offrire (sonaeru* 供える) e *nutrire (yashinau* 養う). Qui si inserisce il concetto di *merito* e di *trasferimento di meriti, e-kō* (回向) in quanto i viventi comunicano con i trapassati antenati offrendo loro i meriti delle proprie buone azioni che portano sollievo alle loro sofferenze. Ciò viene simbolicamente mostrato dalla presentazione delle offerte (riso, frutta, tè ecc…) deposte davanti l'altarino di famiglia ben adornato in segno di gratitudine e ringraziamento. La recita di alcuni capitoli del Sutra del Loto (*kyōden* 経典) fa parte di tutta la pratica osservata da tutti i membri della R.K.K. che si considerano come foglie, rami e frutti di un grande albero, le cui radici sono gli Antenati (ご先祖さま *go-senzo-sama*).

La pratica ora descritta, nel Movimento R.K.K., assume una grande importanza al momento in cui una persona entra a far parte del Movimento stesso (*nyū-kai* 入会) diventandone membro effettivo in modo formale. In questo caso[69], davanti all'altare di famiglia, oppure davanti all'altare posto in una istituzione della R.K.K. (scuola p.e.), viene svolta una cerimonia

---

[68] Cfr. *Atarashii kai-in no tame ni* 新しい会員のために, Kosei, Tokyo 1992, p.23
[69] ibid., pp.24-25

detta *o-matsuri-komi* (お祀り込み), in cui il proprio nome buddhista di iniziazione (postumo) detto *kai-myō* (戒名) si viene ad aggiungere a tutti quelli degli antenati di famiglia (*sō-kai-myō* 総戒名). Tutta la cerimonia nel suo contesto sta quindi a significare che la persona nuova, che aspira ad ottenere la buddhità (*jōbutsu o negau* 成仏を願う) si mette in comunione con tutti i defunti antenati (*amaneku e-kō suru* 普く回向する) e con essi festeggia perchè il suo nome viene aggiunto al loro nell'apposito registro (*kako-chō* 過去帳). Terminata la cerimonia, in quanto nuovo membro della R.K.K., si reca appena possibile nella sua Chiesa per offrire un segno del suo ringraziamento (*o-rei mairi* お礼まいり). Si impegnerà ogni mattina ad adornare l'altare ed a porre le offerte di riso, acqua, tè, frutta ecc. per poi recitare i sutra (*kyōden* 経典) con il proposito di mettere in pratica nella giornata anche un solo insegnamento. La sera sarà dedicata in modo particolare al ringraziamento per il giorno trascorso senza incidenti.

Mei-nichi 命日 - GIORNO COMMEMORATIVO

In Giappone questo termine è assai comune, adottato ovviamente anche dalla R.K.K. Le celebrazioni *meinichi*[70] (leggi: *meinici*) sono assai importanti perché utili a stimolare la fede, a migliorare se stessi ed a *diffondere* l'insegnamento del Loto. Nelle Chiese, nelle Succursali ed in altri centri R.K.K. si praticano in quel giorno gli incontri *hoza* e si partecipa ai *sermoni* (*seppō* 説法).

Il termine *meinichi* 命日 *(lett. giorno della vita)* può assumere due significati: Il primo fa riferimento al giorno dell'anniversario della morte, in cui si ricorda la persona defunta cui si esprimono sentimenti di gratitudine, oppure si promette di mettere in pratica le sue ultime volontà. Il secondo significato consiste nel ricordare il giorno della nascita di ciascuna chiesa rivolgendo suppliche all'Oggetto di Culto (*go-Honzon* ご本尊) ed alla Divinità Protettrice.

---

[70] Cfr. *"Atarashii Kai-in no tameni* 新しい会員のために*",* Kosei Shuppansha, Tokyo 1992, pp.26-28

Inoltre il termine *meinichi* può anche significare *festa del tempio* (*en-nichi* 縁日) in cui viene stimolata la pratica dell'insegnamento di Buddha per poi diffonderlo.

a) *Ricorrenze mensili:*

- Giorno 5: *Kokūzō Bosatsu go-meinichi*、虚空蔵菩薩ご命日, giorno in cui si celebra il Bodhisattva della sapienza e delle innumerevoli virtù che appare nell'immenso vuoto dello spazio (*Cerimonia dell'aria*). Si rinnova il grazie per il vitto, l'alloggio ed il vestito, così pure si rinnova il proposito di dedicarsi alla sapienza ed alla virtù.

- Giorno 10: *Waki-So Myōkō-Sensei go-meinichi* 脇相妙佼先生ご命 E' la commemorazione che da sempre si osserva il 10 di ogni mese con un servizio religioso per la defunta V*ice Presidente Myōkō Sensei,* madre affettuosa amata da tutti i membri. Così pure l'anniversario della sua scomparsa, avvenuta il 10 Settembre 1957 a 68 anni, viene celebrato con una cerimonia liturgica ricordando con cuore sincero le sue virtù.

- Giorno 14: *Shichi-men Daimyōjin go-meinichi* 七面大明神ご命日, giorno in cui i credenti nel Sutra del Loto venerano la grande e raggiante divinità *Shichi-men* e invocano la sua protezione.

- Giorno 15: *Shakamuni Butsu go-meinichi* 釈迦牟尼仏ご命日, commemora l'entrata nel Nirvana di Buddha 釈迦牟尼世尊の入滅 *Shakamuni Seson no nyūmetsu*, avvenuta il 15 Febbraio con la sua morte. Ci si rinnova il proprio cuore riflettendo sull'insegnamento di Buddha contenuto nel Sutra del Loto.

- Giorno 28: *Hachiman Dai-Bosatsu go meinichi* 八幡大菩薩ご命日, divinità che protegge i praticanti del Sutra del Loto, i quali rinnovano i loro propositi di bene invocando la sua protezione. Oltre alle commemorazioni che vengono celebrate nella sede centrale della R.K.K., anche ciascuna delle Chiese e delle Succursali sparse in Giappone e nel mondo, come pure ogni famiglia celebra le proprie commemorazioni.

b) *Ricorrenze annuali* (o *eventi celebrativi, gyōji* 行事):

- 1° Gennaio: *Hatsu mairi* 初詣. Prima visita che si compie nel nuovo anno in omaggio al Buddha Originale (ご本仏さまに参拝、*go-Honbutsu-*

sama ni sanpai) per disporre il proprio cuore a progredire nel bene insieme alla famiglia ed alla società.

- 5 Gennaio: Prima ricorrenza, *Hatsu go-meinichi* 初ご命日 nella quale, dopo la recita *go-Kuyō*, si programmano le attività da svolgere entro l'anno, riflettendo su quelle dell'anno passato, mentre si ascolta il sermone del Presidente.

- Dal 20 Gennaio al 3 Febbraio: E' il periodo invernale in cui si pratica la lettura intera delle tre parti del Sutra del Loto, *Kanchū Dokuju Shugyō* (寒中読誦修行).

- 3 Febbraio: Precede la primavera, *setsubun-e* 節分会[71]. Si spargono sulla folla i fagiolini *mame-maki* (豆まき) come segno di liberazione dagli spiriti cattivi perchè entri la felicità: *fuku wa uchi, oni wa soto* (福は内、鬼は外). Nel suo 88° compleanno, è stato il Fondatore Niwano a compiere la cerimonia *"mame maki"* seguita dall'esortazione a purificare il cuore, che sta al centro della ricorrenza.

- 15 Febbraio: Si celebra l'entrata di Buddha nel Nirvana, *nehan-e* (涅槃会). I membri della R.K.K. ricordando la morte di *Shaka-sama* e quindi il suo ingresso nel Nirvana, sono invitati ad assimilare con rinnovata fede i suoi insegnamenti contenuti nel Sutra del Loto.

- 5 Marzo: Anniversario della fondazione della R.K.K.(1938), *Sōritsu Kinen-bi* (創立記念日). I membri rinnovano l'impegno a diffondere il veicolo di salvezza.

- 8 Aprile: Si celebra l'Anniversario della Natività di Buddha *kōtan-e* (降誕会). Coincide con la festa dei fiori (*hana matsuri* 花祭). Viene a tutti

---

[71] "Nella prospettiva del Nuovo Anno - scrive F.Dentoni (cfr. "feste e stagioni in Giappone", borla, 1980, pp.122-123) - si situano usanze che cadono nel *setsubun*, cioè all'ultimo giorno dell'anno secondo il computo solare: assai noto è ad esempio il rito di purificare la casa gettando fagioli nei vari ambienti e gridando *fuku wa uchi, oni wa soto* 福は内鬼は外, *fortuna dentro, diavoli fuori*. Nei santuari shintoisti questo rituale ha preso un aspetto diverso, e più chiaramente augurale: i fagioli vengono gettati sulla folla da notabili (oggi si ricorre anche ad attori, politici, uomini famosi *toshiotoko* 年男 uomini dell'anno) nati sotto lo stesso "animale" (nell'elenco dei 12 *shi*) dell'anno che entra. Nel complesso, il *setsubun*, sebbene sentito come ingresso nel nuovo anno solare, come momento di cambiamento di età o come transizione fra i vecchi ed i nuovi segni astrologici, ha un carattere principalmente divinatorio...

offerto il *tè dolce di ortènsia* (*ama-cha* 甘茶)[72] che viene anche versato sulla statuetta di Buddha infante.

- 28 Aprile: "Fumon no hi" *giornata dell'accoglienzai* (普門の日). Si celebra il giorno in cui Nichiren il Santo nel 1254 (sotto l'Imperatore Kencho), tra i boschi del monte sacro *seicho-zan* (清澄山) recita "*Namu Myō-hō Renge-Kyō*" e proclama la religione. Nello stesso 28 Aprile del 1970 viene inaugurato *Fumon Kan, Edificio dell'acoglienza* (普門館) come significato universale della R.K.K. In questo giorno i membri rinnovano l'impegno di diffondere l'insegnamento religioso.

- Terza domenica di Maggio: Giornata della gioventù, *seinen no hi* (青年の日). In tutto il Giappone, i giovani della R.K.K. sono invitati a far fruttificare i loro talenti a favore della società.

- 15 Luglio: Commemorazione dei Defunti Antenati, *urabon-e* (盂蘭盆会). E' detta Festa delle Lanterne. *Divenuti Hotoke, jōbutsu* (成仏)*, cioè Buddha*, i defunti ricevono i ringraziamenti dai vivi, in mezzo ai quali *essi tornano* in questo giorno. Alla base sta il *principio della comunicazione dei meriti, e-kō no genri* (回向の原理) per cui si viene a contatto con i propri antenati. Infatti, i discendenti, con in mano le lanterne, vanno loro incontro *o-mukae* (お迎え) per condurli a casa, dove rimangono per due giorni per poi riaccompagnarli, *mi-okuri* (見送り) alla tomba. (*tale festa si celebra in molti luoghi il 15 Agosto; mia nota*).

- 15 Agosto: Si commemorano le vittime della guerra e si prega per la pace, *senbotsu-sha irei, heiwa kigan no hi* (戦没者慰霊、平和祈願の日*).

- 10 Settembre: Giorno e mese della scomparsa della co-Fondatrice Naganuma Myōkō Sensei, W*aki-So Myōkō Sensei shōtsuki go-meinichi* (脇相妙佼先生祥月ご命日,) le cui virtù vengono ricordate tutto il mese recitando il *go-kuyō* con sentimenti di ringraziamento.

---

[72] A tali celebrazioni ero presente l'8 Aprile '95 insieme ad Agnese ed a 15 mila fedeli venuti in pellegrinaggio da ogni parte del mondo. Ha attirato, fra l'altro, la mia attenzione anche una statuetta di Buddha-bambino, ornata di fiori in un baldacchino, collocata sul palco del Grande Edificio Sacro. Qui riceve l'omaggio da parte di un rappresentante del Nepal, il quale compie la cerimonia *dell'offerta dell'acqua santa (sei-sui hoken,* 聖水奉献) proveniente dalle sorgenti del suo paese, versandola sulla statuetta (*kanbutsu,* 潅仏) per tre volte in segno di purificazione.

- 12 Ottobre: Celebrazione per l'Anniversario della morte del santo Nichiren, (お会式 *o-E-shiki*) con cortei lungo le strade illuminate a festa. Si rinnova l'impegno ad imitare le sue virtù nel diffondere il Sutra del Loto.

-15 Novembre: Compleanno del Fondatore (開祖さまの誕生会、 *Kaiso-sama no tanjō-kai*). Tutti i membri si stringono attorno alla sua figura con l'impegno a lavorare insieme per la pace nel mondo.

- 8 Dicembre: *Jōdō-e* 成道会. E' una celebrazione di ringraziamento per l'illuminazione (悟り *satori*) ricevuta da Shakyamuni.

La suddetta lista di *celebrazioni,* a prima vista fredda e monotona, può offrire ad osservatori atteni una certa chiave di lettura su tutto lo spirito che anima le molteplici attività della R.K.K. Difatti, possiamo intravedere in dette celebrazioni altrettanti *segni esterni* che possono produrre, in quel contesto , *ciò che significano.*

3. HŌZA 法 座 *Seduta presente il Dharma*

E' da rilevare anzitutto che la riunione di gruppo detta *hōza,* cone vita del Movimento[73], ha due significati per tutti i membri:

1. E' un settore organizzativo per l'attività missionaria. Ciascuna Chiesa succursale è composta di *hōza*, in numero che va da due o tre fino a venti; ciascuna *hōza* è composta di cinque o dieci gruppi (*kumi*). Vi è un Responsabile che ha il compito di guidare gli interventi dei membri partecipanti traendone alla fine le conclusioni.

2. La *hōza* come luogo di pratica per tutti i membri. Viene accentuato il primo significato in quanto è organizzativo e costituisce il nocciolo di *hōza*. Mentre, se un menbro dice:"vado a *hōza"*, oppure "faccio una seduta *hza"*, il termine è usato nel secondo significato di pratica. Così pure dire che *"Hōza è la vita della R.K.K."* è da riferire al secondo significato.

Consulenza di gruppo

In quanto alla sua *struttura formale,* la *hōza* è principalmente un luogo per consulenza individuale. I partecipanti non dovranno superare il numero

---

[73]Cfr. "Duties of the members" cit., pp.133-135

di dodici, altrimenti sarà impossibile una consulenza soddisfacente. Eccetto in alcuni casi speciali, la consulenza individuale non ha significato tra due persone in privato. Solitamente, la consulenza viene fatta in un gruppo di persone che ascoltano i consigli dati ad un collega (socio) presente così che tutti nel gruppo possano riceverne un vantaggio.

La *hōza* si sviluppa come luogo di pratica per chi guida e per chi è guidato. I partecipanti si siedono a forma di circolo (v. *foto*) per comunicare meglio tra loro (una decina o anche di più) e con il responsabile del gruppo che sta al centro. Se il numero aumenta, si può dividere il gruppo ed il responsabile capo nomina un altro responsabile tra i capi-gruppo (*kumichō*) per dirigere il gruppo nuovo.

Contenuti della Consulenza di Gruppo

Si fa osservare che tra i problemi sollevati dai partecipanti, figurano principalmente quelli riguardanti la salute spirituale e fisica, le situazioni economiche, i rapporti umani nelle pareti domestiche, in ufficio, nei luoghi di lavoro ecc. In tempi recenti, inoltre, vi è la tendenza a discutere su problemi della religione in relazione alla politica, all'educazione, agli affari ecc. soprattutto da parte di associazioni di studenti, di giovani, di adulti e di donne. Problemi questi, per un gruppo di consulenza, talmente variegati che facilmente sfuggono al controllo del capo-gruppo responsabile. E' da tenere presente, comunque, che lo scopo centrale della *hōza* sta nel condurre l'individuo sulla via autentica di vita.

Continuando il discorso sulla *hōza,* è più che utile, oltre che interessante, conoscere il *Fondamento* su cui è costruito questo gruppo di consulenza. Diciamo subito che, riguardo al metodo, non è lasciato all'arbitrio del responsabile, ma è soggetto a norme costanti. Il problema della sofferenza, con la sua soluzione, è quello più importante che viene sollevato in base agli insegnamenti di Buddha, tra cui spiccano le Quattro Nobili Verità, di cui si è già trattato.

- Anzitutto, si deve ascoltare la persona che parla delle sue difficoltà e sofferenze. Così può sentirsi meglio capita e consapevole della sua attuale situazione di disagio.

- In secondo luogo, si ricercano le cause ricordando la Legge delle Dieci Realtà (*Ten Suchnesses*) [74] oppure quella della Interdipendenza Primordiale dei Dodici Anelli [75] al fine di far capire quale dei suoi pensieri o delle sue azioni sia causa di sofferenza.

- In terzo luogo, riflettendo sulla malvagità dei pensieri e degli atti, alla luce della Dottrina dell'Ottuplice Sentiero e delle Sei Perfezioni, imparare a renderli buoni.

- Dopo di che, mettendo in pratica l'insegnamento della disciplina personale per essere nella società un buon membro di famiglia, si avrà il merito delle buone azioni consistente nella calma dello spirito per le passate sofferenze. Queste, una volta cessate, vengono viste come percorso verso un significativo progresso spirituale. Qui poggia il vero significato della via essenziale della salvezza per questa organizzazione. I vantaggi della preghiera e della pratica, anche se non immediati, influiranno gradualmente sulla famiglia e sulla società. È l'essenza dell'insegnamento della R.K.K.

Sulla *necessità della Consulenza di Gruppo* si sottolinea che non è aperta solo ai membri dell'Organizzazione, ma a tutti è data la possibilità di parteciparvi. Infatti, viene ricordato che la verità svelata a Buddha nella sua illuminazione è rivolta universalmente a tutti e dovunque, cioè il suo insegnamento di grande compassione si estende a tutti gli esseri sofferenti senza mai limitarsi ad un circolo particolare. D'altra parte, è da considerare il fatto che è impossibile donare a chi non vuole ricevere. Noi possiamo tirare un cavallo verso l'acqua, ma non possiamo farlo bere se non vuole. Così, sarà facile raggiungere la felicità solo per quei membri della R.K.K. che vogliono mettere in pratica quanto loro insegnato, mentre per gli altri sarà difficile. Buoni risultati si possono ottenere anche tra quelli che, pur

---

[74] *Il Buddhismo Mahayana gira intorno al concetto del* Tatàtha, *inteso come realtà quale è in sé, cioè vissuta dal suo intimo.* Tathàta *è parola sanscrita, composta di* Tathà = *così e* ta *che ne è il suffisso astratto. Con precisione dovrebbe dunque tradursi* cosità, *come ha fatto l'autore inglese che la esprime con le parole convenzionali* Suchnesses *e* Thusnes. *Il Tucci la chiama...* Quiddità, *lo Arvon* Realtà...(Cfr.B.Lane Suzuki: "Il Buddhismo Mahayana", Premessa all'ediz.it., Sansoni, Firenze, p.7).
Vedi anche (十如是 *jūnyo-ze*) p. 258

[75] È detta *catena dei condizionamenti* (e non catena causale) perchè ognuno dei dodici elementi di cui si compone non è la causa, ma soltanto una condizione (sanscr.nidana) che determina la condizione successiva. (cfr. Lopez-Gay: "Arte Buddhista Giapponese" PUG, p.44).

non essendo membri, seguono gli insegnamenti dell'Organizzazione e si impegnano a metterli in pratica.

Quanto al *Sangha*, o Assemblea delle persone strettamente unite in Comunità, il suo spirito anima i partecipanti a *hōza*, facendo ricorso a Buddha Sakyamuni ed ai suoi insegnamenti. Si ribadisce che la vera felicità consiste non solo nella propria salvezza, ma nel condividere le proprie esperienze e gioie con gli altri e farli felici. E' il *Sangha* che tiene alta la Legge in conformità alla volontà di Buddha e la proclama per fare del mondo un luogo pacifico. Partecipare a questa Organizzazione e al suo Gruppo di Consulenza significa essere uniti al *Sangha*.

Per quanto riguarda *l'orario e la località*, la *hōza* si tiene ogni giorno al mattino dopo il servizio religioso che inizia alle ore nove. Praticamente le Consulenze di Gruppo si svolgono dalle ore 9.45 circa fino alle ore 3.00 pomeridiane presso le sedi centrali di Tokyo e presso le chiese filiali nelle apposite sale adibite alla pratica. Inoltre, per venire incontro a quelli che non possono partecipare alle sessioni regolari, qualche volta al mese si tiene una sessione a circolo in casa di un membro associato alla R.K.K. Per coloro poi che lavorano di giorno, si fa una sessione di sera dalle 7.00 alle 9.00 in case private. Queste sedute serali sono soprattutto frequentate da membri che fanno parte della Sezione Giovanile o della Sezione Uomini per migliorare la propria appartenenza alla società. La Consulenza di Gruppo funziona giorno e notte; e non è esagerato affermare che costituisce per la R.K.K. la fonte nuova dove si attingono le forze per il lavoro di missione.

Dimensione psicologica della "hōza"

Quanto sopra descritto potrebbe essere uno stimolo a conoscere la dinamica dei gruppi *hōza* da un *punto di vista psicologico* rapportato alla struttura mentale della società giapponese. A questi interrogativi potrà darci una risposta, forse parzialmente soddisfacente, il Dr. Kenneth J.Dale[76] il quale nella sua opera "Circle of Harmony" riporta uno scritto del Dr. Susumu Akahoshi, il quale ritiene che la *religiosità umana* è intimamente collegata allo sviluppo psicologico dell'individuo. Egli suggerisce inoltre

---

[76]Kenneth J.DALE: *Circle of Harmony*, Chapter Ten: "Japanese and Western Religiosity" by Susumu Akahoshi, M.D., Seibunsha Tokyo 1975, pp.170-187

che la religiosità peculiare di una nazione affonda le sue radici nelle caratteristiche tradizionali della mentalità psico-sociologica, presente nel contesto di quella determinata cultura. Qui pone in risalto la differenza tra la mentalità Occidentale e quella Giapponese, l'una caratterizzata da una *indipendenza individualistica* e l'altra, la Giapponese, da una *dipendenza collettivistica*. In sintesi, possiamo dire che per il Giappone quello che più conta è il *gruppo*[77], mentre per l'Occidente è *l'individuo;* ma, dove trovare la fonte di tale differenza fondamentale?

Susumu Akahoshi ci risponde affermando: "E' mia convinzione che la differenza nasce dal modo diverso di vivere il periodo d'infanzia in Giappone e nei paesi occidentali. E' durante il primo anno di vita che si forma, rispettivamente per il carattere giapponese e quello occidentale, la tendenza alla *dipendenza collettivistica* come a quella *individualistica* che si rafforza fino all'età di sei anni. E' noto, d'altronde, che alla nascita il bambino è più debole degli animali. Ciò rende necessario un lungo periodo di dipendenza dalle cure dei genitori. Dal punto di vista della biologia comparata, i nove mesi di gestazione del bambino nel seno materno sono troppo brevi in relazione agli altri mammiferi. Se gli esseri umani fossero sviluppati allo stesso ritmo degli altri mammiferi, il bambino nel primo anno di vita dovrebbe vivere secondo la pura legge naturale di crescita come nel seno materno, ma il dato di fatto è che il bambino è costretto a vivere quell'anno in una società complicata secondo le leggi della storia così come se fossero leggi della natura. A causa di questa debolezza biologica del bambino nel suo primo anno di vita, la sua dipendenza

---

[77] cfr.Chie NAKANE: *La società giapponese,* Raffaello Cortina Ed., Milano 1992, p.17: *L'essenza di questa coscienza di gruppo, latente e saldamente radicata nella società giapponese, è ben espressa dal concetto tradizionale di ie, famiglia, concetto onnipresente in ogni più remoto angolo e recesso della società nipponica...* Cfr. anche Alida ALABISO: *I Samurai,* Tascabili Newton, Roma 1997, p.19: Lo studioso A.M.Kanayama così descrive la struttura sociale di quel periodo (del principe Shotoku 593-621): *...il sentimento della collettività era fortemente sentito. La società era costituita da comunità familiari derivanti dallo stesso ceppo e da gruppi di famiglie esercitanti lo stesso mestiere..Una struttura così impostata* - osserva l'Autrice - *comportava necessariamente il sacrificio dell'interesse individuale a quello collettivo.*
Inoltre (ibid.pp.91-92).. *molti nuovi residenti nelle aree urbane aderiscono a gruppi religiosi di recente formazione, il più importante dei quali è, oggi, il Soka-Gakkai....Lo straordinario successo di questi nuovi gruppi religiosi, che hanno velocemente raggiunto dimensioni ragguardevoli, sembra potersi attribuire principalmente al loro sistema di organizzazione verticale.*

parentale è straordinariamente forte ed urgente. Per questo, la soddisfazione o meno di questi bisogni ha un'influenza determinante sul suo sviluppo.

La soddisfazione di tali bisogni, prosegue S.Akahoshi, antecedenti alla formazione dell'ego, in quanto esperienza equivale alla *sicurezza di base*, mentre la non soddisfazione dei suddetti bisogni costituisce un'esperienza che equivale alla *insicurezza di base*. La sicurezza di base del bambino consiste nella fiducia che egli pone nel dono d'amore di sua madre; e tale fiducia non è tanto l'atto del bambino come tale, ma è piuttosto l'atto dell'amore materno. Il bambino sta così sperimentando le stesse sensazioni che ebbe quando si trovava nel seno materno, cioè, si sente un tutt'uno con il corpo della madre. Al contrario, nel caso in cui la madre è assente o incapace a dimostrare amore a causa delle sue ansie, il bambino non può sentirsi sicuro nel nutrirsi o nell'evacuare l'intestino, né può fare sonni tranquilli, non trovando riscontro al suo bisogno di dipendenza. E' così che fa l'esperienza dell'insicurezza di base che corrisponde alla sua prima esperienza di insicurezza sociale. Intanto il bambino cresce tra queste esperienze di sicurezza e insicurezza di base, mentre il sistema nervoso, quello sensoriale e quello muscolare ecc. si sviluppano.

Siamo alla seconda metà del primo anno di vita, quando il bambino si accorge che, attraverso le esperienze di insicurezza di base, sta conducendo un'esistenza separata da quella della madre. E'quello il momento iniziale dello sviluppo dell'ego, in cui l'insicurezza basilare, avendo il sopravvento sulla sicurezza, va a controllare la coscienza dell'ego del bambino, che mostra la sua reazione in due modi:

a) Nel caso in cui l'insicurezza è un'esperienza relativamente lieve, il bambino si stringe fortemente alla madre per soddisfare il proprio bisogno di dipendenza, *amae* (甘え).

b) Nel caso di un'esperienza più profonda di insicurezza, il bambino non dipende più dalla madre in tutto, ma soddisferà da solo il suo bisogno di dipendenza, rifugiandosi in se stesso o nell'amore narcisistico di sé.

In ambedue i casi, comunque, il bambino cerca di raggiungere l'unità integrale con la madre, cioè, l'esperienza della sicurezza base. In questa sua ricerca...l'impulso *amae* in quanto desiderio d'essere amato o l'impulso narcisista si formano all'interno dell'io emergente del bambino. Dalle suddette considerazioni a sfondo psicologico, si deduce che, pur essendo vero che il carattere individuale della madre è da considerare largamente responsabile delle varie esperienze di sicurezza o di insicurezza da parte del bambino, è anche vero che la sua educazione è determinata, in larga misura, dai comportamenti tradizionali comunemente tenuti all'interno di una certa cultura.

Contesti culturali differenti a confronto

In riferimento al Giappone antico si da risalto a qualche espressione come *Ko-Dakara (子宝) un figlio, un tesoro* che sta ad indicare il grande interessamento ed affetto riservati, per tradizione, ai bambini. A voler fare un raffronto tra i metodi educativi del Giappone e quelli dell'Occidente, è comunemente riconosciuto che i Giapponesi tendono a viziare i propri bambini, mentre gli Occidentali sono portati ad essere più severi verso di essi. Ciò fa capire che durante il primo anno di vita, i bambini giapponesi hanno poche ed irrilevanti esperienze di insicurezza di base, mentre i bambini occidentali ne hanno di più gravi ed in maggior numero.

Pertanto, è da supporre che, nel processo di formazione dell'ego del bambino giapponese, la tendenza a favorire l'impulso *amae* (impulso verso la dipendenza) è più forte della tendenza che favorisce l'impulso narcisista verso l'autonomia. Il caso giapponese è opposto a quello Occidentale. Di qui emerge la teoria proposta dal nostro Autore, secondo il quale esiste una differenza fondamentale tra la mentalità Giapponese e quella Occidentale, vale a dire, viene messa in luce rispettivamente la *dipendenza colletivistica* e l'*indipendenza individualistica*. Nella società giapponese, quindi, domina la tendenza a permettere e favorire la dipendenza, per cui uno stimolo costante è preferibilmente riservato all'impulso *amae*. Al contrario, nella società occidentale domina la tendenza a sopprimere la dipendenza ed a favorire l'autonomia. Queste due fondamentali differenze nella mentalità psico-sociologica tra i Giapponesi e gli Occidentali, che rispecchiano anche la loro rispettiva cultura generale, ci permettono di affermare che la cultura giapponese può essere descritta di *tipo-dipendenza*, mentre quella occidentale di *tipo-autonomia*. Pertanto, è mio punto di vista - dichiara l'Autore - che anche la religiosità giapponese può essere descritta allo stesso modo.

Passando quindi ad analizzare la *religiosità umana* in genere, si fa presente che quest'ultima fa la sua comparsa allorquando si provano frustrazioni nelle attività culturali con sensazioni di superficialità e di assenza di significato nella vita culturale, in modo tale che l'io ritorna allo stadio antecedente la formazione dell'ego ed ancora una volta desidera rapporti di sicurezza di base come nell'infanzia. Sono questi i momenti in cui si va alla ricerca dell'esperienza della sicurezza basilare rapportata all'oggetto religioso, come può essere Dio. La natura fondamentale di questa esperienza è una completa fiducia nell'amore materno, vale a dire la sensazione di unione tra la madre ed il bambino. Pertanto, la sensazione di unione tra l'individuo e Dio o la Verità, che si constata nella religiosità umana, fa parte di un fenomeno che proviene dall'esperienza infantile. Tale struggente desiderio d'unione tra l'uomo ed un Assoluto è un *Fatto fondamentale* come lo chiama Paul Tillich, citato da Susumu Akahoshi. Quest'ultimo sembra voler dare una definizione della religiosità umana quando afferma che questa "è un'attività dell'io e, sotto tale aspetto, è un'attività culturale simile a tante altre, ma in direzione opposta".

Ciò significa che, nel proprio comportamento ordinario, l'individuo si sforza di promuovere attività culturali offrendo un più ricco contenuto alla propria dipendenza ed autonomia. In quanto poi alla religiosità, il suo io ritorna allo stadio d'infanzia lottando alla ricerca dell'esperienza della sicurezza di base in mezzo ad una vita superficiale, vuota ed iniqua. Inoltre, è facile osservare come le tendenze caratteristiche fondamentali di un individuo si manifestino nella sua religiosità, in modo particolare quando egli cerca l'unione con l'oggetto della sua fede.

Si giunge quindi a concludere che la persona dipendente trova facile essere sottomesso a Dio stringendosi a Lui con il suo sentimento di *amae* e prova ad immergersi nello stato di unione con Dio. Questo *tipo-dipendenza* è quella che si addice, generalmente parlando, alla religiosità giapponese. La persona indipendente, invece, prova ad unirsi a Dio attraverso le sue azioni etiche nell'obbedire alla Legge di Dio ed attraverso analoghi sforzi per avere fiducia in se stesso. Questo *tipo-autonomia* è quella che si addice alla religiosità occidentale. A questo punto, l'Autore intende soffermarsi ad analizzare le conclusioni delle sue ricerche applicandole alla *hōza*.

Condizioni fisico-ambientali

In merito all'ambiente fisico in cui si svolge la *hōza,* si afferma che uno stile vistoso ed ostentato del fabbricato fa parte della peculiarità di quasi tutte le nuove religioni. I quartieri generali grandiosi sarebbero come la Mecca e motivo d'orgoglio per i fedeli di queste religioni. Questo è vero, sottolinea l'Autore, ma penso sia più importante considerare tale opulenza e splendore come un aiuto efficace a soddisfare il bisogno che hanno i Giapponesi di dipendenza. A tale proposito viene menzionato un proverbio giapponese che recita: *Quando vuoi appoggiarti, appoggiati ad un albero grande, Tayoraba tai-ju no kage* (寄らば大樹の陰). Ne segue che più è grandioso il luogo delle riunioni, e più si sentono sicuri i credenti che ivi si recano, poichè essi percepiscono di potersi fidare senz'altro di un luogo di grandi dimensioni. D'altra parte, si fa ancora presente che i partecipanti alla *hōza* si sentono come a casa loro, rilassati, comodi e bene accolti sulle balconate del Grande Edificio Sacro. Ancora una volta, si viene così a far leva sull'impulso *amae* dei Giapponesi. Per essi, l'esperienza di passare parte del giorno nell'atmosfera del Grande Edificio Sacro è già in se stessa una ricompensa gratificante, a parte il contenuto delle discussioni in seno alla *hōza*, dove i membri possono trovare quella solidarietà comunitaria che non trovano nella vita quotidiana. Per qualche persona, rileva l'Autore, il bisogno di dipendenza è così pienamente soddisfatto, tanto che possiamo dire che l'intero apparato ambientale della R.K.K. è molto bene ideato ed adattato per la religiosità giapponese che è del *tipo-dipendenza*.

Struttura nella guida della "hōza"

Riguardo alle componenti strutturali è interessante osservare che la grande maggioranza di quelli che partecipano alla *hōza* si trova tra coloro che soffrono della mancanza di solidarietà comunitaria, come gente di classe media più bassa o donne che lavorano in casa come casalinghe. Da parte della R.K.K. viene offerto a queste persone un luogo di calda amicizia ed un gruppo a cui possono appartenere soddisfacendo i propri bisogni di dipendenza collettiva. Nello stesso tempo e con tale metodo il Movimento può raggiungere grandi successi nella diffusione religiosa. Non si nasconde una certa pressione che si esercita, secondo l'Autore, in varie forme anche sottili sui partecipanti che trovano gli incontri *hoza* congeniali alla propria mentalità psico-sociale *tipo-dipendenza*. Ed anche alcuni modi coercitivi si possono in parte spiegare, considerando la tradizionale struttura giapponese autoritaria e gerarchica nella vita di gruppo, dove è praticata l'obbedienza cieca considerata una virtù. Vi può anche essere nel gruppo *hōza* un tacito assenso ad una certa coercizione ritenuta talora necessaria nella formazione di gruppi, dove tutti hanno la possibilità di gioire nella fiducia reciproca e di essere, ad un tempo, guidati secondo direttive vincolanti. E' questa la psicologia evidenziata dal proverbio giapponese che dice: *Nagai mono niwa makareru* (長いものには巻かれる) lett.: *Si è avvolti o manipolati da chi predomina*, cioè: *Non ci si ribella a chi è superiore*.

In merito alla leadership nelle riunioni *hōza*, si afferma che tuttora, come nel passato, i membri in gran parte sentono il bisogno di guide autoritarie, a cui si affidano riponendo in esse le propri aspettative. Ciò scaturisce, in modo naturale, dalla religiosità e mentalità psico-sociale del *tipo-dipendenza*. L'Autore fa notare: "Tuttavia, non penso che si possa dire che una leadership del *tipo-autonomo democratico* sia necessariamente la migliore, dando minor valore a quella giapponese di tipo autoritario. Ambedue i tipi, come già ricordato, si pongono sullo stesso livello psicologico ed hanno i loro punti forti e deboli". In realtà, si ha la sensazione di trovarci di fronte ad un problema lungi dall'essere risolto in quanto è da stabilire quale sia, per il Giappone di oggi, la leadership più appropriata ed efficace.

Dinamica socio-emotiva della "hōza"

Il Movimento R.K.K. presenta la *hōza* come un luogo dove la gente si reca per risolvere i problemi personali. E' da tener presente che la traduzione di *hōza* in inglese *group counseling* e quella in italiano *consulenza di gruppo* (come sopra da noi adottata) non sono che tentativi di avvicinarci allo stile giapponese di consulenza, che è completamente differente, nel suo significato tecnico, da quella occidentale. Essendo una reale esperienza di gruppo, l'Autore ribadisce che nella *hōza*, i reclutamenti, i metodi e gli scopi operativi sono totalmente antitetici ai gruppi occidentali di consulenza. Si contrappongono, cioè, rispettivamente le due dinamiche: quella *tipo-dipendenza* e quella *tipo-autonomia*. I Giapponesi, nella grande maggioranza, possono anche impegnarsi a seguire una qualche autorità ed ottenere un certo grado di autonomia, ma non possono realisticamente affermarsi come individui singoli. Pertanto, i loro sforzi per la fiducia in se stessi consistono nel diventare sempre più dei *buoni soci* all'interno del gruppo e nell'essere sempre più capaci di vivere felici secondo lo spirito *amae*. E' questo ciò che io, sottolinea l'Autore, chiamo *autonomia tipo-dipendenza, amae-gata jiritsu* (甘え方自立).

Ora vorrei riportare qualche ricordo personale di partecipazione ad alcuni incontri *hōza* di alcuni anni fa in varie chiese filiali di Tokyo (Minato-Kyokai, Tachikawa-Kyokai ecc) dove, tutta la mattinata, anch'io ero coinvolto unitamente ad una ventina o più partecipanti (donne in prevalenza) invitati, dietro la conduzione del responsabile del gruppo, ad esprimersi liberamente sui propri problemi: difficoltà in famiglia, scuola frequentata dai figli e loro educazione, lavoro, salute ecc. Molto viva è l'attenzione di tutti i presenti nell'ascoltare quanto l'altra persona dice. Non è un dibattito, ma semplicemente vengono esposti fatti reali della vita quotidiana intessuta di ansie e sofferenze. Sono racconti di storie vissute partecipate ad una piccola assemblea che, seduta generalmente a forma di cerchio sui *tatami*, avverte forse nel proprio animo la presenza di qualcosa di invisibile e misterioso che va sotto il nome buddhista di *dharma*. Il termine *hō-za* 法座, infatti, è formato di due ideogrammi: *hō* 法 significa *Dharma (Legge Universale, Dottrina Suprema)* e *za* 座 significa *star seduti*. Inoltre, "in un gruppo nel quale la partecipazione e la comprensione reciproca si sono ben sviluppate, una persona che ha dei problemi riesce spesso ad esprimere i suoi sentimenti più profondi, scopre il suo potenziale per il raggiungimento dell'illuminazione e confessa i suoi sbagli spirituali e fisici. Dopo questo primo passo e sempre sotto la direzione del maestro, il gruppo cerca di analizzare il problema alla luce degli insegnamenti di Budda per arrivare a proporre una soluzione"[78]

Le conclusioni che generalmente, per ciascun caso, vengono messe in luce da chi guida il gruppo, oltre alla ricerca di possibili rimedi nel rimuovere le cause della sofferenza, pongono soprattutto l'accento sulla presenza viva del *Dharma* e di *Hotoke-sama (L'Illuminato)* in cui bisogna rifugiarsi, affrontando con coraggio quella determinata sofferenza che potrebbe anche risolversi positivamente. E' comunque l'occasione propizia per conoscere meglio se stessi alla ricerca della serenità interiore.

Un altro dato rilevato è che alla fine di ogni racconto, la persona esprime di solito la sua gratitudine a *Hotoke-sama* ed al Movimento R.K.K. per essere stata aiutata a risolvere il proprio problema con la guarigione p.e. di una malattia o con la sistemazione nel campo sociale lavorativo ecc. o

---

[78]Cfr. "Rissho Kosei-kai" (Un'Organizzazione Buddhista Laica), Edito da R.K.K. 1994 (?), p.9

comunque per aver trovato la pace del cuore e la forza per continuare a vivere. Si ha anche l'impressione che le poche ore di incontro nella *hoza* scorrano in modo lineare ed ordinato in un clima di armoniosa solidarietà e di forte spirito di gruppo, che certamente rincuora gli animi dei presenti disposti a ritornare il giorno seguente insieme a qualche nuova persona del vicinato, facendo così anche opera di divulgazione del Movimento.

Spirito di armonia

Si può senz'altro dire con Susumu Akahoshi che lo spirito di armonia, *Wa no seishin* (和の精神) è lo spirito di *hōza*. Tale armonia, *wa* 和, non è nuova per il Giappone. L'armonia, sottolinea S.Akahoshi, è lo spirito fondamentale alla base del Codice di 17 Articoli che fa parte della prima Costituzione del Giappone emanata da Shotoku Taishi nel 604 d.C. (v.p.26). Si può dire che ivi è ben manifesta la fondamentale mentalità psico-sociale dei Giapponesi. E' lo spirito di armonia che aiuta una persona a diventare un "buon socio" con le sue personali virtù all'interno di un circolo fatto di rapporti interdipendenti".

Si fa ancora notare che "tale spirito armonico precede l'autonomia individuale" e che "la fiducia in se stessi è riconosciuta come virtù solo finchè porta il suo contributo alla formazione dell'armonia sociale". Tale fiducia viene denominata "autonomia del tipo-dipendenza". A questo proposito viene riportato un passaggio di Takeyoshi Kawashima, citato da J.Spae: "Un individuo non è considerato un'entità indipendente. Piuttosto, i suoi interessi, essendo solo di secondaria importanza, vengono assorbiti dagli interessi della collettività cui appartiene. Questi ultimi, infatti, sono ritenuti di primaria importanza". Questa disposizione di animo costituisce il cuore di *hōza*.

Proseguendo nella sua analisi, S.Akahoshi passa a considerare *l'aspetto terapeutico della hōza* che si trova nello spirito di armonia. Ricordando che l'autodeterminazione e l'autoconsapevolezza individuale non sono previste né volute come traguardi da raggiungere nelle consulenze di gruppo, rileva che il nocciolo del problema, per cui le persone cercano la salvezza partecipando alla *hōza*, si riassume in un motto: *"Sindrome di dipendenza passiva"* e *"Desiderio d'essere amati mai pienamente soddisfatto"*. Qui risiede la radice della tristezza. Varie sono le forme patologiche in cui si manifesta tale sindrome, come alcuni atteggiamenti di malumore, autocommiserazione, risveglio della propria timidezza, rancori e simili. Riguardo la terapia da adottare in simili manifestazioni patologiche di *amae*, si suggerisce all'individuo quanto segue:

a) Rendersi conto dell'impulso inconscio di dipendenza che opera nel profondo del proprio cuore.

b) Capire inoltre che come adulto non può sempre appoggiarsi sugli altri o esserne assistito.

c) Impegnarsi a diventare una persona matura.

Allo scopo di far rinunciare alla dipendenza morbosa, ai partecipanti di *hoza* è rivolto un ammonimento, quasi un ritornello, abbastanza severo che suona: *gli errori giacciono con te stesso*, la cui chiave di lettura sta nell'invito a riflettere seriamente sul proprio stato patologico di dipendenza eccessiva e ad impegnarsi a coltivare quelle virtù personali sostenute dal Movimento. Nello sforzo di raggiungere l'*autonomia tipo dipendenza* progredendo in questo atteggiamento, la persona diventerà un *buon membro* della R.K.K. e sarà in grado di adattarsi a dipendere nella società in cui vive.

A questo punto delle sue osservazioni, Susumu Akahoshi si inoltra nel campo della psichiatria e ci tiene ad affermare: "Queste sono le dinamiche socio-emotive della salvezza che offre la *hoza* secondo il mio punto di vista in quanto psichiatra". E ponendo, in questa ottica, il paragone tra la terapia adottata da psicoterapisti giapponesi e quella adottata negli incontri *hōza*, conclude che i risultati sono i medesimi in quanto "generalmente parlando, il mutamento che avviene nella dinamica della personalità dei clienti è esattamente identico in entrambi le terapie". Ciò vuol significare che la guarigione sta nel ritorno alla dipendenza e nell'appartenere ad un proprio gruppo esclusivo, piuttosto che nell'apprendere a stare da soli. Alcuni psicoterapisti giapponesi, che hanno studiato in Occidente, dicono che i loro pazienti guariscono perchè sono spronati all'autonomia secondo i metodi individualisti occidentali. Anche se accade molto raramente, la guarigione comunque, il più delle volte, avviene proprio come nella *hōza*, attraverso, cioè, *l'autonomia tipo dipendenza*.

L'Autore osserva che non è ragionevole applicare tecniche di mentalità indipendente individualistica su pazienti giapponesi che hanno una mentalità dipendente collettivistica. In forma schematica, dunque, si può dire che lo scopo della psicoterapia e della consulenza in Giappone, così come nella *hōza,* consiste nel realizzare l'armonia di gruppo attraverso *l'autonomia tipo dipendente,* mentre nei paesi d'Occidente consiste nella realizzazione di rapporti di amicizia interpersonale mediante l'amore di se stesso in forma di dipendenza, cioè tali rapporti si realizzano attraverso impegni concordati tra individui indipendenti. In tal modo si è giunti - così pensa Susumu Akahoshi - ad alcuni punti essenziali di discernimento circa le differenze fondamentali tra i due contesti culturali. Ed è interessante osservare come ambedue coesistano integrandosi nei loro rapporti reciproci come due facce di una stessa moneta. "L'aver compreso ciò - conclude l'Autore - è essenziale per il progresso nel campo della psicoterapia e delle consulenze, nonchè della comprensione interculturale in vista del futuro".

Idee contenute nella "hōza"

Descritto tutto il dinamismo psichico nella soluzione di problemi in merito agli incontri *hōza,* l'Autore viene ora a parlare di *manifestazione del karma* che, in questo contesto, viene definito la "consapevolezza di sintomi della sindrome della dipendenza passiva che appare come una aberrazione patologica". Il suo pensiero si va snodando nel porre in luce, anzitutto, il fatto che "diventare consapevoli del valore della sofferenza equivale ad essere consapevoli della psicologia di dipendenza degenerata".

Viene poi scandagliato il contesto della partecipazione al gruppo *hōza,* in cui si esercitano rapporti umani terapeutici e si mettono in guardia i partecipanti sulla psicologia della dipendenza degenerata. E quando, in tal caso, il proprio bisogno di dipendenza (*amae*) viene accettato dagli altri, si scopre come *l'io si riflette negli altri.* Allora avviene un *cambiamento di cuore* che consiste nel passare dalla dipendenza morbosa all'autonomia limitata, comportamento descritto come ravvedimento-pentimento davanti a Buddha e come un sentimento di rammarico verso gli altri. Così il partecipante accetta di buon grado l'esortazione alla sottomissione, portando così il suo contributo all'armonia del gruppo. Da qui emerge il concetto di utilità-vantaggio (*riyaku*)[79] cui è correlata la soluzione ai

---

[79]*Il termine giapponese "ri-yaku* 利益*" in realtà significa "favore divino" o "risposta ad una preghiera"*

problemi che questa religione di *tipo-dipendenza* offre. Infatti, a coloro che credono viene promessa la felicità (*shiawase*), che è una condizione in cui si prova un sentimento di piacere proveniente dalla soddisfazione di desideri istintivi. La stessa felicità suprema del Nirvana è considerata come un'esperienza simile a quella che il bambino prova, nella sicurezza di base, quando è interamente appagato dalle carezze e dal nutrimento che riceve dalla madre. Ciò contrasta, afferma l'Autore, con l'impulso all'amore egoista radicato nella religione occidentale *tipo-autonomia*, che promuove la ricerca del proprio appagamento nel realizzare le capacità personali, seguendo gli impulsi della coscienza e del super-ego. Qui la logicità tende a sublimare i desideri istintivi di utilità e di felicità in vista di valori più astratti.

Un altro punto da tener presente nella *hōza* è costituito dalle reazioni dei partecipanti nei riguardi delle esortazioni e delle risposte fornite dal leader responsabile del gruppo. Anzitutto, verso quest'ultimo emergono generalmente sentimenti di devozione e gratitudine da parte di tutti. Inoltre, in base a delle interviste svolte dalla Sig.na Watanabe, risulta che su 44 persone partecipanti alla *hoza* il 61% si dichiara "sempre" soddisfatto delle risposte (*musubi*)[80], mentre il 39% si dichiara "qualche volta" soddisfatto. Si sottolinea la grande importanza di tali risultati in quanto rappresentano la medesima proporzione trovata, nella psicologia dell'ego delle masse giapponesi contemporanee, tra la tendenza alla dipendenza e quella all'autonomia. Le proporzioni possono variare a seconda dei periodi e delle classi sociali. Il 39% che si dice solo "qualche volta" soddisfatto delle risposte fa parte di quelli, i cui bisogni di dipendenza non sono pienamente accettati o tenuti in considerazione nella *hōza*, oppure di coloro i quali, possedendo impulsi di autonomia abbastanza forti, pongono resistenza, anche se non totale, alle risposte *(musubi)* offerte.

Tra l'altro, è da notare che nella società giapponese contemporanea la tendenza all'autonomia è relativamente più forte tra le classi cosiddette intellettuali che non tra la gente comune nella sua maggioranza. Sta di fatto, tuttavia, che non verrà mai cacciata via la mentalità dominante della dipendenza collettivistica. D'altronde, anche gli insegnamenti impartiti dal Movimento R.K.K. nella *hōza* rivelano la psicologia di dipendenza, messa in luce dalle frequenti espressioni che escono dalla bocca dei leaders dei

---

[80]Il termine *musubi* 結び letteralmente significa *conclusione-chiusura*. Quindi, nel caso della *hōza* è ovvio il significato di *risposte conclusive*.

gruppi come: *La nostra fede è basata sul fatto che noi viviamo alle dipendenze di ogni cosa dell'universo.* E' la dottrina dell'interdipendenza che esprime formalmente la speciale religiosità giapponese di *tipo-dipendenza*. Ciò è vero fin dai tempi antichi e costituisce la caratteristica fondamentale della Religione Giapponese. Acuni imperativi etici come: *Onora i tuoi genitori, Sii altruista, Sii umile* ecc. hanno tutti lo scopo di mentenere l'armonia di gruppo. *Tenere in onore l'armonia, Wa o motte tōtoshi to nasu* (和を持って尊しとなす) è il punto filosofico fondamentale dei 17 Articoli della Costituzione del principe reggente Shotoku Taishi. Ivi risiede il nocciolo dell'insegnamento etico della R.K.K. che nasce dalla psicologia di dipendenza.

A conclusione delle sue osservazioni, S.Akahoshi sottolinea che la salvezza, nella religione che si manifesta di *tipo-dipendenza,* consiste essenzialmente nell'impegno al cambiamento di cuore che passa dalla semplice dipendenza (*amae*) all'*autonomia di tipo-dipendenza (amae-gata jiritsu)*. Al contrario, si può dire che nella religione occidentale di *tipo-autonomia* la salvezza consiste essenzialmente nel cambiamento di cuore che passa dalla pura e semplice autonomia, *jiritsu* (自立)*,* alla *dipendenza egoistica jiko-ai-gata-izon* (自己愛方依存).

Le due tendenze a cronfronto mediante la consapevolezza

Venendo ad un altro punto, l'Autore fa degli accenni su di un aspetto molto importante nel Buddhismo, cioè sulla *consapevolezza* relativa alla religiosità sia collettiva che individuale nei suoi risvolti pratico-sociali. Come è stato sopra osservato parlando delle riunioni *hōza*, il carattere fondamentale della religiosità giapponese viene espresso nei termini di *orientamento verso la collettività*. E' l'armonia del gruppo che conta....Vi è qui il rischio che tale religiosità diventi poco più che un gruppo di psicologia e che venga abbandonato l'incoraggiamento ad una maturità individuale in modo tale che, in mancanza del gruppo, l'individuo può scomparire...

Perciò, si può anche dire che il senso di responsabilità individuale è assente nella religiosità giapponese. Mettendo in evidenza i punti deboli, si osserva che laddove il gruppo viene considerato un idolo, esiste il rischio di cadere nel *nichilismo tipo-dipendente*. Mentre, nella società occidentale, laddove l'individuo viene talmente idolatrato nella sua religiosità autonoma individualista da giungere ad una deificazione personale quasi come un *uomo divinizzato (man-god)*[81] dichiarando, con Nietzche, che *Dio è morto*, vi è il rischio di cadere nel *nichilismo tipo egoistico*.

Tra le conseguenze, non si può dimenticare il terrore Nazi-Fascista operante nei Paesi cristiani d'occidente con la susseguente graduale perdita spirituale del senso di responsabilità individuale. Al momento attuale, infatti, si nota una diffusa insoddisfazione tra la gioventù contemporanea occidentale che abbandona l'amore egoistico esistenziale per andare alla ricerca di una esistenza basata sulla dipendenza reciproca (*amae-gata izon*). E' quanto viene rilevato riguardo ai giovani americani che ad un tipo di guida intima preferiscono un tipo di guida diversa[82]. Ciò dimostra la forza dell'impulso *tipo-dipendenza;* nello stesso tempo, è evidente la debolezza dell'impulso *tipo-egoistico* dei giovani occidentali, la cui confusione p.e. in materia di comportamenti sessuali costituisce un sintomo specifico di tale debolezza. E' allora impossibile non domandarci se veramente sia in atto un graduale e consapevole passaggio dall'indipendenza individualistica alla dipendenza collettivistica anche se ancora, a livello cosciente, sono enfatizzate la libertà e la responsabilità individuali.

Osservando la società giapponese, si deve pur dire che con tutta l'enfasi riservata alla democrazia nel periodo post-bellico, in cui sforzi notevoli erano stati fatti per passare dalla dipendenza collettivistica a quella individualistica, tali sforzi sono rimasti quasi ad un livello superficiale. Si deve ammettere, inoltre, che a livello inconscio, nulla è virtualmente cambiato. Il nostro Autore resta dell'avviso che fino a quando non si avvera un cambiamento nella religione stessa, non vi sarà alcun reale cambiamento nei modelli sociali. A proposito della *hōza*, descrive la sua leadership come autoritaria e carismatica incontrando il favore dei giapponesi che sentono il bisogno della dipendenza collettivistica. Probabilmente è la leadership più adeguata ed efficace per tali gruppi di persone in questo periodo particolare.

Viene poi riportata, al riguardo, una valutazione critica di McFarland il quale afferma: "Ciò pone il Movimento R.K.K. dentro il conservatorismo reazionario in un giorno in cui il corso della società sta muovendosi verso una direzione liberale e democratica...Ed oltre ad essere una minaccia allo

---

[81] Rappresentato da *Ivan* in *"The Brothers Karamozov"* di Dostoyevsky.
[82] In *"The Lonely Crowd"* di Riesmann, citato da Susumu Akahoshi, di cui stiamo esponendo il pensiero.

sviluppo democratico, è ancor più una funesta minaccia di una riviviscenza dell'autorità imperiale unitamente ad un potenziale sviluppo fascista".

Dobbiamo senz'altro ammettere, dichiara l'Autore, che questi sono i punti deboli della leadership *hōza*. Così pure altrettanto deboli sono i punti che si riscontrano nella leadership occidentale democratica, come il concetto di *uomo-dio (man-god)* autoritario che può produrre il fascismo. Diventa così non difficile osservare come punti forti e deboli si trovino in ambedue le leadership, per cui è impossibile dire quale sia migliore.

Raffronto con il cristianesimo nella teologia del contesto

Altre riflessioni degne di menzione sono ancora quelle che l'Autore, dal suo osservatorio psicologico, propone nei riguardi della propagazione del Cristianesimo in Giappone sempre in rapporto alle differenze, sopra descritte, tra le due mentalità orientali ed occidentali nel campo psicosociale-religioso. Pone anzitutto in evidenza che il gruppo *hōza,* insieme all'intero organismo della R.K.K., è indigeno dall'alfa all'omega, mentre al riguardo esistono problemi nella Chiesa Cristiana in Giappone come pure in quella dell'Occidente.

A tal proposito egli sottolinea il pensiero di J.Spae, sopra menzionato, il quale identifica il principio dell'indigenizzazione del Cristianesimo all'idea biblica dell'incarnazione; vale a dire che il bagaglio culturale occidentale, avvolto dal messaggio teologico, deve spogliarsi ancor di più che non nel passato. Per quanto riguarda la Cristianizzazione del Giappone, il Cristianesimo deve incarnarsi nella cultura giapponese mediante un riconoscimento corretto della dipendenza, prevalentemente di tipo collettivistica, che si riscontra nella religiosità e nella mentalità psicosociale giapponese dal punto di vista storico, sociologico, antropologico-culturale e psicologico-evolutivo. Nello stesso tempo, sarà necessario tener sempre presente la differente religiosità occidentale *tipo-autonomia* basata sull'amore egoistico. Inoltre, è da riconoscere il fatto che ambedue i tipi di religiosità si fondano su impulsi che spingono ad operare nella vita di ciascuna persona e formano, rispettivamente, due facce di una stessa moneta. Né si può dire che un tipo è giusto e l'altro è sbagliato, essendo ognuno in se stesso completo.

Infine, sono da tenere in considerazione anche le propensioni e la validità di ciascun tipo di religiosità, ponendo ogni sforzo a che le due estreme tendenze possano integrarsi nella formazione di una più ampia religiosità di tipo mondialista. E così si viene a constatare un'intrinseca estraneità del Vangelo nei riguardi di ogni cultura umana. Il Vangelo Cristiano diventa un *ostacolo* ad ambedue le religiosità, di cui sopra. Ed anche ammesso che una certa religione di tipo internazionale, priva di particolari inclinazioni nazionalistiche, si possa prevedere per il futuro, il Vangelo Cristiano continuerà ancora ad essere di ostacolo. E' ovvia una certa difficoltà delle Chiese Cristiane a scegliere, come tra un dilemma, una leadership adatta al contesto nipponico. Al riguardo, si riporta il pensiero del Dr.K.Dale che afferma: "Noi desideriamo vedere l'aspetto democratico della personalità giapponese sviluppata in linea con i concetti cristiani di libertà e responsabilità individuali, ma nello stesso tempo dobbiamo adattare i nostri metodi di divulgazione e diffusione all'attuale contesto culturale".

L'attuale contesto culturale di cui parlaI Dr.K.Dale mi offre ora lo spunto per una personale considerazione che si allaccia, a mio avviso, a quella corrente o scuola teologica che, in questi ultimi anni, si sta facendo strada all'interno delle Chiese occidentali che dialetticamente sono alla ricerca di *mezzi od espedienti adatti* per la diffusione del Vangelo. Si tratta del tema assai attuale della *missione come contestualizzazione* o *teologia del contesto*.. Mi piace citare, a tale proposito, la rivista missionaria MISSIONE OGGI, mensile dei Missionari Saveriani, che nel numero di Gennaio 1998 presenta un dossier[83] che parte dall'opera "*Trasforming missio*" di David Bosch, teologo sudafricano, il quale tra l'altro afferma: "Lo sfondamento è avvenuto con il sorgere delle *teologie del Terzo Mondo* nelle loro diverse espressioni...La teologia contestuale è la *teologia "dal basso", "dai sotterranei della storia"*...

Pur tenendo presente i rischi e le ambiguità da evitare come il relativismo e l'assolutizzazione della propria posizione teologica, D.Bosch non esita ad affermare che "non si può parlare di Dio senza chiamare in causa il mondo, il campo della sua azione. Le situazioni storiche del mondo

---

[83]cfr. "Missione Oggi", Brescia, n.1 Genn.1998, Dossier: "Teologie della liberazione in cammino", pp.17-32.

non sono un semplice condizionamento esterno della missione, ma vanno incorporate come un elemento della concezione stessa della missione e dei suoi obiettivi". Il Dossier su ricordato pone in risalto anche la "nuova epistemologia" o modo nuovo di conoscenza, citando Sergio Torres che

dice: "Il metodo tradizionale della conoscenza non fa che confermare e legittimare il mondo così com'è. Per la teologia del contesto, invece, il mondo è un progetto incompiuto, in costruzione. La conoscenza non significa conformità della mente al dato, ma è piuttosto un' immersione nel processo di trasformazione e di costruzione di un nuovo mondo".

Simili concetti personalmente mi richiamano i concetti buddhisti, più sopra menzionati, dell'impermanenza e della precarietà dei fenomeni in continuo mutamento e divenire. "Oggi più che mai la teologia è chiamata - afferma Antonietta Potente - ad ascoltare culture e religioni che sono espressione di cammini più silenziosi e nascosti di antiche civiltà, di piccoli popoli disseminati lungo la storia dell'umanità, è chiamata ad essere teologia *in contesto* o teologia *contestuale*. Teologia contestuale significa dunque lasciare affiorare "memorie sommerse", lasciare che "i grandi silenzi prendano la parola", non per rinnegare antiche radici, ma per riscoprire che esse si sono dissetate a quella stessa sorgente che sostiene la sapienza dei popoli e che ci permette di *osare* e affrettare l'ecumene"[84].

All'interno di tali principi, dovrebbe essere meno irta di spine la strada che oggi si sta percorrendo per giungere ad un *dialogo interreligioso* efficace e duraturo. A tale scopo occorre, a mio avviso, muoversi anzitutto all'interno di ogni struttura religiosa migliorandone i membri per poi accordarsi con le altre culture sulle *cose da fare* piuttosto che su quelle da credere. Quest'ultime, ovviamente, non vanno rifiutate; per cui i testi ritenuti *sacri,* come la Legge della *Torah*, il *Corano*, il *Vangelo*, il *Sutra del Loto* e così via dicendo, rimarranno sempre punti importanti di riferimento per i membri dei rispettivi organismi religiosi animati dal rispetto reciproco senza nulla voler togliere alla propria specifica identità.

D'altra parte, sarebbe davvero meschino e di cattivo gusto, al giorno d'oggi, mettersi a discutere sulla superiorità o meno di un testo sull'altro. È vero che tale superiorità è da ritenersi legittima da un punto di vista soggettivo, ma in epoca di dialogo non serve a nulla accentuarla per non

---

[84] Cfr. A.Potente: *Raccogliere i frammenti,* (Dalla teologia missionaria alla teologia contestuale), Edizioni Anterem Roma 1995, p.7

dare la pessima impressione di volerla identificare con posizioni esclusivistiche oggi più che mai inconcludenti. Esiste in verità tale tentazione a cui qualcuno non riesce ancora a sottrarsi, rendendo sempre più difficile la cooperazione religiosa mediante il dialogo. Il Movimento R.K.K. è stato sempre consapevole, e lo è tuttora, del rischio di cadere in quella tentazione di cui rimase vittima lo stesso Nichiren (1222-1282) a suo tempo, quando il *Sutra del Loto* era da lui considerato il migliore sentiero per la salvezza, escludendo categoricamente e con una certa virulenza, ai limiti dell'intolleranza, ogni altro diverso dal suo. Si eviterà senz'altro di cadere in simili rischi se si tiene presente - come osserva M.Fuss – che "nel considerare i singoli sistemi religiosi che presentano una visione del mondo coerente e completa in se stessa, si rende necessario riscoprire i punti focali (la molla scattante) della propria tradizione per essere in grado di valutare un'altra scelta di fede, senza ovviamente alterare il patrimonio della propria. Una tale spiritualità dell'attuale momento - rileva acutamente M.Fuss – è *xenotica* (in greco *xenos* significa contemporaneamente *straniero* e *ospite*) in quanto cerca di giungere ad un genuino scambio di doni in un clima di mutua ospitalità e di condivisione delle proprie esperienze interiori"[85].

Si auspica che cessino le posizioni dottrinali esclusivistiche, frutto della limitata mente umana, spesso causa di inutili dissapori che rasentano l'inimicizia con azioni anche cruenti. È auspicabile invece un sereno e franco confronto dialogico, avulso da falsi irenismi, ma nello stesso tempo non avulso dal rispetto reciproco per una pluralità religiosa contestuale, nella consapevolezza che nessuno possiede tutta intera la verità e che tutti ne sono alla ricerca.

Conclusioni di Susumu Akahoshi

Viene ribadito il concetto che il contesto giapponese è da tener sempre presente come criterio-base per la divulgazione del messaggio cristiano e di quello buddhista. Egli è dell'opinione che come per il Giappone può essere necessaria una democrazia rinvigorita dalla forza autoritaria, così per l'Occidente si rende necessaria una solidarietà interdipendente rinvigorita dalla forza di una coscienza individuale. Riguardo alle *classi sociali* che più aderiscono alla divulgazione religiosa, si osserva che i partecipanti alla

---

[85]*Buddhism and Christianity in Dialogue,* by Michael Fuss, in *Dharma World,* Kosei Publ.Co., Tokyo Jan./Feb.1999 vol.26, p.27

hōza sono di classi medie inferiori con istruzione relativamente scarsa, mentre molti membri delle Chiese Cristiane sono intellettuali di classe media. Ciò sta a significare che la gente comune si rivolge alla religione per soddisfare la propria religiosità dipendente collettivistica, i cui bisogni sono pienamente soddisfatti dalla R.K.K. D'altra parte, il Cristianesimo diffuso nel Paese del Sol levante è quello predicato da missionari americani ed europei, mostrando una tendenza verso la religiosità di *tipo-autonomo* occidentale. Ne consegue che questo tipo di religione ha trovato pronta accettazione tra le persone con forte autonomia, cioè intellettuali di classe media, i quali principalmente hanno avuto la responsabilità di diffondere il Cristianesimo in Giappone nei successivi decenni.

Ma si deve anche aggiungere che ciò costituisce un notevole strappo divisorio tra la classe media intellettuale che spicca per il suo spirito autonomo relativamente forte e la gente comune generalmente controllata dalla psicologia della *dipendenza*. Ed è proprio in tale strappo divisorio che si trova il motivo tacito per cui non pochi intellettuali, divenuti cristiani per la loro superficiale identificazione con "l'autonomia", hanno negli ultimi anni abbandonato o contestato la propria fede...La loro autonomia è tale solo in teoria, mentre in realtà può facilmente ripiegarsi e fare affidamento su di una società di tipo dipendente, ritornando alla dipendenza del gruppo. Perciò il Cristianesimo giapponese è rigido e rigorosamente disciplinato in teoria, ma è tollerante nella vita pratica e propenso a dividersi nel modello *autonomia teorica - dipendenza pratica*.

Il fallimento della Chiesa nel raggiungere gli strati inferiori della società giapponese risiede nella forma del suo messaggio e nel metodo di trasmetterlo. Non è tanto il Vangelo in se stesso, afferma l'Autore, ma la sua interpretazione ed i mezzi di diffonderlo devono subire una radicale revisione[86]. Al riguardo, si richiede anzitutto un'adeguata comprensione della dipendenza psicologica delle masse per poi accettarla come tale. In secondo luogo, bisogna profondamente considerare che tale dipendenza è

---

[86] Ciò corrisponde a quanto mi diceva nel lontano 1967 (?) Endo Shusaku, scrittore cattolico, (tra le sue opere risalta *Chinmoku* 沈黙 *il Silenzio),* venuto nella mia Cristianità di Miyazaki. Egli battezzato da studente lamentava nel Cristianesimo giapponese la sua eccessiva occidentalizzazione. In verità, tentativi di *inculturazione* e di *contestualizzazione* della fede cristiana non sono mai mancati in Giappone. Basti pensare ai gesuiti Valignano ed Organtino che, dopo l'introduzione del Cristianesimo ad opera di F.Saverio, hanno operato al tempo di Nobunaga (1534-1582) per la comprensione della lingua e cultura nipponica come base alla diffusione del Vangelo.

all'origine dell'apparente autonomia degli intellettuali cristiani giapponesi. Infine, bisogna capire che il Cristianesimo occidentale rivela la tendenza ad una religiosità di tipo autonomo egoista. Queste considerazioni dovranno essere operative, se si vuole un cambiamento nello sviluppo della Chiesa in Giappone.

A conclusione delle sue analisi psicologiche sulla *hōza*, il Dr. Susumu Akahoshi ribadisce la necessità di conoscere in modo corretto i punti forti e quelli deboli dei due tipi di religiosità più volte menzionati che appaiono, nel loro sviluppo, dello stesso livello. Nella collaborazione reciproca, sarà possibile diventare più forti rettificando le proprie debolezze in modo da presentare una religiosità comune ad ogni popolo della terra. Un'altra osservazione dell'Autore riguarda il fatto che la fede basata sulla religiosità umana è soltanto un atto dell'ego umano. Mentre la fede, dal punto di vista di Martin Lutero nella sua *introduzione alla lettera ai Romani*, non è ciò che l'uomo crede o pensa, ma è un'azione di Dio dentro di noi in quanto è un dono dell'amore di Dio in Cristo. Quando l'uomo esperimenta l'amore di Dio rivelato mediante la morte e resurrezione di Cristo, il suo desiderio di religiosità è pienamente soddisfatto e gli è donata la fede come azione divina che sorpassa ogni azione umana. Come *Epilogo* alle suddette riflessioni, l'Autore, nell'accentuare la sua curiosità intellettuale relativa alla cultura e la religione del Giappone, lamenta una certa penuria di studi e di ricerche riguardanti lo scenario nipponico su tale materia. Al riguardo si auspica una maggiore conoscenza come base per meglio capire, apprezzare e valutare la società giapponese nel campo religioso, psicologico e sociale.

Alcuni interrogativi

Pur essendo giunti ad una migliore comprensione della riunione "*hōza*" nella sua positiva efficacia, permangono tuttavia alcuni interrogativi. L'attività *hōza* è veramente in grado di diffondere fedelmente il Buddhismo genuino ai suoi partecipanti? E'chiara la sua funzione di offrire risposte adeguate ai problemi concreti della gente alla luce del Sutra del Loto, oppure esiste una sua funzione latente che opera in senso contrario agli scopi stabiliti? A tali interrogativi, la risposta giunge con toni abbastanza critici. Lo studio condotto - si afferma - è piuttosto chiaro sul fatto che la dipendenza reciproca, incentrata attorno la leadership autoritaria, costituisce il modello di rapporti interpersonali incoraggiati dagli incontri *hōza*. Ed è anche ben dimostrato che l'etica della sottomissione - dei figli ai genitori, della donna all'uomo, dei lavoratori agli impresari - è fortemente insegnata nella *hōza*. Ovvero, è ancora ovvio che i vari fattori derivanti dall'astrologia, dal folclore religioso e dalla pratica del culto verso gli antenati, non solo sono permessi, ma energicamente incoraggiati. Secondo alcuni consulenti cristiani occidentali e psichiatri cristiani giapponesi, tali fattori non sono del tutto positivi nel contribuire alla crescita del pensiero giapponese, né contribuiscono a formare modelli comportamentali, compatibili con la cultura internazionale contemporanea, basata su concetti di liberazione e di libertà razionale. Tali elementi contribuiscono, piuttosto, a conservare ed a rafforzare vecchi modelli di pensiero e di comportamento.

Ma le comunicazioni internazionali, - rileva l'Autore - l'istruzione ad alto livello, l'introduzione del Cristianesimo ed altre simili forze fanno da catalizzatrici per il cambiamento di vecchi sistemi. Queste, sono realmente forze nuove per il lavoro in Giappone, mentre le cosiddette *nuove religioni* sono attualmente nella società delle forze conservatrici e reazionarie? Tuttavia, i nostri amici della R.K.K. possono ritorcere le domande a noi e porre in rilievo i pregiudizi occidentali che ci inducono a valutare con i nostri parametri i modelli personali, etici e religiosi delle varie culture mondiali. La via orientale della mutua dipendenza in merito ai rapporti personali diventa forse meno praticabile della via occidentale basata sull'indipendenza autonoma? Il modello orientale riguardo alla leadership autoritaria nell'organizzazione della società, sarebbe meno praticabile di quello occidentale che si basa sull'ideale democratico? Ancora, i misteri dell'universo, compreso quello dell'esistenza oltre la morte, sono forse spazzati via in ossequio ai dogmi razionali dell'occidente?

E'chiara l'intenzione del nostro Autore di volere analizzare in modo spassionato e indiscriminato, sia i punti deboli che quelli forti, tanto della mentalità giapponese attraverso la sua pratica religiosa, quanto del metodo tradizionale del Cristianesimo nel campo educativo e missionario. Ha posto anche in chiara evidenza i contrasti tra metodo *hōza* e metodo delle Chiese cristiane, esprimendo sentimenti critici e di apprezzamento verso entrambi i metodi. In ultima analisi - conclude – ciò che salva l'umanità sarà sempre la potenza trasformatrice di Dio e non la religiosità o la metodologia umana. Riguardo a quest'ultima, ciò che si deve fare è di avere un atteggiamento di apertura e di flessibilità, un occhio per scrutare e criticare, un orecchio per ascoltare ed imparare.

4. IL BODHISATTVA IN AZIONE CON INIZIATIVE DI PACE

"L'aspirazione del Buddhismo - afferma Walpola Rahula[87]- è di creare una società che rinunci a tutte le rovinose lotte per il potere;...in cui le persecuzioni degli innocenti siano denunciate con veemenza;...l'odio sia vinto dall'amicizia e il male dalla bontà;...la compassione sia la forza motrice dell'azione,.. tutti gli esseri, compresi i più insignificanti, siano trattati con giustizia, considerazione ed amore. In cui la vita, nella pace, nell'amicizia e nell'armonia in un mondo dove regni il benessere materiale, sia diretta verso lo scopo più alto e nobile, il conseguimento della Verità Ultima, del *Nirvana*". Il problema della *Pace,* come s'è visto nei cenni autobiografici del Fondatore Niwano, è essenziale per il Movimento R.K.K. che sempre si batte per la pacificazione tra i popoli mediante proposte per l'abolizione delle armi nucleari, per lo sviluppo dei popoli nel rispetto dei diritti umani, specie dell'infanzia e collaborando a tutte quelle attività volte ad alleviare le sofferenze umane, seguendo la via del Bodhisattva. E' il cammino del *Buddhismo vivo ed operante*[88] che caratterizza il movimento R.K.K. che si esprime in fatti concreti, come gli esempi che seguono.

Michibiki (導き fare da guida): Disseminazione nella condivisione

Tra gli impegni importanti che i membri sono invitati a svolgere - recita il suddetto opuscolo - viene segnalato quello che va sotto il nome di *michibiki* (leggi *micibiki*)[89], vale a dire *"un'attività missionaria che nasce*

---

[87]Cfr. Walpola Rahula: "L'Insegnamento del Buddha", cit., p.129
[88]Cfr. "Rissho Kosei-kai and Peace Activities" (Living Buddhism in Action), Publ. by R.K.K. 1994, pp.1-21, dove fra l'altro viene riportata qualche dichiarazione del Fondatore Nikkyō Niwano che, lavorando per la pace, si dice "animato dallo spirito di un Unico Veicolo di Buddha insegnato dal Sutra del Loto che trascende le differenze religiose e settarie", per cui è convinto che "esista una sola verità universale e che tutte le religioni siano manifestazioni di quella verità". E con lui concorda l'attuale Presidente Nichiko Niwano quando afferma: "Come membri R.K.K...noi vediamo l'universo ed il mondo come uno, così pure tutta la vita è una in quanto scaturisce dalla medesima sorgente che è la verità universale. Tutti i popoli appartengono ad una sola famiglia che trascende le barriere etiche, religiose e nazionali".
Cfr. anche "The Rissho Kosei Kai, Fund for Peace", Edito da R.K.K., Tokyo '94, pp.1-12
[89]cfr. "Rissho Kosei-kai", 189, R32, cit., pp.135-141. *Michibiki,* lett. significa *fare da guida.* N.B. Tale attività missionaria viene abitualmente chiamata *disseminazione.*

dalla volontà di condividere con gli altri la gioia della salvezza attraverso la Legge".

Anzitutto, si vuole porre l'attenzione sui motivi che hanno spinto Sakyamuni il Signore ad annunciare la verità universale. Nel tratteggiare i punti più salienti della sua vita, viene ricordato come egli, nato 2.500 anni or sono, fosse ovviamente della stessa natura umana come tutti noi, anche se in qualità di principe. Rimasto orfano della madre dopo sette giorni appena dalla nascita, viene allevato da una seconda madre. Conduce a corte una vita sfarzosa, indi si sposa con una bella fanciulla. Pertanto, subito dopo la nascita del figlio Rahula, rinuncia alla vita mondana abbandonando il suo palazzo e la sua posizione di principe. Dopo tale *Grande Rinuncia*, Sakyamuni sperimenta ogni tipo di pratica ascetica senza ottenere, come desidera, una vera illuminazione fino a quando, giunto sotto l'albero *bodhi* presso il fiume Neranjara, viene finalmente illuminato. Per quale motivo, ci si domanda, Sakyamuni il Signore ha rinunciato alla sua nobile posizione sottoponendosi a simili pratiche? La risposta è che, fortemente sensibile alle sofferenze umane, riflette su come liberare il mondo dalla sofferenza. Sakyamuni il Signore, dopo una severa disciplina, ottiene l'illuminazione. Ma, osservando l'umanità nella realtà interna alle sue strutture e nel suo cuore, avverte l'esigenza ad avere risposte adeguate a domande come *"Perchè soffriamo?"*, oppure *"come possiamo liberarci dal dolore?"*.

Egli allora per salvare gli altri annuncia loro quella verità che gli è stata rivelata. Tutti vanno in cerca della felicità, ma molti vanno per la direzione sbagliata. Il che vuol dire che non conoscono cosa sia la vera felicità, oppure che sono impegnati nelle cose mondane. L'uomo conosce una minima parte di se stesso. Mentre può vedere gli altri con i propri occhi non può vedere se stesso. Fino a quando non riesce a guardare il proprio volto, il suo sé esteriore maggiormente esposto, è ovvio che non può affrontare il proprio spirito, il proprio io interiore. Il Buddhismo gli insegna come affrontarlo mediante un retto discernimento, cioè: se l'uomo vuole essere felice, lui stesso deve trasformare se stesso in modo da poter essere tale. E' sempre suo l'impegno a liberarsi dalla sofferenza che si manifesta in vari modi dalla nascita alla morte: malattie, depressioni a causa della disoccupazione o di disastri economici-finanziari, sofferenze dello spirito causate da familiari o da colleghi di lavoro.

Di pene e gioie è intrecciata la vita umana. Anche un uomo ricco considerato felice è sempre ansioso di perdere la salute o sempre insoddisfatto della medesima. Allora l'uomo deve guardare in faccia la morte una volta per tutte. Per coloro che considerano la morte migliore della vita, si può dire che non esista la sofferenza, anche se, superfluo a dirsi, essi non sono nati con la volontà di morire. Ebbene, vi sono quelli che sentono che la morte sia migliore della vita, in quanto hanno incontrato la sofferenza considerata peggiore della morte...Bisogna dire che, comunque la si guardi, la vita nel mondo è piena di sofferenza per coloro che non sono arrivati a conoscere la vera Legge, ma stanno piuttosto nell'illusione. Dobbiamo anche dire che le delizie si trasformano in pene a seconda del proprio atteggiamento spirituale, e che la vera felicità consiste nella gioia di condividere i propri piaceri. Su questi concetti fondamentali, dobbiamo distinguere vari tipi e gradi di sofferenza. Esiste quella che può essere chiamata *sofferenza individuale*, che è tra le più profonde, causata da malattie o da insufficienza di mezzi economico-finanziari.

Ma nell'attuale modernizzazione, vengono alla ribalta altre sofferenze su più larga scala. In un mondo meccanizzato, dove l'uomo viene ridotto ad un dente d'ingranaggio, ancora una volta sorgono nuovi problemi personali dall'interno stesso dell'uomo, mentre il progresso tecnologico da luogo a nuove sofferenze. Più la civiltà materiale avanza con successo, più la sofferenza si manifesta in modo chiaro e sempre più rilevanti diventano i problemi dello *spirito*. Così pure, vi è una rivalità costante tra i paesi del mondo nel minacciarsi tra loro con guerre nucleari od altri conflitti. Si può ben affermare che l'umanità intera è gravata dal peso di una stessa grande sofferenza.

Il significato di "Michibiki"

Nel constatare il mondo presente, dobbiamo tutti impegnarci a che l'umanità si rinnovi nella sua condizione e costruisca un mondo di vera pace vivendo in conformità alla verità universale. *Michibiki* non è altro che l'attività missionaria volta a fornire informazioni a più gente possibile sul fatto che la vera religione offre dei servizi per porre la base alla costruzione di un autentico sentiero di vita per un mondo di pace. Se una persona è guidata da chi ha deciso di intraprendere un giusto percorso e mette in pratica ciò che le viene insegnato, proverà tanta gioia e rinnovato vigore, mentre sarà fortemente sollecitata ad impegnarsi nella pratica. Potrà condividere la propria esperienza gioiosa con molti altri mediante il lavoro di *michibiki*. Chi ha ricevuto solo ieri gli insegnamenti circa la Legge, egli è di un giorno più anziano di un altro che ha cominciato oggi. Rende partecipi gli altri anche di un solo pezzo imparato o realizzato.

Su questo argomento, viene qui rilevata la differenza che esiste tra il Buddhismo ed il Confucianesimo, pur essendo entrambi filosofie orientali. Nel Confucianesimo, per insegnare agli altri, uno dovrà essere anzitutto istruito in modo perfetto, mentre nel Buddhismo uno deve solo condividere le proprie conoscenze, anche se in piccola misura in vista di continuare in seguito. Tuttavia, alcuni si sentono esitanti nel lavoro missionario, anche se dopo decidono di abbracciare la Legge : "Mi dedicherò all'attività dopo aver fatto più esperienza pratica", oppure: "Non ho ancora capito gli insegnamenti..." Ed allora, che senso ha il lavoro *michibiki?* Si risponde semplicemente che ha un senso per il fatto che possiede due pregi: quello di poter rendere felici gli altri e quello di poter raggiungere l'illuminazione.

Rendere felici gli altri significa far loro capire il modo giusto di vivere come esseri umani rendendoli consapevoli di possedere la natura Buddhica o la capacità di diventare un Buddha. Inoltre, in quanto a far felici gli altri, dobbiamo anzitutto abbandonare le nostre idee personali facendo nostro lo spirito di Buddha per salvare tutti gli esseri senzienti. I principianti che si avvicinano alla Legge non potranno subito riconoscerne il senso; tuttavia, il suo insegnamento supremo, non appena viene impartito, può salvare l'uomo mediante l'illuminazione. Al riguardo il Presidente Niwano così si pronuncia: *"Tu puoi chiederti con meraviglia: può essere efficace, per un credente immaturo, insegnare agli altri? Talora, una persona che ha delle conoscenze perfette o che possiede alte virtù non è adatta ad insegnare a nuovi membri. Un principiante, invece, per sua esperienza diretta, conosce le difficoltà di uno che inizia."* (Cfr.:"Un'interpretazione nuova dei tre Sutra del Loto" di Niwano). Riguardo al secondo *pregio* di *michibiki*, cioè ottenere per se l'illuminazione-comprensione in merito all'insegnamento, è richiamato il capitolo che riguarda il Bodhisattva Never Despise[90], di cui

---

[90]cfr. "The Threefold Lotus Sutra", op.cit., cap. XX: "Bodhisattva che mai disprezza". Al riguardo, cfr. il commento di Niwano Nikkyo *(Buddhism for today,* cit., pp.305-321) circa il "rispetto" da avere verso tutti gli esseri senzienti che posseggono la natura di Buddha.
Vedi anche "La storia del Bodhisattva che mai disprezza" di Shinozaki Michio in Orientalia: *"Sapienza d'Oriente e d'Occidente"* Cristianesimo, Buddhismo, Scienza contemporanea, Atti del Convegno Internazionale "VESAK '97" di Salsomaggiore Terme (30 Maggio-1 Giugno '97), Il Cerchio, Rimini 1999, pp.89-90.

viene riportato il seguente passaggio: *"Chi si dedica al lavoro missionario per gli altri, ottiene subito la sapienza suprema di Buddha"*. Insegnando agli altri, possiamo noi stessi rivedere ciò che abbiamo imparato; dalle domande che vengono poste possiamo scoprire punti non chiari tralasciati prima, oltre che renderci conto di quanto oscure ed inesatte siano le nostre conoscenze. Insegnando agli altri possiamo approfondire la nostra fede e comprendere meglio la Legge. Capirlo non basta, bisogna passare subito all'azione.

La Pratica

"Chi dice di capire il significato di *michibiki* e non lo mette in pratica, vuol dire che non lo ha ben capito, oppure si considera troppo umile...". Quelli che comprendono bene cosa signifca *michibiki* non possono esimersi dall'entrare in azione facendo da guida agli altri. Si tratta di coraggio, proveniente da una fede forte, basata sul fatto di possedere la natura buddhica che va coltivata negli altri. Da non dimenticare, inoltre, che la pratica *michibiki* è parte fondamentale dello spirito del Sutra del Loto, cioè è la Via del Bodhisattva. Sul tema della "diffusione" o *"disseminazione"*, è da tener presente lo slogan: *"fede a tutti gli uomini"* su cui si fonda il Movimento R.K.K.. A ciò si collegano le altre parole: *"Il nostro impegno di fede"*; *"...realizzare uno stato di pace per la famiglia, la comunità, la nazione ed il mondo"*(v. Cap.VII, p.271). Qui si colloca, appunto, la pratica del Bodhisattva che opera per la pace nel mondo in perfetta affinità al Movimento su ricordato. Ed è proprio questo il momento, per la R.K.K., di lanciare un'azione pionieristica al fine di aprire gli occhi della nazione alla vera fede. La pratica *michibiki* viene esercitata sia individualmente sia mediante gruppi nelle comunità locali, o attraverso conferenze pubbliche o grandi convegni. Ciò che importa è *"portare la fede a tutti gli uomini"* in modo graduale per un vigoroso lavoro missionario. "Con questo - si afferma con forza - mirando a perfezionare il nostro carattere, possiamo dimostrare con i nostri mezzi quanto sia ottima la guida da parte dell'organizzazione della R.K.K."

I mezzi operativi

A proposito di *mezzi* che portarono allo sviluppo del Movimento R.K.K.[91], va ricordato un motto-principio caro al Fondatore Niwano che afferma: "Io porto a termine una cosa all'anno, anche se ve n'è un'altra che preme. Questo è il mio principio. Quando ci sono molte cose da fare nello stesso tempo, di sicuro alcune saranno abbandonate subito o lo saranno in seguito". In base a questo principio, molte sono le opere realizzate dalla R.K.K., più sopra già ricordate in ordine sparso, che vogliamo ora succintamente riproporre. Anzitutto, vennero acquistati i terreni vicini alla sede centrale per essere utilizzati durante la guerra come fattorie, dove si coltivavano ortaggi vari per venire incontro ai fedeli in difficoltà per mancanza di alimenti. Finita la guerra, di molto era aumentata l'influenza della R.K.K., per cui il vecchio fabbricato di 25 *tsubo (=mq.82,75)* non era più sufficiente per le riunioni. Si fa quindi notare che, in occasione dei gruppi di consulenza (*hōza*), il giardino era ogni giorno talmente affollato di fedeli che le riunioni si tenevano in una capanna sostenuta da pali di legno e coperta di stuoie di giunco a mo' di tetto, mentre le stuoie di paglia, intrecciate un po' alla meglio, venivano stese in terra. Si avvertiva, quindi, la necessità di costruire una grande sala per il tirocinio al fine di tenere i fedeli al riparo dalle intemperie.

Tuttavia, si deve dire che, pur con i fabbricati innalzati in seguito, le capanne dei primi tempi sono rimaste comunque una caratteristica rilevante del Movimento R.K.K. Ovviamente, l'aumento delle opere logistiche non poteva stare al passo con lo sviluppo dell'organizzazione. E' questo un altro motivo per cui il Presidente Niwano ci teneva ad osservare il suo motto *"Una cosa all'anno"*. Era il 1948 quando si arrivò alla costruzione della *Sala per il tirocinio* che corrisponde alla *"Vecchia Sala di Culto della sede centrale (quartiere generale)"*. Il largo locale della Sala di Culto aveva una grandezza di 120 stuoie di paglia ed un piano che misurava 554 metri quadrati in tutto. I gruppi che si riunivano durante la guerra erano in prevalenza costituiti da donne casalinghe che portavano con se i propri bambini. Di qui nacque la necessità di provvedere ad un luogo dove i bambini potessero giocare.

---

[91]"Rissho Kosei-kai", 189, R32, op. cit., pp.19-23

E così, in un angolo vicino alla sede centrale, nel 1949 sorse la *Scuola Materna Kōsei* la quale si prende cura, come obiettivo, dei bambini più piccoli seguendoli nella loro crescita fisica e psicologica. E' di grande importanza, infatti, offrire loro una solida educazione fin dai primi anni d'infanzia in vista del periodo dell'adolescenza. Altre opere degne di rilievo nel campo educativo sono le *Istituzioni Educative Kōsei* dove emerge nel 1954 l'Associazione Corporativa *Kōsei-Gakuen*, al cui interno vengono erette Scuole Medie Inferiori e Superiori Femminili alle quali fanno seguito quelle maschili. Tutte, ovviamente, sono basate sull'unico principio dell'educazione. Ed il Presidente Niwano, in quanto capo del Consiglio Direttivo delle Istituzioni Educative Kōsei, preferisce erigere anzitutto una scuola elementare annessa alle scuole già esistenti. I fedeli, intanto, erano in continuo aumento. Per questo, nel 1950 si diede inizio ai lavori per la costruzione in cemento armato della *Seconda Sala per Tirocinio a due piani,* il cui cortile, poco dopo, sarà di nuovo affollato con quasi duemila fedeli che partecipavano alle riunioni *hōza*...In seguito, si dovette aggiungere un altro piano per dare un sollievo alla folla, ma era come gettare l'acqua su di un suolo colpito dall'arsura. Per necessità estrema, c'è stato un temporaneo ampliamento di locali già esistenti fino a quando è stato possibile costruire l'attuale Grande Edificio Sacro in cui ci sono voluti otto anni.

Fra le *altre opere logistiche,* come palliativo, si costruì, nel frattempo, una *Terza Sala per Tirocinio* che si rivelò non essere altro che un'ampia ed improvvisata casa con un solo piano in legno simile ad una baracca. Inoltre, sempre nelle vicinanze della sede centrale (quartiere generale), vennero costruiti *dormitori* per ragazzi e ragazze delle *scuole Kōsei,* indi *residenze-case* per i medici dell'ospedale, per i capi delle chiese filiali e per i membri del personale di servizio. Fu costruita anche la *Sala Kōsei per le Arti Marziali* e un *Cimitero Kōsei* che fu posto in opera nel Maggio 1951 in un terreno di 25,000 *tsubo (83,000 metri quadrati)* a Tokyo, Yamato-machi, Kita-tama-gun. Attualmente, il Cimitero con parco misura 32,000 *tsubo (105,600 metri quadrati).*

Un'altra opera umanitaria degna di rilievo è l'*OSPEDALE KŌSEI* (*Kōsei Byōin*) aperto nell'Agosto 1952, adibito oggi a servizio sociale pubblico piuttosto che ad assistenza riservata ai fedeli com'era all'inizio.

Malattia e Fede

Talora viene posto il problema se una malattia venga curata o meno dalla fede. Si è spesso creduto nel passato che una malattia venisse curata dal favore divino Shintoista o Buddhista venerati dalla popolazione. Le preghiere e le suppliche per guarire da una malattia erano considerate cose naturali accettate per fede da tutti i credenti, ma rifiutate dalle persone comuni. Si fa osservare che non esiste alcun problema nel dire che la fede cura la malattia mentale e libera dalle sofferenze spirituali; quando invece si tratta di malattia fisica, di solito sorgono discussioni controverse. Il Movimento R.K.K., seguendo la teoria fisico-mentale basata sull'unione tra mente e corpo, ritiene possibile curare una malattia del corpo guarendo un'infermità mentale mediante la fede. In tal caso è proprio la persona stessa che cura la malattia e non una religione specifica o un leader particolare.

Nonostante l'ottima guida di altre menti, sarà sempre alla fine l'individuo stesso a oltrepassare il fossato delle illusioni e delle sofferenze. Esempi simili si riscontrano all'interno del Movimento, ricordando che questi differiscono da quelli in cui una malattia viene curata attraverso le preghiere di altri. Esistono poi dei casi in cui, pur con una grande fede, non è possibile curare malattie solo con la mente, come dimostra la medicina preventiva. Un membro di una società ha dunque il dovere, se lo ritiene un bene, sottoporsi ad esami medici. Di qui l'esigenza di creare una clinica al fine di mettere in rilievo che se la malattia mentale può guarire mediante la fede, quella fisica guarisce all'ospedale. Le *necessità dei fedeli* hanno all'inizio spinto a costruire *l'Ospedale Kōsei* in uno spazio di 370 *tsubo* soltanto, 1.200 metri quadrati con i reparti di *medicina interna, chirurgia, pediatria, ginecologia-ostitricia, nonchè odontoiatria*. Situato nella parte occidentale di Tokyo, costituiva un regalo per le popolazioni di quelle zone, dove subito si avvertì la necessità di fare un ospedale più allargato per venire incontro alle *necessità della società*. Con questo intento si arrivò anno dopo anno ad aggiungere altri reparti fino al settimo piano con attrezzature tra le più moderne ed aggiornate e con un personale di alto livello professionale.

Altre opere

Degna di nota è anche un'altra *Istituzione educativa, "Gyōgakuen",* incentrata sull'educazione a temprare lo spirito ed il fisico, sorta in quattro piani nel 1953. Nello stesso periodo venne aggiunta la *Biblioteca* allo scopo di mostrare due vie: *la pratica (gyō) e l'apprendimento (gaku).* A tali opere si è aggiunta nel 1972 la costruzione di un *Kōsei Kaunseringu Kenkyū-jo (Kosei Counseling Center)* dove operano professionisti, ai quali si accede per colloqui su problemi psicologici, sociali, giuridici ecc. sia personali che familiari, specie quelli riguardanti gli adolescenti ed i rapporti genitori figli. Il personale è formato mediante corsi ivi svolti da Professori provenienti dalle più rinomate Università giapponesi. Seguono sull'argomento tavole rotonde, conferenze, simposi ecc. Si possono fare colloqui anche attraverso la rete telefonica appositamente installata per coloro che non possono recarsi personalmente al Centro.

Alla *Sede Centrale (Quartiere Generale)* sono unite altre *Sedi* che vengono man mano costruite e chiamate *Chiese Succursali (Kyōkai)* che nel 1966 erano in numero di 178 unità, con i vari settori operativi (*shibu* 支部), collegate a 21 Distretti-diocesi (*Kyōku* 教区). In quell'anno, all'interno di tale prospetto sono da includere 110 sale succursali per tirocinio, che comprendono locali per il culto e sale di riunioni per i gruppi di consulenza (*hōza*). Secondo dati aggiornati al 1997[92] le Chiese Locali Succursali sparse su tutto il territorio nazionale giapponese raggiungono 239 unità in 13 Distretti, mentre a 6 unità ammontano quelle sparse nell'oltremare (New York, San Francisco, Los Angeles, Hawaii, San Paulo-Brasile, Francoforte). Al 2006 si contano fino a 25 i Centri e le Chiese Succursali fuori del Giappone (v.*Dharma World, Oct.-Dec.2006*).

Il dono di un pasto al mese

Sotto ogni cielo, il Movimento esprime la sua anima a favore dei più bisognosi con il dono di un pasto al mese (一食を捧げる *ichi-jiki o sasageru*). Ogni membro si impegna ad offrire mensilmente al Movimento la somma equivalente ad un pasto, aggiungendovi anche *100 yen*. Alcuni

---

[92]cfr. "Dharma World", Nov./Dec.1997, Vol.24, Kosei Publ. Tokyo, p.43

offrono anche tre pasti al mese a favore delle opere del Movimento, rivolte a quelli che soffrono la fame. Fin dal 1975, la sezione del gruppo giovanile è stata al centro della *Campagna Un Pasto per il Fondo-Pace, ichi-jiki heiwa kikin undō* (一食平和基金運動) non tanto per allargare la rete delle offerte, quanto per un'attività animata da spirito religioso incentrato sulla condivisione delle pene, *dōhi* (同悲) e delle tribolazioni *dōku* 同苦), sulla preghiera, *inori* (祈り) e sulla frugalità, *setsuyaku* (節約) da cui provengono le collette, *kenkin* (献金). Seppur modesta, l'offerta di un pasto fatta con spirito di dedizione e di compassione può contribuire alla fioritura di una grande pace[93] Ogni mese, nei giorni 5, 15 e 28 i giovani si radunano per definire e verificare i risultati delle operazioni *dono di un pasto* da devolvere a scopi umanitari, inclusa la pace in famiglia, nei posti di lavoro e nella società intera[94]. La campagna *dono di un pasto* - si legge in alcune pubblicazioni della R.K.K[95]. - ci offre l'occasione di condividere, in modo semplice, le sofferenze di tanta gente che, nei paesi in via di sviluppo, patisce la fame a causa della povertà e delle carestie. Così facendo noi avanziamo sulla via del Bodhisattva nella pratica del donare...Chiunque può *Donare un pasto* dovunque ed in qualsiasi momento. E' da considerare un passo importante al fine di creare una nazione di Bodhisattva. Il *Fondo-pasto per la Pace* nel 1993 era di 30 oku-yen (3 miliardi di yen) destinati al *Centro Fondi per promuovere la Pace presso l'O.N.U., per il disarmo nelle regioni dell'Asia,* ad *Organizzazioni non Governative* ed alle *Vittime dei disastri.*

Nello stesso anno, 21 paesi del Sud-Est Asiatico, dell'Africa e del Medio Oriente hanno usufruito di 402.3 milioni di yen (circa 4 milioni di dollari), per andare incontro a 75 progetti locali. Anche i cittadini comuni rispondono positivamente all'appello per la *raccolta di un pasto-offerta a favore dell'Unicef* con il risultato di 43 oku-yen (4 miliardi 300 milioni di yen) da devolvere a favore dei bambini dell'Asia e dell'Africa. A tale proposito, è ancora la voce della R.K.K.[96] che si alza per ricordare che ogni due secondi nel mondo muore un bambino per malattie o ostilità. Dare un

---

[93]Cfr. *Risshō Kōsei-kai* opuscolo in giapponese edito da R.K.K., Tokyo 1994, p.21
[94]Cfr. *Watakushitachi no Heiwa Katsudō(La nostra attività per la pace)*, numero unico in giapponese edito da R.K.K., Tokyo, pp.14-26
[95]Cfr. *R.K.K. and Peace Activities*, cit., p.13.
[96]Cfr. *Risshō Kōsei-kai*, cit., p.21

pasto ha lo scopo di immedesimarsi nelle sofferenze dei bambini e dei genitori auspicando la loro felicità e la pace nel mondo.

Assistenza in patria e all'estero

Questa viene svolta nei limiti del possibile allorquando i bisogni dei popoli la richiedono come nel caso di "rifugiati e vittime delle guerre, bisognosi di pane, di una coperta, di un tetto"[97].

In Asia

In primo luogo in GIAPPONE. *Kobe, città di pace, in un istante ha assunto l'aspetto di una città infernale. C'è il timore che anche il cuore umano finisca per assumere lo stesso aspetto. Perchè ciò non avvenga e perchè i terremotati non siano travolti dal caos, cosa bisogna fare? Cosa penserebbe il Fondatore o il Presidente? Non è forse bene tenere presente il triplice sigillo della legge-verità (san-pō-in)*[98] *assumendoci l'impegno a sopportare per essere poi sopportati?* Sono questi i pensieri espressi dal Sig.Yoshida[99] trovatosi sfollato con sua moglie ed una figlia insieme ad altre novecento persone circa, in un quartiere del centro della città di Kobe all'interno della Scuola Elementare "Miyamoto". Quivi, insieme ad altri vengono sistemati "in un sottoscala dove avviene un reciproco scambio di sorrisi..." che Yoshida si sforza di suscitare per alleviare le sofferenze. In quei locali di fortuna, con la moglie Yuko e la figlia Etsuko festeggia il 25° anniversario di nozze portando un po' di serenità. In quel disastro sismico dell'inizio del 1995, costante è la presenza attiva e solidale dei membri della R.K.K. in tutta l'area del Kansai con una mobilitazione generale, dai più piccoli agli anziani, nel raccogliere fondi a favore dei terremotati. Molti *Volontari* delle chiese-comunità locali (*Sanga*)[100], a cui si affidano, spinti

---

[97]Cfr. *Risshō Kōsei-kai* (Un'organizzazione Buddhista Laica), op. cit., p.18
[98]Cfr. presente trattazione, Cap.VI, 2, p.250 nota 242 e pp.252-256
[99]Cfr. *KŌSEI* , mensile giapponese R.K.K., Tokyo, Aprile 1995, p.18
[100] La "Comunità" che si impegna ad aiutare il prossimo: *salvare le persone nell'abbraccio della compassione con tutto il proprio cuore "Hitosama o sukuu, Jihi no te-dorini* **ki** *o komete"*(人さまを救う、慈悲の手どりに気を込めて)*, è il titolo di un articolo apparso su Kōsei (Maggio 1995, pp.16-26) dove il Capo della Chiesa di Kobe, Sig.Ikeda Koichiro scrive sulle vicende del terremoto ponendo l'accento sul termine* **ki** (気 *cuore, spirito...*) *che anima le Comunità nel soccorrere i terremotati.*

da compassione e coraggio sono intervenuti di persona fra le macerie nel soccorrere i feriti ed i superstiti portando medicinali, acqua potabile, pasti caldi ecc. ed innalzando tendopoli d'urgenza. Mentre non mancavano parole di conforto rivolte in modo particolare alle persone anziane, oppure fatte pervenire attraverso lettere toccanti di solidarietà. Vengono anche riportate[101] vicende dettagliate su alcuni terremotati che familiarizzano tra loro incoraggiati e sostenuti dal Signor Yoshida, lui stesso sfollato con la sua famiglia, come sopra ricordato. Tra gli altri disastri naturali, in Giappone sono noti i *tifoni* che ogni anno colpiscono varie zone del paese. Anche queste non sfuggono all'attenzione del Movimento R.K.K. che provvede ai soccorsi, specie quando gli effetti sono particolarmente disastrosi come è avvenuto nel 1986 con il tifone n.10 che ha causato, con le sue terribili inondazioni, gravissimi danni alle province di Ibaraki e di Tochigi (leggi:Tocighi).

Inoltre, intensa è stata la partecipazione ai programmi di assistenza umanitaria al **Vietnam**, alla **Cambogia** al **Laos**, al **Bangladesh** ed alle **Filippine**. Nel 1977, su richiesta dell'Alto Commissario delle Nazioni Unite per i rifugiati e del Ministero degli Esteri giapponese, la R.K.K. ha offerto ospitalità e sostegno a più di 100 rifugiati vietnamiti tratti in salvo sulle disperate imbarcazioni vaganti nel mar della Cina. Da ricordare anche la cooperazione tra la R.K.K. e la popolazione locale del *Laos*, sul finire del 1975, per il restauro del tempio That-Luang nell'aprile 1977 su *una base di comprensione reciproca*. Anche lo **Sri-Lanka**[102] con 16 milioni di abitanti sparsi in 23 mila villaggi, viene aiutato dal *Fondo per la pace R.K.K.*[103]. Fin dal 1986, per lo sviluppo rurale, invia donazioni al "Movimento Sarvodaya Shramadana" locale, impregnato dello spirito buddhista del Dr.A.T.Ariyaratne, suo fondatore. Né sono da dimenticano i soccorsi[104] da parte di gruppi giovanili ad opere caritative ed umanitarie portate avanti da

---

[101]Cfr. "KOSEI", cit., Aprile 1995, pp.16-19
[102]Cfr. "R.K.K. and Peace Activities", cit., pp.12-13
[103]Le vicende storiche del *Fondo per la Pace R.K.K.* risalgono al 1973 quando un gruppo di giovani della sezione giovanile si imbarca per le Filippine per rendere omaggio alle vittime di guerra a Muntinlupa presso il cimitero giapponese che trovano in stato di abbandono. Nell'intento di ristrutturarlo, il gruppo giovanile da vita nel 1974 al *Fondo Commemorativo Muntinlupa* che in seguito si allarga fino a prendere, nel 1980, il nome di *Fondo per la Pace* R.K.K. che verrà alimentato soprattutto dalla *Campagna Dono di un Pasto* (Cfr. "The R.K.K. Fund for Peace", cit.,p.1)
[104]Cfr. "Cronistoria del Movimento R.K.K." (*Rissho Kosei-kai Nempu*), p.154

alcuni centri buddhisti del Bangladesh che gestiscono due ospedali pediatrici. A questi nel Marzo 1982 è stata consegnata una parte delle 150 tonnellate di riso raccolto, mentre l'altra parte è stata consegnata a Madre Teresa di Calcutta per le sue opere di carità in INDIA. Opere, per le quali il Movimento R.K.K. nell'Ottobre 1992 ha raccolto la somma di 8 milioni di yen consegnandoli nelle mani di Madre Teresa[105]

In Africa

Sotto l'impulso della compassione operosa, nel 1981 una delegazione della R.K.K. si è recata nel KENYA per portare aiuto alla popolazione dei distretti di Turkyna e Baringo colpiti dalla carestia. Così anche è da segnalare l'assistenza, fin dal 1993, da parte dei *Volontari globali R.K.K. (R.G.V)* nel rimboschimento delle varie zone in Etiopia in collaborazione con l'Associazione Assistenza del Tigré (REST), dove gli alberi sono stati devastati dalla guerra civile e dalla siccità. Oltre all'*Eucalyptus*, altri dodici tipi di piante vengono piantate. A tale scopo contribuisce anche il *Fondo per la Pace R.K.K*[106]. Sono ancora tre *Volontari globali o senza frontiere,* facenti parte del gruppo *Fondo Educazione per l'Africa (AEF),* con sede a Fukuoka, che nel Novembre 1994[107] si sono prestati a venire in soccorso alle popolazioni del RUANDA e del BURUNDI rifugiatesi in TANZANIA a causa delle guerre civili, a cui si sono aggiunte epidemie come la malaria ed il colera. Mediante strutture di urgenza, erano soprattutto i bambini al centro delle loro cure, specie quelli mal nutriti, somministrando loro alimenti e cure adatte con esercizi di riabilitazione e intrattenimenti istruttivi: racconti di favole, come *Momotarō,* e insegnando loro a piegare la carta (*origami*).

COPERTE PER L'AFRICA, Afurika e mōfu o okuru undō (アフリカへ毛布を送る運動)[108] è la campagna *(v.foto)* sostenuta dal Movimento R.K.K. fin dal 1984 in cui milioni di persone erano afflitte da una tremenda siccità. Tra le Associazioni private, in risposta all'appello del Ministero degli Esteri Giapponese, il Movimento R.K.K. partecipa con i suoi rappresentanti ad uno dei gruppi, composti di settori pubblici e privati, per provvedere alla

---

[105] ibidem, p.202
[106] Cfr. "R.K.K. and Peace Activities", cit., pp.12-13
[107] come riportato dal mensile "KOSEI", cit., p.2
[108] Cfr. "R.K.K. and Peace Activities", cit., pp.10-11

raccolta ed all'invio di coperte nei campi profughi in ETIOPIA, SOMALIA, SUDAN, ZAMBIA ed altri paesi africani. Due anni più tardi, il Movimento R.K.K. ed altre Organizzazioni formano l'Associazione Giapponese di Agenzie per soccorsi all'Africa, per la quale viene incrementata la campagna *"coperte all'Africa"* che raggiunge il numero di circa 2 milioni di coperte che vengono inviate a più di 10 paesi africani. Le spese di spedizione sono sostenute dal *"Fondo per la Pace"*. Ai continui appelli per una simile nobile causa, v'è stata una risposta straordinaria da parte dei cittadini, specie in occasione del decimo anniversario della campagna nel 1994. Grazie anche ai servizi giornalistici e televisivi, le telefonate da ogni parte del Giappone si riversano sul segretariato presso la sede centrale chiedendo informazioni, così che stragrande diventa il numero dei donatori di coperte per l'Africa. Si può dire che il cerchio dal cuore generoso si allarga in questo percorso. Si realizza così a piccoli passi l'ideale di chi percorre la via del Bodhisattva.

In Medio Oriente

È sempre su questa scia che il Movimento, attraverso i *Volontari del Soccorso Profughi Medio Oriente,* partecipa attivamente, in cooperazione con società islamiche giordane ed irachene, nell'invio in IRAQ di prodotti di prima necessità per i bisognosi colpiti dalla guerra del golfo (1990) e per i rifugiati in GIORDANIA e zone limitrofe. Le regioni medio orientali, come quelle dell'Africa e del Sud-est asiatico, rientrano fra quelle zone bisognose alle quali pervengono abitualmente aiuti per progetti pacifici mediante il *Fondo per la Pace* della R.K.K. In modo particolare si ricorda la PALESTINA[109] dove si portano soccorsi ad un Centro di riabilitazione per non-vedenti e si promuovono borse di studio tra i rifugiati. Per costoro, allontanati dalla loro madre-patria, vengono anche innalzati campi per essere curati da personale medico ed infermieristico ivi fatto giungere da parte del Movimento R.K.K.

In Sud America

Un Centro Scolastico a favore dei bambini delle Elementari e per l'Alfabetizzazione nel PERU' viene sostenuto dal *Fondo per la Pace* e dal

---

[109]Cfr. *"Watakushitachi no Heiwa Katsudō* 私たちの平和活動*"(La nostra attività per la pace)*, numero unico in giapponese edito da R.K.K:,cit.,Tokyo '94(?), p.27; presenta un prospetto dei vari paesi nel mondo, dove arrivano i soccorsi da parte della R.K.K.

Fondo Un Pasto per l'Unicef promosso dal Movimento della R.K.K. Così pure dagli stessi Fondi si ricavano i mezzi di soccorso alle popolazioni della COLOMBIA colpite dalle eruzioni vulcaniche.

Nella Ex Jugoslavia

Il Movimento R.K.K. fa parte come membro dell'Associazione *Japan Emergency NGO (JEN)* nata nel 1994 per portare soccorsi ai profughi e sfollati della ex-JUGOSLAVIA[110]. Nell'Associazione *JEN* operano insieme molte persone di varie condizioni sociali come dottori, educatori, persone religiose, studenti, commercianti ed altri; tutti contribuiscono con tutto ciò che hanno e con la loro competenza. La *JEN*, come prima Organizzazione non-Governativa del genere in Giappone, ha attirato grande attenzione in patria ed all'estero. Nel Luglio 1994 la *JEN* da vita, su larga scala, ad operazioni pacifiche nell'assistenza, come sopra accennato, ai profughi ed ad altri bisognosi segnati dal conflitto nella ex-Jugoslavia. Vengono consegnati, per l'occasione, 400 milioni di Yen (circa 4 milioni di dollari), utilizzati per sovvenzionare una trentina di progetti umanitari. In un simile contesto di urgenza, il Movimento R.K.K. invia i suoi rappresentanti presso l'Area Protetta dall'O.N.U. nella CROAZIA orientale e nella SERBIA al fine di coordinare i lavori *JEN* con l'Ufficio dell'Alto Commissario delle Nazioni Unite per i Profughi (*UNHCR,*), con il Fondo delle Nazioni Unite per Bambini (*UNICEF*) e con tutti i Governi interessati. In quell'operazione spiccano i nomi di *Sadako Ogata* in qualità di Alto Commissario U.N. per i Profughi e di *Yasushi Akashi* come inviato personale del Segretario Generale U.N. per la ex-Jugoslavia. Entrambi si sono congratulati con la *JEN* per le opere di assistenza, in cui visibile era stata la presenza del popolo giapponese. Con grande fatica è stato possibile assicurare un'equa distribuzione dei soccorsi. E' noto che i Croati, i Musulmani di BOSNIA e non solo, ed i SERBI erano coinvolti nelle ostilità, ma il lavoro *JEN* era portato avanti in modo imparziale con una visuale puramente umanitaria.

Oltre all'assistenza di ordine materiale, la *JEN* aveva l'incarico di fare progetti di servizi sociali tramite consulenze, cura di ferite di tipo emotivo

---

[110] Oltre a R.K.K., fanno parte della *JEN* varie Associazioni: *Association of Medical Doctors for All (AMDA), The Africa Education Fund (AEF), The Borderless Relief Association of Japan (BRAJA), CARE Japan, The Japan International Relief Action Committee (JIRAC), cfr.* "R.K.K. and Peace Activities", cit., p.7.

riscontrate tra i profughi e gli altri privati di famiglia ed amici. Ferite queste che non possono guarire con somme di denaro o pacchi alimentari. Nel Settembre 1994, il Governo del Giappone apprezza la visibile presenza giapponese[111] e contribuisce con due milioni di dollari alle attività *JEN* attraverso la *UNHCR.* e la *UNICEF*. Grazie alla campagna del "Fondo UNICEF", guidata da membri della Sezione Giovanile del Movimento R.K.K., tali fondi sono stati aumentati. Il *Sostegno alle Attività delle Nazioni Unite* specie UNICEF e UNHCR rientra nelle operazioni abituali dell'intero Movimento animato dallo spirito del Bodhisattva, più volte ricordato (*R.K.K. and Peace Activities*, cit., p.14).

Si rileva che, con la partecipazione a riunioni e convegni NGO per il disarmo sotto gli auspici del Centro Affari Disarmo Nazioni Unite, si cerca costantemente di intensificare il contributo del Giappone nei confronti della comunità internazionale. In questi anni si sono rafforzati in vari modi i contatti di cooperazione da parte della R.K.K. con le Nazioni Unite, anche inviando personale alla sede centrale UNHCR a Ginevra. È noto che al termine della guerra fredda, conflitti regionali ed etnici sono stati la causa di gravi disagi in varie parti del mondo. Grandi le attese dalle iniziative U.N. sui Centri per il disarmo regionale e per le possibili promozioni in questo campo. Tra i primi, il Centro Regionale U.N. per la Pace ed il Disarmo in Asia e nel Pacifico è stato progettato per Katmandu, Nepal. Come contributo alla costruzione di tale Centro per il disarmo e per altre attività pacifiste, il Movimento R.K.K. ha raccolto 500,000 dollari a favore del *Fondo per la Pace*. Fin dal 1979 i gruppi giovanili si sono attivati, sul territorio nazionale, per la campagna-raccolta a favore del Fondo UNICEF, cogliendo l'occasione per praticare e far praticare la via del Bodhisattva.

Come risultato negli ultimi 15 anni, al Fondo UNICEF è stata fatta pervenire la somma totale di 4.5 bilioni di yen (circa 45 milioni di dollari) come contributo a vari progetti: vaccinazione ai bambini e promozione dell'igiene infantile, nonché la diffusione dell'istruzione elementare.

---

[111] Nel Luglio ed Agosto 1994, membri *Volontari Globali e Costruttori di Pace di* R.K.K. intrattengono i bambini delle elementari in Croazia insegnando loro l'arte di *piegare la carta (origami)* e l'uso del registratore. Sempre nell'Estate 1994, la *Jen* da vita a scuole di tirocinio professionale di cucito per le donne in Rijka, Ucka, Novi Vinodolski e Crikvenica in Croazia. Cfr."R.K.K.and Peace Activities" cit. p.9

Capitolo VIII

COOPERAZIONE INTERRELIGIOSA NEL DIALOGO

1. LA STRETTA DI MANO DI PAOLO VI

Niwano invitato a Roma in Vaticano

Compiuto il pellegrinaggio nella *terra santa* dell'India, Niwano ha un altro appuntamento fuori del Giappone e precisamente a Roma in Vaticano con il Papa Paolo VI. Lui stesso ci riferisce notizie dettagliate su questo evento[112], che qui intendiamo riportare sia per la notevole importanza che assume per la vita della R.K.K. aperta al dialogo con le varie fedi religiose del mondo, sia per un'ulteriore conoscenza dello spirito universale che animava il Presidente Niwano.

"In un giorno di sole del Marzo 1965 - racconta - ricevetti un invito a partecipare ad una sessione del Concilio Vaticano Secondo che si teneva a Roma nel Settembre dello stesso anno. Io sapevo che il Vaticano I - il precedente incontro del Concilio Ecumenico Cattolico Romano - era stato convocato quasi un secolo prima e che la partecipazione a quelle riunioni era limitata ai prelati che avessero almeno il grado di vescovo. Io venni invitato dall'Internunzio del Vaticano a Tokyo a prendervi parte come ospite speciale e come rappresentante della religione Giapponese e della fede Buddhista". Niwano si sente "ovviamente onorato" per questo invito anche perché "era la prima volta nella storia della Chiesa Cattolica che un

---

[112] Nikkyo Niwano: *Lifetime Beginner,* cit., pp.219-226

membro di un'altra fede veniva invitato a partecipare ad una assemblea dei suoi leaders". Come preso di sorpresa, "non mi sento in grado di capire – afferma - perchè il Papa avesse scelto proprio me".

Qui sorge spontanea un'osservazione che diventa una domanda: quale era il concetto che Niwano aveva nei riguardi del Papa Paolo VI e della Chiesa Cattolica tanto da sentirsi "onorato" dell'invito a recarsi a Roma per incontrare il Papa e partecipare ad una sessione del Concilio Vaticano II? Sentiremo da lui stesso la risposta.

Rapporti tra la Chiesa Cattolica e le Chiese Cristiane

Intanto si pronuncia subito nel dire che "la Chiesa Cattolica Romana ha una lunga storia pregna di gloria e di inquietudini. Le sette Protestanti, che emersero al tempo della Riforma e rapidamente si svilupparono, furono poi contrassegnate dai Cattolici con il marchio dell'eresia empia e diabolica. Le polemiche e le controversie tra Roma ed i gruppi Cristiani Protestanti condussero ad uno stato di guerra ed a grandi sofferenze. Ma quale significato hanno le differenze fondamentali tra queste fazioni? Il nativo Africano, che è stato soggetto alle varie attività missionarie Cattoliche e Protestanti, probabilmente pensa in questo modo: "noi abbiamo ascoltato gli insegnamenti di pastori e di preti di ogni tipo; ma in ultima analisi tutti sembrano uguali per noi". Questo atteggiamento semplice - osserva Niwano - va proprio al cuore della religione e bruscamente rivela quanto sia sgradevole ed assurdo l'esclusivismo. In tempi recenti, membri del clero, turbati da questo tipo di opinioni sul problema Protestante-Cattolico, hanno fatto al riguardo serie riflessioni ed hanno esaminato su ciò le loro opinioni. Il risultato della loro appassionata ricerca è stato quello che si chiama il movimento ecumenico".

Come ben appare, Niwano sembra essere abbastanza interessato a richiamare le vicissitudini del mondo cristiano-cattolico, in cui si sente quasi coinvolto onde allacciare qualche contatto di dialogo per contribuire alla pace nel mondo. E si può facilmente notare il suo aggiornamento sugli eventi più importanti ed incisivi del mondo cristiano-cattolico. Ricorda infatti che "è stato questo movimento ecumenico ad ispirare Protestanti, Cattolici ed ogni ramo della fede a riunirsi e ad avanzare insieme in direzione di una pace mondiale.

Nella sua ormai famosa enciclica *Pacem in terris* promulgata nel 1963, il defunto Papa Giovanni XXIII ha compiuto i primi passi verso questa meta facendo un appello per riunire i *fratelli separati* (nome nuovo usato per gli stessi Protestanti chiamati, un tempo, *gente posseduta dal demonio*). Il Papa Paolo VI, continuando nella direzione intrapresa da Giovanni XXIII, fece il passo ulteriore incontrandosi a colloquio con Atenagora Patriarca della Chiesa Greca Ortodossa. Come risultato di tali colloqui è stata una dichiarazione congiunta di rammarico per i 911 anni durante i quali le due chiese si sono a vicenda scomunicate, criticate e comunque ingiuriate. La stessa dichiarazione ha fatto un appello per nuovi progressi in uno spirito di unione. Dopo questa storica riduzione delle differenze di lunga data, il Papa ha scambiato messaggi sul tema *pace* e *unità* con il Signor Visser't Hooft Segretario Generale del Consiglio Protestante Mondiale delle Chiese. Siccome il movimento ecumenico era un tema importante presso il Concilio Vaticano, l'incontro è stato oggetto di notevole interesse mondiale".

Fatte queste considerazioni preliminari, Niwano s'interroga sul perchè delle divisioni in fatto di fede religiosa e chiama in causa lo stesso Shakyamuni il quale "si chiedeva come mai alcuni gruppi di persone possano considerarsi possessori della verità intera, considerando tutti gli altri come accecati dal falso". "Perchè - si interroga angustiato Niwano - è impossibile per persone di fede incontrarsi e discutere i problemi senza pregiudizi e senza contese"? Per lui è ovvio che "fondamentalmente la religione non dovrebbe portare all'esclusione di altri. Al contrario dovrebbe promuovere l'amore per se e per gli altri ed una visuale che se stessi e gli altri sono, in senso vero, una cosa sola. Le divisioni e le contese tra gli aderenti a religioni diverse sono innaturali. Tutti gli uomini di fede religiosa dovrebbero studiare insieme e discutere i problemi nell'unità, nella speranza di portare contributi al raggiungimento della pace. Essendo questo il mio modo di sentire, ripetutamente ho sostenuto la necessità della cooperazione religiosa".

Impegno per la cooperazione religiosa in Giappone

Scendendo poi nel campo pratico, Niwano "come primo passo in questa direzione" afferma di "aver sollecitato l'unificazione almeno di sottogruppi tra il Buddhismo Nichiren e di aver dato il suo aiuto nel 1951 a formare l'Unione delle Nuove Organizzazioni Religiose in Giappone"; ma dice che "i tempi non erano propizi per un tale movimento nei passati anni quaranta e cinquanta, tanto da essere considerato uno sciocco per aver provato la cooperazione religiosa. E perfino vi era chi pensava che io avevo lanciato un tale progetto perchè mancavo di fiducia nella mia stessa religione".

Come tutti i carismatici ed i profeti di tutti i tempi, anche Niwano non era esente da difficoltà ed ostacoli nel raggiungimento del fine che si era proposto, quello cioè di unire le forze di tutte le organizzazioni religiose per la pace nel mondo. Ma non si scoraggia, nè si da per vinto perchè "col passare del tempo" deve prendere atto che "il progresso, le diversità e il rafforzamento della civiltà moderna in campo tecnologico e meccanico hanno prodotto l'effetto psicologico di distogliere la gente da atteggiamenti religiosi esclusivi e farisaici". E, con intuito universalista, è convinto che "la religione deve abbandonare la compiacenza ed il parrocchialismo ed oltrepassare le frontiere della nazione e della razza onde lavorare per la felicità di tutti gli uomini. In questo clima ideologico, negli anni cinquanta, anche le organizzazioni religiose giapponesi hanno cominciato a dare segni di muoversi nella direzione di una cooperazione generale. Nonostante il movimento sia iniziato tardi, ha dato prova di essere come l'alba che ha fatto da guida allo sviluppo della Delegazione di Pace dei Leaders Religiosi per il Bando delle Armi Nucleari".

Sembra sia soddisfatto nel constatare che "lo spirito di cooperazione religiosa attualmente ha cominciato a diffondersi nel mondo, proprio in quanto viene a realizzare l'importanza dell'unione diffusasi dapprima tra le diverse diramazioni della fede Cristiana". Venendo quindi a parlare dell' "invito del tutto eccezionale ad un Buddhista a partecipare ad una seduta del Concilio Vaticano Secondo", si sente quasi autorizzato ad affermare che "quell'invito è stato rivolto a me come riconoscimento del lavoro svolto dai miei colleghi e da me nel nome della cooperazione religiosa". Ed aggiunge, quasi compiaciuto, che "per me significa che il mondo stava cominciando a notare le attività della R.K.K. Nella consapevolezza che l'invito non solo mi faceva sentire fortunato, ma era anche un'occasione per una profonda conoscenza reciproca tra i credenti nel Buddhismo e i credenti nella Fede Cristiana, allorquando divenne formale, immediatamente espressi di nuovo il mio desiderio a parteciparvi".

In viaggio verso Roma

Il viaggio a Roma, descritto da Niwano con numerosi dettagli vivaci e suggestivi che meritano di essere riportati, costituirà per lui una tappa assai importante poichè, dopo l'incontro con Paolo VI, le sue attività religiose subiranno una svolta decisiva in quanto saranno animate da un nuovo slancio verso un futuro assai promettente.

"Il giorno della mia partenza per Roma[113] era un giorno pesante per il protrarsi della calura settembrina. Il cielo era nuvoloso e tirava un'aria calda ed umida sotto l'influsso di un tifone che il giorno prima si era abbattuto sulle coste di Honshu. La sala d'attesa dell'aeroporto era piena di fumo e scomoda, ma ben presto accadde qualcosa che portò un minimo di sollievo psicologico a me ed a parecchie persone che avevano affrontato il cattivo tempo per venirmi a salutare al momento della partenza. Sussurri di gioia si levarono dal gruppo che mi circondava allorquando la mia terza figlia Yoshiko entrò conducendo per mano il suo piccolo bambino. Il mio nipotino teneva tra le sue manine un mazzetto di garofani. Me li offrì dicendo: per te nonnino! Io lo ringraziai e guardando fisso il suo timido volto, dissi a me stesso: il movimento di cui faccio parte deve perseverare adoperandosi per il bene di questo bambino e di altri bambini come lui dovunque siano e per la pace fra tutti gli uomini. Devo fare il possibile per garantire che tutti loro siano fieri, diventati adulti, degli insegnamenti del Sutra del Loto".

La Città del Vaticano

Si sofferma quindi a parlare della Città del Vaticano che "sembra faccia parte della città di Roma, situata sul colle Vaticano oltre il Fiume Tevere, ma di fatto è uno stato indipendente. Piazza San Pietro costituisce l'entrata anteriore. Chiunque visiti Roma non può fare a meno dall'essere sopraffatto dallo splendore di questo edificio e dalla grandiosità del colonnato, dall'obelisco centrale e dalle due enormi fontane di Piazza San Pietro. Sebbene sia lo stato più piccolo del mondo (con una popolazione di circa un migliaio di abitanti), la sua autorità, anche per l'influenza politica internazionale, è paragonabile a quella dell'Unione Sovietica e degli Stati

---

[113] Cfr. *Lifetime Beginner*, cit., p.221 ss.

Uniti per il fatto che è la sede di San Pietro ed il Papa (Vescovo di Roma) è il più importante leader religioso per 550 milioni di Cattolici nel mondo. All'interno della Chiesa Cattolica, il Papa esercita un'autorità religiosa assoluta. Gesù disse al primo vescovo di Roma: "Tu sei Pietro e sopra questa roccia costruirò la mia chiesa" e tra i suoi discepoli diede a lui l'incarico di "pascolare le mie pecore". Fin dal tempo di Pietro, il suo successore come vescovo di Roma e vicario di Cristo è stato il capo - il Papa - della Chiesa Cattolica. Al Concilio Vaticano del 1869-70 venne proclamata la dottrina dell'infallibilità papale. Secondo questa dottrina, quando parla come capo della sua chiesa in materia di fede e di morale il Papa è infallibile". Dopo questa rapida panoramica sull'istituzione cattolica riguardante il suo vertice piramidale, riportiamo ora ciò che è stato per Niwano l'evento storico che scosse la sua mente verso un rinnovamento ed un rilancio della sua azione all'interno della R.K.K.

Sessione Conciliare del 14 Settembre 1965

La partecipazione di Nikkyō Niwano al Concilio Vaticano II - dichiara Mons.M.Fitzgerald - è stata assai limitata. Egli era presente alla cerimonia di apertura all'ultimo periodo il 14 Settembre 1965…Il giorno seguente, il Leader Buddhista è stato ricevuto in udienza privata da Paolo VI[114].

Inoltre sul mensile *Kōsei,* Kinzo Takemura così descrive la cerimonia: "Circa 2.500 Vescovi, che indossavano tunica e cappello di colore scarlatto, provenienti da tutte le parti del globo, si sono radunati per partecipare all'incontro in San Pietro. Insieme a loro, in splendido apparato, vi erano cardinali della Chiesa, Capi di ordini monastici ed Autorità di istituti teologici. Il Presidente Niwano sedeva davanti all'assemblea. Il suo abito scuro da cerimonia ed i bianchi grani Buddhisti di preghiera, che teneva in mano, attiravano l'attenzione di molte persone curiose di vedere questo rappresentante di una religione non-cristiana. Mentre echeggiavano le note musicali liturgiche ed un arcobaleno di luce veniva proiettato dalle vetrate colorate, faceva ingresso Papa Paolo in abito candido puro; indi venne celebrata la messa nella parte centrale della basilica. Con i suoi grani di preghiera scintillanti in mano, il Presidente Niwano da vicino osservava lo

---

[114] Cfr. *A Buddhist Leader at 2ⁿᵈ Vatican Council,* Ist. Paolo VI, n.11, Brescia 1991

svolgimento del Concilio Vaticano, assemblea assai importante all'interno della chiesa, la quale per tradizione rifiutava di colloquiare con altri gruppi religiosi. Io ero profondamente scosso da questo evento che ebbe luogo il 14 Settembre 1965 e che segnò la graduale apertura di una porta che era rimasta chiusa attraverso la storia della Chiesa Cristiana.

Dopo la messa il Papa rivolse un saluto, in cui umilmente fece delle critiche alle proprie mancanze e disse che sentiva come sua responsabilità, in qualità di rappresentante di Dio sulla terra, di portare l'amore di Dio ugualmente a tutti gli uomini ed a tutte le fedi religiose. Durante l'omelia, che si protrasse per circa un'ora, il Papa parlò con convinzione sulla pace e sul movimento per l'unità religiosa. Ma la più impressionante sottolineatura fu quella quando disse: "I Papi nella storia sono stati colpevoli di aver causato lo scisma nella fede Cristiana. Oggi non è il tempo delle spaccature tra la Cristianità o delle discordie tra le religioni del mondo. Questa per noi è un'occasione per darci la mano e camminare insieme in direzione della pace". Il Papa quindi andò descrivendo "la missione di tutte le persone religiose che devono comprendersi reciprocamente cooperando alla pace nel mondo". Su tale argomento Niwano sentiva che il suo cuore batteva all'unisono col Papa. La cooperazione tra le fedi religiose per la pace nel mondo da sempre è stato il pallino martellante nella sua mente.

"Il Papa della Chiesa Cattolica - racconta con gioia - stava esprimendo un desiderio che io ho sempre serbato in cuore fin dalla fondazione della R.K.K., anche se il mio sogno ha trovato poca comprensione in Giappone. Ardentemente emozionato nel sapere che il mio sogno era stato capito da lui, fissai a lungo il mio sguardo sull'austero, ma affabile, profilo del Papa. Quando visitai la famosa biblioteca vaticana, vidi esposta una lettera inviata trecento anni prima al Papa Paolo V dal guerriero e signore feudale Masamune Date (1567-1636) che spedì una delegazione diplomatica a Roma nel 1613. Appena osservai il documento, evocai un quadro del rappresentante diplomatico di Date e suo servitore Tsunenaga Hasekura (1561-1622), vestito del mantello *haori* e della sottana *hakama* e con la sua capigliatura messa alla moda antica, nell'atto di consegnare la lettera tra le mani di Papa Paolo V. Ero stupefatto per la meravigliosa connessione tra l'uomo e me. Egli aveva portato un documento dal Giappone per il Papa Paolo V; tre secoli più tardi, io portavo un altro documento dal Giappone per il Papa Paolo VI".

Faccia a faccia con Paolo VI

"In un primo tempo il programma prevedeva un'intervista per il 15 Settembre con Pedro Arrupe, Preposito generale della Compagnia di Gesù, ma risultò impossibile, per cui venni subito informato che avrei avuto un'udienza con il Papa alle ore cinque del pomeriggio di quel giorno e che dovevo fare i necessari preparativi. Dal momento che la sessione conciliare era appena iniziata, non immaginavo che il Papa avesse il tempo di vedermi così presto. Ci incontrammo in una sala dalle pareti di marmo. Il Papa, ancora vestito di bianco, si alzò nel vedermi entrare e mi diede il benvenuto pronunciando il mio nome. Io risposi dicendo che mi sentivo onorato di trovarmi con lui. Gli rivolsi il mio saluto al modo Buddhista sollevando le mani ed i grani di preghiera. Indi il Papa, allungando le braccia, prese le mie mani stringendole poi tra le sue per tutto il tempo del colloquio (v.*foto*).

Fra l'altro mi disse: "Conosco bene quanto lei si sta adoperando per la cooperazione interreligiosa. È proprio meraviglioso. La prego di continuare a promuovere questo mirabile movimento". Mentre parlava, mi guardava negli occhi. La sua voce era bassa, calma e solenne. Continuando, disse ancora: anche in Vaticano, l'atteggiamento verso le religioni non Cristiane sta cambiando. È importante per le persone di religione non invischiarsi nelle fazioni o nelle sette, ma riconoscersi l'un l'altro e pregare gli uni per gli altri".

Ancora una volta, Niwano trova nelle parole del Papa conferma delle sue convinzioni sulla preghiera reciproca. "Nell'ascoltarlo, il mio cuore era infiammato nella consapevolezza che il vero significato della cooperazione religiosa può essere riconosciuto nelle reciproche preghiere fra tutte le persone di fede. I Buddhisti devono pregare per i Cristiani ed i Cristiani per i Buddhisti. Dissi poi al Papa: "Dedicherò i miei migliori sforzi per la causa della pace nel mondo". Il Papa replicò: "Certamente Dio le concederà le sue benedizioni per la nobile opera che lei ha intrapreso". Venni rinvigorito ed incoraggiato dalla sincerità e dalla verità delle sue parole. Il nostro colloquio ebbe termine con il mio desiderio che il Papa potesse un giorno recarsi a visitare il Giappone".

Vive e profonde le impressioni lasciate da questo storico incontro nell'animo di Niwano: "Lasciata la sala, ero ancora in grado di sentire il *calore della stretta di mano del Papa.* Non fu un'ordinaria stretta di mano. Fu una rappresentazione in carne ed ossa di reciproca comprensione tra le religioni dell'Oriente e dell'Occidente, tra un Buddhista ed il capo di una chiesa che per lungo tempo era conosciuta per il suo esclusivismo. Credo che la nostra stretta di mano abbia dimostrato il punto di partenza per la creazione di un nuovo tipo di rapporti religiosi".

La novità, nella mente di Niwano, come ormai si è ben capito, è la *cooperazione religiosa*, sulla quale "con grande mia gioia - esclama - trovai il Papa in pieno accordo con me". Le sue riflessioni sull'incontro con Paolo VI lo inducono a considerare alcune somiglianze fondamentali tra il Cristianesimo ed il Buddhismo: l'amore di Dio, di cui il Papa ha parlato nel messaggio di apertura di quella sessione del Concilio Vaticano Secondo, equivale alla compassione sostenuta dal Buddhismo. Il Papa insiste che l'amore verso il prossimo, insegnato dal Nuovo Testamento, deve essere interpretato nel senso di amore per le persone in qualsiasi luogo, senza distinzione di nazionalità o di razza. Shakyamuni ha insegnato la stessa cosa riguardo alla compassione, dicendo che il vero insegnamento è solo uno. Da quando ho visitato Roma, ho cominciato a capire che l'idea di un solo insegnamento vero che abbracci tutti gli insegnamenti, può essere il ponte che unisce Cristianesimo e Buddhismo e forse tutte le religioni. Tali contatti potrebbero quindi rendere possibile una conferenza mondiale dei capi religiosi per la causa della pace. La mia partenza iniziale sta nell'aver fatto sbocciare la fede realizzando il mio sogno da tempo accarezzato. L'ideale del Papa ed il significato delle sue parole sono in accordo con la mia fede che la religione deve portare la salvezza non solo all'individuo, ma a tutta l'umanità.

Di solito mi addormento molto presto dovunque mi trovi; ma nella notte del mio colloquio con il Papa, mi sono trovato a pensare ad occhi aperti per parecchio tempo fino a coricarmi sul letto. Nella nostra epoca, il ruolo della religione è più importante che in altre epoche. Il Mondo è lacerato tra due campi ideologici opposti. I fuochi di guerra infuriano ancora. Una civiltà dedita al progresso scientifico, al materialismo, alla concentrazione eccessiva sul fatto economico della vita ed al distaccamento dalla cultura spirituale, ha portato alla ribalta problemi sociali che chiedono con urgenza la più accurata attenzione. Pericolose nubi oscure sommergono il mondo. Queste riflessioni mi hanno fatto pensare alla via che la R.K.K. deve percorrere. Ed ho richiamato alla mente le parole che Myōkō Sensei mi aveva detto una ventina di anni prima: "Tu sei un credente nel Sutra del

Loto. Tu hai appreso la verità dell'universo. Tu devi quindi applicare la moralità fondamentale di quella verità sviluppando la tua natura di Buddha ed adempiendo la tua missione di salvare l'umanità". Ascoltando per la prima volta quelle parole, non pensavo davvero che il mondo sarebbe arrivato a riconoscere il Sutra del Loto.

Al Concilio Vaticano II ebbi l'occasione di incontrarmi e parlare non solo col Papa, ma anche con altri capi religiosi, come il generale dei Gesuiti, alcuni prelati della Chiesa Cattolica e il Cardinale Tatsuo Doi del Giappone. Nei nostri colloqui fu una sorpresa per me trovare che, nei nostri modi di pensare, i punti di accordo erano più numerosi di quelli di disaccordo. Riandando con la mia mente a tutte queste cose, chiesi a me stesso: "sono tutte giuste le cose così come ora stanno andando?". In che modo possiamo cambiare la R.K.K. del Giappone in una R.K.K. del mondo intero?

Rimasi sveglio a lungo quella notte. Ritornai in Giappone la sera del 24 Settembre. Dopo l'incontro con il comitato di accoglienza e con i giornalisti all'aeroporto internazionale di Tokyo, mi recai direttamente al Grande Edificio Sacro. Nei due lati del Ponte Haramitsu che conduce all'Edificio, numerosi membri agitavano le mani in segno di un affettuoso e caloroso bentornato. Anche l'auditorio era gremito di gente allorquando mi diressi verso l'altare per presentare la relazione del mio viaggio al Buddha Eterno. Ed annunciai che *il Papa della Chiesa Cattolica Romana ha riconosciuto la nostra organizzazione ed ha detto che il lavoro che noi stiamo facendo otterrà sicuramente la protezione di Dio. Il fardello, che la R.K.K. deve portare per una spinta alla cooperazione religiosa mondiale, è pesante. Noi non possiamo adempiere alla nostra missione se ci fermiamo ad interessarci della sola salvezza individuale o della prosperità della nostra sola organizzazione. Ho la sensazione che lo spirito di Myōkō Sensei, che ha ritrovato l'eterno rifugio, si congratuli con noi per il nostro lavoro e ci incoraggi ad andare avanti.*

Un fragoroso applauso ruppe il silenzio che regnava in sala. Mi trovai avvolto da una forte ondata di suoni. Rimasi immobile per qualche istante al cospetto dell'altare".

2. DIALOGO PER LA PACE NEL MONDO

Movimento per una Società Migliore

Invitato una volta a tenere una conferenza presso l'Auditorium della Prefettura di Niigata[115], Niwano in quell'occasione dice di essere stato accompagnato da alcuni dirigenti locali della R.K.K. ad un negozio con specialità varie di vermicelli fatti di grano saraceno chiamati *soba*, di cui sono ghiotti i Giapponesi. Ma quale rapporto può avere il cibo *soba* con la conferenza sul Movimento per una Società Migliore (*The Brighter Society Movement*)? Tale interrogativo si pone per capire meglio la personalità del Presidente Niwano, il quale manifesta il suo carattere proprio nelle cose che sembrano insignificanti. Qui emergono acutezza di osservazione e finezza d'animo e si manifestano quelle piccole emozioni che la vita quotidiana riserba a tutti gli esseri viventi.

Prima di parlare del suddetto Movimento, Niwano si sofferma infatti ad osservare come i cibi gustati in gioventù non si possano dimenticare. Esprime un gusto particolare per "le vivande fatte di vegetali rustici e di erbe dei campi e delle montagne". Così pure ricorda "la felce tenera e la felce imperiale e le pietanze fatte di patate dolci e germogli di bambù; tutte cose piacevoli e gustose". Ma in modo speciale gli piace il cibo *soba*.

"Nel nostro terreno - racconta - si coltivava il grano saraceno. Da bambino aiutavo a piantare, concimare, strappare le erbacce, mietere il grano e macinarlo in un mortaio di pietra. Per fare i vermicelli si mescolava la farina di grano saraceno con l'acqua e la si impastava per bene. Poi con il rullo si assottigliava, indi la si tagliava in sottili spaghettini che venivano messi a bollire. Il *soba* migliore, appena tolto dall'acqua bollente, si fa leggermente scolare. Per noi i vermicelli fatti in casa erano un prodotto importante; ed io diventavo sempre più bravo nel prepararlo". Fatta questa premessa, Niwano ritorna a parlare del ristorantino, dove " vi era un cuoco professionista che conosceva bene il suo mestiere ed al quale si permise di dare qualche consiglio, pur ritenendosi un dilettante in materia. Ma dalla nostra conversazione - rivela Niwano - il cuoco subito si accorse che io avevo qualcosa di interessante da comunicargli, ed onestamente mi chiese

---

[115]ibidem, p.251 ss.

dei consigli. Gli spiegai come noi facevamo i vermicelli di *soba* nei luoghi della mia infanzia". Inoltre, evidenzia l'atteggiamento sincero e modesto del cuoco che lo ha maggiormente colpito. Con ciò viene ad esprimere una valutazione psicologica positiva nei suoi confronti. Dopo aver detto che "le persone presuntuose ed arroganti circa le proprie capacità malvolentieri ascoltano i consigli degli altri", aggiunge che "il cuoco del negozio *soba*, però, possedeva uno spirito sufficientemente grande da renderlo desideroso di imparare da una persona che sapeva qualcosa più di lui. Questo per dire che egli aveva un sano atteggiamento, che gli ispirava a voler imparare cose nuove e sconosciute".

Non finiscono qui le osservazioni di Niwano che si sofferma ora su riflessioni a livello più generale ed universale quando afferma: "Un tale atteggiamento ha grande importanza per chi è in continua ricerca e desidera conoscere a fondo la via. *Tutti gli avvenimenti sono nostri maestri.* Come ebbi mangiato *soba* servito nel ristorante di Niigata, divenni poco dopo consapevole della verità e dell'importanza di queste parole". Fatte queste considerazioni, riprende il discorso sulla conferenza della Brighter Society Movement che ebbe una partecipazione più del previsto; oltre duemila persone erano presenti nell'Auditorio delle Prefettura di Niigata. Quale fosse la posizione della R.K.K. nei riguardi del Movimento B.S., dice che "i membri della R.K.K. sostengono questo Movimento; e grazie ai loro sforzi si è diffuso gradualmente nella maggior parte delle zone rurali della nazione". Ma inizialmente una parte sembra l'abbia avuta personalmente anche Niwano il quale tiene ad osservare: "In origine, nei miei viaggi lungo la nazione e nei miei incontri con i governatori e sindaci locali, ho dato inizio al *Movimento per il Progresso Spirituale e Culturale* (Spiritual Cultural Improvement Movement) che si è concentrato sui membri della R.K.K. e che, sebbene molto importante per il suo orientamento, si è sforzato di aiutare la gente a trovare una strada umana per convivere gli uni e gli altri ed una via perchè gli insegnamenti Buddhisti venissero applicati al massimo nella vita quotidiana.

Anche se il titolo del movimento sembra piuttosto formale, il suo scopo era abbastanza raso terra. Si impegnava ad instillare nella gente il senso di responsabilità nel fare delle cose come raccogliere bottiglie rotte e scatole vuote sbadatamente abbandonate sulle spiagge o nei luoghi pubblici, essere gentili con le persone disabili e prendere in considerazione il benessere di quelli che vivono in case per anziani". Non è troppo difficile, penso, fare un accostamento a quanto nel Vangelo cristiano viene inculcato nei riguardi del *prossimo*. È praticamente questo lo spirito che anima Niwano nelle sue svariate attività che egli compie in quanto Buddhista con grande senso di responsabilità. Nel ricordare l'antico detto *"Fai brillare l'angolo in cui ti trovi"* si sofferma in alcune considerazioni: "Noi dovremmo prestare attenzione alle cose che sono a portata di mano. Spesso io dico che la persona di religione ha l'obbligo anzitutto di creare una casa armoniosa. Il senso di stabilità e di pace di quella casa deve poi estendersi ai vicinati e gradualmente più avanti all'esterno fino a tutta la società. Se vi è sofferenza nella casa, il Buddhista deve fare il possibile per risolvere il problema. Così pure se vi è un conflitto di egoismi in seno alla società, è responsabilità del Buddhista attenuarne i contraccolpi, risolvere il conflitto e così contribuire allo sviluppo di una *società migliore, più luminosa*.

Il significato del *Movimento per il Progresso Spirituale Culturale* stava nella diffusione dello spirito di *pace e di armonia*. Tutti i gruppi politici regionali e tutte le organizzazioni da quelle giovanili, assistenziali, educative a quelle del ramo femminile diedero una risposta favorevole al movimento". Nello stesso tempo, Niwano è costretto a constatare che "spesso succede che i problemi sorgono quando la R.K.K. assume una posizione di leadership", mentre si affretta ad affermare che "la R.K.K. ha dato origine al movimento in armonia con gli insegnamenti del Buddhismo. Da quando si era prefisso, come scopo, il massimo della partecipazione da parte di un largo strato di popolazione, è sembrato opportuno fare dell'organizzazione un movimento flessibile. Arrivammo così alla decisione - prosegue - di invitare i gruppi di assistenza e di educazione ad operare in quanto forze principali in seno al movimento, mentre la R.K.K. sarebbe rimasto attivo nell'ombra. Si ebbe la sensazione che ciò avrebbe dato al movimento un più largo respiro per la sua crescita.

Nel 1969 venne realizzata una nuova partenza sotto il nome di: *Movimento per una Società Migliore (Brighter Society Movement)*. Il primo incontro, che ebbe luogo sotto il nuovo nome, fu la Conferenza Regionale di Shikoku...che si tenne presso l'Auditorio Municipale di Takamatsu, nell'isola di Shikoku. In seguito, nuclei organizzativi per il Movimento vennero stabiliti nell'isola Kyushu, in quella centrale Honshu, a Tokyo nel nord di Honshu ed in molte altre parti del territorio nazionale. Nelle mie qualità - ricorda Niwano - di Presidente Capo della Lega delle Religioni del Giappone e del Comitato Giapponese della Conferenza Mondiale delle Religioni per la Pace ed anche come Amministratore dell'Associazione Internazionale per la Libertà Religiosa, fui invitato in spirito di servizio a tenere conferenze". In quelle occasioni, quando gli veniva chiesto di parlare sui rapporti tra il Movimento Società Migliore e la R.K.K. rispondeva spiegando che la B.S.M. era una iniziativa civica mentre la R.K.K. era solamente una delle organizzazioni sostenitrici.... Un simile operare - afferma - contribuendo a servire la società, fa parte della nostra missione. Le nostre azioni ed il servizio, in rapporto al movimento, si rispecchiano sulle persone attorno a noi ed aumentano quindi la loro consapevolezza della R.K.K.".

Non sempre Niwano era in grado di soddisfare agli inviti a parlare "a causa dei frequenti viaggi all'estero". E ribadisce il suo concetto ricorrente nei riguardi della religione la quale "ha la missione di portare pace al cuore dell'individuo. Questa pace si estende a rotazione dall'individuo agli altri per poi stabilire rapporti armoniosi tra nazione e nazione e tra l'umanità e la natura. In altre parole, la religione deve essere l'energia che genera pace ed armonia in tutti gli aspetti della vita. Ma una religione che lavora da sola non può raggiungere questo obiettivo. Tutte le religioni devono unire le forze per evolversi in senso genuino. Né tale senso può trovarsi senza la cooperazione religiosa, che costituisce il motivo dei miei viaggi attorno al mondo, resi possibili dal sostegno dei membri del R.K.K.". Ciò che spinge Niwano a continuare nel sostegno al Movimento Brighter Society sta nel constatare "una società in Giappone che peggiora col passar del tempo. Città sovraffollate, troppe macchine nelle strade, malvagità dominante e fatti spiacevoli di ogni sorta".

Ma quello che maggiormente lo colpisce come "una delle più allarmanti manifestazioni attuali dei nostri mali sociali sono l'isolamento e l'indifferenza che tengono separate le persone le une dalle altre". A tale proposito, con sincera franchezza, ricorda un fatto avvenuto "cinque anni prima riportato da un giornale di spicco, dove l'articolista scrive di un uomo non sposato che muore nella sua abitazione, il cui corpo viene scoperto una settimana dopo il decesso". Così pure un fatto simile accadde "due anni prima ad una donna di mezza età morta in casa sua, il cui corpo venne scoperto otto giorni più tardi". Niwano si lamenta perchè "fatti di questo genere manifestano il grado di indifferenza che i membri della società hanno gli uni verso gli altri. La cosa peggiore che io abbia sentito - rivela - è che nel Giugno 1975 un cadavere fu trovato in una casa; la persona era morta da due anni". A dire il vero, Niwano coglie proprio nel segno nel denunciare queste cose che accadono sotto ogni cielo. Desta quasi stupore a noi occidentali sentire ciò da un Buddhista orientale, il quale mostra la sua preoccupata attenzione a quanto succede nella vita quotidiana dove "ci sono persone che si rendono estranee ai propri vicini e si scambiano parole tra loro soltanto quando alzano troppo alto il volume delle loro televisioni, oppure quando le loro case ostacolano la luce del sole; costoro poi non prestano attenzione alle persone anziane che da un po' non si fanno più vedere, oppure alla cassetta postale strapiena che fa pensare a qualcosa che ha impedito la persona a prelevare le sue lettere. Sono profondamente angosciato - esclama Niwano - nel vedere che, mentre io proseguo i miei viaggi in nome della pace e la cooperazione religiosa internazionale, la società in patria sta diventando sempre più egoista e si racchiuda in se stessa. Pongo speranza nel Movimento Brighter Society, i cui membri sono impegnati a far qualcosa per sanare la situazione".

Un Lumicino di Speranza per la Pace nel Vietnam

Il Presidente Niwano ebbe in mente di intraprendere un viaggio assai difficile per non dire pericoloso nel Vietnam il 18 Dicembre 1970 quando ancora imperversava la tristemente famosa guerra vietnamita. È lui stesso che ce ne parla nella sua Autobiografia (o.c. p.255 ss.) in cui ricorda di essersi recato in Vietnam, a capo di una delegazione della Lega delle Religioni in Giappone, per impegnarsi, insieme ad altre delegazioni di altre nazioni - come deciso nella conferenza di Kyoto - nella soluzione pacifica della guerra in corso. Dopo aver contattato a Saigon il Ministro degli Esteri Vietnamita, si reca a far visita alla Pagoda An-Quang, dove riceve il saluto dal Venerabile Thich Thien Hoa bonzo-capo e dal suo assistente Ven. Thich Thien Minh e da centinaia di rappresentanti della fede Buddhista, i cui fedeli raggiungono l'80% della popolazione vietnamita. Viene anche ricevuto dal Ven. Thich Tam Giac presso il tempio Vinh Ngiem Tu, dove visita il centro giovanile buddhista.

Il 20 Dicembre si reca nel Sud a *Hue*, antica città con tradizioni religiose da paragonare a quelle di Kyoto e Nara, situata vicino al 70° parallelo che allora divideva il Nord ed il Sud Vietnamita. Solenne ed entusiasta è l'accoglienza riservata alla Delegazione giapponese da parte della popolazione "dal polso religioso forte". In diecimila circa erano ad attendere al tempio Dieu De Quoc Tu. Ovviamente, Niwano non poteva recarsi in quei luoghi a mani vuote. Infatti, in occasione della visita alla Pagoda Song My, in un piccolo villaggio di My Xuyen, "abbiamo distribuito a trecento persone - scrive Niwano - dieci tonnellate di soccorsi in riso, indumenti, medicinali donati dalle varie chiese della R.K.K. e di altri organismi religiosi. Un gruppo, giunto prima della nostra delegazione, aveva già distribuito provviste in sette parti dell'area depressa di *Hue*. Ma questa non era la prima volta che si facevano tali elargizioni in quella parte del mondo: per parecchi anni, i membri fedeli della R.K.K. hanno inviato simili soccorsi al Vietnam. Ci rechiamo poi a Quang Tri, a meno di trenta chilometri dal 70° parallelo, la città più a nord del Sud-Vietnam. Il nostro percorso lì era pericoloso essendo, si diceva, la strada minata. Tuttavia, oltre un centinaio di motociclette, guidate da membri del centro giovanile buddhista e decorate da insegne buddhiste, provvedevano ancora una volta a farci da scorta mentre io dicevo a me stesso: anche in una terra accesa dalla guerra, gli insegnamenti di Shakyamuni sono ancora vivi e ne sono riconoscente. Giunti al tempio di un piccolo villaggio in Quang Tri, ci trovammo attorniati da circa cinquemila persone. Consegnati i pacchi dei soccorsi e strette le mani, feci le considerazioni seguenti:

Noi visitiamo il vostro Paese a nome della Conferenza Mondiale delle Religioni per la Pace. Tutti i partecipanti a questa Conferenza, specialmente il Giappone Paese asiatico, si sono impegnati a lavorare assiduamente per la pace. I metodi ed i negoziati politici sono importanti, ma è ugualmente importante per tutte le persone di religione unire i cuori e le mani per sostenere la causa della pace". Niwano avrebbe voluto trattenersi ancora con loro, ma il programma lo voleva in un altro villaggio, dove avvertì "tracce profonde di una guerra pesante...Una vecchia donna magra, alcuni bambini e mogli di contadini sotto la sferza della miseria, un uomo zoppicante, forse a causa di una pallottola presa in battaglia, e tanti volti profondamente esausti dall'opprimente stanchezza".

Visitò poi l'Orfanotrofio di Thai Lok, gestito dalla Congregazione Unificata Buddhista del Vietnam. Le monache si dedicano all'assistenza di 300 bambini, la cui età va dai più piccini ai sedici anni. Niwano ci porta a conoscenza delle terribili vicende che ha colpito quell'Orfanotrofio che ad un certo punto dei combattimenti tra le forze governative Sud-Vietnamite e quelle del Viet Cong venne a trovarsi sulla linea di fuoco. Le granate d'artiglieria esplodevano attorno ai bambini che strillavano spaventati; uno di loro rimase ucciso da una pallottola vagante. Nell'intensità sempre crescente dei combattimenti, il fragore delle cannonate minacciava di far scoppiare i timpani delle monache e dei bambini, ma non vi era per loro alcun luogo di scampo per la persistente pioggia di fuoco. Spinte dalla disperazione, le monache decisero di supplicare i militari perché fermassero i combattimenti per il tempo necessario a trovare un rifugio ai bambini. Fu decretata un'ora di tregua, così le monache, coi bambini loro affidati, poterono fuggire per salvarsi. In quel frangente tre bambini persero la vita e più tardi gli edifici dell'Orfanotrofio furono distrutti da un'incursione aerea americana. Al tempo della nostra visita - prosegue Niwano - le monache si davano da fare per ricostruire soltanto un piano dell'edificio. Nell'osservare i bambini che nella loro innocenza si divertivano senza giocattoli di alcun genere in una stanza spoglia, provai una sensazione di pena, per cui mi rendevo conto quale fosse stata la reazione dei genitori morenti alla dolorosa consapevolezza di lasciare dietro una gioventù indifesa. È stato valutato che 500 mila furono gli orfani di guerra nel Vietnam.

Lasciato l'Orfanotrofio, passammo attraverso un villaggio occupato dai Viet Cong, e poi attraverso un campo-profughi. Non era cessato il rombo dei cannoni. Nella conferenza di Kyoto avevamo deciso di impegnarci per la soluzione pacifica della guerra del Vietnam...Il nostro viaggio in Vietnam ebbe la durata di una sola settimana; ma produsse dei ricchi risultati in quanto ci fu per noi la possibilità di parlare di pace con molte persone nelle regioni distrutte dalla guerra, mentre facevamo la distribuzione dei pacchi di soccorso. In più, fummo in grado di discutere sulla pace e su altri argomenti con i leaders di fede Buddhista, Cattolica, Cao Dai e Hoa Hao e con i rappresentanti delle università, della stampa e dei movimenti pacifisti".

Gli amici del Giappone avevano avvertito Niwano e la delegazione, prima della partenza, ad usare tanta cautela ed attenzione in quei luoghi infestati dalla guerra. I pericoli per la sicurezza, infatti, si accrebbero anche per il fatto che Niwano non si diede cura per ottenere i necessari permessi dalle Autorità locali presso il Ministero per gli Affari Esteri Sud-Vietnamita, il cui ufficio, per questo, "manifestò la sua irritazione per non essere informato sui luoghi di permanenza della delegazione giapponese, causando ansietà in fatto di sicurezza. Anche il personale dell'Ambasciata Giapponese era assai preoccupato".

Ci si può chiedere perché Niwano non abbia seguito le vie legali-burocratiche per poter circolare, con maggior sicurezza, in un terreno effettivamente minato con reale pericolo di vita. È vero che "si scusò presso il Capo del Dipartimento Asiatico che l'aveva rimproverato e che aveva già preparato un elicottero e delle macchine per maggior sicurezza negli spostamenti". Ma è anche vero che, senza disprezzare minimamente la saggezza di norme preposte alla sicurezza, egli sentì il bisogno di fare a meno di quell'ufficialità che gli avrebbe tarpato le ali nello slancio liberante verso il suo ideale di pace. Ce lo fa capire quando afferma: "Ho presentato le mie scuse, ma in realtà non avevo fatto molto caso ai rimproveri nei miei riguardi. Ho solamente capito che noi siamo stati in grado di far accendere *una piccola lampada di speranza* nei cuori della popolazione in zona di combattimento. Era questa, in primo luogo, la nostra vera intenzione nel recarci in Vietnam.

Mi vennero in mente i volti felici della gente nel ricevere i pacchi di soccorsi, così pure il coraggio dei membri del centro giovanile Buddhista, che ci accompagnarono con le motociclette ornate di sventolanti bandiere Buddhiste. Quando lasciai il Ministero degli Affari Esteri - conclude Niwano nelle sue profonde riflessioni - il potente sole del tramonto stava gettando grandi ombre sul terreno. Sebbene quella sia stata la mia prima esperienza di un aspro rimprovero da parte di un governo di un'altra nazione, personalmente non la presi troppo sul serio. Le mie orecchie erano troppo piene del rombo dei cannoni, che sentivo quella notte nella casa agricola in Hue, e il mio cuore era troppo colmo di speranza nel portare pace, al più presto possibile, alle buone popolazioni di quella nazione per prestare attenzione ad un rimprovero".

Visitatori indimenticabili

Il Movimento R.K.K. aveva ormai acquistato una certa notorietà in campo internazionale, data la sua sensibile apertura ai problemi cruciali dell'umanità e la sua disponibilità al dialogo con tutte le religioni per formare un mondo più vivibile fondato sulla pace. Parecchi erano i personaggi desiderosi di incontrare personalmente il Fondatore Niwano e la sua opera. Di queste visite ce ne parla lui stesso nella sua Autobiografia[116]. Nel suo viaggio del 1970 in Inghilterra, in preparazione della Prima Conferenza Mondiale delle Religioni per la Pace, non poté incontrare il Dott.Michael RAMSEY, Arcivescovo di Canterbury e Primate della Chiesa d'Inghilterra. Ma nel 1973, lo stesso Primate, recatosi a Tokyo invitato all'Assemblea generale del Concilio Nazionale Cristiano del Giappone

---

[116]ibidem, cap.37, pp.261-265

dalla Chiesa Anglicana Episcopaliana, volle far visita alla R.K.K. Niwano ce lo descrive come "un uomo vivace che non mostrava di avere 80 anni. Dolce era la lucentezza dei suoi occhi chiaro-azzurri. Scambiandoci la stretta di mano, ho sentito la sua grande mano soffice e calda. Dopo i saluti, lo accompagnai al Santuario del Grande Edificio Sacro. Al cospetto dell'immagine di Shakyamuni, illustrai brevemente gli scopi della R.K.K.: "Noi poniamo i nostri sforzi per portare pace al mondo mediante gli insegnamenti di Buddha. Abbiamo la percezione che alla base di ogni religione ci debba essere la convinzione che tutti gli esseri umani sono figli di Dio o di Buddha. Pertanto siamo convinti che tutte le religioni debbano superare quelli che sono i limiti delle proprie differenze organizzative onde raggiungere gli scopi della religione stessa. Fin dai tempi della fondazione della R.K.K., abbiamo fatto ogni sforzo per raggiungere questo obiettivo promuovendo la cooperazione tra i gruppi religiosi".

Su quanto Niwano stava dicendo, l'Arcivescovo mostrava il "suo assenso che si leggeva sul suo volto e nella luminosità dei suoi occhi. Questo è il motivo per cui diamo il *benvenuto* ai visitatori che provengono da altre religioni. E noi siamo particolarmente onorati di averLa in mezzo a noi. E saremmo molto contenti se Ella volesse prendere in considerazione il senso espresso dalle nostre idee religiose e se volesse prendere parte alla prossima Conferenza Internazionale sulla Pace". L'Arcivescovo "con voce pacata e sincera", rispose in questi termini: "In ogni parte del mondo, tra le persone di religione sta sorgendo attualmente un movimento in nome della cooperazione per la pace. La R.K.K. è una delle organizzazioni che sta lavorando per la realizzazione di un mondo di armonia e di pace. Io penso che l'opportunità concessami di compiere questa visita abbia un significato profondo. Mi fa piacere avere un'occasione di conoscere il vostro ardente desiderio per la pace nel mondo, di studiare le vostre idee, riflessioni, aspirazioni e le modalità da voi utilizzate per metterle in pratica; mi fa anche piacere mettermi a discutere con voi".

Nella sua breve replica, l'Arcivescovo non poteva non menzionare la pratica *hōza* (法座) che, come più sopra accennato, costituisce una delle fondamentali espressioni della R.K.K. e "sembra che, tra i visitatori di organizzazioni religiose provenienti da altri paesi, l'Arcivescovo Ramsey - osserva Niwano - abbia capito in modo particolare il vero valore di *hōza*. Varie volte, infatti, ebbe a dire: "La riflessione costante e lo spirito di ravvedimento, che io constato nella vostra pratica di comunione *hōza,* sono elementi davvero meravigliosi". Fece poi questo commento: "La *hōza* vi aiuta ad approfondire la fede reciproca ed a sviluppare una comunità di comprensione e di fiducia. In tal senso, ciò mi fa scoprire la grande energia che sarà di aiuto alla R.K.K. per la sua futura crescita". In margine a queste affermazioni del Primate Anglicano, Niwano prosegue sull'argomento *hōza*, dicendo: "*Hōza* è un'opportunità per dare una forma attiva allo spirito della nostra organizzazione...In termini metaforici, se il Movimento Brighter Society ed il Movimento per la pace di cui facciamo parte sono il corpo, i gruppi *hōza* sono le cellule che costituiscono il corpo. Come ci si aspettava da un uomo così perspicace, l'Arcivescovo Ramsey con questa sua visita percepì l'importanza di *hoza*".

Un'altra visita alla R.K.K., degna di nota, è quella fatta dal Cardinale Hoffner della Germania Occidentale. Il porporato, in quell'occasione, enfatizzando il valore delle attività sociali, dice di sentirsi profondamente coinvolto nello sviluppo dei sentimenti religiosi tra la gioventù; nello stesso tempo, in accordo con alcuni religiosi, deplora certe situazioni in cui le nuove generazioni, sotto gli impulsi del momento ed inebriate dalle comodità della vita moderna, vanno incontro a rovina spirituale. Fatti che inducono a pensare alla crisi attuale dell'umanità. Niwano non è in disaccordo con il Cardinale, ma fa notare che "è dovere delle persone di religione far si che l'umanità ricca si inserisca nei cuori della gente di ogni fascia di età...credo che le persone di religione debbano oggi dedicarsi seriamente ad individuare le cause del loro fallimento nella salvezza dell'umanità". Il Cardinal Hoffner soggiunge: "Terribilmente grande è l'influenza dei mezzi di comunicazione di massa: giornali, televisione, cinema ecc. Le persone di religione nel mondo dovrebbero unire le forze per esercitare una buona influenza sui mezzi di comunicazione e così migliorarne gli effetti sui giovani". Con spirito di amicizia e di dialogo, dice ancora: "I Buddhisti devono prendere in considerazione le attività sociali delle Religioni Cristiane, mentre i Cristiani devono approfondire la spiritualità del Buddhismo imparando entrambi gli uni dagli altri". In questo clima di buoni rapporti, Niwano tiene a ricordare gli aiuti spirituali e materiali offerti dal Cardinale per la successiva Conferenza Mondiale delle Religioni per la Pace che doveva aver luogo nella Germania Ovest. Si tenne invece a Lovanio in Belgio ed il Cardinale vi partecipò con un sostanzioso contributo finanziario.

Tante altre furono le visite, tra le quali Niwano ricorda in modo particolare quelle del Dr.Dana McLean Greeley, assai attivo in seno alla

W.C.R.P. e Direttore-Capo dell'Associazione Internazionale per la Libertà Religiosa; del Dr.Homer A.Jack; di Alberto Moravia, famoso romanziere italiano ed ex Presidente del Club Internazionale P.E.N.; del Pronunzio Apostolico Bruno Wuestenberg, Ambasciatore in Giappone della Città del Vaticano; dell'Arcivescovo G. Hultgren di Svezia; del Vescovo Juvenaly della Chiesa Ortodossa di Russia; del Metropolitano Galitsky di Mosca; di Poon Pismai Diskul Principessa di Thailandia e Presidente dell'Amicizia Mondiale dei Buddhisti; di un monaco Buddhista del Vietnam:Thich Nhat Hanh; del Prof.Abraham Kaplan della Haifa University e del Dr. Richard von Weizacke, eminente leader della Germania Ovest.

Niwano descrive l'incontro con il Vescovo Juvenaly della Chiesa Ortodossa Russa accompagnato dal personale della Ambasciata Sovietica a Tokyo, nei cui confronti con perspicacia afferma: "Questo gruppo di persone non religiose, viste sotto una buona luce, non facevano altro che adempiere ad una formale visita di cortesia; viste sotto una cattiva luce, apparivano come una forma di controllo sotto gli ordini del personale governativo...In simili circostanze, la conversazione blanda, affabile e senza polemiche fa parte della politica comunemente adottata".

Niwano fa così capire che a lui non piacciono simili discorsi e con franchezza dice: "Ho letto, non so dove, che Stalin si è diplomato presso un seminario di teologia. È vero?" "Sì," replicò il Vescovo. "Se così è, perché ha poi cambiato diventando comunista?". L'interprete dell'Ambasciata rimase imbarazzato; lo si leggeva chiaro in volto. "Marx - proseguì Niwano - disse che la religione è un oppio. Ho l'impressione che Stalin avesse trovato, nella religione della sua epoca, qualcosa di corrotto che l'abbia indotto ad essere d'accordo con l'opinione di Marx". Sorpreso, l'interprete si mise a conversare in lingua russa, per alcuni minuti, con il Vescovo che si limitò a dire: "Io non ero ancora nato in quel periodo".

Niwano era lungi dal pensare che "le sue domande fossero uscite fuori dall'ordinario". Mentre capì che "il personale dell'Ambasciata Sovietica ovviamente pensava il contrario e che l'imbarazzo scritto sul volto rivelava quanto le domande riguardanti il rapporto tra Stalin e la religione fossero considerate un tabù". "Durante la nostra conversazione - ricorda Niwano - il Vescovo sembrava capire i miei sentimenti e così, salutandoci con una calorosa stretta di mano, gli dissi: "Sotto un tale sistema che domina oggi nell'Unione Sovietica, Lei dimostra quanto la Sua religione possa operare con costanza per alimentare la luce della fede". Sotto la barba compatta il

Vescovo atteggiò il volto al sorriso e disse: "In questo incontro Lei mi ha dato coraggio. Quando preparerà una Conferenza mi inviti ". Niwano ebbe la sensazione di "essere stato compreso ed approvato nel voler realizzare scambi aperti di fedi e di opinioni in modo da superare le barriere nazionali e ideologiche e scrive: "Il Vescovo Juvenaly guardandomi negli occhi mi disse: "Lei ha sulle spalle una grossa responsabilità come uomo di religione che opera nel mondo intero. La prego di prendersi cura meglio che può della sua salute". Viva fu l'impressione causata da queste ultime parole nel cuore di Niwano che così si esprime: "Molte persone sono venute da casa e dall'estero a farmi visita alla R.K.K., ma il primo a mostrare interesse per la mia salute è stato il Vescovo Juvenaly".

Organizzazioni religiose in Giappone

Tra le attività di pace che svolge il Movimento R.K.K., quella ritenuta più importante si chiama *dialogo interreligioso*[117]. Ciò si evince dal detto ormai comune: "*non ci sarà mai pace nel mondo finché non ci sarà pace tra le religioni*". L'impegno per la pace, infatti, è un altro aspetto della via del Bodhisattva, al quale tendono le attività del Movimento R.K.K. nel campo interreligioso. In base ai testi già citati, si rileva che ogni religione predica che l'umanità fin dall'inizio è una sola...La R.K.K. crede che la religione sia oggi il solo mezzo atto a creare lo slancio verso un mondo di pace, non più soggiogato dalla potenza delle armi, ma libero, guidato dal rispetto per l'umanità. Terminato il tempo degli antagonismi, si tratta di superare le differenze di credo, di razza e di nazionalità mediante la cooperazione religiosa. Quest'ultima, però, non può fermarsi alle strette di mano tra uomini di fedi diverse. Per questo, il Movimento R.K.K. ed altri gruppi considerano in modo fattivo e sincero i problemi del disarmo, dello sviluppo e dei diritti umani.

Attiva è la presenza del Movimento R.K.K. nella *Unione delle Nuove Organizzazioni Religiose del Giappone* e nella *Lega delle Religioni del Giappone*. Tutte insieme si adoperano per il dialogo interreligioso mediante attività di cooperazione in varie parti del territorio nazionale, portando ognuna il proprio specifico afflato. Vengono segnalate, p.e., le visite che si scambiano tra loro, nei luoghi di culto a Takamatsu, nella Prefettura di

---

[117]Cfr. *Risshō Kōsei-kai*, cit., p.19. Vedi anche *R.K.K.Un'organiz. buddhista laica,* cit.p.17

Kagawa, i fedeli locali Shintoisti, Buddhisti e Cristiani formando una Lega allo scopo della comprensione reciproca. Così pure nella Prefettura di Oita credenti di fede Buddhista, Shintoista e Cristiana si sono costituiti in Organizzazione Interreligiosa. Ogni anno organizzano un incontro speciale per la pace con preghiere recitate da ciascuno secondo la propria tradizione, come è avvenuto nel Maggio 1990 nella Prefettura di Saga. Significativa pure è stata la presenza di membri della R.K.K. nel Settembre 1990 ad una cerimonia religiosa autunnale in un Tempio Shintoista di Tokyo. Menzione particolare merita la *settimana di preghiere per la pace nel mondo* tenutasi il 21 Ottobre 1990 nella città di Ichihara, Prefettura di Chiba, in cui anche la Chiesa Cattolica locale è stata luogo di preghiera da parte di cittadini di differenti fedi religiose. Nell'agosto dello stesso anno e nella stessa città di Ichihara si erano svolte cerimonie interreligiose in memoria delle anime dei morti in guerra e negli incidenti stradali. Fra simili gruppi religiosi, che si contano numerosi in Giappone, ve ne sono alcuni che, in cooperazione con le amministrazioni locali, sponsorizzano fra l'altro anche giornate sportive per la gioventù ed altre attività per rafforzare la solidarietà comunitaria.

Considerando questi avvenimenti, salta subito alla mente un fatto che sempre più viene alla luce nell'epoca moderna, quello del *pluralismo religioso*. Questa sensazione sembra l'abbiano provata i partecipanti ad un'altra *settimana di preghiera per la pace nel mondo* tenutasi a Tokyo il 23 Ottobre 1993, in cui si rileva come il pluralismo religioso sia emerso in quanto evento significativo ai fini della pace. Concretamente, le Nuove Organizzazioni religiose del Giappone disseminate in 68 gruppi e con più di 13 milioni di fedeli si sono impegnate per sostenere le industrie agricole ed il rimboschimento di vaste zone del Nepal. In queste Organizzazioni il Presidente Niwano Nikkyo ha sempre ricoperto incarichi direttivi che gli hanno permesso di animare, con lo spirito del Bodhisattva, tutte le attività volte a promuovere la pacificazione tra i popoli[118]. A tale proposito, per capire meglio il suo animo aperto a tutte le iniziative di pace, da qualunque gruppo religioso esse provengano, Niwano Nichiko, figlio maggiore ed attuale Presidente della R.K.K. fa notare che "in un incontro di un piccolo gruppo dei leaders del Movimento che discuteva sui piani di azione per l'anno successivo" suo padre li esortava a "non dedicare tutta la loro attenzione alla linea di condotta solo per la R.K.K., ma di pensare anche un po' allo sviluppo delle altre organizzazioni".

---

[118]Cfr. cap.VII, p. 307 ss.

Ricorda anche che suo padre al leader di un'altra organizzazione che considerava eccellente nelle sue dottrine, suggeriva "di farsi dei seguaci nell'isola di Kyushu, dove la R.K.K. aveva già diciannove sezioni". Ciò dimostra, dice Nichiko, "la forte convinzione di mio padre sull'importanza della cooperazione religiosa fra tutti i gruppi. La partecipazione della R.K.K. al Movimento per una Società Migliore ed alla Conferenza Mondiale delle Religioni per la Pace sono ulteriori dimostrazioni di questa convinzione. Non tutti i leaders della R.K.K. la vedono come mio padre su questo punto...E da autentico praticante degli insegnamenti del Sutra del Loto, la cui visuale del mondo compenetra tutto il proprio essere, mostra la sua onestà di servo del Buddha stabilendo contatti con altre organizzazioni religiose, con vari templi e anche con il Vaticano"[119].

3. STESSO SPIRITO IN CORPI DIFFERENTI
I-TAI DŌ-SHIN 異体同心

Si è sempre detto che *l'unione fa la forza,* un proverbio che non poteva certo essere dimenticato da Niwano il quale, però, aveva sempre in mente l'altro celebre detto pronunciato da Nichiren: *I-tai Dō-shin, Stesso Spirito in Corpi differenti* 異体同心 che costituirà per lui il punto-cardine di tutta la sua opera. Lontano infatti da ogni esclusivismo, ha sempre coltivato pensieri di pacifica convivenza con altri gruppi religiosi locali giapponesi, specie con quelli detti *nuovi (shin* 新*),* ispirati ai tradizionali Buddhismo e Shintoismo, con i quali instaura rapporti amichevoli per unire le forze. Niwano si addentra nel fare alcuni commenti sulle origini della suddetta Unione, fondata nel 1951, e sui rapporti con la *Lega delle Religioni in Giappone*[120].

"Nel periodo immediatamente postbellico, la libertà religiosa venne consentita a tutti i cittadini; nuove organizzazioni religiose spuntarono con grande frequenza e vitalità. Ma l'orientamento sociale prevalente era quello di farsi beffa ed abusare di questi gruppi, senza nemmeno provare a capire cosa fossero realmente. Associandosi insieme nella Lega delle Religioni, le più veterane e più stabilizzate religioni erano in grado di lavorare insieme

---

[119] Cfr. Nichiko Niwano: *Mio Padre e Maestro*, Città Nuova Ed., Roma 1986, pp.106-107
[120] ibid., pp.227-230

per il bene comune conducendo negoziati con i quartieri generali delle Autorità occupanti e con i vari organi governativi giapponesi. Le nuove istituzioni religiose, comunque, erano isolate le une dalle altre ed esposte agli attacchi della stampa e dagli altri rami della società. Tuttavia, col tempo le nuove organizzazioni divennero così importanti che il vecchio mondo religioso non potè più ignorarle. Mentre i nuovi gruppi crescevano in quantità e qualità, si sentiva la necessità di unirli in un unico corpo anche per facilitare le Autorità occupanti a mantenere contatti con loro. Al riguardo, il capo del Dipartimento d'Occupazione per gli affari religiosi propose a Tokuchika Miki, presidente dell'organizzazione Perfetta Libertà, di istituire un collegamento con i nuovi gruppi religiosi. Da quel momento i gruppi stessi divennero consapevoli della necessità di un corpo che potesse lavorare per il loro comune vantaggio e per la loro tutela.

Nell'Agosto del 1951, il gruppo P.L.Kyōdan, la Risshō Kōsei-kai, la Sekai Kyūsei-kyō, la Fondazione Seichō-no-Ie e la Ishin-kai istituirono *l'Unione delle Nuove Organizzazioni Religiose in Giappone*. E quasi nello steso tempo, i leaders di Ananai-kyō, Shūkyō-dan Hōsei-kai, Tenshin-dō, Ishin-kai e la Fondazione Seichō-no-Ie fecero un incontro per preparare la formazione di un corpo unificato denominato *Lega delle Nuove Religioni in Giappone*. Le discussioni che seguirono tra questi due gruppi portarono alla loro fusione nell'*Unione delle Nuove Organizzazioni Religiose in Giappone*. Prima della formazione di questa Unione, la R.K.K. prese parte ad un concilio delle organizzazioni della setta Buddhista Nichiren. Tale concilio, che includeva Nihon-zan Myōhō-ji Dai-Sanga, Hōkke-shū, Myōchi-kai, Bussho Ginen-kai e Myōdō-kai, si pronunciò per la causa dell'unità tra i vari gruppi Nichiren per il fatto che alcuni corpi religiosi, che professano la fede nel Sutra del Loto, condannarono altre organizzazioni credenti nello stesso Sutra come eretiche e perverse".

Niwano sentì il bisogno di intervenire proponendo quello che oggi va sotto il nome di *pluralismo* nel senso che la ricerca della verità, a cui tutti sono impegnati in modo serio e graduale, viene esplicata in molteplici modi diversi nella condivisione dei risultati. Ecco il suo intervento: "Il tempio sul Monte Minobu, in quanto sta al vertice del Buddhismo Nichiren, ha la responsabilità di indicare gli insegnamenti che possono offrire un aiuto ai discepoli per capire il vero spirito di Nichiren, fondatore della setta che porta il suo nome. Il Monte Minobu deve insegnare la via in cui noi ci troviamo per interpretare il Sutra del Loto e come noi dobbiamo comportarci riguardo al punto focale della devozione".

Le sue parole non furono accolte con entusiasmo, anzi con una certa *freddezza;* il concilio gli "fece richiesta di porre un freno alla discussione sull'unità negli insegnamenti religiosi e permettere che ogni organizzazione religiosa seguisse le proprie tendenze in cose simili". "Mi rendo conto - fa notare - che il problema degli insegnamenti assume un'importanza sovrana e che l'unità su questo è molto difficile da raggiungere in un concilio. Tuttavia, ribadisco che un concilio, privo di principi fermamente affermati in materia di insegnamenti, vanifica il suo più grande significato e la sua forza. *Che la verità religiosa sia e debba essere la stessa costituisce per me un fantastico ed incrollabile articolo di fede, anche se i modi di esprimerlo possono variare. Di conseguenza, ritengo che noi dovremmo stare uniti attorno all'unica verità ed abbandonare le differenze di poco conto; ma io al concilio di Minobu non ho trovato nessuno d'accordo con me.* Se gli altri membri del concilio sostenevano saldamente la validità degli insegnamenti dei loro gruppi individuali, io gradualmente constatai che non avevo altra scelta che fare lo stesso. I nostri membri continuavano a fare pellegrinaggi al Monte Minobu ed ottanta famiglie nella città di Minobu erano diventate membri della R.K.K. Ciò fece molto arrabbiare le autorità presso il Monte Minobu; e nel 1950 noi subimmo repressioni con l'accusa di aver indotto la gente di Minobu ad abbandonare la loro appartenenza alla setta Nichiren presso il Monte Minobu.

Negli anni seguenti ricevemmo la visita da parte di Shuten Oishi del Ministero della pubblica Istruzione in relazione all'Unione delle Nuove Organizzazioni Religiose in Giappone. Oishi visitò anzitutto Tokuchika Miki dell'Organizzazione Perfetta Libertà (*P.L.Kyodan*). Mentre più tardi incontrò noi tre, dicendosi d'accordo sul progetto auspicabile di dare vita ad un'organizzazione fatta di gruppi religiosi nuovi. Dissi allora che se l'organizzazione rendesse pubblici gli insegnamenti di ciascun gruppo e facesse da garante per uno studio unificato dei programmi, ciò potrebbe assumere un grande significato. Miki obiettò che se gli insegnamenti diventassero una premessa della nostra azione, sarebbe improbabile per noi raggiungere l'unità che cercavamo. Io presi in considerazione questo punto. Dopo tutto, anche i membri della setta Nichiren hanno trovato impossibile raggiungere tra loro stessi l'unità nell'insegnamento. Ovviamente, sarebbe ancora più difficile per una aggregazione di differenti organizzazioni religiose ottenere l'unità in simili materie. Tuttavia, ebbi la sensazione che noi tutti abbiamo avuto gli uni e gli altri molto da imparare e da insegnare".

"Tutti quelli che vedono, ascoltano, accettano e conoscono il sutra si avvicineranno all'illuminazione"[121].

Dopo questo incontro, Niwano era convinto di aver fatto un "primo passo" verso l'unità. Venne quindi alla "decisione che la R.K.K. prendesse parte all'Unione Nuove Organizzazioni religiose in Giappone". Myōkō Sensei non era d'accordo considerando una "cattiva idea quella di associarsi a tale organizzazione così presto dopo essere stati accusati di scalzare la setta Nichiren. I leaders veterani della R.K.K. erano d'accordo con lei…Io insistetti invece sull'unificazione. Le mie speranze di successo erano allora molto sottili, ma gli eventi volsero decisamente al meglio. L'unione, iniziata con membri di sole 24 organizzazioni, entro un anno raggiunse il numero di 60. All'infuori di due o tre delle maggiori nuove organizzazioni religiose, tutte vi si associarono.

La nostra speranza era di fare dell'unione un'organizzazione in grado di contribuire alla creazione di un paese e di un mondo di pace. Col passar degli anni, questa speranza andò sempre più rafforzandosi". Niwano non si lascia prendere da facili entusiasmi, ma con i piedi a terra saggiamente prende atto che deve fare i conti con "l'opinione pubblica che generalmente non presta attenzione alla nuova federazione religiosa a cinque o dieci anni dalla sua fondazione". Così pure è consapevole che "sia profondamente radicato il pregiudizio che le nuove religioni siano fraudolente facendo profitti disonesti quando la popolazione è debole". Nella primavera 1952 - osserva - a meno di un anno dalla sua fondazione, l'Unione delle Nuove Organizzazioni Religiose in Giappone fu ammessa alla *Lega delle Religioni del Giappone*", la quale comprende gruppi Buddhisti, Shintoisti e Cristiani. Durante la guerra fu sottoposta a severi controlli da parte del governo e più tardi venne sciolta.

Nel Giugno del 1946, comunque, riprese un cammino nuovo al fine di promuovere una stretta cooperazione tra le istituzioni Buddhiste, Shintoiste e Cristiane mediante lo sviluppo dei movimenti religiosi nella costruzione della cultura giapponese e della pace mondiale.

Nel Gennaio del 1965, venne aperto il *Centro delle Religioni* da parte della Lega delle Religioni in Giappone. Qualcuno ha voluto criticare questo Centro per la sua ispirazione politica, ma io sono a suo favore. Oggi gli

---

[121]Cfr. cap.18, Sutra del Loto: *Meriti di gioia per chi ascolta… "Zuiki kudoku hon dai-jūhachi"*(随喜功徳品第十八), Kōsei Shuppansha, Tokyo (Heisei 7) 1995, p.296

esseri umani sono in pericolo di perdere una parte importante della loro umanità nel sopravalutare il benessere materiale e nel sottovalutare i valori spirituali...Credo che il Centro delle Religioni - sottolinea Niwano - possa dare risalto all'importanza vitale del vero spirito religioso e possa portare un proprio contributo allo sviluppo della fede popolare nazionale ed al rafforzamento della cooperazione religiosa. È detto nel Sutra del Nirvana che quelli che non credono nella Legge del Buddha e quindi finiscono su cattive strade, sono paragonabili a tutto lo spazio della terra intera, mentre coloro che credono nella Legge del Buddha ed ottengono la buddhità (natura del Buddha) sono paragonabili ad un piccolo pezzo di terra non più grande di un'unghia. Il Centro delle Religioni pone il suo sforzo per migliorare questa situazione volendo attuare l'unificazione di tutte le religioni. Mi sono appellato agli educatori ed alle associazioni dei genitori, così pure al mondo culturale e finanziario".

Prima Conferenza Mondiale delle Religioni per la Pace

Avvenne così che Niwano nell'Aprile del 1969 fu eletto Presidente del Consiglio di amministrazione della Lega delle Religioni in Giappone, che nel 1970 patrocinò la prima Conferenza chiamata *World Conference of Reliogions for Peace (W.C.R.P.)*. "Questo incontro - afferma Niwano - malgrado una tendenza a considerarlo un qualcosa simile ad una riunione di salotto, divenne un trampolino per ulteriori sviluppi. Da parte mia esprimo la mia profonda gratitudine alla Lega delle Religioni del Giappone per aver offerto il suo patrocinio. Man mano che il tempo passa, dice soddisfatto, la Lega delle Religioni del Giappone e l'Unione delle Nuove Organizzazioni Religiose del Giappone rivelano la loro utilità continuando ad operare in stretta armonia". Niwano Nikkyō, ritenuto uno dei principali fondatori ed animatori della Conferenza, ci descrive[122] lo svolgimento della Prima Conferenza che si tenne a Kyoto nell'Aula delle Conferenze Internazionali dal 16 al 21 Ottobre del 1970.

"Rappresentanti delle principali religioni mondiali di 39 nazioni, Buddhismo, Shintoismo, Cristianesimo, Islam, Giudaismo ecc...si sono riuniti in questa antica città durante la splendida stagione delle foglie

---

[122] ibidem, p.235 ss.

autunnali per trattare di tre grandi argomenti: *disarmo, sviluppo e diritti umani*. Tra le numerose conferenze tenute in Giappone negli ultimi anni, questa fu una delle più grandi. Ma la caratteristica che più la distingueva non era tanto la dimensione, quanto il suo grande significato per il mondo intero, per il fatto che uomini religiosi di molte fedi avessero l'opportunità di incontrarsi per uno stesso scopo. Nella sala delle riunioni, si vedevano le tuniche color zafferano dei Buddhisti del sud-est asiatico fianco a fianco con le tonache nere dei Preti romani e gli abiti d'affari dei Protestanti d'Europa e d'America".

È importante ora sottolineare alcuni passaggi che precedettero la Conferenza, la cui preparazione costò non poco a Niwano in fatto di tempo impiegato e di stressante impegno sia morale che fisico. "Le valutazioni sull'importanza della conferenza - osserva ancora il Presidente della R.K.K. - non furono favorevoli all'unanimità, per cui alcuni si stupivano che il bene pratico da attuare potesse venire dall'incontro di persone di religione e dalle loro animate discussioni sulla pace. Probabilmente vi era una qualche giustificazione per lo scetticismo riguardo ai risultati immediati. Ma ciò non rendeva vana la conferenza". Niwano prova orrore al pensiero che "oggi l'umanità è giunta al punto in cui la guerra nucleare può distruggere ogni vita sul pianeta. Di fronte a questa orribile minaccia, il desiderio più accarezzato dalle popolazioni della terra è quello della pace. Può essere difficile la strada verso la pace; e le conferenze, come quella tenuta a Kyoto nel 1970, possono fare poco per la soluzione immediata dei problemi mondiali.

Ma - insiste Niwano pieno di speranza - tali conferenze sono dei passi sulla via del conseguimento della pace; ed ogni passo, anche se mezzo passo, deve essere fatto in tale direzione. Il terreno disponibile può essere piccolo ed il clima può essere non buono; ma è certo che se i semi sono tenuti al chiuso nel granaio, nessun germoglio spunterà, nessun fiore sboccerà e nessun frutto maturerà. Il solo modo per sperare nei risultati sta nel coltivare, fecondare e seminare qualunque terreno con la massima cura e diligenza. Questo significa progresso e sviluppo".

Ferventi preparativi mediante incontri importanti.

Sarà bene ora fare un accenno ai preparativi in cui Niwano si adoperò perchè la Conferenza avesse un buon successo. Cosciente della necessità di preparare bene la prima Conferenza Mondiale delle Religioni per la Pace, intraprese alcuni viaggi in America ed in Europa. Nel frattempo, in un incontro Interreligioso Nippo-Americano di Consulto per la Pace tenutosi a Kyoto nel 1968, ebbe occasione di ascoltare Sua Eccellenza John Wesley Vescovo dei Metodisti Uniti, il quale disse che "tutte le guerre vanno contro Dio". Così pure fece tesoro dell'intervento del Vescovo Anglicano John H.Burt il quale, tra l'altro, ebbe a dichiarare che "il rispetto deve stare al primo posto nei rapporti tra le persone, così pure sono gli insegnamenti di Dio che devono prendere il primo posto nelle relazioni tra le nazioni".

A commento di simili interventi, Niwano si limitò nel dire che "la famiglia umana gradualmente sarebbe diventata una realtà". Si recò quindi a Instanbul nel 1969 per partecipare ad un incontro preparatorio della W.C.R.P., in cui "più di venti rappresentanti di sette nazioni si accordarono nel costituire un Comitato provvisorio di consulenza per discutere su temi concreti relativi al tempo ed al luogo dove poter tenere una conferenza".

Prima di dirci le conclusioni di tale incontro, Niwano sembra compiaciuto nel fare alcune divagazioni ricordando che "Instanbul, una volta Costantinopoli capitale dell'Impero Romano d'Oriente, era e rimane una città fiorente, anche se oggi sono poche le tracce del suo passato. La città è ancora punto di congiunzione tra l'Asia e l'Europa, tra l'Oriente e l'Occidente. Mentre da una finestra di Istanbul Hilton guardavo fuori nel Bosforo, una persona mi disse: "guarda, dall'altra parte c'è l'Asia. E questa è l'Europa. D'estate la gente va a nuotare sul Bosforo. Ciò vuol dire che considera l'Asia e l'Europa un insieme unitario. È nostro compito far sì che questi due continenti siano il centro delle nostre attività nel considerare il mondo intero un insieme unico".

Tornando alle conclusioni dell'incontro, Niwano riferisce che "dopo aver suggerito alcune località per la Conferenza, i membri non giapponesi del Comitato espressero la volontà di tenerla in Giappone, mentre i giapponesi erano perplessi nell'accettare tale proposta. Infine, questi ultimi vennero scartati e così Kyoto venne scelta come luogo della Conferenza. Nell'incontro di Istanbul venne messo a punto il piano generale e la gamma della Conferenza Mondiale; e si costituirono due Comitati, esecutivo e preparatorio".

Come sempre acuto osservatore, al ritorno da Istanbul, grande fu la sua sorpresa nel vedere la città di Tokyo tutta coperta da una coltre argentea di neve. "M'è stato riferito - racconta - che Istanbul, situato al medesimo parallelo di Hakodate nella fredda isola di Hokkaido al Nord del Giappone, può essere un luogo molto gelido. Ma la sua posizione tra il Mar Nero e quello Mediterraneo risparmia maggiori nevicate alla Turchia. Il tempo che c'era là non mi ha trovato preparato per quello che ho trovato a Tokyo, per cui la neve mi ha fatto grandissima impressione". Al suo segretario Kinzo Takemura che, dopo averlo accompagnato nel viaggio, gli aveva detto: "è bella la neve, non è vero? Questa neve ha l'aria di essere un segno di buoni auspici per la Conferenza di Kyoto l'anno prossimo", Niwano replicò: "Non lo so. La neve è bella, ma è anche fredda. In quanto a me, questa neve mi fa capire la necessità di prepararmi ad un lavoro molto duro per cattivare la buona volontà del mondo religioso giapponese per quel progetto".

Non poche furono, infatti, le difficoltà che giustificavano quel suo presentimento. Fece del suo meglio perchè le "varie sette e gruppi religiosi giapponesi sentissero la necessità di una coesione che trascendesse le considerazioni settarie di gruppo. Esclama sconsolato: "Molto fredda fu la reazione alle mie istanze, ciò che divenne decisamente sgradevole quando insistevo sulla cooperazione. E questa non era la cosa peggiore...Qualcuno giunse al punto di dire che il mio appello alla cooperazione e all'unità tra le organizzazioni religiose aveva solo l'intento di favorire le mie ambizioni personali".

Niwano dice ancora: "Altre critiche e pettegolezzi giungevano alle mie orecchie". Pertanto, conoscendo realisticamente la natura di tanta storia religiosa intrisa di umano, non rifugge dall'affermare, con evidente senso di maturità: "Tali accuse potevano apparire ben meritate...e furono causa di immenso sconforto". In primo luogo, era comunque fermamente convinto che la condizione mondiale non permetteva agli uomini di religione in Giappone di stare in ozio limitandosi a guardare il movimento. Sentiva tutta la sua responsabilità in quanto presidente dell'Amministrazione della Lega delle Religioni e come tale agiva di conseguenza. Inoltre fu per lui un "grande supporto morale conoscere che tutti i membri della R.K.K. lo seguivano nelle sue idee e nelle sue azioni".

Dopo l'incontro ad Istanbul, con spirito instancabile partì nel Luglio 1969 alla volta di Boston per partecipare al ventesimo Congresso Mondiale dell'Associazione Internazionale per la libertà religiosa. Inoltre, presenziò ad una serie di incontri del comitato esecutivo della Conferenza Mondiale delle Religioni per la Pace, per la cui preparazione si recò poi alla Endicott

House del Massachusetts presso l'Istituto di Tecnologia. Lì prese parte a diversi incontri del comitato esecutivo, ai quali "oltre al sottoscritto - racconta - parteciparono anche 4 rappresentanti del Giappone...con lo scopo di concretizzare i dettagli sull'incontro progettato per Kyoto. Tutti gli argomenti trattati: tema, programma, bilancio preventivo, rappresentanti e preparativi erano talmente importanti da non permetterci il minimo di negligenza". Totalmente dedicato ai lavori, Niwano si rammarica per "la barriera della lingua che gli impedisce spesso di esprimersi come vorrebbe; ciò si aggiunge ad un senso generale di stanchezza che andava sempre più crescendo". Le conseguenze non tardarono a farsi sentire, con disturbi seri di stomaco e di intestino che lo costrinsero, suo malgrado, a mettersi a riposo rinunciando agli incontri. Non volle essere ricoverato all'ospedale, considerando "gli attuali disturbi, con presenza di sangue, come relativi all'operazione di ulcera allo stomaco subita a Maggio dell'anno precedente. Dopo questi incontri - diceva - io devo recarmi in Inghilterra, Svizzera e Roma per lavorare per la Conferenza Mondiale. È la mia missione; se dovessi ricoverarmi, non potrei portarla a compimento". Dovette sottoporsi ad una dieta fatta di consommé e latte. "Pur con gli stimoli della fame - confessa - il mio spirito era alto, anche se in contraddizione con le mie condizioni fisiche". Un certo sollievo l'ottenne dal "Rev. Kiyoshi Takizawa, un Pastore Cristiano, il quale mattino e sera gli fece gentilmente una cura di massaggi *shiatsu* (指圧)".

Si arrivò infine alla decisione definitiva di tenere la Conferenza Mondiale a Kyoto sotto gli auspici della Lega delle Religioni del Giappone e dopo tre giorni di discussioni e dibattiti, gli incontri si avvicinarono alla loro conclusione. I rappresentanti giapponesi, insieme al Dr.Dana McLean Greeley, andarono a visitare Edwin O.Reischauer, il noto studioso ed ex Ambasciatore degli Stati Uniti in Giappone". Malgrado le sue non buone condizioni di salute, Niwano volle condurre a termine il suo programma, considerandolo "una missione, per amore della quale ed in nome di Buddha il morire sarebbe stato il più amato dei desideri". Fu così che salì a bordo dell'aereo per Londra con la speranza di poter incontrare il Dr.Michael Ramsey allora Arcivescovo di Canterbury ed invitarlo a presenziare alla Conferenza di Kyoto. Giunto a Canterbury, a 100 Km. da Londra, con i 4 rappresentanti giapponesi, con una macchina messa a disposizione dalla loro Ambasciata, racconta: "Siamo rimasti impressionati dalla dignità e magnificenza della Cattedrale di Canterbury che ha oltre un millennio di storia. Abbiamo appreso che l'Arcivescovo non era presente; ci siamo incontrati per un'ora con il Canonico R.J.Hammer, che era vissuto in Giappone per parecchi anni e che era in perfetto accordo con l'idea di una Conferenza Mondiale delle Religioni per la Pace. Il nostro programma di recarci direttamente a Ginevra ci ha impedito di incontrare l'Arcivescovo, il quale, stando alle informazioni, ci avrebbe visto volentieri nel pomeriggio di due giorni più tardi. Abbiamo così ripreso la strada per Londra, lasciando nelle mani del Canonico Hammer del lavoro ulteriore relativo alla Conferenza".

La salute di Niwano stava migliorando, pur in una generale stanchezza. Ed ancora una volta le cure gentili, a base di massaggi *shiatsu,* da parte del Rev.Takizawa gli hanno procurato grandissimo coraggio ed aiuto. Niwano in quel momento sembra quasi voler mettere tra parentesi il problema della Conferenza, scopo assillante del suo viaggio, per ricordare che "il Rev. Takizawa tempo addietro aveva deciso di imparare il massaggio terapeutico *shiatsu* nella speranza di sollevare le sofferenze fisiche delle persone alle quali trasmetteva gli insegnamenti del Dio Cristiano. Potè così apportare anche qualche contributo alla terapia *shiatsu*. Sono convinto che il fervore, con cui si è dedicato a me, abbia aumentato l'efficacia della terapia...La sua sollecitudine mi ha profondamente toccato....Alcuni anni dopo, ebbi l'occasione di ricambiare una piccola particella della sua gentilezza.: nel sottopormi al trattamento *shiatsu,*dalle mani di Takizawa un po' alla volta imparai come dare io stesso una tale terapia. Una volta, avendo saputo che Takizawa soffriva per un leggero trauma alle sue capacità di movimento, lo persuasi a mettersi a riposo e curarsi presso una lontana sorgente termale. Andai con lui e gli praticai lo *shiatsu*. Mi disse di trovarmi talmente esperto nella terapia da volermi chiamare il suo migliore allievo".

Ci si può domandare che cosa abbia spinto Niwano a ricordare questo episodio a prima vista insignificante. Ma Egli ci da la chiave per capirlo a fondo mostrandoci ancora una volta la sua disponibilità al dialogo partendo da uno spunto che potrebbe essere laico come è lo *shiatsu*, base comune di incontro. Infatti così si esprime: "Fui toccato in modo indimenticabile, alcuni anni prima, quando il Papa Paolo VI mi disse che Egli aveva la percezione che i Cristiani avrebbero dovuto pregare per i Buddhisti ed i Buddhisti per i Cristiani. Da quel momento, io mi mossi lungo il sentiero in direzione della cooperazione mondiale religiosa. Trovai un'occasione per un Cristiano di aiutarmi e per un Buddhista, e quindi per me, di aiutare un Cristiano mediante la cura familiare *shiatsu*. Questa esperienza è sbocciata nel mio spirito come un piccolo importante fiore".

Fatta questa parentesi, riprende a descrivere il suo volo per Ginevra dove si recò subito a visitare la sede centrale del Consiglio Mondiale delle Chiese, in cui ebbe la gioia di incontrare il Segretario Generale Dr.Eugene C.Blake. "Questi anche se la sua agenda fosse già piena, sapendo che una comitiva di Buddhisti era nvenuta dal Giappone per vederlo, trovò il tempo per offrirci una cordiale accoglienza. Il Dr.Blake espresse interesse per la Conferenza e per quanto i religiosi fanno per la causa della pace mondiale. Ascoltò volentieri le notizie sulle attività dei cristiani in Giappone ed in altre parti dell'Asia. Le sue osservazioni furono piene di rispetto per i viaggiatori venuti da una terra lontana e di fiducia per quello che uomini e donne di fede religiosa sentono gli uni verso gli altri. Io, nonostante tutto, mi sentii felice e gratificato di aver fatto il viaggio a Ginevra. La sera dello stesso giorno prendemmo il volo per Roma, meta finale del nostro viaggio. Il mattino seguente fummo informati che il Cardinale Paolo Marella ci aspettava in Vaticano, dove andavo per la terza volta...Avevo già provato sentimenti di familiare cordialità nei riguardi del Cardinale che, nel vederci entrare nel suo ufficio, apparve assai felice. Proposi subito lo scopo ed il tema della Conferenza Mondiale esprimendo il desiderio di porgere l'invito al Papa. Il Cardinale Marella promise di cooperare nel modo migliore.

Lo stesso giorno incontrammo il Cardinale Joseph Wright, rappresentante americano negli incontri ad Istanbul....personaggio importante per la Conferenza Mondiale. Scopo della nostra visita in Vaticano fu l'udienza papale che sembrava impossibile da realizzarsi data l'imminente partenza del Papa alla volta dell'Africa". Ma inaspettatamente Niwano ed i suoi amici ricevettero dall'Ambasciata Giapponese la lieta notizia che il Papa, nonostante un'agenda strapiena, avrebbe loro concesso un'udienza il giorno prima di partire". E così furono ricevuti presso la residenza estiva di Castel Gandolfo. "Sua Santità - riferisce Niwano - fu questa volta caloroso e cortese nello stringermi le mani così come lo era stato in altre occasioni in cui c'incontrammo. Terminato il colloquio, in cui io espressi il nostro desiderio di invitarlo a recarsi in Giappone per la Conferenza Mondiale, Egli nel darci la mano disse in Giapponese *arigatō* (grazie) come saluto finale".Terminarono così per Niwano i settanta giorni di viaggio ricchi di vicende lieti e tristi per cui "è grato alla protezione delle divinità e dei Buddha per essere stato in grado di vivere con latte e consommé nel viaggio dall'America in Europa, indi in Giappone".

Successo della Conferenza

Dopo questa intensa preparazione, Niwano può affermare soddisfatto: "La prima Conferenza Mondiale delle Religioni per la Pace si è conclusa con grande successo. Era presente, nonostante i miei amici americani di Boston mi avessero detto di non aspettarlo, il Dr. Eugene Carson Blake; come pure vi erano i rappresentanti del Vaticano. Tra le nazioni comuniste erano rappresentate l'Unione Sovietica, la Polonia, la Germania dell'Est, la Romania, la Bulgaria e la Mongolia Esterna".

Da questa esperienza positiva Niwano trae delle considerazioni degne di attenzione: "L'incontrarsi costituisce un punto essenziale di partenza per tutte le relazioni umane. Soltanto quando avvengono gli incontri, possono aver luogo le discussioni. E solo dalle discussioni possono ravvicinarsi le comprensioni, la fiducia e l'amicizia. La strada che dobbiamo percorrere in futuro è lunga, ma gli incontri delle persone di religione di tutto il mondo, nella speranza di raggiungere un grande comune traguardo, costituiscono dei passi nella direzione giusta".

Seconda Conferenza Mondiale delle Religioni per la Pace

La Conferenza si tenne a Lovanio dal 28 Agosto al 3 Settembre 1974. Degna di rilievo è *la preparazione*[123] fatta di incontri che Niwano volle organizzare per il successo della Conferenza. Prese parte infatti, in qualità di rappresentante del Giappone, alla riunione del Comitato Esecutivo che si tenne a New York dal 2 al 4 Novembre 1971 con rappresentanti di otto nazioni.

Un doloroso imprevisto

Niwano scrive che il pomeriggio del 27 Ottobre, all'aeroporto di Tokyo, prima di salire a bordo dell'aereo per New York, il Direttore Amministrativo dell'Ospedale Kōsei gli comunica la dolorosa notizia della scomparsa del genero Signor Izumida. "Kazuo?.. morto..? esclamai con voce tremante. Non ero preparato. Mi fu replicato: Sì, circa dieci minuti fa. I medici si sono precipitati da lui facendo quello che potevano, ma era troppo tardi".

---

[123]ibidem, pp.270-278

Non è difficile immaginare il dramma interiore di Niwano, il quale certamente si dibatteva sul dilemma se rinviare o meno la partenza. "Il Direttore - racconta Niwano - si morse le labbra e scosse il capo. In quel momento l'alto parlante annunciava la partenza dell'aereo. Le persone venute ad accompagnarmi all'aeroporto mi auguravano un buon viaggio, esortandomi a prendere le dovute precauzioni. Nessuno fra loro sapeva della morte del mio genero. Accomiatandomi da loro cercai di mantenere il mio abituale sorriso in volto, ma il mio cuore era triste pensando alla mia terza figlia Yoshiko con il suo dolore per la perdita di suo marito". L'aereo prese il volo. "Mentre ammiravo il cielo blu senza nubi, il profondo azzurro del mare ed il pallido giallo dell'orizzonte, il mio cuore ritornava a mia figlia Yoshiko". Gli vengono in mente le vicende del matrimonio di sua figlia nel Dicembre 1962 con Kazuo Izumida, laureato all'Università Keio. Ripensava alla loro vita in perfetta armonia, dalla quale vennero alla luce tre figli, ma non può dimenticare l'infanzia e l'adolescenza di Yoshiko, bambina "sensibile" segnata dalla tristezza di un "virtuale esilio per la mia lontananza nel villaggio e tormentata da forti dubbi che, uniti a quelli di sua madre, resero Yoshiko diffidente nei miei riguardi e di Myōkō Sensei"

Bisogna qui ricordare che Niwano, come è stato già accennato, passò un periodo di dieci anni lontano dalla famiglia per attendere esclusivamente all'attività religiosa, dietro suggerimento di Myōkō Sensei che diceva aver avuto "rivelazioni divine" al riguardo. Da qui nacquero i contrasti e le difficoltà con la famiglia che egli pospose alle *"voci divine... Il dovere viene prima dei propri sentimenti"* È ovvio che per Niwano si tratta di uno slogan riguardante il suo compito religioso da portare avanti ad ogni costo, senza con ciò voler far soffrire intenzionalmente la famiglia e in particolare la figlia Yoshiko della quale dice:

"Qualcuno può criticarla considerandola ristretta di idee ed egoista, ma in realtà lei non era semplicemente in grado, in quel periodo, di capire gli insegnamenti della R.K.K. né la Verità. La sua diffidenza nasceva dalla sua grande solidarietà con lo stato penoso della madre e dalla convinzione che suo padre era stato portato via dalla famiglia. Ed io non posso fargliene una colpa". Per meglio far capire quali fossero i sentimenti di sua figlia, Niwano riporta che Yoshiko, quando frequentava la scuola media superiore, non ebbe la gentilezza di inviare una lettera di ringraziamento a Myōkō Sensei che era stata premurosa e gentile con lei e con una sua amica quando fecero sosta nella sede centrale della R.K.K. di ritorno da una gita scolastica a Kyoto e Nara. Contenta di vederle, Myōkō Sensei preparò loro del cibo in un clima di cordiale accoglienza.

Nella lettera inviata a Yoshiko, Niwano scrive fra l'altro: "Immagino che tu faccia progressi negli studi. Ti avevo chiesto di scrivere una lettera direttamente a Myōkō Sensei per ringraziarla. Non l'hai ancora fatto? La tua amica ha mandato una lettera a me; l'ha mandata anche a Myōkō Sensei? Capisco che tu ritieni assurdo il nostro tipo di vita e che giudichi estremamente complicati gli stati emotivi. Ma, come ti ho detto spesso in passato, la gratitudine è gratitudine; prova a considerare i problemi da ambo le parti". Sempre spinto dall'affetto paterno, Niwano si prodiga poi in consigli e raccomandazioni per sua figlia: "Fai affidamento su quello che io ho da dirti, sui tuoi sforzi, i tuoi talenti e il destino che le divinità e i Buddha decidono per te. Dal tuo stare o meno in armonia con loro, dipenderà il tuo vero stato mentale e spirituale...Non devi preoccuparti per i tuoi voti scolastici; è più importante sviluppare ciò che in te c'è di buono e correggere, poco a poco, ciò che c'è di cattivo. Se pensi di stare nel giusto, fallo vedere anche se può sembrarti sciocco. Ascolta le critiche degli altri e comportati come meglio puoi per correggere subito i tuoi errori. Essere se stessi è più importante dei voti scolastici; abbi a cuore il perfezionamento della tua personalità così che l'onestà delle parole corrisponda nella tua vita all'onestà delle opere improntate alla fede religiosa ed alla buona coscienza. Aiuta gli altri prima ancora di pensare a te stessa e ricorda che ciò che fai per amore degli altri è un bene anche per te stessa più di qualsiasi altra cosa. Lavora per giungere il massimo del progresso spirituale senza dimenticare di essere grata alle divinità ed ai Buddha".

Ritornando poi sulla vicenda, Niwano scrive che "i figli che più ebbero a soffrire durante i dieci anni di vita separata furono Nichiko e Yoshiko. Nichiko mantenne per se stesso il suo dispiacere, ma Yoshiko non mancò di dirmi quello che lei provava. Ciò, unito al fatto che lei era la mia figlia più giovane, fece sì che lei fosse particolarmente al centro dei miei pensieri". E, con nostalgia paterna, ritorna con la memoria al giorno "quando Yoshiko indossò il vestito per le nozze e si inginocchiò, secondo l'uso tradizionale, posando ambedue le mani sui *tatami* in segno di umile rispetto e chinando il capo pronunciò le parole che quasi tutte le spose giapponesi rivolgono al padre: *Nei modi più vari e per tanto tempo voi vi siete preso cura di me...Grazie!* Rivivo ancora i sentimenti di profonda emozione provati nel sentire quelle parole".

Passando a parlare di Kazuo Izumida laureato all'Università Keio, fa notare che "dapprima non conosceva nulla sulla R.K.K. e c'era qualcosa di genuino nella sua personalità. Lui e mia figlia Yoshiko si sentivano molto vicini. Quando venne a visitarmi a casa, si trovò perfettamente come a casa sua. Non aveva una fede religiosa; ma dopo un po' di tempo si mise a studiare il Sutra del Loto e divenne un fervoroso membro della R.K.K. La vita coniugale della giovane coppia era in perfetta armonia; ebbero tre figli. Penso che si trovassero a loro agio nel vivere insieme". Nel continuare le sue annotazioni Niwano va con la memoria al piccolo party familiare tenuto in casa sua due giorni prima di partire per New York.

"Kazuo gentilmente versava il saké per tutti i nostri parenti. Prima di far ritorno a casa, con un inchino mi augurò cortesemente un buon viaggio. Il che mi sembrò strano dal momento che ero certo che sarebbe venuto all'aeroporto il giorno 27 per vedermi partire. Io, silenzioso, con un sorriso feci un cenno con il capo in risposta alle sue parole. Ma tali parole dovevano essere il nostro ultimo rapporto nella vita. Il giorno seguente Kazuo era alla guida della sua macchina per recarsi al posto di lavoro e quando vi giunse si accasciò. Seppi la triste notizia della sua morte quando stavo per salire a bordo del mio aereo per New York. Con gli occhi della mia mente vidi il volto addolorato ed afflitto di Yoshiko. Volevo annullare il mio viaggio per rimanere al suo fianco, ma mi resi conto che per me era impossibile".

Sicuramente, come già rilevato, un terribile conflitto interiore lo tormentava nel dilemma: a chi dare la precedenza? Niwano ce lo rivela: "Sebbene volessi, come padre, stare con mia figlia affranta, sentivo io stesso di essere un figlio di Buddha e come tale stavo per intraprendere un'importante missione per la pace nel mondo. L'adempimento del mio dovere costituiva per me il modo migliore per dimostrare amore per mia moglie ed i miei figli".

Sorriso nella sofferenza

Egli volò per la sua missione e lascia detto: "Sull'aereo mi raddrizzai sul mio sedile ed osservai per un momento il cielo lontano, poi chiusi gli occhi e cominciai la recitazione del *Daimoku* (題目). All'aeroporto di San Francisco i membri locali della R.K.K. vennero a darmi il loro saluto che io ricambiai con il sorriso in volto". A questo punto bisogna far notare come il sorriso non lascia mai il volto di Niwano allorquando è a contatto con gli altri. A tale proposito egli stesso dice: *"Far dono di un volto sorridente"*

(Shogan esshiki-se 笑顔悦色施*) è uno dei sette doni gratuiti (muzai nana-se* 無財七施*)* che il fedele buddhista è esortato a compiere per amore del prossimo[124]. Sicuramente Niwano stava adeguandosi a questa esortazione. Aveva infatti offerto il suo sorriso ad una signora che gli si era avvicinata all'aeroporto di San Francisco, dove anche lei era scesa proveniente da Chicago. Attratta ed incoraggiata dalla sua affabilità, gli aveva rivelato di aver sposato un uomo di colore nero. "Per anni - disse con le lacrime agli occhi - ho tenuto nascosto un sentimento tormentoso, e cioè che sarei stata più felice se lui non fosse stato di pelle nera. Ma poi questo sentimento svanì quando per la prima volta cominciai a studiare gli insegnamenti della R.K.K. Poco fa mio marito ha cominciato a dirmi che pensa che noi siamo una coppia molto felice...Non avevo nessuno a cui confidare questo mio turbamento. Mi sentivo come sola in un campo deserto che si estende fino all'orizzonte. Ma dopo essere venuta a contatto con la Legge di Buddha, le cose cambiarono. Come dice mio marito, noi stiamo conducendo una vita veramente felice. Ho fatto di tutto per esprimerti il mio grazie". "Buddha ti sta proteggendo - le dissi - fa in modo di progredire spiritualmente e fa tesoro della felicità che ora stai provando". A queste parole il suo volto sembrò illuminarsi.

Dopo questo incontro, Niwano si reca all'hotel e descrive quello che prova: "Quando mi trovai solo nella stanza d'albergo, un pesante fardello afflisse il mio cuore. Sebbene in questa vita sia impossibile presagire la fine futura, io ebbi la sensazione che il mio cuore si spaccasse dal dolore per la morte improvvisa di un uomo così giovane come Kazuo Izumida. Il mattino seguente mi alzai più presto del solito...Quella mattina bruciai l'incenso e lessi dei brani dal Sutra del Loto. Piccoli riti che pratico con chiunque mi accompagni nel viaggio. Ma quella volta li adempii davanti a tutti quelli che potevano venire nella mia stanza. Erano preghiere per il riposo di Kazuo Izumida. Poi inviai a mia figlia la seguente lettera:

---

[124]***Muzai nana-se*** 無財七施*(sette doni da offrire gratuitamente):*1.*Shogan esshiki-se* 笑顔悦色施(far dono di un volto sorridente). 2.*Boshiya-se* 房舎施(far dono di un alloggio). 3.*Genji-se* 言辞施(far dono di una parola). 4.*Shoza-se* 床座施(far dono di un giaciglio e di un posto a sedere). 5.*Gan-se* 眼施 (far dono di uno sguardo). 6.*Shin-se* 心施(far dono del cuore). 7.*Shin-se* 身施(far dono si se stessi). Nota(mia): questo è un testo Buddhista (Zo Hozo-Kyo) presentato e commentato da un Salesiano giapponese (Don Antonio Shirieda) durante l'omelia di una Messa nel Dicembre 1985 a Roma.

"Non so come esprimere il mio grande dolore e dispiacere per questa improvvisa tragedia, capitata al momento della mia partenza, per cui non potevo fare altro che affidarmi ai dottori ed alla preghiera. Tutto questo mette in evidenza la verità della fede Buddhista e cioè che non c'è nulla di stabile in questo mondo. Tuo padre, tuttavia, è profondamente scosso...Ero naturalmente preoccupato lungo tutto il percorso all'aeroporto, ma quando sentii le notizie dal direttore dell'ospedale, mi sentivo fuori di me. Mi sembrava ancora di sentire Kazuo che mi augurava buon viaggio, proprio come aveva fatto durante il party la sera del venticinque. Anche se ho la convinzione che nulla c'è di permanente in questo mondo, sono ancora molto dispiaciuto e addolorato per quanto è successo. Ho la sensazione che noi potevamo in precedenza prenderci più cura di lui. Ma ora è troppo tardi. La vostra responsabilità diventa molto grande. È importante che tu fortifichi te stessa e provi a crescere spiritualmente più forte".

E quasi per giustificare la sua assenza ai funerali del genero e soprattutto il non essere stato vicino fisicamente a sua figlia in tale dolorosa circostanza, Niwano riporta un episodio tratto dal libro *Bouquet of Life* del Prof. Daigaku Hanaoka il quale scrive fra l'altro di un certo "Ejo, secondo patriarca del tempio Eihai-ji, il quale mentre faceva gli studi sotto Dōgen ebbe notizia che sua mamma si era gravemente ammalata. Secondo i regolamenti stabiliti da Dōgen, i preti potevano far visita alle proprie case per un periodo di tre giorni, due volte al mese. A prescindere da tale visita, non era loro permesso di assentarsi dal tempio. I cinquanta compagni di Ejo fecero su di lui pressione per ottenere dal capo dei monaci il permesso di tornare a casa, poiché sembrava che sua madre fosse in pericolo di vita. Essi sostenevano che non starle vicino in quei momenti andava contro la pietà filiale. Dōgen ascoltava in silenzio. Dopo un po', Ejo scosse il capo e disse: I precetti del Buddhismo sono più importanti. Penso che io andrei di più contro la pietà filiale se infrangessi antichi precetti seguendo una personale inclinazione ed un personale sentimento riguardo a mia madre sofferente. Sarei così io ad indurre mia madre a commettere un ultimo peccato che la potrebbe portare all'eterna rovina. Ejo, allora, andò in modo risoluto ad occuparsi del suoi studi religiosi e del tirocinio".

Niwano, nell'inserire questo episodio nella lettera, voleva far capire a sua figlia Yoshiko i "sentimenti provati e come abbia trattenuto le lacrime nell'apprendere la morte di un figlio"; ed aggiunge: "Ho cercato di tenere calmo il mio cuore per tutto il tempo in cui compivo il mio dovere prima di ritornare a casa. Ciò che ti ho detto può sembrare scortese, ma ti prego di accettare i miei più vivi sentimenti di affetto".

A chi la precedenza?

Se a questo punto provassi a fare una breve valutazione personale, che appare a prima vista fuori tema, sul comportamento del Presidente della R.K.K., mi tornano subito alla mente le parole di Cristo rivolte al giovane che voleva seguirlo non prima di aver seppellito suo padre: "Lascia che i morti seppelliscano i loro morti; tu va' e annunzia il regno di Dio"(Lc.9, 60); e quelle rivolte all'altro che prima voleva congedarsi dai suoi di casa: "Nessuno che ha messo mano all'aratro e si volge indietro è adatto per il regno di Dio "(Lc.9,62); oppure le altre rivolte ai suoi genitori angosciati: "Non sapevate che io devo occuparmi delle cose del Padre mio?".(Lc.2, 49). Ovviamente, qui andrebbe approfondito il vasto significato di *Regno di Dio* applicato ai vari contesti. Come pure sarebbe interessante conoscere quale fosse il significato che Niwano attribuiva a quelli che egli chiama "i precetti degli insegnamenti di Buddha", ai quali sente la necessità di adeguarsi. Per lui infatti la già programmata partecipazione alla riunione di New York ai fini della pace era più importante che partecipare alla sepoltura del suo genero e star vicino al dolore di sua figlia. Volendo, pertanto, anche solo sfiorare tale argomento, mi limiterò a citare il pensiero del monaco Buddhista di Sri Lanka, Walpola Rahula il quale, rifacendosi al contenuto del *Sigàla-sutta(n.31 del Dìgha-nikaya),* parla del "grande rispetto con cui Buddha trattava della vita dei laici, della famiglia e delle relazioni sociali". E riporta che "un giovane uomo di nome Sigàla era solito adorare i sei punti cardinali dello spazio (l'est, l'ovest, il nord, il sud, il nadir e lo zenit) per obbedire all'ultima volontà del padre. Il Buddha disse al giovane che nella *nobile disciplina (ariyassa vinaye)* del suo insegnamento le sei direzioni erano: Est i genitori; Sud i maestri; Ovest la moglie e i figli; Nord gli amici, i parenti e quelli del vicinato; Nadir i servitori, gli operai e gli impiegati; Zenit i religiosi"[125]. L'Autore riporta come devono essere le relazioni tra amici, parenti e vicini.

---

[125]Cfr. R.Walpola: "L'insegnamento del Buddha", Ediz. Paramita, Roma 1984, pp.115-118: *"La quarta direzione da adorare riguarda il Nord, cioè gli amici, i parenti e i vicini: "Le relazioni tra amici, parenti e vicini devono essere ospitali e caritatevoli gli uni verso gli altri; esprimersi amabilmente e cortesemente; devono lavorare per il benessere comune; devono trattarsi da pari; non devono litigare; si devono aiutare nei bisogni, non devono abbandonarsi l'un l'altro nelle difficoltà".*

Fuori dubbio è la conoscenza profonda dello spirito di Buddha da parte di Niwano, del quale viene constatato l'atteggiamento adottato nei confronti di sua figlia, come più sopra ricordato, in occasione della notizia della scomparsa improvvisa di suo genero al momento di prendere l'aereo per New York per una missione di pace. Questa vuole essere soltanto una piccola riflessione di ricerca, sempre e comunque opinabile, riguardante una vicenda, tra le tante, assai stimolante ed arricchente che proviene da una persona come Niwano dedicata ad impegni di carattere religioso-sociali di grande interesse per molti. Permane comunque l'interrogativo: a chi dare dunque la precedenza?

Riunioni a New York

Volendo riprendere il discorso sullo scopo del viaggio di Niwano a New York, il comitato esecutivo tenne, nella metropoli statunitense, la sua riunione che si rivelò ricca di eventi. Tra i vari argomenti trattati - ci riferisce Niwano - "il più importante degno di attenzione è stato quello riguardante la Seconda Conferenza Mondiale. Onde ottenere il massimo della partecipazione, sarebbe stata cosa saggia che la conferenza si fosse tenuta in Europa. A tal proposito, feci le seguenti osservazioni: "Da quando il Giappone è diventato un paese con una costituzione orientata per la pace e che ha rinunciato per sempre alla guerra, è stato il luogo più adatto per la prima Conferenza Mondiale che fortunatamente ha prodotto dei grandi risultati. Ma non dobbiamo candidarci una seconda volta. Per la prossima Conferenza, dobbiamo disporre i preparativi atti a stimolare la più grande partecipazione da parte dei paesi socialisti. Molti dei membri del consiglio esecutivo si sono dichiarati d'accordo con la mia proposta. Alla fine del dibattito, si decise di tenere la Seconda Conferenza Mondiale nel 1973 presso un'opportuna sede di un paese europeo. Inoltre, ai fini di una maggiore armonia in fatto di cooperazione tra gli Stati Uniti ed il Giappone, venne deciso di tenere un incontro di un consiglio religioso congiunto". Sull'attuazione di quest'ultimo ci riferisce ancora Niwano (Autob., p.277) con alcune sue annotazioni:

"Le consultazioni Interreligiose relative alle Relazioni Giapponesi-Americane si tennero nel Giugno del 1972 ad Honolulu, dove presero parte quaranta rappresentanti di credenti Cristiani, Buddhisti, Shintoisti ed Ebrei unitamente a specialisti della politica e dell'economia. Nella convinzione comune sul non doversi più ripetere tragedie come Pearl Harbor, Nagasaki e Hiroshima, tutti i presenti si sono scambiati opinioni e riflessioni con grande fervore fin dal primo mattino fino a notte inoltrata. Nel frattempo, il Governo Americano stava adottando una politica protezionista a favore del dollaro causando dissenso nelle relazioni economiche col Giappone.

Noi, tuttavia, - rileva Niwano - abbiamo portato avanti per cinque giorni la nostra conferenza religiosa in un clima di affetto e di amicizia nella più assoluta armonia, promovendo così rapporti amichevoli fra le persone religiose di ambedue le nazioni. Inoltre, vi è stato un passo importante concernente la realizzazione dei programmi per la II Conferenza Mondiale delle Religioni per la Pace. E fra i risultanti importanti e concreti della riunione, v'è stato quello unanime sulla *Dichiarazione di Honolulu* di cui sono state inviate copie ai governi di ambedue le nazioni. La nota dominante della Dichiarazione e di tutta la conferenza è racchiusa nella seguente citazione: "Un reciproco interscambio fra le comunità religiose in numerose parti del mondo sta aumentando come intensità in quanto la comunicazione diventa più facilmente disponibile. Parecchi sono gli imperativi religiosi che stimolano a lavorare perché questo incontro abbia il risultato di umana utilità piuttosto che di affermazione competitiva di se stessi".

Visita all'O.N.U.

Ritornando a parlare della riunione a New York, Niwano sottolinea che, conclusi i lavori, il gruppo giapponese si recò presso l'Organizzazione delle Nazioni Unite con l'intenzione d'incontrare il Segretario Generale U Thant, il quale purtroppo, per un'indisposizione, non potè essere presente all'appuntamento. "Ci incontrammo comunque - dice Niwano - con Adam Malik che ascoltò con grande interesse le nostre spiegazioni sulla natura e lo scopo della Conferenza Mondiale delle Religioni per la Pace.

Parlando dal punto di vista di tutte le Nazioni Unite, ci disse che lui voleva cooperare con noi, specialmente dal momento che le attività delle persone religiose avevano acquistato maggiore importanza, ottenendo sempre più la fiducia da parte delle popolazioni del mondo. Ascoltando queste parole di profondo interesse - prosegue Niwano - ebbi la sensazione che noi eravamo veramente sul punto di realizzare la Seconda Conferenza".

Sulla via del ritorno, all'aeroporto internazionale di Tokyo venne a sapere che tra la gente venuta a salutarlo per il *ben tornato* non figurava la presenza di Yoshiko Izumida. A questa notizia - ci rivela Niwano - fui colpito da una nuova fitta di dolore".

E ricordando poi il momento della sua partenza da Tokyo, allorquando ricevette la tragica notizia della scomparsa improvvisa di suo genero, afferma: "per me il viaggio è stato malinconico; ma non ho mai lasciato trasparire la mia personale sofferenza". E subito ritorna sulla concezione che ha del dovere religioso che precede ogni altro interesse personale: "Adempiendo volentieri ed al massimo il mio dovere, mi è sembrato il minimo che potessi fare come dono d'addio allo spirito di mio genero. Sono certo che altri leaders della R.K.K. abbiano trattenuto i sentimenti personali e le preoccupazioni familiari al fine di adempiere i propri doveri. Per il fatto che la R.K.K. possiede questi leaders desiderosi di compiere questo tipo di sacrificio, l'organizzazione continua a prosperare; e colgo l'occasione per esprimere loro la mia gratitudine".

Viaggi in Europa

La lunga preparazione durata quattro anni registra anche il viaggio di Niwano dell'estate 1972 nella Germania Occidentale, dove incontrando il Cardinale di Colonia Hoffner (già illustre ospite alla sede centrale R.K.K. a Tokyo), ha espresso il desiderio di voler tenere la Seconda Conferenza in Germania. Non è stato soltanto il Cardinale ad esprimere il suo assenso, ma anche lo stesso Presidente Gustav Heinemann, che ricevette Niwano nella sua residenza ufficiale insieme al Dr.Lucker, Dr. Greeley ed il Rev.Toshio Miyake della Chiesa Konko-kyo di Izuo. In quell'occasione il Presidente G.Heinemann ebbe a dire:

"È solo una mia personale opinione, ma sarebbe molto significativo se la Seconda Conferenza Mondiale delle Religioni per la Pace si potesse tenere a Berlino". Tra gli altri incontri v'è stato quello con il Metropolita Irenaus, la più alta carica della Chiesa Ortodossa in Europa Occidentale e quello con il Comitato Cattolico Giustizia e Pace. Niwano fa menzione anche del colloquio con il Vescovo D.Hermann Kunst rappresentante della Evangelische Kirche presso il Governo della Germania Ovest e con il Dr.Metz Segretario effettivo di MISEREOR, l'Organizzazione cattolica per lo sviluppo ed il soccorso personale. Ambedue hanno offerto la loro cooperazione ai programmi della Conferenza.

Inoltre, sempre in preparazione della Seconda Conferenza, altre mete del lungo pellegrinare di Niwano sono state la Svizzera e l'Olanda; nella prima poté incontrarsi con il Dr. Joseph J.Spae, Segretario Generale di SODEPAX (Comitato Società, Sviluppo e Pace del Consiglio Mondiale delle Chiese insieme alla Pontificia Commissione Giustizia e Pace); mentre nella seconda ebbe l'incontro con il Cardinal Bernard Alfrink, leader del vertice cattolico in tutta Europa. "Ritornato in Giappone - afferma - mi sono sentito come sollevato da un grande peso sulle mie spalle allorquando, al di là del troppo vago *appropriato* paese secondo il Comitato esecutivo, noi abbiamo esposto un luogo ben definito: Berlino. In seguito avvennero purtroppo i tragici fatti alle Olimpiadi di Monaco. Perciò le Autorità Germaniche erano comprensibilmente molto preoccupate sullo svolgimento di una grande Conferenza internazionale, per cui fu necessario cercare un'altra località europea". Un nuovo viaggio in Europa per Niwano fu l'occasione per incontrarsi con i leaders religiosi dell'Ungheria e della Romania. "Finalmente - esclama Niwano - alla conclusione di questo terzo viaggio in Europa, decidemmo in modo definitivo di tenere la Seconda Conferenza Mondiale delle Religioni per la pace in Belgio".

Visita in Cina

Va qui menzionato, seppur brevemente, anche il viaggio che Niwano intraprese - come lui stesso racconta - per la Cina "quattro mesi prima della suddetta Conferenza dietro l'invito del Presidente Liao Cheng-chih dell'Associazione Amicizia Cina-Giappone e del Presidente Chao Pu-chu dell'Associazione Buddhista Cinese. "Arrivai a Pekino il 20 di Aprile proprio quando, per strana coincidenza, si firmava tra Cina e Giappone un trattato in merito al trasporto aereo. I Presidenti delle due Associazioni, rivolgendomi il loro saluto, non mancarono di notare la strana e fatidica connessione con tale coincidenza. Scopo principale del viaggio era quello di conoscere di più la situazione religiosa della Cina e di invitare i suoi rappresentanti alla Seconda Conferenza.

Desideroso di incontrare il maggior numero possibile di leaders religiosi, Chao Pu-chu convocò più di venti persone presso il tempio Guang Ji Si a Pekino. All'incontro, ho parlato della situazione religiosa cinese con rappresentanti Buddhisti, Musulmani, Cattolici e Protestanti e sono venuto a sapere che in Cina vi sono 800.000 Protestanti e 10 milioni di Musulmani. È garantita la libertà religiosa e non vi sono restrizioni per le attività missionarie".

Ma c'è un'altra constatazione che Niwano non può passare sotto silenzio quando sottolinea che "i Cinesi credono che il Cristianesimo Occidentale sia uno strumento di aggressione imperialistica. Inoltre, i Protestanti Cinesi non hanno alcun collegamento con quelli di altre nazioni; essi operano in base a ciò che è chiamato i tre "*se stessi*": auto-riproduzione, auto-sviluppo e auto-regolamento". Sul tema dell'imperialismo dice: "tutti i gruppi religiosi ritengono che le religioni del passato sono state utilizzate a vantaggio dell'imperialismo sfruttando le popolazioni, mentre sentono che vi sarà per la Cina un tempo in cui si sentirà pronta a prendere parte ad una Conferenza religiosa internazionale". Niwano, perciò, ha la ferma convinzione che "la via si stia aprendo e che gli scambi interreligiosi tra Cina e Giappone siano al primo passo".

Svolgimento della Conferenza a Lovanio

Tutto era pronto per *Seconda Conferenza Mondiale delle Religioni per la Pace,* la quale potè così aver inizio nella città di LOVANIO a circa trenta chilometri da Brussels con la partecipazione di rappresentanti di 53 nazioni, specialmente del continente europeo. Anche l'Africa era sufficientemente rappresentata. Lo svolgimento della Conferenza (28 Agosto - 3 Settembre 1974) ce lo racconta Niwano con molti importanti dettagli che qui vengono riportati[126]. Parlando dell'Europa, Niwano fa rilevare la sua "lunga storia di antagonismi e di conflitti religiosi sviluppatisi tra le varie denominazioni cristiane". Ed osserva con piacere "la buona volontà dei leaders di vari gruppi religiosi che, abbandonando vecchi pregiudizi, stanno insieme nello stesso edificio per discutere come promuovere la pace e danno inizio ad un importante nuovo orientamento".

Tra coloro che hanno contribuito al successo dell'incontro, prima di tutto Niwano fa il nome della Regina Fabiola del Belgio come la più alta consigliera. Segue il Cardinale Leon Suenens del Belgio, come Presidente del Comitato. Inoltre figurano Rappresentanti Cristiani, Ebrei e Musulmani,

---

[126] Cfr. Lifetime Beginner, cit., pp.279-291

come pure Jean Rey ex-Presidente della Comunità Economica Europea; Pierre Harmel del Governo francese; Edward Massaux e Pieter De Somer rappresentanti scelti dal Presidente dell'Università Cattolica di Lovanio. Tutti, membri del Comitato di Amministrazione della Conferenza.

Alla cerimonia d'apertura, Niwano prende la parola come Presidente del Comitato Giapponese e Presidente della Prima Conferenza: "E' per me un grande onore e privilegio avere l'occasione di rivolgermi a voi proprio all'inizio della nostra Seconda Conferenza Mondiale delle Religioni per la Pace....Ricordo con affetto la prima storica Conferenza Mondiale tenutasi a Kyoto nell'Ottobre 1970; sono superate le nostre frontiere nazionali e le nostre frontiere religiose. Ritengo sia stato raggiunto un grande traguardo nella storia delle religioni mondiali. In quell'occasione abbiamo seriamente discusso sui problemi che sono di ostacolo alla pace e ci siamo parlati gli uni e gli altri riguardo a quello che i leaders religiosi possono e potrebbero fare per assicurare un mondo di pace insieme ad un mondo di giustizia. In quella Conferenza abbiamo approfondito la nostra reciproca comprensione, abbiamo promosso l'amicizia e ci siamo impegnati ad ulteriori sforzi per la pace mondiale mediante un'instancabile cooperazione.

Il tempo passa rapidamente. Dalla Prima Conferenza Mondiale sono già trascorsi quattro anni, durante i quali come membri della Conferenza abbiamo lavorato per la pace. Permangono ancora in molte parti del mondo conflitti e guerre regionali insieme a tante difficoltà. I problemi diventati più acuti dall'ultimo nostro incontro sono specialmente quelli riguardanti l'aumento demografico, l'inquinamento e la mancanza di risorse come il petrolio ed i generi alimentari. Problemi globali che richiedono soluzioni globali. Nostro dovere è quello di riformare i sistemi e le strutture politiche ed economiche. Ed è missione di noi leaders religiosi far si che le persone prendano coscienza che noi tutti facciamo parte della stessa famiglia umana e che dobbiamo praticare un controllo interiore per prevenire l'ingordigia sociale. A mio avviso, noi dovremmo qui pentirci per non essere stati forti abbastanza nel percepire l'amore di Dio e nel compiere atti di benevolenza di Buddha per la soluzione delle tante sofferenze ed angosce che affliggono l'umanità. Ed in più dovremmo rafforzare e promettere a Dio ed a Buddha la nostra determinazione a compiere i nostri migliori sforzi per questa Conferenza". "Mentre parlavo - osserva Niwano - mi ero accorto di accesi sguardi fissi e di un'enorme tensione nell'aria dovuta ad un appassionato desiderio di pace e ad un profondo senso della missione da parte dei membri del pubblico presente". Un simile incontro internazionale non poteva non avere ripercussioni sull'opinione pubblica espressa dai mass media.Niwano fa riferimento ad un articolo di un giornale giapponese dove si legge che "poiché si ha la sensazione che la religione e le persone di fede religiosa sono impotenti a fare qualcosa riguardo ai problemi del mondo, la stampa non ha prestato attenzione alla notizia che alla fine del mese a Lovanio nei sobborghi di Brussels si sarebbe svolta la Seconda Conferenza Mondiale delle Religioni per la Pace".

In margine a questa asserzione giornalistica, Niwano prende spunto per continuare le sue riflessioni rivolte a tutti i presenti alla Conferenza: "Mentre si sta parlando della crisi di civiltà e della fine del mondo - sottolinea - le persone continuano il loro impegno nel credere nella ragione e nell'onnipotenza delle cose materiali della vita. Si insiste che l'uomo deve far uso della propria potenza razionale per risolvere i problemi da lui creati. Devono essere applicati controlli: per la soluzione dell'esplosione demografica, per i consumi onde prevenire l'esaurimento delle risorse fisiche mondiali, per gli armamenti nucleari al fine di prevenire lo scoppio di una guerra nucleare. Si rende anche necessario adottare politiche sociali previdenziali per rendere felice l'umanità. C'è ancora tempo, comunque, per evitare il cataclisma finale. Quelli che ragionano in questo modo si chiedono "che cosa di buono possono fare le divinità ed i Buddha per l'animo umano? Che valore ha, ai fini di una politica pratica, un incontro di persone religiose che discutono sulla pace? Il punto di vista generale dei mezzi di stampa nei riguardi dei nostri sforzi, è che una potente e compatta fede nella scienza tecnologica, nonchè nella ragione, sia ancora presente nell'animo dell'essere umano contemporaneo".

Niwano osserva ancora: "È stata proprio la fede nella scienza e nella ragione a causare la crisi mondiale contemporanea. Nell'incessante spinta a soddisfare l'ingordigia umana, erroneamente vista come un bene per diritto, l'uomo è arrivato a considerare ogni cosa diversa da se stesso come un oggetto di proprio uso". Concedendosi poi alla sua fantasia davvero fervida, Niwano immagina l'uomo come alla guida di "un veicolo con il motore vorace completamente libero, correndo a tutta velocità su un'autostrada chiamata progresso materiale, senza però accorgersi che il freno della ragione è guasto". Approfondendo il suo discorso ricorda: "il pensiero razionalistico dell'Occidente che ha guidato il mondo fino ad oggi, non ha pensato alla morte o al domani, ha avuto fede solamente nel progresso basato sulla storia". E mettendo in guardia se stesso e il pubblico presente, Niwano dice di "essersi accorto che l'uomo alla guida del veicolo comincia a fare cose strane e disordinate con il volante in mano, indi la persona di religione che fino a questo punto era rimasta addormentata si è svegliata...Le persone religiose da tutto il mondo hanno deciso di superare le loro differenze e di arrivare insieme a Lovanio. In questo incontro, sotto la pressione della civiltà materiale, i rappresentanti delle religioni istituzionali: Cristianesimo, Buddhismo, Shintoismo, Islamismo, Induismo, Ebraismo, Sikh, Zoroastro, Jainismo ed altre, trovano l'occasione per dare inizio a dei programmi su come ravvivare i propri insegnamenti e rigenerare la propria fede".

Al termine di queste considerazioni proposte ai presenti che pensa relativamente essere d'accordo con lui, Niwano si pone la domanda: "che cosa potrà esserci alla fine della strada percorsa dall'uomo al volante? Deve constatare con tristezza che "la gente, pur prendendo coscienza che ci sarà la rovina, raramente insorge per entrare in azione". Per questo ribadisce la necessità della Seconda Conferenza Mondiale delle Religioni per la Pace in quanto "serve da campanello d'allarme".

Tema di base: ***Religione e Qualità di Vita***

Quattro i *Laboratori*: 1)*Disarmo e Sicurezza* 2) *Sviluppo Economico e Liberazione umana* 3) *Diritti umani e Libertà fondamentali* 4) *Condizioni ambientali e Sopravvivenza*. Cinque le *Sessioni in Commissioni* animate da discussioni e apassionati dibattiti. Niwano è soddisfatto per "l'appropriata valutazione sul significato della Conferenza da parte dei giornali europei". E così, come già detto, a Lovanio, dal 28 Agosto al 3 Settembre 1974, si è conclusa la Seconda Conferenza delle Religioni per la Pace sul tema principale: *Religione e Qualità della vita*. Tema che ha interessato tutti, partecipando giorno e notte ai vivaci dibattiti nelle sessioni plenarie e in quelle delle commissioni, negli incontri del comitato esecutivo e nei consigli di gruppo.

Raffronto tra culture

Sempre attento osservatore delle varie culture che contraddistinguono le convivenze umane, Niwano si addentra poi in considerazioni ad ampio respiro in merito all'Occidente ed alla sua mentalità culturale a raffronto con quella Buddhista orientale. "In Occidente - afferma - si crede che la vita quotidiana sia un fatto individuale dell'essere umano isolato dagli altri. Mentre chi ha la fede Buddhista crede che tutte le cose sono intimamente rapportate in quanto compartecipi della forza vitale universale. Questo può stupire, ma ci offre importanti suggerimenti per la via da percorrere verso il futuro". Riferendosi poi alla sua nazione, ammette: "Questo pone in imbarazzo noi Giapponesi che, dopo la fine della seconda guerra mondiale, avevamo la tendenza ad abbandonare le nostre tradizioni come fossero di vecchio stile e fuori moda per adottare ampiamente su vasta scala il razionalismo ed il materialismo dell'occidente. Personalmente prendo soprattutto coscienza dell'imprudenza del popolo giapponese quando vedo che molti stanno ora assimilando come valide molte delle idee che noi abbiamo abbandonato. In mezzo a queste idee, v'è la natura buddica che tutto pervade".

In margine alla Conferenza di Lovanio

Riprendendo a parlare della Conferenza di Lovanio, Niwano osserva, tra l'altro, che "la tendenza generale era che a proposito della pace non dovevano esserci gli specialisti, ma che ognuno doveva fare la propria parte". Secondo Niwano "le nostre azioni devono assumere la forma del soccorso e della compassione; ma in più, dobbiamo ricordare la natura fondamentale religiosa ed impegnarci nelle preghiere, nella purificazione spirituale ed in altre attività da dedicare al progresso spirituale".

Fa poi osservare che ci fu una convinzione prevalente in seno alla Conferenza, quella cioè che *"il dogma separa, mentre il servizio unisce"*. Su questa scia Niwano insiste nell'affermare che "nella storia dell'uomo, forse nulla ha portato a cadere nell'esclusivismo e nel fariseismo come spesso hanno fatto le religioni". Pone quindi l'accento sul fatto che alla Seconda Conferenza v'è stato l'impegno da parte di tutti a "concentrarsi sulle cose che erano in comune ed a sdrammatizzare quelle divergenti". Sembra riecheggiare quello che era stato anche il pensiero di Giovanni XXIII non appena eletto Papa. "Noi - aggiunge Niwano - abbiamo voluto rompere le barriere tra di noi e riempire i vuoti che ci separavano, poiché avevamo la sensazione che ciò era per l'uomo il solo modo per sopravvivere e salvaguardare le limitate risorse della terra. Il tema *della violenza e non violenza* fece da stimolo ad un vivace dibattito in una commissione sui diritti umani e sulle libertà fondamentali".

Resistenza all'oppressione

All'incontro Niwano avverte la presenza del Vescovo Peter Sarpong rappresentante del Ghana, del quale dice che fu "lui a dare inizio ad una serie di accesi interscambi quando chiese se la resistenza all'oppressione potesse essere considerata violenza. Egli parlava dell'oppressione subita dalle popolazioni nere dell'Africa.

"I rappresentanti dell'America e dell'Europa erano del parere che l'oppressione è cosa malvagia, ma porvi resistenza con mezzi violenti non è la linea da seguire da parte di una persona religiosa". Indignato per questo, il Vescovo Sarpong si scagliò contro gridando: *la non violenza significa morte per noi!* Un silenzio profondo scese in sala. Tornato a calmarsi per riprendere il suo discorso, il Vescovo Sarpong sotto gli occhi attenti di tutti i presenti continuò: *"Chi si è impadronito dell'Africa? La popolazione nera non solo è stata derubata della sua terra, ma attualmente subisce anche una vera discriminazione razziale. Per porre fine alla discriminazione e all'oppressione e per riacquistare le proprie terre, la popolazione nera non ha altro mezzo che ricorrere alla violenza. L'avete chiamata violenza quando voi avete combattuto il Nazismo Germanico? I Cristiani devono negare alle popolazioni nere il ricorso alla violenza?"*.

Riportando queste forti e audaci parole del Vescovo Sarpong, Niwano osserva che "è vero che la pace senza giustizia non è pace; d'altra parte, usare violenza per amore della giustizia costituisce una minaccia alla pace".

Considerando le parole del Vescovo in merito all'oppressione politica, Niwano percepisce "la gravità del dilemma in relazione alla pace ed alla violenza". Anche il rappresentante del Vietnam, con i suoi interventi, ha contribuito a fornire argomenti per una discussione costruttiva: "Un anno e mezzo è passato - disse - da quando la pace si direbbe stabilita in Vietnam, ma le nazioni straniere continuano a fornire armi. Così che i combattimenti non sono terminati; durante questo periodo, diecimila persone hanno perso la vita". Ha poi manifestato il suo desiderio che i paesi stranieri smettessero di fornire armi, cosa da essi rifiutata, per il proseguimento della guerra. Le sue osservazioni si ridussero ad una severa critica al patto di pace del Vietnam. L'argomento stimolò un intenso dibattito tra i rappresentanti dell'Unione Sovietica, a favore del patto di pace, ed i rappresentanti degli Stati Uniti che sostenevano che il patto era solamente una delusione.

Intanto Niwano, mentre li ascoltava con grande attenzione, riandava con la mente ad "una poesia scritta e pronunciata, all'apertura della sessione plenaria della Conferenza, dal poeta e monaco Thich Nhat Hanh rappresentante della Congregazione Unificata Buddhista del Vietnam:

"Io cammino sulle spine, ma con fermezza, come tra i fiori!"

Disarmo e Sicurezza

Niwano sottolinea l'intervento di un rappresentante Giapponese il quale, sul tema *"Disarmo e Sicurezza"*, si rivolse alla Delegazione Indiana chiedendo cosa pensasse la popolazione dell'India riguardo all'esperimento nucleare recentemente condotto dal loro governo. Il rappresentante Indiano replicò: "È solo naturale per una nazione come l'India, dove lo sviluppo è ancora in ritardo, effettuare esperimenti nucleari per l'uso pacifico della potenza nucleare. Il 98% della popolazione Indiana si dichiara favorevole agli esperimenti nucleari". Sbalordito da questa posizione, Niwano riporta l'obiezione di un altro rappresentante Giapponese: "Il Giappone è stato il primo paese nel mondo a subire l'esperienza di orrore e di sofferenza di un attacco atomico. Una tragedia nucleare simile non si deve mai più permettere che accada una seconda volta". Con tono di voce austera, Philip J.Noel-Baker, un Inglese Premio Nobel per la Pace, replicò: "Esattamente. Nessuna nazione deve fare esperimenti nucleari; non v'è nessun motivo per farlo".

Da questi interventi appare molto chiara, da parte dei partecipanti alla Seconda Conferenza, la viva preoccupazione sulle sorti del genere umano. Consapevoli della grande influenza che le religioni hanno sulle popolazioni, un sentimento di responsabilità sembra invaderli. Distaccati dalla politica e da interessi nazionalistici non possono d'altronde esimersi "dall'esprimere apertamente le loro opinioni, pur in contrasto con la politica delle proprie nazioni". Niwano tuttavia si rende conto che "nei casi come quelli del rappresentante Indiano che si pronuncia solo come leader religioso senza considerare l'interesse nazionale, si incontrano talora molte difficoltà. È un serio problema che riamane ancora privo di soluzione".

La Dichiarazione di Lovanio riguardante il disarmo, lo sviluppo, i diritti umani e la salvaguardia dell'ambiente costituì l'ultimo atto della Conferenza che si concluse nella Chiesa di S.Pietro nel cuore di Lovanio, dove furono 500 i cittadini del luogo invitati ad ascoltare, insieme a tutti i delegati.. "Durante quei sette giorni - osserva Niwano - abbiamo avuto l'esperienza di vivaci dibattiti di un certo tipo che non si era verificato alla Conferenza di Kyoto. Credo che questo sia un segnale che i movimenti religiosi stanno passando da una fase statica a quella dinamica e che i dibattiti stanno ad indicare l'entusiasmo dei rappresentanti".

Ottima l'impressione per Niwano nel vedere le strette di mano, al termine della Conferenza, tra "belle figure quali i rappresentanti Israeliani ed Arabi che se ne andarono pacificamente fianco a fianco". Un Comitato, subito costituitosi, ha rafforzato l'intenzione di tenere dopo quattro anni la Terza Conferenza Mondiale a New York. Nello stesso tempo, si costituisce un Comitato Europeo che per Niwano "è uno dei più importanti risultati della Conferenza di Lovanio poichè significa l'allargamento del movimento mediante un cardine europeo che si aggiunge allo sforzo che prima si era concentrato negli Stati Uniti e nel Giappone".

Visita al Campo di Concentramento di Breendonk

A titolo di memoria storica, Niwano riporta che "un mattino, durante la settimana degli incontri, tutti i rappresentanti salirono su cinque autobus e si recarono al Campo di Concentramento Breendonk situato nei sobborghi di Antwerp. Unico campo di questo tipo - si diceva - conservato allo stato originale, Breendonk era stato utilizzato dai Nazisti dal 1940 al 1944 per contenervi quattromila cittadini, molti dei quali Ebrei. Più di quattrocento vennero ivi fucilati o strangolati. Avvolti nel silenzio e ricoperti di polvere, massicci muri di cemento, spranghe di ferro, stanze di tortura, strette cuccette accatastate indiscriminatamente e buie celle isolate sono proprio così come erano durante la guerra. Solo immaginare le cose infernali ivi accadute - esclama inorridito Niwano - fa raggelare il sangue. Nel cortile ci sono i resti dei luoghi di esecuzione: i pali a cui venivano legate le teste delle persone per essere strangolate e i terrapieni infangati che impedivano il rimbalzo delle pallottole esplose sui prigionieri che venivano fucilati. I visitatori sostano in silenzio in un angolo del recinto, mentre offrono fiori e preghiere per il riposo delle anime delle persone scomparse in quel luogo. L'Arcivescovo Angelo Fernandes disse con calma:

"Noi tutti siamo stati profondamente sciocati nel vedere questo luogo. Preghiamo per la salvezza e degli oppressi e degli oppressori. Mentre lo ascoltavo - dice Niwano - strinsi i grani di preghiera fra le mani e pregai per tutte le anime di coloro che erano morti nei campi di concentramento affinchè ottenessero la perfetta illuminazione. Seppur differenti in quanto a religione e lingua, tutti erano uniti nel medesimo cordoglio per i defunti". Quale devoto e sincero buddhista, Niwano è "profondamente convinto che la verità della diffusione universale del Sutra del Loto può essere più salutare di centinaia di simbolismi verbali".

Di ritorno dalla Conferenza di Lovanio, non mancò di recarsi a Roma "per portare a conoscenza del Papa un rapporto sugli atti della Conferenza". Durante il colloquio, Niwano fu "profondamente toccato quando il Papa disse che avrebbe pregato per il successo duraturo della Conferenza". Il gruppo giapponese arrivò a Tokyo nel pomeriggio del 9 Settembre. Scrive Niwano "L'indomani si commemorava il diciottesimo anniversario della morte di Myōkō Sensei. Le cerimonie si tennero nel Grande Edificio Sacro dove, davanti allo spirito di Myōkō Sensei, feci la mia relazione ed un sincero proposito di continuare nel progresso spirituale. Nel guardare la sua foto esposta per la cerimonia, mi sembrò sentirla dire: "Congratulazioni! Sto osservando come la fede nel Sutra del Loto si sta diffondendo tra le nazioni del mondo".

Centenario del Parlamento Mondiale delle Religioni

Nel 1893 nasceva a Chikago il Parlamento Mondiale delle Religioni. Per commemorare il centennale di tale Avvenimento, il Comitato coordinatore delle Organizzazioni Internazionali Interreligiose (I.I.O.C.C.) promuove nell'Agosto 1993 un Congresso Multireligioso a Bangalore in India. Vi partecipano l'Associazione Internazionale per la libertà religiosa (IARF), il Tempio della Conoscenza, il Consiglio mondiale delle Chiese, la Conferenza Mondiale delle Religioni per la Pace (WCRP). Improntati a reciproca stima e comprensione, profondi e cordiali sono gli scambi tra i 670 partecipanti in 105 gruppi di dodici religioni provenienti da 39 nazioni, tra cui anche del Centro e Sud America attorno al tema

"Cooperazione Interreligiosa: Prospettive alle soglie del 21° secolo". In tale contesto, il Movimento R.K.K. tiene un laboratorio davanti ad ottanta studiosi di religione, ai quali presenta i suoi principi fondamentali, gli insegnamenti del Sutra del Loto e le attività interreligiose che svolge nelle varie chiese locali. Indi i rappresentanti della R.K.K. visitano a Bangalore le sedi di culto dei Cattolici, Jainisti, Musulmani e dei Sikh.

Durante le celebrazioni, di grande prestigio per il Movimento R.K.K. è stata la cerimonia che ha visto, a Nuova Deli il 25 Agosto, il Fondatore Niwano Nikkyō essere insignito del *Premio del Centenario,* Centennial Award (*Sho-Shūkyō-Kyōryoku-Kōken-Shō*) che il Comitato Coordinatore Organizzazioni Internazionali Interreligiose (I.I.O.C.C.) gli conferì con le seguenti motivazioni: *"Il Rev.Niwano Nikkyō Fondatore della R.K.K. si è distinto fra i leaders religiosi nel rispondere in questo secolo all'appello, lanciato al mondo religioso da questo Comitato che compie cent'anni, di costruire la pace tra gli uomini e di lavorare per il superamento dei grandi mali che affliggono l'umanità. Egli é stato per lungo tempo il leader ed il sostenitore dell'Associazione Internazionale per la Libertà Religiosa e della Conferenza Mondiale delle Religioni per la Pace e ne è l'attuale Presidente Onorario"*. Il *Premio* viene consegnato dal Primo Ministro dell'India, il Signor P.V.Narasimha Rao, nelle mani del Direttore Generale della R.K.K. Rev. Motoyuki Naganuma che lo ritira in sostituzione del Fondatore, del quale si fa interprete leggendo il suo messaggio di saluto.

Soggiorno di studio in Giappone di un gruppo italiano

Sempre nel clima di rapporti dialogici con le altre culture e religioni pensiamo sia utile segnalare l'*Incontro di Studio* (*26 Luglio-17 Agosto 1991*) *di 67 italiani, sacerdoti, teologi, giornalisti, editori ed insegnanti* con tradizioni, vita quotidiana, tecnologia e soprattutto con le religioni presenti in Giappone nella loro pratica quotidiana [127]. Il gruppo era particolarmente interessato a come i Giapponesi riescano a conciliare aspirazioni spirituali e moderna tecnologia, per poi informarne gli amici europei attraverso i mezzi di comunicazione e l'istruzione. Il viaggio fu programmato dalla Casa Editrice Kosei di Tokyo, dalle due Case Editrici italiane Cittadella e Queriniana, e sponsorizzato dalla Rissho Kosei-Kai e dalla scuola Tendai del Buddhismo Giapponese.

Il Capo gruppo Mons.Michael L.Fitzgerald, Segretario del Pontificio Consiglio per il Dialogo Interreligioso, era latore di un messaggio del Presidente Cardinale Francis Arinze per i leaders religiosi giapponesi. I membri del gruppo hanno partecipato a due simposi, tenuti rispettivamente il 30 luglio sul tema *Materia e Spirito* presso il tempio buddhista Senso-ji a Tokyo ed il 5 agosto sul tema *Esistenza e Vuoto* presso il tempio *Enryaku-ji* sulla *montagna-madre del Buddhismo in Giappone* (日本仏教の母山) chiamata **Hi-Ei-Zan** (比叡山), *montagna pari alla sapienza*.

Durante le visite di Tokyo, Nagoya, Kyoto, Osaka, Takamatsu, Hiroshima e Nagazaki, tutti i componenti del gruppo hanno avuto modo di incontrarsi con scienziati giapponesi, cattolici, buddhisti e preti shintoisti, così pure con leaders e membri di organizzazioni religiose e laiche. Tutte

---

[127] Cfr. *"A Pictorial Record of R.K.K. '92"*, Kosei, Tokyo 1993, pp.168-169

esperienze preziose, non ultima quella di essere cortesemente accolti, per l'alloggio, nelle abitazioni di famiglie della R.K.K. la cui vita quotidiana, in stile prettamente nipponico, ha certamente lasciato un ricordo indelebile nel cuore dei visitatori ai fini di una maggiore reciproca comprensione. "Per i membri delle religioni, i momenti di vita passati insieme - ha detto Mons.Fitzgerald esprimendo i suoi sentimenti - servono alla comprensione reciproca delle culture che diventa esercizio di apprendimento dottrinale e psicologico. Inoltre, nel condividere le esperienze religiose si impara a pregare insieme...Ritengo che verrà presto il momento della raccolta dei frutti dell'interscambio". Da ricordare è un altro avvenimento che qui di seguito riportiamo.

28° Congresso Associazione Internazionale Libertà Religiosa (IARF)

Il Congresso IARF, *International Association for Religious Freedom*, si svolge a Bangalore, nel contesto del Centennale del Parlamento delle Religioni di cui sopra, il 15-08-1993[128]. Vi partecipano 550 rappresentanti di varie religioni in 65 gruppi, provenienti da 26 paesi del Nord America, Europa ed Asia per trattare insieme il tema *Pratica della Fede*. Diventa una scuola dove ciascuno impara ascoltando le esperienze di fede dell'altro, mentre si prega insieme la mattina e la sera. Tra loro figura un gruppo di 45 delegati della R.K.K. i quali, con il loro Capo Uchida Masataka e quello onorario Naganuma Motoyuki, visitando le istituzioni e le famiglie locali, sono stimolati a ricercare, in quanto fedeli buddhisti, la via migliore per realizzare la pace nella società mediante la cooperazione religiosa. Gli stessi delegati presentano poi al Presidente IARF, il Signor Roychoudhury, copie in ideogrammi cinesi di Sutra Buddhisti, incluso quello del Loto. Ed avendo praticato, nel corso del Congresso, il digiuno di un pasto, ne fanno dono alla Segreteria locale IARF. All'inizio della cerimonia di apertura, vengono presentati i nomi di nuovi membri, mentre risulta eletta quale nuovo Presidente IARF la Signora Nataly Girlbransen dell'Associazione Unitaria Universalista (USA).

In margine a quanto suddetto, il Movimento R.K.K. coopera con i seguenti Organismi: 1) *Associazione internazionale per la libertà religiosa.* 2) *Conferenza Asiatica Religioni per la Pace(A.C.R.P. Asian Conference of*

---

[128]Cfr. Ibidem, pp.56-57

Religions for Peace) che nel 1976 si è tenuta per la prima volta a Singapore, nel 1981 a Nuova Deli, India; a Seoul, Corea nel 1986 ed in Nepal nel 1991.
3) *Conferenza mondiale Religioni per la Pace (W.C.R.P. World Conference of Religions for Peace)*. Quest'ultima, come riportato, si è tenuta per la prima volta a Kyoto nel 1970 con rappresentanti di 39 paesi con grande significato di portata storica, mentre la seconda nel 1974 a Lovanio. In seguito ha trovato ospitalità in USA (Princeton), in Kenya (Nairobi), in Australia (Melbourne), in Italia (Riva del Garda), Amman (Giordania) e a Kyoto (Giappone). Un accenno ora alla Conferenza svoltasi in Italia a Riva del Garda, dove sottoliniamo il ruolo svolto dalla R.K.K. presso il Vaticano.

VI Conferenza Mondiale delle Religioni per la Pace a Riva del Garda

Un fresco mattino romano dal sole ridente. Il Fondatore Niwano "crede con fermezza che la via intrapresa corrisponde sicuramente ai voleri divini". Rivolto verso la Basilica di S.Pietro, compie il devoto gesto di congiungere le mani, *gasshō* (合掌), come segno di profonda e sincera gratitudine.La Conferenza si svolge dal 3 al 9 Novembre 1994[129]. La peculiarità di un tale incontro internazionale sta nel fatto che la sua ***inaugurazione*** avvenga per la prima volta ***a Roma in Vaticano***, nella sala del Sinodo, alla presenza di Giovanni Paolo II il quale siede a fianco del Fondatore della R.K.K.Niwano Nikkyō (v. foto) come da protocollo. Tra i due personaggi alcuni istanti di *colloquio in silenzio, mugen no kaiwa* (無言の会話). Indi il Papa rivolge il suo cordiale saluto ai presenti rappresentanti di 63 paesi con 700 esponenti religiosi attorniati da giornalisti che gremivano la sala del Sinodo. Accorato ed affettuoso è il suo augurio affinché i lavori della Conferenza portino frutti copiosi per la pace nel mondo. Anche il Fondatore della R.K.K, come Presidente Onorario della W.C.R.P., in piena sintonia col Papa, porge ai presenti i suoi saluti ricordando che *"la pace nel mondo non si può ottenere se non con un sentire armonioso comune e solidale fra tutte le Religioni"*

e ribadisce la necessità impellente di incamminarsi sulla strada maestra del Bodhisattva, al quale si ispira il Movimento della R.K.K. collaborando con tutte le Religioni.

---

[129]Cfr. *A Pictorial Record of R.K.K. '94,* Kosei, Tokyo 1995, pp. 8-9

I lavori hanno inizio a Riva del Garda, dove teologi, studiosi, politici, religiosi ed operatori di pace sono chiamati a discutere per sei giorni su come le religioni possano dare il loro contributo alla felicità ed alla pace nel mondo.

Tema principale: *"Curare le ferite del mondo:Religioni in cammino per la pace"* 世界の傷を癒す、平和をめざす宗教、*Sekai no kizu o iyasu, heiwa o mezasu shūkyō*. Vengono posti sul tappeto problemi della massima urgenza, quali: fondamenti di un'etica comune, soluzione dei conflitti, sviluppo equo ed accettabile, rispetto per i diritti umani, tutela dell'infanzia e ricostruzione dell'armonia ecologica. Lo sforzo è lodevole. Tuttavia non di rado viene alla ribalta l'interrogativo tormentoso se veramente le istituzioni religiose siano un mezzo valido alla pace oppure un ostacolo alla medesima.

Incontri Internazionali "Uomini e Religioni"

Il Movimento R.K.K., inoltre, è sempre presente a tali *Incontri* organizzati annualmente dalla Comunità di S.Egidio (Roma) nelle varie regioni italiane: Assisi, Firenze, Roma, Milano, Padova ecc. come pure all'estero, Varsavia, Vienna, Amman, Bucarest, Washington ecc., dove i rappresentanti delle Chiese cristiane e delle grandi Religioni del mondo, donne ed uomini credenti di fedi diverse si incontrano per parlare di pace, della non violenza, di rispetto dei diritti umani e per pregare per la pacificazione tra i popoli.

Nell'Incontro svoltosi a Roma nell'Ottobre 1996, tra i saluti dei vari personaggi, da segnalare in modo particolare sono le parole di saluto ai partecipanti da parte del Presidente della Repubblica Italiana Oscar Luigi Scalfaro, il quale poneva in risalto il fatto che *"una Religione invita a pregare...ma nella storia ci sono state, o ci sono, guerre di Religione, persecuzioni e guerre. Ma quando c'è una guerra, c'è solo la guerra. Bisogna stare attenti a non porre chiusure, anche noi che siamo cattolici, perchè pensiamo di essere i prediletti ed i migliori...Ogni Religione ha il dovere di lottare contro le proprie chiusure e guardare in casa propria dicendo mea culpa e spalancando le porte!..."* L'incontro romano voleva anche ricordare e continuare il cammino iniziato ad Assisi, dove nel 1986 dietro l'invito di Giovanni Paolo II si trovavano insieme i rappresentanti delle Religioni mondiali per pregare per la pace.

Alla fine di questo capitolo incentrato sulla cooperazione e sul dialogo tra le religioni a favore della convivenza pacifica tra i popoli, vivo è il bisogno di utilizzare un piccolo spazio per conoscere se e come il Movimento R.K.K. sia coinvolto nell'azione politica. Lo facciamo in modo succinto, ma sufficientemente dettagliato, nel seguente paragrafo.

Orientamenti in campo politico

Quello che pensa il Movimento R.K.K. nei riguardi della politica, lo si può ricavare da alcuni principi di base[130], di seguito riportati, in cui la religione non è disgiunta dalla politica:

"La *religione* ha il compito di rendere il cuore umano giusto, sereno e sano. La *politica* ha il compito di rendere la vita reale umana giusta, serena e sana. Se uno dei due veicoli si guasta, la società diventa instabile...poichè il corpo materiale e l'anima spirituale costituiscono un'unica cosa: *busshin ichi-nyo* (物心一如). Inoltre, si denuncia una politica corrotta e si inoltrano pressanti istanze perchè, come afferma il Fondatore, "vi sia una buona politica, senza la quale non è possibile una società di pace. La campagna per rendere giusta la politica è un'azione assai importante che si addice ad un Bodhisattva"[131]. Sulla base di tali principi, si muovono i membri della R.K.K. orientati a mobilitarsi perché non solamente a parole, ma con fatti politicamente validi, il Giappone contribuisca alla pace nel mondo. Data la dolorosa esperienza di vittima dell'atomica, si vuole che "il Giappone diventi un paese di pace, piuttosto che un grande paese economico"[132].

Con fedeltà alla via del Bodhisattva, il Movimento R.K.K. in quanto buddhista laico non si esime dal prendere posizione nel campo politico[133]. Attenendosi ai dettami della Costituzione che conferisce al popolo piena sovranità, esprime il proprio orientamento come segue:

a) Rispetto del principio della "Separazione tra Religione e Politica" e della "Libertà Religiosa". Ne consegue la regola ferrea della non ingerenza in alcun modo dello Stato sulla Religione e viceversa. Praticamente, non

---

[130]Cfr. *"Rissho Kosei Kai"*, cit., p.25 ss.
[131]Cfr. *"Watakushitachi no heiwa katsudo"* (*La nostra attività per la pace*), cit., p.10
[132]Cfr. ibidem, p.10
[133]Cfr. *"Rissho Kosei Kai"*, cit., p.25

fonda un proprio partito politico, nè presenta appartenenti a gruppi religiosi quali candidati al governo parlamentare.

b) Non vuole influenzare nessun partito, nè alcun movimento settario non sostenendo in modo permanente alcun partito, dati i mutamenti che avvengono all'interno di vicende interdipendenti e relative, come insegna il Buddhismo. Nelle attuali situazioni pratiche, sostiene quanto è più giusto e più onesto.

c) Con la *campagna elettorale* e gli *aiuti umanitari*, il Movimento R.K.K.pone il suo punto d'appoggio politico sulla legge giusta. Nel rispetto dell'ideologia politica, offre il proprio supporto positivo a quei politici che operano concretamente sulla base dei punti seguenti: 1. Sollecitare azioni di pace. 2. Sostegno alla libertà religiosa. 3. Istituzione di una dialettica politica. 4. Promuovere le riforme amministrative. E' auspicabile, pertanto, che nel campo della politica venga proiettato lo spirito di Buddha.

d) Concentra i suoi sforzi nella formazione di una corretta opinione pubblica nei riguardi della politica. Nello stesso tempo, pone la propria disponibilità a fare da guida volta ad un'azione costante di verifica sui comportamenti politici.

4. PUBBLICI RICONOSCIMENTI

Da quanto sopra esposto, appare assai evidente la rigorosa disciplina a cui si è sottoposto il Presidente Niwano per rafforzare ed approfondire le proprie credenze religiose. Sono queste, infatti, le considerazioni proposte ai lettori dell'opuscolo "The Story of R.K.K."(cit.p.34 ss), dove vengono messe in luce "la sua incrollabile fede e la sua forte coscienza sociale che lo hanno incoraggiato a dedicarsi alla disseminazione (diffusione) del Sutra del Loto ed al lavoro instancabile per la causa della pace nel mondo". Si fa anche notare che Niwano è convinto che "in tutte le religioni la verità fondamentale è una"; è in base a questa sua concezione che "egli ebbe la possibilità di incontrare nel mondo persone religiose al fine di promuovere la causa della pace attraverso la cooperazione religiosa".

È già stata evidenziata la sua assidua attività nel promuovere la Conferenza Mondiale delle Religioni per la Pace (v. p.350) e le due Conferenze Asiatiche sul medesimo tema con lo scopo della cooperazione interreligiosa e comprensione reciproca. Notevole, inoltre, il suo impegno nel discernimento della Verità di Buddha per poi manifestarla agli altri. Per questi motivi, presso il Castello Windsor gli venne conferito da parte dello stesso Signor John M. Templeton il

Premio "Fondazione Templeton"

Era il 9 Aprile del 1979. Il Duca di Edimburgo accompagnò il premio con la somma di £80,000. Il Premio era stato istituito nel 1972 dal Dr. John M.Templeton, un Americano consigliere imprenditore e analista finanziario, al fine di richiamare l'attenzione sul riconoscimento di idee, intuizioni e realizzazioni volte ad una maggiore comprensione fra gli uomini ed all'amore di Dio, e quindi ad una ricerca ulteriore per la qualità di vita che riflettesse il divino. Il premio, assimilabile al Premio Nobel, viene conferito ogni anno ad una persona in vita che possa rappresentare la tradizione di una qualsiasi religione o movimento. Non è alla ricerca dell'unità delle denominazioni o delle religioni del mondo. Si accentua piuttosto l'impegno ad incoraggiare la scoperta dei vantaggi che provengono dalla diversità. L'obiettivo del Premio Templeton consiste nello stimolare ovunque la conoscenza e l'amore di Dio da parte dell'umanità. Si precisa inoltre che non è un premio per la religione, ma per il progresso. Nella cerimonia pubblica del conferimento del premio presso Guildhall di Londra, il Presidente Niwano ha espresso i sentimenti della sua profonda gratitudine per essere stato scelto per un premio così onorifico, facendo il proposito di continuare nel suo lavoro.

Dottorato in Legge "Honoris Causa".

Un altro riconoscimento pubblico, degno di nota, fu il conferimento al Presidente Niwano, il 5 Marzo del 1975, del Dottorato honoris causa in Legge dal Meadville /Lombard Theological School, affiliata all'Università di Chicago. Totalmente schivo da tale onorificenza, "in un primo momento - ci racconta nell'ultimo capitolo della sua Autobiografia (cit. p.297 ss.) - rimasi perplesso a tale notizia, poiché la mia vita è sempre stata per la fede, non per la ricerca di fama e di gloria. Chi vive così non ha bisogno di titoli, né di lauree. Dalla fondazione della R.K.K. io ho vissuto la Legge di Buddha, specie il Sutra del Loto. Il mio impegno, fin dai primi giorni, fu rivolto a liberare la gente dalla sofferenza ed in seguito il mio lavoro per le conferenze sulla pace ha trovato la sua base nel Sutra del Loto. E per tutto il resto della mia vita intendo seguire lo stesso percorso, l'unico per me".

Dovette alla fine accettare tale onorificenza, soprattutto perchè sapeva di far felici tutti i membri della R.K.K. I suoi sforzi per la cooperazione religiosa e la pace nel mondo costituiscono le motivazioni del conferimento del titolo. Ci tiene però ad osservare che "il suo lavoro è stato possibile per il sostegno e l'incoraggiamento di tutti i membri della R.K.K." e che il titolo "significa un riconoscimento del lavoro dell'intero movimento". Il conferimento del titolo di Dottore in Legge si svolse durante le celebrazioni del 37° Anniversario della Fondazione della R.K.K. il 5 Marzo 1975.

La descrizione che ne fa Niwano, nella sua umiltà, assume toni forzatamente solenni quasi spettacolari, cui intende dare un significato profondamente intimo e privato. "Per l'occasione - scrive - erano presenti 35 mila persone. Al momento in cui accettai il titolo dal Dr.Malcolm R.Sutherland Presidente del Meadville/Lombard Theological School, uno scrosciante applauso di compiacimento rimbombò all'interno del Grande Edifificio Sacro. Fino a quel momento mi ero sentito imbarazzato nel dare o meno il mio assenso; ma appena vidi i volti raggianti di gioia di tutti i presenti, scomparve ogni dubbio. E nel mio cuore rimase solamente la gioia".

Niwano si sofferma poi sull'impressione avuta dalla moglie la quale "quella sera, dopo le pratiche di devozione, con un insolito tono di voce disse: mi sembra di sentire una voce che grida "Stupendo! Stupendo!". Meravigliato su cosa potesse significare un fatto così strano, in silenzio guardai mia moglie la quale continuò: Io non sento la voce dal cielo. Ma il Papa ti ha mandato l'invito per incontrarlo ed ora tu hai ricevuto il titolo onorario. Io sento "Stupendo! Stupendo"! perchè la Legge che tu insegni è vera. "Ciò è interessante" replicai, e congiunsi delicatamente le mie mani (*gassho* 合掌) in atto di ringraziamento e di preghiera".

In tale frangente, Niwano richiama subito alla mente il capitolo 11° del Sutra del Loto sulla **Manifestazione dello Stupa Prezioso** *(o Cerimonia dell'Aria)* che recita: *"Si levò allora dall'interno dello Stupa Prezioso una grande voce glorificante che esclamava: Stupendo! Stupendo! Shakyamuni, il Venerato nel mondo! Tu puoi annunciare a tutti il Sutra Meraviglioso della Legge del Fiore della grande ed universale saggezza, da cui vengono istruiti i Bodhisattva e che i Buddha custodiscono e sorvegliano. È così, è così, Shakyamuni il Venerato nel mondo! Tutto quello che tu dici è vero!".*

"Questo passo - fa notare Niwano - è quello cui intendeva riferirsi mia moglie".

Proseguendo ancora nella nostra analisi relativa alla vita ed all'attività di Niwano Fondatore, vogliamo ora fare un accenno ad alcuni avvenimenti degli anni '90 che possono offrirci ulteriori elementi per una maggiore conoscenza dell'opera di una persona che ha contribuito non poco alla crescita dell'umanità durante tutto il secolo scorso. Si parla qui di un Carismatico circondato dalla stima e dall'affetto di tanti coetanei e amici che gli esprimono tanta gratitudine, indipendentemente dalle differenti appartenenze religiose o nazionali.

Festa di longevità (beiju 米寿): 88° genetliaco del Fondatore

Il lieto evento va particolarmente ricordato in quanto l'88° genetliaco per il Fondatore Niwano ha un significato di particolare auspicio (*beiju*)[134] da festeggiare con gioia e gratitudine. In occasione di tale lieta ricorrenza, gli viene conferitro il *Premio Medaglione Interreligioso* per le mani del Signor Sigmund Sternberg Capo del Comitato Esecutivo del Consiglio Internazionale Ebraico Cristiano che si fa promotore, in più di venti paesi, del dialogo e della cooperazione tra le religioni mondiali.

La solenne cerimonia, svoltasi all'interno del Grande Edificio Sacro alla presenza di 12 mila fedeli, compresi alcuni provenienti da paesi esteri, è stata un segno di grato riconoscimento al Fondatore per la sua dedizione alla causa della cooperazione interreligiosa[135] per la pace nel mondo, i cui simboli *la colomba ed il ramo d'ulivo* appaiono scolpiti sulla medaglia commemorativa.

Un'altra celebrazione ad onore della longevità del Rev. Niwano si è svolta il 24 Novembre presso l'Hotel Imperiale di Tokyo, dove erano presenti circa sessanta eminenti rappresentanti del mondo religioso, accademico, politico, commerciale unitamente a vecchi amici e conoscenti. Fra gli ospiti si notavano il Prete Capo del Tempio Enryakuji, il Patriarca della Scuola Tendai Rev.Etai Yamada, il Capo del Consiglio Nazionale del

---

[134]Cfr. "*A Pictorial Record of R.K.K., '93, Tokushū, KaisoSama beiju no toshi* 特集、開祖さま米寿の年 (numero speciale per l'88° compleanno del Fondatore)", Kosei Shuppansha, Tokyo 1994, pp.1 ss.
[135]Su tale tema vedi il cap.VIII, *Cooperazione Interreligiosa nel dialogo*, p.323

Movimento per una *Comunità Nazionale Migliore* il Signor Takeo Fukuda, un Professore Emerito dell'Università di Tokyo, il Presidente dell'Istituto Orientale Dr.Hajime Nakamura ed il Capo della Segreteria del Gabinetto (Consiglio dei Ministri) il Signor Masayoshi Takemura. A nome di tutti i graditi ospiti, il Signor Takeo Fukuda si congratula con il Rev. Niwano per la sua generosa dedizione alla causa della pace, mentre il Rev. Etai Yamada ricorda che i contributi alla pace del Signor Niwano rimarranno indelebili per le future generazioni. A simili espressioni di elogio il Festeggiato, con l'animo energico che gli è proprio, così risponde: "Il mio cammino fino all'88° anno di età lo devo all'aiuto divino ed a Buddha piuttosto che alle mie forze. Dedicherò con impegno costante il tempo che mi resta per l'uomo e per il mondo". Per l'occasione sono state allestite due mostre.

La prima al terzo piano del Grande Edficio Sacro, dove dall'otto Novembre per undici giorni sono rimaste esposte al pubblico circa novanta opere di pittura e scrittura che il Fondatore, fin dal 1945, ha composto sullo sviluppo storico del Movimento R.K.K. e sulla realizzazione della pace nel mondo. Inoltre, dietro la presentazione dell'attuale Presidente Niwano Nichiko, sono state esposte anche alcune opere del Direttore Generale R.K.K. il Sig. Naganuma.

La seconda mostra porta il titolo: *"Umi-o-koeta-bukkyōto-no-yūjō* 海を越えた仏教徒の友情*"*(*l'amicizia dei credenti buddhisti oltrepassa i mari*). È stata inaugurata nella sala degli ospiti (*hōrinkaku* 法輪格) il 15 Novembre e si protrarrà fino a Febbraio dell'anno seguente (1994). Sempre nel contesto delle celebrazioni augurali, a Tokyo, il Fondatore Niwano partecipando alla VI Conferenza Nazionale del Movimento *Comunità Nazionale Migliore* è invitato a prendere la parola in presenza del Principe Ereditario e Consorte. Così pure interviene alla celebrazione del XX anniversario della sezione giovanile giapponese della *Conferenza Mondiale delle Religioni per la Pace (WCRP)*.

Festeggiamenti a Kyoto ed in tutto il Giappone

Inoltre, anche in occasione del 40° anniversario dell'Associazione Buddhista Cino-Nipponica, viene celebrata a Kyoto la longevità del Fondatore Niwano con calorosi festeggiamenti da parte di membri della suddetta Associazione, confermando la sincera amicizia tra la Cina ed il Giappone. In tutto il Giappone, pertanto, in ogni chiesa filiale il lieto evento viene festeggiato con l'invio di congratulazioni al Fondatore unitamente al rinnovato impegno di continuare sulla via del Bodhisattva, organizzando vari bazaars allo scopo di raccogliere fondi da evolvere alle persone disabili. In margine alle celebrazioni per il suo 88° genetliaco, tra le attività più importanti del Fondatore Niwano durante il 1993, è da porre in rilievo lo scambio di colloqui sulla pace nel mondo tenuti con ospiti illustri, tra i quali l'ex Presidente USA il Signor Jimmy Carter, il Ministro degli Esteri Giapponese il Signor Yasushi Akashi, indi l'Ambasciatore Cinese in Giappone il Signor Xu Dunxin.

Festeggiamenti a Shangai

Si reca inoltre a Shangai, nel mese di Maggio '93, insieme ad altri due leaders religiosi giapponesi dietro invito del Rev.Zhao Pu Presidente dell'Associazione Buddhista Cinese che presiede la celebrazione augurale (*keishuku kai* 慶祝会) in omaggio alla *longevità* di tre capi religiosi giapponesi. I 99 anni del Rev.EtaiYamada Capo del Tempio Enryakuji e Patriarca della Scuola Tendai, gli 88 anni del Rev. Nikkyō Niwano e gli 80 anni del Rev.Yasusaburo Tazawa Presidente di una nuova Religione basata sullo Shintoismo (*Shoroku Shinto Yamatoyama* 松緑神道大和山), sono al centro dei festeggiamenti, come lieto auspicio, da parte di 260 persone appartenenti a varie religioni della Cina e del Giappone. Invitato a prendere la parola, il Rev. Niwano si dice "molto lieto di poter rinnovare e riscaldare vecchie amicizie per unire le forze per il mondo di domani", mentre auspica vivamente che "il 21° secolo sia l'epoca della condivisione e della vita comunitaria, in cui viene riaffermata la missione buddhista dei due popoli giapponese e cinese"[136].

Felicitazioni sincere vengono espresse dal Signor Gong Xueping Vice Sindaco di Shanghai e dal Signor Zhang Shengzuo Capo degli Affari Religiosi presso il Ministero degli Interni della Cina, il quale considera l'evento una bellissima manifestazione dell'amicizia che lega i due popoli. Un gruppo di fedeli appartenenti a varie religioni presenta una mostra variopinta dove primeggia un disegno raffigurante il pesco, simbolo di longevità. Lo stesso ideogramma *ju* 寿(*longevità*) completava i 26 pezzi di arte della Cina popolare in segno della più alta espressione di buon auspicio nei riguardi del Rev.Niwano.

---

[136]Cfr. "*A Pictorial Record of R.K.K., '93*", cit., p.37

Visita a Ise-Jingu ed alle Chiese di Tokyo

Nello stesso anno, insieme al Presidente in carica Niwano Nichiko, si reca a rendere omaggio al Tempio *Ise Jingu*[137], dove è invitato a partecipare alla *Celebrazione speciale dell'anno per il Trasferimento del Corpo della Divinità ad un Tempio nuovo (Shikinen-Sengu* 式年遷宮). Così pure è impegnato a far visita (che possiamo chiamare anche *pastorale*) presso le varie Chiese della R.K.K. sparse nella grande città di Tokyo. In tali occasioni, le sue esortazioni ai fedeli vertono generalmente sulla gratitudine da nutrire verso Buddha che è apparso in questo mondo per aprire gli occhi a tutti sulla verità universale per l'umana felicità in quanto ognuno, senza distinzione alcuna, può raggiungere la suprema illuminazione.

---

[137] "伊勢神宮 è un Tempio Shintoista cui si annette particolare carattere di santità per l'universale venerazione di cui gode. Tale è il tempio di Ise, come quello dedicato all'Imperatore Mutsuhito (1868-1912) detto *Meiji Jingu* 明治神宮 a Tokyo e pochi altri…Il Tempio di *Ise* è considerato il massimo santuario ed il più famoso e venerato dello Shintoismo, la Mecca della religione dei *Kami* 神. Ise non è il nome di una città, ma di un'antica provincia. Il santuario è sito nei sobborghi della città di Uji Yamada (odierna prefettura di Mie). In effetti si tratta di due Templi, il *Naiku (*内宮 *tempio interno)* dedicato ad *Amaterasu ōmikami* (天照大御神 *Augusta Grande Deità che illumina il Cielo*, cioè la dea del Sole) e il *Geku (*外宮 *tempio esterno)* dedicato alla dea del cibo *Ukemochi no kami* 筌持ちの神"(Cfr. M.Muccioli: "Lo Shintoismo Religione nazionale del Giappone", Ist. Ed.Galileo, Milano 1948, pp.84-85). L'Autore ci fa sapere anche che "Ogni vent'anni il complesso di edifici che formano il santuario viene demolito e ricostruito poi esattamente come il precedente, il legno del quale è venduto come legno sacro sotto forma di tavolette, cassette, ecc. che hanno valore di amuleti" (ibid.,p.85).
La visita del Fondatore Niwano presso *Ise Jingu* si riferisce appunto al *nuovo tempio ricostruito* dove viene trasferito lo *shintai* (神体), cioè (ibid. p. 42) il corpo della divinità del sole consistente in uno specchio ottagonale *yata no kagami* (八咫の鏡) consegnato dalla dea a Ninigi che stava per scendere dal cielo sulle isole giapponesi. Sempre a riguardo di *Ise Jingu*, interessanti le note del Dr. E.O.Reischauer in "Storia del Giappone" (cit., p.15) dove scrive: "La discendenza mitologica della stirpe imperiale dalla dea del Sole, ancora venerata nei templi più sacri di Ise…e le cronache cinesi che parlano della supremazia del *paese della regina*, ci portano a pensare ad una società originariamente matriarcale, che si trasformò in una società dominata dall'uomo, probabilmente a causa di influenze cinesi…".

Considerazioni confidenziali del Fondatore Niwano

A questo punto, vogliamo in succinto raccogliere alcune riflessioni confidenziali che Niwano ci trasmette sul suo operato in seno alla R.K.K. "fin dal tempo della sua fondazione: Ho passato la maggior parte di ogni mia giornata al servizio della Legge e non ero in grado di dedicarmi generosamente al lavoro nel mio piccolo negozio di rivendita del latte. Come risultato, le entrate andavano diminuendo. E quello era un periodo in cui i nostri bambini in crescita avevano un forte appetito". Evidentemente, viene poi a parlare di sua moglie "sulla quale gravava tutto il peso della famiglia", ragion per cui "era semplicemente naturale che qualche volta esprimesse le sue lamentele. Pur convinta che la religione fosse una cosa buona, si poneva alcuni interrogativi circa i nostri bisogni quotidiani e voleva sapere per quanto tempo ancora io intendevo continuare nella mia vita di fede". Sorgono quindi i contrasti, più volte su ricordati, tra i doveri familiari e quelli religiosi. È il conflitto che Niwano avverte con non poca sofferenza, essendo il suo animo dotato di squisita sensibilità che gli fa dire:

"Io però non potevo abbandonare gli impegni nei riguardi dei membri della R.K.K. Poichè non potevo mentire a mia moglie dandole un termine non veritiero di scadenza del mio ritorno per dedicarmi a tempo pieno al commercio ed alla famiglia, feci riferimento ad una riga del Sutra del Loto: Io continuerò nella mia fede fino a quando io sentirò la voce di Buddha che grida dal cielo: Stupendo, stupendo! La mia risposta a mia moglie era irreale; ma lei non ebbe nulla da dire su ciò. Di solito le sue lamentele diminuivano dopo il mio operato. Naturalmente non era soddisfatta; e dentro di me sentii di voler essere apologetico. Ma in quei giorni il mio più grande desiderio era quello di rispettare gli insegnamenti e di spendere anche un po' più di tempo per presentarli ad un pubblico più vasto. Questa è stata la sola risposta che potevo darle. Quando lei all'improvviso fece il commento su "Stupendo, stupendo!" io ricordai in modo così vivo come fosse stato ieri, la condizione in cui era venuta a trovarsi trent'anni prima. Durante quel lungo periodo, lei aveva provato le proprie sensazioni ed impressioni sulle cose che erano accadute. E nel riflettere su quello che poteva esserci stato, sentii il mio cuore crescere al massimo".

Niwano ora prende coscienza delle varie vicende della sua vita legate al suo Movimento R.K.K. e comprende così che *"Stupendo, stupendo!"*

viene ad essere giustificato alla luce dell'espansione internazionale della R.K.K., del progressivo aumento annuale dei membri locali, del successo della Brighter Society Movement e delle sempre più vigorose attività del Gruppo Giovani-Adulti. Ora per Niwano tutto procede verso una direzione positiva che porta alla luce vari fatti accaduti attorno a lui: "Nella mia famiglia, mia moglie è stata impegnata ogni giorno in un tirocinio religioso in questi ultimi 13 anni. I miei figli Nichiko e Kinjiro si stanno dedicando nel diffondere la fede. E la mia figlia più giovane Yoshiko, che ha perduto suo marito circa sette anni fa, si è ripresa dal suo dolore ed ora si dedica alla Legge di Buddha".

Le ultime note autobiografiche di Niwano[138] possono farci capire meglio il suo pensiero in un contesto religioso e laico insieme: "Quella sera di Marzo tornai da mia moglie e le dissi: 'Ma noi siamo soltanto agli inizi'. Lei replicò: "Anch'io la penso così". La sua vivacità e la sua fede religiosa mi riempirono il cuore di una gioia profonda. Al mattino seguente, quando la macchina venne a prendermi per il lavoro e noi facevamo il nostro solito trambusto sulla porta, i miei nipoti ed altri membri della famiglia mi augurarono una buona giornata. Sul punto di entrare in macchina, la mia piccola nipotina Katsue di tre anni e mezzo mi si avvicinò con un salto chiedendo: *"Oggi, Nonnino, vai di nuovo alla R.K.K.?". "Sì, oggi ci vado di nuovo - risposi guardandola nel viso volto all'insù"*. È su quest'ultima frase della nipotina Katsue che Niwano prende lo spunto per manifestare se stesso a tutti coloro, come noi, che nutrono un vivo interesse per la sua persona e la sua costante operosità in seno al Movimento R.K.K. volto a percorrere un cammino sulla strada della pace:

"Oggi io mi trovo all'inizio. Sono un principiante per tutta la vita".
"La mia piccola nipotina non ha una conoscenza profonda della R.K.K., ma le sue parole misero in chiara luce, per il mio animo, l'importanza di conservare la freschezza dell'impatto emotivo da me provato quando ebbi il primo incontro con il Sutra del Loto. Accarezzai la mia nipotina sui capelli, e salito in macchina...abbiamo intrapreso il percorso di sempre. Il tetto verde del Grande Edificio Sacro saltò subito al mio sguardo. Faceva bel tempo. Sapevo che quel giorno sarei stato di nuovo occupato, ma era il mattino a far traboccare il mio cuore".

---

[138]ibidem, p. 300

La scomparsa di Niwano Nikkyō

Il Fondatore si spegne a Tokyo presso l'Ospedale Kōsei Byōin, all'età di 92 anni, il 4 Ottobre 1999. L'avvenimento, che scuote il mondo religioso a livello internazionale, costituisce per i membri seguaci un forte sprone per un maggiore impegno e slancio verso il traguardo del perfezionamento per la convivenza pacifica tra i popoli. A tributare l'estremo saluto al Fondatore e Maestro sono state 60.000 persone, tra cui rappresentanti di numerose confessioni religiose giapponesi ed estere, unitamente ad organizzazioni civili ed umanitarie di ogni parte del mondo. Nell'orazione funebre tenuta dal Presidente in carica Niwano Nichiko viene acclamato, a memoria dei posteri, con il nome dharmico

Kaiso Nikkyō Ichi-jō Daishi (開祖日敬一乗大師)

Nikkyō Fondatore, Grande Maestro dell'Unico Veicolo.

Un coro unanime di rimpianto[139] si leva su *"l'Uomo del Dialogo Interreligioso per lo sviluppo, il disarmo e la pace"*. Numerose furono le testimonianze di cordoglio e di stima per lo scomparso, provenienti da personalità di tutte le parti del mondo:

Kofi A.Annan, Segretario Generale dell'ONU; Msr.Minoti Aram, Presidente Shanti Ashram Tamil Nadu (India); Dr.William F.Schulz Direttore di Amnesty International (USA); Dr. Kamel Al-Sharif, Presidente della Segreteria Generale WCRP e del Consiglio Islamico Internazionale "Daw' and Relief" di Amman (Giordania); Ms.Carol Bellamy Direttore esecutivo UNICEF (New York); Rabbino Albert H.Friedlander Presidente onorario WCRP e Presidente WPWP (Londra); Cardinale Francis Arinze Presidente del Consiglio per il Dialogo Interreligioso (Vaticano); Prof. Andrea Riccardi Presidente Comunità S.Egidio (Roma); Signora Chiara Lubich Presidente dei Focolarini, Rocca di Papa (Roma); P. Passimiliano Mizzi Direttore Centro Francescano Internazionale per il Dialogo (Assisi).

Altri attestati di stima e di cordoglio provengono da: Brasile, Svizzera, Francia, Sri Lanka, Georgia, Bosnia-Herzegovina Sarayevo, Germania, Vienna, Olanda, Taiwan, Seoul, Russia, Israele, Cambogia, Cina e dal Giappone naturalmente. Fra le suddette testimonianze, tutte particolarmente

---

[139] Dharma World, *Special Memorial Issue for Rev.Nikkyō Niwano*, Kosei, Vol.27, 18-22.

toccanti, riportiamo, a titolo di esempio, quella dell'Arcivescovo di Tokyo, il Cardinale Pietro Seiichi Shirayanagi:

Alla notizia della scomparsa del Rev.Niwano, non ho trattenuto un sentimento di immensa tristezza. Nello stesso tempo, in quanto Cristiano ho provato grande commozione, poiché il 4 Ottobre è anche il giorno della scomparsa di S.Francesco d'Assisi, grande santo della fede cattolica. Vi ho sentito un profondo se pur invisibile legame: S.Francesco ha offerto la sua vita a Dio...e le sue preghiere per la pace:

Fa di me, Signore, uno strumento della tua pace!
Dove c'è la disperazione, che io porti la speranza!
Dove c'è l'odio, che io porti l'amore!
Dove c'è l'ingiuria che io porti il perdono! [......].

Esattamente allo stesso modo, il Rev. Niwano ha dedicato la sua vita alla pace. Chiediamo, Rev. Niwano, la tua protezione e guidaci a seguire il tuo esempio!"[140].

5. LA PRESIDENZA DI NIWANO NICHIKŌ

Già designato nel 1980 quale Presidente Successore al Fondatore in quanto primogenito, Niwano Nichikō è interamente impegnato a continuare sulla scia paterna nell'animazione del Movimento per la pace nel mondo nello spirito del Bodhisattva.

Dottorato *"honoris causa"* in Filosofia

L'Università Pontificia Salesiana in Roma, il 20-03-1986, conferisce al Presidente Niwano Nichiko il Dottorato h.c. in Filosofia[141] quale dovuto riconoscimento all'assidua ed operosa attività che Egli svolge proseguendo sulle orme lasciate dal Padre Fondatore.

Tra le motivazioni si pone in risalto *"L'AMORE DELLA SAPIENZA che dischiude i sentieri segreti dell'intesa profonda tra persone diverse in*

---

[140]ibid. p. 15
[141]Università Pontificia Salesiana, *Dottorato ad honorem al Rev.Nichiko Niwano*, Roma '86

quanto ad origine, condizione e cultura, e che indica le vie scoperte della collaborazione per la promozione di tutti per una vita più umana e più degna. Simile cammino ha provvidenzialmente favorito l'incontro proficuo di due istituzioni apparentemente distanti nello spazio e nella destinazione, quali sono la Pontificia Università Salesiana di Roma ed il Movimento laicale buddhista Risshō Kōsei Kai...Essi già da molti anni collaborano in diversi modi, sia pure operando ciascuno secondo la propria specifica struttura ed individualità...".

Vengono riconosciuti al neo-Dottore: "*...l'impegno totale all'interno del Movimento ed il contributo fattivo dello stesso offerto al dialogo interreligioso, alla promozione della pace nel mondo, ed in maniera del tutto particolare al dialogo tra il Movimento Risshō Kōsei Kai e la Chiesa Cattolica*". Segue la solenne proclamazione:

"*Pertanto noi Don EGIDIO VIGANO' Gran Cancelliere Università Pontificia Salesiana...proclamiamo il Reverendo NICHIKO NIWANO, Presidente designato del Movimento Laicale Buddhista Risshō Kōsei Kai, DOTTORE HONORIS CAUSA IN FILOSOFIA*".

La lezione magistrale del neo-Dottore è incentrata sul tema: "*L'apporto del Buddismo per la causa della pace*" [142]. Si sofferma pertanto su alcuni aspetti del Sutra del Loto che "contiene gli insegnamenti del Buddha, espressione del suo vero desiderio di pace che ha inizio nel cuore di ogni uomo....una pace ideale che regna nella famiglia, nella società, nella nazione e nel mondo intero. È desiderio del Buddha salvare tutti gli esseri viventi e portare ovunque l'armonia spirituale e materiale".

Parlando poi del Fior di Loto quale "simbolo di bellezza in Oriente che cresce nelle acque putride dello stagno, ma sviluppa fiori purissimi, immacolati, incontaminati dallo sporco che li circonda..." lo paragona alla vita che "benché nata in un ambiente secolare, rimane pura perchè basata sulla fiducia nella Vera Legge".

Proseguendo ancora sul ricco simbolismo del Loto, vi coglie uno dei principali cardini del pensiero Buddhista, quello cioè della "simultaneità di causa ed effetto. Nelle scritture chiamate "I detti di Parentela" (Samyutta-Nikaya) - sottolinea Niwano Nichiko - il Budda Sakyamuni spiega questa relazione nel modo seguente: "Se questo esiste, quello esiste; se questo viene ad essere, quello viene ad essere; se questo non è, quello non è, se

---
[142] Ibid., pp.6-11

questo cessa di essere, quello cessa di essere" (*Samyutta-Nikaya, 12.37*). In termini più semplici, causa ed effetto non sono due cose separate, ma essenzialmente uguali. Nel loto, il fiore, cioè la causa, ed il frutto, cioè l'effetto, esistono contemporaneamente. Questo viene considerato simbolo dell'unicità ultima della causa e dell'effetto, nonostante la tendenza a pensarli come due entità diverse. Questa dottrina è detta anche della non-dualità di causa ed effetto".

Dai suddetti principi base, le conseguenze che il neo Dottore ne trae sono sempre in chiave Buddhista in quanto fa poi riferimento al fatto che "tutti gli esseri sono interdipendenti, esattamente come le maglie di una immensa rete, nonostante i continui cambiamenti a cui tutti sono soggetti". E qui ribadisce che simili concetti sono compendiati nell'assioma "*Tremila Regni (Fenomeni) in un'Unica Mente...*"[143], cioè "ogni singolo pensiero di ogni singolo essere umano contiene tutti i fenomeni". Sulla scia di questi principi, passando al tema della cooperazione religiosa, afferma che questa è necessaria anche "se tutto cambia. Anche se le forme di cooperazione tra le religioni devono cambiare, sarà impossibile tagliare i vincoli che legano una religione all'altra". E ricorda le parole di suo padre: "Essenzialmente le religioni non dovrebbero escludersi l'una con l'altra, ma coesistere...Scismi e dissensi all'interno delle religioni sono innaturali". È su questa base che i popoli di fede religiosa dovrebbero cooperare per la causa della pace; proseguendo nel suo discorso dice: "Da mio padre ho molto imparato a condividere gli insegnamenti Buddhisti con gli altri. Ma egli non è il mio unico maestro. Imparo da ogni persona con la quale vengo a contatto, come pure da tutti gli avvenimenti della vita quotidiana".

Al termine della sua lezione, esprimendo gratitudine ai presenti, manifesta la sua speranza "quale Buddhista laico e ricercatore della Via, di poter approfondire ulteriormente, negli anni a venire, insieme con gli altri credenti, gli scambi con i Cristiani e con gli aderenti ad altre religioni...". Fra gli altri, presente alla cerimonia era il rappresentante dell'Associazione dei Focolari Enzo M.FONDI [144] il quale intervenendo con il suo "Messaggio Testimonianza agli amici Buddhisti" fra l'altro considera "un disegno di Dio il rapporto nato tra le due Associazioni che ebbe il suo punto di partenza, in apparenza occasionale, allorquando Niwano Nikkyo,

---

[143] "*Ichi-nen San-zen* 一念三千". È la dottrina di T'ien-t'ai Chih-i, terzo Patriarca della scuola buddhista cinese *Tendai*, vissuto nel VI sec. d.C.

[144] Cfr. "Dottorato ad honorem al Rev. Nichiko Niwano", cit., pp.12-16.

di ritorno da Londra dove riceve il Premio Templeton per il Progresso della Religione, ricevuto già due anni prima (1977) da Chiara Lubich, vuole fermarsi a Roma ed incontrare la Fondatrice dei Focolari".

Secondo Enzo Fondi, quell'incontro costituisce per Niwano Nikkyo "un momento importante perchè egli intravede quel ponte vitale col Cristianesimo che stava attendendo fin dal 1965 e cioè dal suo incontro, per certi aspetti carismatico, con Paolo VI". Inizia così il dialogo tra i due Movimenti con "l'invito a Chiara Lubich di esporre la sua esperienza spirituale a 12 mila membri della R.K.K. nella Grande Aula Sacra a Tokyo il 28 dicembre 1981"[145]. Tra le varie "sorprendenti analogie", oltre "ad una comune ricerca di Dio ed una scelta di fondo...religiosa", riscontra tra i due Movimenti la "laicità e la comunione di esperienze spirituali in seno ai gruppi, quali, ad esempio, i famosi "*hōza*" insieme ad una profonda adesione alle Scritture...". Il fulcro dell'intervento di Fondi è il *dialogo* fatto di "stima, simpatia, mutua conoscenza e collaborazione" che si rivela tra le due Associazioni, R.K.K. e Focolari. In tale clima - fa notare - molto attivo è sempre il gruppo giovanile R.K.K. che si impegna, ad esempio, alla preparazione ed alla partecipazione attiva alla IV Assemblea Generale della WCRP del 1984 a Nairobi (Kenia), così pure al "Forum interreligioso dei giovani asiatici per la pace" a Manila nell'Aprile 1985, dove "un comitato

---

[145] Invitata ad intervenire, C.Lubich in quell'occasione espone la sua testimonianza di credente cattolica. Eccone qualche stralcio: *"Carissimi fratelli e sorelle in Dio, questo nostro incontro non è un avvenimento sporadico. E' da qualche anno che la Provvidenza di Dio ha avvicinato il Movimento dei Focolari alla Rissho Kosei Kai di cui fate parte. Ho avuto la grande gioia di conoscere a Roma nel 1979 il vostro Presidente, Nikkyo Niwano, e di riincontrarlo anche in questi giorni. Gruppi del vostro Movimento hanno poi visitato i nostri Centri in Italia e nelle Filippine, ad esempio, e abbiamo partecipato con qualche membro a quella Conferenza Mondiale per la Pace che a voi, come a noi, sta tanto a cuore...Ho potuto conoscervi di più attraverso un documentario sul vostro Movimento, che mi ha fatto una forte e bella impressione. Ne ho ricavato la convinzione ancora più profonda che Dio vi ama...".* Il discorso di Chiara Lubich, tutto incentrato sull'amore di Dio per tutti e sull'amore al prossimo comandato da Cristo, giunge ad una significativa conclusione circa le affinità tra le varie fedi: *" Giacchè nel mondo si incontrano spesso fratelli di altre fedi, si sta facendo una meravigliosa esperienza. Ogni uomo, plasmato ad immagine di Dio, ha la possibilità d'un certo rapporto personale con Lui. Anzi: il suo essere uomo lo porta proprio a questa comunione. Ecco allora le varie affinità che costatiamo fra la nostra religione e le altre oggi esistenti. Sono queste affinità che noi riscontriamo anche in voi, carissimi fratelli e sorelle, che ci permettono di camminare, a fianco l'uno dell'altro, per il Santo Viaggio verso la Meta che ci attende e di collaborare tutti uniti per il bene dell'umanità".* (Cfr. Chiara Lubich: "Incontri con l'Oriente", Città Nuova Editrice, Roma 1986, pp.18-25).

misto di giovani della R.K.K. e dei Focolari ha curato la buona riuscita dell'iniziativa che presentò interessanti prospettive per il futuro".

Si ricorda anche il primo incontro interreligioso, Novembre 1985 a Tokyo, di un gruppo di giovani Buddhisti, Shintoisti e Cristiani organizzato congiuntamente dal movimento giovanile R.K.K. e da focolarini giapponesi. "Ci si può chiedere - prosegue Fondi - quale possa essere il futuro dei nostri rapporti. Per chi partecipava al convegno giovanile della R.K.K. del 1985, la domanda conteneva già una risposta. L'esperienza vissuta insieme a novemila giovani R.K.K. nella Grande Aula Sacra di Tokyo era oltremodo rassicurante per il futuro. Il loro grande entusiasmo e il sincero interesse con cui hanno accolto gli interventi del Presidente designato, il Dr.Nichiko Niwano e quello finale del Fondatore, il messaggio di Chiara Lubich e le sue risposte alle loro domande[146], erano il segno della continuità e le promesse di nuovi orizzonti". Verso la fine del suo discorso, Fondi sente il dovere di ricordare la visita che il neo Dottore fece nel 1983 al Centro del Movimento dei Focolari, in cui ebbe "il suo primo impatto ufficiale con le varie realtà della Chiesa cattolica e dei suoi movimenti ecclesiali".

Inoltre "una visione unificante e religiosa dell'Universo che si china verso ogni essere con la compassionevole misericordia del Bodhisattva per cui tutti gli esseri sono uguali", è il pensiero manifestato dal Dr.Nichiko Niwano in un'intervista (cui si riferisce Fondi) dove esprime questa sua convinzione, come si legge nel Sutra del Loto in cui "la diversità viene paragonata alle varie grandezze degli alberi: un albero è più grande, un altro è più piccolo, ma tutti sono ugualmente figli di Buddha e tutti hanno la stessa natura di Buddha. Questa nostra fede - così conclude l'intervistato

---

[146]Tra le varie domande da parte dei giovani R.K.K. (e relative risposte di C.L.), ne scegliamo qualcuna: *"Nella R.K.K. si insegna che tutti possiedono la "natura buddhica" (cioè il cuore compassionevole di Buddha, la possibilità di diventare Buddha); è importante sviluppare la natura buddhica in ciascuno e rispettarla reciprocamente. Questo atteggiamento è chiamato la via del Bodhisattva. In Focolare, invece, si dice "vivere l'amore di Dio". Come lo vivono concretamente nella vita quotidiana?* Risposta: *"Per rispondere a questa domanda vorrei anzitutto dire che c'è una certa somiglianza, mi sembra, fra la compassione e la benevolenza che forma il Bodhisattva e la carità che cerchiamo di vivere noi. Ora mi si chiede come viviamo noi quotidianamente l'amore di Dio. Come ho già detto, si ama Dio facendo la sua volontà. Ma una volontà di Dio particolare è quella di amare i fratelli...La nostra esperienza poi ci dice che l'amore per il prossimo e quello per Dio sono legati, e più cresce l'uno più cresce l'altro, come in una pianticella, più la radice s'affonda nel terreno più il fusticino cresce verso l'altro".* Cfr. *Ibid., p.217 ss.*

- è la base di ogni collaborazione e di ogni sforzo per realizzare una società migliore". Un altro pensiero "fortemente stimolante per noi cristiani" è quello di Nichiko Niwano che afferma: "Nel mondo vi sono molte lingue, ma la lingua del dolore è uguale per tutti gli uomini e tutti la comprendono". Conclude E.M.Fondi dicendo che ciò "è stimolante perchè ci invita a far nostro il dolore altrui, il che per noi cristiani significa trasformarlo in amore...Dare testimonianza di questo unico amore significa giungere, nel dialogo con i nostri fratelli Buddhisti, ai livelli più profondi di comprensione e di comunione...".

È indi invitato a parlare il Card. Francis ARINZE, il quale si sofferma sul tema *Il nuovo impegno delle Religioni per la promozione dell'uomo e per la pace nel mondo*. Il suo pensiero corre subito al "cammino che l'Associazione Buddhista Risshō Kōsei-Kai e la Chiesa Cattolica hanno fatto in reciproca armonia e collaborazione" e non può non ricordare "la stretta di mano che il Rev.do Nikkyo Niwano e il Papa Paolo VI si scambiavano qui, a Roma, all'apertura della quarta sessione del Concilio Vaticano II". In questo gesto il Cardinale vede "l'intuizione feconda d'un cammino che Buddhisti e Cristiani avrebbero potuto percorrere insieme a servizio dell'uomo concreto nella sua storia, nelle sue angosce, nelle sue sofferenze e nelle sue speranze". Nel rilevare che "le religioni non possono disinteressarsi della promozione dell'uomo, della pace e della convivenza", constata che oggi "tutte le religioni si interessano del comportamento dell'uomo verso il suo prossimo", per il fatto che tutte pongono come fondamentale "la regola di amare gli altri e di trattarli come uno vorrebbe essere trattato". Di qui nasce "l'impegno comune delle religioni in tale direzione" anche per il fatto che "il mondo, l'umanità, i popoli diventano ogni giorno più interdipendenti e ciò che tocca l'uno tocca anche l'altro, dato che - sottolinea il Cardinale - se isole umane sono forse esistite in passato, ora non esistono più".

Passa quindi a parlare del *dialogo* come base "dell'impegno comune dei credenti di tutte le religioni per la promozione umana e la costruzione della pace". In questo, indefessa è l'opera di Giovanni Paolo II, del quale, per ricordare solo qualcuna delle sue numerose iniziative, spicca il suo appello di preghiera per la pace lanciato a tutte le religioni del mondo radunatesi ad Assisi nell'Ottobre 1986. Ricordando questa iniziativa di "importanza storica, simbolica e universale", il Card.Arinze si sofferma su una riflessione: " Si può dire che l'azione della Chiesa e ciò che costituisce la sintesi di tutto il suo sforzo per la promozione umana e la pace, è la predicazione del Vangelo e il vivere quel Vangelo".

Parlando poi della Conferenza Mondiale delle Religioni per la Pace come una fra le tante forme di collaborazione, "non è un caso - afferma - che l'ispiratore principale di tale Conferenza, inaugurata a Kyoto nel 1970 e proseguita a Nairobi, è la stessa persona che fondò l'Associazione Risshō Kōsei Kai, il Venerabile Rev. Presidente Nikkyō Niwano, padre del nostro laureato di oggi". Concludendo, chiede al Signore di "benedire il nostro nuovo Dottore, Rev.do Nichiko Niwano, l'Associazione Buddhista Risshō Kōsei Kai, l'Università Pontificia Salesiana e la collaborazione di tutti i credenti per la promozione umana nella pace...".

Dottorato "honoris causa" in Teologia

L'assiduo e prezioso lavoro che svolge il Presidente trova un altro riconoscimento onorifico a Chicago, il 7 Giugno 1992, presso la Facoltà Teologica Meadville/Lombard (affiliata all'Università di Chicago) dove viene insignito del *Dottorato "honoris causa" in Teologia*, consegnato dal Decano Dr. Spencer Laban, per "essersi dedicato per anni all'educazione della gioventù giapponese secondo gli ideali buddhisti e, come Presidente designato del Movimento R.K.K., per aver promosso il dialogo e la cooperazione tra le religioni per la pace nel mondo". La solenne cerimonia tenutasi a Chicago il 7 Giugno ha visto la presenza di molti studenti con i loro familiari, di membri della facoltà e di rappresentanti della R.K.K. in America.

Una analoga cerimonia si è tenuta il 14 Giugno successivo a Tokyo presso il *Fumon Hall* del Movimento R.K.K. davanti a 4.200 membri tra dirigenti della sede centrale, capi di varie chiese e distretti, trasmessa via satellite a moltissime sedi filiali R.K.K. sparse in tutto il Giappone. Il neo Dottore Niwano Nichiko, nel ringraziare i membri R.K.K considerati tutti come *shinseki* (親戚), cioè *parenti* sempre vicini nel collaborare all'attività missionaria, ha espresso il suo "impegno a proseguire l'esercizio della pratica religiosa formando con tutti i membri un *"medesimo spirito in corpi differenti"* (異体同心 *I-tai dō-shin*). Questo è il secondo riconoscimento onorifico accademico, dopo quello ricevuto a Roma nel 1986 presso l'Università Pontificia Salesiana che lo ha insignito del "Dottorato honoris causa" in Filosofia, come già menzionato. Volendo proseguire ancora sul discorso relativo alle vicende storiche che caratterizzano il Movimento R.K.K., riportiamo ora a larghi tratti alcuni momenti più significativi delle attività svolte dal suo attuale Presidente[147].

Incontri interreligiosi in Europa

Durante l'anno 1991 compie una tournée in Europa visitando alcune nazioni, tra cui, in Maggio, la Svezia dove partecipa ad un incontro presso il Comitato Esecutivo Internazionale della WCRP, cui assicura l'impegno della R.K.K. nella sua cooperazione interreligiosa. Un'altra tappa della sua visita in Europa è Vienna, dove viene accolto dal Segretario Generale del Consiglio Europeo WCRP Nobert K., con il quale si intrattiene in dialogo circa lo sviluppo da dare alle attività della Conferenza nei paesi europei e nel mondo.

Dopo la Svezia e l'Austria, in Giugno si reca a Roma in Vaticano dove **per la prima volta incontra Giovanni Paolo II**, al quale ha l'onore di consegnare a mano una lettera di suo Padre il Fondatore auspicando il successo della sesta Assemblea WCRP da tenere nel 1994 in Italia a Riva del Garda. Ha il piacere di incontrare il Presidente del Pontificio Consiglio per il Dialogo Interreligioso il Cardinale Francis Arinze insieme a tutto il personale addetto al medesimo dicastero, dove svolge il suo lavoro anche un giapponese come sottosegretario, il Salesiano Don Shirieda Giovanni Bosco. L'argomento principale del colloquio è tutto incentrato sul dialogo specifico tra il Movimento R.K.K. ed il Pontificio Consiglio nell'intento di una più profonda reciproca conoscenza e comprensione.

Durante il soggiorno a Roma, il nuovo Presidente deve a che fare con un calendario intenso di appuntamenti. Anzitutto è la Comunità di S.Egidio ad invitarlo per discutere sul VII Incontro Internazionale *Preghiera per la Pace* da tenersi a Milano nel Settembre successivo. Inoltre, in preparazione alla sesta Conferenza Internazionale delle Religioni per la Pace (WCRP) per l'autunno 1994 in Italia (Riva del Garda)[148], non poteva mancare l'incontro congiunto con i dirigenti del Movimento dei Focolarini, della Comunità di S.Egidio, con i membri del Comitato Italiano WCRP, con il

---

[147] Cfr. *A Pictorial Record of Rissho Kosei-Kai '93*, Kosei, Tokyo 1993, pp.36-79
[148] Per i particolari v. p.379

Pontificio Consiglio del Dialogo Interreligioso, con i membri dell'Unione Buddhista Italiana e con alcuni rappresentanti dell'Ebraismo. Il Presidente Niwano Nichiko a tutti assicura la piena compartecipazione del Fondatore R.K.K. e la propria nell'impegno a portare avanti il dialogo interreligioso.

Amichevole e sincero è poi stato il colloquio con il Rettore Magnifico della Pontificia Università Gregoriana P.Giuseppe Pittau, assai noto per la sua operosa e lunga attività in Giappone (circa trent'anni) come missionario gesuita e come Rettore dell'Università Cattolica *Jōchi Daigaku* (上智大学 *Università la Sapienza*) di Tokyo. L'utilizzo della lingua giapponese, assai familiare al Rettore, ha contribuito di certo a creare un clima familiare all'incontro.

Altrettanto cordiale è stata la visita alla Pontificia Università Salesiana, dove incontra il Rettore Magnifico Don Raffaele Farina, con il quale si intrattiene a discutere sui problemi dell'educazione giovanile e su come valorizzare i talenti di ciascuno. Bisogna dire che Niwano Nichiko non è nuovo all'Università Salesiana in quanto il 20 Marzo del 1986 viene insignito da parte della stessa Università del titolo di *Dottore "honoris causa" in Filosofia,* come già ricordato.

Visita in Corea

Un'altra visita del Presidente Nichiko Niwano assume una particolare importanza. È quella compiuta la prima volta in qualità di Presidente, dal 21 al 27 Aprile, nella Corea del Sud dove incontra delle anziane donne giapponesi vedove di coreani in una casa di riposo chiamata *Nazareth*, gestita da un gruppo di Cristiani coreani, in contatto col Movimento R.K.K., da cui periodicamente riceve sussidi ricavati dalla campagna *dono di un pasto per la pace.* Si reca poi a Pusan, dove prende parte ad una cerimonia presso il Centro di Collegamento della R.K.K.

Accolto calorosamente da trecento membri in prevalenza donne e giovani, rivolge loro parole di speranza per una più stretta unione tra fedeli Coreani e Giapponesi del settore giovanile al fine di contribuire alla pace in Asia. Anche presso la Chiesa filiale R.K.K. di Seoul, il Presidente riceve il *benvenuto* da parte dei membri coreani in abiti tradizionali, mentre assiste ad uno spettacolo, offerto in suo onore, con strumenti a percussione in stile coreano tradizionale. Durante il servizio religioso, inoltre, tre membri manifestano la loro testimonianza di fede, mentre il Presidente rivolge esortazioni e direttive circa la pratica religiosa. Infine, insieme a quindici membri coreani partecipa ad una cerimonia commemorativa presso il Cimitero Nazionale in Seoul, costruito nel 1955 per i 160 mila caduti durante la guerra di Corea, ai quali rende omaggio con una corona di fiori auspicando la pace nel mondo.

Visita a Formosa

Dal 24 Settembre per quattro giorni si trova nell'Isola di Formosa, a Taipei, dove prende parte a raduni per la diffusione (o disseminazione) religiosa. Indi, assiste alla cerimonia di collocazione (*nyūbutsu shiki* 入仏式) di una statua di bronzo di Buddha (alta m.1.3) che diventa centro di devozione dei fedeli presso l'Organizzazione Buddhista R.K.K. di Chung Hua. Sono presenti duecento membri di Taiwan, di cui alcuni venuti da T'ainan e da P'ingtung. Vi partecipa anche il Capo dell'Associazione Buddhista Cinese Rev. Wu-ming, il quale si congratula con il Movimento R.K.K. per l'applicazione dei principi Buddhisti nella vita quotidiana. Per l'occasione, nelle parole di saluto, il Rev. Niwano ricorda che Buddha ha emesso il voto di fare del mondo *"una terra pura di pace" (jakkō-jōdo* 寂光浄土, *paradiso buddhista)*, per cui "anche i membri dovrebbero fare il medesimo voto nell'impegno a praticare gli insegnamenti di Buddha, specialmente quelli riguardanti le sei perfezioni molto importanti per un laico buddhista: *carità, osservanza dei comandamenti, perseveranza paziente, dedizione assidua, meditazione, sapienza (discernimento)"*[149].

Viene qui anche ricordato che a Taiwan la diffusione religiosa era iniziata vent'anni prima e che attualmente i fedeli locali salgono a circa duemila. Calda è l'accoglienza riservata a Niwano Nichiko Presidente insieme alla consorte, mentre egli profondamente toccato scorge in quei fedeli altrettanti "membri di famiglia" in grado di rafforzare il suo spirito. Li lascia esortandoli a tramandare gli insegnamenti del Fondatore al maggior numero possibile di persone.

Attività svolte nell'anno 1993

Per l'alba dell'anno nuovo 1993, il Presidente pensa di comporre una scritta (*kigo* 揮毫) in ideogrammi come espressione dei suoi sentimenti di

---

[149] Vedi *ropparamitsu*, p.262

capodanno. E davanti alla comunità (*sanga* サンガ゛) radunata nel Grande Edificio Sacro, con grande gioia mette in mostra due scritte: **kanso** (簡素) *semplicità* e **shōki** (正気) *rettitudine* ed esorta a lavorare alla creazione di un clima di più sentita amicizia tra i membri, basata sul ritorno all'essenza della fede buddhista percorrendo la via del Bodhisattva. Simili esortazioni si addicono specialmente all'anno appena iniziato in cui si commemora il 55° anniversario della fondazione (1938) del Movimento R.K.K. Nello spirito di tale celebrazione, nel corso dell'anno, il Presidente ha sempre accolto i membri delle varie Chiese locali in visita alla sede centrale, venuti a gruppi da ogni parte del Giappone: dal Nord dell'Hokkaido al Sud del Kyushu, come pellegrini per venerare l'Oggetto di Culto *Honzon*.

Così pure si reca in visita ai membri della Corea del Sud (Pusan, Seoul), di Taiwan e dell'America (S.Francisco) dove per tutti ha parole di speranza e di incoraggiamento ad "apprezzare il dono della vita, in cui ognuno costruisce se stesso...convinto che la buddità è accessibile a tutti". Sensibile alla causa della pace palestinese-israeliana, è presente all'incontro con membri dell'Organizzazione di Tel-Aviv *Neve Shalom/Wahat al-Salam* (平和のオアシス) con cui si instaura un dialogo sul tema "*consapevolezza della convivenza*" (共存の英知, *kyōson no eichi*) ponendo in risalto la cooperazione tra le religioni come punto importante per la pace nel mondo. Così pure si intrattiene con i membri pellegrini che vengono alla sede centrale per venerare l'immagine del Buddha Eterno. Particolare premura nutre per i gruppi giovanili della R.K.K., ai quali infonde speranza e coraggio per il buon uso della loro verde età mediante una profonda spiritualità.

Nel ricordo di NICHIREN

Ci riferiamo ai festeggiamenti (*o-e-shiki* お会式) svoltisi il 12 Ottobre 1993, come per tradizione, nel ricordo del 712° anniversario della morte del venerato Maestro Nichiren (1222-1282) il quale occupa nel Movimento R.K.K. un posto importante per la sua dedizione alla salvezza dell'umanità attraverso la disseminazione degli insegnamenti del Sutra del Loto. Le celebrazioni commemorative, avvenute sotto l'incantevole azzurro del cielo autunnale nipponico, hanno attirato presso la sede centrale della R.K.K. circa 80 mila persone, tra membri e cittadini comuni, i quali in segno di letizia e gratitudine al grande e venerato Maestro Nichiren, hanno assistito a manifestazioni folcloristiche lungo le strade.

Assai suggestivo infatti il corteo di 5.500 persone comprendenti i membri R.K.K. e quelli di comunità buddhiste dell'Asia: Corea, Formosa, Hong-Kong, Thailandia e Singapore. Tutti hanno manifestato tenendo in mano lanterne accese, simbolo del loro rinnovato proposito di *proclamare e disseminare largamente il Buddhismo (Kōsen Rufu* 広宣流布*)*. La cerimonia ufficiale nel Grande Edificio Sacro fu presieduta dal Presidente Niwano Nichiko, che ispirandosi alla frase *"un solo cielo, quattro oceani, tutti fanno ritorno alla Legge Meravigliosa" (Itten shi-kai, kaiki myō-hō* (一天四海回帰妙法*)*, rivolge ai presenti l'esortazione ad attingere dallo spirito del Santo Nichiren l'impegno a diffondere gli insegnamenti del Sutra del Loto.

VI Congresso Nazionale "Movimento per una Società Migliore"

Evento tenutosi nel Novembre '93 presso l'edificio *Fumon*. Alla presenza del Principe Ereditario e Consorte, i circa 5000 membri del Consiglio Nazionale del Movimento stesso, provenienti da ogni parte del Giappone, si sono intrattenuti attorno al tema *Per una Società Serena*. Sulla necessità di formare una società serena, piacevole e sana si sofferma a parlare il Direttore Capo del Consiglio Nazionale, l'ex Primo Ministro il Signor Takeo Fukuda, il quale fra l'altro pone l'accento sulla "grande importanza, in tempi di crisi, di rapporti di benevolenza verso il prossimo con la compassione, nella ricerca di armonia e di prosperità a vantaggio di tutti". Termina il saluto ai presenti incoraggiandoli a dedicarsi alla causa della pace. Il Principe Ereditario sottolinea la "responsabilità del Giappone, quale membro della comunità internazionale, di rinnovare la propria gratitudine alle generazioni passate da cui ha ereditato la vita, riflettendo sul proprio ruolo per il futuro". A conclusione del Convegno, il Rev.Niwano Nikkyō si congratula con i partecipanti, convinto che il Movimento contribuirà a trovare vie sempre migliori per la pace nel mondo.

Secondo Pellegrinaggio Internazionale (6-9 Aprile 1995)

Un evento di grande portata è stato quello che ha visto riuniti alla sede centrale R.K.K. di Tokyo 635 membri rappresentanti di Chiese Succursali di 15 Nazioni del mondo (dalla Korea al Brasile, dal Nepal all'Australia, da Taiwan a U.S.A., dalla Thailandia alla Federzazione Russa, alla Germania ecc...) intervenuti, insieme a varie migliaia di giapponesi, in occasione del 90° genetliaco del Fondatore Niwano Nikkyō (開祖さま卆寿, *Kaiso-sama setsu-ju*) al quale hanno rinnovato la loro affettuosa gratitudine con i migliori auspici per una vita ancor più longeva ed operosa nella guida del Movimento. Otto nazioni in più erano questa volta rappresentate a confronto del primo Pellegrinaggio del 1991: un segno di vitalità e di maggior apprezzamento per il Movimento e le sue finalità da parte di gruppi culturalmente differenti, ma uniti in un solo spirito secondo il detto di Nichiren "*I-tai dō-shin* 異体同心 *un medesimo spirito in corpi differenti*. In concomitanza ai festeggiamenti per il Fondatore, un'altra grande ed importante ricorrenza annuale è stata celebrata l'8 Aprile, cioè la

Natività di Buddha 降誕会 *Kōtan-E*
Festa dei fiori 花祭り *Hana-Matsuri*

È primavera. Ciliegi in fiore. Si festeggia la Natività di Buddha. Sul grande palco-santuario, all'interno del *Dai-Seidō,* ai piedi di *Honzon,* viene esposta la statua di *Buddha Infante* su di un baldacchino ornato di fiori. Fa seguito la recitazione del Sutra del Loto (*Kyōden* 経典) da parte di circa ottomila presenti con voce energica e pacata, intercalando alla fine di ogni capitolo il *daimoku: Namu myō-hō renge-kyō (南無妙法蓮華経), Lode alla Legge Meravigliosa del Fior di Loto!* a cui si aggiungono i rintocchi del gong. Così pure, le voci corali degli oranti vengono accompagnate, in un crescendo finale, da colpi ritmati di due imponenti tamburi (*taiko* 太鼓) creando un'atmosfera impregnata di spirituale esaltazione. Indi, folclore e spettacolo si fondono col sacro quando 16 giovani donne, dai costumi variopinti, incedono eleganti e solenni a ritmo musicale di danza in direzione del *Buddha Infante,* al quale rendono devoto omaggio offrendo cestini di bellissimi fiori, simboli di universale pacifica convivenza.

Recitata in otto lingue da rappresentanti dei rispettivi paesi la formula del *triplice abbandono, sanki-e* (三帰依) "*prendo rifugio nel Buddha, nel Dharma e nel Sangha",* seguono due interventi sulla propria esperienza vissuta (体験説法, *taiken seppō*) da parte di un rappresentante di Taiwan e di Los Angeles.

Inoltre, i presenti hanno un sussulto di giubilo espresso in scroscianti applausi, nel momento in cui assistono al suggestivo e toccante gesto di un rappresentante del Nepal, ritenuto discendente della famiglia *Shaka,* il quale compie, in segno di devoto omaggio, l'atto di versare sulla statuetta (*kan-butsu* 潅仏) *l'acqua santa* (*sei-sui* 聖水) attinta alle sorgenti del proprio paese nelle vicinanze di *Lumbini,* luogo di nascita dell'Illuminato. Tale gesto viene ripetuto dal Fondatore e dal Presidente Niwano Nichiko.[150] Quest'ultimo, nel suo sermone (*seppō* 説法) ricorda a tutti la necessità di seguire la sapienza di Buddha (*Hotoke no chie* 仏の智慧) che indica la via della salvezza, esortando tutti alla testimonianza quotidiana e ad assimilare quanto insegna il Fondatore. Ed aggiunge che "è importante vivere momento per momento, consapevoli della continua mutevolezza del tempo…" Il Fondatore, a sua volta, rivolto ai convenuti, fa riferimento alle parole della co-Fondatrice Myōkō Sensei la quale, in base alle *rivelazioni divine* (*Shin-ji* 神示), affermava: *"L'Associazione Risshō Kōsei-Kai in quanto tale dovrà diffondere il Sutra del Loto in tutte le nazioni sparse nel mondo!".* "Queste parole, in quel momento, io non potevo credere si potessero avverare, ma – esclama Niwano – oggi sono contento che voi tutti, come seguaci di Buddha provenienti da oltre i mari, da ogni parte del mondo, offrite un segno che tali parole si sono avverate, tenendovi uniti nel dottrina del *dharma*.

Prende poi la parola il Signor Uchida, Direttore Generale, il quale mentre rivolge il suo cordiale saluto di benvenuti a tutti i presenti, si sofferma, fra l'altro, sulla situazione internazionale dove molti vivono nell'indigenza a cui è necessario venire incontro con la solidarietà di tutti. Inoltre volge il pensiero al Presidente Fondatore per il suo 90° genetliaco riaffermando la gratitudine per la sua instancabile attività, fin dalle origini della R.K.K. unitamente alla co-Fondatrice Mykō Sensei. "Con l'augurio di ancora lunga vita al Fondatore – prosegue il Direttore Generale Uchida – è nostro proposito seguirne l'esempio aderendo alla via di Buddha nella recita del Sutra del Loto e nella pratica del suo insegnamento nella vita quotidiana, mediante comportamenti degni di una persona umana. Ciò facendo, l'umanità potrà essere migliore superando le barriere dei confini

---

366 La cerimonia di versare l'acqua su Buddha Infante ricorda quella avvenuta alla sua nascita quando degli esseri, secondo la leggenda, sotto forma di draghi, hanno versato sul neonato acqua profumata ed aromi preziosi in atto di venerazione. Attualmente si usa versare anche il tè dolce, *amacha* 甘茶 che viene poi offerto a tutti i partecipanti alla festa.

egoistici individuali e nazionali". L'esecuzione stupenda di alcuni pezzi musicali da parte della nutrita orchestra R.K.K. pone fine al programma della mattinata.

In margine ai suddetti festeggiamenti che mi hanno visto ospite del Movimento R.K.K. insieme ad Agnese, potrei soffermarmi anche in altri particolari. Dirò solo che quelle giornate sono state dense di appuntamenti come la partecipazione a una *lezione-conferenza* da parte del Prof.Suzuki Konosuke sulle idee matrici buddhiste che animano tutti i membri del Movimento. Riassumendo il suo pensiero, oltre alla gratitudine da nutrire nei riguardi dei defunti antenati, viene presentato Buddha come chi ha ricevuto l'*illuminazione,satori* (悟) in merito alla *verità operante (hataraite iru shinri* (働いている真理). Il Professore sottolinea che si tratta della ricerca della verità che fa felici gli uomini, vivendo realisticamente *con i piedi a terra* essendo grati alla vita stessa che è degna di essere vissuta. Dire vita vuol dire ovviamente tutti gli esseri senzienti in questo mondo soggetto a continuo mutamento: di qui l'interdipendenza dei rapporti che dovrebbero essere praticati in modo consapevole e pacifico ricordando che "per cambiare gli altri, bisogna prima cambiare se stessi *(*自分が変われば相手は変わる, *Jibun-ga-kawareba, aite-wa-kawaru*).

Inoltre, nel quadro dei festeggiamenti e del pellegrinaggio, ogni gruppo ha potuto visitare una Chiesa della R.K.K. a Tokyo. La Chiesa da noi visitata con il nostro gruppo è stata quella di *Tachikawa* 立川教会, dove, accolti con molta cortesia, abbiamo fatto conoscenza di vari membri della R.K.K. e delle loro attività.

Visita in Sri Lanka

Nel Dicembre 2003 il Rev. Nichiko Niwano Presidente si reca in Sri Lanka per ricambiare la visita alla sede centrale R.K.K. di Tokyo dei leadears Teravadin nel Giugno 2002. Incontrando i Prelati della setta Siam, delle sette Ramanna e Amarapura, discutono sugli sforzi interreligiosi per assicurare la pace in Sri Lanka. Dopo aver preso parte, nella città di Colombo, alla cerimonia di "benvenuto", il Presidente ha fatto visita anche al centro Risshō Kōsei-Kai di Sri Lanka[151].

---

[151] Cfr. Dharma World, Mar./Apr. 2004 Vol 31, p.1

Volendo ancora integrare quanto sopra descritto sulle principali vicende storiche del Movimento R.K.K., vogliamo aggiungere qualche altro elemento valido ai fini di una ricerca più completa. A tale scopo vogliamo ora spendere alcune righe, affatto marginali, su una figura di spicco alla quale il Movimento R.K.K. deve tanto per la sua dinamica e generosa operosità.

Il Rev. NAGANUMA MOTOYUKI Direttore Generale

Nato nella Provincia di Saitama, secondo figlio maschio fra undici tra fratelli e sorelle, nel 1948 ha l'incarico di Direttore della Sede Centrale della R.K.K., mentre l'anno seguente quello di Amministratore. Giunge l'anno 1952 in cui viene nominato Direttore Generale (*riji-chō*.理事長). Grande è l'importanza che nel Movimento R.K.K. assume la figura del *Direttore Generale*. Dopo il Presidente, è come il numero uno di tutta l'Organizzazione. A lui, assistito dai suoi Consiglieri, fa capo tutta l'attività organizzativa con piena facoltà direzionale ed esecutiva con conseguente grande responsabilità davanti a tutti i membri del Movimento.

Oltre il periodo che stiamo analizzando, vari decenni hanno visto il Rev.NAGANUMA Motoyuki 長沼基之 esercitare con successo il servizio di dedizione alla causa della pace in qualità di Direttore Generale, le cui molteplici attività [152] si possono riassumere nelle frequenti sue visite alle varie Chiese R.K.K. sparse in patria ed all'estero, dove spesso racconta volentieri alcuni episodi concernenti la vita della Co-Fondatrice Naganuma Myōkō Sensei.

Nel Febbraio del 1993 si reca nella **Repubblica Cinese di Taiwan** per l'inaugurazione di una nuova Chiesa filiale, dove incontra 300 membri di Taipei, T'ainan e Kao-p'ing. Si fa notare che la disseminazione-diffusione degli insegnamenti della R.K.K. ha avuto inizio dal 1973 mediante tre uffici di collegamento che in seguito sono stati elevati al grado di capitoli della nuova filiale. Questa conta 2000 membri sotto la direzione del Rev. Tanaka Nobuyoshi ex Direttore della Chiesa filiale Toyoda di Tokyo, il quale è impegnato a portare avanti progetti socio-umanitari regionali mediante la propria Fondazione Carità.

---

[152] Cfr. *A Pictorial Record of R.K.K. 1993*, cit., pp.80-89

Anche **Hong Kong**, dove la disseminazione ha avuto inizio nel 1982, è stata visitata dal Rev. Naganuma che ha presieduto alla cerimonia di apertura di una nuova Chiesa filiale a Kowloon alla presenza di 35 membri locali. L'intera comunità R.K.K. è costituita di 55 nuclei familiari, di cui 37 sono cinesi. In questa filiale si svolgono regolarmente corsi di cucina e lingua giapponese.

Il suo impegno per **la pace nel mondo** si esprime nei modi più variegati, tra cui sono da segnalare i colloqui sulla pace con docenti (come il Dr. Graham) dell'Università di Cambridge o sulla Cooperazione religiosa con docenti (come il Dr. Hasanen Labie) dell'Università del Cairo e con i responsabili della Comunità di S.Egidio (Roma) per il settore laico giovanile sui problemi dell'Asia.

Significativo l'incontro nello **Sri Lanka** con il promotore della campagna per lo sviluppo dell'agricoltura, Dr. Aliyalatone insignito del *Premio Niwano per la Pace*. Il Rev. Naganuma esprime così il permanente interesse che il Movimento R.K.K. nutre per tutto qurello che concerne l'alimentazione e la conseguente salute fisica dei paesi più poveri.

Dopo 42 anni di intenso lavoro quale Direttore Generale della R.K.K. **si congeda** dal suo posto nel Dicembre 1993. Gli succede il suo Vice Rev.Masataka Uchida nominato dal Consiglio Direttivo. Nel rivolgere il suo saluto nel Grande Edificio Sacro, il Rev. Naganuma esprime la sua profonda gratitudine alla Divinità ed a Buddha per la loro costante protezione ed a tutti i membri della R.K.K. per il loro sostegno alle sue responsabilità nel lavoro svolto in qualità di Direttore Generale. Fin dal 1952, infatti, si è adoperato attivamente nella guida di leaders e di membri delle varie Chiese nella disseminazione degli insegnamenti della R.K.K. in Giappone ed all'estero.

Sempre presente alle Assemblee Mondiali delle Religioni per la Pace (WCRP) ed a quelle dell'Asia per la Libertà Religiosa (IARF), nel 1992 il Rev.Naganuma ha fatto pervenire alla Sede delle Nazioni Unite delle proposte di pace in occasione delle celebrazioni del 10° Anniversario della fondazione del Centro Buddhista R.K.K. a New York.

"Persona di grandi meriti e talenti, ben presto fin dall'inizio seppe impegnarsi quale pioniere nel diffondere la fede, unitamente al senso di responsabilità negli affari pratici a fianco del Fondatore Niwano Nikkyō, della co-Fondatrice Naganuma Myōkō Sensei e del Presidente Niwano Nichiko. Grazie alla sua meritoria dedizione, il Direttore Generale

Naganuma ha portato avanti in modo efficace lo sviluppo del nostro Movimento a partire dalle sue fondamenta fino al giorno d'oggi".

Con queste parole di elogio [153] ritenute insufficienti dallo stesso Fondatore che le ha pronunciate, il Rev.Naganuma lascia il suo incarico con sentimenti di gratitudine.

Membri R.K.K. con gradi accademici presso Università Pontificie

Tra i membri del Movimento, è da ricordare il Sig.KAWAMOTO Koichi il quale, in un clima dialogico, ha potuto svolgere il suo curriculum di studi impegnandosi nella frequenza assidua ai corsi di Dogmatica Fondamentale presso l'Università Pontificia Salesiana di Roma, indi ai corsi di Missiologia presso la Pontificia Università Gregoriana (PUG), dove sotto la direzione solerte del Prof.Michael Fuss, il 18 Marzo 1999 ha difeso con pieno successo la Tesi di Dottorato *"La Dinamica del Dharma e della Missione. Confronto tra il Sutra del Loto e il Cristianesimo"*.

Dopo la preghiera recitata dal Candidato esprimendo il proprio rifugio in Buddha, nel Dharma e nella Comunità, il tema *"La Missione"* è stata presentata in modo esemplare sotto il duplice aspetto buddhista e cristiano senza avanzare giudizi di merito, ma come invito alla constatazione di due visuali differenti, ma non constrastanti, sulle *azioni ad intra* e *ad extra del Dio Trinitario* e le *azioni del Dharma operanti attraverso "sapienti mezzi, hoben,* 方便*"*.

Non è la prima volta che un membro della R.K.K. viene bene accolto presso le Università Pontificie. Vari anni or sono, è stata la volta del Sig.TANEDA Koichiro presso l'Ateneo Salesiano. Così pure un altro membro della R.K.K., NIWANO Munehiro sta per conseguire il Dottorato presso la Facoltà di Teologia della PUG. Ed attualmente, il Sig.TANAKA Hiromasa altro membro della R.K.K. frequenta l'Università Pontificia Salesiana dove è iscritto presso la facoltà di filosofia.

Si coglie qui il significato decisamente positivo quale grande passo in avanti nel dialogo interreligioso che fa ben sperare per il futuro delle Religioni.

---

[153] Cfr. *A Pictorial Record of R.K.K '93*, cit., p. 88

Giunti quasi al termine del nostro studio, non possiamo passare sotto silenzio una manifestaione importante svoltasi nel 2006 in Giappone ai fini della pace tra le Religioni e tra i popoli. Si tratta dell'*Ottava Conferenza Mondiale delle Religioni per la Pace* di Kyoto (26-29 Agosto 2006), dove il Movimento R.K.K. viene pienamente coinvolto mediante la sua partecipazione attiva e preziosa per il successo della Conferenza stessa

VIII CONFERENZA MONDIALE RELIGIONI PER LA PACE
Kyōto, 26-29 Agosto 2006

Riportiamo ora quanto appreso dalla stampa locale giapponese[154] e dalla Sezione italiana W.C.R.P.[155] sulla *preparazione* e sullo *svolgimento* della Conferenza Mondiale delle Religioni per la Pace a Kyōto.

Mondo giovanile per il dialogo

Con il cuore e gli occhi rivolti all'imminente Conferenza di Kyōto, allo scopo di prendere coscienza dell'importante necessità del *dialogo* e della *comprensione reciproca,* viene creato un *network* di un *Comitato Gruppo Giovanile* costituito da 24 rappresentanti delle varie religioni: Protestanti, Cattolici, Musulmani, Ebrei, Induisti, Sikh, Bahai, Buddhisti provenienti da 12 paesi Occidentali, Medio Oriente (Palestina, Israele) e dell'Asia si incontrano a Ginevra dall'11 al 13 Luglio.

Indi a Gerusalemme, dal 14 al 16 Luglio, attorno alla *Torre dell'Ulivo* avviene l'incontro di 21 giovani israeliani e palestinesi. In ambedue gli incontri, si dialoga sull'attuale situazione di violenza proponendo soluzioni ai conflitti con il dialogo e la comprensione reciproca. Su tale scia si colloca il saluto rivolto ai partecipanti da parte di Matsumoto Kōichi, vice Presidente Comitato Internazionale dei Giovani (IYC) della WCRP ed

---

[154] Cfr. *Kōsei Shinbun,* Settimanale, Kōsei Shuppansha, Tokyo 2006, n.2309 e n.2312
[155] Cfr. *Religioni per la Pace,* Lettera n.96, 10 Sett.2006 e Lettera n.97, 10 Nov.2006; Roma, via Pio VIII, 38-D-2

attuale Presidente dell'Associazione Centrale dei Giovani della Risshō Kōsei-Kai.

Pertanto, dopo i suddetti incontri, per la prima volta avviene, dal 21 al 25 Luglio, l'Incontro Mondiale Giovanile della WCRP che inizia nella città dell'atomica di Hiroshima per concludersi a Kyoto inserendosi nella Conferenza Mondiale di cui sopra. Per i 200 e più giovani aderenti a varie religioni di 45 nazioni, in un condiviso contesto interlocutorio e paritario, *coraggio e cooperazione per la pace nel mondo* sono i punti di partenza di speranza per un futuro migliore per l'umanità.

Donne impegnate per un mondo di pace

L'incontro per due giorni (24-25 Agosto) a Kyoto di circa cinquecento donne provenienti da cinquantuno paesi ha preceduto l'VIII Conferenza Mondiale delle Religioni per la Pace. L'apertura dei lavori è preceduta dalla presentazione, da parte del Maestro Hasaka Yūhō, della cultura tradizionale giapponese relativa alla cerimonia del *sadō* (茶道) *via del tè,* cui segue l'offerta del tè. All'incontro è da segnalare la presenza della Signora Niwano Kōshō, Presidente designata della R.K.K., insieme a molte donne osservatrici appartenenti alla R.K.K.

Come far fronte alla guerra, alla violazione dei diritti umani, alla violenza sui bambini, sulle donne, sulle persone discriminate, sulle popolazioni inermi ecc, sono gli argomenti trattati dalle donne d'Africa, d'Asia, del Medio Oriente, dei Paesi del Pacifico, dell'America Latina, Caraibi, Nord America e dell'Europa riunite in cinque gruppi all'interno di un clima familiare animato dalla fede, pur nella diversità di lingua, di religione e di cultura. Con punti di vista differenti nell'intento di giungere ad una *azione condivisa* mediante l'*educazione alla pace*, l'assemblea delle donne lancia un appello accorato racchiuso in una ben articolata *dichiarazione finale* dove è chiara l'istanza per un maggior riconoscimento del mondo femminile impegnato nei vari campi delle attività umane.

"*Infine* – concludono le donne – *noi facciamo appello a noi stesse per personificare il cambiamento che noi vogliamo vedere nel mondo ed essere strumento nel realizzare la pace e sviluppo sostenibile per le nostre famiglie, le comunità ed il mondo intero*".

E così, con il valido supporto dei giovani e delle donne, si svolge **a Kyoto l'VIII Conferenza Mondiale delle Religioni per la Pace,** di cui riportiamo alcuni momenti più significativi. Dal 26 al 29 Agosto 2006, a 36 anni dal primo incontro a Kyoto (1970), nell'Auditorio Internazionale di Kyoto (Giappone), si apre l'Ottava Assemblea Mondiale delle Religioni per la Pace (WCRP). A grandi caratteri troneggia sullo sfondo del palco la scritta in ideogramma cino-giapponese 道 **DŌ** "**STRADA**".

Attorno al tema "*Religioni riunite per la Pace: vincere la violenza e promuovere la sicurezza condivisa*" si incontrano duemila partecipanti, provenienti da circa cento paesi e da località regionali con ottocento leaders rappresentanti delle Religioni mondiali: Musulmani Sunniti e Sciiti, Sikh, Jainisti, Shintoisti, Zoroastriani, Indigeni, Buddhisti, Baha'i, Hindu, Ebrei e Cristiani delle diverse Chiese, Religioni tradizionali d'Africa e d'America insieme a numerose istituzioni governative ed a rappresentanti della società civile.

Massiccia la presenza di operatori volontari del Movimento Risshō Kōsei-Kai impegnati nell'organizzazione logistica per la buona riuscita della Conferenza.

Inoltre, tra i leaders, si segnalano le presenze più significative: cinque rappresentanti del Movimento Risshō Kōsei-Kai tra i quali figurano il Presidente Niwano Nichikō, attualmente Direttore Generale del Comitato Giapponese WCRP, e Niwano Kōshō Presidente designata della R.K.K.; Mohammad Katami, ex Presidente dell'Iran; El Hassan Principe di Giordania (Moderatore della Conferenza); David Rosen, Rabbino; il Cardinale Julio Terrazas di Santa Cruz (Bolivia); Il Cardinale Pietro Shirayanagi Seiichi, Mrs.Ann Veneman Direttore esecutivo Unicef; Kjell Magne Bondevik, ex Primo Ministro di Norvegia, insieme a molti altri.

Tra gli argomenti proposti alla discussione dei vari gruppi di lavoro, segnaliamo: *Soluzione dei conflitti, Costruire la pace, Sviluppo sostenibile permanente*". Tra i numerosi saluti, significativo è quello rivolto dal Rev. *Watanabe Eshin* abate-capo della scuola buddhista *Tendai* il quale, con grande fiducia nell'Assemblea di Kyoto, lancia un messaggio a che *tutte le Religioni percorrano la* **strada** *verso la pace* mediante azioni concrete per una pace globale nel dialogo interreligioso al fine di contrastare l'opinione diffusa che le religioni siano la causa diretta o indiretta delle guerre nel mondo.

"Noi persone di religione - sottolinea con forza - prima di parlare sulla giustizia di Dio o sulla sapienza saggia di Buddha, dobbiamo con rinnovati propositi riflettere su noi stessi se siamo o meno degni del nome della pace praticata che scaturisce dall'amore di Dio e dalla compassione di Buddha."

Ben accolto anche il saluto beneaugurante, di cui è data lettura, del Papa Benedetto XVI il quale, richiamandosi al messaggio di pace rivolto per il nuovo anno 2006, pone in risalto il fatto che "se le persone vengono illuminate dallo splendore della verità, sempre e dovunque ed in modo spontaneo si convinceranno ad iniziare il cammino sulle vie della pace".

Così pure quello del Primo Ministro Koizumi Junichiro, il quale esprime l'impegno del governo giapponese a lavorare per la pace mondiale senza l'uso della forza armata. E ricordando la sua recente visita in Israele, Palestina e Giordania, esprime la convinzione che solo spezzando la catena degli odi e della violenza nella libertà lavorando negli interessi comuni di coesistenza e coprosperità, si può trovare la via percorribile per quei popoli.

Il Segretario generale WCRP Dr.William Vendley dichiara, nel suo intervento, che l'Assemblea di tutte le fedi e tradizioni riunita in un tempo critico, deve rigettare le deviazioni che si realizzano all'interno delle diverse comunità religiose. Anche il Segretario Generale dell'Onu, Kofi Annan, invia un messaggio ai partecipanti con l'invito a restare insieme uniti in un'allenza multireligiosa per poter essere effettivi agenti di pace.

Apprezzato anche il messaggio, letto in italiano, inviato da Chiara Lubich Fondatrice dei Focolarini, tutto incentrato sull'*amore che unisce* nell'impegno a mettersi al servizio degli altri.

Prima della cerimonia di chiusura, una dozzina di leaders Sunniti e Sciiti musulmani, in merito alla situazione in Iraq, dichiarano inaccettabile l'uccisione della popolazione civile. A ciò fa eco Yona Metzger, leader religioso ebreo, il quale deplora l'uccisione di popoli innocenti. Dal loro canto leaders Buddisti e Induisti, riguardo alla guerra civile nello Sri Lanka, parlano delle trattative di pace tra il governo ed i guerriglieri delle tigri Tamil.

L'Assemblea si chiude con la *DICHIARAZIONE FINALE,* dove i Delegati dell'Ottava Assemblea di *Religioni per la Pce,* rivolgono un importante e significativo appello alla rete mondiale di Religioni per la Pace a voler

"comprendere la posizione centrale delle donne credenti e situare le preoccupazioni di genere al centro della sua agenda per una sicurezza

partecipata...collaborare con tutti i settori della società, soprattutto nella lotta contro HIV e AIDS". Inoltre, pur nelle diversità religiose, affermano:

"...Siamo fermamente uniti nel nostro impegno a prevenire ed affrontare la violenza in tutte le sue forme, fiduciosi nella capacità della cooperazione multireligiosa di promuovere una visione comune per una sicurezza partecipata. Siamo determinati a lavorare insieme, collaborando con tutti i settori dela società civile per fermare la guerra, costruire comunità più giuste, promuovere l'educazione alla giustizia e alla pace, eliminare la povertà e far progredire uno sviluppo sostenibile in vista del bene delle future generazioni..."

Giunti alla **CONCLUSIONE** della nostra esposizione, vorremmo interrogarci sul profondo significato portante dell'Assemblea Mondiale delle Religioni per la Pace svoltasi a Kyoto nell'Agosto 2006, paragonata (secondo il giornale *Kōsei*) ad una *Grande Hōza (Dai-Hōza* 大法座*)*. Certo è che quello che ha unito i partecipanti è stato il tema della *PACE* da raggiungere con mezzi pacifici volti all'*Educazione alla Pace.* Era questo il **Sogno** di NIWANO Nikkyō.

Il caso volle che il 15 Novembre dello stesso anno si celebrasse a Tokyo il 100° Anniversario della Nascita del Fondatore NIWANO Nikkyō da parte dei membri del Movimento Risshō Kōsei-Kai; i quali, all'interno del Grande Edificio Sacro lo hanno ricordato con affetto e gratitudine col proposito di seguire i suoi esempi operando per la pace insieme a tutti, pur nelle differenze religiose[156]. Non è azzardato pensare che il sogno di Niwano si stia avverando. Sogno che si compendia in un *motto* che fu di Nichiren Daishōnin e che il Fondatore Niwano ha fatto suo come programma di vita:

異 体 同 心

I T A I - D Ō S H I N

Stesso Spirito in Corpi Differenti

---

[156] *Kōsei Shinbun,* Settimanale, Kōsei Shuppansha, Tokyo 26.11.2006, n.2323, numero speciale per il 100° Anniversario Nascita del Fondatore Niwano.

BIBLIOGRAFIA

1. RISSHŌ KŌSEI KAI 立正佼成会

FONTI

NIWANO, NICHIKŌ: *Mio Padre e Maestro viaggio spirituale*, Città Nuova, Roma 1986
- *The Inward Path,* Kosei, Tokyo 1997
- *Modern Meditations,* Kosei, Tokyo 1997

NIWANO, NIKKYŌ: *Travel to Infinity. An Autobiography of the President of an Organization of Buddhist Laymen in Japan*, transl. Chido Takeda and Wilhelm Schiffer, Kosei, Tokyo 1968
-*Honzon. The Object of Worship of Risshō Kōsei-kai*, trans.C.Takeda, Wilhelm Schiffer, Kosei, Tokyo 1969
- *The Richer Life*, Kosei, Tokyo 1975
- *A Buddhist Appproach to Peace*, Kosei Tokyo 1977
- *Shakyamuni Buddha (Biografia),* Queriniana, Brescia, 1982
-*The Meaningful Life*, Kosei, Tokyo, 1982
-*Some thoughts on peace* (Heiwa e no watakushi no teisho, *Un mio progetto per la pace*), first bilingual edition, Kosei,Tokyo,1984
-*Kaiso, Zuikan*: pensieri sparsi del Fondatore, Kosei, Tokyo, 1993
-*Lifetime Beginner* An Autobiografy, Third Edition, Kosei,Tokyo '94
-*The Wholesome Family Life*, Kosei, Tokyo, 1994

-*Invisible Eyelashes* (*Seeing What Is Closest to Us*), Kosei, Tokyo '97
RISSHŌ KŌSEI KAI: *Risshō Kōsei-kai*, Kosei Tokyo,1966
RISSHŌ KŌSEI KAI: *Risshō Kōsei Kai (The History of RKK)*, 5 volumi, Kyodanshi Hensan Iikai, Tokyo 1984

- *Risshō Kōsei-kai: Un'Organizzazione Buddhista Laica*, Kosei Tokyo, 1984
- *The Story of Risshō Kōsei-kai*, Kosei, Tokyo, 1982
- *Buddhist Living*, Kosei, Tokyo, 1981
- *Basic Buddhist Teaching*, Kosei, Tokyo,1981
- *Risshō Kosei-kai*, Kosei, Tokyo, 1994
- *Watakushitachi no Heiwa Katsudō* , La nostra attività per la pace, Kosei Tokyo, 1986
- *Rissho Kōsei-kai: Practical Buddhism and Interreligious Cooperation* ,Kosei Tokyo, 1986
- *Echoes of Peace* (Philantropy and Religion), Quarterly Bulletin of the Niwano Peace Foundation, No.47, January 1995
- *Atarashii kai-in no tame ni* 新しい会員のために *Per i nuovi membri* Kosei,Tokyo, 1992
- *Risshō Kōsei-kai and peace activities* , Kosei 1994
- *A Pictorial Record of Risshō Kōsei-kai* Kosei, Tokyo, 1992-1993-1994-1995-1996-1997-1998-1999
- *Kyō-den* 経典 (*Sutra reading, inglese e giapponese*), Kosei, 1994
- *Great Strides into Future - Mirai e no hiyaku* 未来への飛躍
  Rapido balzo verso il futuro (The Inheritance of the Law Lamp Commemorative Publication), Tokyo, Tip.Tanaka 1991

Periodici

Dharma World, (For living Buddhism and Interfaith Dialogue), Bimensile, Kosei, Tokyo

Yakushin 躍進, Mensile, Kosei, Tokyo

Kōsei 佼成, Mensile, Kosei, Tokyo

Kōsei Shinbun 佼成新聞, Settimanale, Kosei, Tokyo

Studi sul movimento R.K.K.

ALESSANDRINI, TARCISIO: ***Risshō Kōsei-Kai. Movimento buddhista laico del Giappone contemporaneo,*** in *Buddhismo in Occidente*, Religioni e Sette nel mondo, 18, Anno 5, Numero 2, GRIS, Bologna 1999-2000, pp.84-131

ALESSANDRINI, TARCISIO: ***Nuovo e Antico nel Giappone contemporaneo,*** in *Dharma,* periodico Fondaz.Maitreya, n.14, Roma 2003, p.44

ANDERSON W., RICHARD: ***Risshō Kōsei-kai and the Bodhisattva Way,*** *Religious Ideals,Conflict, Gender and Status,* Nanzan Studies in Religion and Culture, Japanese Journal of Religious Studies 1994-21/2-3, pp.311-337

GANNES, GILBERT: ***Buddhismo giapponese in dialogo*** (*Incontro con la Risshō Kōsei-kai*), Città Nuova Ed., Roma, 1983

GUTHRIE, STEWART: ***A Japanese New Religion,*** *Risshō Kōsei-kai in a Mountain Hamlet*, Center for Japanese Studies, The University of Michigan, 1988

ITALIANDER, ROLF: ***Eine Religion für den Frieden***, Erlangen '73

ITALIANDER, ROLF: ***Harmonie mit dem Universum***, Freiburg '97

ITALIANDER, ROLF: ***Ein Mann kämpft für den Frieden. Nikkyō Niwano***, Freiburg 1982

KISALA, ROBERT: ***Etica sociale e attività di welfare delle nuove religioni. Il caso del Tenrikyō e del Risshō Kōsei Kai***, in: *Religioni e Società 17* (1994)

KOHLER, WERNER: ***Die Lotus-Lehre und die modernen Religionen in Japan***, Atlantis: Zürich 1962

McFARLAND, H. NEILL: *Risshō Kōsei Kai: Buddhism of and for*

Laymen, in *The Rush Hour of the Gods*, Collie McMillan Ltd., London 1967, pp.173-193

NEHRING, ANDREAS: *Risshō Kōsei-kai. Eine neubuddhistische Religion in Japan*, Erlangen 1992

OFFNER, C. B. & VAN STRAELEN, HENRY: *Risshō Kōsei-kai* in *Modern Japanese Religions*, Leiden E.J.Brill 1963, pp.95-98

ROBINSON, R. H.& JOHNSON-WILLARD, L.J.: *Una vita religiosa in un mondo secolare*, in *La Religione Buddhista*, Ubaldini Ed.Roma 1998, pp.320-325

SPAE, J. JOSEPH: *Popular Buddhist religiosity: Risshō Kōsei-kai* in *Japanese Religiosity*, Oriens Institute for Religious Research, Tokyo, 1971, pp.233-248

THOMSEN, HARRY: *Risshō Kōsei Kai* in *The New Religions of Japan*, Charles E.Tuttle Co.Publishers (Rutland, Vermont), Tokyo, 1969, pp.117-126

Studi sulla HŌZA

DALE, K. J.: *Circle of Harmony*, *A Case Study in Popular Japanese Buddhism* (with Implications for Christian Mission), Chapter Ten: *Japanese and Western Religiosity* by Susumu AKAHOSHI, M.D. presso Biblioteca R.K.K. di Tokyo, n.189-D32, Edizione Seibunsha, pp.170-190.

*"Hōza no kihonteki na futatsu no kinō"*法座の基本的な二つの機能, *Due funzioni fondamentali della hoza*, (Testo diffuso dalla Chiesa R.K.K. di Minato, Tokyo 1995)

2. STUDI GENERALI

Giappone Antico

AA.VV.: *Il Giappone prima dell'Occidente*, (*4000 anni di arte e culto*), Ediz.De Luca, Roma 1995

DENTONI, FRANCESCO: *Feste e stagioni in Giappone*, una ricerca storico-religiosa, Borla 1980

ELISSEEFF, VADIME: *Giappone*, (*Archaelogia Mundi, Enciclopedia Archeologica*),Le Edizioni Nagel 1976

HERBERT, JEAN: *Aux Sources du Japon*, Paris 1964

ISHIDA, EI-ICHIRO: *Japanese culture* (a study of origins and characteristics), Tokyo 1968

KIDDER, J.EDWARD: *Il Giappone prima del Buddhismo*, Mondatori, Milano 1960

MUCCIOLI, MARCELLO: *Lo Shintoismo, Religione nazionale del Giappone*, Ist.Ed.Galileo, Milano 1948

NITOBE, INAZŌ: *Bushidō*, Edizioni Sanno-kai, Padova 1980

SAMSON, GEORGE B.: *A History of Japan to 1334*, London, Cresset Press 1958

TUCCI, GIUSEPPE: *Il Giappone. Tradizione storica e tradizione artistica*, Milano 1943

YANAGITA, KUNIO: *About our Ancestors: the Japanese Family System*, Tokyo 1970

YASUMARO: *Ko-ji-ki* 古事記 *(Vecchie Cose Scritte), Il più antico libro di Mitologia e Storia del Giappone,* Prima Versione italiana di MARIO MAREGA, Laterza & Figli, Bari 1938

Giappone in generale

AURITI, GIACINTO: *Compendio di storia della cultura giapponese*, Firenze 1948

BARTHES, ROLAND: *L'Impero dei segni*, Einaudi, Torino 1984

BEASLEY, W.GERALD: *The modern History of Japan*, London

1963, tr.it.*Storia del Giappone moderno,* Torino 1969

BENEDICT, RUTH: **Il crisantemo e la spada**, Biblioteca Un. Rizzoli, Milano1991

BERSIHAND, ROGER: **Histoire du Japon**, Paris 1958,Trad.it.*Storia del Giappone,*Bologna 1968

CORONA, MARIO: **Il Giappone dei Samurai**, Fratelli Melita Editori, Milano 1990

CORRADINI, PIERO: **Introduzione alla storia del Giappone**, Bulzoni, Roma 1992

DE LUCA FERRERO, M.COSTANZA: **Studi giapponesi di letteratura e teatro,** Filelfo, Ancona 1983

DENTONI, FRANCESCO: **Il Giappone nel dilemma fra tradizione e modernità**, (*La figura e l'opera di Yanagita Kunio*), Università Gregoriana Editrice, Roma 1982

DE PALMA, DANIELA: **Storia del Giappone contemporaneo,** Bulzoni, Roma 2003

DONALD KEENE: **La Letteratura Giapponese**, Sansoni Ed.Firenze, 1960(?)

FREDERIC, LOUIS: **La vita quotidiana in Giappone al tempo dei Samurai (1185-1603)**, Biblioteca Universale Rizzoli, Milano 1997

HEARN, LAFCADIO: **Spigolature nei campi di Buddho**, Studi d'Estremo Oriente, Gius.Laterza & figli, Bari 1922

LELONG, MAURICE: **Giappone**, Città Nuova Ed., Roma 1972

LEMIERE, ALAIN: **Arte Giapponese**, A.Mondadori Ed. 1958

KERR, ALEX: **Il Giappone e la gloria,** Feltrinelli, Milano 1999

MINISTERO AFFARI ESTERI, GIAPPONE (a cura): **Panorama storico culturale del Giappone**, Edizione a cura della *Publiworld*, Roma 1987

MUCCIOLI, MARCELLO: **La Letteratura Giapponese e Coreana**, Sansoni Accad., Milano 1969

NAKANE, CHIE: **La società giapponese**, R.Cortina Ed., Milano 1992

NORMAN, E.HERBERT: *La nascita del Giappone moderno*, Einaudi, Torino 1975

PASQUALOTTO, GIANGIORGIO: *Estetica del vuoto*, Arte e meditazione nelle culture d'Oriente, Marsilio Ed., Venezia 2004

PETTAZZONI, R.: *Religione e politica religiosa del Giappone moderno*, Roma 1934

RANDOM, MICHEL: *Giappone, La strategia dell'invisibile*, ECIG, Genova 1938

REISCHAUER, EDWIN O: *Storia del Giappone*, (Dalle origini ai giorni nostri), Bompiani 1994

SANSOM, GEORGE B: *Japan, A Short Cultural History*, ed. riv., New York, 1943

SMITH, R.J.:*Japanese Society: Tradition Self and the Social Order*, Cambridge 1983

TAMBURELLO, ADOLFO: *Il Giappone*, Milano 1969

WITNEY HALL, JOHN: *L'Impero Giapponese*, Milano 1969

Buddhismo in generale

BAREAU: *Buddha, la vita, il pensiero, i testi esemplari,* Milano 1972   BOTTO, O.: *Buddha e il Buddhismo*, Fossano Esperienze, 1974

CONZE, EDWARD: *Scritture Buddhiste*, Ubaldini Ed., Roma 1973

DE LUBAC, HENRI: *Aspetti del Buddhismo,* Vol.21 Opera omnia, Jaka Book Ediz., Milano 1980

DUMOULIN, HEINRICH: *Buddhismo*, Queriniana, Bologna 1981

EVOLA, J.: *La dottrina del risveglio*, V.Scheiwiller, Milano 1964

HARVEY, PETER: *Introduzione al Buddhismo,* Le Lettere Editrice, Firenze 1998

HUMPHREYS, CHRISTMAS: *Il Buddhismo*, Ubaldini, Roma 1964

OLDENBERG, HERMANN: *Budda,* TEA, Milano 1998

KOGEN, MIZUNO: *Basic Buddhist Concepts*, Kosei, Tokyo 1997
 -*The beginnings of Buddhism*, ibidem
 -*Buddhist Sutras*: *Origin, Development,Transmission,* ibidem
PEZZALI, AMALIA: *Storia del Buddhismo*, Emi, Bologna 1983
PUECH, H.CHARLES (a cura di): *Storia del buddhismo,*
 A.Mondadori Ed., Oscar Saggi, Sett.1992
ROBINSON, RICHARD H.& JOHNSON, WILLARD L.:
 La Religione Buddhista, Ubaldini, Roma 1998
SCHUMANN, HANS WOLFGANG: *Il Buddha storico*, Salerno
 Editrice, Roma 1986
SONO FAZION, GIANPIETRO: *Il Buddha*, Cittadella Ed., 1993
SUZUKI, L. BEATRICE: *Il Buddhismo Mahayana,* Firenze 1960
TAKEUCHI, YOSHINORI: *Il Cuore del Buddhismo,* Alla ricerca
 dei valori originari e perenni del Buddhismo, Emi, Bologna 1999
TAMBURELLO, ADOLFO: *Guida breve al mondo del Buddhismo,*
 Napoli, Edizioni Tempolungo, 1999
TUCCI, GIUSEPPE: *Il Buddhismo*, Foligno 1926
 -*Buddhismo* in *Enciclopedia del '900,* Ed.Encicl.italiana, Roma '75
VENTURINI, RICCARDO: *Cosa è il Buddhismo:Oggi il risveglio,*
 in *Critica Sociologica* 111-112 (1994-1995), SIARES Roma, 1-14
WALPOLA, RAHULA: *L'Insegnamento del Buddha*, Ediz.Paramita,
 Roma, 1984
WILLIAMS, PAUL: *Il Buddhismo Mahayana, La sapienza e la
 compassione*, Ubaldini Ed., Roma 1990
ZAGO, MARCELLO: *Il Buddhismo*, Rizzoli, Milano 1984
ZAGO, MARCELLO: *La spiritualità Buddhista*, Edizioni Studium,
 Roma 1986
ZWALF, W. (Editor): *Buddhism*: *Art and Faith,* British Museum,'85

Buddhismo in Giappone

AMSTRONG, R.C.:*Buddhism and Buddhists in Japan,* Macmillan, New York 1927

ANESAKI, MASAHARU: *History of Japanese Religion,* Charles Tuttle Co., Tokyo, Rutland, Vermout & Tokyo; First Edition 1930 by Kegan Paul, Trench Trubner & Co.Ltd, London

AOYAMA, SHUNDŌ: *La voce del fiume*, *Parabole e aforismi di saggezza Zen* (Con un saggio introduttivo sull'esperienza religiosa giapponese), Ed.S.Paolo, Cinisello Balsamo, Milano 1994; Titolo orig.: *Utsukushiki hito ni,* Kosei 1990

DE DIORGI, MARIA A.: *Salvati per grazia attraverso la fede, (La salvezza per grazia nel Buddismo della Terra Pura e nel Cristianesimo),* EMI, Bologna 1999

DOGEN, E.: *Il cammino religioso (Bendowa),* Marietti, Genova 1990

DUMOULIN, HEINRICH: *Buddhism in the Modern World*, Ed. "Buddhism in Modern Japan", trans.John C.Maraldo, N.York, Macmillan 1976

ELIOT, CHARLES: *Japanese Buddhism*, Routledge & Kegan Paul, London 1969

FUSS, M., LOPEZ-GAY J., SONŌ FAZION, G.: *Le grandi figure del Buddhismo,* Cittadella Editrice, 1995

HOOVER,THOMAS: *La cultura Zen*, A.Mondadori Ed. 1981

KASHIWAHARA, YUSEN & SONODA, KOYU: *Shapers of Japanese Buddhism*, Kosei, Tokyo 1997

KITAGAWA, M. J.: *Religion in Japanese History*, N.York 1966
- *Religion in Japanese Society*, N.York, Columbia 1976

LINSSEN R.:*Essais sur le Boudhisme en general et le Zen en particulier*, 2 vol. Ed.Etre libre, Bruxelles 1955

LOPEZ-GAY, J.: *Il Buddhismo Giapponese,* ad usum PGU, 1994

LOPEZ-GAY, J.: *Arte Buddhista Giapponese,* ibidem

LOPEZ-GAY,J.: *Maitreya, futuro mediator de la Ley, en las tradiciones del estremo oriente,* in "Studia Missionaria" 21 (1972), 93-112

LOPEZ-GAY,J.: *La mística del Budismo,* Madrid 1974, 65

MARGIARIA, ANGELO: *Il Buddhismo in Giappone*, Editrice Studium, Roma 1970

MIURA, MISAKO – OGAWA, KOZO: *Junrei no Tera* (巡礼の寺, *Pellegrinaggio in Templi Buddhisti*), Hoikusha, Tokyo 1979

NAKAMURA, HAJIME: *Ways of Thinking of Eastern Peoples: Indian, China, Tibet, Japan,* East West Center Press, Honolulu 1966, pp.345-587

-*A History of development of Japanese Thought*, 2 vol. Kokusai Bunka Shinkokai (The Society for International Cultural Relations), Tokyo 1967

PETZOLD, BRUNO: *Characteristics of Japanese Buddhism* (*Studies on Buddhism in Japan*), Inter. Buddhist Society, Tokyo 1941

PUECH, HENRI-CHARLES (a cura di): *Il Buddhismo Giapponese* di G.Renondeau e B.Frank in *Storia delle religioni, Il Giappone*, Ed. Laterza 1978, pp.37-66

REISCHAUER, A.: *Studies in Japanese Buddhism*, New York,1925

SAUNDERS, D.E.: *Buddhism in Japan*, Tokyo, 1969

SIEFFERT, RENE: *Les Religions du Japon*, Presses Universitaires de France, 108 Boulevard Saint-Germain, Paris, 1968

SUZUKI, DAISETZ TEITARŌ: *Saggi sul Buddhismo Zen*, Ed.Med., Roma, 1984

WATANABE, SHOKO: *Japanese Buddhism. A critical appraisal*, III Ed., Tokyo, 1970

WATANABE, TAISHU: *Kami-gami no tasogare* 神々のたそがれ (*Il Crepuscolo delle Divinità*), Shinyusha, Tokyo, 1965

WATTS, W.ALAN: *La via dello Zen*, Feltrinelli, 1991

-*Lo Zen,* (Un modo di vita, lavoro e arte in Estremo Oriente), Bompiani, 1980

Sutra del Loto

BELLINGER, G., ENCICLOPEDIA delle religioni, Garzanti, *"Religioni del Loto"*

DE VISSER: *"The Lotus Sutra in Japan"* e *"Contents of the Lotus Sutra"* in **Ancient Buddhism in Japan**, Leiden E.J.Brill 1935, pp.622-636

EHARA, RYOZUI: *The Lotus of the Wonderful Truth* in **A Manual of Nichiren Buddhism**, Honolulu & Tokyo, The Young East Association, 1953, pp.5-32

FUSS, MICHAEL: **Buddhavacana and Dei Verbum**, E.J.Brill - Leiden - New York - Kobenhavn - Koln 1991

IKEDA, DAISAKU: **La saggezza del Sutra del Loto,** Oscar Mondatori, Milano 2006

IWATA, NICHIJO: *The Lotus Sutra* in **Risshō Kōsei-kai**, Kosei, Tokyo1966, pp.65-79

KATO Bunno; TAMURA Yoshiro & MIYASAKA Kojiro (translators): **The Threefold Lotus Sutra**, Kosei and Weatherhil of N.York and Tokyo, 1992

KURATA B.& TAMURA Y. (Editors): **Art of the Lotus Sutra** (*Japanese Masterpieces*), with a foreword by Cal French, Kosei Tokyo, 1987

LOPEZ-GAY, JESUS: **Buda como Padre en el Hokekyo**: *El Sutra del Loto*, Asociacion Latino americana de Estudios Budistas, n.8, Oct.1994 a Marzo 1995

MARCHIANO, GRAZIA: **L'idea di natura illuminata nel Sutra del Loto**, in *Critica Sociologica,* 111-112, (1994-1995), SIARES Roma, pp.33-40

MATSUMOTO S.: *The Lotus Sutra and Japanese Culture*, in
J.Hubbard - P.L.Swanson (editors), *Pruning the Bodhi Tree*,
Honolulu, University of Hawaii Press, 1997

NIWANO, NIKKYŌ: *The Lotus Sutra, life and soul of Buddhism*,
Kosei, Tokyo 1971

-*The peace teaching of the Lotus Sutra* in *A Buddhist Approch to peace,* Kosei, Tokyo 1977, pp.35-65

-*A Guide to the Threefold Lotus Sutra*, Kosei, Tokyo 1981

-*Hōke-kyō no atarashii kaishaku"*法華経の新しい解釈
(*un'interpretazione nuova del Sutra del Loto*), Kosei, Tokyo 1995

-*Buddhism for today*: A Modern Interpretation of Threefold Lotus Sutra, Kosei, Tokyo Fourtprinting,1990

-*Gendai-go no Hōke-kyō* 現代語の法華経 *(Il Sutra del Loto in linguaggio moderno),* Kosei, Tokyo 1992

SATOMI, KISHIO (trad.): *The essence of the Hōke-kyō; The prosa of Real Suchness of All Beings*, (2nd Chap.), Nippon Bunka, Vol.I, No.8, Nishinomiya 1926

SHINOZAKI, MICHIO: *I tre Tesori*, in AA.VV., *Sapienza d'Oriente e d'Occidente,* Rimini: Il Cerchio 1999, pp.67-90

SUTRA DEL LOTO, Introduzione di Francesco Serra, traduzione e note di Luciana Meazza, BUR Biblioteca Universale Rizzoli, Milano 2006

TANABE G.J.Jr.& TANABE W.J (editors): *The Lotus Sutra in Japanese Culture,* Honolulu University of Hawaii Press, 1989

WATANABE, SHOKO: *Hōkke Faith* in **Japanese Buddhism *(A critical Appraisal)*,** Kokusai Bunka, Tokyo 1968,142-151

WILLIAMS, PAUL: *Il Saddharmapundarika Sutra* **(Sutra del Loto) e i suoi influssi** in *Il Buddismo Mahayana,* Ubaldini Ed.Roma, 1990, pp.165-193

Nichiren

INSTITUTE FOR RESEARCH IN LIVING RELIGION (a cura):
The Nichiren Sect: Foosteps of Japanese Buddhism. Part 1, Tokyo, 1936-37.

MARGIARIA, ANGELO: *La scuola Nichiren o Hōkkeshū*, in *Il Buddhismo nel Giappone*, Editrice Studium, Roma, 1970, 130-137

MASAHARU, ANESAKI: *Nichiren: il Profeta del Buddhismo Giapponese*, Coenobium, Vol.7, Anno 7, Lugano, 1913

MATSUDO, YUKIO: *Nichiren Daishōnin e il suo insegnamento: La quintessenza del Buddismo di Nichiren* in *La Critica Sociologica*, n.111-112, SIARES Roma, pp.140-147

RENONDEAU, GASTON: *La doctrine de Nichiren*, Paris, S.German 1953

RENONDEAU, GASTON: *Un reformateur du Buddhism japonais au 13° siècle: Nichiren*, France-Asie, 94, Mar.1954, pp.432-439

RODD, LAUREL RASPLICA, (a c.di) *Nichiren: Selected Writings*, University Press of Hawaii, Honolulu 1980

SANSOM, GEORGE B.: Nichiren, in *Japanese Buddhism*, by Charles Eliot Routlege & Kegan Paul LTD, London E.C. 4, pp.416-431

SATOMI, KISHIO: *Nichiren's Revival of Idealism and his Philosophy*: Discovery of Japanese Idealism, London, Kegan Paul, Trench, Trubner, 1924, pp.123-132

-*Japanese Civilization: Nichirenism and the Japanese National Principles*, New York, Dutton 1924

3. NUOVE RELIGIONI IN GIAPPONE

ALESSANDRINI, TARCISIO: *Nuovo e antico nel Giappone contemporaneo,* in *Dharma*, Periodico Fondaz.Maitreya, nn.12-

13-14, Roma 2003-2004

CLARKE, PETER B.: *Bibliography of Japanese New Religions* Richmond: Curzon Press 1999 (Risshō Kōsei-Kai: 211-218)

CLARK B., OFFNER VAN STRAELEN, H.: *Modern Japanese Religions with special Emphasiss upon their doctrines of healing*", Leiden, E.J.Brill 1963

EARHART, BYRON: *The New Religions (Part Sixteen)* in *Religion in theJapanese Experience (Sources and Interpretations)* Western Michigan University, Dickenson Publ.Co.Inc., Encino, California and Belmond, California, 1974, pp.237- 270

IKADO, FUJIO: *Trend and Problems of New Religions: Religion in Urban Society*, in *The Sociology of Japanese Religions*, Leiden E.J.Brill 1968

Mc FARLAND, NEILL H.: *The Rush Hour of the Gods (A Study of New Religious Movements in Japan),* The MacMillan Company, New York, Collier-MacMillan LTD., London 1967

-*New Religious Movements* in *Japanese Religions*, Kodansha International LTD.Tokyo, 1972, pp.89-104

-*Shinkō Shūkyō no kaibō*: *Analisi delle nuove fedi religiose*, Tosei, Tokyo, 1954

TAKAGI, HIRO: *Nihon no Shinkō Shūkyō*: *The Japanese New Religions*, Iwanami Shoten, Tokyo, 1959

THOMSEN, H.: *The New Religions of Japan*, Vermout, Tokyo, 1963

Reiyū-Kai

REIYŪ-KAI (a cura di): *A Guide to Reiyū-kai*, Kotani, Kimi, ed. Tokyo: Reiyu-kai Kyodan, 1958, 25 pp. (also issued in Nov.1958 under the title *Reiyu-kai and Social Services*)

-*Consapevolezza, Azione, Sviluppo*, via Tonale 22, Milano

-*Reiyū-kai kara no Teian desu* 霊友会からの提案です (*Una*

proposta da parte del Reiyu-kai), Minato-ku 7-8, Azabudai 1-chome, Tokyo
- *The development of Japanese Lay Buddhism*, ibid.Tokyo, 1986
- *The Reiyū-kai Movement: Buddhism as an Interreligious Philosophy*, ibid.Tokyo, 1987
- *The Philosophical Foundation of the Lay Buddhist Practice of the Reiyū-kai as depicted in the Lotus Sutra*, ibidem, Tokyo, 1988
- *The Fifth I.Y.Y. International Speech Festival 1989-90* (Collected Speeches), Reiyū-kai Mexico City, ibid. Tokyo, 1990
- *Shaka-Den* (Tempio dedicato a Buddha), ibid. Tokyo, 1994

Periodici

The Reiyū-kai Kaiho, English periodical, Tokyo, 1968

Dharma, Trimestrale di buddhismo per la pratica e per il dialogo, n.12,Fondaz.Maitreya Roma 2002, articolo di T.Alessandrini, p.38

Risshō Kōsei-Kai, vedi pp.415-418

Sōka Gakkai

DOBBELAERE, KAREL: *La Sōka Gakkai. Un movimento diventa una religione*, Leumann: Elledici 1999

IKEDA,DAISAKU: *La Vita* Mistero prezioso, Bompiani, Milano '91
- *In Pursuit of Self-Mastery*, SGI, Japan, 1994
- *Creating a Century without war trough Human Solidarity*, SGI, Japan,1995

MACIOTI, I. Maria.: *Il Buddha che è in noi*, Germogli del Sutra del Loto, Ediz.Seam, Roma, 1996

SŌKA GAKKAI INTERNATIONAL (a cura di): *Peace, Culture, Education* SGI, Japan 1994

TOYNBEE, A.& IKEDA, D.: *Dialoghi*, Bompiani, Milano 1998

Periodici

Critica Sociologica, Roma "La Sapienza", Facoltà di Sociologia, Autunno-Inverno 1994-1995, n.111-112

Buddismo e Società, *Per la pace, la Cultura e l'Educazione,* Bimestrale dell'Ist.Buddhista Italiano Soka Gakkai, Roma

Religioni e Sette nel mondo, Trimestrale di cultura religiosa, 18, Anno 5, n.2, GRIS Bologna 1999-2000, articolo di Robert Risala, pp.132-150

Dharma, Trimestrale di buddismo per la pratica e per il dialogo, n.13, Fondazione Maitreya, Roma 2003, articolo di T. Alessandrini, pp.46-53

4. DIALOGO INTERRELIGIOSO

Buddhismo e Cristianesimo in Giappone

BALLESTER, MARIANO: **Il Cristo, il Contadino e il Bue**, *Via Zen e via cristiana,*Edizioni Appunti di viaggio, Roma, 1997

BRIONES, T.AGNES, M.A.: **Interreligious Dialogue,** *Risshō Kōsei-kai and the Focolare Movement, A Way of Buddhist-Christian Encounter*, Manila 1987

DE GIORGI, MARIA: **Salvati per grazia attraverso la fede,** *La salvezza per grazia nel Buddhismo della Terra Pura e nel Cristianesimo,*Emi, Bologna 1999

DE GIORGI, MARIA A.: **Seimei-Zan** (*Frammento di un dialogo tra cristiani e buddhisti*), Emi, Bologna, 1989

ENOMIYA-LASSALLE, H.M: **Zen e Spiritualità Cristiana**, Ed.Medit., Roma, 1995

-**Vivere in una nuova coscienza,** *L'incontro tra Est e Ovest, La*

Spiritualità del Terzo Millennio, Ediz. Medit., Roma 1997 (?)
- ***Zen, via verso la luce***, Ediz. Paoline, Milano

FURUKAWA, TAIRYU: ***Incontro con il Buddhismo della Terra Pura*** (*Commento al* **TANNISHO** *Introduzione e Traduzione di Franco Sottocornola)*, Emi, Bologna 1989

KADOWAKI, J.KAKICHI: ***Lo Zen e la Bibbia***, Paoline Milano, 1985

KADOWAKI, J.KAKICHI: ***Nihon no Shūkyō to Kirisuto no Michi*** *Le Religioni del Giappone e la Via di Cristo* 日本の宗教とキリストの道 ,Iwanami, Tokyo 1997

LUBICH, CHIARA: ***Incontri con l'Oriente***, Città Nuova, Roma, 1986, *v. Tokyo (pp.41-77)*, *Bilancio di un dialogo (pp.189-196) e Appendice (pp.199-233)*

MAZZOCCHI, LUCIANO & TALLARICO, ANNAMARIA: ***Il Vangelo e lo Zen*** *(Dialogo come cammino religioso)*, Ediz.Dehoniane, Bologna, 1994

MERTON, THOMAS: ***Lo zen e gli uccelli rapaci***, Garzanti, 1992
- ***Mistici e maestri zen***, Garzanti, Milano

MONSTERLEET, JEAN: ***Storia del Cristianesimo in Giappone***, Ediz Paoline, 1959

SPAE J.JOSEPH: ***Buddhist-Christian Empathy***, Oriens Institute, Tokyo 1980
- ***My View of Christianity: A Leader of One of the New Religions looks at Christianity*** in *The Japan Christian Yearbook*. Ed. Hallam C.Shorrok, Jr. And Joseph J.Spae, Tokyo:Kyo-bun-kan 1968, pp.112-115

Buddhismo e Cristianesimo in generale

AA.VV: ***Cristiani e Buddhisti***, *Sintesi di Etienne Lamette*, (a cura del Segretariato per i non cristiani), Emi Bologna, 1971

AA.VV.: ***Dharma e Vangelo*** *(Due progetti di salvezza a confronto)*, Citt. Assisi, 1996

AA.VV.:*Heiwa no Kadai to Shūkyō* (平和の課題と宗教), *Il tema La Pace e le Religioni,* Kosei Shuppansha, Tokyo 1992

ABE, MASAO: *The Impact of Dialogue with Christianity on My Self-Understanding as a Buddhist"*, in *Buddhist-Christian Studies,* 9 (1989) 63-70

FUSS, MICHAEL: *Il Buddhismo in dialogo con il Cristianesimo,* P.U.G. 1996

FUSS, MICHAEL: *Upaya e Missione. Considerazioni cristiane sulla presenza del Buddhismo in Europa* in: *La critica sociologica 111-112 (1994-1995), 79-84*

KUNG, HANS: *Buddhismo e Cristianesimo,* in *Cristianesimo e Religioni universali,* A.Mondatori, Milano 1986, pp.345-524

LOPEZ-GAY J.: *Mistero trinitario e buddhismo,* in A.Amato (a cura), *Trinità in contesto,* Roma, LAS, 1994, 213-223

MITCHELL D.W.: *Spirituality and Emptiness,* New York - Mahwah, N.J., Paulist Press. 1991/*Kenosi e nulla assoluto,* Roma, C.N.1993

MITCHELL D.W.: *Il concetto di vuoto nella spiritualità buddhista come spunto per una teologia trinitaria,* in *Nuova Umanità,* 19 (1997/6) 114: 827-850

PANIKKAR, RAYMUNDO: *Il silenzio di Dio. La risposta del Buddha,* Borla, Roma 1985

RODANTE, ANGELO: *Sunyata Buddhista e Kenosi Cristologica in Masao Abe,* Città Nuova, Roma 1995

SUZUKI , D.TEITARO: *Misticismo cristiano e buddhista (La via 5orientale e occidentale*), Ubaldini Editore, Roma 1971

THE CHUO ACADEMIC RESEARCH INSTITUTE (a cura di): *Shukyō-kan Taiwa no kanō-sei to kadai* (宗教間対話の可能性と課題 (*Problems and possibilities of inter-religiousdialogue*),Tokyo'93

VALLET, ODON: *Gesù e Buddha (Destini incrociati del cristianesimo e del buddhismo),* edizioni Dedalo, Bari 2000

ZAGO, M.: *Buddhismo e Cristianesimo in dialogo,* Città Nuova '85

I N D I C E

Prefazione di M.Angela Falà..5
Introduzione..9

Capitolo I
RELIGIOSITÁ GIAPPONESE: Sfondo storico culturale..................15
1. GIAPPONE PRIMA DEL BUDDHISMO….…….........................15
Contesto ambientale 15. Origini del popolo giapponese 16. Le culture Prebuddiste, JŌMON (縄文 7000-300 a.C.) 17. YAYOI (弥生 300 a.C. 250 d.C.) 18. KOFUN (古墳 250-500 d.C.) 19. YAMATO (大和 500 (?)- 710 d.C.) 21. Religione antica primitiva 23. Interscambi con Cina e Corea 24.

2. IL BUDDHISMO IN GIAPPONE (VI sec.d.C.). PRIMI IMPATTI 25
Periodo ASUKA (500 - 710 d.C.) 25. SHŌTOKU TAISHI. Buddhismo Religione Nazionale 26. Fusione e convivenza di due Religioni 27. Periodo NARA (710-794) 29. Periodo HEIAN (794-1185) 31.Tendai 天台 "Piedistallo Celeste" 31. Shingon 真言"Parola Vera" 33. Shūgendō 修元道 "Via dell'ascetismo" 35.

3. FORMAZIONE DI UN BUDDHISMO GIAPPONESE......................36
Periodo KAMAKURA (1185 - 1333) 36. AMIDISMO 37. Movimenti Amidisti 38. Lo ZEN 禅 42. NICHIREN-SHŪ 日蓮宗 Scuola Nichiren 44. Dottrina di Nichiren nei suoi scritti 48. Teorie belliche 51. Le lettere (go - sho) 51. Alcune considerazioni su Nichiren 54. Monte Minobu 55. Profeta "inviato" per il Giappone 55. L'eredità di Nichiren 56. Diffusione Religiosa per il popolo 57. Coinvolgimento politico 58.

4. TRADIZIONE BUDDHISTA "FIOR DI LOTO" *Hōkekyō* 法華経.......59
La versione-traduzione di Kumarajiva 59. Importanza del cap.2 su gli *espedienti abili* 61. Espedienti abili e "Missione" 64. Il Sutra del Loto in Giappone 66. Difficoltà tra le varie correnti. Scontri col potere politico.

Capitolo II
NUOVE RELIGIONI IN GIAPPONE 69
Significato contestuale 69. Fisionomia dei Fondatori 71.
1.REI-YŪKAI 霊友会 72
Movimento Amici dello Spirito………………………..…................72
Cenni storici e caratteristiche 72. Interessamento al Sutra del Loto 74. Culto libero verso gli Antenati 77. Formazione del Movimento 77. Sutra

Breve o "Sutra Azzurro" 78. Struttura e sviluppi del Movimento 79. Confronto-scontro tra Buddhismo e Reiyū-kai 82. Pratica Michibiki 83. Un grande progetto 85.
2. SŌKA-GAKKAI 創価学会 86
Movimento per la creazione di valori...................... 86
Formazione del Movimento 87. Modalità di diffusione, *shaku-buku* 折伏 *kōsen-rufu* 広宣流布 88. Coinvolgimento nell'azione politica 93. "Pace, Cultura, Educazione" 95. Organizzazione strutturale 96. Riunioni di Gruppo, "zadan-kai 座談会" 97.

Capitolo III
RISSHŌ KŌSEI – KAI 立正佼成会 99
NIWANO NIKKYŌ 100
1. CENNI BIOGRAFICI.. 100
A Tokyo 101. Servizio militare 101. Venditore ambulante di salamoia a Tokyo 102. Il matrimonio 103.
2. PELLEGRINO ALLA RICERCA DELLA VERITÀ 105
Esperienze religiose. 105. Pratica rigorosa 106. Fede risanatrice 108.
3. NUOVE ESPERIENZE RELIGIOSE 111
Membro della Reiyū-kai 111. Comprensione del Sutra del Loto 112. Impegni religiosi e difficoltà in famiglia 114.
4. INCONTRO CON NAGANUMA MYŌKO 115
Una donna fragile 115. Completamente ristabilita 116. Ragazzo guarito da disturbi addominali 117. Affiatamento e convergenza di intenti 119.
5. FONDAZIONE MOVIMENTO RISSHŌ KŌSEI-KAI.................120
Orientamento nuovo 120. Distacco dalla Reiyū-kai 122. Formazione di un nuovo Movimento 123. Contesto politico militare 125.

Capitolo IV
PRIMI SVILUPPI SOFFERTI 129
1. UNA GRANDE PROVA 129
Il primo gradino 129. Situazione familiare difficile 131. Testimonianza del Primogenito Nichiko: a chi la precedenza? 132. Rivelazioni divine. Nuovo pronunciamento del figlio Nichiko 133. Distacco dalla famiglia 136. In prigione. Perchè? 137. Niwano Presidente, Myōkō Sensei Vice-Presidente 138. Nuovamente in famiglia 140. Confermata la laicità 141.
2. CHI È NAGANUMA MYŌKŌ SENSEI? 141
La famiglia 141. Amore per il lavoro 142. Matrimonio e divorzio 143.

Delicata e sensibile compagna di fede 143. Correzione fraterna alla luce del Sutra del Loto 146. Saggezza illuminata a servizio del prossimo 147. In azione a fianco di Niwano con espedienti adeguati 148. Istruzioni o "voci divine" (shin-ji 神示) di Myōkō Sensei 150.

3. SVILUPPO DEL MOVIMENTO MALGRADO LA GUERRA……….. 152
Nuova Sede della Direzione Generale 152. Riunioni HŌZA 法座 154. Tirocinio austero 155. Pellegrinaggio sul monte sacro Shichimen 157.

4. UN'ALTRA GRANDE PROVA …………………………………………159
Critiche esterne 159. Critiche all'interno della R.K.K. 161. Flessibilità dottrinale di Niwano. Divergenze con Myōkō Sensei 163. Superato il pericolo di una spaccatura 167.

5. LA SCOMPARSA DI MYŌKŌ SENSEI …………………………...168
Una perdita incalcolabile. Testimonianze di Niwano 168.

6. IL DOPO MYŌKŌ SENSEI …………………………………………...172
Si apre una nuova fase 172. Riflessioni sul Sutra del Loto: Buddha storico e Buddha Eterno 172. Termine della missione di Myōkō Sensei 173. Nuova fase in atto alla luce del Sutra del Loto 174.

Capitolo V
IL MOVIMENTO IN PIENA FIORITURA …………………………...179

1. IL GRANDE EDIFICIO SACRO "Dai-Seidō" 大聖堂………………….179
Necessità di locali adatti 179. Partecipazione volontaria dei contribuenti 181. Inaugurazione del Grande Edificio Sacro 185. Significato universale del Grande Edificio Sacro 187.

2. SIMBOLISMO ARCHITETTONICO DEL "DAI-SEIDŌ" …………...188
Valore simbolico 188. Go-Honzon ご本尊, Oggetto di culto 194.

3. FUMON KAN 普問館 "Casa aperta all'Accoglienza" ………………...199
Casa di cultura per la pace 199. Preghiera per la pace nel mondo 201. Comitato Esecutivo per la II Conferenza Mondiale 203. Congresso Mondiale: Il petrolio per l'umanità 204. Religione e realtà terrestri 205.

4. DELEGAZIONE PER LA PACE …………………………………...208
"Bando alle armi nucleari" 208. Incontro con Paolo VI in Vaticano 210. Visita in Unione Sovietica 211. Viaggio negli Stati Uniti d'America 212.

Riflessioni sugli incontri avuti 213.
5. PELLEGRINAGGIO NEI "LUOGHI SANTI" DELL'INDIA ………..214
La terra natale di Buddha 214. La Società "Maha Bodhi" 215. Grande Pagoda di Bodhgaya 216. Riflessioni di Niwano N. sull'India 218. Il Monte Gridhrakuta "Picco dell'Avvoltoio" 220. La Religione in India nel pensiero di Niwano 222.

Capitolo VI
ANALISI SISTEMATICA DOTTRINALE Premessa ………………..225
1. CATECHISMO DEL MOVIMENTO RISSHŌ KŌSEI-KAI ………….226
Zange o Sange 懺悔, spirito penitenziale 231. Ricordando il Principe Shōtoku 233.
2. IL PENSIERO BUDDHISTA DI NIWANO NIKKYŌ …….. ………..235
In merito al Loto 235. Espedienti adeguati 237. Monaci e Laici. Nel Loto un solo Veicolo, *Ekayana* 238. Simbolismo nel Sutra del Loto 240. Alla luce del Loto il mondo visto da Niwano Nikkyō 241. *Tutti gli esseri sono uguali* 241. *Il Vuoto (Kū 空), Sūnyāta* 242. *Benevolenza compassionevole (ji-hi* 慈悲*)* 243. *Perfezionamento di se stessi* 243. *Rispetto verso gli altri* 244. *Alcune parabole del Loto* 244. *Un mondo di grande armonia* 247. Il Buddismo nel contesto nipponico 248. La Religione e l'uomo moderno 249. Shogyō-mujō 諸行無常: Tutto è provvisorio (non permanente) 252. Shohō-muga 諸法無我: Ogni cosa (fenomeno) è senza sé 255. Nehan-jakujō 涅槃寂静: La beatitudine del Nirvana 257. Shitai 四諦: Le quattro nobili verità 257. Hasshō-dō 八聖道: L'ottuplice nobile sentiero 259. Ropparamitsu 六波羅蜜: Le sei perfezioni 262. Jūni-Innen 十二因縁 Dodici relazioni causali (interdipendenza) 265. La Risshō Kōsei-Kai ed il Cristianesimo 267.

Capitolo VII
ANALISI DELLA PRATICA RELIGIOSA …………………………..271
1.DOVERI FONDAMENTALI DEI MEMBRI…. ………………….271

Il Nostro Impegno di Fede 271
La compassione 273. Laicità 273. Il perfezionamento 274. Costruzione
della pace 275.
2. CULTO VERSO GLI ANTENATI (Senzo-Kuyō)先祖供養 276
La gratitudine e il ringraziamento 276. La pratica davanti all'altare 278.
Meinichi 命日 GIORNO COMMEMORATIVO 279
a) Ricorrenze mensili 280. b) Ricorrenze annuali (o eventi celebrativi
行事) 280.
3. HŌZA 法座 Seduta presente il Dharma 283
Consulenza di gruppo 283. Contenuti della Consulenza di Gruppo 284.
Dimensione psicologica della "hōza" 286. Contesti culturali diffrerenti
a confronto 289. Condizioni fisico-ambientali 290. Struttura nella guida
della "hōza" 291. Dinamica socio-emotiva della "hōza" 292. Spirito di
armonia 294. Idee contenute nella "hōza" 296. Due tendenze a confronto
mediante la consapevolezza 298. Raffronto con il Cristianesimo nella
teologia del contesto 300. Conclusioni di Susumu Akahoshi 303. Alcuni
interrogativi 305.
4. BODHISATTVA IN AZIONE CON INIZIATIVE DI PACE ………...307
Michibiki 導き, Fare da Guida: Disseminazione nella condivisione 307.
Significato di "Michibiki" 309. La Pratica 311. I mezzi operativi 312.
Malattia-fede 314. Altre opere 315. Dono di un pasto al mese 315.
Assistenza in patria e all'estero. In Asia 317. In Africa 319. In Medio
Oriente 320. In Sud America 320. Nella ex-Yugoslavia 322.

Capitolo VIII
COOPERAZIONE INTERRELIGIOSA NEL DIALOGO ………….323
1. LA STRETTA DI MANO DI PAOLO VI ……………………………323
Niwano invitato in Vaticano 323. Rapporti tra la Chiesa Cattolica e
le Chiese Cristiane 324. Impegno per la cooperazione religiosa in
Giappone 325. In viaggio verso Roma 327. La Città del Vaticano 327.
Sessione Conciliare del 14 Settembre 1965, 328. Faccia a faccia con
Paolo VI, 330.
2. DIALOGO PER LA PACE NEL MONDO …………………………333

Movimento per una Società Migliore 333. Un lumicino di speranza per la Pace nel Vietnam 337. Visitatori indimenticabili 340. Organizzazioni religiose in Giappone 344.

3. STESSO SPIRITO IN CORPI DIFFERENTI
I-TAI DŌ-SHIN 異体同心 346

Prima Conferenza Mondiale Religioni per la Pace 350. Ferventi preparativi mediante incontri importanti 351. Successo della Conferenza 357. Seconda Conferenza Mondiale delle Religioni per la Pace 357. Un doloroso imprevisto 357. Sorriso nella sofferenza 360. A chi la precedenza? 363. Riunioni a New York 364. Visita all'ONU 365. Viaggi in Europa 366. Visita in Cina 367. Svolgimento della Conferenza a Lovanio 368. Raffronto tra culture 371. In margine alla Conferenza di Lovanio 372.Resistenza all'oppressione 372. Disarmo e sicurezza 374. Visita al Campo di Concentramento di Breendonk 375. Centenario del Parlamento Mondiale delle Religioni 376. Soggiorno di studio in Giappone di un gruppo di Italiani 377. 28° Congresso Associazione Internazionale Libertà Religiosa 378. VI Conferenza Mondiale Religioni per la Pace a Riva del Garda 379. Incontri Internazionali "Uomini e Religioni" 380. Orientamenti nella politica 381.

4. PUBBLICI RICONOSCIMENTI 383

Premio "Fondazione Templeton" 383. Dottorato in Legge h.c. 383. Festa di Longevità (beiju 米寿): 88° genetliaco del Fondatore 385. Festeggiamenti a Tokyo ed in Giappone 386. Festeggiamenti a Shangai 387. Visita a Ise-Jingu ed alle Chiese di Tokyo 388. Considerazioni confidenziali del Fondatore Niwano 389.

La scomparsa di Niwano Nikkyō 391

Kaiso Nikkyō Ichi-jō Dai-shi 開祖日敬一乗大姉
Nikkyō Fondatore, Grande Maestro dell'Unico Veicolo. 391

5. LA PRESIDENZA DI NIWANO NICHIKŌ 392

Dottorato *h. c.* in Filosofia 392. Dottorato *h.c.* in Teologia 398. Incontri interreligiosi in Europa 399. Visita in Corea 400. Visita a Formosa 401. Attività svolte nell'anno 1993, 401. Nel ricordo di Nichiren 402. VI Congresso Nazionale "Movimento per una Società Migliore" 403.

Secondo Pellegrinaggio Internazionale (6-9 Aprile 1995) 403. Natività di Buddha 降誕会 *Kōtan-E* . Festa dei Fiori 花祭り *Hana-Matsuri* 404. Visita in Sri Lamka 406. Il Rev.do NAGANUMA Motoyuki Direttore Generale 407. Membri della R.K.K. con gradi accademici presso Università Pontificie 409.

VIII Conferenza Mondiale Religioni per la Pace 410
Mondo giovanile per il dialogo 410. Donne impegnate per un mondo di Pace 411. Conclusione 414. Bibliografia 415. Indice 433.

NOTA dell'Autore:

Le foto che ritraggono il Fondatore Niwano a colloquio con Paolo VI e Giovanni Paolo II in Vaticano, nonché quelle relative alla raccolta di coperte pro Africa ed a Myōkō Sensei sono dell'Editrice Kōsei di Tokyo, cui va il più sincero grazie per averne gentilmente autorizzato la riproduzione. Grazie anche per la concessione di preziose fonti bibliografiche, cui ha attinto la presente opera.

Le altre foto relative al Grande Edificio Sacro ed alle Riunioni Hōza sono opera di Agnese mia moglie nell'ultimo viaggio fatto insieme in Giappone.

The series *"INTERRELIGIOUS AND INTERCULTURAL INVESTIGATIONS"* started in 1999. Its purpose is to contribute to the encounter of Christianity with people of different religions and cultures, both traditional and contemporary. The Series includes doctoral dissertations of the Pontifical Gregorian University and other academic institutions, as well as scholarly works in line with its editorial policy.

Volumes published

1. DE CASA, George.: *The Qur'ānic Concept of Umma and its Function in Philipphine Muslim Society.* 1999, pp. 472. ISBN 88-7652-812-1.

2. JOINT, Gasner: *Libération du vaudou dans la dynamique d'inculturation en Haiti.* 1999, pp. XX-452. ISBN 88-7652-824-5

3. YU, Jose Vidamor B.: *Inculturation of Filipino-Chinese Culture Mentality.* 2000, pp. X-278. ISBN 88-7652-848-2.

4. LAROUSSE, William: *A Local Church Living for Dialogue: Muslim-Christian Relations in Mindanao-Sulu (Philippines) 1965-2000.* 2001, pp. XVII-645. ISBN 88-7652-879-2.

5. MORISHITA, Saburo S.: Teodori: *Cosmological Building and Social Consolidation in a Ritual Dance.* 2001, pp. VIII-238. ISBN 88-7652-891-1.

6. NYUNT WAI, Maurice: *Pañcasila and Catholic Moral Teaching. Moral Principles as Expression of Spiritual Experience in Theravada Buddhism and Christianity.* 2002, pp. XVIII-334. ISBN 88-7652-920-9.

7. KIM HAE-KYUNG, Serena: *Sciamanesimo e Chiesa in Corea. Per un processo di evangelizzazione inculturata.* 2005, pp. XVIII-194. ISBN 88-7839-025-9.

8. STASULANE, Anita: *Theosophy and Culture: Nicholas Roerich.* 2005, pp. X-338. ISBN 88-7839-035-6.

9. ALESSANDRINI, Tarcisio: *Giappone Nuovo e Antico. Sdudio fenomenologico sul Movimento Buddhista Risshō Kōsei-Kai.* 2007, pp. II-450. ISBN 88-7839-090-4.

STAMPA: Aprile 2007

presso la tipografia
"Giovanni Olivieri" di E. Montefoschi
ROMA • info@tipografiaolivieri.it